सर्वोच्च लक्ष्य में भारत की विदेशी गुप्तचर एजेंसी अनुसन्धान और विश्लेषण विंग यानी 'रॉ' के पूर्व प्रमुख विक्रम सूद ने 'आख्यानों' में बताने का प्रयास किया है कि कैसे दुनिया के कई राष्ट्र अपने घर और बाहर की दुनिया में सामाजिक आख्यानों या राजनीतिक मानचित्रों को गढ़ने, उन्हें जीवित रखने और नियन्त्रित करने की राजनीति करते हैं। साथ ही, समय-समय पर उनकी ताक़त और स्थिति को बढ़ाने-घटाने और बदलने का षड्यन्त्र किया जाता है। इस काम में गुप्तचर एजेंसियों की अपरिहार्य रूप से महत्त्वपूर्ण भूमिका होती है। ये एजेंसियाँ शासन कला (State craft) का ज़रूरी उपकरण होती हैं।

यह क़तई आवश्यक नहीं कि किसी देश का आख्यान सच पर ही आधारित हो लेकिन आख्यान विश्वसनीय प्रतीत हो, यह ज़रूरी है। आख्यान का एक अर्थ और अपेक्षित उद्देश्य हो, यह भी उतना ही ज़रूरी है। बीसवीं सदी के अधिकांश काल में गुप्तचर एजेंसियों ने अपने देशों के एजेंडों के अनुकूल आख्यानों को गढ़ने में महत्त्वपूर्ण भूमिका निभायी है, और इसे मूर्त रूप देने में साहित्य, इतिहास, नाटक, कला, संगीत और सिनेमा जैसे कारगर उपकरणों की मदद ली है। झूठी ख़बरों और भ्रामक सूचनाओं को फैलाने, जनभावनाओं को उकसाने की अपनी अपरिमित क्षमता के कारण आज सोशल मीडिया आख्यानों को तोड़ने-मरोड़ने, उसका विरोध करने या उसमें बाधा पहुँचाने का एक सशक्त माध्यम बनकर उभरा है।

सर्वोच्च लक्ष्य

विश्व-शक्तियों द्वारा एकतरफ़ा वैश्विक आख्यान
गढ़ने की साज़िश पर **रॉ के पूर्व प्रमुख** का विश्लेषण

विक्रम सूद

अनुवाद
प्रभात मिलिन्द

वाणी प्रकाशन
प्रकाशन के उत्कृष्टतम 60 वर्ष

पेपरबैक प्रथम संस्करण : 2023

vaniprakashan.com

वाणी प्रकाशन

4695, 21-ए, दरियागंज, नयी दिल्ली-110 002

फ़ोन : +91 11 23273167, 23275710

शाखाएँ

अशोक राजपथ, पटना-800 004, बिहार

कॉफ़ी हाउस कैम्पस, महात्मा गांधी मार्ग, इलाहाबाद-211 001, उत्तर प्रदेश

महात्मा गांधी अन्तरराष्ट्रीय हिन्दी विश्वविद्यालय, वर्धा-442 001, महाराष्ट्र

36/ए, शेक्सपियर सरणी, रानी बिरला गर्ल्स कॉलेज के पास, कोलकाता-700 017, प. बंगाल

sales@vaniprakashan.in
vaniprakashan@gmail.com

Sarvochch Lakshya
by Vikram Sood

Translated by Prabhat Milind

ISBN : 978-93-5775-169-8
Non-Fiction/Politics

मूल्य : ₹ 495

आर. टेक ऑफ़सेट प्रिंटर्स, दिल्ली-110 032 में मुद्रित

वाणी प्रकाशन का लोगो मक़बूल फ़िदा हुसेन की कूची से

मेरी पत्नी के लिए।

अनुक्रम

विषय प्रवेश

अक्टूबर 1948 की एक सुबह का वाक़या है। मॉस्को के पतझड़ के अनुकूल लेकिन दिखने में अस्तव्यस्त कपड़े पहने पैंतालिस–पचास का एक अधेड़ आदमी लगभग सौ साल पुराने लेनिनग्रादिस्की स्टेशन से वॉरसॉ जाने वाली ट्रेन पर सवार हुआ। वह आदमी एक ख़ास उद्देश्य के लिए निकला था जिसे प्राप्त करने के लिए वह एक सर्वथा योग्य व्यक्ति था–वह पाँच भाषाएँ अच्छी तरह बोल लेता था और साथ ही एक अच्छा पेंटर और संगीतकार भी था। वॉरसॉ उसकी मंज़िल नहीं था। लिहाज़ा वहाँ पहुँचते ही उसने अपनी पहचान से संबंध रखने वाले सभी कागज़ात नष्ट कर दिये और एंड्रयू कायोटिस के नाम से बनाये गये नये दस्तावेज़ को अपनी जेब के हवाले किया। अब वह लिथुआनिया में जन्मा अमेरिका का नागरिक था जिसके पास एक वैध अमेरिकी पासपोर्ट था। उसके बाद वह चेकोस्लोवाकिया, स्विट्ज़रलैंड और पेरिस का सफ़र पूरा करने के बाद कायोटिस ले हावरे क्यूबेक को जाने वाले आरएमएस सीथिया पर सवार हो गया। क्यूबेक पहुँच कर कायोटिस पहले मोंट्रियल और उसके बाद नवम्बर 1948 में न्यूयॉर्क के लिए रवाना हो गया।

एक सोवियत 'घुसपैठिये' ने कायोटिस से मिलकर उसे नये सिरे से ज़िन्दगी जीने के लिए कुछ नक़दी, एक प्रामाणिक जन्म प्रमाण–पत्र और एक नक़ली ड्राफ़्टकार्ड और टैक्स सर्टिफ़िकेट सौंप दिये। वे काग़ज़ात एमिल रोबर्ट गोल्डफस नाम से बने थे। असली गोल्डफस अपने पैदा होने के चन्द महीनों बाद ही 2 अगस्त, 1902 को न्यूयॉर्क में मर चुका था और सोवियतों ने उसका जन्म प्रमाण–पत्र किसी तरह से अपने क़ब्ज़े में कर लिया था। गोल्डफस के नाम पर उसके कलाकार और फ़ोटोग्राफर होने के जो फ़र्ज़ी काग़ज़ात बनाये गये थे उनकी वजह से उसे नियमित

काम के घण्टों के इतर भी कहीं घूमने–फिरने की आज़ादी थी। अब उसे सोवियत गुप्तचर संचार को फिर से सक्रिय करने के लिए काम करने की सभी ज़रूरी सहूलियत हासिल थीं और अब वह भी संस्था के लिए काम करने वाले वालंटियर्स के सीधे सम्पर्क में था।

गोल्डफस मिशन बेहद ज़रूरी था। 6 अगस्त, 1945 को अमेरिकी राष्ट्रपति हैरी एस. ट्रूमैन ने जापान के हिरोशिमा पर एटम बम गिराने की ज़िम्मेदारी लेते हुए बिना किसी पश्चात्ताप के घोषणा करते हुए कहा कि ज़रूरत पड़ने पर अमेरिका अपने शत्रुओं के ख़िलाफ़ ऐसी कार्रवाई करना आगे भी जारी रखेगा। इस घोषणा से जोसफ़ स्टालिन के लिए सन्देश बिल्कुल साफ़ था। कभी सहयोगी रहे और अब एक–दूसरे के प्रतिस्पर्धी बन चुके देशों को परोक्षतः यह कह दिया गया था कि द्वितीय विश्व युद्धोपरान्त जो समानता के सिद्धान्त निर्धारित किये गये थे वे सभी भुला दिये गये थे। ये वे पल थे जब संयुक्त राज्य अमेरिका यह छाती ठोक कर कह रहा था कि वह अब दुनिया की इकलौती महाशक्ति था।

शक्ति समीकरण में इस अकस्मात् परिवर्तन और तदुपरान्त विश्व समुदाय के दृष्टिकोण में आये बदलाव के कारण स्टालिन की साख दाँव पर लगी हुई थी और महान सोवियत सर्वहारा द्वारा दुनिया पर एक दिन अधिकार करने का दिवास्वप्न भी टूटने की कगार पर जा पहुँचा था। सोवियत संघ के लिए अमेरिका का एकमात्र महाशक्ति के रूप में उत्थान कभी स्वीकार्य नहीं था। वह किसी भी हाल में शक्ति सन्तुलन स्थापित करना चाहता था, और इस काम में ज़रा भी देरी करना उसके लिए महँगा पड़ सकता था।

1945 की गर्मियों में स्टालिन अपने कुछ क़रीबी सलाहकारों के साथ कुन्तसेवो के अपने गुप्त अड्डे पर मिलने गया। उन सलाहकारों में ख़ुफ़िया प्रमुख लाव्रेंटी बेरिया भी था। हालाँकि अब तक क्लाउस और फुच्स जैसे सोवियत जासूस एलामोस प्रयोगशाला और मैनहट्टन परियोजना में घुसपैठ कर चुके थे, और अमेरिका में परमाणु हथियार विकसित करने में इन्हीं दोनों परियोजनाओं की भूमिका थी। किन्तु अमेरिका की सख़्त निगरानी के कारण यहाँ गुप्त सूचनाएँ इकट्ठी करने की रफ़्तार बहुत धीमी थी। बहरहाल हम स्टालिन के क्रोध और भय को अच्छी तरह इसलिए भी समझ सकते हैं क्योंकि कड़ी सुरक्षा के बावजूद उसने अपने गुप्तचर तंत्र

को वहाँ दोबारा सक्रिय होने का आदेश दिया और जल्दी ही, एनकेडीवी (पीपल्स कमिसरिएट फॉर इंटरनल अफेयर्स) परमाणु रहस्यों के बारे में सूचनाएँ एकत्र करने में जी–जान से लग गयी।

गोल्डफस ने अपने रहने के लिए न्यूयॉर्क के ब्रूकलिन इलाक़े में एक स्टूडियो अपार्टमेंट को चुना। सबसे पहले उसने संचार व्यवस्था को दोबारा शुरू करने में क़ामयाबी पायी। अब वह सोवियत यूनियन के प्रमुख परमाणु जासूसों मसलन जोर्ज कोवल और क्लाउस फुच्स जैसे लोगों के ज़रिये जानकारियाँ इकट्ठी करने और उन्हें आगे बढ़ाने में सक्षम था। दोनों प्रमुख जासूसों का सहयोग करने के लिए लोना और मोरिस कोहेन, मोर्टन सोबेल, और जूलियस और एथेल रोजनबर्ग जैसे क़ाबिल जासूसों का एक विस्तृत सहायक नेटवर्क भी था। सोवियतों ने अपना पहला परमाणु परीक्षण 29 अगस्त, 1949 को कजाकिस्तान में किया। उन्होंने अज्ञात कट्टर शत्रुओं से आत्मरक्षा को आधार बता कर इस काम को अंजाम दिया था। इस तरह विश्व में समानता को पुनर्स्थापित होने के अपने इस दावे के बाद स्टालिन अब ख़ुश था। बहरहाल यह आख्यान शीतयुद्ध के ठण्डे बस्ते में डाल दिया गया।

कहानी के इस उपसंहार में कोवल बच निकला, फुच्स को 1950 में इंग्लैंड में बन्दी बना लिया गया, 1953 में स्टालिन की भी मौत हो गयी और उसके तुरन्त बाद बेरिया पर मुक़दमा चलाया गया। गोल्डफस को उसी के सहायक ने धोखा दिया और उसे 1957 में न्यूयॉर्क में गिरफ़्तार कर लिया गया। अमेरिकी प्रेस उस समय स्तब्ध रह गया जब गोल्डफस ने बताया कि उसका वास्तविक नाम कर्नल रुडोल्फ़ इवोनोविच एबल था। सच तो यही था कि कर्नल एबल नाम का कोई आदमी था ही नहीं, यह नाम तो उसे सोवियतों ने बस एक आवरण की तरह दिया था। गोल्डफस इसका इस्तेमाल अपने स्वामियों को सन्देश भेजने के लिए ही करता था। उस वक़्त भी उसने यही किया था। अमेरिकियों द्वारा अपनी गिरफ़्तारी के बाद भी उसने उनके सामने अपनी वास्तविक पहचान नहीं ज़ाहिर की थी।

1962 में उसकी अदलाबदली अमेरिकी पायलट फ्रांसिस गैरी पावर्स के एवज़ में पश्चिमी बर्लिन से पोट्सदाम को जोड़ने वाली ग्लिनिक ब्रिज पर की गयी। सोवियत क़ैद में लेने से पहले पावर्स को गोली मार कर ज़ख़्मी कर दिया गया था। 1971 में उसकी मृत्यु हो गयी। उसकी क़ब्र

पर आज भी ख़ुदा है–'कर्नल रुडोल्फ़ एबल'। साथ में उसका असली नाम विलयम जेनरिखोविच फ़िशर भी लिखा है। फ़िशर एक आप्रवासी रूसी माता–पिता की सन्तान था और उसका जन्म इंग्लैंड में 1903 में हुआ था। विशेषज्ञ जासूसों की यह मान्यता है कि एबल को न्यूयॉर्क में कुछ ख़ास क़ामयाबी नहीं मिल सकी थी, लेकिन सोवियतों ने अमेरिका के साथ पावर्स के एवज़ में उसकी अदला–बदली कर के सद्भावना के नाम पर ख़ूब वाहवाही बटोरी। अमेरिका में चौदह साल गुज़ारने के बाद एबल शीतयुद्ध से सुरक्षित बचने वाला इकलौता जासूस था।

□□

तथ्य हमेशा वही नहीं होते जैसे वे दिखते हैं, बल्कि अधिकतर वे होते हैं जैसे उनको अनुभूत किया जाता है। इसलिए एक राष्ट्र के लिए सत्य बहुत महत्त्वपूर्ण नहीं होता बल्कि कई बार तो सत्य अनेक झूठों, अर्द्धसत्यों और सांकेतिक वक्रोक्तियों के नीचे दबा रह जाता है। उसके स्थान पर आख्यानों पर निर्मित धारणाओं को ही सत्य के रूप में स्वीकार कर लिया जाता है। समय बीतने के साथ–साथ हम उन्हीं धारणाओं, पूर्वाग्रहों, घृणा और नापसन्दगियों के साथ जीने के अभ्यस्त हो जाते हैं। इस प्रकार उस राष्ट्रवाद का भी निर्माण होता है जिसकी बुनियाद आदमी की आत्ममुग्ध आस्थाओं पर बनी होती है।

वैज्ञानिक सत्यों और गणितीय समीकरणों, जो प्रामाणिकता की कसौटियों पर ग़लत सिद्ध होने तक सही माने जाते हैं, के विपरीत राजनीतिक सत्य, ऐतिहासिक तथ्य और विचार इतने लचीले होते हैं कि उनमें भौगोलिक–राजनीतिक सुविधाओं के अनुकूल पर्याप्त तरीक़े से बदलाव लाया जा सकता है। इतिहास के लिए पुरातात्विक तथ्य जैसे अपवाद छोड़ दिये जायें तो वैज्ञानिक प्रमाणों की शायद ही कभी आवश्यकता पड़ती है। आमतौर पर हमारी धारणाएँ आख्यानों के निर्माण द्वारा निर्धारित होती हैं।

2020 की गर्मियों में महाशक्ति अमेरिका की सड़कों पर राष्ट्रव्यापी हिंसक विरोध प्रदर्शन करने वालों की भीड़ से बर्बरतापूर्वक निबटती पुलिस को पूरी दुनिया ने देखा। प्रदर्शनकारी व्यवस्था में परिवर्तन की माँग पर

अड़े थे। लेकिन सत्ता के शीर्ष पर जो लोग बैठे थे उनको यह माँग नागवार गुज़री और वे इसकी तोड़ ढूँढ़ने की कोशिश में लग गये। जल्दी ही उन्हें हिमालय के पार परमाणु शक्तियों से लैस दुनिया की दो बड़ी सैन्यशक्ति वाले देश–भारत और चीन–की पुरानी शत्रुता के रूप में वह आख्यान मिल गया जिनकी आड़ में वे अपने देश के आन्तरिक असन्तोष को विश्व समुदाय का ध्यान भटकाने में सक्षम हो सकते थे। चीन की व्यग्रता ने उनका यह काम और आसान कर दिया।

उसी तरह कोरोना वायरस जिसने पूरी दुनिया में तबाही मचा दी और जिसके ख़ौफ़ और दहशत से लोगबाग अभी तक पूरी तरह उबर नहीं पाये हैं, के बारे में यह बात फैला दी गयी कि वायरस की उत्पत्ति चीन में हुई थी। लोगों ने इस बात को सहज रूप में मान भी लिया। चीन की व्यापक सैनिक तैयारियों और सीमा विस्तार, ख़ासतौर पर भारत की सीमाओं के भीतर उसके घुसपैठ की मंशा के बारे में सायास प्रचार किया गया। ग़ौरतलब बात यह थी कि इस अभियान को भी हवा उस वक़्त दी गयी जब अमेरिका आन्तरिक संघर्षों से जूझ रहा था। दोनों कहानियों के बारे में यही अनुमान लगाया गया कि इन्हें तूल देने वाला कोई और नहीं बल्कि ख़ुद चीन था जो एशिया ही नहीं बल्कि दुनिया को अपनी ताक़त की धौंस दिखाने के फ़िराक में हमेशा से रहता है। इस प्रकार का कृत्य उभरती हुई सैन्य ताक़तों की ग़ैरज़िम्मेदारी, प्रबलता और धमकाने की प्रवृत्तियों की भी कलई खोलता है। कहानी बनाने की प्रवृत्ति आधुनिक विश्व राजनीति में इतनी महत्त्वपूर्ण हो चुकी है कि महाशक्तियों के सामर्थ्य का आकलन आजकल उनकी सैन्य ताक़तों से नहीं बल्कि उनके द्वारा रची जाने वाली कहानियों से किया जाने लगा है।

जब वास्तविक राष्ट्रहित को उन सैद्धान्तिक छद्मावरण के कारण उपेक्षित होना पड़े जो कालान्तर में आख्यानों का रूप ले लें तो इस स्थिति में राष्ट्रहित और आख्यानों के बीच टकराव होना स्वाभाविक है। चीन कोई रहस्यमय शक्ति नहीं है, बल्कि यह एक निरंकुश तानाशाही द्वारा शासित राष्ट्र है। ज़ाहिर है कि वह मूलतः एक लालची, महत्त्वाकांक्षी और अहंकारोन्मादी राष्ट्र है। ये पश्चिम और दुनिया के अन्य राष्ट्र हैं जिन्होंने तानाशाही को एक प्रकार से महिमामण्डित किया है और इसके चारों तरफ़ एक ऐसे पारिस्थितिकी तन्त्र की रचना की जो उनके ख़ज़ानों के लिए

भरपूर फ़ायदेमन्द साबित होने के साथ–साथ अन्यत्र तरीक़े से पर्याप्त लाभकारी हो सके। चीन के आन्तरिक रहस्यों को समझने–सुलझाने के प्रयास आज विश्वविद्यालयों और प्रबुद्धों के लिए एक बौद्धिक चुनौती बन चुकी हैं। मानवाधिकारों के उल्लंघनों को लेकर सामाजिक कार्यकर्ता आये दिन चीन का पुरज़ोर विरोध भी करते रहे हैं। बहरहाल नियति ने भविष्य के लिए कोई बड़ी घटना निर्धारित कर रखी थी, क्योंकि हमारे समक्ष अतीत के निर्मित आख्यान अब तुलनात्मक रूप में कम महत्त्व के रह गये हैं।

आख्यान की रचना बुनियादी तौर पर हमारी ज़रूरतों के मुताबिक़ भी की जाती है। सबसे अच्छा सुदूर नियन्त्रित हथियार वह माना जाता है जो शत्रुओं के अड्डों को रणभूमि से दूरस्थ सुरक्षित ठिकाने को निशाना बना सके। इसके प्रयोग का सबसे बड़ा ध्येय यही होता है कि युद्ध को एकतरफ़ा बनाया जा सके और शत्रु पक्ष को अधिकतम हानि पहुँचाई जा सके। चूँकि इसका प्रयोग करने वाला विनाश को पर्दे पर उठते केवल एक गुब्बार के रूप में देखता है, और चूँकि लक्षित मनुष्यों का रुदन इस हमले में सुनाई नहीं देता है इसलिए आधुनिक तकनीक की दृष्टि से इसे अपेक्षाकृत एक 'मानवीय' हथियार माना जाता है। इसी तर्क को आवरण बना कर जॉर्ज जी. बुश और बाद के वर्षों में बराक ओबामा ने अपनी अन्तरात्मा को अफ़ग़ानिस्तान में हिंसा और उत्पात करने के लिए राज़ी किया।[1] इसी प्रस्थान–बिन्दु से ड्रोन हमलों को न केवल नैतिक तौर पर स्वीकार कर लिया गया बल्कि साथ ही इसे नैतिक आवश्यकता और रणनीतिक अपरिहार्यता भी मान लिया गया।

कोई भी राष्ट्र अपने यहाँ स्वतन्त्रता की अनुमति दिये बिना या अपने सन्देशों के संवाहन के लिए केवल अपने प्रशासनिक तन्त्र के माध्यमों का उपयोग कर अपने मूल्यों से सम्बन्धित विश्वसनीय आख्यान नहीं रच सकता है। ऐसे राष्ट्रों को पर्याप्त वैश्विक समर्थन नहीं मिलता। भय का वातावरण बना कर वे बेशक अपना थोड़ा–बहुत दबदबा बना लें, किन्तु घर में पर्याप्त स्वतन्त्रता देकर ही एक राष्ट्र उन कथानकों को रच सकता है जो बाद में दुनिया भर में प्रभुत्व स्थापित करने के काम आते हैं। महत्त्वाकांक्षी और शक्तिसम्पन्न देश का अन्तिम लक्ष्य भी यही होता है।

पश्चिमी देशों की सरकारों और औद्योगिक घरानों द्वारा नियन्त्रित कुछेक वैश्विक और लोकप्रिय मीडिया समूहों के अतिरिक्त ऐसा भी माना जाता है कि लोगों की सोच और विचारों को नियन्त्रित करने के लिए भी निरन्तर प्रयास किये जा रहे हैं। 1957 में एक अमेरिकी लेखक वांस पैकार्ड ने अपनी किताब 'दी हिडेन पर्सुएडर्स' में उन्होंने इस बात का ख़ुलासा किया है कि किस प्रकार विज्ञापन एजेंसियाँ अपने उत्पादों के विज्ञापनों को प्रोत्साहित करने के लिए लोगों की दिमाग़ी रुझानों और पसन्दों का इस्तेमाल किया करती थीं। ऐसी भी एजेंसियाँ हुआ करती थीं जो इस बारे में व्यापक शोध करती थीं। लेकिन उनमें से एक भी ऐसी नहीं थी जो सीआईए के दिमाग़ को नियन्त्रित करने के मक़सद से चलाये गये गुप्त अभियान एमके–अल्ट्रा की तरह कुख्यात और घातक रही हो।

पुलित्ज़र पुरस्कार के विजेता विख्यात विचारक वाल्टर लिपमैन ने 1922 में कहा था, "आम जनता को उसके निर्धारित स्थान पर रखना इसलिए भी आवश्यक है ताकि वह अपने अधिकारों का उपयोग कर सके, और इससे भी अधिक इसलिए कि वह कुचलने के लिए आतुर एक उन्मादी झुण्ड से निर्भय होकर जी सके।"[2] लिपमैन के मुताबिक़ 'उन्मादी झुण्ड' को एक सुशासित वर्ग द्वारा निर्देशित होना ज़रूरी है। उस सुशासित वर्ग में विशेषज्ञ, धनाढ्य, राजनीतिक, नौकरशाह और मास मीडिया सभी को यथोचित प्रतिनिधित्व मिलना चाहिए ताकि जनसामान्य को नियन्त्रित करने के लिए आवश्यक एक सामूहिक जानकारी का प्रयोग किया जा सके। जनता को ख़ामोश करने के लिए टेलीविज़न एक सशक्त माध्यम था। टेलीविज़न नक़ली ख़बरों को भी विश्वास करने योग्य बता सकता था, जनता का ध्यान मुख्य मुद्दे से भटका सकता था, लोगों के आत्मसम्मान का गला घोंट सकता था, और यहाँ तक कि हिंसा जैसे क्रूर कृत्य के प्रति आम लोगों के मन को संवेदनशून्य बना सकता था।

अमेरिका के सिर्फ़ छह दिग्गजों का क़ब्ज़ा अमेरिका में पढ़े, सुने और देखे जाने वाले नब्बे फ़ीसदी समाचार माध्यमों पर है। पाँच अरबपति ब्रिटिश मीडिया को संचालित करते हैं और रूपर्ट मर्डोक उनमें सबसे बड़े शेयरधारक हैं।[3] टेलीग्राफ़ के स्वामी बारक्ले बन्धु और मेल समूह के मालिक विसकाउंट रोदरमेयर दो अन्य मीडिया प्रमुख हैं। देश के कुछ प्रमुख शक्तिशाली लोगों जिनमें मीडिया जगत के भी कुछ दिग्गज शामिल हैं,

का प्रत्यक्ष सम्बन्ध एक देश के रूप में अमेरिका को संचालित करने वाले कुछ सबसे प्रभावशाली संस्थानों से है। इन सम्बन्धों ने आख्यानों को गढ़ने और उन्हें नियन्त्रित करने का काम अधिक आसान बना दिया है।

□□

दूसरे विश्वयुद्ध में सहायक सेनाओं की तरफ़ से ब्रिटिश और फ़्रांसिसी साम्राज्यों के तक़रीबन पचास लाख सैनिकों ने हिस्सा लिया था। सच तो यह है कि हिन्दुस्तानी फ़ौजें भी ब्रिटिश फ़ौज के साथ डंकिर्क में कन्धे–से–कन्धा मिला कर लड़ीं लेकिन जब विजय परेड में भाग लेने की बारी आयी तो सभी काले अथवा भूरे सैनिकों को इसमें सम्मिलित होने से वंचित कर दिया गया। और तो और, 2017 में हॉलीवुड की फ़िल्म डंकिर्क में एक भी भारतीय चेहरा नहीं दिखा। वहाँ भारतीय सैनिकों की स्मृति में कोई युद्ध–स्मारक नहीं है जबकि न्यूज़ीलैंड और ऑस्ट्रेलिया के सैनिकों के लिए अलग–अलग युद्ध स्मारक बनाये गये हैं। इसकी मुख्य वजह यह थी कि उनको नस्लीय रूप से श्रेष्ठ बताने के आख्यान बनाए गये थे।

भारत की आज़ादी के बाद इसे लेकर पश्चिम में जो आख्यान प्रचलित थे, उनमें अब एक बदलाव आया। इसे एक समाजवाद–विरोधी (सोवियत के पक्ष में) अर्थात् नेहरू युगीन भारत के रूप में व्याख्यायित किया जाने लगा, बल्कि इसे पाकिस्तान के लुंज–पुंज सैनिक जनरलों और राजनीतिज्ञों का समर्थक बताया गया। भारत की परिभाषा एक ऐसे ग़रीब और भ्रष्ट देश के रूप में प्रस्तुत की जाने लगी जो एक सम्भावनाहीन देश था और पश्चिमी देशों की मदद के बिना इसका जीवित रहना मुश्किल था। मीडिया की दृष्टि में भी भारत का अस्तित्व केवल सड़कों पर हाथ पसारे भिखारी, निर्धनता, बैलगाड़ी, बेतहाशा भीड़, सँपेरे और ताजमहल जैसे प्रतीक भर थे। आलेखों और स्तम्भों में भारत की छवि एक याचक देश की तरह प्रस्तुत की जाती थी।

स्वतन्त्रता प्रप्ति के बाद के वर्षों में भी हिन्दू विचारकों और प्रबुद्धों ने इसकी छवि को सुधारने में कोई सकारात्मक भूमिका नहीं निभायी। उल्टे सभ्यता की जड़ों का परित्याग कर अन्तरराष्ट्रीय पहचान अर्जित करने के उद्देश्य से तुष्टिकरण के अनैतिक हथकण्डों को अपना लिया गया।

कश्मीरी पण्डितों के बड़े पैमाने पर संहार और 1990 में उनके भारी संख्या में पलायन, हिन्दू आस्था के पक्ष में बाबरी मस्जिद पर अपना दावा वापिस ले लेने का विरोध करता मुस्लिम नेतृत्व और उसके उपरान्त लापरवाह सरकार द्वारा अल्पसंख्यक आयोग और अल्पसंख्यक मन्त्रालय के ज़रिये मुस्लिम तुष्टिकरण से भड़की आम हिन्दू जनभावना के बाद ही हालात में नकारात्मक बदलाव आये। हिन्दू स्वयं को उस देश में ही असुरक्षित महसूस करने लगे जिसमें वे बहुसंख्यक थे। लिहाज़ा आम हिन्दू भी 'एक व्यक्ति एक वोट' के लोकतान्त्रिक अधिकार के अन्तर्गत हर नागरिक के लिए समान अधिकारों की माँग करने लगे।

इस बात ने पश्चिम के प्रति भारतीय युवाओं के विचार बदलने में बड़ी भूमिका निभायी। उन्होंने पश्चिमी देशों में अपने लिए अवसर तलाशने के बजाय अपने आत्म–सम्मान को अधिक महत्त्व दिया। दूसरी तरफ़ भारत के प्रति पश्चिमी मीडिया का दृष्टिकोण अभी भी ईर्ष्या और उपहास से भरा दिखता है। आज भारत में रहने के जो अधिकारी हैं, वर्षों तक सुविधाएँ पाने के बाद भी, विस्थापित और वंचित हैं। उनकी आवाज़ आज लौट कर उन तक ही वापस लौट रही है और वे मुख्यधारा से निरन्तर दूर होते जा रहे हैं। वे आज यह देखने से वंचित हैं कि एक वह भारत भी है जो तेज़ी से बदल रहा है। आज वह भारतीय भी महत्त्वपूर्ण है जो पटना के सुपर 30 के ज़रिये देश के सर्वोच्च तकनीकी संस्थान भारतीय प्रौद्योगिकी संस्थान के लिए चुना जाता है, या उसी शहर के शोषित सेवा संघ, जो मुसहर बच्चों को स्तरीय आधुनिक स्कूली शिक्षा मुहैया कराता है, से निकला कोई मेधावी युवा। मुसहर आज भी भारत के जाति–क्रम में निम्न जाति में भी निम्नतर माने जाते हैं।

भारत के सन्दर्भ में धर्म और धर्मनिरपेक्षता आज भी एक त्रुटिपूर्ण अवधारणा है। धर्मनिरपेक्ष होने के लिए राज्य को सभी धर्मों से समान दूरी रखने की अपेक्षा की जाती है। इसके लिए आवश्यक है कि राज्य धर्म के आधार पर किसी समुदाय को न तो विशेष अनुदान अथवा छूट दे और न ही किसी भी धर्म को इस बात की अनुमति दे कि वह राज्य के क़ानूनों में समानान्तर अपने नियम और क़ायदों को लागू करे। नागरिकों से यह भी आशा की जाती है कि वह सामान्य रूप से सहिष्णुता का पालन करें।

किसी भी धर्म को पूरी ईमानदारी से मानने वाला व्यक्ति सच्चे अर्थों में एक सहिष्णु व्यक्ति हो सकता है। दरअसल कट्टरपन्थी अधिक घातक होते हैं, और उनसे भी ख़तरनाक वह आदमी है जो अपने अतिरिक्त किसी दूसरे के विचारों को सहन नहीं करने वाला स्वघोषित उदारवादी है।

आज विश्व स्वतन्त्रता, लोकतन्त्र, कला और संस्कृति की आधुनिक परिभाषा गढ़ने के लिए पश्चिम का कृतज्ञ है; और भले ही हमने जानलेवा हथियार बना लिए हों लेकिन यह भी ग़ौरतलब है कि आधुनिक चिकित्सा और औषधि के क्षेत्र में चमत्कारिक उपलब्धियाँ भी हमने ही हासिल की हैं। वैसे कुछ राजनीतिक आख्यान जो मूलतः पश्चिम में ही जन्मे हैं उनकी बहुत स्वीकार्यता नहीं है और न वे यहाँ के परिप्रेक्ष्य में प्रतिपाद्य ही हैं। श्रेष्ठता की गौरव गाथा और दृढ़ संकेतों और आग्रहों में छिपे हुए शक्ति और समृद्धि के अहंकार का कोई स्थान नहीं है। एक अरब तीस करोड़ लोगों का प्रतिनिधित्व करने वाला आख्यान वास्तविकता पर टिका होना चाहिए और उसकी वास्तविकता विश्व को ज्ञात भी होनी चाहिए। भारत की किसी भी विकल्प–कथा को पूरी दुनिया द्वारा सुनी जाने योग्य होनी ही चाहिए।

हम सम्प्रेषण और सूचना और स्रोतों की बहुलता के एक ऐसे युग में रहने वाले नागरिक हैं जहाँ नये विचार तुरन्त नये आख्यान का रूप ले लेते हैं। आज विविध सोशल मीडिया के इन माध्यमों का प्रयोग कर मिनटों में दंगे भड़काये जा सकते हैं, हड़ताल और बन्दी भी उसी रफ़्तार से करायी जा सकती है और दुनिया के सुदूर कोनों तक नक़ली ख़बरें रॉकेट से भी तेज़ गति से पहुँचायी जा सकती हैं। इस नये माध्यमों के कारण परम्परागत राजनयिकों और नौकरशाहों को अतिशयता का भय सताता है, वहीं राजनेतागण नये विचारों को इन्हीं माध्यमों का तत्काल और सुविधाजनक इस्तेमाल अपनी नीतियों की घोषणाओं के लिए करते हैं। ज़ाहिर–सी बात है कि सरकारें और समाज दोनों ही ऐसे आख्यान गढ़ना चाहती हैं और बिल्कुल नये तरह की मानसिक दक्षता को सृजित करना चाहती हैं जो नयी चुनौतियों का पूर्वानुमान लगा सकें और आवश्यकता पड़ने पर उनसे निपट सकें।

बड़ा हो या छोटा, ताक़तवर हो या नहीं लेकिन कोई भी देश अपनी कहानी ख़ुद ही रचता है। और, इस कहानी का उद्देश्य केवल अपनी

प्रभुसत्ता स्थापित करना नहीं होता, ख़ुद को किसी के वर्चस्व से मुक्त रखना भी होता है। भारत के पास भी दुनिया को सुनाने के लिए अनेक आख्यान हैं जिन्हें उसे अपनी भाषा में सुनाने की आवश्यकता है न कि बाह्य दुनिया से आयातित ख़बरों के माध्यम से।

□□

यह पुस्तक वैश्विक व्यवस्था और आख्यानों की कोई समालोचना नहीं करती बल्कि यह एक तथ्यात्मक विवरणों से सम्बन्धित पुस्तक है। यह उन कथानकों का स्पष्टीकरण है जिन्हें राष्ट्रों ने दूसरों पर अपना प्रभाव स्थापित करके और अन्ततः उन्हें अपने नियन्त्रण में लेने के लिए गढ़ा है। आख्यानों को समय की आवश्यकतानुसार और पर्याप्त अवधि लेकर गढ़ा जाता है न कि किसी तात्कालिक और चमत्कारिक यन्त्र से। आख्यानों को अपना पूरा आकार लेने में सालों–साल लग जाते हैं। उन्हें विविध स्रोतों और एजेंसियों द्वारा ज़रूरी ख़ुराक देकर जीवित रखा जाता है। आख्यान अपने देश, सभ्यता, संस्कृति और उन सभी पक्षों जो सकारात्मक हों की श्रेष्ठता बोध के साथ गढ़ा जाता है, साथ ही इनको दूसरे देशों को निम्नतर और अहितकर साबित करने के लिए जटिल उपायों, वक्रोक्तिपूर्ण अफ़वाहों और ग़लत मार्गों का भी चयन करना पड़ता है।

अतीत में विशाल साम्राज्यों के दिनों में युद्धों में जीत या विजय प्राप्त करने की स्थिति में पराजित और कमज़ोर से स्वतः श्रेष्ठ होने का अवसर मिल जाता था। किन्तु वर्तमान समय में अन्य माध्यमों के द्वारा ही श्रेष्ठता न केवल हासिल हो सकती है, बल्कि उसे बनाये भी रखा जा सकता है। किसी विशेष कार्रवाई को न्याय–संगतता और तर्क–सम्मतता साबित करने के लिए भी अक्सर आख्यान निर्मित किये जाते हैं। किन्तु वस्तुतः यह शान्ति के लिए एक ख़तरा है, समझौतों का उल्लंघन और मानवीय मूल्यों पर हमला है। इन कार्रवाइयों की असल वजह कुछ और होती है।

कुछ उपकथात्मक विवरणों की मदद से शुरुआत करते हुए इस पुस्तक का पहला अध्याय दुनिया के भौगोलिक–राजनीतिक परिदृश्यों से सम्बन्धित कुछ आख्यानों की परिभाषाओं के बारे में है। दूसरा अध्याय अटलांटिक के दोनों तरफ़ के अमेरिकी प्रभावों वाले वित्तीय रूप से कुछ

समृद्ध और शक्तिशाली संस्थानों से सम्बन्धित है जो भावी दुनिया की अन्दरूनी जटिलताओं और अपने हितों के अनुकूल इसकी संरचना करने में गहरी रुचि रखते हैं। इस मामले में चर्च की भी बड़ी भूमिका है। ग़ौरतलब है कि इस तरह के आख्यान गुप्तचर ब्यूरों और सिनेमा की सहायता के बिना कदापि विस्तार नहीं पा सकते। उनके सहारे ही ये सामान्य नागरिकों को आसानी से प्रभावित कर सकते हैं। बाद के अध्याय में इसका विशेष उल्लेख किया गया है। चमक–दमक की दुनिया की चौतरफ़ा पहुँच, मीडिया, इंटरनेट और टेलीविज़न और उनमें तिरते हुए सपने स्वाभाविक तौर पर आम लोगों को अपने असर की गिरफ़्त में ले लेते हैं। मीडिया की भूमिका और उसमें गुप्तचर एजेंसियों की मदद और दोनों के पूर्वानुमान न केवल नागरिकों को आसानी से प्रभावित करने का माद्दा रखते हैं बल्कि उनके वैचारिक पक्ष को अपनी तरफ़ झुकाने की कुव्वत भी रखते हैं। चौथे अध्याय में इस बात को विस्तार से समझाने का प्रयास किया गया है।

पाँचवाँ अध्याय उन आख्यानों से जुड़ा है जो सैन्य–उद्योग की अपार शक्तियों और आर्थिक लाभों से सम्बन्धित है। इस उद्योग का दिन–प्रतिदिन बढ़ता असर और मुनाफ़ा इसके गहरे विश्लेषण की आवश्यकता की ओर संकेत करता है। छठा अध्याय एक अनिच्छुक साम्राज्यवादी के रूप में अमेरिका की भूमिका की व्याख्या करता है, जबकि उसके बाद का अध्याय साम्राज्यवाद, राष्ट्रवाद और इस्लाम से सम्बन्धित है। आठवाँ अध्याय राजनीतिक औचित्य और उसके दुखद और पीड़ादायी परिणामों से सम्बन्ध रखने वाली कहानियों के बारे में है, और उसके बाद के अध्याय में यह बताने का प्रयास किया गया है कि किस प्रकार रूसियों और चीनियों ने आख्यानों को रचने के प्रयास किये जो दरअसल उनकी अत्यन्त प्रभावशाली गुप्तचर एजेंसियों की मदद से जनसामान्य में प्रचारित किये गये थे। व्यापारिक घरानों की अपनी महत्त्वाकांक्षाएँ होती हैं। वे अपने उत्पादों की बिक्री से अधिकतम लाभ कमाना चाहते हैं, अगले अध्याय में इन्हीं महत्त्वाकांक्षाओं का विस्तृत उल्लेख किया गया है। अन्तिम अध्याय भारत के विषय में है–कि हमारे देश के बारे में पश्चिम के देशों में कैसे आख्यान गढ़े गये और और प्रचलन में रहे हैं–उस समय से ही जब भारत विश्व विजेता था। साथ ही यह अध्याय इसका भी विश्लेषण करता है

कि भारत अब इन आख्यानों के साथ किस प्रकार निपटता है—हम कौन हैं, और किसी के प्रति भी पक्षपात रहित होकर दुनिया के लिए भारत का क्या अर्थ है?

इस पुस्तक को लिखते हुए मैंने पश्चिमी स्रोतों का पर्याप्त उपयोग किया है क्योंकि विगत 150 वर्षों में भारत से सम्बन्धित वैश्विक आख्यान अधिकतर वहीं से निकल कर आये हैं। रूसी और चीनी अपने आख्यानों का पर्याप्त विस्तार करने में नाक़ामयाब रहे। उनकी सबसे बड़ी बाधाएँ उनकी प्रशासनिक व्यवस्थाएँ और उनकी भाषाएँ थीं। साम्राज्यवाद के युग में उपनिवेशों की कोई भाषा नहीं थी और न उनमें एक स्वतन्त्र राष्ट्रों की तरह व्यवहार करने की योग्यता ही थी। भारत से सम्बन्धित उद्धरण के मुख्य स्रोत यह देश स्वयं हैं क्योंकि मौलिक भारतीय आख्यान का वास्तविक उद्भव हमें देश के भीतर ही मिलता है। विशेष तौर पर युवा भारतीयों के लिए यह महत्त्वपूर्ण है क्योंकि वे आज के भारत के बहुसंख्यक हैं और उन पर ही भारत का भविष्य भी निर्भर है।

हमारे लिए उनको समझना और उनके विचारों को समझना महत्त्वपूर्ण है। भारत द्वारा अपना आख्यान रचने के लिए यह आवश्यक है। यह उनके लिए बेहद ज़रूरी है कि किसी भी पूर्वाग्रह के बिना वे यह समझ सकें कि वास्तविक दुनिया किस प्रकार से व्यवहार करती है।

सत्य की यात्रा

22 नवम्बर, 1963 को अमेरिकी राष्ट्रपति जॉन एफ. केनेडी की हत्या केवल अमेरिकियों के लिए ही एक हादसे का दिन नहीं था, बल्कि दुनिया के अनेक देशों के लिए भी यह एक बड़ी दुर्घटना थी। जैसा कि केनेडी के राष्ट्रपति–काल को माना जाता था, यह 'कामलॉट युग' का एक त्रासदीपूर्ण और क्रूर अन्त था। सितम्बर 1964 में छब्बीस खण्डों में प्रकाशित वारेन कमीशन की रिपोर्ट[1] के 888वें पन्ने में दर्ज नतीजे के अनुसार ली हार्वे ओसवाल्ड इस हत्याकाण्ड का अकेला आरोपी था। इसी निष्कर्ष के साथ इस मामले को बन्द घोषित कर दिया गया था।

लेकिन उस समय न्यू ओरलेंस के डिस्ट्रिक्ट अटॉर्नी जिम गै़रीसन को यह निष्कर्ष नामंजूर था। उन्होंने वाइट हाउस या किसी अन्य प्राधिकृत अधिकारी की अनुमति लिए बिना इस हत्या की जाँच–प्रक्रिया को आगे बढ़ाने का फ़ैसला किया। उसने यह साबित करने की कोशिश की कि ओसवाल्ड तो सिर्फ़ एक ज़रिया था जिसने किसी लालच के तहत इस बड़ी साज़िश को अंजाम दिया था। उसने यह भी साबित करने का प्रयास किया कि ओसवाल्ड ही वह इकलौता हत्यारा नहीं था जिसकी गोली से केनेडी मारे गये थे, बल्कि उन पर सामने की दिशा से तीन अलग–अलग तरफ़ से गोलियाँ चलायी गयी थीं, न कि पीछे की तरफ़ से। ओसवाल्ड भी उनके सामने की ही दिशा में थे। बहरहाल मामले की तह तक पहुँचने की कोशिश में गै़रीसन, उसके परिवार और सहयोगियों को अनेक तरह की परेशानियाँ उठानी पड़ीं। उदाहरण के लिए वह न्यू ओरेलेंस के एक कारोबारी क्ले शॉ और दो अन्य लोगों पर ग्रैंड जूरी के सामने मुक़दमा दर्ज करने ही वाला था लेकिन शॉ को ग्रैंड जूरी ने सभी आरोपों से बरी

कर दिया, और इस तरह इस चर्चित हत्याकाण्ड के दूसरे हिस्से का पटाक्षेप हो गया।

ज़ाहिर बात थी कि शासनतन्त्र के किसी निहायत ताक़तवर व्यक्ति ने शॉ और दूसरे आरोपियों को बचाने के लिए अप्रत्यक्ष हस्तक्षेप किया था। केनेडी की हत्या के बाद ही ओसवाल्ड को गोली मार देने वाले जैक रूबी की भी जल्दी ही कैंसर से मौत हो गयी। हत्या में संलिप्त कोई पैंतीस से लेकर सैंतालिस दूसरे लोग भी किसी न किसी रहस्यमय स्थिति में मृत पाये गये। ओसवाल्ड को गोली मारने वाले रूबी की मृत्यु की रात डलास से पहले जिन दो रिपोर्टरों ने मुलाक़ात की थी उनकी हत्या भी अत्यन्त क्रूरतापूर्वक कर दी गयी। एक की मौत पुलिस स्टेशन में 'ग़लती' से रिवॉल्वर की गोली चल जाने से हुई, और दूसरा अपने अपार्टमेंट में कराटे के वार से मरा पाया गया। मुक़दमे के दौरान रूबी का इंटरव्यू लेने वाली पत्रकार डोरोथी किल्गैलेन भी अपने अपार्टमेंट में मरी हुई मिली। अपनी मौत के कुछ समय पहले ही उसने अपने दोस्तों को यह बताया था कि वह वाशिंगटन इस साज़िश का पर्दाफ़ाश करने के इरादे से जा रही थी।[2]

सेंट्रल इंटेलीजेंस एजेंसी (सीआईए) के एक पूर्व अधिकारी विक्टर मार्चेत्ती के दावे के मुताबिक़ शॉ और एक दूसरा साज़िशकर्ता, डेविड फेर्री दोनों ही सीआईए के लिए काम करते थे। उसने यह भी साबित करने की कोशिश की कि सीआईए के तात्कालिक निदेशक रिचर्ड हेम्स ने सीआईए–माफ़िया को फिडेल कास्त्रो के ख़िलाफ़ साज़िश रचने में भी मदद की थी। हेम्स ने शॉ और ग़ैरीसन को इस क़त्ल को अंजाम देने के लिए प्रलोभन दिया था।[3] ग़ैरीसन के अनुसार कट्टरपन्थी और सैन्य–औद्योगिक परिसर (एमआईसी) जेएफके वियतनाम में सैन्य–गतिविधियों को कम करने, क्यूबा के साथ अमेरिका के सामान्य सम्बन्ध बहाल करने और सोवियत संघ के साथ शान्ति स्थापित करने की पहल से सशंकित थे। वे हिंसा का रास्ता छोड़कर शान्ति बहाल करने की इस प्रक्रिया के ख़िलाफ़ थे और लिंडन बी. जॉनसन के राष्ट्रपति बनाये जाने के मार्ग को प्रशस्त करना चाहते थे।

यह ख़बर जब सामने आयी कि फ़िल्मकार ओलिवर स्टोन 1988 में ग़ैरीसन की स्मृतियों पर आधारित फ़िल्म जेएफके, ऑन दी ट्रायल ऑफ़ असैसिन[4] बना रहे हैं, तब अमेरिका की मुख्यधारा की मीडिया ने इस ख़बर

से अपनी भयानक नाराज़गी ज़ाहिर की। शिकागो ट्रिब्यून[5] का कहना था कि स्टोन की फ़िल्म अमेरिकी गरिमा के विरुद्ध थी। 'न्यूज़वीक' ने विश्व समुदाय से यह अपील की कि वह इस फ़िल्म पर विश्वास नहीं करें। फ़िल्मकार की इस कृति को एक घोर अपराध बता कर इसकी व्यापक आलोचना की गयी और इसे युद्ध को उकसाने वाला एक मनोविकार बताया गया। 'न्यूयॉर्क टाइम्स' ने फ़िल्म से असहमति जताते हुए इस पर सत्ताईस स्तम्भ लिखे। वाशिंगटनोनियन के एक फ़िल्म समीक्षक को इस फ़िल्म की प्रशंसा में सिर्फ़ एक पैराग्राफ़ लिखने के ऐवज़ में अपने पद से इस्तीफ़ा देना पड़ा। सच तो यह था कि फ़िल्म के रिलीज़ होने के बहुत पहले से ही इसका विरोध शुरू हो चुका था। ज़ाहिर बात थी कि इस विरोध का आधार वह एकपक्षीय धारणा थी जो एक ख़ास सिद्धान्त के पक्ष में गढ़ी गयी थी। दरअसल अमेरिकी राष्ट्रपति की हत्या की साजिश के पक्ष में अनेक सिद्धान्त प्रस्तुत किये गये, और तक़रीबन उतने ही सिद्धान्त उसके विरुद्ध भी प्रस्तुत किये गये। अनुमानों का यह सिलसिला आज भी जारी है। बहरहाल केनेडी की आकांक्षाओं के विरुद्ध उनके उत्तराधिकारी ने सैन्य–औद्योगिक परिसर (एमआईसी) का साथ देते हुए वियतनाम के साथ जंग जारी रखने का फ़ैसला किया।[6]

केनेडी की हत्या से सम्बन्धित सिद्धान्त बाद में भी समय–समय पर सामने आते रहे। बीबीसी ने सर्वप्रथम अक्टूबर 2017 में और तत्पश्चात् मार्च 2018 में स्पष्ट रूप से संकेत किया कि हत्या की गुत्थी के सुलझने की कोई सम्भावना कभी नहीं रही। लेकिन इकलौते बन्दूक़धारी और उसके द्वारा चलाई गयी गोली द्वारा राष्ट्रपति की हत्या के सिद्धान्त को सुनियोजित तरीक़े से प्रोत्साहित किया गया। पास की इमारत से फ़ोटोग्राफर अब्राहम जैप्रूडर ने इस पूरे प्रकरण को अपने कैमरे में क़ैद भी किया था।[7]

केनेडी परिवार का दुर्भाग्य यहीं समाप्त नहीं हुआ। जॉन एफ. केनेडी के छोटे भाई रोबर्ट की हत्या भी 1968 में तब कर दी गयी जब वे राष्ट्रपति पद के लिए अपने चुनाव प्रचार का अभियान शुरू करने ही वाले थे। रोबर्ट की हत्या की जाँच में भी यथासम्भव ढील–ढिलाई की गयी। गवाहों को चुप रहने के लिए लोभ दिया गया और साक्ष्यों को या तो नष्ट कर दिया गया या उनके साथ तोड़–मरोड़ की गयी। जाँच की प्रक्रिया

के प्रति मीडिया ने भी पर्याप्त उपेक्षा दिखलाई और एक फ़र्ज़ी मुक़दमा चला कर फिलिस्तीनी मूल के एक जॉर्डनियाई नागरिक सिरहन को दोषी क़रार दे दिया गया। इन दो हत्याओं ने केवल अमेरिका ही नहीं बल्कि शायद पूरे विश्व इतिहास की मुख्यधारा बदल दी। अपने भाई की तरह रोबर्ट भी वियतनाम में शान्ति बहाली के पैरोकार थे। किसी व्यक्ति ने दोनों भाइयों के बारे में बिल्कुल अलग राय व्यक्त की है। यह बात पूरी तरह साफ़ थी कि देश के भीतर कुछ ऐसी ताक़तें मौजूद थीं जो जॉन एफ. केनेडी या रोबर्ट केनेडी में से किसी को भी राष्ट्रपति बने देना रहना नहीं चाहती थीं।[8] बाद में रिचर्ड निक्सन वाइट हाउस के लिए नामित किये गये। वियतनाम के साथ जंग अगले चार सालों तक जारी रही और इसका विस्तार बढ़ कर लाओस और कम्बोडिया जैसे देशों तक हो गया।

यह घटना अमेरिका के दो प्रमुख राजनेताओं की हत्या की थी; लेकिन इसका विश्लेषण दो अलग–अलग हत्यारों द्वारा की गयी वारदात के तौर पर की गयी–जिसमें एक का सम्बन्ध सोवियत संघ के साथ सिद्ध करने का प्रयास किया गया। लेकिन सच यही था कि दो अलग–अलग घटनाएँ होने के बावजूद दोनों ही अपरिहार्य रूप से एक–दूसरे से जुडी हुई थीं और एक ही षड्यन्त्र का हिस्सा थीं। सच तो यह था कि कुछ लोगों के लिए शान्ति और अमन लाभ का सौदा बिल्कुल नहीं था। उनके लिए तो अनवरत युद्ध की स्थिति ही लाभकारी थी।

सबसे शक्तिशाली फ़ौज का मुखिया होने के नाते अमेरिका के राष्ट्रपति को दुनिया का सबसे ताक़तवर आदमी माना जाता था। एक सत्ताधारी राष्ट्रपति के तत्काल बाद उसके उत्तराधिकारी की हत्या का अर्थ यही था कि अमेरिका में राष्ट्रपति के पद से भी अधिक कोई शक्तिशाली सत्ता थी जो गोपनीय रूप से शासन तन्त्र के समानान्तर काम कर रही थी। दोनों वारदातों को छुपाने के लिए जो आवरण प्रयोग में लाये गये थे वे साफ़–साफ़ संकेत करते थे कि वे षड्यन्त्रों की तुलना में अधिक मज़बूत और कारगर थे। सत्ता और मीडिया के भीतर उनकी जड़ें गहराई के साथ जमी हुई थीं।

यह वारदात दुनिया के सबसे पुराने और उस लोकतन्त्र में हुई थी जिसे अपने न्याय–प्रणाली, सामाजिक समानता और अभिव्यक्ति की स्वतन्त्रता जैसे सिद्धान्तों पर गर्व था, और जो लोकतान्त्रिक शुचिता के

प्रति अपनी आत्ममुग्धता, अपने उद्देश्यों और अपनी महान उदारता को लेकर कदाचित् एक अहंकार–बोध से भरा हुआ था। इसमें कोई संशय नहीं था कि अमेरिका में ऐसे लोग भी थे जो उपर्युक्त उदार मूल्यों में गहरी आस्था रखते थे। अभिव्यक्ति की स्वतन्त्रता उनकी इस आस्था का सबसे सशक्त आधार था। जो लोग उन मूल्यों को निश्चित करते थे वे इस तथ्य से अपरिचित थे कि कई बार सत्य को आख्यानों के बोझ के नीचे दबा भी दिया जाता है।

आख्यान का क्या अर्थ है?

आख्यान सत्य नहीं होता है, बल्कि मूल सत्य को अपदस्थ कर उसे एक विशेष प्रयोजन के साथ दुनिया के सामने प्रस्तुत करना ही आख्यान है। आख्यान कभी तटस्थ और निरुद्देश्य नहीं होते। उनके निर्माण का औचित्य एक विशेष रणनीति होती है।[9] आख्यान वस्तुतः अनुभूति के आसपास ही निर्मित होते हैं–किसी विशिष्ट घटना अथवा किसी विशेष लक्ष्य की अनुभूति। आख्यानों की सबसे प्रमुख आवश्यकता जनसामान्य की अधिकतम और सफलतम ग्रहणशीलता होती है। यह एक तरह की दहशतंगेज़ बगावत है। सिर्फ़ बाहरी हथियारों और पैसों की मदद से इस बग़ावत को जन्म नहीं दिया जा सकता है। आख्यानों के जन्म के लिए किसी–न–किसी स्थानीय असन्तोष का होना ज़रूरी है–चाहे वे राष्ट्रीय हों, अथवा धार्मिक या नस्लवादी हों, चाहे वे सच्ची या काल्पनिक हों, चाहे वे समय के मुताबिक़ किसी दुष्प्रचार से निर्मित हों–जिनको बाह्य ताक़तों द्वारा हवा दी जा सके। यह एक तरह का विज्ञापन है–जिसमें पहले एक ब्रांड बनाया जाता है, और जनता को सपने दिखा कर उस उत्पाद की ज़रूरत बतायी जाती है। वैश्विक वर्चस्व के लिए किसी भी राजनीतिक शक्ति को आख्यानों की सबसे अधिक आवश्यकता होती है।

मानव सभ्यता के इतिहास में होने वाले युगान्तकारी परिवर्तनों में प्रिंटिंग प्रेस के आविष्कार और उसके ज़रिये लिखित शब्दों के प्रसार की एक बड़ी भूमिका रही। मार्टिन लूथर सम्भवतः पहले व्यक्ति थे जिन्होंने सोलहवीं सदी में यूरोप में ईसाई धर्म में व्यापक सुधार लाने के लिए प्रिंटिंग प्रेस का उपयोग किया था। यह सर्वविदित है कि प्रिंटिंग प्रेस का आविष्कार पन्द्रहवीं सदी में हुआ था। ओटोमन या उस्मानिया साम्राज्य के

सुल्तान बजीद द्वितीय ने हालाँकि 1468 में प्रिंटिंगे प्रेस पर प्रतिबन्ध लगा दिया था, और इसके ज़रिये अपनी ख़िलाफ़त को मज़बूत करने का मौक़ा भी गँवा दिया था। तुर्की में प्रिंटिंगे के पुनःर्प्रयोग की अनुमति अट्ठारहवीं सदी में मिली, और इस प्रकार इस अवधि में किसी नये आख्यान को गढ़ने का अवसर भी हाथ से जाता रहा।

बाद के वर्षों में क्रमशः उनके आविष्कारों के साथ हमारा परिचय टेलीग्राम, रेडियो, टेलीफ़ोन और टी.वी. से हुआ। ब्रिटिशों ने प्रथम विश्वयुद्ध में एक अल्प विकसित रेडियो का प्रयोग किया था। द्वितीय विश्वयुद्ध में सभी लड़ाकू देशों ने रेडियो तरंगों का व्यापक प्रयोग किया था। अफ़्रीका और एशिया के एक बड़े हिस्से में रेडियो आज भी मनोरंजन और सूचना का प्रमुख साधन है। 1936 में बीबीसी की प्रसारण–सेवा के बाद दुनिया ने पहली बार सार्वजनिक टी.वी. प्रसारण का सुख उठाया था। आज इस प्रसारण का विस्तार पूरे वैश्विक समुदाय तक हो चुका है। आज नये–नये आख्यानों को गढ़ने और उनको फैलाने में टी.वी. की व्यापक भूमिका है। भारत में टी.वी. का प्रयोग रूप में पहला प्रसारण दिल्ली में 1959 में किया गया लेकिन इसका नियमित प्रसारण 1965 से आरम्भ हुआ। आज देश भर में व्यावसायिक चैनलों को शामिल कर 800 भी अधिक टी.वी. चैनल हैं। ज़ाहिर है कि आज राष्ट्र और निजी प्रसारणकर्त्ताओं दोनों के पास अपने सन्देशों के अधिकतम विस्तार की व्यापक सुविधाएँ हैं।

केनेडी बन्धुओं की हत्या के अनेक सालों बाद जब आतंकवाद से निबटने के उद्देश्य से 2001 में अमेरिकी सेना ने अफ़ग़ानिस्तान में पैर रखे थे, तब नेशनल ज्योग्राफिक सोसाइटी और रोपर–एएसडब्ल्यू ने अट्ठारह से लेकर चौबीस तक के आयुवर्ग के अमेरिकियों के बीच एक सर्वे किया। सर्वे के परिणामस्वरूप कुछ चौंकाने वाले नतीजे सामने आये। सर्वे के मुताबिक़ 83 फ़ीसदी अमेरिकियों को यह भी पता नहीं था कि अफ़ग़ानिस्तान कहाँ है। अलबत्ता उन्हें प्रशान्त महासागर में स्थित उस द्वीप की जानकारी अवश्य थी जहाँ एक लोकप्रिय रियलिटी शो का फ़िल्मांकन हुआ था। उसके बाद विश्व मानचित्र पर इज़राइल को चिन्हित करना उनके लिए अधिक आसान था। उसी वर्ग के अधिकांश अमेरिकियों ने अपने देश की आबादी एक अरब से ज़्यादा बतायी जो कि अमेरिका की वास्तविक जनसंख्या से तीन गुना अधिक थी।[10] आधे से भी कम अमेरिकी मानचित्र

में फ़्रांस, ब्रिटेन या जापान को चिन्हित करने में समर्थ थे। ऐसा नहीं कि यह अनिवार्य रूप से अन्धराष्ट्रवाद का कोई लक्षण था—क्योंकि तक़रीबन आधे अमेरिकी संयुक्त राष्ट्र के नक़्शे पर न्यूयॉर्क राज्य को तलाशने में नाकाम रहे थे।[11]

एक ऐसे राष्ट्र में जहाँ लोग सत्य से तक़रीबन अनभिज्ञ हों, वहाँ किसी विशेष उद्देश्य से तथ्यों को आसानी से तोड़ा—मरोड़ा जा सकता है। ऐसे राष्ट्र में किसी भ्रम और संशय के प्रति जनसाधारण को आश्वस्त करना कोई बड़ी समस्या नहीं है—भले ही वहाँ सरकार का ढाँचा जो भी हो। किसी भी स्थिति में आख्यान को गढ़ने का निर्णय जनप्रतिनिधियों को चुनने वाले आम मतदाता नहीं करते बल्कि लोगों का एक समूह करता है, जो आमतौर पर शक्तिसम्पन्न और स्थानीय आभिजात्य—वर्ग होता है, और जिन्हें यह ग़लतफ़हमी होती है कि वे राष्ट्रहित में इसलिए श्रेष्ठतम सोच सकते हैं क्योंकि उनको सबसे अधिक जानकारी होती है। उनके अनुसार जनसामान्य केवल अपने मताधिकार का प्रयोग करना जानते हैं। आख्यान या गाथा उसी जनसामान्य के लिए गढ़े जाते हैं और जनसामान्य उन आख्यानों या कथ्यों को यही समझ कर स्वीकार करता है इसी में उसका हित है।

पारम्परिक दृष्टि से आख्यान धनी और शक्ति—सम्पन्न लोगों द्वारा गढ़ा जाता है। युद्ध में जो विजयी होता है वह अपनी सुविधानुसार अपनी प्रतिष्ठा की पुनर्व्याख्या करने के लिए आख्यानों की रचना करता है। राज्यों के बीच के सम्बन्ध में हमेशा सत्यनिष्ठा ही सर्वोपरि नहीं होती, बल्कि आख्यान की भी एक महत्त्वपूर्ण भूमिका होती है। जैसा कि जॉर्ज ओरवेल ने लिखा है, 'राजनीति की भाषा इस प्रकार निर्मित की जाती है कि झूठ भी सच लगे, हत्या का अपराध भी सम्मानजनक प्रतीत हो और शून्य भी किसी वस्तु—सा ठोस अनुभूत हो।'[12] किसी भी राष्ट्र की शक्ति और समृद्धि इस बात पर निर्भर है कि उसके पास अपने लिए और शेष दुनिया के लिए कहने को एक कहानी हो। अन्यथा वह वैश्विक वर्चस्व के सन्दर्भ में दुनिया को अभिप्रेरित नहीं कर सकता है।

व्यावहारिक अन्तरराष्ट्रीय राजनीति में वर्चस्व और लाभ किसी भी राष्ट्र के मुख्य लक्ष्य होते हैं। ऐसे नियन्त्रण के लिए सैन्य और आर्थिक ताक़त के साथ ही खाद्य सुरक्षा और संसाधनों तथा बाज़ारों तक प्रभावी

पहुँच हमेशा से ज़रूरी रहे हैं। बीसवीं सदी के आरम्भ से तकनीक के प्रयोग ने अन्तरराष्ट्रीय वर्चस्व के परिप्रेक्ष्य में सबसे बड़ी भूमिका निभायी है। इसी प्रकार एक स्वस्थ और शिक्षित आबादी अपनेआप में किसी भी राष्ट्र की स्थायी सम्पत्ति है। कोई भी राष्ट्र इन सभी गुणों से या इनमें से अधिकांश गुणों से सम्पन्न हो सकता है, लेकिन हरेक राष्ट्र को अपना आख्यान उस तरीक़े से प्रस्तुत करना ज़रूरी होता है, ताकि शेष दुनिया उसका विश्वास कर सके। अन्यथा हमेशा के लिए अपने प्रभुत्व को स्थापित नहीं रख पाएगा।

एक आख्यान को या तो कोशिशों और प्रोत्साहन के ज़रिये सच बनाया जा सकता है जैसा कि हम कोका–कोला के विज्ञापन में देखते हैं, या फिर उसे जनसामान्य के दिमाग़ में बिठाकर सच बनाया जा सकता है। इसकी मिसाल 2003 में हम अमेरिकी प्रशासन द्वारा इराक़ पर हमले में देख सकते हैं। स्वयं को सही ठहराने के लिए आख्यान गढ़े जाते हैं। उन्हें सिर्फ़ अपना पक्ष रखने के लिए ही नहीं बल्कि आपका पक्ष रखने के लिए भी प्रस्तुत किया जाता है। इस प्रयास में सूत्रधार अपने विचारों, संस्कृति और उद्देश्यों को श्रेष्ठ बताता है, और इसलिए यह क़तई आवश्यक नहीं कि कोई आख्यान किसी सच पर ही आधारित हो। अक्सर आख्यानों को बढ़ा–चढ़ाकर प्रस्तुत किया जाता है, लेकिन हरेक आख्यान के कुछ उप–आख्यान भी होते हैं जो उस समय की ज़रूरतों के मुताबिक़ रचे गये होते हैं। पश्चिमी देशों के पास ऐसी सुविधाएँ हैं कि वे अपने आत्म–औचित्य और श्रेष्ठता के आख्यानों को प्रोत्साहित कर सकें, या मीडिया की पहुँच का उपयोग कर अपने उद्देश्यों को उचित सिद्ध कर सकें। मीडिया की पहुँच के लिए प्रायः टी.वी., समाचार एजेंसियाँ और अब इंटरनेट पर व्यक्ति की निर्भरता का इस्तेमाल होता है। आख्यानों के संचार और विस्तार में इन माध्यमों की महत्त्वपूर्ण भूमिका है।

संदेशों को विश्वसनीय कथन के ज़रिये जनसामान्य तक पहुँचाया जाता है ताकि जनसामान्य में उसकी ग्राह्यता को सुनिश्चित किया जा सके। राष्ट्र के किसी उपकरण–असैनिक या सैनिक दोनों के द्वारा प्रत्यक्षतः प्रस्तुत किया गया आख्यान सामान्यतः भावहीन और अकाल्पनिक होता है, और प्रायः उसके प्रति जनसामान्य में एक संशय की स्थिति होती है। चूँकि कोई आख्यान केवल सच–मात्र का ही प्रकटीकरण नहीं होता है

और उसमें एक प्रकार की ग़ैर–ईमानदारी होती है, इसलिए ऐसा माना जाता है कि आख्यान अक्सर बढ़ा–चढ़ा कर गढ़ा गया सच है। 'आख्यान घटनाओं और सही या ग़लत तथ्यों की निरन्तरता को एक अर्थ देते हैं।' इसका नियन्त्रण सूत्रधार के हाथों में होता है और वही इस बात का ख़याल रखता है कि जनसामान्य उस आख्यान से अपनी सुविधानुसार अर्थ नहीं निकाले।'[13] आख्यान को निर्मित करने के लिए बहुत धैर्य और कुटिलता की आवश्यकता होती है, और साथ ही दूरदर्शिता की भी ताकि समय के साथ–साथ उसे रूपान्तरित किया जा सके या उससे पलटा जा सके। एक प्रभावी, स्वीकार्य और दीर्घकालिक आख्यान किसी भी बाज़ी को पलटने की क्षमता रखता है। यदि सही आख्यानों की सहायता ली जाये तो युद्ध को आधा जीता जा सकता है। केवल सैन्य, आर्थिक या तकनीकी रूप से शक्तिशाली होकर दुनिया को नियन्त्रित और उसपर अपना वर्चस्व स्थापित करना मुश्किल है। ऐसे में स्थिति की अनुकूलता और अनिवार्यता को आधार बना कर आख्यानों को स्थापित किया जाता है।

किसी भी राष्ट्र के लिए आज यह पहले से ज़्यादा ज़रूरी है कि युद्ध हो अथवा शांति दोनों स्थितियों में जनसामान्य तक ज़ोर–शोर से जल्दी से जल्दी अपनी बात पहुँचाई जा सके। इसलिए सन्देशों की पुनरावृत्ति, उन्हें सम्प्रेषित करने के माध्यमों की बहुलता और उनके प्रसार की व्यापकता पर केन्द्रित होना आवश्यक है। यह क़वायद युद्ध और शान्ति दोनों परिस्थितियों में आवश्यक है। चूँकि आज वर्चस्व की प्रतिस्पर्धा अपनी पराकाष्ठा पर है और अपने प्रतिस्पर्धियों के विरुद्ध वही पुराने तौर–तरीक़े आज़माये जा रहे है, ऐसे में प्रतिस्पर्धियों को कई बार वे तरीक़े भी अपनाने पड़ते हैं जिन्हें प्रामाणिक और वैध नहीं कहा जा सकता है। युद्ध अब अपने आप में एक ग़लत चयन हो गया है। हज़ारों मासूम लोग क्रूरतापूर्वक मारे जाते हैं। धोखेबाज़ी और लोभ आज के सन्दर्भ में नयी तरक़ीबें बन चुकी हैं। चूँकि ये कमज़ोर लोग अपने आप में हथियार नहीं होते हैं, बल्कि कमज़ोर लोग शक्तिशालियों के लिए हथियारों में तब्दील हो चुके हैं। आख्यान को गढ़ने के लिए सच और कल्पनाओं का चालाकीपूर्ण मिश्रण और उस मिश्रण में लोभ और प्रोत्साहन द्वारा किया गया परिष्कार की कला आज विश्व में अपना कम–से–कम नुक़सान उठा कर अधिक–से–अधिक उद्देश्य–प्राप्ति का सरलतम मार्ग है। जैसा कि लेखक रोबर्ट ग्रीन अपनी पुस्तक 'दी 33 स्ट्रेटेजिज़ ऑफ़ वार' में लिखते हैं :

भावुकता द्वारा जनता की समझ का परिष्कार किया जाता है; उसके सामने एक ऐसी दुनिया की व्याख्या की जाती है जैसी दुनिया वे अपनी कल्पना में देखना चाहते हैं। उनकी अपेक्षाओं के अनुकूल वास्तविकताओं को तोड़ा–मरोड़ा जाता है और उनकी उम्मीद की दुनिया निर्मित की जाती है। यह और कुछ नहीं बल्कि जनता द्वारा ख़ुद को ही बेवकूफ़ बनाना है। उसे धोखा देने का सबसे आसान तरीक़ा यह है कि सच और झूठ का ऐसा घालमेल किया जाये कि एक–दूसरे से दोनों को अलग करके देखना लगभग असम्भव हो जाता है। वास्तविकता के बारे में जनता की समझ को नियन्त्रित करना ही असल में जनता को नियन्त्रित करना है।[14]

आख्यान और अनुकूल समझ का सृजन कोई अकस्मात् होने वाली घटना नहीं है। इसके लिए एक निर्धारित एजेंडे की आवश्यकता होती है और उस एजेंडे पर श्रमपूर्वक काम करना होता है। यह अमेरिकी राजनयिक जॉर्ज केनन थे जिन्होंने 30 अप्रैल, 1948 के अपने विख्यात स्टेट डिपार्टमेंट मेमो[15] में यह लिखा कि राजनीतिक युद्ध में प्रत्यक्ष और परोक्ष दोनों ग़ैर सामरिक कौशल की दरकार होती है ताकि अपने प्रतिपक्षी नेताओं और उसके द्वारा बनायी गयी जनभावनाओं को ग़लत ठहराया जा सके। आख्यान–निर्माण का मुख्य उद्देश्य अपने प्रतिस्पर्धियों पर राजनीतिक बढ़त हासिल करना ही होता है। राजनीतिक वर्चस्व एक अनुकूल राजनीतिक आख्यान के निर्माण का प्रमुख माध्यम होता है। प्रतिस्पर्धी देश में जनता का अपनी सरकार का विरोध भी राजनीतिक आख्यान के निर्माण में एक सहायक तत्त्व है। बहुधा राष्ट्र अपने मित्र और सहयोगी देशों को प्रभावित करने में इन्हीं हथकंडों का इस्तेमाल करते हैं।

विश्व प्रभुत्व में योगदान

शेष दुनिया पर अमेरिकी और पाश्चात्य प्रभुत्व का कारण केवल आर्थिक, तकनीकी और सैन्य सामर्थ्य नहीं है। इस प्रभुत्व में मनोनुकूल आख्यानों के निर्माण की भी एक बड़ी भूमिका रही है। इसकी दक्षता इस पर निर्भर है कि विषय–वस्तु को किस तरह से रचा गया है और रचाव के बाद किस कुशलता के साथ कहानी को बेचा गया है। मिसाल के तौर पर मूल्यों और कला तथा साहित्य, वैज्ञानिक मस्तिष्क, सैन्य–शक्ति, आर्थिक पराक्रम और तकनीकी दक्षता के मामले में अपनी श्रेष्ठता का आडम्बर करना आदि।

शेष दुनिया पर अपनी बुद्धि की तीक्ष्णता और तथ्य की शुद्धता स्थापित करने का पश्चिमी देशों का यह हमेशा से स्थायी तरीक़ा रहा है। इसी स्थायी तरीक़े पर चलते हुए पश्चिमी देश इराक़ या किसी अन्य देश पर आक्रमण करने जैसे अपने छोटे–छोटे लक्ष्यों को प्राप्त करते हैं। सबसे पहले ऐसी कहानियाँ गढ़ी जाती हैं जिससे लक्षित देश की सरकार को बदनाम किया जा सके। कार्रवाई करने से पहले उस सरकार या देश पर मीडिया की मदद से विविध अन्तरराष्ट्रीय मंचों पर ग़लत नीतियाँ अपनाने के आरोप मढ़े जाते हैं। समय के व्यतीत होने के साथ–साथ ये आख्यान एक सच्ची धारणा का रूप ले लेते हैं और पीढ़ियाँ गुज़रने के साथ–साथ पूर्ववर्ती मान्यताएँ ही सत्य प्रतीत होने लगती हैं।

एक महाशक्ति–जिसके स्वार्थ दुनिया भर में बिखंरे होते हैं–अपने सुरक्षा बलों का किसी निवेश की तरह विश्व मानचित्र पर विस्तार करते हैं ताकि दुनिया के बाज़ारों और संसाधनों पर उसका एकाधिकार स्थापित हो सके। उसके लिए ऐसे आख्यानों की बहुत अधिक ज़रूरत होती है जो वैश्विक, साकारात्मक और स्थायी हों। अमेरिका और सोवियत संघ (अब रूस) दोनों देशों ने ऐसे आख्यान गढ़ने में अपनी गुप्तचर एजेंसियों का अभूतपूर्व उपयोग किया। वे एजेंसियाँ केवल अपना आख्यान ही नहीं गढ़ती थीं, बल्कि अपने प्रतिद्वन्द्वियों के आख्यानों में आवश्यकतानुसार बदलाव भी करती थीं। ये महती और सामूहिक प्रयास होते हैं जिनमें सरकार के साथ कॉर्पोरेट घराने भी मिले होते हैं। उपनिवेशवाद और साम्राज्यवाद के समय भी यह तरीक़ा आम प्रचलन में था। चीन जैसा देश भी आज इन्हीं तरीक़ों को आजमा रहा है। किसी देश को इतना ताक़तवर होना ही चाहिए कि बाक़ी दुनिया उसकी बातों को गौरपूर्वक सुने। यह सन्देश स्थानीयता से सम्बन्धित हो, न कि किसी अन्य देश से उधार लिया गया हो। जब से भारत विश्वमंच पर एक बड़ी ताक़त के रूप में उभरा है और जब से अपनी सदियों पुरानी सभ्यता के कारण इसने इतिहास में अपनी महत्त्वपूर्ण जगह बनायी है, तब से निश्चित तौर पर इसने भी अपने इतिहास और मूल्यों को लेकर अपने अनेक आख्यान गढ़े होंगे ताकि वह अपने इतिहास और मूल्यों के मज़बूत और कमज़ोर दोनों पक्षों का सम्मानजनक संस्करण दुनिया को प्रस्तुत कर सके। किसी भी देश का दबदबा केवल उसकी विशालता और शक्तिसम्पन्नता से अर्जित नहीं होता है

बल्कि इस बात से स्थापित होता है कि वह अपने कमज़ोर और मज़बूत दोनों ही पक्षों की कहानियाँ दुनिया को कैसे सुनाता है।

किसी भी आख्यान की रचना के लिए अपने उद्देश्य से सम्बद्धता और एक निश्चित कार्यक्रम बहुत आवश्यक होता है। 1991 के इराक़ युद्ध में सीएनएन के रिपोर्टरों ने अमेरिकी सैन्यबलों की सुरक्षा में युद्ध की ख़बरें दुनिया तक पहुँचाई थीं। अमेरिकी वायुसेना द्वारा इराक़ी भूमि पर हमला करने का वास्तविक समय टी.वी. प्रसारण तकनीक, आख्यान और शक्ति की दृष्टि से एक महत्त्वपूर्ण उपलब्धि मानी जायेगी। आज के इंटरनेट, संचार और सोशल मीडिया के उपकरण उतने ही क्रान्तिकारी माने जायेंगे जितने कि पन्द्रहवीं सदी में प्रिंटिंग प्रेस माने जाते थे।

नियन्त्रण और दीर्घकालिक प्रभुत्व के लिए समुचित निर्देशों की अत्यन्त आवश्यकता होती है। इनका उद्देश्य सन्देशों और आख्यानों को सम्बद्ध राष्ट्र की शक्ति और अच्छाई के अनुरूप दुनिया में विस्तारित करना और प्रतिद्वन्द्वी देश के प्रयासों को निष्फल करना होता है। निर्देशों के माध्यम से सम्बद्ध देश विश्व में न केवल अपनी आर्थिक, सांस्कृतिक और भाषिक श्रेष्ठता स्थापित करना चाहता है बल्कि अत्यन्त सूक्ष्मता और चतुराई के साथ अपनी धार्मिक और नस्लीय श्रेष्ठता भी प्रमाणित करने का प्रयास करता है। दो राष्ट्रों के बीच कला, नाटक, साहित्य, संस्कृति, भाषा और प्रमुख रूप से सन्देशों के आदान–प्रदान की व्यवस्था पर नियन्त्रण के लिए आख्यानों की प्रतिस्पर्द्धा एक सामान्य बात है। गुप्तचर संगठनों, गुप्त समुदायों, दबाव समूहों अर्थात् लॉबियों, मोर्चा संगठनों, प्रबुद्ध मण्डलों और मीडिया के सभी ढंगों का इस्तेमाल आख्यानों को गढ़ने के क्रम में लम्बी अवधि से किया जा रहा है।

शक्तिशाली देशों पर शासन करने वाले शक्तिशाली लोगों ने मानो यह मान लिया है कि जनादेश ने उन्हें दुनिया को सुधारने और अपनी सुविधा के मुताबिक पुनर्व्यवस्थित करने के लिए अधिकृत किया हुआ है। सम्भवतः इसी मानसिकता में रुडयार्ड किपलिंग ने 'वाइटमैन'स बर्डन' लिखी होगी जिससे प्रेरित होकर अमेरिका ने उन्नीसवीं शताब्दी के अन्त में फिलिपीन्स पर अधिकार किया होगा।[16] वर्चस्व के इस अभियान में लाखों की तादाद में निर्दोष लोगों की जानें गयीं। लेकिन बहुतों के लिए यह अधिकार केवल एक लाभ–हानि का सौदा भर था। द्वितीय विश्वयुद्ध के बाद आज

भी यह उपक्रम रुका नहीं है; बल्कि बढ़ ही गया है। विंस्टन चर्चिल की टिप्पणी उस समय की मानसिकता को भलीभाँति दर्शाती है। इस टिप्पणी की प्रासंगिकता आज भी बनी हुई है। उन्होंने कहा था :

'दुनिया की सरकार पर उन राष्ट्रों को सन्तुष्ट करने का उत्तरदायित्व होना चाहिए, जिन्होंने अपनी मौजूदा स्थिति से बेहतर स्थिति के बारे में कभी सोचा भी नहीं होगा। दुनियाभर की सरकारें अगर भूखे राष्ट्रों के नियन्त्रण में होतीं तो दुनिया हमेशा संकट में होती, और हम में से किसी के पास अधिक चाहने का कोई भी आधार नहीं होता। शान्ति उन लोगों पर निर्भर होती जो अराजक हैं और महत्त्वाकांक्षाविहीन हैं। हमारी ताक़त ही हमें दूसरों से बेहतर स्थिति में रखती है। हम उन धनाढ्य लोगों की तरह हैं जो अपने घरों में शान्तिपूर्वक रहते हैं।'[17]

शीतयुद्ध पश्चिमी देशों ने जीता था, लेकिन यह जीत सिर्फ़ वैसी नहीं थी जैसी रोनाल्ड रीगन ने 'सोवियत संघ के दुष्ट साम्राज्यवाद' को 'स्टार वार्स' का इस्तेमाल कर हासिल की थी। इस जीत को एक सुनियोजित सैन्य गठबन्धन द्वारा हासिल किया गया था जिसमें कुछ मित्र और अनुयायी तानाशाह भी शामिल थे। परोक्ष युद्धों–जिनमें दोनों महाशक्तियाँ एक–दूसरे से सीधे लड़ने के बजाय किसी तीसरे पक्ष के माध्यम से एक–दूसरे को हानि पहुँचाने का प्रयास कर रही थीं, और अफ़गान जिहाद ने सोवियत साम्राज्य को भीतर से जर्जर कर दिया था। बर्लिन की दीवार सीआईए और अन्य गुप्तचर एजेंसियों द्वारा पहुँचाई गई मदद से और सांस्कृतिक शीत योद्धाओं के प्रयासों से गिराई गई ताकि थक चुके और संकटों से घिरे यूरोप को साम्यवाद से सुरक्षित बचाया जा सके। सोवियत संघ के विरुद्ध आख्यान रचने और मुहिम चलाने में सीआईए ने करोड़ों डॉलर ख़र्च किये और उसके ख़िलाफ़ बड़े पैमाने पर सांस्कृतिक दुष्प्रचार चलाया। लगभग हरेक अमेरिकी स्टालिन के इस विध्वंस के विरुद्ध एकजुट हो गया था। सभी महत्त्वपूर्ण यूरोपियन भी इस बड़े सांस्कृतिक शीतयुद्ध का हिस्सा बन गये थे। वे पत्रिकाओं, कला प्रदर्शनियों, सामुदायिक उद्देश्य से आयोजित की गयी संगीत सभाओं, पुस्तक मेलों और सीआईए द्वारा संचालित रेडियो स्टेशनों को खुल कर वित्तीय मदद दे रहे थे ताकि एक श्रेष्ठ 'स्वतन्त्र दुनिया' के सायास गढ़े गये आख्यान को स्थापित किया जा सके। इसके बावजूद 1991 को क्रिसमस डे जब महासचिव मिखाइल

गोर्बाचोव ने सोवियत संघ का विघटन करते हुए दस्तावेज़ पर दस्तख़त करने की कोशिश की तब ऐन मौके पर उनकी क़लम ने दगा दे दिया और इस काम के लिए उन्हें सीएनएन के एक कैमरामैन से उसकी क़लम उधार लेनी पड़ी। इस वाक़ये के निहितार्थ और प्रतीकात्मकता को समझने की आवश्यकता है क्योंकि 'अमेरिका ने पश्चिम का युद्ध अन्तिम रूप से जीत लिया था।'[18]

2001 की सितम्बर के बाद अमेरिका ने अपना पूरा ध्यान अपने हितों पर केन्द्रित कर दिया। इस महत्त्वाकांक्षा में उसके साथ उसकी शक्तिशाली फ़ौज की मदद भी थी लेकिन अमेरिका को इसमें अपेक्षित सफलता नहीं मिली क्योंकि अपना हित साधने की प्रक्रिया में उसने अनेक अन्तरराष्ट्रीय समझौतों की उपेक्षा भी की। ताक़त दिखाने और आज़माने और केवल एकपक्षीय दृष्टिकोण के इस युग में एक राष्ट्र के तौर पर अमेरिका को अधिक क़ामयाबी नहीं मिली। इसकी बड़ी वजह यह थी कि अपनी ताक़त के दंभ में अमेरिका अपने सांस्कृतिक और आर्थिक दबावों और प्रभावों के माध्यम से अन्य देशों पर अपना 'सॉफ्ट पॉवर' या परोक्ष ताक़त आज़माने के बजाये सीधे सैन्य–शक्ति के उपयोग से उन देशों पर बढ़त हासिल करने और वर्चस्व स्थापित करने के मार्ग पर चल पड़ा था। राजनीति शास्त्र के विशेषज्ञ जोसेफ एस. नाये जूनियर लिखते हैं, 'अन्तोनियो ग्राम्स्की जैसे राजनीतिक नेता और विचारक बहुत पहले ही यह समझ चुके थे कि सत्ता एक एजेंडा निश्चित करने और एक विमर्श की रूपरेखा को बनाने और क्रियान्वित करने से ही हासिल की जा सकती है।'[19]

पश्चिम के विमर्श के कुछ मुख्य बिन्दु ही आने वाले वर्षों में भावी विश्व की रूपरेखा को निर्धारित करेंगे। पूरी दुनिया का वित्तीय स्थायित्व, भौगोलिक मौसम, नशीले पदार्थों की तस्करी पर नियन्त्रण और शिक्षा तथा स्वास्थ्य सुविधाएँ सभी कुछ इसी रूपरेखा का हिस्सा हैं, और ये सभी आधारभूत आवश्यकताएँ फ़ौजी ताक़त पर नहीं बल्कि कूटनीतिक ताक़त और अन्तरराष्ट्रीय सहयोग पर निर्भर हैं। महाशक्तियों द्वारा बनाया गया यह महत्त्वाकांक्षी एजेंडा ही आने वाले सालों में वैश्विक आख्यानों को निश्चित करेगा, और साथ ही दूसरे देशों के आख्यानों को इस महाख्यान में सम्मिलित करने की प्रकिया से गुज़रेगा।

दिमाग़ का खेल और 'राष्ट्रीय हित'

आख्यान दरअसल मन में एक धारणा का निर्माण करते हैं और धीरे–धीरे यही धारणा मनुष्य के अवचेतन में एक स्थायी मान्यता बना लेती है। एजेंडा निर्धारित करने वाला शासक वर्ग और उक्त एजेंडे को जिस लक्षित समूह के लिए बनाया गया है, उसमें शामिल आम लोगों के जीवन में उस एजेंडे को सहज स्वीकार्य बनाने के लिए इस आख्यान के माध्यम से एक सकारात्मक कल्पना के रूप में स्थापित करना ही इसका मुख्य उद्देश्य है। सुपरमैन जैसे काल्पनिक चरित्र को भी शायद इसी उद्देश्य से रचा गया था। उसके बरअक्स ब्रिटिश साम्राज्यवाद का प्रतिनिधित्व करता विसकाउंट ग्रेस्टोक अर्थात् टार्जन का चरित्र था जिसे 'कालों' के देश अफ़्रीका में एक पेड़ से दूसरे पेड़ तक झूलता हुआ दिखाया गया था। उसका लक्ष्य स्थानीय लोगों की रक्षा करना और आज़ादी हासिल करनी थी। वह अपने चचेरे भाई कैसर विलहेम से अपने राज्य की हिफाज़त करने के लिए कृतसंकल्प था। अमेरिका के जादुई पिटारे में वाल्ट डिज़्नी और मिकी माउस, ब्रॉडवे और हॉलीवुड, टाइम स्क्वायर, सेंट्रल पार्क एंड एम्पायर स्टेट बिल्डिंग जैसे करतब भी शामिल थे। सम्भव है इस फ़ेहरिस्त में अब ट्रम्प टावर्स का नाम भी जुड़ गया हो। अब आकर्षक और सम्भ्रान्त दिखते काउब्वॉय अमेरिका के नये चेहरे बन गये और बेतरतीब, उज्जड़ और अपनी मिट्टी से जुड़े स्थानीय अमेरिकियों को भुला दिया गया।

उन्नीसवीं और बीसवीं सदी इन काल्पनिक चरित्रों को गढ़ने का एकमात्र उद्देश्य श्वेत पुरुषों की श्रेष्ठता को स्थापित करना था, इसीलिए ये भूमिकाएँ उन्हें दी गयीं, जो अपने समय के अप्रतिम गौरवर्णी पुरुष थे। आज मैकडोनाल्डस, माइक्रोसॉफ्ट, हेनरी फोर्ड, बेंजामिन, फ्रैंकलिन, मर्लिन मुनरो, क्लार्क गेबल, एला फिट्ज़ग़ैराल्ड, एल्विस प्रेसली, मार्क ट्वेन, हैरतअंगेज़ स्मिथसोनियन, वर्ल्ड रेसलिंग फेडरेशन और ऐसी अनेक बेतुकी चीज़ों से दुनिया का परिचय कराने वाला अमेरिका ही है। 1960 के दशक में बहुत सारे नौजवानों ने शायद सिर्फ़ इसलिए सिगरेट पीना शुरू कर दिया क्योंकि वे 'मार्लबोरो' का विज्ञापन करने वाले उस मॉडल जैसा दिखना चाहते थे जो सर पर अपनी स्टेटसन हैट के साथ एक चारदीवारी पर बैठा अख़बारों के पन्नों पर नज़र आता था। अमेरिका की यह कोमल और चमत्कारिक ताक़त अद्भुत थी, और इसने बीसवीं सदी के फ़ैशन

को गहरे रूप में प्रभावित किया। इसके बावजूद आज दुनिया में जो लोग अमेरिका से डरते हैं या उससे नफ़रत करते हैं उनकी तादाद में तेज़ी से बढ़ोतरी हो रही है। उसकी फ़ौजी टुकड़ियों को स्थानीय आबादी आज़ादी के झण्डाबरदारों के रूप में नहीं बल्कि हमलावरों की तरह देखती है। ज़ाहिर सी बात है कि इसके पीछे कोई बड़ा असन्तोष ज़रूर है।

अमेरिका ने हमें निक्सन और किसिंजर की जोड़ी भी दी, जॉर्ज डब्ल्यू. बुश और उनकी नवरूढ़ीवादी धूर्त्तता दी, और अब, डोनाल्ड ट्रम्प और उसके ट्वीट्स दिये। स्मार्ट वेपन्स, यू–ट्यूब और फ़ेसबुक ये सभी इक्कीसवीं सदी के आविष्कार हैं। पश्चिम के पास दुनिया के लिए लुभावने हथकण्डों की कोई कमी नहीं है जबकि समाजवादी पूरब के पास केवल उम्मीदों के साथ हरेक ज़रूरत के लिए लम्बी–लम्बी क़तारें हैं। शीतयुद्ध के समय पश्चिम ने अपने गुप्तचर–तन्त्र के पीछे धुआँधार पैसे ख़र्च किये और अपने मानवीय और तकनीकी संसाधनों का जम कर इस्तेमाल किया ताकि दुनिया को साम्यवाद के ख़तरों से बचाया जा सके। यह विडम्बना ही थी कि जब सोवियत संघ का विघटन हुआ तब पश्चिमी एजेंसियों को इसका कोई पूर्वानुमान नहीं था, उसे इसकी इस आकस्मिकता का भान तलक नहीं था और न ही पश्चिम सोवियत संघ के इस अवसान के लिए पूरी तरह तैयार था। आसन्न ख़तरे के समाप्त हो जाने से शीतयुद्ध के कारण लाभान्वित होने वाले वर्ग को अपनी बेकारी और औचित्यहीनता का भय सताने लगा था। अब दुनिया को नये ख़तरों और नये आख्यानों की ज़रूरत थी।

अमेरिका की शक्ति इस बातं में निहित है कि आज यह दुनिया की अकेली ताक़त है जो अपने घरेलू क़ानूनों को दुनिया में कहीं भी लागू कर सकता है, जो अपनी सुविधानुसार अन्तरराष्ट्रीय क़ानूनों की अनदेखी कर सकता है, अपनी इच्छानुसार किसी भी समझौते को निरस्त कर सकता है, किसी भी देश पर बमबारी कर सकता है या उसमें घुसपैठ कर सकता है और बिना किसी समाधान के एक अराजकता की स्थिति में छोड़ कर उस देश से निकल सकता है। लेकिन ट्रम्प के सत्तासीन होने के बाद अमेरिका में स्थितियाँ बदल गयी हैं। अब अमेरिका के हर साहसिक और दुस्साहसिक अभियान के बाद दुनिया के सामने एक अलग आख्यान खुलता है जो मूल उद्देश्य से असम्पृक्त होता है।

जब तक कि यह अमेरिका या ब्रिटेन से सम्बन्धित होता था तब तक राष्ट्रीय हित एक आदर्श अवधारणा मानी जाती थी अन्यथा इसे 'फ़ासीवादी' या 'जनविरोधी' माना जाता था जो कि उनकी मान्यता के अनुसार एक स्वतन्त्र विश्व के लिए सबसे बड़ा ख़तरा था। इस दृष्टिकोण का असल कारण यह भय था कि 'अधिक स्वतन्त्र' देश पश्चिम के आदर्श सहयोगी नहीं माने जाते थे क्योंकि असामान्य स्थितियों में ऐसे देश उनके शत्रुओं के साथ भी जा सकते थे। पश्चिमी देशों के विरुद्ध जाने की आशंका जिन देशों के बारे में हुआ करती थी उनके बारे में अक्सर यही आख्यान गढ़ा और प्रचारित किया जाता था कि राष्ट्रवाद एक अहितकर, क्रूर और स्वार्थपूर्ण फ़ासीवादी विचार है। 1950 के दशक में मिस्र के गमाल अब्देल नासिर और इराक़ के मोहम्मद मोसद्देग के राष्ट्रवाद को पश्चिमी ताक़तों के दमन का शिकार होना पड़ा। 2019 के नवम्बर में बोलीविया के राष्ट्रपति एवो मोरालेस को दक्षिणपन्थियों और वाशिंगटन समर्थित सेना द्वारा किये गये तख़्तापलट में अपनी गद्दी से हाथ धोना पड़ा। सच यही था कि दुनिया का कुल 70 प्रतिशत लिथियम अकेले बोलीविया में पाया जाता है जो कि बिजली से चलने वाली कार के निर्माण के लिए सबसे आवश्यक चीज़ है। बरसों तक मोरालेस ने देश में आर्थिक और सामाजिक लोकतन्त्र बहाल करने के लिए कड़ी मेहनत की थी और अब उन्हें इस काम में क़ामयाबी भी मिलने लगी थी। वेनेजुएला के ह्यूगो चावेज़ को भी रास्ते से इसलिए हटा दिया गया क्योंकि वे देश में तेल के भण्डारों तक अमेरिका के पहुँचने के रास्ते में एक बड़ी अड़चन थे। मोरालेस[20] और चावेज़[21] दोनों ही लोकतान्त्रिक तरीक़ों से चुने गये शासनाध्यक्ष थे लेकिन दोनों को ही प्रायोजित विरोधों के कारण अपना पद छोड़ना पड़ा। दूसरे देशों में राष्ट्रवाद पश्चिम के लिए कभी भी एक स्वीकार्य अवधारणा नहीं रही है।

महाशक्तियाँ और विश्व पर प्रभुत्व जमाने के प्रयास में लगी दूसरी ताक़तें परिस्थितिनुसार अपनी विचारधाराओं और पक्षधरताओं से समझौता करती हैं, और किसी भी नैतिकता, मूल्य और सिद्धान्त को अपने मार्ग का अवरोध क़तई नहीं बनने देती हैं। राष्ट्रपति जिमी कार्टर के राष्ट्रीय सुरक्षा सलाहकार (एनएसए) ज़िबग्निएव ब्रेजेजिन्सकी, जिसने बाद में राष्ट्रपति रीगन और बुश सीनियर के कार्यकाल में अलग–अलग ओहदों

पर काम किया और फिर एक वरिष्ठ राजनयिक के रूप में भी सक्रिय रहे, ने इराक़ के ख़िलाफ़ अमेरिकी नीतियों का यह कहते हुए ज़ोरदार समर्थन किया, 'मध्यपूर्व की विस्फोटक स्थिति और इराक़ की नीयत की सच्चाई, उसके विभिन्न माध्यम और भूमिगत आतंकियों को मदद पहुँचाने की उसकी ख़तरनाक मानसिकता की अनदेखी करना मुश्किल है। हालाँकि 11 सितम्बर की वारदात में उसकी संलिप्तता के भौतिक साक्ष्य पर्याप्त नहीं हैं लेकिन तार्किक आधार पर उसके दोषी होने के नतीजे पर पहुँचना बहुत आसान है।[22] तात्पर्य यही है कि अमेरिका जब यह कहता है कि वह ठीक है तो वह ठीक है, और इसके लिए किसी प्रमाण की कोई आवश्यकता नहीं है। बाद में 2005 में ब्र्जेजिन्सकी ने पूरे घटनाक्रम को लेकर अपने स्पष्ट विचार रखे। 'न्यूयॉर्क टाइम्स' को दिये गये एक साक्षात्कार में उन्होंने कहा कि इराक़ पर हमला एक ऐसी घटना थी जिसकी पैरोकारी नीति निर्माताओं के एक बहुत छोटे–से समूह ने की थी और जिसका कारण आज भी पूरी तरह से स्पष्ट नहीं हो पाया है। यह मुख्य रूप से झूठे दावों पर आधारित निर्णय था और इस निर्णय के कारण उम्मीद से ज़्यादा जान–माल का नुक़सान हुआ।'[23] यह उस परिस्थिति के अनुकूल गढ़ा गया आख्यान था।

प्रभाव और विशेषाधिकार का अवधारण महाशक्तियों का एक ऐसा उद्यम है जिसका उपयोग वे अपनी शक्ति के प्रदर्शन और आख्यानों की सततता के बीच में अपनी सुविधा और आवश्यकतानुसार करते रहते हैं। जनसंख्या के अनुसार अमेरिका विश्व की कुल आबादी का मात्र 5 प्रतिशत है लेकिन वह विश्व के कुल संसाधनों का 25 प्रतिशत उपभोग करता है।[24] यदि चीन और भारत जैसे बड़े महत्त्वपूर्ण और विशाल देश जो विश्व की कुल जनसंख्या का 36 प्रतिशत हिस्सा हैं,[25] भी विश्व के कुल संसाधनों पर अमेरिका जैसी दावेदारी कर दें तो सिर्फ़ यही दोनों देश विश्व के शेष संसाधनों को उपभोग कर लेंगे और शेष दुनिया को भूखा रहना पड़ेगा। अगर वे भी इतने ही अपव्ययी और लोभी हो जायेंगे तो दुनिया में उनके लोभ की पूर्ति करने के लिए कुछ भी शेष नहीं बचेगा। ऐसे में अमेरिका और शेष पश्चिमी दुनिया के लिए दुनिया पर अपने समस्त उपलब्ध माध्यमों द्वारा अपना नियन्त्रण और प्रभुत्व स्थापित करना बहुत आवश्यक है। उन उपलब्ध माध्यमों में आख्यान भी शामिल हैं। ये आख्यान बीसवीं और इक्कीसवीं शताब्दी में निरन्तर सक्रिय रहे हैं।

अमेरिका के लिए 11 सितम्बर 2001 का अनुभव बिल्कुल नया था। अब तक उसे लगता था कि अपने पूरब और पश्चिम में दो सागरों से घिरा हुआ वह बाहर की दुनिया से तक़रीबन पूरी तरह सुरक्षित है क्योंकि उसके दक्षिण और उत्तर के पड़ोसी देश बेहद विनम्र थे। आतंकवाद उसके लिए एक ऐसी समस्या थी जिनसे अमूमन ग़रीब और दमनकारी सरकारों वाले देश जूझ रहे थे। अमेरिका के लिए यह एक ग़ैरचिन्तनीय मसला था क्योंकि उनके लोग इससे मुक्त एक खुशहाल ज़िन्दगी जी रहे थे। लेकिन 11 सितम्बर, 2001 के बाद आतंकवाद मूलतः एक अमेरिकी समस्या बन गया क्योंकि उसकी नज़र में आतंकवाद से सबसे अधिक ख़तरा लोकतन्त्र को था। बाक़ी दुनिया को अब प्रतीक्षा करनी थी क्योंकि अमेरिका की दृष्टि में अकेले वही आतंकवाद के निशाने पर था। शेष दुनिया के पास अब यही विकल्प था कि वह अमेरिका की कार्रवाई में उसका साथ दे।

'आतंक के विरुद्ध वैश्विक युद्ध' अब नया आख्यान था, जिसने दुनिया में कहीं भी और विशेषकर मुस्लिम देशों–ट्यूनीशिया से लेकर पाकिस्तान तक–कहीं भी अमेरिकी हस्तक्षेप के रास्ते खोल दिये। बहरहाल दुनिया को जल्दी ही इसका पता चल गया कि यह सिर्फ़ आतंकवाद के ख़िलाफ़ दुनिया की मुहिम नहीं है, बल्कि यह दुनिया पर अपनी श्रेष्ठता और ताक़त साबित करने की एक क़वायद है और इराक़ अमेरिका की महत्त्वाकांक्षा का अगला निशाना बनने वाला है। अब अमेरिका को बस किसी बहाने का इन्तज़ार था। कुल पटकथा यही थी कि अमेरिका को एक अवसर की तलाश थी ताकि वह भविष्य की दृष्टि से सामरिक महत्त्व के स्थानों पर अपना वर्चस्व और नियन्त्रण स्थापित कर सके और महत्त्वपूर्ण भूक्षेत्रों में अपने प्रतिद्वन्द्वियों का आना–जाना प्रतिबन्धित कर सके।

वैश्विक स्तर पर आतंक के उत्थान और मौजूदा सन्दर्भ में इस्लामिक आतंकवाद के विस्तार ने पश्चिमी देशों को वह बहाना भी दे दिया है जहाँ वे स्वयं को सताया हुआ बताकर प्रतिशोध के बाध्य होने के सिद्धान्त को तर्कसम्मत बताने के आख्यान का सहारा ले सकें। आतंकवादी अपने उद्देश्यों के लिए अपने विरोधियों की तुलना में आधुनिकतम तकनीक और संचार माध्यमों का उपयोग करते आ रहे हैं, जबकि राज्य अपनी क्षमता के अनुरूप ही उनके ख़िलाफ़ सुरक्षाकर्मियों की तैनाती करते रहते हैं। और तो और राज्यों के पास आतंकवाद के लिए एक सामान्य परिभाषा भी

नहीं है और वे अपनी हानि की कसौटी पर ही आतंकवाद को व्याख्यायित करते रहे हैं। फ़ौजी कार्रवाई से इस समस्या का स्थायी समाधान निकाला भी नहीं जा सकता है। राष्ट्रों को अभी भी इस मसले से निबटने के लिए एक कारगर आख्यान गढ़ने की आवश्यकता है।

गुप्तचर एजेंसियाँ

शीतयुद्ध के शुरुआती दिनों से ही दुनिया की दो महाशक्तियों के बीच उनकी गुप्तचर एजेंसियों के ज़रिये आख्यान–निर्माण और एक मानसिक युद्ध का आरम्भ हो चुका था। जल्दी ही इस युद्ध ने सीआईए बनाम केजीबी (सोवियत संघ की गुप्तचर एजेंसी 'कोमिटेत गोसुदार्सत्वेंनोय बेजोपस्नोस्ती') की शक्ल इख़्तियार कर ली थी। अमेरिका के 1947 के राष्ट्रीय सुरक्षा अधिनियम ने उसी समय स्थापित नयी गुप्तचर एजेंसी सीआईए को पाँच काम बुनियादी सौंपे। सीआईए को राष्ट्रीय सुरक्षा काउंसिल (एनएससी) को राष्ट्रीय सुरक्षा से जुड़े ख़ुफ़िया मामलों में परामर्श देने की ज़िम्मेदारी दी गयी। इन गतिविधियों में तालमेल बिठाने, सम्बन्धित कार्रवाइयों को एक–दूसरे के पारस्परिक बनाने, उनका मूल्यांकन करनें, प्रशासन के भीतर ख़ुफ़ियागिरी का प्रसार करने और एनएससी के निर्देशों के अनुसार अन्य सक्रिय एजेंसियों की उनके काम में सहायता करने का उत्तरदायित्व भी एक केन्द्रीय एजेंसी के तौर पर उसी को सौंपा गया। सबसे महत्त्वपूर्ण बात यह थी कि 'राष्ट्रीय सुरक्षा के मामले में राष्ट्रीय सुरक्षा परिषद् से सभी निर्देशों को प्राप्त करने और उनपर अनुकूल कार्यवाही करने का काम' भी सीआईए का ही था। स्पष्ट था कि 'सीआईए को प्रच्छन्न रूप में अनेक शक्तियाँ और अधिकार दिये गये थे जिनका निष्पादन उसे राष्ट्रीय सुरक्षा परिषद् के महती उद्देश्य को प्राप्त करने के उपक्रम में करना था।'[26]

शीघ्र ही पूरी दुनिया का एक बृहत्तर स्वतन्त्रता के लिए आह्वान करना आवश्यक समझा जाने लगा। 1947 में राष्ट्रपति ट्रूमैन ने कांग्रेस को यह सूचित किया कि 'अमेरिका दुनिया के लोगों की उनके संस्थानों को मुक्त करने और उनकी राष्ट्रीय अखण्डता को बचाने के लिए सर्वहारा सत्ता की स्थापना को तत्पर हिंसात्मक आन्दोलनों के विरुद्ध उनकी सहायता करने के लिए प्रतिबद्ध है।' स्वतन्त्रता की स्थापना के लिए साम्यवाद के विरुद्ध

युद्ध को आवश्यक माना गया और उस युद्ध की अगुवाई के लिए अमेरिका ने अपनी वचनबद्धता भी घोषित की। प्रशासन के उपलब्ध सभी उपकरणों को इस काम में लगा दिया गया। कूटनीतिक संगठनों और नौसैनिकों के साथ–साथ सीआईए की प्रच्छन्न सहायता भी इस उद्देश्य को प्राप्त करने के लिए दी जाने लगी। प्रच्छन्न सहायता की परिभाषा और उद्देश्य के बारे में लोगों के विचारों में असहमतियाँ सम्भव हैं और अनेक लोग इसे 'मौन विकल्प' भी कहते हैं, किन्तु 'बे ऑफ़ पिग्स' में उसने जो कुछ किया वह इस बात को क़तई साबित नहीं करता है। हेनरी किसिंजर ने एक बार इसे अमेरिका के राष्ट्रीय हितों के लिए आवश्यक ख़ुफ़िया कार्रवाई बताई थी, क्योंकि उसके मुताबिक़ वहाँ किसी प्रकार का सैनिक अभियान सम्भव नहीं था और कूटनीति वहाँ नाकाम हो चुकी थी।[27]

सम्भवतः सबसे बेहतर और समावेशी परिभाषा ह्यूज–रयान संशोधन अधिनियम 1974 में आया जिसको 1980 के गुप्तचरी उत्तरदायित्व अधिनियम में दोहराया गया। इन अधिनियमों के अनुसार जिसमें 'दूसरे देशों के विरुद्ध वे अभियान जो सिर्फ़ ज़रूरी ख़ुफ़िया जानकारी के अतिरिक्त चलाये जाते हैं' को प्रच्छन्न सहायता के रूप में परिभाषित किया गया।[28] स्पष्टतः इसका अर्थ यह था कि जासूसी के अतिरिक्त किसी और काम को अंजाम देने के लिए अनुमति की आवश्यकता थी। मीडिया और अन्य माध्यमों के ज़रिये आख्यान का निर्माण अब सिर्फ़ अमेरिका की सरकार की ज़िम्मेदारी नहीं थी।

सदी के समाप्त होते–होते अमेरिका ने जैसे यह मान लिया कि इक्कीसवीं सदी का भाग्य–नियन्ता वही है। अमेरिका सबसे बड़ी और मज़बूत सैन्य–शक्ति बन चुका था, उसकी अर्थव्यवस्था विराट् और विश्वव्यापी थी, वह तकनीक का सबसे बड़ा जानकार था, और वह अन्तरराष्ट्रीय संचार और गतिविधियों का सबसे बड़ा केन्द्र बन चुका था। और तो और एक उदार और लोकतान्त्रिक देश के रूप में भी उसकी छवि का कोई मुक़ाबला नहीं था। यही अमेरिका का और अमेरिका के बारे में गढ़ा हुआ अपना आख्यान था। बहुत हद तक उसका यह दावा ठीक भी था लेकिन शेष दुनिया उसे इस दृष्टि से देखने के लिए तैयार नहीं थी। अनेक देशों का यह मानना था कि अमेरिका एक ऐसा राष्ट्र है जो अपने स्वार्थ के लिए किसी भी दूसरे देश की अखण्डता और अस्तित्व को

महत्त्वहीन समझता है। अमेरिका अब अपने मन की करने पर उतारू हो गया था। उसने खुलेआम अन्तरराष्ट्रीय समझौतों और बातचीत के मंचों की अवहेलना करना शुरू कर दिया था। अपनी पुस्तक 'दी पैराडॉक्स ऑफ़ अमेरिकन पॉवर इन 2003' में जोसेफ एस. नाए जूनियर ने लिखा है, 'संवाद का अर्थ अमेरिका के लिए अपनी बात कहना हो गया था। अब वह किसी की भी सुनने के लिए तैयार नहीं था। बहरहाल प्रभावशाली नेतृत्व को अपने अनुयायियों के साथ संवाद स्थापित करने में दक्ष होने की आवश्यकता होती है।'[29]

नाए ने यह भी लिखा है, 'यदि कोई देश अपनी ताक़त को दुनिया की नज़रों में वैध साबित करना चाहता है तो वह अपनी इच्छाओं से कम–से–कम टकराव करने का मार्ग चुनेगा। यदि उसकी संस्कृति और विचारधारा दूसरों को पर्याप्त रूप में प्रभावित करेगी, तो दूसरे अधिक आसानी से और तत्परता के साथ उसका कहा मानेंगे। यदि वह अन्तरराष्ट्रीय नियमों को अपने ख़ुद के समाज के अनुकूल स्थापित करने की सोचेगा तो उसे अपने आप में कम बदलाव लाना होगा। यदि वह दूसरे देशों की गतिविधियों को अपनी सुविधानुसार नियन्त्रित और संचालित करने हेतु सम्बद्ध संस्थानों को प्रोत्साहित करता है तो अपने उद्देश्य में उसे कम–से–कम श्रम और व्यय करना पड़ेगा'।[30]

अगर 'यह' देश अमेरिका है तब यह एक ख़तरनाक संकेत इसलिए है कि इस बहाने वह अपनी ही प्रतिकृति का निर्माण करते हुए अपनी अगुवाई को प्रोत्साहित करने की तिकड़म लगायेगा। बहरहाल, सितम्बर 2001 ने मौजूदा समीकरण में भारी उलटफेर कर दी और इस्लामिक कट्टरवाद के उत्थान ने एक ऐसी स्थिति उत्पन्न कर दी जहाँ अमेरिकी आख्यान का सिक्का नाकाम हो गया था। चीन के तेज़ विकास ने रही–सही कसर पूरी कर दी। और सबसे आख़िर में अमेरिका के निकट पड़ोस, मध्यपूर्व और ख़ुद अमेरिका के भीतर रूस की प्रतिक्रियाओं ने अमेरिका की प्रभुसत्ता पर पुनर्विचार करने की आवश्यकता पर बल दिया। आज यह माना जाता है कि अमेरिका के पास दुनिया की सबसे बड़ी और ताक़तवर फ़ौज है, इसके बाद भी उसने 1945 के बाद कोई युद्ध नहीं जीता है। अधिक–से–अधिक उसकी बड़ी सफलता यह रही कि वह बिना जीत या हार के युद्ध से हट गया। महाशक्ति होने के नाते यह भी उसकी पराजय ही कही जायेगी।

इसके बावजूद यह धारणा अभी भी बनी हुई है कि वह पृथ्वी की सबसे मज़बूत ताक़त है।

इस आख्यान का श्रेय अमेरिका की प्रभावशाली स्वतन्त्र परम्पराओं को जाता है।

...अमेरिका ने अपने हीन अतीत से मुक्ति पायी और अपनी राजनीति और विदेश नीति को अपने मूल उद्देश्यों पर केन्द्रित किया। उसने इतिहास को बदल कर उसे नैतिक कथाओं का रूप दे दिया और इस प्रकार गम्भीर नैतिक विश्लेषण से बचने का एक तार्किक मार्ग खोज निकाला। साथ ही वह इस बात पर भी बल देता रहा कि दूसरों की स्वतन्त्रता अमेरिकी नीतियों का सहगामी लक्ष्य है। यह कोई अतिवादी सनक नहीं बल्कि अमेरिकी आत्म–अन्वेषण का ही एक सुविधापूर्ण माध्यम है।[31]

अपने चरित्र और उद्देश्य के बारे में एक विशिष्ट अनोखेपन का यह बोध अमेरिकी आख्यान के एक पावन और बड़े उद्देश्य की ओर संकेत करता प्रतीत होता है। इसकी प्रेरणा का स्रोत इसकी स्थापना में निहित है जिसके अनुसार अमेरिका का मूल प्रयोजन ही दैवीय और मानवीय उद्देश्यों की प्राप्ति है। निश्चित रूप से यह एक महान विचार है लेकिन यह कहना कि 'अमेरिका स्वतन्त्रता की परम्पराओं का पक्षधर है' कमोबेश यह कहने के समान है कि 'हॉलीवुड कलात्मक उत्कृष्टता की परम्पराओं का निर्वाहक है।'[32] हॉलीवुड का मक़सद मुनाफ़ा कमाना था, न कि सच को उजागर करना। सुरुचिपूर्ण फ़िल्में महज़ संयोगवश बनायी गयीं। आख्यानों का निर्माण भी ठीक इसी प्रकार होता है। यह क़तई ज़रूरी नहीं है कि उनके पक्ष में सच हो। उनको बस एक अर्थ की आवश्यकता होती है।

सोवियत संघ, और अब रूस के आख्यान गढ़ने की प्रक्रिया के बारे में अधिक बातें ज्ञात नहीं हैं। अमेरिका के ख़िलाफ़ 'रूस की गतिविधियों' के बारे में जानने पर ही ज़्यादा ज़ोर दिया गया। ऐसी गतिविधि में लिप्त किसी रूसी लेखक की लिखी गयी कोई अंग्रेज़ी पुस्तक कहीं उपलब्ध नहीं है, और अभी हमारे सामने केवल पूर्व केजीबी एजेंटों के संस्मरण और स्वीकारोक्तियाँ ही आयी हैं। इसके बावजूद 2016 में अमेरिकी राष्ट्रपति के चुनाव की प्रक्रिया ने पूरे अमेरिकी तन्त्र की चूलें हिला दीं जब पूरी प्रणाली में कथित रूसी हस्तक्षेप का गम्भीर आरोप लगाया गया। आक्रोश और ठगी गयी मासूमियत से भरी इस कहानी को हालाँकि लोगों ने झूठा माना, क्योंकि अमेरिका ने उन सरकारों को अस्थिर करने के लिए अरबों डॉलर

फूँक डाले थे जो उसकी नीतियों के अनुकूल नहीं थीं। अब रूस और चीन दोनों ने अपने–अपने आख्यान के प्रसार के लिए नये ज़माने की तकनीकों का इस्तेमाल करना शुरू कर दिया है।

अनिश्चित भविष्य

दुनिया अपने कठिनतम समय से होकर गुज़र रही है और आने वाला कल अनेक जोखिमों और मुश्किलों से भरा है। विभिन्न देशों की राजनीतिक महत्त्वाकांक्षाएँ, आर्थिक असन्तुलन, नयी शक्तियों का प्रादुर्भाव, विवादित भूक्षेत्र, राष्ट्रवाद और धार्मिक कट्टरता का उत्थान और अन्ततः तकनीक का तेज़ विकास जैसी छोटी–बड़ी चुनौतियाँ आज दुनिया के सामने खड़ी हैं। कहने को तो बर्लिन की दीवार के पतन के साथ ही दुनिया शीतयुद्ध से मुक्त हो गयी, वर्ना उस वक़्त तक विश्व के ज़्यादातर देश दो परस्पर शत्रुओं के खेमों के संरक्षण में एक तरह की आत्मसुरक्षा अनुभव कर रहे थे। अब उसके स्थान पर 1990 के दशक में इकलौती महाशक्ति की बदौलत दुनिया में एक 'नयी व्यवस्था' अस्तित्व में आ गयी। यद्यपि इस इकलौती महाशक्ति का युग बहुत अल्पकालिक रहा और तकनीक और भूमण्डलीकरण ने समीकरण को बदल दिया। अन्य शक्तियों के उत्थान से पश्चिम के वर्चस्व में भारी उलटफेर कर दी थी, क्योंकि उन नयी शक्तियों में अधिकतर एशिया की थीं। दुनिया के समक्ष अब वैश्विक नियन्त्रण और वर्चस्व की नयी होड़ थी।

पिछली पूरी सदी या शायद उससे भी पहले सैन्य और आर्थिक ताक़त के बूते ही अन्तरराष्ट्रीय व्यवस्था निर्धारित हुआ करती थी। करेंसी, बैंकिंग, समुद्र मार्ग, व्यापार और बीमा इस व्यवस्था के मुख्य निर्णायक तत्त्व थे। बाज़ार और संसाधनों पर नियन्त्रण अन्तरराष्ट्रीय प्रभुसत्ता की स्थापना के लिए अत्यावश्यक हैं। निरन्तर विकास और लाभकारी तकनीक और शोध पर नियन्त्रण आज वैश्विक होड़ में बने रहने की सबसे बड़ी ज़रूरत हैं।

विगत 200 वर्षों से अधिकतर आख्यान या तो पश्चिम में, या फिर पश्चिमी हितों का ध्यान रखने वाली एजेंसियों और मीडिया द्वारा गढ़े गये हैं। इन माध्यमों पर मुख्यतः निजी औद्योगिक घरानों का अधिकार है जिनका मुख्य लक्ष्य मुनाफ़ा कमाना है किन्तु इस मुनाफ़े की आड़ में वे

अपना दबदबा भी क़ायम करना चाहते हैं। उन पर गुप्तचर एजेंसियों का अदृश्य हाथ यदाकदा दिखता रहता है। आख्यान निर्माण का यह खेल जोसफ़ गोएबल्स की शैली में केवल प्रचार से नहीं खेला जा सकता है बल्कि यह मन्थर गति से चलती, एक लगातार और दीर्घ प्रक्रिया है। यह एक ऐसा विराट् प्रच्छन्न अभियान है जिसमें अपनी–अपनी प्रतिबद्धता और विचारधारा से जुड़े अनेक किरदारों की भूमिकाएँ होती हैं। उनमें कुछ की संलिप्तता उनकी निश्छलता के साथ होती है किन्तु अनेक लोग अपने–अपने स्वार्थ और लाभ के कारण इस अभियान में लगे होते हैं। बहरहाल किसी भी सूरत में गुप्तचर एजेंसियों की भूमिकाएँ अपरिहार्य होती हैं। बेशक उनकी उपस्थिति सदैव नहीं होती और न ही हरेक बात में अपनी दखल देते हैं लेकिन उनकी यह अदृश्य उपस्थिति भी अत्यन्त महत्त्वपूर्ण होती है। वे हमारी सोच को प्रभावित करने में मुख्य भूमिका निभाते हैं। इस प्रक्रिया में सबसे बड़ा परीक्षण तब होता है जब श्रोतागण आख्यान सुनाने वालों से सम्बन्धित आख्यान से होने वाले लाभों की बाबत सवाल करते हैं, या फिर उन्हें आख्यान को और बेहतर बनाने के बारे में अपना सुझाव देते हैं। यह दोनों ही आख्यान सुनने और उन्हें गढ़ने वालों के लिए आदर्श स्थितियाँ हैं।

भारत जैसे देश के लिए विविध भाषाओं वाले विभिन्न चैनल्स और समाचार–पत्रों का होना एक अच्छी बात है। इसके आधार पर हमें उम्मीद बँधती है कि उनकी वजह से हमें आपसी विमर्श और आत्म–जागरूकता के लिए एक अनुकूल वातावरण बनाने में सहायता मिलेगी। अपनी महत्ता और प्रासंगिकता से दुनिया का ध्यान अपनी तरफ़ आकर्षित करता और विगत कुछ वर्षों में 5 खरब अमेरिकी डॉलर की विशालकाय अर्थव्यवस्था के रूप में उभरा[33] देश निश्चित रूप से इसकी पात्रता रखता है कि उसकी बात को वैश्विक सन्दर्भ में सुना जाये। जब तक ऐसा नहीं होता तब तक यह भी सम्भव है कि उसके आख्यान दूसरे देशों के कोलाहलपूर्ण आख्यानों में अनसुने ही रह जायें। अगर कोई अकेला सन्देश विश्व को सम्प्रेषित होता है तो इसका अर्थ यह नहीं है कि उस देश में मीडिया पर कोई नियन्त्रण है, बल्कि यह भी सम्भव है कि अन्तरराष्ट्रीय स्तर पर भी उस देश की मीडिया अपनी ख़बरों में एक राष्ट्रीय एकलता रखती है। आज पश्चिमी देश इसी परिपाटी पर चल रहे हैं। यहाँ तक कि रूस और चीन भी इसी सिद्धान्त का अनुगमन कर रहे हैं। चीन न केवल इस

बात को समझता है बल्कि वह आवश्यक सावधानियाँ भी बरत रहा है। चीन के पास ट्विटर सरीखे पाश्चात्य सोशल मीडिया से बचाव के अपने माध्यम और क्षमताएँ भी हैं। उसने अपने घरेलू ईज़ाद 'बैदु' द्वारा गूगल का विकल्प ढूँढ़ लिया है। आज चीन सक्षम है कि बाहरी दुनिया के लोग उसके सन्देशों का एक भी शब्द नहीं पढ़ पाये और चीन निर्भय होकर अपने सन्देश बाह्यजगत को भेजता रहे। इसका यह अर्थ कदापि नहीं है कि कोई भी देश बाह्य दुनिया की गतिविधियों से स्वयं को असम्पृक्त कर ले। यह उसके लिए भयावह रूप से ख़तरनाक सिद्ध हो सकता है।

पिछले कुछ वर्षों में भारत की अन्तरराष्ट्रीय छवि थोड़ी धूमिल हुई है। इसका एक बड़ा कारण यह भी था कि देश के भीतर सक्रिय कुछ तत्त्वों ने भारत के प्रति विदेशों में एक प्रकार की नकारात्मकता का प्रसार किया। भारत की रूढ़िवादी छवि पहले से अपनी भूमिका निभा ही रही थी जिसमें इस नकारात्मकता ने घी डालने का काम किया। पश्चिम के देश यह मुहिम आगे भी जारी रखेंगे और इक्कीसवीं सदी का साम्राज्यवाद लोगों के मानस में अपने उपनिवेश का विस्तार करता रहेगा। यह अभियान अपनी पूरी द्रुतता के साथ आरम्भ भी हो चुका है और इसने अपने विस्तार में पर्याप्त सफलता भी अर्जित कर ली है। आज अन्तरराष्ट्रीय चैनलों की पहुँच भारतीय दर्शकों तक पर्याप्त रूप में हो चुकी है, और उस तुलना में अन्तरराष्ट्रीय दर्शकों में भारतीय चैनलों की पैठ नहीं हुई है और न इसके लिए यथोचित प्रयत्न ही किये गये हैं। वेब स्ट्रीमिंग सेवाएँ बेशक एक पैसा वसूल और लोकप्रिय उपक्रम हो सकती हैं लेकिन सोशल मीडिया प्लेटफ़ॉर्मों की तरह ही अपनी उत्पत्ति की दृष्टि में वे भी मूलतः पश्चिम द्वारा नियन्त्रित होते हैं। युवाओं के कोमल मानस और विचारों को प्रभावित करने के लिए बहुत आक्रामक और कोलाहलपूर्ण प्रचार की आवश्यकता नहीं है, इसके लिए बस धैर्यपूर्ण और निरन्तर प्रयासों की ज़रूरत है। हैरत की बात यह है कि हमें मनोरंजन के नाम पर हमें एक तरह से फुसलाकर, बल्कि ठगकर वे सारा लाभ खुद लूट ले जाते हैं। यह ज़रूरी है कि भारत की बात पूरी प्राथमिकता के साथ और स्पष्ट रूप से सुनी जाये। हमें अपना आख्यान ख़ुद कहने में समर्थ होने की ज़रूरत है। लेकिन इसके लिए हमें आख्यान के निर्माण और उनको जीवित रखने का हुनर सीखना सबसे ज़रूरी है।

ईश्वर का अपना देश

अमेरिका का सकल घरेलू उत्पाद (जीडीपी) विश्व में अधिकतम है और उसकी सेना दुनिया में सबसे बड़ी और शक्तिशाली मानी जाती है। वह रक्षा और जासूसी पर सबसे अधिक पैसे ख़र्च करता है। उसकी मुद्रा दुनिया की सबसे मज़बूत मुद्रा के रूप में प्रतिष्ठित है। उसके सुरक्षाबल अमेरिका के हितों की हिफाज़त के लिए दुनिया के सुदूर कोनों तक फैले हुए हैं। दुनिया के अधिकांश अप्रवासियों के लिए यह दुनिया का सबसे पसन्दीदा गन्तव्य है। दुनिया की दृष्टि में अमेरिका मानवाधिकारों, स्वतन्त्रता और लोकतन्त्र का सबसे बड़ा रक्षक है। बहरहाल अमेरिका आज जहाँ है, वहाँ वह केवल अपनी ख़ुशक़िस्मती और प्रशासनिक–कूटनीतिक नीतियों की बदौलत नहीं है। 'महान अमेरिका का सपना' अमेरिकियों के सामूहिक नज़रिये, शिक्षा और शोध के लिए अनवरत प्रयासशील इसके संस्थानों, निजी वित्त पोषित उसके संगठनों (उनमें गुप्त रूप से सहायता प्राप्त संगठन भी शामिल हैं) और इनसे भी अधिक दुनिया तक अपनी बात पहुँचाने और दुनिया को उस बात को सुनने के लिए विवश करने की क्षमता ही उसकी सफलता का रहस्य है।

दूरदर्शिता, दृढ़निश्चय और अवसर के उपयोग ने अमेरिकी सफलता को सम्भव बनाया है। इसके बावजूद यह प्रक्रिया पूरी तरह त्रुटिहीन नहीं है। इस बात में कोई शक नहीं कि अमेरिका का इतिहास दुर्दान्त और अमानवीय त्रासदियों से भरा हुआ रहा है। विकास के लिए सस्ते और मुफ़्त अफ़्रीकी गुलामों के इस्तेमाल का रास्ता साफ़ करने के लिए सुनियोजित तरीक़े से अमेरिका के मूल निवासियों का संहार किया गया, और जो बचे रह गये उनके साथ क्रूर भेदभाव बरता गया। (जीडीपी) अर्थात् सकल घरेलू उत्पाद के ज़रिये लोगों के जीवन–स्तर और देश की अर्थव्यवस्था

को बचाने के लिए अमेरिका ने जो प्रणाली अपनायी थी वह भी पूरी तरह से दोषरहित नहीं थी। दूसरे मानदंडों के मुताबिक़ अमेरिका इस आँकड़े में अनेक दूसरे देशों के मुक़ाबले बहुत पीछे था। पिछले लगभग बीस सालों में खरबों डॉलर ख़र्च करने और लाखों–लाख अरबों और अफ़ग़ानों को जान से मार डालने, अपाहिज बनाने और स्थायी रूप से बेघर कर देने के बाद भी इसकी शक्तिशाली सेना को मध्यपूर्व और अफ़ग़ानिस्तान में अपेक्षित सफलता नहीं मिल सकी। इस असफलता ने अमेरिकी पराक्रम की कलई खोल दी।

फ्रीडम फ्राइज़ और लिबर्टी कैबेज

आख्यानों का लक्ष्य, नीयत और महत्त्वाकांक्षा परिभाषित करती है। यह एक प्रकार से उस व्याख्या का ही एक स्पष्टीकरण है कि कैसे मज़बूत इरादों वाले लोग और संस्थाएँ अपने देश को दृढ़ बनाने की इच्छा के लिए प्रतिबद्ध होते हैं। इस उद्देश्य के लिए शक्ति के वे सभी यन्त्र सुचालित और परस्पर संलग्न होने चाहिए, जो आख्यान में सम्भावित संकटों के निस्तारण हेतु अतिक्रमण और सम्बद्धता की क्रिया में दक्ष हों।

अमेरिका के पास अपने बारे में विगत वर्षों में श्रमपूर्वक गढ़े गये पुराने आख्यानों को जीवित रखने और समय और आवश्यकतानुसार नये आख्यानों को गढ़ने की अनेक तरक़ीबें हैं। यदि हम अपनी स्मृति पर थोड़ा ज़ोर डालें तो हम याद कर सकते हैं कि कैसे 2003 में फ़्रांस ने इराक़ के मुद्दे पर अमेरिका का साथ देने से इनकार कर दिया था। इसके बाद ही कांग्रेस के कैफ़े में फ्रेंच फ्राइज को 'फ्रीडम फ्राइज़' और फ्रेंच टोस्ट को 'फ्रीडम टोस्ट' का नाम दे दिया गया था! हालाँकि यह सुनने में थोड़ा बेवक़ूफ़ाना ज़रूर लगता है, लेकिन यह कोई पहली बार नहीं हुआ था।

पहली बार अमेरिका ने अपने आक्रोश को इस तरह से ज़ाहिर नहीं किया था। अमेरिका के प्रथम विश्वयुद्ध में दाख़िल होते ही खट्टी गोभी (Sauerkraut) को 'लिबर्टी कैबेज', जर्मन खसरे को 'लिबर्टी खसरा' और जर्मन डाक्सहून्ड्स को 'लिबर्टी पप्स' कहा जाने लगा था। यह अमेरिकी देशभक्ति के उन्माद की पराकाष्ठा थी।[1] चौदह राज्यों ने अपने निजी विद्यालयों में किसी जर्मन के दाख़िले पर प्रतिबन्ध लगा दिया, जर्मन मूल के अमेरिकियों को अमेरिका के राष्ट्रीय ध्वज के सामने घुटने टेक कर

उसे चूमने और 'कैसर मुर्दाबाद' के नारे लगाने के लिए मजबूर किया गया।[2] बर्लिन, मिशिगन और बर्लिन, लोवा शहरों को 2017 में क्रमशः मारले (1914 में प्रसिद्ध मारले के युद्ध पर) और लिंकन के नाम से पुकारा जाने लगा और उसी तरह कई दूसरे शहरों का नामकरण भी बिस्मार्क के नाम पर कर दिया गया।[3]

द्वितीय विश्वयुद्ध के दौरान पर्ल हार्बर की घटना के बाद जापान के ख़िलाफ़ एक तीखा आक्रोश था। युद्ध के दौरान 1,00,000 से भी ज़्यादा जापानी अमेरिकियों से उनके अधिकार छीन लिए गये और उन्हें बन्दी बना लिया गया। ठीक उसी तरह जब 11 सितम्बर, 2001 में वाशिंगटन डीसी और न्यूयॉर्क पर आतंकी हमले हुए तो मुसलमानों, ख़ासकर कुछ निश्चित देशों के मुसलमानों को सन्दिग्ध माना जाने लगा। उग्र राष्ट्रवाद के कारण अमेरिका की प्रथम विश्वयुद्ध में जर्मनों के प्रति जो घृणा थी, बाद के वर्षों में वह साम्यवाद पर केन्द्रित हो गयी लेकिन दूसरे विश्वयुद्ध के शुरू होते ही उनके निशाने पर दोबारा जर्मन आ गये। यह घृणा शीतयुद्ध के दौरान साम्यवाद पर टिकी हुई थी। फिर एक छोटे–से अन्तराल के बाद आतंकवाद के ख़िलाफ़ युद्ध में अब उनके निशाने पर इस्लाम था।

इस तरह ग़लत समाचार कोई नयी बात नहीं है। पत्रकारिता में इसका चलन पुराना है। न्यूयॉर्क जर्नल के मालिक विलियम रैंडोल्फ हर्स्ट के तेज़ दौड़ते हुए जंगली घोड़ों और वाइल्ड वेस्ट दृश्यों के चित्रकार फ्रेडरिक रेमिंगटन के बीच 1887 में क्यूबा में हुए सौदे को मिसाल के तौर पर देखा जा सकता है। बहुत से लोग इसे कोरी अफ़वाह मानते हैं। हर्स्ट को अमेरिका और स्पेन के बीच शत्रुता का पूर्वानुमान था इसलिए जब रेमिंगटन को यह लगा कि क्यूबा में कुछ भी नहीं हो रहा है तो उसने हर्स्ट से सम्पर्क किया, 'यहाँ किसी तरह की कोई दिक़्क़त नहीं है, मैं वापस लौटना चाहता हूँ।' ऐसा माना जाता है कि हर्स्ट ने उसे जवाब दिया था, 'यहीं रहने की मेहरबानी कीजिए। आप अपने पेंटिंग्स को पूरा करते रहिए और मैं युद्ध के ख़र्चे निकालता रहूँगा।[4]

हालाँकि इस समझौते की वास्तविकता को लेकर सवाल उठते रहे हैं, लेकिन क्यूबा द्वारा स्पेन के ख़िलाफ़ बग़ावत करने के बाद युद्ध को टालना मुश्किल था जिसका नतीजा यह हुआ कि अमेरिका ने क्यूबा

पर व्यापारिक प्रतिबन्ध लगा दिये। अमेरिका की गैर–जिम्मेदार और अनुभवहीन पत्रकारिता उद्योग में ऐसे उदाहरणों की कोई कमी नहीं जहाँ सिर्फ़ कल्पनाओं के आधार पर बिना ख़बरें कोई शोध किये निर्मित की गयीं। जिनके कारण राजनीति में कई बार अजीबोग़रीब और असहज स्थितियाँ उत्पन्न हो गयीं। बहरहाल रेमिंगटन को तब अमेरिका वापस लौट जाना पड़ा जब कृशकाय और बिल्कुल नग्न स्त्री की उसकी एक पेंटिंग को तलाशते हुए तीन लोग क्यूबा पहुँच गये। यह पेंटिंग न्यूयॉर्क जर्नल के आवरण के दो–तिहाई हिस्से पर छापी गयी थी जिसके साथ रिचर्ड हार्डिंग डेविस की आवरण कथा भी प्रकाशित की गयी थी जो क्यूबा के एक बाग़ी नेता की बहन क्लिमेंसिया अरांगो से आकस्मात हुई एक मुलाक़ात पर आधारित थी। अरांगो के बारे में कहा जाता है कि स्पेन उसकी तलाश में लगा हुआ था। पेंटिंग और आवरण कथा दोनों में तथ्य को तोड़मरोड़ कर पेश किया गया था क्योंकि क्यूबा में औरतों की तलाश में सिर्फ़ औरतें लगी हुई थीं। यह एक जन–उन्माद को पैदा करने के उद्देश्य से की गयी त्रुटिपूर्ण और असंगत व्याख्या थी।

प्रतिद्वन्द्विता का एक तरीका आलोचना भी होता है लिहाज़ा जोसेफ़ पुलित्ज़र के वर्ल्ड ने हर्स्ट के अख़बार की ख़बर लेने में कोई कोताही नहीं बरती। जब अमेरिका का नौसैनिक बेड़ा 1898 में किसी नामालूम वजह से हवाना के बन्दरगाह पर डूबा, तब पत्रकारों को जंग की माँग करने की ख़ासी वजह मिल गयी। इस दुर्घटना में दो सौ साठ अमेरिकी सैनिकों की जानें गयी थीं, और हर्स्ट ने अपने सम्पादकों को इस ख़बर को दूर–दूर तक फैलाने का निर्देश दे दिया। उसने खुले शब्दों में कहा कि युद्ध अब अवश्यम्भावी है। उसके अख़बार ने तो स्पेनी टोरपीडो का तकनीकी नक़्शा भी अपने पन्नों पर प्रकाशित कर दिया जिसके कथित हमले का शिकार हुआ था। अपने सम्पादकीय में पुलित्ज़र के वर्ल्ड ने साफ़ तौर पर लिखा कि यह सोचा भी नहीं जा सकता है कि स्पेन कोई ऐसी बेवकूफ़ाना हरकत कर सकता है। उसने अलबत्ता यह ज़रूर कहा कि इस साजिश में स्पेन भी शामिल हो सकता है। बहरहाल यह युद्ध को न्यायसंगत ठहराने का सिर्फ़ एक बहाना था। अमेरिका ने स्पेन के ख़िलाफ़ युद्ध की घोषणा कर दी, और क्यूबा, फिलीपिंस, गुआम और पुएर्तो रिको पर क़ब्ज़ा जमाने के बाद एक नयी वैश्विक ताक़त के रूप में उभरा।[5]

यह प्रेस की ताक़त का नतीजा था जब कि उस वक़्त वह अपनी शैशवावस्था में था। अब तो उसकी ताक़त असीम हो चुकी है।

स्पेन के विरुद्ध और प्रथम विश्वयुद्ध में अमेरिका की जीत ने उसके 'प्रकट भाग्य' को एक नया अर्थ दिया। बाद के सालों में अपने इसी नव उपनिवेशवाद की नीति पर चलते हुए उसने विश्व–क्रम में ब्रिटेन को उसके स्थान से विस्थापित करने में सफलता हासिल की। इसी क्रम में धनी और प्रभावशाली अमेरिकियों के समूह ने अपने देश के हितों की रक्षा के लिए एक संगठन की आवश्यकता को महसूस किया। इससे पहले ब्रिटेन ने भी सिर्फ़ अपने औपनिवेशिक साम्राज्य के कारण नहीं बल्कि अपने वैश्विक प्रभावों के बूते दुनिया में एक महत्त्वपूर्ण और प्रभावशाली भूमिका निभायी थी। अमेरिका के अमीर और रसूखदार लोग अपने देश के साथ–साथ अपने लिए भी एक असरदार भूमिका के आकांक्षी थे।

अन्तरराष्ट्रीय सम्बन्धों के बारे में गढ़े गये आख्यान अनायास नहीं होते। उन्हें सोच–विचार कर गढ़ा जाता है और उन्हें समय–समय पर भिन्न–भिन्न हथकण्डों के ज़रिये सँवारा जाता है ताकि वे लम्बे समय तक प्रासंगिक और सक्रिय बने रहें। आख्यान गढ़ने के लिए व्यक्ति और संस्थाओं दोनों की भागीदारी ज़रूरी है। आख्यानों को राष्ट्रीय मूल्यों और लोकाचारों के अनुरूप होना चाहिए ताकि वह देश के धार्मिक और सांस्कृतिक चरित्र के प्रतिकूल नहीं हो। इस काम के लिए अमेरिका मीडिया के अतिरिक्त अपनी कला और संस्कृति पर निर्भर है। दो बड़ी संस्थाओं ने इसमें महत्त्वपूर्ण योगदान दिया है और इस कट्टर ईसाई देश में धर्म ने एक ठोस भूमिका निभायी है।

प्रभावों की त्रिमूर्ति

सैनिक, आर्थिक और तकनीकी दृष्टि से पर्याप्त शक्तिशाली होने के बावजूद, महाशक्तियों को अनिवार्य रूप से प्रभावशाली हितों द्वारा नियन्त्रित अनेक ज़रूरी संस्थाओं के लिए प्रतिबद्धता दिखाते हुए उनके साथ ही काम करने की भी ज़रूरत होती है। अमेरिका में विदेश सम्बन्ध परिषद् (सीएफआर) और त्रिपक्षीय आयोग (टीसी) वे बड़ी संस्थाएँ हैं जो सरकार से बहुत निकट होकर काम करती हैं और देश का एजेंडा और आख्यान तय करने में उसकी मदद करती हैं। ऐसा नहीं कि वे कोई षड्यन्त्रकारी

संस्थाएँ हैं बल्कि उनका स्थान अमेरिकी शासनतन्त्र में इतर शक्तिकेन्द्रों की तरह होता है।

तीसरी बड़ी संस्था हॉलैंड में स्थित बिल्डरबर्ग समूह है। सीएफआर और टीसी–दोनों ही संस्थाएँ अपने–अपने काम अमेरिका से करती हैं जबकि यूरोप मुख्यतः बिल्डरबर्ग समूह द्वारा नियन्त्रित किया जाता है। सीएफआर की स्थापना 1921 में की गयी थी जब अमेरिका ने प्रथम विश्वयुद्ध की समाप्ति के बाद विश्वशक्ति बनने की दिशा में पहली बार गम्भीरता से सोचना आरम्भ किया। टीसी की स्थापना 1973 में की गयी और इसका मुख्य उद्देश्य शीतयुद्ध के मद्देनज़र अमेरिका, यूरोप और जापान के बीच एक सूत्र के रूप में काम करना था। इस संस्था का प्रयोजन 'पश्चिम मुक्त और जापान युक्त' अवधारणा को प्रोत्साहित करना था। बिल्डरबर्ग समूह ने 1954 से काम करना शुरू किया। यह मुख्यतः एक यूरोपियन संस्था थी जिसका उद्देश्य भी यूरोपीय हितों के साथ–साथ अमेरिकी हितों की भी रक्षा करना था।

तीनों संस्थाओं के सदस्यों के बीच परस्पर स्थानान्तरण होता रहता है और सीएफआर और टीसी के अमेरिकी सदस्य मुख्यतः अमेरिकी सरकार, प्रशासन, सेना और राजनीति में महत्त्वपूर्ण ओहदों पर काम करने वाले लोग होते हैं। दुनिया में सभी देशों में नाटो और अमेरिकी सैनिकों के शिविर नहीं हैं, न पूरी दुनिया ही उसके सैन्य नियन्त्रण के अधीन है, और न ही 'फाइव आईज़' (अमेरिका, ब्रिटेन, कनाडा, ऑस्ट्रेलिया और न्यूजीलैंड की गुप्तचर एजेंसियाँ) जो पश्चिम को सुरक्षा और दुनिया में कहीं भी हस्तक्षेप करने का अधिकार देती हैं, के लिए ही यह सम्भव है वे पूरी दुनिया पर निगरानी रख सकें। विश्व आर्थिक मंच, विश्व बैंक और अन्तरराष्ट्रीय मुद्राकोष जैसी विश्व संस्थाओं के अतिरिक्त पाश्चात्य बैंकिंग प्रणाली, बीमा और जहाज़रानी जैसे उद्यम के दूसरे कारगर माध्यम थे।

सीएफआर और टीसी भविष्य के लिए निर्देश देने और प्रक्षेपित करने का काम करते हैं। वे कार्यसूची बनाने और आख्यान निर्माण के काम में भी भी सहयोग करते हैं। अमेरिका के बारे में एक दूसरा सत्य यह है कि आम नागरिक इसकी विदेश नीति और राष्ट्रीय सुरक्षा को बहुत अधिक नहीं समझता। इन विषयों को मुख्य रूप से आभिजात्यों और कुलीनों का समूह, किसी विशेष शैक्षणिक परम्परा से सम्बन्ध रखने वाले लोग, आइवी

लीग से ताल्लुक रखने वाला वर्ग और एडमिरलों और जनरलों का तबक़ा संचालित करता है। हालाँकि अनुपात में अन्तर सम्भव है लेकिन अन्य देश भी इसी परिपाटी का अनुसरण करते हैं। प्रत्यक्ष राजनीतिक हस्तक्षेप की अनुपस्थिति में यह समूह अधिक सुविधा और सहजता के साथ अपना काम करता है।

विदेश सम्बन्ध परिषद् (सीएफआर) की स्थापना इसके सदस्यों को अन्तरराष्ट्रीय सम्बन्धों और अमेरिका की राजनीतिक, आर्थिक और वित्तीय समस्याओं को समझने, एक तर्कसंगत विदेश नीति को विकसित करने और सरकार तथा सकारात्मक समझौतों के क्रियान्वयन हेतु अन्तरराष्ट्रीय एजेंसियों के साथ सहयोग करने के उद्देश्य से की गयी थी।[6] इसके अपने वेबसाइट पर इसके बारे में लिखा है, '1919 के पेरिस शान्ति सम्मेलन की जटिल वार्ता के बाद राजनयिकों, वित्त दाताओं, जनरलों और विधिवेत्ताओं का समूह इस नतीजे पर पहुँचा कि अमेरिका को वैश्विक सन्दर्भ में महत्वपूर्ण उत्तरदायित्वों और नीति–निर्माण के लिए अधिक अच्छे तरीक़े से तैयार किये जाने की आवश्यकता है।' उन्होंने सीएफआर की स्थापना 'अमेरिका को प्रभावित करने वाली अन्तरराष्ट्रीय महत्त्व की चुनौतियों और विषयों पर निरन्तर अधिवेशन आयोजित करने के लिए की थी ताकि शासन कला, वित्त, उद्योग, शिक्षा और विज्ञान के दिग्गजों की समवेत राय ली जा सके।'[7]

1920 के दशक में सीएफआर के बढ़ते हुए प्रभाव के समानान्तर ही अमेरिका में ईसाई कट्टरवाद का संगठित उत्थान भी आरम्भ हो गया। समय बीतने के साथ–साथ अमेरिका की राजनीतिक–प्रशासनिक संरचना के दो मुख्य आधार स्तम्भ हो गये–एक अमेरिका का ताक़तवर प्रबुद्ध वर्ग जो समाज के धनाढ्य और अमीर तबके का प्रतिनिधित्व करता था, और दूसरा ईसाइयों का प्रभावशाली समूह। यही दोनों वर्ग अमेरिका की राष्ट्रीय राजनीति की बुनियाद माने जाने लगे। दोनों वर्गों के शक्ति–प्रयोग का माध्यम अमेरिकी कांग्रेस, राष्ट्रपति और उसका प्रशासन थे–ख़ासतौर पर गृह, सुरक्षा, कोष और ऊर्जा, विशालकाय वित्त और कारोबारी क्षेत्र और साथ में मीडिया। सीएफआर ने हमेशा गुप्त तरीक़े से काम किया और उसकी भूमिका के बारे में लोगों को अधिक पता नहीं था सिवा इस बात के कि वह 'फ़ॉरेन अफेयर्स' नाम से एक पत्रिका प्रकाशित करती है।

1970 के दशक में 'न्यूयॉर्क टाइम्स' और 'टाइम' जैसी लोकप्रिय और प्रभावशाली पत्रिकाओं ने यह लक्षित किया कि सीएफआर सरकार, कारोबार, शिक्षा और प्रेस में अपने रसूखदार सदस्यों के ज़रिये अमेरिका की विदेश नीति को गहरे रूप से प्रभावित करने में सक्षम है। अपनी स्थापना के सौ साल बाद सीएफआर के आकार और प्रभाव में ख़ासी बढ़ोतरी हुई है। वाशिंगटन डीसी के राजनीतिक केन्द्र होने के बावजूद ऐसा माना जाता है कि वाल स्ट्रीट की वैचारिक प्रयोगशाला और वास्तविक गृह–प्रशासन विभाग सीएफआर ही है। अमेरिका के प्रभावशाली राजनीतिज्ञ और लोकप्रशासक इसके सदस्य होते हैं और नीति–निर्माण की दृष्टि से यह अमेरिका की राष्ट्रीय महत्त्वाकांक्षाओं का प्रस्थान–बिन्दु है। इसके मुख्य सदस्यों में अमेरिकी उपराष्ट्रपति से लेकर गृह सचिव, सुरक्षा सचिव, वित्त सचिव, सशस्त्र बलों, कार्यरत और अवकाशप्राप्त सेनाओं के प्रमुख, वर्तमान और पूर्व राजदूत और सीआईए के निदेशक आदि जैसे महत्त्वपूर्ण पदों पर बैठे लोग होते हैं। ज़ाहिर बात है कि हेनरी किसिंजर भी इसमें अनिवार्य रूप से सम्मिलित थे क्योंकि किसी भी उद्देश्य के लिए बना कोई भी संगठन उनके बिना अधूरा माना जाता था। विश्व के नामी–गिरामी नेता सीएफआर को सम्बोधित कर चुके हैं। उनमें भारत के प्रधानमन्त्री जवाहरलाल नेहरू, इन्दिरा गाँधी और नरेन्द्र मोदी (2014) शामिल हैं।

सीएफआर एक विशिष्ट और शक्तिशाली समूह है जिसके सदस्य ताक़तवर और धनाढ्य लोग हैं। उन्हें लगता है कि यह उनकी सत्ता का केन्द्र है। इन सदस्यों में अधिकांश फार्च्यून 500 सूची में नामित हैं। मसलन दूरसंचार और सुरक्षा क्षेत्र के दिग्गज, प्रख्यात विद्वान, रणनीतिकार, वाल स्ट्रीट के महत्त्वपूर्ण कार्यकारी अधिकारी, कारोबारी क्षेत्र के विधिवेत्ता, प्रतिष्ठित पत्रकार और बड़े अख़बारों, पत्रिकाओं और टी.वी. चैनलों के सम्पादक, अन्तरराष्ट्रीय शान्ति के लिए स्थापित कार्नेगी एंडोमेंट, ब्रूक्लिंग्स इंस्टिट्यूशन और हडसन इंस्टिट्यूट जैसी बौद्धिक संस्थाएँ और प्राइवेट स्कूलों तथा आइवी लीग कॉलेजों से पढ़ कर निकले लोग स्वतः इसकी सदस्यता की योग्यता रखते हैं। नेशनल एंडोमेंट फॉर डेमोक्रेसी (सीएफआर द्वारा बनायी गयी एक संस्था), दी स्कोक्राफ्ट ग्रुप, किसिंजर एसोसिएट्स और दी अलब्राइट स्टोनब्रिज ग्रुप जैसे कुछ यहूदी संगठन भी सीएफआर की वैचारिक प्रक्रिया का हिस्सा हैं।

अधिकतर सदस्यों की जेबें पर्याप्त रूप से भरी होती हैं ताकि वे अमेरिकी सरकार के विभिन्न अभियानों को वित्तीय सहायता दे सकें। सीएफआर और उद्योग घराने अपनी साझा ताक़त को दुनिया पर ज़ाहिर करना चाहते हैं। एप्पल, माइक्रोसॉफ्ट और वालमार्ट की सालाना आय इतनी अधिक है कि वे कारोबार जगत की ताक़त को एक नया अर्थ देने में सक्षम हैं। कई बार तो उनका मुनाफ़ा दुनिया के अन्य सभी देशों की अर्थव्यवस्था से अधिक होता है। उदाहरण के तौर पर 2017 में वालमार्ट ने बेल्जियम की सालाना आय से ज़्यादा पैसे कमा लिए।[8] इनमें से ज़्यादातर लोगों को डेविड रोथकोफ्फ ने अपनी पुस्तक 'सुपरक्लास–दी ग्लोबल पॉवर एलिट एंड दी वर्ल्ड दे आर मेकिंग' में 'सुपरक्लास' के सदस्य के रूप में दर्ज़ किया है।[9]

सदस्यों की सूची बृहद और समावेशी है और इसमें जॉर्ज क्लूनी और एंजलिना जोली जैसे हॉलीवुड के सितारों के नाम भी शामिल हैं, हालाँकि उनके विचार और उनकी संलग्नता बहुत सामान्य और ग़ैरज़रूरी हो सकती हैं। बहरहाल जो लोग महत्त्वपूर्ण हैं और जो लोग अपना महत्त्व स्थापित करने के इच्छुक हैं वे सभी सीएफआर में कभी–न–कभी अवश्य सम्मिलित रहे हैं। इस प्रकार हम देखते हैं कि सीएफआर एक विशाल तन्त्र की धुरी है जिसके केन्द्र में कुछ ऐसे सबसे शक्तिशाली संगठन और व्यक्ति हैं जिनके हाथों में अमेरिका के वित्त, बौद्धिकता और मीडिया की बागडोर है। अमेरिका में कोई दूसरी संस्था नहीं है जो अपने प्रभाव और पहुँच में सीएफआर का दूर–दूर तक भी मुक़ाबला कर सके। इसकी शक्ति का प्रभावक्षेत्र इसके दिखने वाले आकार से बहुत बड़ा है। दुनिया को अमेरिका के विकास और शक्तिसम्पन्नता का जो बोध होता है, उन सभी विषयों पर विमर्श का मुख्य केन्द्र यही है। इसलिए इसके रसूख और ताक़त का लोहा पूरी दुनिया मानती है। इसके द्वारा गढ़े आख्यानों के सम्बन्ध में भी यही सच है। सीएफआर उन आख्यानों को गढ़ती है और दुनिया उनका अनुमोदन करती है। अमेरिका की वैचारिक श्रेष्ठता की उत्पत्ति, संवर्द्धन और प्रसार का उत्तरदायित्व इसी का है।[10]

सीएफआर और सीआईए के अन्तःसम्बन्ध बहुत ख़ास हैं। 1947 में सीआईए की स्थापना के साथ ही इसका नेतृत्व अमूमन सीएफआर के

प्रमुख या किसी सदस्य के हाथों में रहा है। जब एलन ड्यूल्स सीएफआर के निदेशक थे तब जॉन ए. मैककोन, रिचर्ड हेल्म्स, विलियम कोल्बी और जॉर्ज बुश सीनियर जैसे लोग उसके सदस्य थे।[11] इसके अलावा परिषद् का एक तरफ़ मीडिया से बहुत निकट सम्बन्ध है और दूसरी तरफ़ सीनेट फ़ॉरेन रिलेशन कमिटी से भी इसके प्रगाढ़ सम्बन्ध रहे हैं ताकि अन्तरराष्ट्रीय सम्बन्धों के विषयों पर एक तारतम्यपूर्ण नीति बनायी जा सके। भारत में ऐसी कोई प्रणाली नहीं है।

वित्त और पूँजीजगत की सबसे ताक़तवर निजी संस्थओं पर सीएफआर का एकाधिकार है। यह अमेरिका के पूँजीपति और धनाढ्य वर्ग के लिए सम्पर्क, सामाजिकता, रणनैतिक योजना और जागरूकता निर्माण की सर्वोपरि संस्था है। यह देश ही नहीं बल्कि दुनिया को संचालित करने वाले धनिक तन्त्र का 'उच्चतम आला कमान' है[12] और अमेरिका के अतिरिक्त दुनिया की 'गहन राजनीति' का वैश्विक केन्द्र और नेपथ्य में बागडोर सँभालने वाली एक 'गहन सत्ता' है। इस बात से कोई फ़र्क़ नहीं पड़ता कि कौन चुना गया है, परिषद् के सदस्य विषय को प्रस्तावित करने, प्रस्ताव पर विमर्श करने और उसके प्रति नागरिकों को जागरूक करने और देश की महत्त्वपूर्ण नीतियों के क्रियान्वयन करने की प्रक्रिया को सतत जारी रखने की ज़िम्मेदारी इसी की है। अधिकांश लोगों के लिए यह नयी बात हो सकती है लेकिन सीएफआर के रूप में 'गहन सत्ता नेपथ्य से चीज़ों को संचालित करती है, और उन महत्त्वपूर्ण नीतियों को बनाती और उनको क्रियान्वित करती है जिनका अमेरिकी समाज और क़ानून से कोई सरोकार नहीं है।'

यदि सीएफआर वास्तव में महत्त्वपूर्ण नीतियों को प्रस्तावित और क्रियान्वित या कुछ मामलों में लागू करती है तो 'संयुक्त राज्य अमेरिका के शक्ति सम्बन्धों और इसके वैश्विक साम्राज्य की संरचना पर केन्द्रित समझ' को विकसित करना आवश्यक है।[13]

2015 तक सीएफआर की व्यक्तिगत सदस्यता लगभग 5000, कॉर्पोरेट सदस्यता तक़रीबन 170, कर्मचारियों की संख्या 330 से भी अधिक, सालाना बजट 6 करोड़ अमेरिकी डॉलर और कुल परिसम्पत्ति लगभग 49.2 करोड़ अमेरिकी डॉलर अनुमानित है। यह भारी–भरकम बनावट इसे दुनिया का विशालतम और सबसे शक्तिशाली निजी परामर्शदायी संस्था

बनाती है 'जो न्यूयॉर्क और वाशिंगटन के किसी आलीशान इलाक़े के बन्द कमरों की सामान्यतः अपनी गुप्त बैठकों में मानवता के भविष्य पर विमर्श और निर्णय करती है।'[14]

रॉकफेलर प्रभाव

परिषद् की शक्ति और विदेश नीति के उच्चतम स्तर पर अमेरिकी सरकार के साथ इसके सम्बन्ध का सहज प्रमाण तब दिखा जब चेज मैनहट्टन स्थित 'रॉकफेलर फॅमिली बैंक' के प्रमुख डेविड रॉकफेलर (1969–1980) को राष्ट्रीय सुरक्षा परिषद् का अध्यक्ष (1970–1985) के पद पर नियुक्त किया गया। उन्होंने अमेरिका–चीन सम्बन्धों को निर्धारित करने में निर्णायक भूमिका निभायी। रॉकफेलर अपने पारम्परिक बैंक को एक आधुनिक, उदार और प्रगतिशील छवि देना चाहते थे। यह तब की बात है जब निक्सन और किसिंजर की गिद्धदृष्टि माओ जेडोंग पर टिकी हुई थी और रॉकफेलर चेज मैनहट्टन के अपने बैंक को चीन में प्रवेश दिलाने के लिए प्रयत्नशील थे। जब इस मुद्दे पर रॉकफेलर ने किसिंजर से राय–मशविरा किया तो किसिंजर ने चेज मैनहट्टन को हांग हुआ से अवगत कराने का परामर्श दिया जो उस समय राष्ट्रसंघ में चीन के स्थायी प्रतिनिधि थे। उसके ज़रिये चीन तक पहुँचना थोड़ा आसान था। आख़िरकार एक सुबह रॉकफेलर का एक नुमाइन्दा एक बैग लेकर रूज़वेल्ट होटल में हांग हुआ से मिला। बैग में 50,000 नक़द अमेरिकी डॉलर थे। किसी प्राप्ति रसीद की कोई ज़रूरत नहीं थी और चीनी अभियान ने चेज मैनहट्टन के साथ एक एकाउंट खोल लिया। उसके बाद रॉकफेलर ने चीन की कई यात्राएँ कीं और शीघ्र ही उसने बैंक ऑफ़ चाइना के साथ अपने कारोबारी रिश्ते भी विकसित कर लिए।[15]

अपने उच्च 'नैतिक आदर्शों' के बावजूद रॉकफेलर परिवार ने अपना काम निकलवाने के लिए रिश्वत की लेन–देन में कोई कोताही नहीं बरती।[16] आर्थिक जगतों के दिग्गज और राजनेताओं की दृष्टि में उनका कहा क़ानून से ऊपर नहीं तो क़ानून से कम भी नहीं था। चीन और मध्यपूर्व के परिप्रेक्ष्य में अक्सर रॉकफेलर एक अनधिकृत अमेरिकी राजनयिक थे। राष्ट्रपति जिमी कार्टर, विदेश सचिव सायरस वांस या एनएसए ज़िबग्निएव ब्र्जेजिन्सकी के संवादों को चीन तक पहुँचाने वाले, और दूसरी तरफ़

राष्ट्रपति रिचर्ड निक्सन और विदेश सचिव हेनरी किसिंजर का संवाद मध्यपूर्व के सम्राटों और तानाशाहों तक पहुँचाने का काम रॉकफेलर ही करते थे। हैरत की बात नहीं कि 2003 में 'न्यूयॉर्क टाइम्स' के स्तम्भकार डेविड ब्रूक्स ने रॉकफेलर को अपने समय के 'अग्रणी कॉर्पोरेट राजनयिक' का नाम दिया...। जिसने अपना अधिकतर समय राजनीतिक संकटों के बीच कारोबार करते हुए गुज़ारा...। रॉकफेलर दोनों मसलों से एक साथ निबटने के हुनर को अच्छी तरह जानते थे।[17] ग़ौरतलब बात यह है कि राष्ट्रपति निक्सन और राष्ट्रपति कार्टर दोनों ही रॉकफेलर को अपना वित्त सचिव नियुक्त करना चाहते थे, लेकिन रॉकफेलर बिना किसी राजनीतिक बन्दिश के सत्ता के केन्द्रों के साथ रह कर अपना काम करना चाहते थे।[18]

रॉकफेलर समयानुसार सत्ता के विभिन्न केन्द्रों में एक साथ उपस्थित दिखते थे। कभी उनकी उपस्थिति प्रत्यक्ष होती थी और कभी अप्रत्यक्ष। इसका कारण केवल उनका धन नहीं बल्कि वह प्रभाव था जिसका इस्तेमाल वे अमेरिका और यूरोप के सन्दर्भ में करते थे। डेविड रॉकफेलर (1915–2017) पूरी दुनिया की दृष्टि में ईर्ष्या का विषय थे। कम–से–कम अमेरिका में तो वे इतने ताक़तवर ज़रूर थे कि उनकी गाड़ियों के क़ाफ़िले (जैसाकि भारत के सन्दर्भ में सत्ता का पैमाना माना जाता है) को ट्रैफ़िक लाइट के इशारे पर रुकने की ज़रूरत नहीं पड़ती थी। उन्नीसवीं सदी से रॉकफेलर वंश का अमेरिका में और रोथसचाइल्ड वंश का यूरोप में असीम प्रभाव था। रोथसचाइल्ड बैंक और परिवार ने यूरोप में अपने प्रभाव का विस्तार किया, और तक़रीबन उसी समय रॉकफेलर परिवार ने स्टैंडर्ड आयल के उद्यम के ज़रिये अपने साम्राज्य का विस्तार किया, जिसने बाद में एक्सान मोबिल, शेवरॉन और अन्य व्यवसायों में बँट कर अपने प्रभावों में पर्याप्त इज़ाफ़ा किया।

शिकागो विश्वविद्यालय का निर्माण रॉकफेलर ने कराया था। साथ ही उसने येल, हार्वर्ड, कोलम्बिया, ब्राउन, ब्रीन मावर और वस्सर जैसे प्रतिष्ठित पूर्वी विश्वविद्यालयों को आर्थिक मदद भी दी। रॉकफेलर की वित्तीय ताक़त वस्तुतः उसके चेज मैनहट्टन बैंक (अब जेपी मॉर्गन चेज बैंक), और रॉकफेलर फ़ाउंडेशन और रॉकफेलर फैमिली फ़ाउंडेशन जैसे बड़े फाउंडेशनों में निहित थी। साथ ही उन्होंने सीएफआर जैसे नीति–निर्माता समूह, त्रिपक्षीय आयोग और बिल्डरबर्ग समूह की स्थापना और नेतृत्व के ज़रिये अपने रसूख में इज़ाफ़ा किया। इन सभी बातों ने रॉकफेलर परिवार

को राजनीतिक, सामाजिक और आर्थिक ताक़त के रूप में विकसित होने का पर्याप्त अवसर दिया जिसने परिणामतः अनेक व्यक्तिगत, संस्थानिक और वैचारिक आख्यानों को जन्म दिया।

डेविड रॉकफेलर 1970 के दशक में चेज मैनहट्टन और सीएफआर के अध्यक्ष और सीईओ, बिल्डरबर्ग बैठकों के संस्थापक सदस्य, कार्नेगी और फोर्ड फ़ाउंडेशन के वित्त प्रदाता और सीएफआर के संगठनात्मक कर्ताधर्ता रहे। रॉकफेलर और फोर्ड फाउंडेशन जैसे संस्थानों की राजनीति विज्ञान और वैश्विक–राजनीति के विविध पक्षों के सामान्य अध्ययन में गहरी रुचि थी ताकि वैश्विक–वर्चस्व के प्रबन्धन में मदद मिल सके।[19]

अमेरिका का कुलीन सत्ता–तन्त्र

अमेरिकी समाज की एक अन्य विशेषता यह है कि इसने शासन और ताक़तवर तथा धनाढ्यों के बीच एक मज़बूत और स्थायी बन्धन का निर्माण किया। अमेरिकी समाज दो मुख्य वर्गों में विभाजित है–संख्या के हिसाब से छोटा लेकिन शक्तिशाली पूँजीवादी वर्ग और एक बहुत बडा श्रमशील वर्ग। आधिकारिक परिसम्पत्ति आँकड़े के अनुसार अमेरिका के शीर्ष 1 प्रतिशत परिवारों की औसत आमदनी 2009 में 1.4 करोड़ अमेरिकी डॉलर थी। इसके विपरीत तक़रीबन 37 प्रतिशत अमेरिकी परिवारों की कुल परिसम्पत्ति 12,000 अमेरिकी डॉलर है और कोई 25 प्रतिशत परिवारों की कुल परिसम्पत्ति शून्य अथवा उससे भी कम है। 2010 में शीर्ष 5 प्रतिशत पूँजीपतियों और पेशेवर वर्ग अमेरिका की 63 प्रतिशत सम्पत्ति का मालिक है और उसके बाद का 15 से 26 प्रतिशत राष्ट्रीय सम्पत्ति का मालिक है। दूसरे शब्दों में अमेरिका की कुल आबादी का शीर्ष 20 से 89 प्रतिशत राष्ट्रीय सम्पत्ति का मालिक है, और कुल जनसंख्या के 80 प्रतिशत के पास कुल सम्पत्ति का केवल 11 प्रतिशत हिस्सा ही है।[20] न तो लोकतन्त्र और न ही पूँजीवाद समानता के प्रति वचनबद्ध हैं। समाजवादी राष्ट्र अवश्य इसके प्रति वचनबद्ध है किन्तु यह इसे सुनिश्चित करने में नाकाम रहा है।

सीएफआर के विचार और सामान्य कामगार वर्ग के अमेरिकियों का एक और दिलचस्प पहलू है। 2013 में हुए एक सीएफआर–पीठिका सर्वे

में सीएफआर के सदस्यों और एक सामान्य अमेरिकन से एक ही प्रश्न पूछे गये थे। उन सवालों के जवाबों में भारी फ़र्क़ देखा गया। तक़रीबन 81 प्रतिशत लोगों का यह मानना था कि अमेरिका की विदेश नीति की सर्वोच्च प्राथमिकता अमेरिकी जनता को रोज़गार मुहैया कराना होना चाहिए जबकि सीएफआर सदस्यों में सिर्फ़ 29 प्रतिशत सदस्यों के लिए ऐसा करना आवश्यक था। 73 प्रतिशत सीएफआर सदस्य यह मानते थे कि अमेरिकी कम्पनियों को विदेशों में भी अपना उद्योग और कारोबार का विस्तार करना चाहिए। उनकी इस बात से केवल 23 प्रतिशत अमेरिकी सहमत थे। इसी प्रकार, राष्ट्रीय सुरक्षा के अन्य बिन्दुओं पर सीएफआर ने ड्रोन आक्रमण और गुप्तचर व्यवस्था को चाक–चौबन्द करने का पक्ष लिया क्योंकि उनकी दृष्टि में यह अमेरिका की सुरक्षा के लिए ज़रूरी क़दम था। जनता इस बात को लेकर अधिक उत्साहित नहीं थी।[21] कुलीन वर्ग और श्रमशीलों के बीच विचारों का यह एक बड़ा अन्तर था। सीआईए के पूर्व प्रमुख जॉन ड्यूश ने सीएफआर को अमेरिका के प्रतिबद्ध और विशिष्ट लोगों के अलावा अमेरिकी सरकार और अन्य देशों के निजी और सार्वजनिक वक्तव्यों का समागम–केन्द्र कहा है।[22] ड्यूश जिस दृष्टि से सीएफआर को अभिव्यक्त कर रहे थे, बेशक वह अभिजात्यों की दृष्टि कही जायेगी।

तक़रीबन एक दशक पहले, 50 अरब अमेरिकी डॉलर से ऊपर की विक्रय अथवा सकल घरेलू उत्पाद (जीडीपी) वाली केवल 166 संस्थाएँ हुआ करती थीं जिनमें 106 कम्पनियाँ थीं और 60 देश थे। कम्पनियों में अड़तीस उत्तरी अमेरिका की कम्पनियाँ थीं और सत्तावन कम्पनियां यूरोप में अवस्थित थीं। आठ जापान की कम्पनियां थीं। शीर्ष की 100 कम्पनियों का विक्रय लगभग 9.72 खरब अमेरिकी डॉलर के बराबर था जबकि अकेले पाँच चोटी की कम्पनी–वालमार्ट, एक्सानमोबिल, रॉयल डच शैल, बीपी और जनरल मोटर्स–की कुल बिक्री 1.5 खरब अमेरिकी डॉलर के बराबर थी। यह सात देशों को छोड़ कर पूरी दुनिया के सकल घरेलू उत्पाद (जीडीपी) से कहीं अधिक थी। कम्पनियों के नाम में हेरफेर हो सकती है किन्तु यह तथ्य इस बात का सूचक है कि सत्ता का केन्द्र कहाँ है। सऊदी अरब जो दुनिया की पच्चीसवीं सबसे बड़ी अर्थव्यवस्था है, के पास तेल का सारा भण्डार हो सकता है, लेकिन सबसे ज़्यादा मुनाफ़ा

कमाने वाली कम्पनी एक्सानमोबिल ही है। यह इस बात का संकेतक है कि दुनिया के दस्तूर कहाँ से तय होते हैं और इन्हें तय कौन करता है। यह वे लोग हैं जो देश और विश्व के लोगों की अवधारणा तय करने और अपने अनुकूल आख्यान गढ़ने के लिए अपने संसाधनों का उपयोग लॉबिंग करने, आवश्यकतानुसार राजनीतिज्ञों को प्रभावित करने, मीडिया को अपनी सुविधानुसार अपने पक्ष में करने और वैश्विक विमर्श को अपने मुताबिक़ ढालने के लिए करते हैं।[23] सच यही है कि वास्तविक सरकार और भविष्य की सरकार वही लोग हैं। उनमें से कुछ लोग तो इतने बड़े हैं कि वे इतने अधिक लोगों को नौकरियाँ दे सकते हैं जितनी छोटे–मोटे देशों की आबादी होती है। या, ये वे लोग हैं जिनका सालाना कारोबार कुछ मुल्कों के सकल घरेलू उत्पाद से भी ज़्यादा है। दुनिया पहले से ही अविकसित और पिछड़े तथा शीर्ष पर पहुँचने–पहुँचने को आमादा औद्योगिक और आधुनिक पश्चिमी देशों में बँटी हुई है।

अमेरिका की सत्ता–संरचना अपने बारे में प्रचलित आख्यानों को स्वयं रचती है और चूँकि इस महाशक्ति के पास दुनिया तक अपनी बातें प्रभावी तरीक़े से पहुँचाने के माध्यम हैं, लिहाज़ा उनके आख्यानों की अपील भी प्रायः वैश्विक ही होती है। डेविड रोथकोप्फ के अनुसार इस उच्चवर्गीय समूह में तक़रीबन 6,000 लोग हैं जो पूरी दुनिया में दूसरे लोगों की ज़िन्दगियों पर असर डालने की क्षमता रखते हैं। विरासत में मिले प्रभावों और ताक़तों का युग अब समाप्त हो रहा है और इस समूह के सदस्यों के लिए यह आवश्यक हो गया है कि वे अधिक–से–अधिक समय तक सत्ता का हिस्सा बन सकें और अधिक–से–अधिक लोगों की ज़िन्दगियों पर असर छोड़ने में सक्षम हो सकें। इन शीर्षस्थ 6,000 में राज्यों के मुखिया, बड़ी–बड़ी कम्पनियों के सीईओ, मीडिया दिग्गज, वैसे अरबपति जो सच्चे अर्थों में पूँजी निवेश के काम में लगे हैं, तकनीकी विशेषज्ञ, तेल उद्योग के महारथी, शीर्ष वित्त प्रबन्धक, और यहाँ तक कि प्रसिद्ध लेखक, वैज्ञानिक, धार्मिक नेता और कलाकार भी शामिल हैं। इन 6,000 लोगों में बहुत सारे लोग सीएफआर, त्रिपक्षीय आयोग (टीसी), दावोस समूह, बिल्डरबर्ग समूह और बोहेमियन ग्रोव के भी सदस्य हैं। ऐसे भी लोग हैं जो इन पाँचों समूहों से एक साथ जुड़े हुए हैं।

विश्व समुदाय इसे ऐसी दृष्टि से देखता है मानो यह कोई राजनीतिक–आर्थिक षड्यन्त्रों में लिप्त रहने वाला समूह हो किन्तु वस्तुतः यह धनाढ्यों और शक्तिशाली लोगों का ऐसा समूह है जिन्हें अपनी सुरक्षा और सम्पर्कों के विस्तार के लिए एक साझा मंच की आवश्यकता है। सीएफआर और टीसी के अतिरिक्त ऐसे कुछ अन्य समूह हैं जो इनके इस उद्देश्य को पूरा करते हैं। उच्चवर्गीय लोग और ये संगठन परस्पर एक–दूसरे से ताक़त हासिल करते हैं, और सुरक्षा और प्रभाव की दृष्टि से एक–दूसरे को मज़बूती देने में अमूमन किसी साज़िश की ज़रूरत नहीं है। धनाढ्य और कुलीन लोग इन समूहों को एक ऐसा आभामण्डल देते हैं कि ऊँचे और ताक़तवर लोगों के साथ उनका घुलना–मिलना बहुत आसान हो जाता है और इन समूहों से सम्बद्ध होने मात्र के कारण वे स्वयं भी पर्याप्त प्रभावशाली हो जाते हैं। यहीं से वे दरवाज़े भी खुलते जाते हैं जिन्हें बारी–बारी से पार करते हुए वे प्रशासन और विधायिका के महत्त्वपूर्ण विभागों से होकर गुज़रते हैं और उद्योग जगत को लाभ पहुँचाने और बदले में उद्योग जगत के ज़रिये इन प्रशासनिक विभागों को लाभ पहुँचाने में महत्त्वपूर्ण भूमिका निभाते हैं। सरकारों में परिवर्तन सम्भव है किन्तु इनकी शक्ति और प्रभाव में कोई कमी नहीं आती।[24]

कांग्रेस और राष्ट्रसंघ में अपने सभी विनम्र और बड़े वक्तव्यों के बावजूद अमेरिका यही मानता है कि नयी विश्व व्यवस्था का वास्तविक नियन्ता वही है। सन्दर्भ और अवधारणाएँ समय के साथ भले ही बदलती रहती हैं लेकिन सार वही होता है जिसे थॉमस जेफ़रसन ने अमेरिका की आज़ादी के तीस से कम साल बाद 1816 में इन शब्दों में व्यक्त किया था–'पुराने यूरोप को हमारे इशारों के मुताबिक़ सीखना होगा, और उसे हमारे साथ बंध कर चलना होगा–धर्म और राजनीति दोनों ही मामलों में। हर हाल में अमेरिका ही अगुआ होगा। यह एक अद्भुत भीमकाय परिकल्पना होगी।[25]

उस युग में यूरोपीय साम्राज्यों के अतिरिक्त और कोई दूसरी दुनिया नहीं थी। जो शेष था वह अधिकांशतः उपनिवेश थे। उदार अमेरिकी यही सोच कर ख़ुश होते रहते थे कि उनका देश साम्राज्यवादी महत्त्वाकांक्षाओं से मुक्त देश है और केवल दुर्घटनावश एक साम्राज्य माना जाता है। इसलिए वह श्रेष्ठताबोध से रहित देश है। वैश्विक वर्चस्व की प्रवृत्ति

उन्नीसवीं सदी के पूर्वार्द्ध की देन समझी जाती है, लेकिन इसमें ख़तरनाक तीव्रता दो विश्वयुद्धों के बीच के दशकों में देखी गयी। जब दूसरा विश्वयुद्ध मित्र राष्ट्रों की जीत के साथ समाप्ति की तरफ़ बढ़ा तब सीएफआर को यह महसूस हो गया था कि 1939 में आरम्भ हुआ इसका 'युद्ध और शान्ति अध्ययन प्रोजेक्ट' एक अमेरिकी वर्चस्व वाली नयी विश्वव्यवस्था की स्थापना का उसका मिशन क़ामयाब हो चुका है। सरकार और उसके साथ सीएफआर को मिलकर सिर्फ़ एक नये 'वैश्विक साम्राज्य' को संगठित और नियन्त्रित करने की ज़रूरत थी। यह क़यास लगाया जा चुका था कि अमेरिका दुनिया पर अपनी प्रभुसत्ता स्थापित करेगा और इसी लक्ष्य ने अमेरिका राष्ट्रीय हित का रूप ले लिया। राष्ट्रपति फ्रैंकलिन डी. रूज़वेल्ट की सरकार और विदेश विभाग की सहायता पाकर सीएफआर ने एक अन्तरराष्ट्रीय अर्थव्यवस्था और राजनीतिक व्यवस्था का निर्माण करना शुरू कर दिया। यह एक ऐसा क्षेत्र था जहाँ अमेरिका कमोबेश एक विशेषज्ञता अर्जित कर चुका था।

अमेरिका को अब इस बात का विश्लेषण करने की आवश्यकता थी कि क्या वह ब्रिटिश साम्राज्य, पश्चिगी गोलार्द्ध और एशिया के बाज़ारों, कच्चे मालों और संसाधनों के बिना भी आत्मनिर्भर रह सकेगा। चूँकि इस सवाल का जवाब ना में था, अमेरिका को अपने हितों के अनुकूल एक नयी विश्वव्यवस्था बनाने के लिए दूसरे विश्वयुद्ध में दाख़िल होना ज़रूरी था। सरकार ने सीएफआर द्वारा प्रस्तावित उस अन्तरराष्ट्रीय रूपरेखा को अपनी सहमति दे दी जो परिभाषा में साम्राज्यवाद के विपरीत होकर भी व्यवहार में बिल्कुल वैसी ही हो।[26] ज़ाहिरन आज़ादी, समानता, न्याय और लोकतन्त्र के आख्यानों की स्थापना और प्रसार की आवश्यकता थी ताकि दुनिया को इनके नाम पर नियन्त्रित किया जा सके।

शक्ति और त्रिपक्षीय आयोग का प्रभाव

1992 में जब विलियम जेफरसन क्लिंटन राष्ट्रपति पद के चुनाव की तैयारी में व्यस्त थे, उसी समय 'वाशिंगटन पोस्ट' ने लिस्बन में एक गुप्त बैठक में बैठक के बारे में एक रपट प्रकाशित की। इसे प्रमुखतः दुनिया को संचालित करने वाली 'छाया सरकार', 'व्यवस्था' और 'कुलीनों' की बैठक के रूप में प्रचारित किया गया। इस बैठक में शामिल लोगों ने स्वयं

को 'त्रिपक्षीय आयोग' (टीसी) का नाम दिया।[27] इस आयोग के बारे में भी षड्यन्त्रों से सम्बन्धित अनेक भ्रान्तियाँ प्रचलित हैं। इसे ईसाई विरोधी, अमेरिका विरोधी, लोकतन्त्र विरोधी और राष्ट्रीय प्रभु सत्ता को समाप्त कर एकल वैश्विक सरकार का पक्षधर बताया गया। इस बात में भी सच्चाई थी कि आयोग अर्थव्यवस्था और दुनिया के भूमंडलीकरण जैसे मुद्दों पर पर्याप्त गोपनीयता बरतता था। इस व्यवस्था को सिद्धान्त रूप में स्थापित करने वाले कुछ प्रख्यात दिग्गज थे।

त्रिपक्षीय आयोग मुख्य रूप से शक्तिशाली स्त्री और पुरुषों का एक विशिष्ट कुलीन–समूह है जिसके सदस्य आमतौर पर अमेरिका, यूरोप और जापान के रसूखदार नागरिक होते हैं और जो दुनिया को अपने हितों के अनुरूप संचालित करते हैं। ये लोग प्रमुखतः राजनीतिज्ञ, कॉर्पोरेट प्रमुख, अमेरिका के भूतपूर्व और होने वाले राष्ट्रपति, वरिष्ठ कैबिनेट मन्त्री, गुप्तचर एजेंसियों के प्रमुख, विश्वबैंक के गवर्नर, रक्षा विशेषज्ञ और डेविड रॉकफेलर और प्रभावशाली रणनीतिकार–विचारक ज़िबग्निएव ब्र्जेजिन्सकी जैसे लोगों द्वारा संरक्षण–प्राप्त मीडिया दिग्गज होते हैं।

त्रिपक्षीय आयोग की स्थापना 1972 में उस समय की गयी जब सीएफआर के दो सदस्य डेविड रॉकफेलर और ज़िबग्निएव ब्र्जेजिन्सकी बिल्डरबर्ग के सदस्यों को यह आश्वस्त करने में नाकाम रहे कि अगले बिल्डरबर्ग अधिवेशन में जापान को भी आमन्त्रित किया जायेगा। बैठक के बाद रॉकफेलर, ब्र्जेजिन्सकी और सीएफआर के कुछ अन्य सदस्यों ने एक पृथक अन्तरराष्ट्रीय समूह स्थापित करने का निर्णय किया जिसमें यूरोप, उत्तरी अमेरिका और जापान के विशेषज्ञ–विचारक और राजनेता भाग लेंगे। रॉकफेलर ने पहल करते हुए 1972 की एक ग्रीष्मकालीन बैठक में अपने आवास पर ही केवल अन्तरराष्ट्रीय कार्यसूची निर्धारण और नीति निर्माण संगठन की निजी बैठक में त्रिपक्षीय आयोग की स्थापना की घोषणा कर दी। बिल्डरबर्ग के अनेक सदस्य भी इस घोषणा में शामिल थे और ब्र्जेजिन्सकी इसके पहले निदेशक और रॉकफेलर पहले अध्यक्ष बनाये गये।[28] बहरहाल आयोग की औपचारिक स्थापना अगले साल हुई।

ब्र्जेजिन्सकी ने जिमी कार्टर में भावी राष्ट्रपति की सम्भावनाएँ देखीं और उन्हें राजनीतिक परिदृश्य पर प्रोत्साहित करना आरम्भ किया। चुनाव

में खड़े कार्टर के सहयोगी वाल्टर मोंडाले भी आयोग से आये थे, और 1976 के अन्त तक आयोग से कुल आये उन्नीस सदस्य हो गये जो राजनीतिक रूप से शक्तिशाली पदों पर आसीन थे।[29] कार्टर और मोंडाले भी उनमें शामिल थे। सीएफआर की तरह टीसी भी शक्तिशाली और प्रभावशाली लोगों का एक समूह है। समूह की बैठकें वार्षिक और गोपनीय होती हैं। धनाढ्य और राजनीतिक तौर पर प्रभावशाली होना आयोग के महत्त्वपूर्ण पदों पर आसीन होने की सबसे बड़ी अहर्ताएँ हैं। समूह की सालाना बैठकों में मीडिया, अन्तरराष्ट्रीय व्यापार, विचार, शिक्षा, वित्त लॉबिंग और प्रशासन जैसे विभिन्न क्षेत्रों के प्रतिनिधि सम्मिलित होते हैं। अभी हाल–फिलहाल आयोग की संरचना में बड़ा कायान्तरण हुआ है और अब इसकी बैठकों में रूस को छोड़ कर सभी बड़े देशों के प्रतिनिधियों को शामिल होने के लिए आमन्त्रित किया जाने लगा है।[30]

संयोग की बात थी कि जब 1973 में आयोग की स्थापना हुई तब अरब में तेल का संकट अपनी गम्भीरतम स्थिति में था और ओपीईसी (पेट्रोलियम निर्यातक देशों का संगठन) ने पेट्रोलियम उत्पादों में अचानक तेज़ बढ़ोतरी कर दी और साथ ही उत्पादन का कोटा भी निर्धारित कर दिया। तेल से समृद्ध देशों ने इस कारण से बड़ा मुनाफ़ा कमाया और उन्होंने अपने मुनाफ़े का खरबों पेट्रो डॉलर यूरोपीय और अमेरिकी बैंकों में जमा किया। इससे तो अमीर देश और अधिक अमीर हो गये लेकिन ग़रीब देशों के हाथ कुछ भी नहीं लगा। उल्टा उन्हें दूसरे देशों से क़र्ज़ के रूप में मोटी राशि लेनी पड़ी जिसका भुगतान करने में वे पूरी तरह असमर्थ थे। रॉकफेलर के चेज मैनहट्टन बैंक ने भी 52 खरब अमेरिकी डॉलर कर्ज के रूप में विकासशील देशों को दिया। त्रिपक्षीय आयोग ने बीच में हस्तक्षेप किया और आईएमएफ ने वित्त आवंटित किया और निजी बैंकों को ऋणवसूली के दायित्वों से मुक्त कर दिया गया।[31]

जॉर्जिया के मूँगफली उपजाने वाले एक किसान जेम्स अर्ल कार्टर और एक छोटे–से प्रान्त अरकांसास के गवर्नर बिल क्लिंटन अमेरिका को पारम्परिक तौर पर नियन्त्रित करने वाले शक्तिशाली पूर्वी केन्द्र के लिए बाहरी व्यक्ति थे। वे दोनों ही 'वाशिंगटन डीसी बेल्टवे' नाम के आयोग में बारीक और ख़ास मुद्दों पर विमर्श करने के लिए मुख्य रूप से टीसी पर निर्भर थे। ब्र्जेजिन्सकी जो कि कार्टर के राष्ट्रीय सुरक्षा सलाहकार थे,

ने 1976 के राष्ट्रपति चुनाव में चार्टर को निर्धारित करते हुए राज्यों और निगमों के बीच पारस्परिक सहयोग और दृढ़ सम्बन्धों पर अत्यधिक जोर दिया था। ब्र्जेजिन्सकी रॉकफेलर के प्रमुख सिद्धान्तकार थे।[32] इस प्रकार कार्टर और क्लिंटन दोनों को सरकार चलाने में आयोग का सहयोग प्राप्त था। दूसरी तरफ़ डोनाल्ड ट्रम्प इस अन्दरूनी सत्ता के हिस्सा नहीं थे और न उन्हें इसका प्रत्यक्ष सहयोग और समर्थन ही हासिल था।

त्रिपक्षीय आयोग के शुरुआती दिनों पर ब्र्जेजिन्सकी का उस के क्रियाकलाप पर ख़ासा असर था। आयोग की त्रैमासिक पत्रिका 'ट्राइलोग' ने यह बात बिल्कुल साफ़ लहजे में कह दी थी कि उसका उद्देश्य एक 'नयी अन्तरराष्ट्रीय व्यवस्था' की स्थापना करना था। कुछ यही बात जॉर्ज एच. डब्ल्यू. बुश ने बाद में कही थी जब उसने 11 सितम्बर, 1990 को अमेरिकी कांग्रेस को सम्बोधित करते हुए एक 'नयी विश्व व्यवस्था' पर ज़ोर डाला था। ब्र्जेजिन्सकी, राजदूत और सीएफआर के सदस्य रिचर्ड गार्डनर, राजनीतिक विश्लेषक और पेंटागन के सलाहकार ग्राहम एलिसन और अनेक दूसरे लोगों ने आयोग को वैचारिक और दार्शनिक आधार प्रदान करने का काम किया। कोकाकोला, [IBM] एक्सानमोबिल, बैंक ऑफ़ अमेरिका और चेज मैनहट्टन जैसे बहुराष्ट्रीय दिग्गजों ने नयी अन्तरराष्ट्रीय अर्थव्यवस्था की स्थापना को एक नेतृत्व दिया। 2013 तक अमेरिका के नौ से में छह विश्वबैंक के अध्यक्ष और बारह में से नौ अमेरिकी वाणिज्य आयुक्त त्रिपक्षीय आयोग के ही सदस्य थे।

समय–समय पर 'सीबीएस', 'न्यूयॉर्क टाइम्स', 'टाइम मैगज़ीन' और 'वाशिंगटन पोस्ट' से छन कर आती हुई हल्की ख़बरें और विचार अमेरिकी जनता के सामने आते रहते हैं। त्रिपक्षीय आयोग के तक़रीबन सभी सदस्य विदेशी मामलों के परिषद् के भी सदस्य होते हैं लेकिन यह कतई ज़रूरी नहीं कि विदेशी मामलों के परिषद् के सदस्य अनिवार्यतः आयोग के भी सदस्य हों।[33] इस संगठन का अन्तिम लक्ष्य बिना किसी राष्ट्रीय हित और कुलीन विशेषज्ञों के नियन्त्रण के एक नयी विश्व व्यवस्था की स्थापना करना है।[34] ब्र्जेजिन्सकी और रॉकफेलर जैसे वास्तविक संस्थापकों को छोड़ कर अर्थशास्त्री एलन ग्रीनस्पान और पॉल वोल्कर, हेनरी किसिंजर आदि जैसे प्रख्यात लोग या तो हार्वर्ड विश्वविद्यालय या फिर ब्रूकलिन इंस्टिट्यूट की नुमाइन्दगी करते थे।

कुछ लोगों की दृष्टि में विदेश मामलों का परिषद्, त्रिपक्षीय आयोग और बिल्डरबर्ग समूह–तीनों की त्रिमूर्ति 1990 के दशक से ही वाइट हाउस और विदेश विभाग के साथ मिलकर नयी विश्व व्यवस्था बनाने का दायित्वपूर्ण काम सँभालते हैं। ज़ाहिर बात है कि यह एक दुष्प्रचारित अतिशयोक्ति है। इसके बावजूद इन संगठनों की उपयोगिता को अस्वीकार नहीं किया जा सकता है। बहरहाल अकेले हो या एक–दूसरे के साथ मिलकर, इन समूहों की किसी भी षड्यन्त्र में संलिप्तता नहीं दिखती है। वे बस अन्तरराष्ट्रीय महत्त्व की नीतियाँ निर्धारित करने में बड़ी भूमिकाएँ निभाते हैं।

इसके बाद भी, सिर्फ़ एक बार राष्ट्रपति पद के उम्मीदवार रहे बैरी गोल्डवाटर ने 1979 में अपनी आत्मकथा 'विद नो अपोलोजिज़' में यह कह कर अनेक लोगों को अचम्भित कर दिया।

'त्रिपक्ष (वादी) आयोग एक अन्तरराष्ट्रीय समूह है।. (और) इसका उद्देश्य अमेरिका की राजनीतिक सरकार से नियन्त्रण छीन कर वाणिज्यिक और बैंकिंग के हितों को बहुराष्ट्रीय दृष्टि से सुगठित करना है। टीसी के पैरोकार दक्ष और सहयोगपूर्ण प्रयासों के ज़रिये राजनीतिक, वित्तीय, बौद्धिक और धार्मिक सत्ता को अपने अधिकार में लेना चाहते हैं।'[35]

दूसरा शक्तिशाली और खुफ़िया समूह, बिल्डरबर्ग का मुख्यालय हॉलैंड में है, और उसकी बैठक भी साल में एक बार भिन्न–भिन्न स्थानों पर बुलायी जाती है। इस समूह का स्वीकृत उद्देश्य यूरोप और अमेरिका के बीच एक विशिष्ट प्रणाली की स्थापना और नीति, रणनीति और अर्थव्यवस्था पर एक आम राहमति का निर्माण करना है। दूसरे शब्दों में इसका ध्येय यह है कि दुनिया पर शासन कैसे किया जाये। स्वाभाविक है कि सदस्यता का आधार आमन्त्रण है, और यह कुछ गिने–चुने शक्तिशाली लोगों तक ही सीमित है।[36]

2019 में नयी दिल्ली में एक खुसफुसाहट सुनने में आयी जब कभी शक्तिशाली रहे और अभी भी प्रभावशाली पाँच व्यक्ति प्रधानमन्त्री नरेन्द्र मोदी के साथ बातचीत के एक खुशनुमा सत्र में सम्मिलित होने के लिए उपस्थित थे। वे सभी वहाँ जेपी मॉर्गन अन्तरराष्ट्रीय परिषद् की एक बैठक में शरीक होने के लिए आये थे। यह बैठक बारह साल के अन्तराल के बाद आयोजित की गयी थी और प्रतिभागियों में एक छियानवे साल के

हेनरी किसिंजर भी थे जिन्हें आज भी भारत के लिए 1971 में बनायी गयी नीति के लिए याद किया जाता है। दो अन्य लोग टोनी ब्लेयर और कोंडोलीज़ा राइस थे जो उस समय अपने देशों के शासनाध्यक्ष थे जब उन्होंने मोदी पर अपने–अपने देश आने पर प्रतिबन्ध लगाया था, जबकि शेष दो लोग पूर्व सीआईए निदेशक और बाद में सुरक्षा सचिव रहे रोबर्ट गेट्स और पूर्व ऑस्ट्रेलियाई प्रधानमन्त्री जॉन होवार्ड थे। होवार्ड को छोड़ कर उनमें चार लोग बिल्डरबर्ग्स के सदस्य थे। उन सभी के बीच हास–परिहास के वातावरण में सामान्य बातचीत हुई लेकिन उनकी यात्रा का उद्देश्य क्या था? इस बात को कोई नहीं जानता और न किसी को इसकी परवाह ही थी।[37] भारत के बारे में विश्व की धारणा बदल रही थी। ज़ाहिरन यह मुलाक़ात मोदी के आने का जश्न थी।

'फैमिली' और 'नेशनल प्रेयर ब्रेकफास्ट'

राष्ट्रपति ड्वाइट आइजनहावर के कार्यकाल से ही प्रत्येक फ़रवरी के पहले गुरुवार को अमेरिकी राष्ट्रपतियों को अमेरिकी कांग्रेस द्वारा आयोजित नेशनल प्रेयर ब्रेकफास्ट में भाग लेना अनिवार्य माना जाता है। इसका आयोजन एक समर्पित ईसाई संगठन फैमिली और फ़ेलोशिप फ़ाउंडेशन के संयुक्त तत्त्वावधान में किया जाता है। इसमें विभिन्न देशों और कॉर्पोरेट जगत का प्रतिनिधित्व करने वाली तक़रीबन 3,000 विभूतियाँ उपस्थित रहती हैं। बहुतों के लिए यह यीशु के सन्देशों के प्रचार के लिए किया जाने वाला आयोजन है, जबकि दूसरों के लिए यह शक्तिशाली शख़्सियतों के साथ लॉबिंग करने और सम्पर्क साधने का एक अवसर है। विगत वर्षों में फैमिली और फ़ेलोशिप, जैसा कि गोपनीय ईसाई संगठन जाने जाते हैं, ने इन सभाओं का आयोजन तेल, सुरक्षा, बीमा और बैंकिंग जैसे महत्त्वपूर्ण क्षेत्रों के कार्यकारी अधिकारियों के लिए किया जाता है। यह बिना किसी प्रचार के अपना काम करता है, बल्कि सामान्यतः आवश्यक गोपनीयता बरतता है। इसके मुख्यालय को 1978 में 150 लाख अमेरिकी डॉलर के चन्दे की राशि से ख़रीदा गया था, जिसमें प्रमुख चन्दादाता हथियार निर्माता कम्पनी रेथेओन के तात्कालिक सीईओ टॉम फिलिप, अनेक तेल कम्पनियों के अधिकारी और 'अंडर गॉड' शपथ–अभियान को वित्तीय मदद देने वाले क्लेमेंट स्टोन थे।

अमेरिका की सफलता के पीछे सिर्फ़ उसकी कड़ी मेहनत ही नहीं है, बल्कि यह वजह भी है कि वह जोख़िम उठाने के लिए हमेशा तैयार रहता है और उसका तुलनात्मक रूप से खुला होना भी दूसरों को पसन्द आता है। साथ ही ईसाइयत के प्रति उसका समर्पण–भाव और दुनियाभर के कम 'भाग्यशाली लोगों' के धर्मान्तरण के प्रति उसका उत्साहपूर्ण रवैया भी उसे दुनिया के अन्य देशों के बीच एक विशिष्टता प्रदान करता है। एक लम्बे अरसे तक अमेरिका का राष्ट्रपति–पद एक श्वेत ईसाई और आभिजात्य व्यक्ति के लिए सुरक्षित माना जाता रहा। इस अवधि में केवल एक व्यक्ति इसका अपवाद रहा। बाद के सालों में अमेरिका यूरोप से गये लोगों का उपनिवेश बन गया। जब सत्रहवीं सदी के पूर्वार्ध में पहले प्यूरिटन ने अमेरिका की धरती पर अपने पाँव रखे तो उसने मेसाचुसेट्स को 'पहाड़ों पर बसा शहर' कह कर बुलाया। यह बात यीशु द्वारा गॉस्पेल ऑफ़ मैथ्यू में कही बात से बहुत मिलती–जुलती थी। कुछ सदी बाद रोनाल्ड रीगन ने भी अपने विदाई भाषण में पहाड़ी पर बसे काल्पनिक शहर की बात कही। बाद में इसी काल्पनिक स्थान ने अमेरिका के आख्यानों और मिथकों को एक आकार देने का और राजनीति और धर्म को परस्पर पिरोने का काम किया। इस जुगत ने एक सर्वशक्तिशाली राष्ट्र के रूप में बड़ी भूमिका निभायी।[38]

पत्रकार जेफ शार्लेट ने एक अभिरुचिपूर्ण तरीक़े से सज्जित और अर्लिंग्टन, वाशिंगटन डीसी के एक भव्य आध्यात्मिक केन्द्र में एक महीने तक फ़ैमिली के साथ ऐश्वर्यपूर्ण जीवन बिताने के बाद 'दी फैमिली–दी सीक्रेट फंडामेंटलिज़्म एट दी हार्ट ऑफ़ अमेरिकन पॉवर' शीर्षक पुस्तक लिखी। उसने अमेरिका की तात्कालिक पीढ़ी को एक ऐसे कट्टरवादी आभिजात्य वर्ग का नाम दिया जो सत्ता और सम्पत्ति के प्रति बेतरह आसक्त था। इस वर्ग ने अमेरिका और विदेशों में श्रमिक आन्दोलनों का निरन्तर विरोध किया और सम्पत्ति उपार्जन को 'ईश्वर' की मर्ज़ी मानते हुए उसके प्रति हमेशा अहस्तक्षेप की नीति का अनुसरण किया। त्वरित क्षमादान में आस्था अमीरों और ताक़तवरों के लिए विशेष रूप से अनुकूल है, क्योंकि किसी भी अपराध और कुकृत्य की ज़िम्मेदारी लेने से बचने का यह सबसे उपयुक्त बहाना है। शार्लेट की लिखी किताब पर भिन्न–भिन्न टिप्पणियाँ उपलब्ध हैं। किसी में इस किताब को संकेतक माना गया तो

किसी टिप्पणी के अनुसार यह एक अनिवार्य रूप से पढ़ी जाने वाली पुस्तक है।

शार्लेट ने लिखा है कि उनके ज़माने के 'फैमिली' के नेता डगलस कोए अपनी नेतृत्वक्षमता और प्रतिबद्धता के लिए यीशु मसीह से ही प्रेरणा ग्रहण करते थे जिनके प्रति हिटलर, मुसोलिनी, स्टालिन और माओ जेडोंग भी अन्धभक्ति से भरे हुए थे। हो ची मिन्ह भी वैसे ही एक नेता थे जो अपने नेतृत्व के गुणों के लिए सराहे जाते थे, और बाद के सालों में लेनिन और ओसामा बिन लादेन भी उनके ही रास्ते पर चले। माओ के रेड गार्ड के नौजवान भी अद्‌भुत अनुयायी माने गये। अपने एक सम्बोधन में कोए ने कहा, 'मैंने चीन के रेड गार्ड के रूप में नौजवानों की तस्वीरें देखी हैं।..। तस्वीरों में उन नौजवानों के माँ–बाप को भी देखा जा सकता है जिनके सिरहाने एक टोकरी रखी होती थी। रेड गार्ड के नौजवान कुल्हाड़ी निकाल कर अपने माँ–बाप की गर्दन उतार लेते थे और टोकरी में उनके सिरों को रख कर गोया यह दिखलाने की कोशिश करते थे कि रेड गार्ड उनके माँ, बाप, भाई, बहन यहाँ तक कि उनकी ख़ुद की ज़िन्दगी से भी ज़्यादा महत्त्वपूर्ण था! यह एक तरह का नियम था।..। एक प्रतिज्ञा थी। यीशु ने भी यही कहा है।' अनेक इंजीलवादी धर्मप्रचारकों को लगता है कि 'फैमिली' राजनीतिक दृष्टि से वाशिंगटन का सबसे प्रभावशाली समूह है।

इस आध्यात्मिक केन्द्र को 2002 में एक 40.4 लाख अमेरिकी डॉलर मूल्य की जायदाद माना गया। यह पोटोमाक नदी के मुहाने पर स्थित है और वाशिंगटन की ख़ूबसूरत जगहों में एक माना जाता है। फैमिली की शहर में और जगहों पर भी सम्पत्तियाँ हैं जिनमें एक मामूली–सा दिखने वाला गिरजा भी है जिसके बारे में कहा जाता कि इसके भीतर शहर का एक शानदार रिहाइशी इलाक़ा है और इसमें अनेक नौकरशाह और कांग्रेस के सदस्य रहते हैं। एक–दूसरे रिहाइशी इलाक़े में युवा पुरुष प्रशिक्षु रहते हैं। फ़ैमिली भारत, पाकिस्तान और अफ़ग़ानिस्तान से आये ऐसे अनेक मेहमानों को भी आर्थिक मदद करता है जो अपने प्रवास का ख़र्च ख़ुद वहन करने में सक्षम नहीं हैं।[39]

'फैमिली' ख़ुद को 'गोपनीय' नहीं, बल्कि एक निजी संगठन कहलाना अधिक पसन्द करता है, और साथ ही इसे अपने ईसाई संगठन कहे

जाने पर भी आपत्ति है। यह ख़ुद को सिर्फ़ यीशु के अनुयायियों के रूप में पुकारा जाना अधिक पसन्द करता है। इसकी संगठनात्मक संरचना, प्रशासनिक ढाँचे और सदस्यों के बारे में अधिक ज्ञात नहीं है, और न ही यह अपने अभियान और उद्देश्य के बारे में कोई औपचारिक वक्तव्य देता है। इस सबके बावजूद यह इतना प्रभावशाली समूह है कि ड्वाइट आइजनहावर के नेशनल प्रेयर ब्रेकफास्ट में शामिल होने के बाद से अमेरिका के सभी राष्ट्रपति प्रत्येक फ़रवरी में इसके इस आयोजन में अनिवार्य रूप से सम्मिलित होते रहे हैं। फैमिली की स्थापना पिचासी साल पहले हुई थी। यह वित्त जगत के दिग्गजों और राजनीतिक नेताओं के हवाई उड़ानों के ख़र्च उठाती है ताकि वे विदेशों में अपने 'मित्रों' से मिलने जा सकें। उन मित्रों में शासनाध्यक्ष और तानाशाह भी होते हैं।[40] 2002 में 'अमेरिकी कांग्रेस के सदस्यों द्वारा भेजे गये' नेशनल प्रेयर ब्रेकफास्ट के नक़्क़ाशीदार आमन्त्रण–पत्रों में एक की क़ीमत 425 अमेरिकी डॉलर थी और इस पर अमेरिका के राष्ट्रपति–पद की मुहर लगी थी।[41]

अतीत में कार्टर के राष्ट्रपति–काल में मिस्र के राष्ट्रपति अनवर सादात और इज़राइल के प्रधानमन्त्री मेनाचेम बिगिन के बीच कैम्प डेविड समझौता कराने में फैमिली ने नेपथ्य में रहते हुए एक बड़ी भूमिका निभायी थी। शीतयुद्ध के समय फैमिली ने साम्यवाद के विरोध और सीआईए का पक्ष लेती फ़िल्मों के निर्माण और प्रचार में आर्थिक मदद भी की थी जिन्हें पेंटागन के सहयोग से विदेशों में भी प्रदर्शित किया गया था। अन्तरराष्ट्रीय स्तर पर नेशनल प्रेयर ब्रेकफास्ट आज भी अनेक महत्त्वपूर्ण मुद्दों पर मध्यस्थता करता रहा है। उदाहरण के लिए, फैमिली ने राष्ट्रपति रोनाल्ड रीगन की मुलाक़ात एक विवादास्पद आध्यात्मिक गुरु, जांबिया के राष्ट्रपति और अलसल्वाडोर में राष्ट्रपति पद के एक ऐसे प्रत्याशी से करवाने में महत्त्वपूर्ण भूमिका निभायी थी जिसे अमेरिकी प्रशासन बहुत पसन्द नहीं करता था। कुछ साल बाद ही फैमिली के प्रयासों से वाशिंगटन के आध्यात्मिक केन्द्र में ही लोकतान्त्रिक गणराज्य कांगो के राष्ट्रपति लॉरेंट कबीला और रवांडा के राष्ट्रपति पॉल कागामे के बीच एक निजी मुलाक़ात हुई।[42] लेकिन दो शासनाध्यक्षों से सम्बन्धित होने के कारण इसे आधिकारिक मुलाक़ात के रूप में ही देखा गया। फिर भी प्रत्यक्ष नियन्त्रण और प्रभाव के बावजूद कोए पूरे परिदृश्य से स्वयं अनुपस्थित रहे।

गोपनीयता षड्यन्त्रों और सन्दिग्धता को प्रोत्साहित करती है। डोनाल्ड ट्रम्प जब राष्ट्रपति पद के लिए बतौर प्रत्याशी खड़े हुए तो उनके प्रचार अभियान में रूस के हस्तक्षेप की अफ़वाह ने ख़ासा तूल पकड़ा था। 2018 में अमेरिकी अधिकारियों ने मारिया बुतिना की गिरफ़्तारी की थी क्योंकि उस पर रूस के लिए ख़ुफ़ियागिरी करने का आरोप लगा था। उस पर जो अभियोग लगाये गये थे उनमें एक यह भी था कि उसने 2017 में पाँच रूसियों को नेशनल प्रेयर ब्रेकफास्ट में शामिल होने के लिए गोपनीय तरीक़े से आमन्त्रित किया था।। इसका ख़ुलासा बुतिना द्वारा नवम्बर 2016 में भेजे गये एक ईमेल से हुआ।[43] उसने बाद में अपनी संलिप्तता स्वीकार कर ली और उसे अट्ठारह महीने कारावास में रहने की सज़ा सुनाई गयी।

ज़ाहिर बात थी कि रूसियों को नेशनल प्रेयर की बैठकों के महत्त्व का अच्छी तरह आभास था। और, पाकिस्तानियों को भी यह बात बख़ूबी पता थी। 2017 में जब डगलस कोए का देहान्त हुआ तो वर्ल्ड कश्मीर अवेयरनेस फोरम नामक संगठन के अध्यक्ष गुलाम नबी फई ने अपने शोक सन्देश में कोए को कश्मीर के हितों का पैरोकार बताया था।[44]

नेशनल प्रेयर ब्रेकफास्ट में अमेरिकी राष्ट्रपतियों की उपस्थिति केवल इस आयोजन की पारम्परिक भव्यता के कारण ही महत्त्वपूर्ण नहीं थी बल्कि इन आयोजनों में वे विविध समयों पर दिये गये अपने वक्तव्यों के कारण भी चर्चा में रहे। इन महत्त्वपूर्ण वक्तव्यों के कारण ही फैमिली को नेपथ्य से ही अपना प्रभाव दिखाने का भरपूर अवसर मिल सका। इसका पर्याप्त लाभ रूढ़िवादी ईसाई इंजीलिस्टों ने वाशिंगटन के कुलीनों के साथ मेलजोल बढ़ाने में उठाया। 1985 में हुई बैठक में रोनाल्ड रीगन ने कहा था, 'मेरी हार्दिक इच्छा है कि इसके (फैमिली) के कामों के बारे में विस्तार से कुछ कहूँ लेकिन मैं ऐसा इसलिए नहीं करना चाहता कि यह पृष्ठभूमि में रह कर अपने कामों को अंजाम देने में विश्वास रखता है।'[45] 1990 में हुई बैठक में जॉर्ज एच. डब्ल्यू. बुश ने डगलस कोए की मौन कूटनीति की तारीफ़ करते हुए कहा, 'मैं इसे गुप्त कूटनीति नहीं कहूँगा।'[46]

2011 की बैठक के दौरान बराक ओबामा ने बयान दिया, 'मुझे यीशु के निकट होने–सा अनुभव हुआ। मुझे प्रतीत हुआ कि मैं उसके साथ चहलक़दमियाँ कर रहा हूँ और उसे हासिल करना मेरे जीवन का

मूल लक्ष्य बन गया।'[47] 2015 में तो ओबामा का बयान ख़ासा चर्चा में रहा। राजनीतिक हिंसा पर बात करते हुए उसने कहा, 'यदि हम बहुत नैतिकता और ईमानदारी के साथ विचार करें तो देखेंगे कि धर्मसुधार और आत्मनिरीक्षण के दिनों में लोगों ने यीशु के नाम पर अनेक जघन्य कृत्य किये।' ज़ाहिर बात थी कि बहुत लोगों को यह बयान गले से नहीं उतरा।[48]

2017 को नेशनल प्रेयर ब्रेकफास्ट की अपनी बैठक के सम्बोधन में डोनाल्ड ट्रम्प ने सामान्यतः बुनियादी बातें कहीं जिनमें आस्था पर आधारित चर्चाओं के बीच–बीच में कुछ राजनीतिक बिन्दुओं की ओर संकेत किया गया था। उन्होंने कहा कि लोगों की यह भीड़ संयुक्त राष्ट्र अमेरिका की महान परम्परा के साथ–साथ अमेरिकियों की इस धार्मिक आस्था का द्योतक भी है कि कैसे ईश्वर ने आम लोगों को कुर्बानियाँ देने के लिए प्रेरित किया। जब तक ईश्वर का अस्तित्व है, तब तक हम अकेले नहीं हैं और हमें कभी भी ईश्वर से दया और करुणा की उम्मीद करना नहीं छोड़ना चाहिए। उसी दिन उन्होंने अपने नवनियुक्त विदेश सचिव रेक्स टिलरसन का परिचय अमेरिका के 'महान सचिवों में एक' के रूप में कराया।[49] एक साल के बाद ही टिलेरसन ने ट्रम्प सरकार पर अनैतिक होने का आरोप लगाते हुए अपना पदत्याग कर दिया। अगले ही वर्ष राष्ट्रपति ने अपने सम्बोधन में ईश्वर के विरुद्ध कुछ अपशब्द प्रयोग किये जबकि उन्होंने जनता से प्रतिबद्धता प्रकट की थी कि वे कभी भी उनकी 'अपेक्षाओं के विरुद्ध खरे नहीं उतरेंगे।' उस समय वे उन रूढ़िवादी ईसाइयों को सम्बोधित कर रहे थे जिन्हें अपने अस्तित्व और रोज़गार पर संकट मँडराता दिख रहा था।[50]

ईसाईयों के अधिकार

अमेरिकी आख्यान को ऐसे गढ़ने में कि वह अपने पूरी तरह से उद्देश्यों में सफल हो सके, सभी तरीक़ों को पूरे सामंजस्य के साथ इस्तेमाल करने की आवश्यकता थी–राष्ट्रपति और सरकार, कांग्रेस, सेना और सुरक्षा–तन्त्र, कॉर्पोरेट जगत, मीडिया और चर्च सभी को। यह सम्भव था कि कोई अवयव अपनी तय पटरी से अव्यवस्थित हो सकता था लेकिन इससे कोई बड़ा संकट उत्पन्न नहीं होने पाये, यह सुनिश्चित करना

अत्यावश्यक था। हरेक फ़रवरी को अमेरिकी राष्ट्रपति को 'ईसाई नेशनल प्रेयर ब्रेकफास्ट' में शामिल होना आवश्यक था, बैठक को नियमित रूप से सम्बोधित करना और ईसाइयत को प्रोत्साहित करना और अपना सहयोग देना भी उनके लिए उतना ही आवश्यक था। उनके प्रायः सभी सम्बोधन इसाई धर्म से ही सन्दर्भित रहे हैं।

सितम्बर 2001 में जब अमेरिका पर आतंकी हमला हुआ तो, तब नव रूढ़िवादियों ने अपने चिर–परिचित अन्दाज़ में अपनी प्रतिक्रियाएँ दी थीं। अग्रणी नेता और अमेरिकन क्रिश्चियन राइट के जेरी फालवेल जिनका देहान्त 2007 में हुआ, ने सीएनएन को बयान देते हुए कहा कि यह मूलतः अमेरिका के विरुद्ध ईश्वर का आक्रोश था और इसके मुख्य कारण अमेरिका को धर्मनिरपेक्ष बनाने के प्रयास हैं। ईश्वर चार करोड़ बच्चों के गर्भपात की घटना से भी कुपित थे और इसलिए 1812 से अमेरिकियों को जो रक्षाकवच प्रदान किया था उसे हटा लिया था। उसने स्टालिन, हिटलर, सद्दाम हुसेन और ओसामा बिन लादेन जैसे लोगों का भी उल्लेख किया जो बाइबिल के उल्लेखित सिद्धान्तों के अनुसार मानवता के अपराधी थे। बाद में बुश ने भी इस कथन की पुष्टि की। 'इस दुनिया में शैतान और उसकी बुराइयाँ सचमुच उपस्थित हैं और उनका पर्याप्त विरोध होना चाहिए।'[51]

बिली ग्राहम और पैट रोबर्टसन के अलावा एक अन्य महान इंजीलवादी ईसाई सांस्कृतिक विभूति टिम लाहाए थे। लाहाए ने कुल पचहत्तर किताबें लिखीं जिनमें ज़्यादातर विध्वंसक थ्रिलर थीं। बीस साल पहले तक उन किताबों की कुल 6.3 करोड़ प्रतियाँ बिक चुकी थीं। 8.3 करोड़ बालिग इंजीलवादियों (ईसाई प्रचारकों) की तादाद को देखते हुए यह कोई हैरत की बात नहीं थी। दूसरे अर्थ में कुल आबादी का 38 फ़ीसदी, और अमेरिकियों में 59 फ़ीसदी लोग मानते हैं कि 'बुक ऑफ़ रिविलेसन' में उल्लेखित क़यामत जैसी घटनाएँ इज़राइल के तेल मेगिदो शहर में स्थित पहाड़ियों पर घटित होंगी। मान्यताओं के अनुसार, तेल मेदिगो ही वह जगह है जहाँ अर्मागेडन (अन्तिम युद्ध) होगा। दूसरी तरफ़ इराक़ और सीरिया जैसे इस्लामिक राष्ट्रों का यह दावा है कि यह अन्तिम युद्ध सीरिया के दबिक में लड़ा जायेगा।[52]

जॉर्ज डब्ल्यू. बुश बाइबिल की मान्यतानुसार एक 'बोर्न–अगेन' (यह एक ईसाई कर्मकांड है जैसे हिन्दुओं में उपनयन संस्कार होता है। 'बोर्न अगेन' का कोई हिन्दी समतुल्य नहीं है।) इसलिए या तो 'बोर्न अगेन' ही लिखा जाएगा या फिर प्रतिबद्ध और कट्टर ईसाई थे और उन्होंने वाइट हाउस, पेंटागन और डिपार्टमेंट ऑफ़ जस्टिस में एक सौ से अधिक इंजीलवादियों को महत्त्वपूर्ण पदों पर नियुक्त किया।[53] बुश के मन्त्रिमण्डल की बैठक हमेशा प्रार्थना के साथ शुरू होती थी। 1988 के राष्ट्रपति–चुनाव में माइकल डुकालिस को हराने में उसने अपने पिता जॉर्ज एच. डब्ल्यू. बुश की खुलकर धार्मिक मदद की थी। अपने शपथ–ग्रहण के सम्बोधन का आरम्भ ईसाइयों द्वारा की जाने वाली प्रार्थना के साथ करते हुए सीनियर बुश ने अपनी धार्मिक पक्षधरता को स्पष्ट रूप से रेखांकित कर दिया था।

यहाँ यह विशेष रूप से उल्लेखनीय है कि अमेरिका और दुनिया के अनेक दूसरे लोकतान्त्रिक देश ईसाइयत को राजधर्म नहीं मानने के बावजूद खुलेआम ईसाई धर्म में विश्वास करते हैं। उनका राष्ट्रीय लोकाचार उनकी धार्मिक बहुलता द्वारा निर्देशित होता है। दूसरी तरफ़ हिन्दू बहुल राष्ट्र होने के बाद भी भारत एक धर्मनिरपेक्ष देश है। ऐसी स्थिति में क्या आधिकारिक या राष्ट्रीय उद्देश्यों के सन्दर्भ में हिन्दूवाद को भारतीय राजनेताओं का पैमाना मानना उपयुक्त होगा? इस सवाल का जवाब बेशक 'इनकार' में होगा। ईसाइयत और लोकतन्त्र प्रत्यक्षतः एक साथ अस्तित्व में रह सकते हैं। आख्यानों के ज़रिये जो झूठ स्थापित किये जाते हैं उनके पोषण के लिए यही दो आवश्यक भोज्य हैं।

प्रलोभन और अनुनय की कला में अब एक सूक्ष्म परिवर्तन आया है और अब यह पहले से अधिक नम्र और कोमल हो गयी है। किन्तु दूसरी तरफ़ अब यह कठोर और अधिक प्रभावशाली भी हो चुकी है। 11 सितम्बर, 2001 के बाद धार्मिक अधिकारों के महिमामण्डन के अपने निहितार्थ थे। पैट रोबर्टसन के साथ जेरी फॉलवेल ने न सिर्फ़ ओसामा बिन लादेन और अल क़ायदा के ख़िलाफ़ बल्कि सभी मुसलमानों के ख़िलाफ़ एक मुहिम छेड़ दी। एक–दूसरे इजीलवादी जिमी स्वागार्ट ने सभी मुसलमान छात्रों को देश से निकाल बाहर करने पर ज़ोर दिया। इस मामले में लेफ़्टिनेंट जनरल विलियम 'जेरी' बॉयकिन बाज़ी मार ले गये जिन्होंने दावा किया कि 'वे' हमसे एक 'ईसाई देश'[54] होने के कारण' घृणा करते हैं।[55]

उनके मतानुसार बुश को ईश्वर ने नियुक्त[56] किया है, और यदि हम 'यीशु का सहारा लेंगे' तो अमेरिकी इस्लामिक आतंकवादियों को हराने में क़ामयाब होंगे।'[57]

प्रभावशाली इसाई धार्मिक समूहों के अतिरिक्त अमेरिका में दूसरे कई शक्तिशाली वर्ग तबके और शिक्षाविदों के समूह भी थे जिन्होंने असरदार भूमिकाएँ निभायीं। धर्म, विशेष रूप से ईसाई धर्म अमेरिका में एक महत्त्वपूर्ण भूमिका अदा करता है और राजनेता ईसाइयत के प्रति अपनी पक्षधरता प्रदर्शित करने में कोई संकोच नहीं दिखाते हैं। बल्कि इस तथ्य को छुपाना एक प्रकार का अमेरिका–विरोध माना जाता है। इसके बावजूद अमेरिका पर बहुसंख्यकवादी होने का कोई ठप्पा नहीं लगा है और न यह ख़ुद को धर्मनिरपेक्ष घोषित करने के संवैधानिक दबावों से ही जूझ रहा है। अमेरिका के अधिकांश विचारक समूहों को निजी तौर पर आर्थिक मदद की जाती है। उनमें वाशिंगटन डीसी और न्यूयॉर्क में स्थित बड़े और समृद्ध समूह भी हैं जो अनेक दशकों से सक्रिय हैं। शिक्षा जगत और राजनीति के अनेक प्रतिभाशाली व्यक्तित्व इन समूहों से सम्बद्ध हैं। उनमें से अनेक लोग इतने समर्थ और शक्तिशाली हैं कि वे पूरी दुनिया के नीति–निर्माण को प्रभावित करने की क्षमता रखते हैं। ऐसे समर्थ और प्रभावशाली लोगों की निजी क्षेत्रों, सरकार और शिक्षा–जगत में कोई कमी नहीं है। विगत वर्षों में ऐसे लोगों ने उपर्युक्त क्षेत्रों में साथ मिलकर या अलग–अलग अपने प्रभावों का पर्याप्त विस्तार किया है। अमेरिका के कुछ अत्यन्त योग्य और सक्षम प्रबुद्ध विचारक अथवा विचार–मण्डल दुनिया के अन्य हिस्सों में जिनमें भारत भी शामिल है, सक्रिय हैं। अमेरिकी हितों और आख्यानों को दृढ़ता प्रदान करने में उनकी महत्त्वपूर्ण और निर्णयक भूमिकाएँ हैं।

हॉलीवुड का आख्यान उद्योग

जॉर्ज बुश द्वारा मार्च 2003 पर इराक़ पर किये गये फ़ौजी हमले ने पूरी दुनिया को स्तब्ध कर दिया और एक सदमे में डाल दिया। हमले के एक हफ़्ते बाद ही अमेरिकी सेना की एक आपूर्ति क्लर्क जेसिका लिंच को ज़ख़्मी कर इराक़ ने उसे अपने क़ब्ज़े में ले लिया। लिंच को आख़िरकार अमेरिका ने गुमशुदा घोषित कर दिया। वाशिंगटन पोस्ट के मुताबिक़ इराक़ी सैनिकों द्वारा अगवा किये जाने से पहले जेसिका ने डटकर उनका मुक़ाबला किया था। बहरहाल जेसिका की अमेरिका वापसी के बाद एनबीसी ने उसके अपहरण और शारीरिक उत्पीड़न, उसके साथ किये गये दुर्व्यवहार और अन्ततः उसकी वापसी पर सेविंग जेसिका लिंच नाम की एक फ़िल्म बनायी जिसे वास्तव में पेंटागन ने प्रायोजित किया था। लेकिन अपनी अद्‌भुत नैतिक ईमानदारी का परिचय देते हुए जेसिका ने पूरे घटनाक्रम का खण्डन करते हुए दुनिया से यह कहा कि उसके अपहरण से जुड़ी सभी बातें मनगढ़न्त थीं और उन्हें युद्ध को तर्कसंगत साबित करने के लिए सायास उड़ाया गया था। बीबीसी ने इस घटना को 'इतिहास की सर्वकालिक मनगढंत और चौंकाने वाली ख़बरों में एक बताया था।'[1]

इराक़ युद्ध के समय बुश ने अपने उप–राष्ट्रपति डिक चेनी को अपनी ही तरह किसी भी ख़बर को गोपनीय रखने या उसकी सार्वजनिक घोषणा करने के अपरिमित अधिकार दिये थे। चेनी ने इन अधिकारों का खुलकर उपयोग भी किया और अपनी मर्ज़ी के मुताबिक़ 'न्यूयॉर्क टाइम्स' या वाशिंगटन पोस्ट के लिए ख़बरों की गोपनीयता को सुनियोजित तरीक़े से भंग करने की व्यवस्था की।[2]

पिछले अनेक दशकों से दुनिया का मनोरंजन करने वाला हॉलीवुड अमेरिकी सरकार, ख़ासतौर पर पेंटागन, सीआईए और वाइट हाउस के साथ अपने सम्बन्धों के कारण हमेशा से सवालों के कठघरे में रहा है। यह कोई हैरतअंगेज़ बात नहीं है कि सिनेमा के बड़े पर्दे, टी.वी. तथा वेब स्ट्रीमिंग सेवाओं जैसे चैनलों के ज़रिये लोगों की कल्पनाओं और हरेक घर–परिवार तक अपनी पहुँच बनाने की क्षमता रखने वाले इस माध्यम के आकर्षण से सरकार के लिए बच पाना सम्भव नहीं था। स्वतन्त्रता और अभिव्यक्ति की आज़ादी के बारे में अमेरिका के मूल्य और आदर्श, उसके राष्ट्रीय सेना की शौर्यगाथा, अमेरिकी सरकार की कथित नेकनीयती और वैचारिक उदारता और साम्यवाद और आतंकवाद जैसी बुराइयों से दुनिया को निजात दिलाने वाले एक प्रतिबद्ध देश के रूप में अमेरिका को विज्ञापित करने की दृष्टि से हॉलीवुड एक समर्थ माध्यम सिद्ध हो सकता था। इन्हीं उद्देश्यों की प्राप्ति के लिए अमेरिका को सर्वश्रेष्ठ राष्ट्र बताया गया। मानवाधिकारों, आर्थिक मुक्ति और राजनीतिक उदारता को केन्द्र में रख कर एक नया आख्यान गढ़ा गया और यह नारा भी दिया गया–अमेरिका सर्वोत्तम है! अमेरिका ज़िन्दाबाद! 1915 के बाद हॉलीवुड का भी मुख्य लक्ष्य यही बन गया।

मैथ्यू अल्फोर्ड और टॉम सेकर ने इसके बारे में नेशनल सिक्यूरिटी सिनेमा–दी शॉकिंग न्यू एविडेंस ऑफ़ गवर्नमेंट कंट्रोल इन हॉलीवुड' में विस्तार से लिखा है।[3] उनके मुताबिक़, अमेरिकी फ़िल्म–निर्माताओं को अमेरिकी फ़ौज ने प्रामाणिकता का आभास देने और ख़र्च में कटौती करने के नाम पर मानव–संसाधन, परामर्श, शूटिंगों के लिए अनुकूल लोकेशन और उपकरण जैसी निर्माण–सम्बन्धी सुविधाएँ मुहैया करायी थीं। 1947 में अपनी स्थापना के बाद पेंटागन हॉलीवुड को मौजूदा आकार देने वाला सबसे महत्त्वपूर्ण और ताक़तवर सरकारी विभाग रहा है। डोनाल्ड बरूच के अधीन अमेरिकी सेना ने मनोरंजन सम्पर्क कार्यालय (ELOs) का आरम्भ किया। इसकी बागडोर 1989 में फ़िलिप स्ट्राब ने सँभाली।[4] अल्फोर्ड और सेकर ने उन फ़िल्मों और टी.वी. कार्यक्रमों की पड़ताल की जिन्हें उन दोनों ने नेशनल सिक्यूरिटी सिनेमा का नाम दिया था। उन्होंने अनुभव किया कि उनमें हितों की रक्षा करने वाले इतिहास और अमेरिका की विदेशनीति की प्रासंगिकता और औचित्य पर ख़ास ज़ोर दिया गया था।[5]

पर्दे पर जो कुछ भी दिखाया जा रहा था वह कोई नियन्त्रणमुक्त कला नहीं थी; नेपथ्य से कोई दूसरा ही इसे संचालित कर रहा था। किसी और का मस्तिष्क उन विचारों को सोच रहा था और उन दृश्यों के पीछे किसी और के संकेत काम कर रहे थे। ज़ाहिर बात थी कि इस क्रम में एक आख्यान को लगातार गढ़ा जा रहा था।

हॉलीवुड द्वारा बनायी गयी फ़िल्मों में से अधिकांश फ़िल्मों के बुनियादी आदर्श और धारणाएँ एक जैसी हैं–कि अमेरिका के पास एक वैश्विक सेना और तकनीकी और आर्थिक उत्कृष्टता उपलब्ध है; और, कि लोकतन्त्र, समानता और स्वतन्त्रता के प्रति उसकी निष्ठा और नैतिकता किसी भी संशय से परे हैं। हॉलीवुड अपनी फ़िल्मों के ज़रिये यह जताने की कोशिश करता है कि अपनी उदारतापूर्ण शक्ति का प्रयोग अमेरिका दुनिया के हितों की रक्षा करने के लिए करता है। सीआईए और पेंटागन की अगुआई में निर्देशित हॉलीवुड की फ़िल्में इस बात को प्रतिबिम्बित करती हैं। उदाहरण के रूप में, मध्यपूर्व संकट के परिदृश्य में बनी फ़िल्म 'रूल्स ऑफ़ इंगेजमेंट' दर्शकों को यह बताने की कोशिश करती है कि अमेरिका की राष्ट्रीय सेना देश के उच्चादर्शों और महान विचारों की हिफाज़त के लिए वचनबद्ध है। ऐसा नहीं कि ये फ़िल्में केवल अमेरिकी दर्शकों के लिए ही बनायी जाती हैं; बाद में उन फ़िल्मों को अन्य भाषाओं में डब करके अथवा सबटाइटल्स के साथ ऑनलाइन या थियेटरों में प्रदर्शित किया जाता है। असल उद्देश्य उनके संवादों को वैश्विक स्तर पर प्रेषित करना होता है।

पेंटागन की मुहर

वाशिंगटन के कट्टर दक्षिणपन्थी टॉम क्लांसी के 1989 में प्रकाशित उपन्यास 'क्लियर एंड प्रेजेंट डेंजर' पर पेंटागन ने फ़िल्म बनाने में भरपूर मदद की थी। यह फ़िल्म 1994 में प्रदर्शित हुई थी जिसमें यह दिखाया गया है कि अमेरिकी फ़ौज बहुत विकल्पहीनता की स्थिति में ही अपनी ताक़त का दुरुपयोग करती है, अन्यथा उसका लक्ष्य नशीले पदार्थों के तस्कर की घिनौनी कारगुज़ारियों और उनके ठिकानों को बर्बाद करने जैसे कामों में अपनी पूरी ताक़त लगा देना है। ज़ाहिरन क्लांसी पेंटागन और सीआईए के प्रियपात्र रहे हैं। यह बात भी ग़ौरतलब है कि एक सुरक्षित

राष्ट्र में राष्ट्रीय सुरक्षा मीडिया द्वारा दिखाने वाली जनता की असुरक्षा पर निर्भर है। इन सम्भावित ख़तरों के अभाव में खुफ़िया एजेंसियों का भविष्य असुरक्षित होने का ख़तरा है।[6] किसी भी राष्ट्र के समक्ष एक स्थायी ख़तरे की मौजूदगी ज़रूरी है। कम–से–कम उसकी सुरक्षा पारिस्थितिकी को बचाये रखने के लिए तो यह बेहद ज़रूरी है। मौजूदा समय में सभी बड़े देशों के सामने उनकी सुरक्षा–दृष्टि से एक से ज़्यादा ख़तरे हैं जो परिभाषा के अनुसार सुरक्षा के लिए बड़े ख़तरे माने जा सकते हैं।

नेशनल सिक्यूरिटी सिनेमा, जैसा कि दोनों लेखकों मैथ्यू अल्फोर्ड और टॉम सेकर द्वारा इन्हें परिभाषित किया गया है, में हाल के दशकों में बनी ऐसी 200 फ़िल्मों का उल्लेख किया गया है जिन्हें हॉलीवुड के मनोरंजन जगत ने पेंटागन के व्यापक जनसम्पर्कों से निर्देशित होकर बनायी हैं। यह और बात है कि यह उन दोनों के सामने धीरे–धीरे प्रकट हुआ कि हॉलीवुड और अमेरिकी सरकार के बीच के सम्बन्ध औपचारिक से अधिक राजनीतिक हैं। सूचना का अधिकार अधिनियम के माध्यम से इसका विस्तृत उल्लेख मिलता है कि 2011 और 2017 के बीच अमेरिका के प्रतिरक्षा मन्त्रालय (DoD) ने हॉलीवुड की तक़रीबन 814 फ़िल्मों के निर्माण में सहयोग किया था। इसके अलावा टी.वी. के 1,133 कार्यक्रमों को पेंटागन ने कोई–न–कोई मदद पहुँचाई। इस तरह टी.वी. कार्यक्रमों और फ़िल्मों–दोनों का कुल आँकड़ा 1,947 पहुँचता है। अगर 24, होमलैंड और एनसीआईएस जैसे लम्बे धारावाहिकों की कड़ियों के साथ–साथ फेडरल ब्यूरो ऑफ़ इन्वेस्टिगेशन (एफबीआई), सीआई और वाइट हाउस जैसे बड़े संगठनों का प्रभाव देखा जाये तो हम देखेंगे कि राष्ट्रीय सुरक्षा के नाम पर सरकार और विभिन्न विभागों ने हज़ारों उत्पादों को प्रोत्साहित करने का काम किया। 'राष्ट्रीय सुरक्षा मनोरंजन अन्तरराष्ट्रीय समस्याओं के लिए हिंसक, आत्म–मुग्धकारी और अमेरिकी मुखापेक्षी समाधानों पर बल डालता है जो एक प्रकार से वास्तविक इतिहास के साथ छेड़छाड़ करने जैसे उपक्रम पर आधारित है।'[7]

हॉलीवुड और अमेरिकी फ़ौज के बीच साँठ–गाँठ का एक शुरुआती उदाहरण 1915 के क़रीब मिलता है जब होम गार्ड ने विवादास्पद फ़िल्म 'दी बर्थ ऑफ़ ए नेशन' के लिए अपने टैंक मुहैया कराये थे। इस फ़िल्म में काले गुलामों ने अपने गोरे मालिकों के ख़िलाफ़ बग़ावत कर दी थी

और उनकी रक्षा की ज़िम्मेदारी कु क्लुक्स क्लान ने सँभाल ली थी।[8] 1941 तक अमेरिकी सीनेट इस नतीजे पर पहुँच चुकी थी कि हॉलीवुड की फ़िल्में 'प्रचार कार्य के लिए एक प्रभावी उपकरण' बनने में समर्थ हैं। अगले ही साल विदेश सूचनाओं के कार्यालय ने विस्तार से इसकी व्याख्या की, 'लोगों के जेहन में कोई भी बात बैठा देने का सबसे बढ़िया ज़रिया फ़िल्में हैं जहाँ आम लोगों को यह बात समझ में ही नहीं आती कि उनके लिए मनोरंजन किसी विशेष स्थिति और बात के प्रचार का माध्यम हैं।'[9]

फ़िल्मों का उपयोग ख़ुफ़िया उद्देश्यों से करने की पहली तरक़ीब सरकार ने नहीं बल्कि एफबीआई के एक निदेशक जे. एडगर हूवर ने ईजाद की थी। बेनाम लेखकों ने ऐसी अनेक किताबें, फ़िल्में और टी.वी. धारावाहिक लिखे जो एफबीआई की तारीफ़ में लिखे गये थे, और वे FBI द्वारा प्रायोजित भी थे। ये सभी लेखन हूवर की सहमति के बाद किये गये थे। अमेरिकी प्राइम–टाइम टेलीविज़न एबीसी टीवी पर लम्बे समय तक प्रसारित होने वाला अपराध–धारावाहिक दी एफबीआई इसकी एक मिसाल था, जिसका प्रसारण 1965 से लेकर 1974 तक चलता रहा।[10]

अपनी विविध एजेंसियों का उपयोग करते हुए अमेरिकी सरकार ने भयावह तरीक़ों से कथ्यों को तोड़ा–मरोड़ा और घटनाक्रमों को मन–मुताबिक़ शुरू या ख़त्म कर दिया। ये सभी बातें DoD पर निर्भर थीं। यदि DoD यह तय करती थी कि किसी भी परियोजना को उसके सुझाये गये परिवर्तनों के साथ ही जारी रखा जा सकता था तब निर्माताओं के पास पटकथा को अन्तिम रूप देने से पहले उसकी बात मानने के सिवा कोई उपाय नहीं होता था। निर्माताओं को उसके अनुरोधों को मानते हुए विभाग के साथ एक सहयोग अनुबन्ध पर सहमत होना ज़रूरी था। राष्ट्रीय सुरक्षा से सम्बन्धित कथानकों पर फ़िल्में उसके बाद ही बन सकती थीं। जिस पटकथा पर सहमति बनी हो, उस पर एक तकनीकी सलाहकार ही यह अन्तिम राय देता था कि वह पटकथा फ़िल्म बनाने के अनुकूल है या नहीं। फ़िल्म बन जाने के बाद सबसे पहले पूरा DoD उसे देखता था और इस आशय का प्रमाण–पत्र देता था कि फ़िल्म बनाने के क्रम में निर्माता ने उसके साथ किये गये क़रार का कोई उल्लंघन नहीं किया है। निर्माताओं को संशोधन से जुड़े अन्य आवश्यक परामर्श भी उसी समय दिये जाते थे।[11] बात पूरी तरह से स्पष्ट थी कि जहाँ राष्ट्रीय सुरक्षा का

मामला होता था वहाँ प्रदर्शन से पहले फ़िल्मों को ज़रूरी सुझाव मानने को मजबूर होना पड़ता था। यहाँ तक कि अभिव्यक्ति की स्वतन्त्रता की भी एक सीमा निर्धारित थी। वहाँ लोकतन्त्र और विचारों की छद्‌म स्वतन्त्रता का साफ़–साफ़ पता चलता था। यह बातें केवल कल्पनाओं और अवधारणाओं के रूप में ही आकर्षक लगती थीं पर वास्तविक दुनिया की सच्चाइयों से कोसों दूर थीं।

टॉप गन (1986) और बैटलशिप (2012) जैसी हॉलीवुड की अनेक क़ामयाब फ़िल्मों को पेंटागन से जो मदद मिली उसके अभाव में कभी भी वैसी क़ामयाबी हासिल नहीं हो पाती। 2012 की फ़िल्म 'एक्ट ऑफ़ वैलर' में मुख्य भूमिकाएँ निभाने वाले अभिनेता वास्तविक जीवन में असली नौसैनिक ही थे।[12] फ़िल्म–निर्माताओं को पेंटागन की मदद के लिए अपनी कहानी या पटकथा की गहरी पड़ताल करानी होती थी, लेकिन ऐसे भी मौक़े कई बार आये जब उनकी फ़िल्मों को हरी झण्डी नहीं दिखायी जा सकी। 1980 के दशक में शुरू हुई विज्ञान–कथा पर आधारित एक्शन फ़िल्मों की कड़ी से जुड़ी माइकल बे की 2007 की फ़िल्म ट्रांसफ़ार्मर्स के निर्माण के साथ भी ऐसा ही कुछ हुआ। आरम्भिक पटकथा से आश्वस्ति के बाद निर्माताओं ने मन्त्रालय द्वारा उस स्तर की सहायता हासिल कर ली थी जितनी अमूमन दूसरे फ़िल्म–निर्माताओं को मिला करती थी। बारह क़िस्म के लड़ाकू विमान और अनेक फ़ौजी ठिकानों से बड़ी संख्या में सैनिक बल फ़िल्मांकन के समय उपलब्ध कराये गये थे। इस शृंखला की दूसरी फ़िल्म के लिए 1.5 करोड़ अमेरिकी डॉलर मूल्य का एफ–22 राप्टर लड़ाकू विमान को पर्दे पर पहली बार दिखाया गया था, और इसके अलावा अरबों डॉलर के अनोखे टैंक और युद्ध–वाहन, दूसरे सैन्य–उपकरण और वर्दीधारी सैनिक अतिरिक्त कलाकार के रूप में फ़िल्म में दिखाये गये। और, इतनी बड़ी सहायता देने के एवज़ में बस हज़ारों डॉलर की शुल्क अदा की गयी।

अपने दावे के प्रतिकूल ट्रांसफ़ार्मर्स का निर्माण का एकमात्र उद्देश्य मनोरंजन नहीं था। अपनी शुरुआत में फ़िल्मों की यह शृंखला केवल अमेरिका पर केन्द्रित रही, लेकिन शृंखला की बाद की फ़िल्मों का केन्द्र दुनिया के दूसरे स्थानों पर स्थित हो गया। उन फ़िल्मों में दिखाये जाने वाले हथियार तकनीकी दृष्टि से नवीनतम और आधुनिकतम थे,

और दुनिया को दिया गया अमेरिका का सन्देश भी बिल्कुल स्पष्ट था, कि अपने मक़सद को हासिल करने के लिए अमेरिका कोई भी वैश्विक युद्ध की शुरुआत कर सकता है और उस युद्ध को जीतने की क्षमता भी रखता है। अमेरिका का दूसरा सन्देश यह था कि वह अपने शत्रुओं को बन्दी बना कर अमेरिका मँगाने की ताक़त रखता है–अमेरिका कभी भी अपने फ़ौजियों को नाकाम होता नहीं देख सकता है।[13]

यदि सुरक्षा मन्त्रालय फ़िल्मों के निर्माण–कार्य में मदद कर सकता है और इसके लिए आवश्यक दिशा–निर्देश निर्धारित कर सकता था तो वह उनसे कुछ फ़िल्में नहीं बनने देने की क्षमता भी रखता था। विएतनाम युद्ध के दिग्गज रहे और बाद में नौसेना सचिव रहे वर्जीनिया के सीनेटर जेम्स वेब ने जब अपने युद्ध–अनुभवों पर आधारित फ़िल्म 'फील्ड्स ऑफ़ फायर' को निर्देशित करने का फ़ैसला किया था तब यही माना गया था कि यह एक सच्ची घटनाओं पर आधारित फ़िल्म होगी।[14] पेंटागन को यह लगा कि फ़िल्म में कुछ ऐसे दृश्य फ़िल्माये गये हैं जिनसे नौसैनिकों की छवि धूमिल होती है। इनमें अपनी ही टुकड़ी के हाथों मारे गये अधिकारी की मौत का दृश्य, नापलम से जले एक शत्रु युद्धबन्दी को हथियार से धमकाते अमेरिकी सैनिक का दृश्य, फ़िल्म के एक किरदार द्वारा एक गाँव में आग लगाने का दृश्य, एक अमेरिकी सैनिक द्वारा अपनी एम–16 से एक विएतनामी सैनिकों की मृत टुकड़ी पर गोली चलाये जाने का दृश्य ताकि वह आश्वस्त हो सके कि शत्रुओं में कोई जीवित नहीं बचा है, अमेरिकी सैनिकों द्वारा अपने दो साथियों की हत्या के सन्देह में एक विएतनामी औरत और एक मर्द को यातना देने और जान से मार देने का दृश्य आदि जैसे आपत्तिजनक दृश्य शामिल थे। वेब को लिखे गये एक पत्र में ईएलओ फिल स्ट्राब ने कहा कि 'इस प्रकार के आपराधिक कृत्य युद्ध की स्थिति में रोज़मर्रा की बातें हैं और उन्हें बतौर रिकॉर्ड दर्ज भी कर लिया गया है, लेकिन फ़िल्म की प्रामाणिकता को पुष्ट करने के उद्देश्य से उन्हें दिखाया जाना राष्ट्रीय सुरक्षा और आदर्शों की दृष्टि से उचित नहीं है। सैनिक–बलों और डीओडी इसे यु भूमि की खेदजनक घटनाएँ मानता है।'[15] आख़िरकार फ़िल्म कभी नहीं बन पायी।

इसी प्रकार 1994 में टचस्टोन पिक्चर्स ने ' काउंटर मेज़र्स' नाम की फ़िल्म की पटकथा लिखी। यह जेट विमानों के पुर्ज़ों को समुद्री मार्ग से ईरान पहुँचाने की वाइट हाउस के एक ख़ुफ़िया और सन्दिग्ध सौदे पर आधारित पटकथा थी। कहानी का प्लाट 1980 के दशक में ईरान–कोंट्रा घोटाले से बहुत कुछ मिलता–जुलता था जब सरकार से लड़ने वाले सीआईए समर्थित कोंट्रा–विद्रोहियों को निकारागुआ तक हथियार पहुँचाने के लिए ग़लत तरीक़े से राशि का भुगतान किया गया था। डीओडी ने इस आधार पर निर्माताओं से सहयोग करने से इनकार कर दिया कि पेंटागन के नाम पर वाइट हाउस को बदनाम करने की कोशिशें ठीक नहीं हैं, और लोगों को ईरान–कोंट्रा प्रकरण की याद दिलाने का भी कोई औचित्य नहीं है। यह फ़िल्म भी कभी नहीं बन पायी।[16]

फ़िल्म बनाने की ज़िम्मेदारी भले उसके निर्माताओं की रही हो लेकिन पटकथा पर नज़र रखना और उसमें बदलाव लाने का काम मुख्य रूप से पेंटागन का है। डीओडी अपने प्रचार–अभियान के प्रति अत्यधिक सजग है, और इस क्रम में उसके पक्षधर अक्सर बकवास बयानों की ओट में जा छुपते हैं। उनकी दृष्टि में ये बदलाव अमूमन 'अनजाने में' और 'ग़ैर–इरादतन' हुए होते हैं।'[17]

जॉन वायेन अपने समय हॉलीवुड के प्रख्यात अभिनेता थे। उन्होंने डीओडी के इस आपत्ति को स्वीकार किया कि उनकी फ़िल्म 'दी ग्रीन बेरेट्स' (1968) ने सहयोग के लिए सम्बद्ध विभाग का आभार प्रकट नहीं किया था, क्योंकि ऐसा करने से यह फ़िल्म केवल मनोरंजन के उद्देश्य के बजाय अमेरिकी प्रचार की श्रेणी में मान ली जाती। असल निर्माण–योजना को जॉन वायेन ने राष्ट्रपति लिंडन जॉनसन की सहायता की आकांक्षा के साथ आरम्भ किया था।

पेंटागन ने, ऐसा माना जाता है कि जेम्स बौंड सीरीज़ की कुछ फ़िल्मों की पटकथाएँ बदलने की हिदायतें भी दी थीं। 1995 की फ़िल्म 'दी गोल्डन ब्वॉय' में एक अमेरिकी एडमिरल जिसे बेहोश करने के बाद मार डाला गया था, के आख़िरी समय में उसकी नागरिकता बदल कर उसे एक कनेडियाई बताया गया था। 1997 की फ़िल्म 'टुमारो नेवर डाइज' में स्ट्राब ने यह मशविरा दिया था कि सीआईए एजेंट को बौंड को धमकी नहीं देनी चाहिए थी, बल्कि उसने इस बात पर ज़ोर दिया था

कि फ़िल्म देखकर कोई क़यास भी लगाने नहीं पाये कि यह पेंटागन की किसी मदद से बनी फ़िल्म है। ब्रूस विलिस अभिनीत फ़िल्म 'टीयर्स ऑफ़ दी सन' (2003) भी डीओडी की ज़रूरी मदद के साथ बनी थी। यह पहली फ़िल्म थी जो USS Harry SA Truman से बाहर फ़िल्मायी गयी थी। फ़िल्म की शूटिंग के लिए पेंटागन ने एसएच–60 सीहॉक हेलिकॉप्टर और एफ/ए–18 होर्नेट जेट एयरक्राफ़्ट मुहैया कराया था ताकि 'अमेरिकी सेना की स्वाभाविक छवि लोगों को दिखाई जा सके और विदेशों में उसकी षड्यन्त्रकारी और नकारात्मक छवि बनने से रोका जा सके।'[18] 2000 में सिएरा लियॉन पर बनी डाक्यूमेंट्री फ़िल्म 'क्राई फ्रीटाउन' और नाइज़ीरिया पर 1986 में बनी 'दी डेल्टा फोर्स' और ख़ुद अमेरिका पर बनी फ़ीचर फ़िल्म 'टीयर्स ऑफ़ दी सन' ने अमेरिका की षड्यन्त्रकारी छवि को और मज़बूत किया था। ऐसी फ़िल्मों की फ़ेहरिस्त ख़ासी लम्बी है जिनकी पटकथा में राजनीतिक कारणों से डीओडी ने बदलाव कराये थे।

पेंटागन ने 1,133 टी.वी. कार्यक्रमों की रूपरेखा तय करने का भी काम किया। इनमें से 977 कार्यक्रम 2004 से लेकर 2016 के बीच प्रसारित किये गये थे। इन कार्यक्रमों में अमेरिकन आइडल, दी एक्स फैक्टर, अमेरिका हैज गॉट टैलेंट, हवाई फाइव–O और ओफ्रा विनफ्रे शो की अनेक कड़ियाँ शामिल थीं। साथ ही इसने बिग किचन, मास्टर शेफ़ और कपकेक वार्स जैसे कार्यक्रमों पर भी काम किया। कई बार तो पीबीएस द्वारा बनायी गयी डॉक्यूमेंटरी, दी हिस्ट्री चैनल और बीबीसी के वृत्त चित्रों में मौक़े–बेमौक़े पेंटागन का हस्तक्षेप होता रहता है। इन हस्तक्षेपों के ज़रिये वस्तुतः दुनिया को यह दिखाने की मंशा रहती है कि डीओडी का उद्देश्य केवल विध्वंस और हिंसा ही नहीं है, बल्कि वह ग़रीब परिवारों के खाने और रहने जैसी मानवीय सेवाओं और बुनियादी ज़रूरतों में भी गहरी रुचि लेती है।

1975 में विएतनाम युद्ध समाप्त होने के चालीस से अधिक साल के बाद भी यह आज भी अमेरिकी फ़ौज के लिए एक दुखती हुई रग बना हुआ है। अमेरिकी नौसैनिक दस्ते ने 2003 की फ़िल्म हल्क की पटकथा में व्यापक फेरबदल कराया, हालाँकि DoD को फ़िल्म में किसी तरह का श्रेय नहीं दिया गया है। जिस स्टूडियो में हल्क के किरदार को रचा गया था, वह दिखने में एक आम नागरिक प्रतिष्ठान की तरह था और

उसका निर्देशक एक पूर्व अमेरिकी फ़ौजी था। हल्क को क़ब्ज़े में करने के अभियान का सांकेतिक नाम 'रैंच हैंड' को बदल कर 'एंग्री मैन' कर दिया गया था। पेंटागन यह चाहता भी नहीं था कि फ़िल्म में 'रैंच मैन' शब्द का इस्तेमाल किया जाय क्योंकि अपनी उत्पत्ति में यह नाम कुछ ज़्यादा ही अमेरिकी था। साथ ही यह नाम एक वास्तविक सैन्य–अभियान से सम्बन्धित था जिसमें अमेरिकी वायुसेना ने गैलनों के गैलन कीटनाशक और ज़हरीले रसायन विएतनाम के ग्रामीण इलाक़े में उड़ेल दिये थे ताकि खेत की उर्वराशक्ति हमेशा के लिए समाप्त हो जाये।[19] फ़िल्म से यह संवाद–'आल दोज बॉयज, गिनी पिग्स, डाईंग फ्रॉम रेडिएशन एंड जर्म वरफेयर'–को भी हटा दिया गया क्योंकि इससे मानवजाति के विरुद्ध अमेरिकी सेना के प्रच्छन्न और गुप्त प्रयोगों के संकेत मिलने का संशय होने का ख़तरा था।[20]

सीआईए का मिशन हॉलीवुड

सीआईए के उपर्युक्त विवरण को छोड़ दें तो उसकी ख़ुफ़िया गतिविधियों के स्वरूप और प्रकृति के बारे में अधिक जानकारी उपलब्ध नहीं है। ख़ासतौर पर आख्यानों को गढ़ने में उसकी भूमिकाओं के बारे में स्पष्ट रूप से कुछ भी ज्ञात नहीं है। 1990 के दशक की शुरुआत से बहुत कम लोग यह जानते हैं कि संगठन सिनेमा और टेलीविज़न निर्माणों में कितनी सक्रियता से संलिप्त है। यह भी माना जाता है कि इस सम्बन्ध में सीआईए के पास जो रिकॉर्ड सुरक्षित हैं वे अपर्याप्त हैं। उनके पास परियोजनाओं की जो सूची है वह पूर्ण नहीं है और दबी जुबान में यह भी कहा जाता है कि इस बारे में एजेंसी ने बार–बार नैतिक मूल्यों और नीतिगत आदर्शों का भी उल्लंघन किया है। लेकिन इन कमियों और अनियमितताओं के बावजूद इस ख़ुफ़िया एजेंसी और अमेरिका को अपनी छवि और आख्यान को सुदृढ़ बनाने में मदद ही मिली है। 1995 में ही सीआईए ने स्ट्राब की जगह चेज ब्रैंडन को हॉलीवुड से इएलओ के सम्बन्ध निर्धारित करने के लिए अपना सम्पर्क अधिकारी नियुक्त किया।[21] उसने अनेक फ़िल्मों की पटकथाओं को ध्यानपूर्वक पढ़ा और उनके लिए तकनीकी परामर्श देने का काम किया और साथ में अगले दस सालों तक टी.वी. कार्यक्रमों में अन्य सहयोग भी किया।

1999 के आते–आते सीआईए अपने कवच से पूरी तरह बाहर निकल आयी थी और उसने फ़िल्म इन दी कम्पनी ऑफ़ स्पाइज के लिए न सिर्फ़ अपने मुख्यालय में शूटिंग करने की इजाज़त दी बल्कि उसके असली एजेंटों ने फ़िल्म में अतिरिक्त कलाकारों की भूमिकाएँ भी निभायीं। जब 2006 में ब्रैंडन अपने पद से हटे तो उन्होंने ख़ुद से सम्बन्धित काग़ज़ की छोटी–से–छोटी पुर्ज़ी और सारे फ़ोन नम्बर भी नष्ट कर दिये और अपने उत्तराधिकारी पॉल बैरी के लिए एक भी सबूत नहीं छोड़ा। उसके बाद के सारे अभिलेख सीआईए के मुख्यालय में उपलब्ध थे।[22] बैरी 2008 तक अपने पद पर रहे लेकिन उनके जाने के बाद यह पद कई सालों तक ख़ाली रहा। सीआईए के ईएलओ अधिकारी पटकथा और कहानी को अधिक प्रामाणिकता देने की योग्यता रखते थे। निःसन्देह एजेंसी का हॉलीवुड से सम्बन्ध पेंटागन की तरह मज़बूत नहीं था, लेकिन चमक–धमक की इस दुनिया पर इस गुप्तचर एजेंसी का असर व्यापक और गहरा था। दी पाथ टू 9/11, कोवेर्ट एक्शन, टॉप सीक्रेट मिशन्स ऑफ़ दी सीआईए, स्टोरीज़ ऑफ़ दी सीआईए, जैसे अनेक टी.वी. धारावाहिकों ने एजेंसी की सकारात्मक छवि के पक्ष में महत्त्वपूर्ण भूमिका निभायी और युवा प्रतिभाओं को एजेंसी की ओर आकृष्ट करने का काम किया।[23]

जैसा कि उम्मीद थी, एजेंसी हॉलीवुड में अपनी भूमिका को लेकर बहुत चौकस थी, लेकिन हॉलीवुड पर उसका असर व्यापक था और यह एक निर्विवाद बात थी। शीतयुद्ध के आरम्भिक सालों में सीआईए ने मनोरंजन जगत से अपने प्रत्यक्ष जुड़ाव से ख़ुद को हमेशा बचाये रखा। उस समय एजेंसी के पास अपनी वैश्विक छवि को मज़बूत करने के लिए एक आकर्षक बजट हुआ करता था। 1956 में इसने जॉर्ज ऑरवेल के उपन्यास 1984 के रूपान्तरण में बड़ी भूमिका निभाते हुए उसके मूल अन्त को बदलवा दिया–अब नायक अपने बड़े भाई की सर्वसत्तावादी प्रवृत्ति के समक्ष हार मानने के बजाय उसका विरोध करने लगा था और उसके सभी दबावों से मुक्त होकर सभी चुनौतियों का सामना करने के लिए तैयार था। उपन्यास के अन्त में बदलाव वस्तुतः साम्यवाद का विरोध के उद्देश्य से किया गया था। यह वही समय था जब सीआईए ईरान और ग्वाटेमाला में लोकतान्त्रिक सरकारों को अपदस्थ करने की साजिश रच रहा था, या इंडोनेशिया में सुकर्णो की चुनी हुई सरकार के ख़िलाफ़

अभियान छेड़ रखा था। बहरहाल, सीआईए ने यह सुनिश्चित कर दिया था कि ऑरवेल ने पूँजीवाद की जो तीखी आलोचना की थी उससे उस उपन्यास को मुक्त कर दिया जाये।

अपनी पुस्तक 'दी कल्चरल कोल्ड वार–दी सीआईए एंड दी वर्ल्ड ऑफ़ आर्ट्स एंड लेटर्स'[24] में ब्रिटिश इतिहासकार फ्रांसिस स्टोनर सॉन्डर्स ने यह विस्तार से बताया है कि कैसे एजेंसी ने ग्राहम ग्रीन के मशहूर उपन्यास 'दी क्वाइट अमेरिकन' पर 1958 में बनी फ़िल्म की पटकथा में बदलाव किया था। उसने निर्देशक जोसेफ़ मैनकिविक्ज पर दबाव डाल कर अल्डेन पायेल के हिंसक, संशयग्रस्त और अड़ियल किरदार को विएतनाम में रहने वाले एक अच्छे आदमी के किरदार में बदलवा दिया था, जबकि थॉमस फाउलर को एक साम्यवादी बेवकूफ़ के रूप में पेश किया गया था। चिढ़े हुए ग्रीन ने इस रूपान्तरण को 'एक अमेरिकी प्रचार फ़िल्म' बताते हुए उसे ख़ारिज कर दिया।[25] अपनी स्थापना के आरम्भिक सालों और हॉलीवुड के साथ सम्पर्क करने की ज़िम्मेदारी मिलने के बाद से ही CIA ने सिनेमा उद्योग को उच्चस्थ स्तर पर प्रभावित करना आरम्भ कर दिया था। वह हॉलीवुड पर गहरी निगरानी रखता था और उसकी दृष्टि में जो अवांछित था उसे हटाने का काम कराना उसके लिए चुटकियों का खेल था। वैसी कोई भी घटना अथवा दृश्य पटकथा का हिस्सा रह ही नहीं सकते थे जो कहीं से भी अमेरिका और एजेंसी के सम्मान को आहत कर सकता था।

किन्तु 1961 में बे ऑफ़ पिग्स की तबाही के बाद सीआईए ने महसूस किया कि उसे अपनी धूमिल छवि को फिर से दुरुस्त करने की ज़रूरत है और इस विशेष उद्देश्य के लिए उसने हॉलीवुड का इस्तेमाल करना शुरू किया। जेम्स बांड सीरीज़ की फ़िल्म थंडरबॉल (1965) में सीआईए का ज़िक्र कई दफ़ा और कई शब्दों में सुनने को मिला। इयान फ्लेमिंग ने इस किताब को तब लिखा था जब सीआईए मुखिया एलन ड्यूल्स के साथ उसकी दोस्ती अपने उत्कर्ष पर थी। इस दोस्ती का नतीजा यह हुआ कि फ़्लेमिंग ने अपनी किताब में एजेंसी का उल्लेख अनेक सकारात्मक सन्दर्भों में किया था।[26] 1970 के दशक की शुरुआत में ही शीतयुद्ध के अविश्वासपूर्ण माहौल में फ़िल्म स्कार्पियो (1973) को बनाने में सीआईए ने निर्माताओं की काफ़ी मदद की जबकि फ़िल्म में एजेंसी को एक दहशतगर्द

संगठन के तौर पर दिखाया गया था। दोबारा 1975 में फ़िल्म थ्री डेज ऑफ़ दी कोंडोर में सीआईए को क्रूर और खलकामी संगठन के तौर पर पेश किया गया। सीआईए के निदेशक रिचर्ड हेल्म्स और फ़िल्म में अग्रणी भूमिका निभाने वाले सितारे रोबर्ट रेडफोर्ड के बीच लम्बी बैठक हुई और इस शर्त पर फ़िल्म को प्रदर्शित करने की इजाज़त मिली कि सीआईए को पूरे अमेरिका में अबाध रूप में तेल आपूर्ति का श्रेय देने वाले संगठन के रूप दिखाया जाय।[27]

गुप्तचर एजेंसियों की छवि आरम्भ से ही घृणास्पद और निन्दनीय रही थी लेकिन शीतयुद्ध के अधिक घातक होने के साथ वे इसके प्रति अधिक चौकस हो गयी थीं। सीआईए की दृष्टि में अधिक निक्षरता दर वाले देशों में लोकतन्त्र के पक्ष में सन्देश पहुँचाने के उद्देश्य से फ़िल्में एक आदर्श माध्यम थीं। इन फ़िल्मों की विषय–वस्तु 'अत्यधिक देशभक्तिपूर्ण' होती थी, जॉन वाएन जैसे वामपन्थ–विरोधी अभिनेता मुख्य भूमिका निभाते थे, और सेसिल बी. डेमिले, डैरिल एफ. जनुक और लुइगी लुरास्ची जैसे हॉलीवुड के महारथी उनके सहायक हुआ करते थे। लुरास्ची, जो पैरामाउंट स्टूडियो में बतौर एक कार्यकारी अधिकारी जीवनभर काम करता रहा, ने फ़िल्मों को सेंसर करने में भी बड़ी मददगार भूमिका अदा की क्योंकि वह सीआईए में भी अपनी बदली हुई पहचान के साथ काम करता था। उसकी पहचान, उद्देश्य और सम्पर्कों के बारे में आज भी निश्चित तौर पर कुछ नहीं कहा जा सकता।[28] उसकी विशेषता इस बात में थी कि वह फ़िल्मों से उन सभी दृश्यों को हटवा देता था जिनमें किसी अमेरिकी को कमज़ोर, पियक्कड़, सेक्स सम्बन्धों के प्रति अनैतिक, हिंसक या उग्र दिखाया गया था।[29] उसकी दृष्टि में फ़िल्मों में उन अमेरिकियों को देश से बाहर दिखाने वाले दृश्य भी आपत्तिजनक थे जो दूसरी संस्कृतियों के प्रति असंवेदनशील हों अथवा विचारों से साम्राज्यवादी हों।

लुरास्ची यह भी बहुत बारीकी से देखता था कि 'हाई नून' (1952) जैसी वामपन्थी रुझान वाली फ़िल्मों को उद्योग जगत की कोई प्रशंसा नहीं मिलने पाये और वह सीआईए को फ़िल्म–जगत के पेशे से जुड़े लोगों की राजनीतिक पक्षधरता से सम्बन्धित जानकारियाँ भी देता था। 'अच्छी लिबास पहने अश्वेत', 'अच्छी लिबास पहना कोई अश्वेत बटलर' या ऐसे वाक्यांशों का प्रयोग केवल अभिनेता के स्वतन्त्र होने का आभास कराया

जा सके, उस समय की राजनीतिक बाध्यता का एक हिस्सा मात्र नहीं थी, बल्कि इसका प्रयोग अमेरिका की नस्लीय हीनता से सम्बन्धित सोवियत संघ के कथित दुष्प्रचार से निबटने के लिए किया जाता था।[30] लुरास्ची का यह भी दावा था कि उसने ही 1953 में बनी फ़िल्म 'एरोहेड' से कुछ दृश्य हटवाये थे। फ़िल्म के एक दृश्य में एक अपाचे भारतीय आदिवासी जाति को अमेरिकी सेना ज़बरन अपने मूल स्थान से कहीं दूसरी जगह बसने के लिए मजबूर कर देती है। उन दृश्यों को भी फ़िल्म से काट डाला गया था जिनमें अमेरिकियों के अत्यधिक शराब को नशे में दिखाया गया था और उन युद्धोन्मादी अमेरिकियों के दृश्य जो छोटी–छोटी बात पर दुश्मनों पर एटमबम गिराने को उद्यत दिखते थे।

कई दूसरी ख़ुफ़िया एजेंसियों की तरह सीआईए को भी अपनी उन नकारात्मक छवियों से जूझना पड़ता है जो हॉलीवुड की कुछ फ़िल्मों में उसके बारे में बनी है, हालाँकि यह भी सच है कि उनमें से कुछ छवियाँ पूरी तरह से निर्मूल नहीं हैं। उनमें से एक छवि यह भी है कि केजीबी की तरह सीआईए भी राजनीतिक हत्याओं में लिप्त रही है, या अभी भी है। लातिन अमेरिकी नेताओं और दक्षिण विएतनामी नेताओं के साथ–साथ पैट्रिस लुमुम्बा की जान लेने की कई कोशिशें हुई हैं। 'बॉर्न ट्राइलॉजी', 'सीरियाना' (2005) और 'ओस्टरमैन वीकेंड' (1983) वैसी ही कुछ फ़िल्में हैं जिनमें सीआईए को एक हत्यारे के रूप में दिखाया गया है। एक दूसरी धारणा यह है कि यह ख़ुफ़िया एजेंसी एक दुष्टतापूर्ण कारगुज़ारियाँ करने वाला संगठन है। यह सम्भवतः एक ऐसी धारणा है जिसे एजेंसी अपनी ताक़त और अपरिहार्यता को साबित करने के लिए ज़रूरी मानती रही है।

1980 के दशक में अपेक्षाकृत थोड़ी शान्ति रही लेकिन उसके बाद टॉम क्लांसी के उपन्यासों पर आधारित एक के बाद एक फ़िल्में प्रदर्शित हुईं। उसके बाद ब्रूस गेलर के उपन्यासों पर आधारित मिशन इम्पॉसिबल सीरीज़ की कुछ फ़िल्मों की शूटिंग सीआईए के वर्जिनिया के लैंगली स्थित मुख्यालय में की गयी। सीआईए की मदद से बनी कुछ मशहूर फ़िल्मों में 'मिशन इम्पॉसिबल' (1996) और 'दी रिक्रूट' (2003) के अलावा 'क्लियर एंड प्रेजेंट डेंजर' (1994) थीं जिसमें सीआईए के अच्छे और बुरे दोनों पक्ष को दिखाया गया था। ऐसी फ़िल्में भी बनीं जिसमें सीआईए को एक ऐसे संगठन के रूप में दिखाया गया जो अपना ध्यान रखने में भी नाकाम था।

इन फ़िल्मों में एजेंसी को नैतिक रूप से भ्रष्ट (प्रोजेक्ट एमके–अल्ट्रा), हताश या मसखरों जैसा बर्ताव करने वाले एक प्रभावहीन संगठन (जैसा कि आमतौर पर खुफ़िया एजेंसियों की छवि होती है) के तौर पर पेश किया गया। उसी तरह कई फ़िल्मों में सीआईए के सकारात्मक पक्ष को भी दिखाया गया–ख़ासतौर पर क्लांसी की जैक रयान सीरीज़ की फ़िल्में–'दी हंट फॉर रेड अक्टूबर' (1990), 'पेट्रियट गेम्स' (1992), 'क्लियर एंड प्रेजेंट डेंजर' और 'दी सम ऑफ़ आल फियर्स' (2002) आदि कुछ प्रमुख फ़िल्में थीं। 1990 और 2010 के बीच के दो दशकों में सीआईए को केन्द्र में रख कर तक़रीबन सौ फ़िल्में और टी.वी. कार्यक्रम बने। उनमें भले ही किसी को ऑस्कर नहीं मिल पाया हो लेकिन कई तो बॉक्स ऑफ़िस पर निहायत क़ामयाब रहीं। इस फ़ेहरिस्त में जेम्स बांड की लगभग सभी फ़िल्में और बॉर्न ट्राइलॉजी शामिल हैं।31

सोवियत संघ के विघटन के बाद शीतयुद्ध भी समाप्त हो गया। ज़ाहिरन इस वजह से 1990 के दशक की प्रवृत्तियाँ और उद्देश्य भी बहुत बदल गये। क्षतिपूर्ति की ख़ानापूरी की आरम्भिक कोशिशों में 'दी क्लासिफाइड फ़ाइल्स ऑफ़ दी सीआईए' जैसे टी.वी. धारावाहिक बनाये गये। इस धारावाहिक का निर्माण एडगर हूवर की एफबीआई सम्बन्धी अवधारणा के अनुरूप किया गया था और हरेक कड़ी में जो मामला सुलझाया गया था वह असली घटनाओं पर आधारित था। एक निजी कम्पनी के दो संस्थापकों–जैक मायर्स और डेविड होउल ने साझेदारी में एक टेलीविज़न निर्माण कम्पनी की शुरुआत की थी। उसी कम्पनी की इस धारावाहिक को बनाने में रुचि थी क्योंकि यह अमेरिका और अमेरिकी जीवन पद्धति दोनों के अनुसार बनायी गयी थी। सीआईए की कहानियों को भी सकारात्मकता के साथ प्रस्तुत किया जाना था और उसकी पुरानी छवि को कोर्पोरेट जगत के साझा सहयोग की मदद से निखार कर जनता को दिखलाना था। कोका–कोला, जेनेरल मोटर्स और मास्टरकार्ड जैसी कम्पनियों ने अपने–अपने विज्ञापनों के ज़रिये इस कार्यक्रम को उदारतापूर्वक सहयोग किया।[32]

1980 के दशक में सीआईए के पूर्व एजेंट एल्ड्रिक एम्स के कुख्यात प्रकरण ने एजेंसी को गहरा झटका पहुँचाया था। एल्ड्रिक एम्स ने चालीस

लाख साठ हज़ार अमेरिकी डॉलर लेकर सीआईए की रूस में सभी परिसम्पत्तियों की जानकारी केजीबी के हाथों बेच दी थी। इस प्रकरण ने नब्बे के दशक में एजेंसी को अपनी धूमिल छवि के पुनर्निर्माण पर सोचने के लिए विवश किया। यह दरअसल बिल क्लिंटन का कार्यकाल था जब हॉलीवुड और सीआईए के बीच मैत्रीपूर्ण सम्बन्धों की बुनियाद पड़ी और एजेंसी ने इस चमक–दमक की दुनिया में निवेश करने के सम्बन्ध में गम्भीरतापूर्वक विचार किया। हैरिसन फोर्ड और बेन अफ्लेक जैसे सितारों को कुछेक प्रतिबन्धों के साथ सीआईए के साथ मेलजोल बढ़ाने की सहूलियतें मिलीं जबकि सीआईए के पारम्परिक अवचेतन वाले कर्मचारियों के लिए यह थोड़ी असहजता की स्थिति थी क्योंकि वे ख़ुद कई प्रतिबन्धों से बँधे थे। बेन अफ्लेक को फ़िल्म 'एर्गो' (2012) को निर्देशित करने का अवसर मिला जिसकी कहानी 1979–81 में ईरान के क़ब्ज़े से भागे अमेरिकी अपहृतों की असली घटना पर आधारित थी। इस फ़िल्म को बनाने के क्रम में बेन ने सच के साथ अनेक छेड़छाड़ की थी ताकि सीआईए के सकारात्मक पहलुओं से दर्शकों को वाक़िफ़ कराया जा सके। फ़िल्म न केवल बॉक्स ऑफ़िस पर क़ामयाब रही बल्कि इसे तीन एकेडमी अवार्ड भी मिले। बाद में फ़िल्म में सच की परवाह शायद ही किसी ने की हो, क्योंकि इसे ईरान के आयतुल्लाह पर जीत के तौर पर लिया गया।[33]

ब्लैक हॉक डाउन (2001) जैसे अव्यवस्थित अभियानों जिसमें 1993 में मोगादिशु, सोमालिया में अमेरिकी फ़ौज को मुँह की खानी पड़ी थी, या पराजयों के बावजूद हॉलीवुड के पटकथा–रूपान्तरण में उनकी वीरता और साहस को ही दिखाया गया। ख़ुफ़िया ताक़तों को महिमामण्डित करने के उद्देश्य से काल्पनिक पटकथाओं पर जो फ़िल्में बनायी गयीं। वे तो बिल्कुल ही भिन्न थीं। 'दी गन ऑफ़ नावारोन' (1961) और 'दी ब्रिज ऑन दी रिवर कवाई' (1957) दोनों ही द्वितीय विश्वयुद्ध की पृष्ठभूमि पर आधारित फ़िल्में थीं जिन्हें मित्र देशों की शौर्यगाथा पर केन्द्रित काल्पनिक कथाओं पर बनाया गया था। इन फ़िल्मों को विश्वव्यापी स्तर पर दर्शकों ने देखा और सराहा।

ओसामा बिन लादेन के तलाश का सन्देश

2012 में सीआईए को फ़िल्म 'जीरो डार्क थर्टी' के प्रदर्शन के ज़रिये एक बड़ा अभियान छेड़ने का बहाना मिल गया। यह अभियान 2 मई, 2011 को अबोटाबाद, पाकिस्तान में ओसामा बिन लादेन की तलाश और हत्या से जुड़ा हुआ था। 11 सितम्बर, 2001 के बाद यह एजेंसी की एक ऐसी क़ामयाबी थी जिसका इन्तज़ार उसे एक लम्बे समय से था। फ़िल्म के निर्देशक कैथरीन बिगेलो और पटकथा लेखक मार्क बोअल को सुरक्षा कार्यालयों में रेकॉर्डों की पड़ताल करने की ठीकठाक सुविधा मली हुई थी। सीआईए के निदेशक लीओन पनेटा ने जून 2011 को बोअल को लैंगली में एक ऐसी बैठक में मौजूद रहने की इजाज़त दी थी जिसमें प्रेस के आने पर भी मनाही थी।[34]

एजेंसी (1980) और 'दी सम ऑफ़ आल फियर्स' की तरह 'ज़ीरो डार्क थर्टी', सीआईए और हॉलीवुड की साझेदारी में बनी एक सामान्य फ़िल्म नहीं थी जिसमें सीआईए को अनिवार्यतः एक नैतिक और दोषमुक्त संगठन बताया गया हो। बहरहाल हॉलीवुड में डीओडी द्वारा नियुक्त पॉल ब्रैंडन के उत्तराधिकारी पॉल बैरी की आपत्तियों के बाद भी 'ज़ीरो डार्क थर्टी' फ़िल्म को सीआईए के यातना कक्षों के जुगुप्सापूर्ण दृश्यों को काटे–छाँटे बिना फ़िल्म को प्रदर्शित कर दिया गया।[35] फ़िल्म में अभियान की गलतियों को भी उसी तरह से दिखाया गया था जैसे वे स्वाभाविक रूप से घटित हुई थीं। इसके मूल में सम्भवतः इरादा यह रहा होगा कि उन ग़लतियों को आदमी की मानवीय चूकों के तौर पर दिखाया जाये, और यह भी स्थापित किया जा सके कि कई बार कड़ी पूछताछ (मसलन अत्यधिक यातना) की प्रविधि अधिक कारगर साबित होती है–जैसा कि ओसामा बिन लादेन की तलाश तथा कई अन्य आतंकविरोधी प्रयासों में साबित हुई थी।

यह फ़िल्म अपने ज़्यादातर मक़सदों में क़ामयाब साबित हुई, लेकिन अमेरिकी सीनेट की निगरानी कमिटी इस बात से ख़ुश नहीं थी और उसने फ़िल्म को भ्रामक और सच से दूर बताते हुए अपना विरोध जताया। इस मसले पर देशव्यापी बहस भी चलती रही। इसी बीच मामले में सीआईए के कार्यवाहक निदेशक ने एजेंसी के कर्मचारियों के नाम एक सार्वजनिक पत्र के माध्यम से हस्तक्षेप किया जिसमें आरोप लगाया गया था कि फ़िल्म

में ओसामा बिन लादेन तक पहुँचने के लिए कड़ी पूछताछ के जो दृश्य दिखाये गये थे वे ग़लत थे, जबकि उसके बारे में उपलब्ध जानकारियों के अनेक स्रोत थे और वे सघन पूछताछ का नतीजा थे।

ओसामा बिन लादेन की सफल तलाश एक लम्बे अरसे से अमेरिका के प्रचार अभियान की बड़ी कामयाबियों में एक थी। अफ़ग़ानिस्तान में हिंसा की शुरुआत के लम्बे समय बाद यह उपलब्धि हासिल हुई थी। अमेरिका के लिए यह जश्न के साथ–साथ ख़ुद अपनी ही पीठ थपथपाने का मौक़ा था। यह महज़ संयोग की बात थी कि जिस समय यह हुआ वह राष्ट्रपति ओबामा का वाइट हाउस में दूसरा कार्यकाल था। जब जश्न थम गया और लोगबाग अपने–अपने घरों को लौट गये, उसी समय छापेमारी की आधिकारिक घोषणा पर अनेक तीखे सवाल पूछे जाने लगे। पहला सवाल था–इतने सालों तक पाकिस्तान में रहकर भी ओसामा बिन लादेन पाकिस्तान की सरकार की नज़रों से कैसे छिपा रहा? जबकि वे सख़्त सुरक्षा घेरे वाले शहरों में से एक अबोटाबाद के इतने क़रीब था। अबोटाबाद में देश की मिलिट्री अकेडमी के साथ–साथ एक मिलिट्री अड्डा भी है। एक दूसरा सवाल जो लोगों के ज़ेहन में था वह यह था–ओसामा को ज़िन्दा क्यों नहीं पकड़ा गया?

ओसामा बिन लादेन का जिन्न 2015 में दोबारा तब पुनर्जीवित हुआ जब अमेरिका के मशहूर खोजी पत्रकार सीमौर हेर्ष का एक आलेख 'लन्दन रिव्यु ऑफ़ बुक्स' में प्रकाशित हुआ। पत्रिका के मई अंक के आवरण पृष्ठ पर छपे इस आलेख का शीर्षक था–'दी किलिंग ऑफ़ ओसामा बिन लादेन।[37] हेर्ष कोई कच्चे और अनुभवहीन रिपोर्टर नहीं थे। वे वह पत्रकार थे जिसने विएतनाम युद्ध के समय चर्चित माय ली नरसंहार का पर्दाफ़ाश किया था। उसके बाद 2004 में अबू ग़रीब यातना शिविरों की रोंगटे खड़ी कर देने वाली कहानी भी उनकी पत्रकारिता का नतीजा थी। ज़ाहिर बात है कि अपनी पत्रकारिता के उद्देश्यों के कारण यह उम्मीद करना ही बेमानी होता कि हेर्ष अमेरिकी सत्ताकेन्द्र के दुलारे बन सकते थे, और दोनों ख़बरें न्यू योर्कर ने छापी थीं जिसने लादेन की ख़बर को छापने में ख़ासी देरी दिखायी थी।

हेर्ष ने खुलासा किया अमेरिका का यह दावा कि ओसामा बिन लादेन की तलाश अमेरिका का राष्ट्रीय मुद्दा थी और पूरे देश को इस घटनाक्रम

की छोटी–छोटी बातों की भी जानकारी थी, पूरी तरह निराधार था। यह बात भी ग़लत थी कि इसमें पाकिस्तानी सेना के सीनियर जनरलों और इंटर–सर्विसेज़ इंटेलिजेंस (आईएसआई) इस तलाश में संलिप्त थे। इस बात ने फ़िल्म 'ज़ीरो डार्क थर्टी' के इस औचित्य का भी खण्डन कर दिया था जिसके अनुसार यह साबित करने की कोशिश की गयी थी कि ओसामा की तलाश मुख्य रूप से एक सीआईए अभियान का परिणाम थी। कहानी के अनुसार सीआईए ने ओसामा के संदेशवाहक की न सिर्फ़ पहचान कर ली थी बल्कि ज़रूरी पूछताछ कर उसे फुसलाकर अपने पक्ष में काम करने के लिए भी राज़ी कर लिया था। इस प्रक्रिया में फ़िल्म ने सीआईए द्वारा यातनापूर्ण पूछताछ की तकनीक को 'काले धब्बों' के माध्यम से दिखाये जाने को उचित ठहराया था।

हेर्ष ने इस बात का पर्दाफ़ाश किया कि ओसामा के गुप्त ठिकाने तक पहुँचने के लिए सीआईए ने कोई सघन और श्रमपूर्ण अभियान नहीं चलाया था, बल्कि हुआ यह था कि पाकिस्तान की आईएसआई के एक अधिकारी ने अगस्त 2010 में 2.5 करोड़ अमेरिकी डॉलर के एवज़ में इस ख़बर को बेचा था। हेर्ष के ख़ुलासे का केन्द्रीय बिन्दु यह था कि पाकिस्तान के सेना प्रमुख जनरल परवेज़ क़यानी, और आईएसआई के मुखिया लेफ़्टिनेंट जनरल जावेद पाशा को भी मई 2011 में चलाये जाने वाले इस अभियान की जानकारी थी। इसलिए साफ़तौर पर यह एक सौदा था जो क़ामयाब रहा।

हेर्ष के मुताबिक़ सौदा तो यह हुआ था कि ओसामा को एक हथियारबन्द मुठभेड़ में अफ़ग़ानिस्तान में किसी जगह पर मारा जाना दिखाया जाना था। किसी महामूर्ख को छोड़ कर और कोई यह विश्वास नहीं कर सकता था कि पाकिस्तानी अधिकारियों को ओसामा के ख़ुफ़िया ठिकाने की जानकारी नहीं थी। वह 2001 से 2006 की अवधि में हिन्दुकुश के पहाड़ों में छुप कर रहा। उसके बाद पाकिस्तान ने उसे किसी तरह छावनी शहर अबोटाबाद में आकर रहने के लिए राज़ी कर लिया जहाँ वह सरकार द्वारा उपलब्ध करायी गयी सुरक्षा के अभेद घेरे में रह रहा था। चूँकि वह सरकार के क़ब्ज़े में था, इसलिए यह सोचना भी मूर्खतापूर्ण होगा कि किसी फ़ायदेमन्द सौदे के बग़ैर पाकिस्तानियों ने उसे अमेरिका के सुपुर्द किया होगा। इसलिए 2011 का समय इस शिकार के लिए

उपयुक्त माना गया। अमेरिका अपना अगला राष्ट्रपति चुनने की तैयारियों में व्यस्त था, और दूसरी तरफ़ पाकिस्तान मुद्रा की कमी के कारण भयावह आर्थिक संकट से जूझ रहा था और उसे इस बात का डर भी था कि ओसामा कहीं अपनी स्वाभाविक मौत न मर जाये।

इस दृष्टि से ओसामा की हत्या सबके लिए फायदे का ही सौदा था, चाहे वह अमेरिका हो, पाकिस्तान हो, सीआईए हो और आईएसआई हो। पाकिस्तान को सम्भवतः इस बात की आशंका भी थी कि एक बार यदि अमेरिका अफ़ग़ानिस्तान से चला गया तो ओसामा नाम के ख़ज़ाने की क़ीमत मिट्टी के बराबर भी नहीं रहेगी। सौदे का एक लाभ यह भी था कि इससे पाकिस्तान और अमेरिका के सम्बन्ध और भी मज़बूत होंगे। पाकिस्तान को तो जो आर्थिक लाभ होना था वह होना ही था। इसी बीच कहानी में ब्रिगेडियर उस्मान ख़ालिद, या जो कुछ भी उस व्यक्ति का असली नाम रहा हो, दाख़िल होता है और 2.5 करोड़ अमेरिकी डॉलर के बदले में ओसामा के अड्डे की जानकारियाँ बेचकर अपनी दौलत के साथ अमेरिका में गुमनाम जगह पर बसने के लिए चम्पत हो जाता है। ऐसा कोई पहली दफ़ा नहीं हुआ है और न कोई आख़िरी दफा जब अमेरिका ने इस तरह की सेवाओं के बदले किसी को इनाम दिया हो।

अमेरिका–पाकिस्तान और सीआईए व आईएसआई के बीच के रिश्तों की व्याख्या करने या उनकी मिसाल देने के लिए इस सौदे से बेहतर दूसरी चीज़ नहीं हो सकती है। हमले वाली रात को बिजली गुल हो गयी, यातायात ठप पड़ गया, आसपास कोई एम्बुलेंस उपलब्ध नहीं था, पुलिस की गश्त बन्द थी और विस्फोटों के बावजूद पाकिस्तानी वायुसेना के किसी विमान ने उड़ान नहीं भरी। अमेरिकियों को जैसे अपने एक घुसपैठिये हेलीकॉप्टर के क्षतिग्रस्त होने की ख़बर मिली, उन्होंने फ़ौरन अपनी कहानी में तब्दीली कर दी, क्योंकि उस हेलीकॉप्टर को पहले सैनिकों (SEALs) द्वारा नष्ट किया जाना था। उन्होंने पूरे अभियान का श्रेय ख़ुद ले लिया और पूर्वनिर्धारित योजना में शामिल रखे गये पाकिस्तान को ही पूरे खेल से बेदखल कर दिया। अब नयी कहानी के सामने आते ही पाकिस्तान की स्थिति दयनीय हो गयी। उसे कोई सफ़ाई देते नहीं बन पा रहा था। इस्लामी दुनिया ने उसे 'इस्लाम–विरोधी' बताया क्योंकि

उसने अमेरिकियों को एक इस्लामी नेता को बन्दी बनाने और उसकी हत्या करने के लिए इस्लामी देश के भीतर दाख़िल होने दिया।

कार्लोटा गाल जो कि एक पुलित्जर पुरस्कार विजेता पत्रकार हैं और जिन्होंने 'न्यूयॉर्क टाइम्स' के लिए बारह सालों तक अफ़ग़ानिस्तान और पाकिस्तान के युद्ध को कवर किया है, ने अपनी किताब 'दी रॉग एनिमी–अमेरिका इन अफ़ग़ानिस्तान', 2001–2014[38] की गहन छानबीन करते हुए कहा कि, उनकी समझ में यही बात आयी कि आईएसआई ने बिन लादेन को छिपा कर रखा था, और बाद में उन्हें यह भी पाया कि वह व्यक्ति पाकिस्तानी सेना का कोई ब्रिगेडियर था जिसने सीआईए को लादेन के बारे में इत्तिला किया था। गाल ने इस बात की भी पुष्टि की छापेमारी के तत्काल बाद एक पाकिस्तानी अधिकारी ने उन्हें बताया था कि अमेरिका के पास इस बात का पुख़्ता सबूत था कि बिन लादेन के अबोटाबाद में सुरक्षा घेरे में रहने की ख़बर आईएसआई के मुखिया लेफ़्टिनेंट जनरल पाशा को भी थी। यह बात हेर्ष के दावे से भी मेल खाती थी। उधर ओबामा की नज़र अपने पद पर दूसरी बार चुने जाने पर थी और ऐसे नाजुक मौक़े पर वह अभियान में किसी तरह की गड़बड़ी का जोख़िम नहीं उठा सकते थे। अभियान की सफलता का उनके दोबारा चुने जाने की सम्भावना पर बेहतर प्रभाव पड़ सकता था। यही कारण था कि हेर्ष का दावा तर्कसम्मत प्रतीत होता है, क्योंकि जनरल क़यानी और जनरल पाशा को अमेरिका की योजना की जानकारी थी।

हेर्ष की रपट से अमेरिका के लोगों में एक तीखी प्रतिक्रिया हुई। आरम्भिक आक्रोश ज़ाहिर करने वालों में एक अग्रणी नाम वाशिंगटन पोस्ट का था जिसने एक अज्ञात सीआईए स्रोत को उद्धृत करते हुए हेर्ष की रपट को कोरी बकवास कहा। वाइट हाउस के एक प्रवक्ता ने विज्ञप्ति जारी करते हुए कहा कि हेर्ष की रपट बहुत सारे दोषों से युक्त थी और उसमें किये गये दावे निराधार थे। सीएनएन के विश्लेषक पीटर बर्गेन ने भी इस रपट को ख़ारिज कर दिया।[39] इस तीखी आलोचना ने आहत हेर्ष को आत्म–निर्वासन में जाने के लिए मजबूर कर दिया, हालाँकि कार्लोटा गाल की रपट समानता से उन्हें थोड़ी तसल्ली ज़रूर मिली थी। सीआईए ने एक सपाट खण्डन के सिवा हेर्ष की कहानी को ग़लत साबित करने के लिए कोई सबूत नहीं दिया। अलबत्ता एक पूर्व सीआईए एजेंट रोबर्ट बेर ने इतना भर ज़रूर कहा कि यह कहानी मनगढ़ंत प्रतीत होती है।

उसके अनुभवों के अनुसार सेना के जवान अर्थात् SEALs। पाकिस्तान की रज़ामन्दी के बिना किसी भी हाल में अपने दर्ज़नों युद्ध उपकरणों को अबोटाबाद जैसे उच्च सुरक्षा वाले शहर में नहीं भेज सकते हैं। विदेशी भूमि में घुसपैठ करने वाले एक हेलीकॉप्टर का क्षतिग्रस्त होना इसका प्रमाण है कि प्रच्छन्न अभियान और आख्यान दोनों ग़लत कैसे हो जाते हैं। 'पाकिस्तान के भीतर किसी–न–किसी को इस छापेमारी के बारे में पक्की जानकारी थी। मैं जानता हूँ कि पाकिस्तान और विदेशी छावनी वाले शहर अबोटाबाद जैसी जगह से शुरुआत नहीं करेंगे, और किसी की नज़रों में आना नहीं चाहेंगे।'[40]

सामान्यतः मुख्यधारा की मीडिया का एक बड़ा हिस्सा आधिकारिक तौर पर पुष्ट ख़बरों के पक्ष में ख़बरें छापती है। अमेरिकी व्यवस्था में कमोबेश यही परिपाटी है। लेकिन वाईस के मशहूर खोजी पत्रकार जैसन लियोपोल्ड ने उस समय भी आधिकारिक घोषणा पर सवाल खड़े किये थे। कहानी कहीं से भी प्रामाणिक सिद्ध नहीं होती थी। इसमें अनेक त्रुटियाँ थीं और उसे बहुत संशोधनों की आवश्यकता थी, और लियोपोल्ड ने इस बाबत अपने सम्पादक को कहा भी था। वे भी मानते थे कि सौदा हुआ था। 'दूसरे शब्दों में पाकिस्तानी ख़ुफ़िया विभाग ने बिन लादेन को अमेरिकियों के हाथों सौंप दिया था। उसे सीआईए के भेदियों ने नहीं ढूँढ़ निकाला था,' सीआईए के ऐसे दावे को ख़ारिज करते हुए विश्वास के साथ कहा था।[41] हेर्ष की रपट में कुछ कमियाँ रही होंगी, लेकिन इस रपट ने यह बात साफ़ कर दी कि आतंक के ख़िलाफ़ अमेरिका की जंग में उसकी महानतम सफलता किसी दन्तकथा सी कपोलकल्पित थी जिसकी बुनियाद अमेरिकी सरकार के अधिकारियों ने रखी थी और जिस पर इमारत बनाने का काम वाशिंगटन प्रेस के आज़ादीपसन्द सिपाहियों और हॉलीवुड के फ़िल्म–निर्माताओं ने रखी थी।[42] 'ज़ीरो डार्क थर्टी' और 'एर्गो' जैसी फ़िल्मों ने सीआईए का भला ही किया क्योंकि इन फ़िल्मों ने संगठन के क्रियाकलाप और राष्ट्रीय सुरक्षा के प्रति जनता का समर्थन जुटाने का काम किया। इन फ़िल्मों को देख कर असंख्य लोगों को महसूस हुआ कि देश सही दिशा में आगे की तरफ़ जा रहा है। इन फ़िल्मों ने अपना उद्देश्य पूरा कर दिया था, वाँछित और अपेक्षित धारणाएँ बना दी थीं और आख्यान को गढ़ने का काम आरम्भ हो चुका था–एक ऐसा आख्यान प्रशांसनीय अवश्य होने के बावजूद जो अनिवार्य रूप से सच नहीं थी।

ओसामा बिन लादेन के प्रकरण के बाद पाकिस्तान की धारणा क्या थी? अगर यह बात स्थापित हो जाती कि पाकिस्तानी फ़ौज ने यह ढोंग करते हुए कि उसे ओसामा के छुपे होने की कोई जानकारी नहीं थी, या अगर यह भेद खुल जाता कि उसने अमेरिका को ओसामा को ढूँढ़ निकालने में मदद की थी तो पाकिस्तानी फ़ौज को बेहद ओछी नज़रों से देखा जाने लगता। उसकी छवि को तब और अधिक धक्का पहुँचता जब यह सिद्ध हो जाता कि ओसामा के ठिकाने की जानकारी होने के बावजूद उसने उसको बचाने के लिए कोई उपाय नहीं किये और इस्लाम के लिए अपना सब 'कुर्बान' देने वाले एक मुसलमान नेता को अमेरिकियों के हाथों बेच दिया। इन्हीं सब वजहों से योजना यह बनायी गयी थी कि ओसामा बिन लादेन के मारे जाने की आधिकारिक घोषणा कुछेक दिन बाद की जायेगी ताकि दुनिया को यह झूठ परोसा जा सके कि ओसामा को अमेरिकियों ने पाकिस्तान से बाहर अफ़ग़ानिस्तान के बीहड़ों में कहीं ड्रोन हमले में मार गिराया। इससे एक तरफ़ आईएसआई और पाकिस्तानी फ़ौज की साख बचायी जा सकती थी और दूसरी तरफ़ ओसामा के हाथ आने से अमेरिका भी ख़ुश हो जाता। बदक़िस्मती से सब कुछ योजना के अनुसार नहीं हो पाया। अमेरिका का एक हेलीकॉप्टर घुसपैठ करते हुए पाकिस्तान के भीतर ही दुर्घटनाग्रस्त हो गया और जल्दीबाज़ी में पूरी कहानी ही बदल गयी। लिहाज़ा राष्ट्रपति ओबामा ने लादेन को मार गिराने की सार्वजनिक घोषणा करने का फ़ैसला किया और इस अभियान की सफलता का सारा श्रेय भी वे ही बटोर ले गये। पाकिस्तान को कुछ भी नहीं मिला और आम जनता ने ख़ुद को ठगा हुआ और फ़रेब खाया हुआ महसूस किया।

अमेरिकी सरकार इस हमले को किस नज़रिये से देखती थी? उसने पाकिस्तान को कोई फटकार नहीं लगायी, पाकिस्तान का कोई उदाहरण नहीं दिया, उससे यह पूछने की ज़रूरत भी नहीं समझी कि 'आप हमारे साथ हैं या हमारे ख़िलाफ़?' या 'आपने ओसामा को इतने लम्बे समय तक छिपा कर हमें और हमारे मित्रों को धोखा क्यों दिया? अमेरिका को भी ओसामा के मामले में इतनी संलिप्तता की कैसी मजबूरी थी? क्या इसीलिए एक सौदे की आवश्यकता पड़ी? हालाँकि यह बेतुकी भले हो लेकिन कोई हैरत की बात कतई नहीं थी ओसामा अबोटाबाद

के क़रीब उसी क़िलेबन्दी वाले अहाते में रहता था और पाकिस्तान में किसी को उसके ठिकाने की ख़बर नहीं थी। अलबत्ता पाकिस्तान के आला अधिकारियों मसलन पाकिस्तान के सेना प्रमुख और आईएसआई के मुखिया इस राज़ को बेशक जानते थे। यह किसी बददिमाग़ और दोयम दर्जे के आईएसआई अधिकारी का चलाया हुआ अव्यवस्थित अभियान नहीं था। कोई भी खुफ़िया एजेंसी अपनी प्रतिष्ठा के अनुकूल ऐसी गतिविधियों में संलग्न नहीं रहेगी। अधिक–से–अधिक वह अपने किसी क्रियाकलाप के खण्डन के लिए किसी अन्य व्यक्ति के हाथों में यह बागडोर दे सकती थी।

अतीत में भी अमेरिका ने अनेक बार पाकिस्तान की ग़लतियों को नज़रअन्दाज़ किया था–अफ़ग़ान जिहाद के समय से ही जब जनरल जिया–उल–हक़ ने न्यूक्लियर बम बनाने का दुस्साहस दिखाया था। बाद के सालों में जब भारत पंजाब और कश्मीर में आतंकवादियों से अकेला और कई पाबन्दियों के बावजूद जूझ रहा था तो अमेरिका को ए.क्यू. ख़ान न्यूक्लियर सुपरमार्केट में अपने तकनीक का खुलेआम सौदा करते हुए घूम रहे थे। भारत की सरकार मानवाधिकारों के उल्लंघन को लेकर लगातार पश्चिम (विशेषकर अमेरिका) के दबाव में थी, जबकि भारत के भीतर आतंक और हिंसा को भड़काने में मदद करने के बावजूद पाकिस्तान पर ऐसा कोई दबाव नहीं था। इसका मुख्य कारण यह था कि शीतयुद्ध के दिनों में पाकिस्तान ने हमेशा अमेरिका का साथ दिया था जबकि अन्तर्राष्ट्रीय समुदाय की आपत्तियों के बाद भी उसने न्यूक्लियर हथियार प्राप्त कर लिया था। यदा–कदा गम्भीर मतभेदों के बाद भी बीसवीं सदी में अफ़ग़ान युद्ध और उसके बाद आतंक के ख़िलाफ़ तथाकथित युद्ध के समय आईएसआई और सीआईए के बीच का सहयोग गहरा और मज़बूत रहा था।

पश्चिमोत्तर पाकिस्तान के ऊँचे बीहड़ों में आतंकियों की तलाश पर आधारित टी.वी. धारावाहिक होमलैंड (2011–20) सीआईए का प्रिय कार्यक्रम था। सीआईए और होमलैंड के सह–निर्माता अलेक्स गांसा के बीच विश्वासपूर्ण सहयोग का सम्बन्ध रहा था। हॉलीवुड और सीआईए के बीच इसके बाद सम्बन्धों की नयी खिड़कियाँ खुलीं। इस धारावाहिक की मुख्य पात्र कैरी माथिसन थी जिसे एक सीआईए अधिकारी के रूप में

दिखाया गया था और जो मानसिक ब्रेकडाउन के बाद से सघन चिकित्सा से गुज़र रही थी। अपनी ग़ैर–पारम्परिक कार्यविधि और बाइपोलर डिसऑर्डर की वजह से अपने उन शिकारों के साथ रात बिताती है जिनसे पूछताछ चल रही होती है, और फिर नींद में ही उनकी एक–एक कर हत्या कर देती है। उसकी इस गोपनीय और सन्दिग्ध गतिविधि से देश में एक बहस छिड़ जाती है। भले ही इस धारावाहिक में सीआईए अधिकारियों को मानवीय दोषों से भरे विचलनशील इन्सानों के रूप में प्रस्तुत किया गया हो लेकिन सच्चे अर्थों में वे नायकीय गुणों से सम्पन्न होते हैं। दूसरी तरफ़ मुसलमान आतंकवादी को गूढ़ और जटिल विचारों वाले एक कट्टरवादी के रूप में पेश किया गया है।

ऐसा उस समय भी हुआ जब सीनेटर डाइने फेंसटिन की अध्यक्षता वाली अमेरिकी सीनेट की सलेक्ट कमिटी ऑन इंटेलिजेंस ने 2009 में सीआईए की 'कड़ी पूछताछ' की प्रविधि के बारे में जाँच–पड़ताल की थी। कमिटी को अपना प्रतिवेदन तैयार करने में तीन साल का समय लगा। और जब सीआईए ने प्रतिवेदन की कुछ सिफ़ारिशों पर कड़ा एतराज़ जताया तो उनमें कुछ संशोधन करने में दो वर्ष और लग गये। प्रतिवेदन एजेंसी की आलोचनाओं से भरा था। वस्तुतः देखा जाये तो यह कई तरीक़े से आक्षेपों से भरा हुआ था क्योंकि इसमें 'कड़ी पूछताछ' को कठोर, क्रूर, गम्भीर दोषों से युक्त और प्रभावहीन बताया गया था।[43]

फ़िल्मों, टेलीविज़न धारावाहिकों और वृत्तचित्रों के अतिरिक्त आख्यान रचने का काम दैनिक समाचार चैनलों के ज़रिये भी हुआ। देश भर में विभिन्न भाषाओं के अनेक चैनल हैं। उन सभी के मालिक अलग–अलग हैं। ज़ाहिर–सी बात है कि उनके एजेंडे भी भिन्न–भिन्न होंगे। इसके अतिरिक्त ऑनलाइन प्रोडक्शन भी होते हैं जिन्हें दर्शक अपनी पसन्द के समय पर देख सकते हैं। ध्यान से देखें तो टेलीविज़न एक चालाक माध्यम है। जब हम एक रिपोर्टर को बारिश के बाद किसी ऐसी सड़क से रिपोर्टिंग करते हुए देखते हैं जहाँ जलजमाव हो गया हो, तो क्या वह केवल उस सड़क की रिपोर्टिंग होती है, या उस दृश्य के बहाने पूरे शहर की स्थिति हमारी कल्पना में घूमने लगती है? या दो समुदायों के बीच होने वाली मामूली–सी भिड़न्त क्या केवल एक सामान्य अपराध है, अथवा इस वारदात को दो समुदायों के बीच एक साम्प्रदायिक तनाव के

रूप में देखा जाना चाहिए? यह चैनल की विश्वसनीयता और निष्पक्ष तथा निर्भीक होने की उसकी अपनी इच्छा पर निर्भर है। असल बात यही है कि दर्शकों के भीतर चैनल द्वारा प्रसारित किये जाने वाले आख्यान के प्रति कितना आत्मविश्वास है। यदि एक भी दर्शक का आत्मविश्वास चैनल में कम होता है तो इसका सीधा अर्थ यही है उसके प्रसारण के प्रभाव में कमी आ गयी है। सुरक्षा के सन्दर्भ में कोई भी टकराहट के बारे में जनता की धारणा यही है कि यदि ऐसी स्थिति में राष्ट्र की जीत होती नहीं दिखती है तो यह ख़तरनाक स्थिति है।

आज के विश्व में गुप्तचरी और मीडिया के बीच जैसे अन्तःसम्बन्ध विकसित हुए हैं, उनमें तकनीक की एक निर्णायक भूमिका है। एक जगह पर स्थिर सीसीटीवी कैमरे अब बीते दिनों के किस्से बन चुके हैं, और यह मोबाइल ट्रैकिंग का जमाना है। एटीएम में चेहरे की पहचान और पैसे की निकासी को सीसीटीवी के ज़रिये रिकॉर्ड किया जा सकता है। किन्तु आज के ख़ुफ़िया तन्त्र के पास इंटरनेट के द्वारा मुहैया करायी गयी व्यक्ति की सामाजिक, आर्थिक और यौनिक प्राथमिकताओं से संचित सूचनाओं की कामनाएँ और उनका संग्रहण की क्षमता होती है। आज संचित कार्ड डेटा, ईमेल और टेलीफ़ोन के ज़रिये सम्प्रेषण नये और प्रामाणिक माध्यम हैं। आज इन्हीं सूचनाओं के संग्रहण और डेटा के विश्लेषण के आधार पर नये आख्यान गढ़े जा रहे हैं। अन्य ख़ुफ़िया उपयोगों के लिए भी उन्हीं डेटा और विश्लेषणों का इस्तेमाल किया जाता है। तकनीक और बनावटी बुद्धिमत्ता ने ही व्यक्ति के लिए पार्श्व–स्वर की सम्भावनाओं को निर्मित किया और वह उन बातों को कहने में समर्थ है जिन्हें उसने कभी कहा ही नहीं। इस तकनीक के ज़रिये आवाज़ों को कमोबेश मौलिक रूप में पुनःसृजित किया जाता है और आरोह–अवरोह तथा भंगिमा के साथ उनकी इतनी सही तादात्मयता स्थापित की जाती है कि उनको सुन कर हॉलीवुड भी खुद शौक़िया महसूस होने लगे।

आज इंटरनेट से पहले की दुनिया और उसके बाद की सूचना और संचार की दुनिया में एक बड़ा अन्तर बिल्कुल स्पष्ट दिखाई देता है। और इस विषय में आज कोई अनुमान लगा पाना कठिन है कि ऐसी तकनीक और प्लेटफ़ॉर्म अगर ख़राब सामग्रियों को भी उपलब्ध हो जायें तो उनसे उपभोक्ताओं का किस प्रकार का मोहभंग होगा।

सूचना, मीडिया और आख्यान

जिस समय रोनाल्ड रीगन राष्ट्रपति–पद के लिए चुनाव–प्रचार कर रहे थे तब अमेरिका का वर्णन करते हुए वे एक बेहद आभिजात्य और आकर्षक भाषा का प्रयोग करते थे। उस समय उनकी भाषा उन बी–ग्रेड की फ़िल्मों से बिल्कुल भिन्न होती थी जिनमें अमूमन वे नायकों की भूमिकाएँ करते हुए बातचीत करते थे। 'अमेरिका ईश्वर की दी हुई वह भूमि है जो दो समुद्रों के बीच बसी है।... यह पहाड़ी के शिखर पर एक चमकता हुआ घर है।... यह पूरी दुनिया को आलोकित करने वाला प्रकाश–पुंज है।' और यह भी कि 'अमेरिका दुनिया का अकेला देश था जहाँ सरकार थी, कहीं अन्यत्र यह संस्था नहीं थी', और 'धरती की एकमात्र जगह जहाँ व्यक्ति को आज़ादी और गरिमा न सिर्फ़ हासिल हैं बल्कि ये चीज़ें सुरक्षित भी हैं।' (यह बात कुछ हद तक 2001 तक सच भी थी जब तक कि जॉर्ज बुश द्वारा राष्ट्रभक्त अधिनियम (Patriot Act) लागू नहीं कर दिया गया।)

रीगन के शब्दाडम्बर के अतिरिक्त लोगों ने सिनेमा के पर्दे पर जॉन वाएन का फ़िल्मी पराक्रम भी देखा जिसने बड़ी तादाद में अमेरिकी युवाओं को उन व्यर्थ युद्धों में हिस्सा लेने के लिए उकसाया जिनका कारण वे भी नहीं जानते थे। रीगन और वाएन दोनों लम्बे और हट्टे–कट्टे थे। वे चौकस और नैतिकता से भरे हुए दिखते थे–लेकिन ऐसा वे सिर्फ़ पर्दे पर नज़र आते थे। दोनों हॉलीवुड में तब सक्रिय थे जब द्वितीय विश्वयुद्ध जारी था। रीगन ने अपने आकाओं–जैक वार्नर और लुइस बी. मेयर को हॉलीवुड की 'साम्यवादी' गतिविधियों की जानकारी देकर और युद्धकाल पर आधारित विषयों पर प्रचार फ़िल्में बना कर अपने डूबते हुए कॅरियर में जान फूँकने की क़ामयाब कोशिशें की थीं।[1] उन्होंने कृत्रिम आदर्शवाद के वातावरण का यथासम्भव लाभ उठाया, जो कि पर्दे की काल्पनिक दुनिया

के अनुरूप तैयार और विकसित किया गया था, और जो जल्दी ही पूरे अमेरिका की आवाज़ बन गया।

बतौर स्क्रीन एक्टर्स गिल्ड का अध्यक्ष, एक 'दोस्ताना गवाह' बन कर रीगन अट्ठारह बार हाउस ऑफ़ रिप्रेजेंटेटिव की अन–अमेरिकन एक्टिविटीज़ कमिटी के सामने उपस्थित हुए। उनका मुख्य काम साम्यवादी 'योजनाओं' को 'भलीभाँति समझना' और 'योजना बनाने वालों' की पहचान करना था।[2] यह सीआईए की स्थापना से पहले की बात है। ज़ाहिर बात थी कि वाइट हाउस के सुरक्षित ओवल ऑफ़िस और रक्षा–सलाहों और उपकरणों से घिरे रीगन के भीतर सोवियत संघ के ख़िलाफ़ जंग की प्रवृत्ति बड़े स्वाभाविक रूप से आयी थी।

'प्रचार' बनाम 'दुष्प्रचार'

अगर साफ़–साफ़ लहजे में कहा जाये तो युद्धकाल के दुष्प्रचार का उद्देश्य दीर्घकालिक आख्यान की स्थापना नहीं, बल्कि अपने सहयोगियों, मित्रों, शत्रुओं और उनके लिए भी जो पूरे परिदृश्य में कहीं नहीं हैं, के बीच अल्पकालिक धारणा की स्थापना होती है। आरम्भ में युद्ध के दिनों में जब तक अमेरिका नाज़ी जर्मनी के प्रति तटस्थ रहा, उस समय ब्रिटिश ख़ुफ़िया एजेंसी एक बारीक़ और जटिल दुष्प्रचार के साथ सक्रिय रही, और प्रत्येक हफ़्ते औसतन बीस अफ़वाहें पैदा करती थी। अमेरिकी पत्रकारों के लिए वही अफ़वाहें सक्रियता का सबसे बड़ा आधार थीं। तब वे इस सम्भावना की तलाश में जुट जाते थे कि उनमें से अमेरिका के हितों की ख़बरों को जर्मनी तक कैसे अग्रसारित किया जाये। उन अफ़वाहों के लिए इसका कोई महत्त्व नहीं था कि वे विश्वसनीय या सच हैं या नहीं।

ऐसी ही एक ब्रिटिश अफ़वाह को 'न्यूयॉर्क टाइम्स' ने बहुत तूल दिया था कि मध्यपूर्व में एक 130 वर्षीय बेडुइन (ख़ानाबदोश) भविष्यवेत्ता की मृत्यु को हिटलर की पराजय की सम्भावना बताया जा रहा था। वैश्विक राजनीति में एक दूसरी अफ़वाह यह भी तैर रही थी कि हंगेरियन 'खगोल–दार्शनिक' लुइस डे वोहल ने अमेरिकियों से यह दावा किया था कि हिटलर द्वारा जर्मनी की सत्ता सँभालने वाली तारीख़ को जन्मा आदमी ही उसके पतन का कारण बनेगा। जिस तारीख़ की तरफ़ इशारा किया

गया था वह 30 जनवरी थी, जो कि अमेरिकी राष्ट्रपति फ्रैंकलिन रूज़वेल्ट का जन्मदिन भी था।

एक अन्य प्रविधि जिसे ब्रिटिश ख़ुफ़िया एजेंसी ने अपनाया था, वह लन्दन के एक ख़ास अख़बार को ख़बरें उपलब्ध कराना था। वह अख़बार उस ख़बर की पुष्टि न्यूयॉर्क के एक पत्रकार के ज़रिये करता था। उसके बाद ब्रिटिश न्यूयॉर्क के उस पत्रकार को कुछ और ख़बरें देता था। उसी समय लन्दन का एक अख़बार एक अमेरिकी समाचार एजेंसी से जाँच–पड़ताल कर रहा था, जो उस ख़बर के तार को उसके बर्लिन स्थित पत्रकार से जोड़ता। बर्लिन में सेंसर, गेस्टापो और अमेरिकी समाचार एजेंसी का बर्लिन का संवाददाता उस पर निर्णायक बात–विमर्श करते और ख़बर को बर्लिन में फैलाया मान लिया जाता था।[3]

ब्रिटिश का ख़ुफ़ियातन्त्र प्रचार और दुष्प्रचार के बीच भेद करना भलीभाँति जानता था। ब्रिटेन के राजनीतिक आयुध कार्यकारी (पीडब्ल्यूई) ने प्रचार को 'किसी मसले के स्पष्ट और सरल विक्षेपन' के रूप में परिभाषित किया था। यह मस्तिष्क की एक ऐसी संरचना का निर्माण था जिसका उद्देश्य विश्वास और समर्थन प्राप्त करना था, 'जो साक्ष्य की प्रस्तुति के माध्यम से जनता को फुसलाने का इरादा रखती थी, और फ़ैसला पूरी तरह जनता के हाथों में छोड़ देती थी।'[4]

दूसरी तरफ़ दुष्प्रचार, प्रचार का सगा दुष्ट भाई था। यह एक पूर्वनिर्धारित, प्रच्छन्न गतिविधि थी जिसका उद्देश्य 'उसके अवचेतन की अनभिज्ञता में प्राप्तकर्ता के विचारों को विशेष उद्देश्य के लिए निर्देशित करना होता था।' दुष्प्रचार वस्तुतः प्राप्तकर्त्ता का एक परोक्ष उद्देश्य के लिए कुटिल अनुकूलन है।[5]

ब्रिटिशों द्वारा चलाया गया यह पूरा अभियान ऐसी धारणा बनाने के लिए सुनियोजित था जो उनके अनुकूल एक आख्यान की स्थापना में मददगार सिद्ध होता, जिसका स्पष्ट अभिप्राय था कि अमेरिका उनकी ही तरफ़ से युद्ध में शरीक होगा। वाशिंगटन के नेशनल प्रेस बिल्डिंग में अपनी कोशिशों के दिनों अर्थात् 1940–41 में रहने वाले ब्रिटिश ख़ुफ़िया एजेंसी द्वारा अमेरिका के जनमत को प्रभावित करने वाले उनके प्रयास अनेक अर्थों में सही साबित हुए थे। रूज़वेल्ट पर्ल हार्बर के हादसे से पहले अमेरिका के अहस्तक्षेप की नीति के तहत पट्टे पर ज़मीन देने की अपनी योजना को आगे बढ़ाने में समर्थ साबित हुए थे।[6]

'अगर यह गोपनीय है, तब भी यह वैध है'

तक़रीबन 1947 में अपने हस्तक्षेप के समय से ही, सीआईए की प्रच्छन्न गतिविधियों में साम्यवादियों के विरुद्ध दुष्प्रचार एक महत्त्वपूर्ण एजेंडे के रूप में सम्मिलित था। राजनीतिक, आर्थिक और अर्द्धसैनिक बलों के गुप्त कार्यवाही के लिए अतिरिक्त समय और संसाधन उपलब्ध कराये गये थे। सीआईए ने अपने आरम्भिक दिनों में ही अपने लिए एक प्रतिरक्षात्मक ख़ुफ़ियातन्त्र भी विकसित कर लिया था। देश के दोनों तरफ़ समुद्र होने की वजह से अमेरिकी खुद को अत्यधिक सुरक्षित महसूस करते थे। उत्तर और दक्षिण में पड़ोसी देशों के साथ भी उसके सम्बन्ध दोस्ताना थे। इन दो कारणों से उन्होंने शुरू–शुरू में आन्तरिक ख़ुफ़िया एजेंसी की बहुत गम्भीर आवश्यकता नहीं महसूस की। वास्तव में होमलैंड सिक्यूरिटी की स्थापना भी 11 सितम्बर, 2001 के बाद ही की गयी। उससे पहले आन्तरिक सुरक्षा भी एफबीआई की ही ज़िम्मेदारी थी।

1947 के राष्ट्रीय सुरक्षा अधिनियम (एनएसए) जिसके तहत सीआईए का निर्माण हुआ, ने इस संगठन को 'राष्ट्रीय सुरक्षा से जुड़े उन सभी ख़ुफ़िया कार्यों और कर्तव्यों को सम्पादित करने के लिए भी अधिकृत किया जिनका उत्तरदायित्व समय–समय पर एनएसए उसे सौंपती थी।'[7] स्पष्ट था कि 'उन सभी ख़ुफ़िया कार्य और कर्तव्य' जैसे शब्दों ने सीआईए को अत्यन्त व्यापक अधिकार दिये थे। सीआईए ने सैकड़ों गुप्त अभियानों को अंजाम दिया जिनमें से अधिकांश राष्ट्रपति हैरी एस. ट्रूमैन के दूसरे कार्यकाल (1947–53) में चलाये गये थे। अभी–अभी समाप्त हुए दूसरे विश्वयुद्ध में अमेरिका साम्यवादियों के सहयोग से नाज़ियों के ख़िलाफ़ लड़ा था, और अब वह यूरोप और लातिन अमेरिका में पूर्व नाज़ियों की मदद से साम्यवादियों के विरुद्ध लड़ने जा रहा था। न्युरेमबर्ग का मुक़दमा एक महान प्रहसन था जो विश्व समुदाय को धोखा देने के लिए किया गया था। इस पूरे प्रकरण में नैतिक मूल्यों को कोई सम्मान नहीं दिया गया था। ठीक ऐसे ही, बाद के सालों में सद्दाम हुसेन 1989 तक एक प्रिय मित्र रहे, लेकिन 1991 में कट्टर शत्रु बन गये। महाशक्तियों के हित आवश्यकता के अनुसार बदलते रहते हैं। सुविधानुसार और बड़े आराम से अपनी नीतियों और शर्तों से मुकर जाना वैश्विक राजनीति की सबसे वांछित कला है।

1948 का मार्शल प्लान सीआईए के लिए एक ईश्वरीय वरदान के रूप में आया। यह पाँच सालों की अवधि में विदेशों में गुप्त गतिविधियों के लिए आवंटित 13.5 अरब अमेरिकी डॉलर की राशि में 5 प्रतिशत अपनी इच्छानुसार ख़र्च कर सकता था। 'गोपनीय धनराशि गोपनीय अभियानों की मूल आत्मा थी। सीआईए के पास भी अब अज्ञात नक़दी का एक निरन्तर स्रोत था।'[8] इसका सीधा अर्थ था प्लान की वजह कि सीआईए के हाथों में एकमुश्त 68.5 करोड़ अमेरिकी डॉलर आ गये थे जिनपर एकमात्र उसी का नियन्त्रण अथवा अधिकार था। ग़ौरतलब बात यह है कि 1947 में एक डॉलर का मूल्य 2019 में 11 अमेरिकी डॉलर के बराबर था। आरम्भ से ही सीआईए की यही मंशा थी कि वह दुनिया का सबसे बेहतर ख़ुफ़िया सूचनाएँ एकत्र करने वाला संगठन बने और ख़ुफ़िया युद्ध के सभी गुप्त तरीक़े भी उसी के पास हों। आख्यान की स्थापना का गुप्त उद्देश्य भी यही था।

सीआईए ने इन पैसों का इस्तेमाल प्रकाशन समूहों, अख़बारों, श्रमिक और छात्र संघों और विशिष्ट और सम्मानित नागरिक–संगठनों जैसे अनेक आवरण–संस्थानों की स्थापना के लिए किया। साथ ही उसने अनेक वामपन्थ विरोधी लोक समितियों और परिषदों को भी वित्तीय मदद दी। ऐसे बहुत–से लोग जो शीतयुद्ध के दौरान भाग कर सोवियत संघ और पूर्वी यूरोप चले गये थे उन्हें भूमिगत राजनीतिक समूह गठित करने के लिए नियुक्त किया गया। ऐसे लोगों को एजेंसी के नियन्त्रण में अपना काम करना था। जैसे–जैसे शीतयुद्ध तेज़ होता गया, सोवियत संघ और साम्यवादी पूर्वी यूरोपीय देशों ने भी ऐसे ही आवरण–संगठनों की स्थापना की। दोनों गुटों ने अपने–अपने प्रारूपों के साथ आज़ादी का आन्दोलन आरम्भ किया। बोरियाँ भर–भर कर अमेरिकी पैसे इतालवी और यूनानी राजनेताओं को उपलब्ध कराये गये ताकि वे द्वितीय विश्वयुद्ध के फ़ौरन बाद चुनाव लड़ और जीत सकें। अमेरिकियों को साम्यवादियों के जीतने का भय था, और वे किसी भी क़ीमत पर इसे रोकने पर अड़े थे।

अज्ञात का भय राजनीतिक उन्माद का निर्माण करता है, और इस भय के कारण ख़ुफ़िया एजेंसियों को अधिक–से–अधिक अधिकार मिलने के मार्ग प्रशस्त होते हैं। अमेरिका में भी यही हुआ। वे संशयों में लिपटे हुए दिन थे। 'आधी रात दरवाज़े पर दस्तक' देकर पुलिस और

फ़ौज द्वारा किसी भी आदमी को गिरफ़्तार कर लेना और उस पर फर्ज़ी मामले थोप देना एक आम बात थी। अंग्रेज़ी में इस पुलिस–राज के लिए 'मैककार्थीवाद' शब्द का प्रयोग किया गया है। एकमात्र शक्ति जो सीआईए को प्राप्त नहीं थी, वह ख़ुद सीक्रेट पुलिस जैसा व्यवहार नहीं कर सकती थी। अन्यथा इसके हाथ पूरी तरह से खुले हुए थे, इसका गुप्त बजट अक्षुण्ण था, और अमेरिकी कांग्रेस इसकी निधि को उदारतापूर्वक स्वीकृत करती थी। जैसा कि निक्सन टिप्पणी करते थे, अगर यह गुप्त है तो यह पवित्र है।[9]

सितम्बर 18, 1947 के राष्ट्रीय सुरक्षा अधिनियम (एनएसए) और सीआईए को बनाये जाने के बाद अभी हाल में स्थापित किया गया राष्ट्रीय सुरक्षा परिषद् (एनएससी) और प्रतिरक्षा विभाग (DoD) अर्थात् पेंटागन ही अमेरिका के सुरक्षा–तन्त्र के नये उपकरण हैं। डर का एक ऐसा माहौल जिसमें अमेरिका और सोवियत संघ एक–दूसरे के प्रतिद्वन्द्वी थे, सीआईए और पेंटागन के साथ–साथ अमेरिका और मिलिट्री–इंडस्ट्रियल कॉम्प्लेक्स के लिए भी एक अनुकूल स्थिति थी। हालाँकि राष्ट्रपति आइजनहॉवर ने इस बारे में पहले ही चेतावनी दी थी। 'ऑफिस ऑफ पॉलिसी कोऑर्डिनेशन' जैसे एक सामान्य नाम वाले कार्यालय की आड़ में गोपनीय उद्देश्य के लिए अभियानों को संचालित किया जाने लगा। 1950 के दशक के आरम्भिक सालों में सीआईए द्वारा चलाया गया 'ऑपरेशन मॉकिंग वर्ड' भी इन्हीं अभियानों में एक था जिसकी शुरुआत सम्भवतः 1953 में की गई थी। यह सम्भवतः 1953 के आसपास की बात थी। शुरुआती विचार ये थे कि न केवल साम्यवाद के बारे में लोगों के विचारों को प्रभावित करने की कोशिश की जायेगी बल्कि घरेलू नीतियों में भी आवश्यकतानुसार हस्तक्षेप किया जायेगा। अमेरिकी प्रकाशकों के अतिरिक्त कुछ कॉर्पोरेट नेताओं, लेखकों, पत्रकारों और संस्थानों के प्रतिनिधियों ने साम्यवाद के विरुद्ध इस महासंग्राम में संसाधनों और समय देने की प्रतिबद्धता दिखलाई।

साँठ–गाँठ का पर्दाफ़ाश

खोजी पत्रकार और लेखक कार्ल बर्नस्टीन ने अपने प्रसिद्ध रहस्योद्घाटन 'दी सीआईए एंड दी मीडिया' जो पहली बार 1977 के रोलिंग स्टोन में छपा था, में बहुत बारीक़ी और विस्तार के साथ दोनों के बीच के भेद को

स्पष्ट किया था। उनका कहना था कि अमेरिकी प्रेस और सरकार के बीच की पारम्परिक विभाजन–रेखा बहुत अस्पष्ट और धुँधली थी, और शायद ही किसी समाचार एजेंसी ने विदेशों में सीआईए की गतिविधियों की कवरेज 'अपने मुख्य मालिक, प्रकाशक और सम्पादक की जानकारी और सहमति के बिना की हो।'[10] सीआईए निहायत कपटपूर्ण तरीक़े से पत्रकारों और प्रकाशकों को इन गतिविधियों में सहयोग देने के लिए प्रलोभन देती थी। इसलिए जब एक अग्रणी नियमित स्तम्भकार जोसेफ़ अल्सोप 1953 में सीआईए की तरफ़ से फिलिपींस के चुनावों को कवर करने गये तो किसी को हैरत नहीं हुई। शीतयुद्ध का जोश जनता में कुछ ऐसा था।

खुफ़िया संगठन और मीडिया के बीच के अन्तःसम्बन्ध बेहद जटिल होते हैं। कई बार ऐसा भी होता है कि कई बार दोनों एक–दूसरे के प्रतिपक्ष में भी खड़े रहते हैं, अन्यथा सामान्यतः दोनों एक–दूसरे पर निर्भर होते हैं और एक–दूसरे का बेहद चालाकी से इस्तेमाल भी करते हैं। दोनों के बीच ख़ुशियों के भी क्षण होते हैं जब दोनों एक–दूसरे के प्रति प्रशंसा–भाव से भरे होते हैं और निजी उपलब्धियों के लिए एक–दूसरे का सहयोग करते हैं। महत्त्वपूर्ण बात यह है कि ख़ुफ़िया एजेंसियों को मीडिया की ज़रूरत पड़ती है और ठीक ऐसे ही मीडिया को भी ख़ुफ़िया एजेंसियों की आवश्यकता रहती है। ख़ुफ़िया एजेंसियाँ संसद और आम जनता दोनों के विचारों को प्रभावित करती हैं और वे मीडिया का उपयोग अपने हितों को साधने और बृहत्तर राष्ट्रीय हितों में धारणाओं की स्थापना के लिए करते हैं। इराक़ युद्ध और यहाँ तक कि आतंकवाद के विरुद्ध वैश्विक युद्ध इसी के उदाहरण हैं, यद्यपि इससे बहुत से लोग असहमत हो सकते हैं।

इस क्रम में सबसे अत्यधिक क्षति सच को उठानी पड़ती है, लेकिन जैसा कि पहले ही कहा जा चुका है कि सच से आख्यान की स्थापना का कोई प्रत्यक्ष सम्बन्ध नहीं है, आख्यान का सम्बन्ध धारणा से है। ख़ुफ़ियातन्त्र और मीडिया के सम्बन्ध सामान्यतः द्विभाजी होते हैं जहाँ मीडियाकर्मी श्रम के साथ और सफलतापूर्वक ख़ुफ़िया एजेंसियों की अघोषित गतिविधियों के पर्दाफ़ाश का काम करती हैं वहीं मीडिया का एक वर्ग जिसमें मुख्यधारा के अख़बार और समाचार चैनल शामिल हैं, वह सामान्यतः आधिकारिक नीतियों की चापलूसी में संलिप्त हैं। बाद के सालों में मीडिया से बहुत सारे सवाल पूछे जाने लगे। इस पहल में वैकल्पिक

मीडिया ने महत्त्वपूर्ण भूमिका निभायी, और इंटरनेट के आगमन ने तो खेल के सारे नियम ही बदल डाले। नुक्कड़ पर खड़ा एक मामूली आदमी भी अचानक शक्तिसम्पन्न हो गया। इंटरनेट ने उसे एक नयी आवाज़ दी, और लोकतन्त्र तक उसकी पहुँच का विस्तार किया। ख़बरें अब सिर्फ़ बड़े अख़बार समूहों और टी.वी. चैनलों का मोहताज नहीं रह गयीं।

वाशिंगटन पोस्ट के पूर्व पत्रकार बर्नस्टीन ने उन पच्चीस सालों जिसका ज़िक्र उन्होंने 1977 में प्रकाशित अपने 25,000 शब्दों के जर्नल में किया है, के बारे में बताते हुए लिखा है ऐसे अमेरिकी पत्रकारों की तादात कम–से–कम 400 थी जिन्होंने सीआईए के लिए गुप्त तरीक़े से काम किया है। उनके काम आधिकारिक कागज़ातों पर आधारित होते थे और उन पत्रकारों की संलिप्तता जिन गतिविधियों में होती थी वे सामान्य से लेकर जटिल तक और शान्त से लेकर मुखर तक कुछ भी हो सकती थीं। वे गोपनीय कामों को भी अन्ज़ाम देते थे और सीआईए और साम्यवादी देशों के बीच मध्यस्थ की भी भूमिकाएँ निभाते थे और ऐसे देशों के गोपनीय दस्तावेज़ सीआईए के साथ साझा भी करते थे। पुलित्ज़र पुरस्कार विजेता कई लेखक, बहुत से सम्मानित पत्रकार और अनेक स्वतन्त्र पत्रकार जासूसी का रोमांच अनुभव करने के लिए इस काम में शामिल होते थे। सीआईए के कागज़ातों के परीक्षण के बाद बर्नस्टीन ने इस बात का रहस्योद्घाटन किया कि कई बार तो पत्रकार अपने प्रबन्धन की जानकारी में और उसकी रज़ामन्दी के साथ यह काम पूरा करते थे। उस समय ख़ुफ़िया संगठन के कुछ महत्त्वपूर्ण सम्बन्ध 'न्यूयॉर्क टाइम्स', कोलम्बिया ब्राडकास्टिंग सर्विस (सीबीएस) और 'टाइम इंक.' के साथ रहे।

बर्नस्टीन के अनुसार इन सबमें सीआईए के सबसे निकटस्थ सम्बन्ध 1950 के दशक में 'न्यूयॉर्क टाइम्स' के साथ रहे। इसके प्रकाशक आर्थर हायस सुल्जबर्गर और इस केन्द्रीय ख़ुफ़िया एजेंसी के तत्कालीन निदेशक एलन ड्यूल्स के बीच घनिष्ठ मित्रता थी। सुल्जबर्गर की यह मान्यता थी कि सीआईए की सहायता करना आवश्यक है, और सुल्जबर्गर और ड्यूल्स दोनों यह भी मानते थे कि दोनों समूहों के कर्मचारियों के बीच एक–दूसरे की स्वीकार्यता सुनिश्चित होनी चाहिए। 1950 और 1966 के बीच सुल्जबर्गर की सहमति के साथ सीआईए के तक़रीबन दस कर्मचारियों को एनवाईटी के आवरण पृष्ठ पर स्थान दिया गया था।

बर्नस्टीन ने यह ख़ुलासा भी किया कि टाइम इंक. के संस्थापक हेनरी लूस और सीबीएस के अध्यक्ष विलियम पाले उनलोगों में शामिल थे जो सीआईए की मदद करते थे। ये खुलासे अमेरिका में लोकतन्त्र के चौथे स्तम्भ की बुनियाद हिला देने में पूरी तरह से समर्थ थे।[11] यह सिर्फ़ ऐसा मसला नहीं था कि प्रकाशक क्या छापते हैं, बल्कि इसका सम्बन्ध इस बात से भी था कि वे ख़बरें कैसे लिखते हैं, और वैसी कौन–सी बातें हैं जिन्हें छपना चाहिए लेकिन वे लिखी नहीं जाती हैं। 1953 में जब ईरान में तख़्तापलट के बाद मोहम्मद मोसाद्देग को गद्दी से हटा दिया गया, तो वाशिंगटन पोस्ट ने इस घटना को 'उत्सव का एक कारण' बताया था, जबकि टाइम्स ने मोसाद्देग को एक 'स्वार्थी और उन्मादी राष्ट्रवादी' कहा था, जिसके तख़्तापलट से 'लोगों में भविष्य के प्रति उम्मीद' जगी थी।[12]

जब ब्रिटेन और अमेरिका की ख़ुफ़िया एजेंसियाँ 1953 में मोसाद्देग के तख़्तापलट के लिए एक–दूसरे का सहयोग कर रही थीं, बीबीसी ने साज़िशकर्ताओं और शाह के बीच सांकेतिक संवादों को पहुँचाने का काम किया। बीबीसी ने अपने ख़ुद के सिग्नल के साथ नियमित फ़ारसी सेवा प्रसारण निर्धारित समय पर शुरू कर दिया था। अपनी सामान्य उद्‌घोषणा के स्थान पर उसने कहा था, 'यह ठीक अर्द्धरात्रि का समय है। लन्दन में आधी रात हो चुकी है।'[13] यह सुनते ही शाह और उनके परिवार के लोग भाग खड़े हुए। भागने से पहले वे दो ख़ाली फ़रमानों पर अपना दस्तख़त कर गये ताकि उन्हें सही वक्त इस्तेमाल किया जा सके। बहरहाल एक फरमान के ज़रिये मोसाद्देग को बर्ख़ास्त कर दिया गया और दूसरे के ज़रिये जनरल जाहिदी को प्रधानमन्त्री की कुर्सी पर बहाल कर दिया गया।[14]

सीआईए का दूसरा तुरुप का पत्ता सीबीएस था, और 'न्यूयॉर्क टाइम्स' की तरह सीबीएस के नेटवर्क अध्यक्ष विलियम पाले के भी एलन ड्यूल्स से सम्बन्ध अत्यन्त प्रगाढ़ रहे थे। सीबीएस ने भी सीआईए के एजेंटों को अपने आवरण पर स्थान दिया और इस पूरे उपक्रम में 'कम–से–कम एक विदेशी पत्रकार और अनेक स्वतन्त्र पत्रकार भी शामिल थे।' सीआईए के लिए अधिक महत्त्वपूर्ण नयी फ़िल्मों के वे आउटटेक्स थे जो सीबीएस ने उसे उपलब्ध कराये थे। बर्नस्टीन के अनुसार 'उन आउटटेक्स' और फ़ोटो लाइब्रेरी तक अपनी पहुँच बना पाना सीआईए के लिए एक बड़ी

सफलता की बात थी।'[15] सीआईए का फ़ोटो संग्रहालय विश्व में सम्भवतः सबसे बड़ी है। 1977 में भी वह इतना ही बड़ा रहा होगा जब बर्नस्टीन ने अपना जर्नल प्रकाशित कराया था। लिहाज़ा उस ख़ुलासे पर अविश्वास करने का कोई कारण नहीं दिखायी देता है। ग्राफिक साधनों में उपग्रह, युद्धाभ्यास, विमान, मिनिएचर कैमरे और अमेरिकी प्रेस सभी शामिल हैं। बर्नस्टीन ने यह भी लिखा है कि सीआईए की पहुँच अमेरिका के दर्ज़नों अख़बारों, पत्रिकाओं और टी.वी. चैनलों की फ़ोटो लाइब्रेरी तक थी और पिछले चालीस सालों में यह स्थिति बदली होगी, ऐसा मानने की कोई ठोस वजह नहीं है। सच तो यह है कि सीआईए की मौजूदा व्यवस्था के दायरे में अब अनेक सोशल मीडिया नेटवर्क में शामिल हो चुके हैं, जहाँ आजकल आख्यानों की स्थापना के सबसे अधिक उदाहरण देखने को मिलते हैं।

दूसरा बड़ा समूह 'टाइम इंक.' दो महत्त्वपूर्ण पत्रिकाएँ 'टाइम्स' और 'लाइफ़' प्रकाशित करता था। इन दोनों पत्रिकाओं के संस्थापक हेनरी लुके ड्यूल्स के घनिष्ठ मित्र थे। सीआईए और अमेरिकी सीनेट के सूत्र बताते थे कि दोनों पत्रिकाओं और विदेशी संवाददाताओं तथा स्वतन्त्र पत्रकारों के बीच लिखित समझौते होते थे। हालाँकि उन्होंने यह बतलाने से इनकार कर दिया कि ऐसे समझौते 1977 में और उसके बाद भी होने जारी रहे या फिर बन्द हो गये। ग़ौरतलब बात यह थी कि लुके सीआईए के कर्मचारियों को बड़ी सहजता के साथ प्रमाणिकता देने को तैयार थे और उन्होंने अपने कुछ पत्रकारों को सीआईए के लिए काम करने की इजाज़त भी दे रखी थी। लुके विदेश–यात्रा से लौटने के बाद ड्यूल्स और एजेंसी के दूसरे वरीय सदस्यों के साथ अपने अनुभव नियमित रूप से साझा किया करते थे। वे अपने कर्मचारियों को महत्त्वपूर्ण सूचनाएँ ख़ुफ़िया संगठन को स्थानान्तरित करने के लिए भी प्रोत्साहित करते थे। 'टाइम' पत्रिका के विदेशी संवाददाता सीआईए के रत्रिभोजों में वैसे ही शिरकत किया करते थे जैसे कि वे सीबीएस के लोगों के साथ करते थे। इसका स्पष्ट अर्थ था कि एजेंडा और आख्यान तय करना ख़बरों को एक नयी तेज़ी देते थे।

न्यूज़वीक में भी ऐसे अनेक विदेशी संवाददाता और स्वतन्त्र पत्रकार थे जो वस्तुतः सीआईए के आदमी थे। हालाँकि कहने को वे वरीय

सम्पादकों के अधीनस्थ थे लेकिन उनके आपसी सम्बन्ध मातहत और उच्चस्थ कार्यकारी जैसे नहीं होते थे जैसा कि टाइम के साथ था। जब 1961 में वाशिंगटन पोस्ट ने न्यूज़वीक को ख़रीद लिया तब सीआईए के अधिकारियों ने प्रकाशक फ़िलिप ग्राहम को यह बता दिया था कि उन्होंने अनेक मौक़ों पर पत्रिका को कवच के रूप में उपयोग किया था। वे यह अच्छी तरह से जानते थे कि उन्हें ग्राहम से भी सहयोग मिलना जारी रहेगा। इसके अतिरिक्त उस समय सीआईए के अभियानों के तात्कालिक डिप्टी रहे फ्रैंक विस्नर ने भी उनके साथ इस बारे में बातचीत की थी। निजी बातचीत में विस्नर अक्सर 'माइटी वुर्लित्जेर' की सामर्थ्य की खुलकर तारीफ़ करते थे। यह दुष्प्रचार का एक सशक्त माध्यम था जो प्रेस की मदद के लिए बनाया गया था।

कुछ अन्य प्रकाशन घराने (उदाहरण के लिए लुइसविल का कोरियर–जनरल और कापले प्रेस) और ब्रॉडकास्टिंग एजेंसियाँ (अमेरिकन ब्रॉडकास्टिंग कम्पनी [एबीसी] और नेशनल ब्रॉडकास्टग कम्पनी [एनबीसी] जिनका इस्तेमाल सीआईए समय और सुविधानुसार किया करता था। दरअसल जेम्स कापले ने सीआईए को एक पूरे संगठन की स्थापना में मदद पहुँचाई थी जिनमें अनिवार्य रूप से दक्षिणपन्थी लातिन–अमेरिकी अख़बारों के सम्पादक ही सदस्य होते थे। ऐसे किसी संगठन का औचित्य पूरी तरह स्पष्ट था।

1950 के दशक से लेकर कम–से–कम 1970 के दशक तक सीआईए का व्यापक और गहरा सम्बन्ध अमेरिकी प्रेस के सभी प्रमुख क्षेत्रों के पत्रकारों के साथ रहा। इसमें सभी बड़े अख़बार और पत्रिकाएँ, ब्रॉडकास्ट नेटवर्क और दो साप्ताहिक पत्रिकाएँ शामिल थीं। इन सम्बन्धों का विस्तार अकल्पनीय था, और फ़िलहाल यह मानने की कोई वजह नहीं दिखती है कि अब ये सम्बन्ध पूरी तरह से अस्तित्वविहीन हो चुके होंगे। अलबत्ता यह मानने के अनेक कारण अवश्य हैं कि ये सम्बन्ध पहले से अधिक दृढ़ और विस्तृत हो गये होंगे। जैसा कि लेखक निकोलस चोऊ ने अपनी किताब 'स्पूकेड–हाउ दी सीआईए मेनिपुलेट्स दी मीडिया एंड हुडविंक्स' हॉलीवुड की प्रस्तावना में लिखा है–'लेकिन वास्तव में अमेरिकी ख़ुफ़िया साम्राज्य द्वारा सच को निर्मित करने और जनता के विचारों को प्रभावित करने के उसके प्रयास पहले की तुलना में न केवल अधिक बृहत्तर हो गये हैं, बल्कि उसके तरीक़ों में भी बढ़ोतरी हुई है।'[16]

भ्रामक सूचनाएँ कैसे काम करती हैं

ख़ुफ़िया एजेंसियों और मीडिया के बीच सम्बन्धों के बुनियादी सिद्धान्तों में अभी भी कोई बदलाव नहीं आया है। अकेला अन्तर एकमात्र यह दिखता है कि अब उपकरण और तौर–तरीक़े पहले की तुलना में ज़रूर नये आ गये हैं। 2014 में एक हैरतअंगेज़ ख़ुलासा हुआ कि एक प्रमुख दैनिक 'लॉस एंजेल्स टाइम्स' का राष्ट्रीय सुरक्षा संवाददाता अपनी ख़बरों का ड्राफ्ट और विस्तृत सारांश उनको छपने से पहले सीआईए को सौंपेगा। मिसाल के तौर पर केन डिलेनिअन के ड्राफ्ट को देखना यहाँ समीचीन होगा जिसमें लिखा था, 'सीआईए अधिकारियों, निजी ठेकेदारों और विशेष अभियान दस्ते की एक साझा टीम को स्थानीय आदिवासियों के साथ काम करने के बहाने दक्षिणी यमन में केवल इसीलिए भेजा गया था ताकि वह अमेरिकी ड्रोन को उग्रवादियों पर हमले करने के लिए आवश्यक सूचनाएँ इकट्ठी कर सके। अमेरिकी अधिकारी और गुप्त अभियानों की जानकारी रखने वाले अन्य लोगों ने यह दावा किया है।' यह दावा सच के बहुत क़रीब होने के बावजूद ईशनिन्दा के समतुल्य था, लिहाज़ा प्रकाशन के लिए वक्तव्य के जिस प्रारूप को सहमति दी गयी थी उसमें कुछ ऐसा लिखा हुआ था, 'यमन में अमेरिका के गुप्त अभियान को एक गति देने के लिए अमेरिकी सैनिकों की एक छोटी–सी टुकड़ी यमन पर होने वाले हवाई हमलों को लक्षित कर आँकड़े उपलब्ध कराने में जुटी हुई है जबकि सरकारी सैनिक देश के दक्षिणी इलाक़ों में अल–काएदा उग्रपन्थियों और दूसरे घुसपैठियों को छिन्न–भिन्न करने के उद्देश्य से जंग में व्यस्त है। यह बात अमेरिकी और यमन के अधिकारियों ने बतायी।'[17] ज़ाहिर बात सीआईए इस घटना के लिए आख्यान भविष्य के सन्दर्भ में संशोधित करना चाहती थी।

ये ख़ुलासे एफओआईए (फ्रीडम ऑफ़ इन्फोर्मेशन एक्ट) के अन्तर्गत सूचनाओं की माँग के कारण सम्भव हो सके, और सीआईए को एजेंसी और विभिन्न पत्रकारों के बीच सूचनाओं की अदलाबदली से सम्बन्धित 574 पन्नों के कागज़ात इस उपक्रम में सौंपने पड़े जिनमें असोसिएटेड प्रेस, वाशिंगटन पोस्ट, 'न्यूयॉर्क टाइम्स', वाल स्ट्रीट जर्नल आदि के साथ हुए ईमेल का आदान–प्रदान शामिल थे। पत्रकारों को लैंगली स्थित

सीआईए मुख्यालय में राय–परामर्श के लिए नियमित तौर पर आमन्त्रित किया जाता था। सीआईए के कुछ मेहमानों में वाशिंगटन पोस्ट के डेविड इग्नेशियस, और 'न्यूयॉर्क टाइम्स' और नेशनल पब्लिक रेडियो (एनपीआर) के पूर्व लोकपाल, और वाशिंगटन पोस्ट और फॉक्स न्यूज़ के ब्रेट बिएर, जुआन विलियम्स और कैथरीन हैरिज जैसी हस्तियाँ थीं।[18] और भी अनेक लोग थे जिनका सीआईए के प्रेस कार्यालय से ईमेल के ज़रिये सम्पर्क था। डिलेनियन के अतिरिक्त मैट अपुजो जो उस समय असोसिएटेड प्रेस में थे, 'लॉस एंजेल्स टाइम्स' के ब्रायन बेनेट, 'वाल स्ट्रीट जर्नल' के सिओभन गोरमैन, 'न्यूयॉर्क टाइम्स' के स्कॉट शेन और डेविड इग्नेशियस (जिनका उल्लेख किया जा चुका है) जैसे लोग थे।

शीतयुद्ध के दिनों में अमेरिका आज़ादी और लोकतन्त्र का वैश्विक गढ़ माना जाता था। बेशक इस मान्यता के कुछेक अपवाद भी रहे। कई लातिन अमेरिकी तानाशाहों को अमेरिका ने सिर्फ़ इस वजह से बर्दाश्त किया क्योंकि उनके साथ उसके दोस्ताना सम्बन्ध थे। अमेरिका के दृष्टिकोण से इन देशों में स्वतन्त्रता आन्दोलन अवैध थे। यही रवैया उसका दक्षिण अफ़्रीका के नस्ल–विरोधी संघर्ष के प्रति भी रहा। वस्तुस्थिति यही थी कि अफ़्रीकी राष्ट्रीय कांग्रेस के भीतर अमेरिका द्वारा निर्देशित एक सीआईए एजेंट सक्रिय था जिसने अगस्त 1962 में नेल्सन मंडेला की गतिविधियों से सम्बन्धित सटीक ब्यौरा उपलब्ध कराने का काम किया था जिसकी वजह से उनकी गिरफ़्तारी हुई और उन्हें तक़रीबन अट्ठाईस सालों तक जेल की सज़ा काटनी पड़ी।[19] बीबीसी ने 15 मई, 2016 को प्रसारित अपनी ख़बर में इसकी पुष्टि की। दरअसल मंडेला और मार्टिन लूथर किंग जूनियर के ख़िलाफ़ अमेरिका की नीतियों का प्रमुख कारण शायद उसकी यह ग़लत मान्यता रही कि दोनों उस महान साम्यवादी षड्यन्त्र का हिस्सा थे जिसकी वजह से अमेरिका की सुरक्षा ख़तरे में रही।[20]

अभिव्यक्ति की आज़ादी के बारे में अमेरिका ने बहुत कुछ किया भी है जिसकी झलक हमें प्रेस को मिली आज़ादी में मिलती है, और प्रेस ने स्वयं इसकी बढ़ोतरी में बड़ी भूमिका निभायी है। अभिव्यक्ति की स्वतन्त्रता ने अमेरिकी नागरिकों को न केवल वैश्विक गतिविधियों से बख़ूबी सूचित रखा है, बल्कि लोकतन्त्र के सशक्तीकरण में भी बड़ी भूमिका निभायी है।

प्रायः हमने यह भी देखा है कि मीडिया ने देश की राष्ट्रीय सुरक्षा एजेंसियों के साथ अपने अच्छे सम्बन्धों को बनाये रखने के लिए आज़ादी के पहरेदार की भूमिका निभाने के बजाय उसका पिछलग्गू बनना ज़्यादा मुनासिब समझा है।[21] 1977 में बर्नस्टीन के ख़ुलासे के बाद यह दावा किया गया था कि पूरी व्यवस्था की नये सिरे से साफ़–सफ़ाई की गयी है और एक पेशेवर ढंग से काम करने वाले लोक प्रशासन विभाग की स्थापना की गयी। इस विभाग का काम मीडिया के कवरेज को अपेक्षित निर्देश देना था। बहरहाल इस दावे के बाद भी व्यवहार में कोई विशेष परिवर्तन नहीं हुआ, बल्कि सीआईए ने अमेरिकी मीडिया के साथ सूचनाओं को साझा करना कभी बहुत ज़रूरी नहीं समझा। इस उद्देश्य के लिए उसने लन्दन के एक महत्त्वपूर्ण अख़बार 'इकोनॉमिस्ट' को अपने आख्यानों की स्थापना के लिए अधिक उपयुक्त समझा।[22]

विएतनाम युद्ध की अवधि में एजेंसी के उत्तर विएतनामी रणनीति के साइगॉन स्थित पूर्व प्रमुख विश्लेषक फ्रैंक स्नेप ने 1977 में डिसेंट इंटरवल[23] प्रकाशित कराया था जिसमें विएतनाम युद्ध के दौरान अमेरिकी सेना के व्यवहार के बारे में अनेक बातों का ख़ुलासा किया गया था। पुस्तक में उसने लिखा है कि ग़लत सूचनाएँ किस प्रकार से काम करती हैं। मिसाल के तौर पर पतझड़ के सूखे मौसम में सम्भावित घुसपैठ के पहले सीआईए प्रेस को यह भ्रामक सूचना देती थी लाओस की सीमा पार कर दुश्मन के 60,000 सैनिक दक्षिण विएतनाम में दाखिल हो चुके हैं, और इसलिए अमेरिकी कांग्रेस से राष्ट्रीय सेना को अतिरिक्त अनुदान की आवश्यकता है। यह बात कभी नहीं उजागर की गयी कि वे सैनिक वास्तव में घायल सैनिकों को स्थानान्तरित करने और युद्ध को जारी रखने के उद्देश्य से उत्तर विएतनाम भेजे गये थे।

मीडिया ने भी इस आधे सच पर कभी ध्यान नहीं दिया, या जानते–समझते हुए भी इसे नज़रअन्दाज़ करने का रास्ता चुना। ज़्यादातर पत्रकारों के पास इन ख़बरों की पुष्टि या इनका पर्दाफ़ाश करने के पर्याप्त साधन भी नहीं थे लिहाज़ा सीआईए द्वारा मीडिया को कुछ हद तक अँधेरे में रखने का सिलसिला जारी रहा। विएतनाम युद्ध के अन्तिम दिनों में सीआईए ने प्रेस के चारों ओर एक हदबन्दी सी कर दी थी और यह हदबन्दी युद्ध समाप्त होने तक बनी रही। इसका लाभ उठा कर सीआईए

ने न सिर्फ़ प्रेस को गुमराह करने का काम किया बल्कि कांग्रेस से भी सच्चाई छुपायी। किसिंजर और फोर्ड की सरकार ने विएतनाम के सन्दर्भ में तथ्यों को हमेशा ग़लत तरीक़े से पेश कियां। 'इन्हीं सभी कारणों से मैंने एजेंसी को छोड़ दिया,' स्नेप का कहना था।[24]

2003 में शुरुआती झिझक के साथ 'न्यूयॉर्क टाइम्स' ने इराक़ के प्रति सतर्क करते हुए अनेक ख़बरें छापीं। ये ख़बरें इराक़ में अमेरिकी घुसपैठ के कुछेक महीनों पहले आयी थीं और इन्हें जूडिथ मिलर ने या तो किसी अन्य पत्रकार के साथ मिल कर लिखा था या फिर अकेले ही लिखा था। मिलर की रपटों ने अमेरिकी जनता की युद्ध–विरोधी भावना को इराक़–विरोध में बदलने में बुश की बहुत मदद की। इन ख़बरों ने संयुक्त राष्ट्र सुरक्षा परिषद् (यूएनएससी) और अमेरिकी कांग्रेस की सहमति प्राप्त करने का काम भी आसान कर दिया। मिलर की ख़बरें सन्दिग्ध स्रोतों पर निर्भर थीं। निकोलस चोऊ के अनुसार, 'किसी भी पत्रकारिता ने, यदि इसे पत्रकारिता कहना उपयुक्त होगा तो, बुश को युद्ध का तर्क तलाशने में इतनी मदद नहीं की होगी जितनी कि मिलर की रपटों ने की है।'[25] इसके बावजूद मिलर की ख़बरें 'टाइम्स' में 1945 में प्रकाशित हुई उन चर्चित ख़बरों से अधिक भिन्न नहीं थीं, जिन्हें डब्ल्यू.एच. लॉरेंस ने हिरोशिमा परमाणु विस्फोट के फ़ौरन बाद भेजी थीं। उनकी रपट की हेडलाइन थी–'हिरोशिमा के मलबे से कोई रेडियोकिरणें नहीं,' जबकि यह बात कहीं से भी सच नहीं थी।[26]

अकल्पनीय का सामान्यीकरण

शीतयुद्ध की तरह ही युद्धकाल में अकेला सत्य कुर्बान नहीं होता। पत्रकारिता के आदर्श भी युद्ध की उन आरम्भिक वस्तुओं में शामिल होते हैं जिनकी बलि चढ़ती है। मीडिया कवरेज की एक बड़ी विशेषता यह है कि किसी भी टकराव और हस्तक्षेप की स्थिति में मीडिया अपनी ईमानदारी के रास्ते से पलट जाने की ख़ासी गुंजाइशें अपने पास बचाये रखता है। बल्कि कई बार तो यह उन हथकण्डों को भी क़ामयाबी के साथ आज़माने की तरक़ीबें भी जानता है जिसे आलोचक एडवर्ड हर्मन ने 'अकल्पनीय के सामान्यीकरण' का नाम दिया था।[27] प्रोफ़ेसर हर्मन के अनुसार, मुख्यधारा की मीडिया की एक प्रमुख भूमिका असामान्य और अनपेक्षित निर्णयों

को इस रूप में पेश करना था ताकि जनता को सामान्य निर्णय लगें। 'अप्रत्याशित और जघन्य बातों को ऐसे प्रस्तुत करना जैसे वे "कोई बहुत सामान्य ढंग से घटित हुई हों"...। यह सुरक्षा रणनीतिकारों, अन्य विशेषज्ञों और मुख्यधारा की मीडिया का साझा काम है कि वे असामान्य निर्णयों को आमलोगों के लिए सामान्य बनाये।'[28]

ब्रिटिश मीडिया में एक अन्य ख़बर यह थी कि ब्रिटिशों ने न तो द्वितीय विश्वयुद्ध में और न शीतयुद्ध में यातना का प्रयोग किया था, बल्कि उनके कथनानुसार शत्रुपक्ष–नाज़ियों, या बाद में केजीबी और यहाँ तक कि सीआईए ने इस पूरे काल में यातना का दिल दहला देने वाला दुरुपयोग किया।[29] नवम्बर 2005 में कुछ काग़ज़ात हाथ लगे थे जिनके मुताबिक़ जर्मन क़ैदियों को लन्दन, ऑस्ट्रिया और दूसरी कई जगहों पर यातना शिविरों में सुनियोजित तरीक़े से मारा गया या उन्हें अनिद्रा का शिकार बना दिया गया। एक औपनिवेशिक ताक़त होने के कारण ब्रिटेन के सायप्रस, आयरलैंड, अदेन, केन्या, मलाया और भारत में भी अनगिनत यातना शिविर थे।

ब्रिटिश पटकथाकार हेरोल्ड पिंटर ने दिसम्बर 2005 में साहित्य के लिए नोबेल पुरस्कार ग्रहण करते हुए जब अपने भाषण में निम्नांकित बातें कहीं तो किसी को हैरत नहीं हुई–

हम सभी यह जानते हैं कि सोवियत संघ और पूरे पूर्वी यूरोप में युद्धोपरान्त काल में क्या हुआ–सुनियोजित क्रूरता, बड़े पैमाने पर यातनाएँ और अन्याय, स्वतन्त्र विचारों का बर्बर दमन। ऐसी तमाम घटनाएँ बख़ूबी दर्ज हैं और सत्यापित भी हो चुकी हैं। लेकिन मेरी आपत्ति इस बात से है कि इसी काल में अमेरिका द्वारा किये गये अपराधों को बड़े सतही रूप में दर्ज़ किया गया है, उन्हें सहेजने, उनकी पहचान करने और उनको स्वीकार करने की बात तो बहुत दूर है।[30]

दुनिया भर में लाखों मनुष्यों के दुःख और नाश का सबसे बड़ा कारण अमेरिका की निरंकुश ताक़त को माना जा सकता है।

लेकिन हम इस सत्य से अनभिज्ञ हैं। गोया ये अपराध कभी हुए ही नहीं–इतिहास में कभी भी कुछ भी नहीं हुआ। यहाँ तक कि जब ये हो रहे थे, तब भी ये नहीं हो रहे थे। इनका कोई अर्थ भी नहीं था। और, न ही किसी की इनमें कोई रुचि थी। अमेरिका का अपराध स्थायी था,

कठोरतम था, घृणाजनक था और अच्छी तरह से सुनियोजित था, लेकिन बहुत ही कम लोगों ने इनके बारे में कोई बात की। हम सब इन्हें अमेरिका की मर्ज़ी पर छोड़ देने के लिए मजबूर थे। दुनिया की भलाई के बहाने यह अमेरिका में उन्मादी पराक्रम की पराकाष्ठा था। यह बहुत संगीन और यहाँ तक कि हैरतअंगेज़ वाक़या था। आप चाहें तो इसे सम्मोहन कला का अद्भुत और सफल प्रदर्शन भी कह सकते हैं।[31]

अमेरिका की गतिविधियाँ यह साफ़ संकेत करती थीं कि वह अपनी कार्यवाहियों और निर्णयों के प्रति किसी के प्रति ज़िम्मेदार नहीं था और वही करता था जो उसकी मर्ज़ी होती थी। पत्रकार जॉन पिल्गैर के कथनानुसार, 'हेरोल्ड पिंटर का विकृत सत्य यही था कि उसने साम्राज्यवाद और फ़ासीवाद के बीच एक सम्पर्क स्थापित कर दिया, और इतिहास में एक ऐसे युद्ध की बुनियाद रखी जिसकी जानकारी बहुत सीमित लोगों को ही थी। यह मीडिया की महान चुप्पी का युग है। और, आज दुष्प्रचार के पीछे का असल सच भी यही है।[32]

वास्तविकता यही है कि अधिकतर युद्ध रिपब्लिकनों द्वारा नहीं बल्कि डेमोक्रेटों द्वारा आरम्भ किये गये थे। इस वास्तविकता से मुँह फेरने का अर्थ दुष्प्रचार–तन्त्र के साथ ही युद्ध–तन्त्र को निर्बाध रूप से जारी रहने की स्थिति को सुनिश्चित करना था। वे शख़्स बिल क्लिंटन थे जिन्होंने 1990 के दशक में इराक़ पर सबसे भीषण बमबारी करवायी जो उस समय घोषित रूप से 'नो फ्लाई ज़ोन' था। यह तथ्य अक्सर भुला दिया जाता है क्योंकि यह कभी आवश्यक विमर्श हुआ ही नहीं। तक़रीबन इसी समय इराक़ को अपने इतिहास के कठोरतम आर्थिक प्रतिबन्धों से भी गुज़रना पड़ा जिसके कारण पूरे देश में लगभग दस लाख लोग जिनमें 500,000 बच्चे भी शामिल थे, मारे गये। इस तादाद को साबित करने के पुख़्ता काग़ज़ी सबूत भी हैं, लेकिन इस सामूहिक नरसंहार के बारे में कोई रपट मौजूद नहीं है। 2006 में जोहन्स होपकिंस स्कूल ऑफ़ पब्लिक हेल्थ का यह निष्कर्ष था कि इराक़ पर हमले के सीधे परिणाम के तौर पर तब तक 650,000 इराक़ी अपनी जान गँवा चुके थे। ब्रिटेन की टोनी ब्लेयर सरकार को भी इस आँकड़े की विश्वसनीयता पर कोई सन्देह नहीं था। बाद में इस रिपोर्ट के प्रस्तोता लेस रोबर्ट्स ने टिप्पणी की थी कि इराक़ युद्ध में मारे गये लोगों की तादाद फोर्डहम विश्वविद्यालय के अध्ययन के अनुसार

रवांडा जनसंहार में मारे गये लोगों के बराबर थी। इस मुद्दे पर मीडिया ने चुप्पी ओढ़े रखी क्योंकि जैसा कि हेरोल्ड पिंटर ने कहा था, 'चूँकि ऐसा कुछ हुआ ही नहीं था इसलिए इसका कोई अर्थ भी नहीं था।'[33]

9/11 की घटना के बाद दुनिया ने इस बात को स्वीकार कर लिया कि आतंकी हमले ओसामा बिन लादेन के आदमियों ने किये थे क्योंकि यह दावा अमेरिकियों ने किया था। लेकिन दुनिया शायद इस बात को भूल गयी थी कि इन हमलों से कुछ साल पहले ही बिन लादेन सोवियत देशों से भी उसी तरह जूझ रहा था जैसे कि वह अमेरिका और सीआईए के ख़िलाफ़ जूझ रहा था। अफ़ग़ानिस्तान से सोवियत संघ के प्रस्थान के बाद क्लिंटन प्रशासन ने तालिबान के साथ समझौता करने में जरा भी देरी नहीं की और तेल की विख्यात कम्पनी UNOCAL ने तालिबान के साथ पूरे अफ़ग़ानिस्तान में तेल की पाइपलाइनें बिछाने के लिए साझेदारी की। सीआईए ने भी आतंकी संगठन को अपनी ख़ुफ़िया सुविधाओं की जानकारी उपलब्ध करायी। जब राष्ट्रपति बिल क्लिंटन को महिलाओं के बारे में तालिबान के दृष्टिकोण के बारे में बताया गया, तो उनका कहना था, 'इससे हमें कोई परेशानी नहीं हैं।'[34] जब कभी पैसों की आमदनी की बात आयी, मानवाधिकार और लैंगिक समानता अमेरिका के लिए भी विचारणीय मुद्दे नहीं रहे।

बाल्कन युद्ध और यूगोस्लाविया का विघटन—दोनों ही क्लिंटन के राष्ट्रपति काल की घटनाएँ हैं। उनसे पहले राष्ट्रपति रीगन ने निकारागुआ की सरकार का तख़्तापलट करने के लिए सीआईए समर्थित विद्रोहियों की पीठ ठोंकी थी और उन विद्रोहियों की नैतिक ऊँचाइयों की तुलना अमेरिका के संस्थापक नेताओं के साथ की थी। कमोबेश ऐसी ही तारीफ़ उन्होंने अफ़ग़ान मुजाहिदीनों की की थी जो अमेरिकी मदद से सोवियत संघ से लड़ रहे थे। आज कई राष्ट्रपतियों के शासनकाल की समाप्ति के बाद उनका उत्तराधिकारी बने डोनाल्ड ट्रम्प अफ़ग़ानिस्तान के सबसे मौलिक संगठन से अपनी शर्तों पर बातचीत कर ख़ुद को और अपने देश को इस बदतर स्थिति से निकालने की कोशिश कर रहे हैं।

सामान्यतः जब कोई युद्ध समाप्त होने लगता है या असफल होने की प्रकिया की ओर बढ़ने लगता है, उस वक़्त सवाल खड़े किये जाने लगते हैं, उससे पहले नहीं। 2006 में 'न्यूयॉर्क टाइम्स' ने अपने सम्पादकीय में

यह टिप्पणी की कि यदि उसे पहले युद्ध के नतीजों का पता होता तो शायद युद्ध को टालने में वह मददगार होता। यह अफ़सोस उस वक़्त ज़ाहिर किया गया जब कोई पाँच लाख लोग अपनी जानें गँवा चुके थे और नये आख्यानों को स्थापित करने वालों को चुनौती देने के लिए एक शब्द तक नहीं बोला गया। एक पूर्व अमेरिकी सैनिक जो हिकमैन को गुंतानामो पहुँचने के बाद यह पता चला कि मीडिया उन ख़बरों को तोड़–मरोड़ कर सीआईए की शब्दावली में 'गहन पूछताछ' के बहाने यातना के मामलों को दबाने का प्रयास कर रहा था। इन मामलों में दूसरे देशों से बन्दी बना कर लाये लोगों के मामले भी शामिल थे।

इन ख़बरों को दबाने के प्रयास तब तक सफल रहे जब तक हिकमैन के हाथों एक दूसरी सूची नहीं लग गयी जिनमें उन ग़ैर–सूचीबद्ध और गुमनाम यातना शिविरों के नाम थे जिन्हें मुख्य शिविर के ही अधीन बनाया गया था। ये वे शिविर थे जिनमें भेजे गये क़ैदी दोबारा वापिस नहीं लौटते थे। उन शिविरों में तीन ऐसे लोग मृत पाये गये जिनके मुँह में रद्दी ठूँसी हुई थी, और प्रेस विज्ञप्ति में इनकी मृत्यु को 'युद्ध की विषम स्थितियों को नहीं झेल पाने के कारण की गयी आत्महत्या' बताया गया था। हिकमैन को ख़ामोश रहने के लिए मजबूर करा दिया गया लेकिन सेना की नौकरी से मुक्त होते ही उसने यह बात विस्तारपूर्वक स्कॉट होरटन को बतायी जिसने 2010 में इस कहानी को दूसरी कहानियों के साथ हार्पर'स मैगज़ीन में अपनी पुरस्कार–विजेता रपट में छाप दी। हिकमैन ने ख़ुद भी 2015 में एक किताब लिखी थी लेकिन मर्डर एट कैम्प डेल्टा नाम की उनकी इस कोशिश को मीडिया की कोई तवज्जो हासिल नहीं होने पायी।[35]

ख़बरों के चुनाव, और ख़बरों की अनदेखी में छुपा पक्षपात

एक ब्रॉडकास्टर, अख़बार या जर्नल द्वारा प्रयुक्त पक्षपात, अथवा सन्तुलित दृष्टिकोण के अभाव को किसी भी आँकड़े द्वारा विश्लेषित नहीं किया जा सकता है। सारणीबद्धता के ज़रिये उसके रुझान और प्रवृत्ति सम्बन्धी सामान्य निष्कर्षों पर ही पहुँचा जा सकता है लेकिन इनके माध्यम से उसकी पक्षधरता के बारे में वैध और अन्तिम नतीजों तक नहीं पहुँचा जा सकता है। कठोर असलियतों और निष्कर्षात्मक आँकड़ों तक पहुँचना

बहुत कठिन होता है। पक्षपात को प्रमाणित करने का कोई गणितीय या वैज्ञानिक सूत्र उपलब्ध नहीं है। इसके लिए हमें आख़िरकार प्रभाववादी निष्कर्षों पर ही निर्भर रहना होता है, और जिनपर विवादों की गुंजाइश हमेशा बनी रहती है। निजी निर्णय, उपकथाएँ और सुनी–सुनाई बातें तथ्यों और आँकड़ों के लिए कभी भी अच्छे विकल्प साबित नहीं हुए। लेकिन सच यह भी है कि जो उपलब्ध है उसे ही पर्याप्त मानना होगा।[36]

ब्रिटिश आख्यानों ने उन्नीसवीं सदी के एक बड़े हिस्से और तक़रीबन आधी बीसवीं सदी तक पूरी दुनिया को अपने प्रभाव–क्षेत्र के अधीन रखा। अपने समय का सबसे बड़ा साम्राज्य होने और अधिकतर संचार–माध्यमों की उत्पत्ति ब्रिटेन में अथवा ब्रिटिशों द्वारा होने के कारण उसे इसका पर्याप्त लाभ भी मिला। उस ज़माने में समाचारों को पुष्ट अथवा ख़ारिज करने के लिए वैकल्पिक उपाय भी उपलब्ध नहीं थे। अलबत्ता झूठी ख़बरों के लिए यह निर्विकल्पता एक वरदान अवश्य थी, क्योंकि इसके झूठे होने की पुष्टि करना भी लगभग असम्भव था। पूरे ब्रिटिश साम्राज्य के लिए तो लन्दन से निःसृत होने वाली आवाज़ ही समाचारों का एकमात्र साधन थी–नागरिकों और शासकों दोनों के लिए। उपनिवेश का अस्तित्व केवल साम्राज्य के उपयोग के लिए था। उपनिवेश की प्रजा के लिए मानवाधिकार, लोकतन्त्र या राष्ट्रवाद पर विमर्श का कोई अर्थ नहीं था। उनको तो केवल पेट भरने के लिए अन्न और सिर ढँकने के लिए छत की दरकार थी जो सम्राट् उन्हें मुहैया कराता था। लेकिन प्रजा के लिए इन विषयों पर विमर्श करना वर्जित था।

वर्तमान समय में ब्रिटिश आख्यानों की स्थापना और विश्व में उसकी गतिविधियों को प्रोत्साहित करने और उन्हें तर्कसम्मत ठहराने के लिए ब्रिटेन के पास अनेक सुस्थापित और सुप्रतिष्ठित मीडिया घराने हैं। समाचार एजेंसी रायटर्स थोमसन रायटर्स न्यूयॉर्क द्वारा हस्तगत किये जाने से पहले लम्बी अवधि तक ब्रिटिश स्वामित्व के अधीन रहा था। ब्रिटिश मीडिया की एक सशक्त आवाज़ के रूप में बीबीसी का अभूतपूर्व योगदान रहा है। ब्रेकिंग न्यूज़, उर्दू, चाइनीज़, न्यूज़ वर्ल्ड तथा अन्य कई नामों वाले इसके ट्विटर फॉलोइंग की संख्या अनुमानतः 8 करोड़ है और इस तादाद में रोज़ाना इजाफ़ा हो रहा है। कुछेक साल पहले किसी न किसी रूप में इसकी पहुँच 96 फ़ीसदी ब्रिटिश जनता तक प्रति सप्ताह

हो चुकी थी और इसकी विविध सेवाएँ प्रतिदिन 14 करोड़ को पार कर गयी। बीबीसी की योजना 2022 तक विश्व की 50 करोड़ जनता तक पहुँचने की है। ये सेवाएँ अलग–अलग भाषाओं में उपलब्ध होंगी जिनमें पंजाबी भी शामिल रहेगी।[37]

एक समय था जब बीबीसी की कही हुई किसी भी बात को यीशु की वाणी की तरह शाश्वत और पवित्र माना जाता था। कॉरपोरेशन के वक्तव्य को किसी भी घटना की पुष्टि का आधार माना जाता था और इसकी अंग्रेज़ी को इतना प्रामाणिक माना जाता था कि लोगबाग उससे अंग्रेज़ी बोलना सीखते थे। उसके बनाये गये वृत्तचित्रों की गुणवत्ता अद्भुत थी। उदाहरण के लिए बीबीसी के अर्थ की विलक्षण गुणवत्ता को देखा जा सकता है। डेविड एटेनबरो प्लेनेट अर्थ धारावाहिक के प्रख्यात सन्देशवाहक रहे हैं। अपनी रोमांच फ़ोटोग्राफी और बेहतरीन कमेंट्री के कारण उनका अन्य धारावाहिक सेवेन वर्ल्डस वन प्लेनेट भी बेहद महत्त्वपूर्ण माना जाता है। बहरहाल तेज़ी से बदलती शीतयुद्ध कालीन दुनिया को जल्दी ही राजनीतिक खेलों ने अपनी गिरफ़्त में ले लिया। जैसा कि जॉन पिल्ग़ैर ने कहा भी था, 'बीबीसीबीबीसी के बारे में यह एक आम धारणा है कि 'एक बार अगर आप बीबीसी में प्रवेश कर गये तो आप पक्षपातहीनता की परम अवस्था में पहुँच जाते हैं।'[38]

दुष्प्रचार और मनोवैज्ञानिक युद्ध आख्यान की स्थापना और उसकी अस्तित्व–रक्षा के ज़रूरी हिस्से हैं। उदाहरण के तौर पर बीबीसी ने अमेरिका और ईरान के सम्बन्धों के ख़राब होने के लिए 1979 में ईरान की इस्लामिक क्रान्ति को ज़िम्मेदार बताया था, जबकि सच यह था कि अमेरिका और ब्रिटेन दोनों देशों के साथ ईरान के सम्बन्धों में तनाव 1953 के तख़्तापलट के साथ ही शुरू हो गया था। ईरान के बारे में बीबीसी की रिपोर्टिंग कमोबेश वैसी ही होती थी जैसी दुनिया के किसी और हिस्से के बारे में होती थी। वेनेजुएला में भी 2002 में इसने अमेरिका–समर्थित राष्ट्रपति ह्यूगो चावेज के तख़्तापलट को 'वेनेजुएला की नयी सुबह' के रूप में परिभाषित किया। 2019 में इसने वेनेजुएला के राजनीतिक संकट का कारण 2013 में राष्ट्रपति चुने गये निकोलस मादुरो को बताया और 2002 से लेकर 2013 के बीच के घटनाक्रम को पूरी तरह से नज़रअन्दाज़ कर दिया।[39] वेनेजुएला के बारे में सच्चाई यह थी कि जून 2015 को

बीपी द्वारा कराये गये आँकड़े के सर्वेक्षण के अनुसार वेनेजुएला का अनुमानित तेल–भण्डार 297 खरब बैरल था जो कि दुनिया का विशालतम तेल–भण्डार था। लेकिन 1978 से ही अमेरिका ने वेनेजुएला पर सस्ती दरों पर उसे तेल निर्यात करने का दबाव बनाना शुरू कर दिया था। एक्सानमोबिल का वेनेजुएला में बहुत बड़ा आर्थिक हित था। रेक्स टिलरसन जो बाद में डोनाल्ड ट्रम्प के विदेश सचिव भी नियुक्त हुए, 2006 से 2016 तक एक्सानमोबिल के मुख्य कार्यकारी निदेशक थे।

ह्यूगो चावेज जब 1999 में पहली बार राष्ट्रपति चुने गये तब उन्होंने इस नीति में बदलाव किया। उस भूभाग के दूसरे समाजवादी राष्ट्रपतियों के साथ मैत्रीपूर्ण सम्बन्ध बनाने के बाद उन्होंने अमेरिका को तेल निर्यात और बिक्री में प्रमुखता देनी बन्द कर दी। उन्होंने अतिसान्द्र तेल–उत्पादों के लिए अमेरिका से 16 प्रतिशत के बजाय 30 प्रतिशत की माँग की। तेल उद्योग से जुड़ी कम्पनियाँ इस बात से नाराज़ थीं। 2013 में उनकी मृत्यु तक उनके चार कार्यकालों में स्थितियों में गिरावट ही आती गयी। उनके उत्तराधिकारी के साथ भी अमेरिका के सम्बन्धों में कोई सुधार नहीं हुआ। पड़ोस के देशों में समाजवाद के साथ राष्ट्रवादी विचारों के प्रभाव में विस्तार और वाशिंगटन के साथ निरन्तर उदासीन होते सम्बन्ध–दोनों ही स्थितियाँ अमेरिका के मनोनुकूल नहीं थीं, और वेनेजुएला के लिए यह अच्छी ख़बर नहीं थी। ज़ाहिर बात थी कि देश में सत्ता परिवर्तन तय था। इसी समय इस दक्षिण अमेरिकी देश के बारे में बीबीसी ने ख़बरें प्रसारित करना शुरू किया जो प्रायः पक्षपातपूर्ण हुआ करता था। बीबीसी ने नेतृत्व की कड़ी आलोचना करने के साथ–साथ विरोध–प्रदर्शनों और जनता की मौत को लेकर भी लगातार समाचार प्रसारित किये। राष्ट्रपति ह्यूगो चावेज के तानाशाही शासन, उसकी मूर्ति को गिराए जाने की घटना और ओएएस (ऑर्गेनाइजेशन ऑफ़ अमेरिकन स्टेट्स) के महासचिव के विरोध में गोया बीबीसी ने कोई मुहिम छेड़ दी थी।

1960 के दशक में इंडोनेशियाई राष्ट्रपति सुकर्णो की राष्ट्रवादी नीतियों के कारण भी अमेरिकी सशंकित थे क्योंकि इन नीतियों से अमेरिका के व्यापारिक हितों को नुक़सान पहुँचने का ख़तरा था। इस समस्या का निराकरण भी ज़रूरी था और ब्रिटेन ने भी इंडोनेशिया में सत्ता परिवर्तन के प्रयासों को अपना समर्थन देने की मंशा ज़ाहिर कर दी थी। ऐसी भी

अफ़वाहें आ रही थीं कि साम्यवादी सुकर्णो को अपदस्थ करने का षड्यन्त्र कर रहे हैं और जकार्ता में एक बड़ा जनसंहार होने की आशंका है। बहरहाल नरसंहार तो हुआ लेकिन वह दरअसल सुहार्तो को सत्ता में लाने के लिए इंडोनेशियाई फ़ौज और रूढ़िवादियों के हाथों किया गया नरसंहार था, जिसमें अनुमानतः 500,000 लोगों की जानें गयी। अन्य अनुमानों के अनुसार मारे गये लोगों की तादाद दस लाख के क़रीब थी।[40]

अनेक सालों के बाद उस समय दक्षिणपूर्व एशिया में बीबीसी के संवाददाता रहे रोलैंड चौलिस ने यह रहस्योद्घाटन किया कि जिस समय सुराबाया स्थित ब्रिटिश वाणिज्य दूतावास के लॉन में शवों को धोने का काम चल रहा था, उस समय भी ब्रिटिश युद्धपोतों की सुरक्षा में इंडोनेशियाई सैनिकों से भरा एक जहाज़ मालक्का स्ट्रेट्स में नरसंहार में भागीदारी के लिए तट की तरफ़ बढ़ रहा था। समझौता यह हुआ था कि आईएमएफ और विश्व बैंक सुहार्तो के शासन वाले इंडोनेशिया में ही कामकाज करने अपनी वापसी करेंगे, हालाँकि यह बात हर कोई जानता है कि इन दोनो में कोई भी वापस नहीं लौट कर गया। चौलिस के शब्दों में, यह पश्चिम के दुष्प्रचार की एक बड़ी जीत थी।[41] 2004 में बीबीसी ने यह ख़बर दी कि 1998 में सत्ता त्यागने के लिए बाध्य किये जाने से पहले अपने इकत्तीस साल के शासनकाल में सुहार्तो और उसके परिजनों ने 15 से लेकर 35 बिलियन अमेरिकी डॉलर के बीच अकूत दौलत जमा कर ली थी।[42] इस प्रकार देखते–देखते सुहार्तो इंडोनेशिया की जनता के लिए ग़ैरज़रूरी हो गये और उनकी प्रतिष्ठा मिट्टी में मिल गयी।

1991 में खाड़ी युद्ध के दौरान अमेरिका और ब्रिटेन ने बहुत सख़्त 'मीडिया प्रबन्धन' की नीति अपनाई थी। इजाज़त मिलने के बाद ही पत्रकार सऊदी अरब जा सकते थे और एक बार वहाँ जाने के बाद वे ब्रिटेन, अमेरिका और सऊदी अधिकारियों द्वारा संचालित किये जा रहे सूचना ब्यूरो के अधीन हो जाते थे। उन पर अनेक प्रतिबन्ध थे और कड़ी निगरानी रखी जाती थी। उनके कहीं आने–जाने पर नियन्त्रण था, उनकी फ़िल्मों की जाँच–पड़ताल होती थी और प्रकाशित होने से पहले उनके ख़बरों की छानबीन की जाती थी। सरकार उन्हें ग़लत सूचनाएँ देती थी। मसलन इराक़ी फ़ौज की ताक़त को बढ़ा–चढ़ाकर दुनिया को बताया गया। जब पश्चिमी देशों द्वारा बमबारी की घटना के बाद तेल

का भण्डारण करने वालों टैंकों से कुवैत के तटीय इलाक़ों में तेल का रिसाव हुआ तो पर्यावरण पर उत्पन्न संकट का हो–हल्ला मचाते हुए सारी ज़िम्मेदारी इराक़ के माथे मढ़ दी गयी। बीबीसी ने आत्मसमर्पण करने वाले इराक़ी सैनिकों की सही संख्या को भी अपनी ख़बरों में छुपाया और हेलीकॉप्टर के पायलटों के सऊदी अरब भाग कर शरण लेने और इराक़ द्वारा सीमा पर रासायनिक हथियारों को इकट्ठा करने के बारे में भी ग़लत ख़बरें दीं।[42] इराक़ द्वारा जैविक अथवा रासायनिक हथियारों के इस्तेमाल की धमकी की बात सरासर झूठी निकली और यह एकमात्र मीडिया के दिमाग़ की उपज थी। आज तक इस भ्रामक ख़बर को पुष्ट करने वाला कोई प्रमाण नहीं मिला। इराक़ियों द्वारा इन्क्यूबेटर से नवजात बच्चों को ग़ायब करने की ख़बर अमेरिका और कुवैत की तरफ़ से बोला गया सबसे असरदार झूठ था जिसने अमेरिकी कांग्रेस को भी अपना विचार बदल देने में बड़ी भूमिका निभायी। सरकारी दुष्प्रचार को एक सच के रूप में पेश करने की मीडिया की प्रवृति ने ग़लत ख़बरों का भी विस्तार सुनिश्चित करने में मदद की। आज भी सूचनाएँ और रपटें अधिकतर यही भूमिका निभा रही हैं।[44]

पूरे विश्व में स्वतन्त्र और निष्पक्ष ख़बरें प्रसारित करने के लिए बीबीसी की सराहना की जाती है। किन्तु यह कोई अकाट्य सत्य नहीं, बल्कि एक सामान्य धारणा है और आज भी इसी धारणा का बोलबाला है। 1934 में जो लोग इसे संचालित कर रहे थे उन्होंने इसके उद्देश्य को लातिनी के एक अकेले शब्द से स्थानान्तरित करने का निर्णय लिया था–'क्वैकुंक' जिसका सामान्य अभिप्राय था 'चाहे जो हो'। यह सन्त पॉल के 'फिल्लिपियों के धर्मपत्र' (4:8) से अभिप्रेरित था। 'आख़िरकार जो कुछ भी सच है, जो कुछ भी ईमानदार है, जो कुछ भी न्यायोचित है, जो कुछ भी पवित्र है, जो कुछ भी प्यारा है, जो कोई अच्छी बात है और इसलिए दूसरों को बताने योग्य है, और यदि कुछ प्रशंसनीय है तो इन्हीं बातों के बारे में सोचना श्रेयस्कर है।' बीबीसी ने अपने लिए भी ऐसे ही उच्च मानक स्थापित किये। बहरहाल 1948 में पुनः अपने उद्देश्य को बदल कर वही कर दिया जो मूलतः आरम्भ में था, 'नेशन शैल स्पीक पीस अनटू नेशन।' इस क्रम में बीबीसी के उच्च आदर्श कहीं लुप्त हो गये, और उसका स्थान राजनीति ने ले लिया।[45]

दी नोबल लाएर–बीबीसी के लेखक रोबिन एटकन और बीबीसी–ब्रेनवाशिंग ब्रिटेन? के लेखक डेविड सेज्विग–दोनों ही कई सालों तक कॉरपोरेशन के साथ काम कर चुके थे, लेकिन जब उनको यह लगा कि बीबीसी अपनी निष्पक्षता और उद्देश्य से पथभ्रष्ट हो चुका है और पक्षपातपूर्ण तरीक़े से ख़बरें प्रसारित करने लगा है तब दोनों ने इस्तीफ़ा देने का फ़ैसला किया। एटकन के मुताबिक़ समाचारों के कवरेज में स्पष्ट असन्तुलन और झुकाव आ गया था; मिसाल के तौर पर कॉरपोरेशन पता नहीं क्यों डोनाल्ड ट्रम्प के राष्ट्रपति चुने जाने का इतना क्रूर विरोधी हो गया था और यह भी पता नहीं कि वह हंगरी में विक्टर ओर्बन के सत्ता सँभालने के इतने ख़िलाफ़ क्यों था। कॉरपोरेशन ने परिवर्तनशील नारीवाद के सिद्धान्तों को कभी चुनौती नहीं दी और 'पश्चिम में इस्लाम जैसे जटिल मुद्दे के प्रति निरन्तर नरमी' क्यों दिखाई।[46]

एटकन के अनुसार बीबीसी की ख़बरों के प्रति आम दर्शकों का विश्वास इतना ऊँचा है कि अगर वह अपनी निष्पक्षता और उद्देश्य से भटकती है तो यह जनता के साथ एक तरह की बेईमानी होगी। उन्होंने बीबीसी के साथ पच्चीस साल काम करने के क्रम में उसकी रिपोर्टिंग की प्रवृत्तियों और उद्देश्यों पर गम्भीर सवाल खड़े किये और पक्षपातपूर्ण ख़बरों की एक फ़ाइल भी कॉरपोरेशन के महानिदेशक को भेज दी। एक शीर्षस्थ अधिकारी के अपने इतने वरीय कार्यकारी की उपेक्षा करना कठिन था, लेकिन इस घटना के बाद उसे कॉरपोरेशन में बनाये रखना भी कम मुश्किल नहीं था। ज़ाहिरन एटकन को 'गोल्डन हैंडशेक' की नीति अपनाते हुए सेवानिवृत्त कर दिया गया। 2019 में एटकन ने एक साक्षात्कार देने के क्रम में कहा, 'BBC और मीडिया जगत के उसके दूसरे साथियों ने एक राजनीतिक एजेंडे के अन्तर्गत मीडिया के झूठ को अधिक–से–अधिक विस्तारित करने के माध्यम में तब्दील कर डाला है।'[47]

बड़े आख्यान निरन्तर मज़बूत किये और सँवारे जाते हैं जबकि अपेक्षाकृत छोटे और सामरिक उद्देश्यों के लिए गढ़े गये आख्यानों में समय और आवश्यकतानुरूप रद्दोबदल होती रहती है। हम सूचनाओं के युग में जीने वाले लोग हैं जहाँ हमें विविध माध्यमों से चौबीसों घण्टे ख़बरें मिलती रहती हैं। भारत में भी यह सुविधा हासिल है लेकिन समाचारों की पहुँच यहाँ अभी भी सीमित है। दूसरी तरफ़ अमेरिका जैसे सीएनएन और

फॉक्स न्यूज़ और ब्रिटेन जहाँ बीबीसी, न्यूज़ 24 और स्काई न्यूज़ जैसे वैश्विक पहुँच वाले देश भी हैं। ये चैनल वेब आधारित समाचार समूहों द्वारा उपलब्ध ताज़ातरीन ख़बरों से लगातार लैस रहते हैं, यह स्थिति ख़बरों की दुनिया में एक दबाव और प्रतिस्पर्धा बनाने का काम करती है।

समय के साथ–साथ बीबीसी ने अपना रवैया बदला और सापेक्ष निष्पक्षता के स्थान पर लचीली नैतिकता का रास्ता अपना लिया। 2001 तक तो मुसलमानों के ब्रिटेन में रहने से ब्रिटिशों को कोई फ़र्क़ नहीं पड़ता था। 2001 के वसन्त और गर्मियों में उत्तरी ब्रिटेन के ओल्डहैम, बर्नली और ब्रैडफोर्ड जैसे शहरों में हुए दंगों के बाद ब्रिटिशों ने अलग तरीक़े से सोचना शुरू कर दिया, और बहुसंस्कृतिवाद के ब्रिटिश प्रयोग को एक झटका लगा। ये दंगे अतीत में हुए दंगों से भिन्न थे। इनका सीधा सरोकार सांस्कृतिक भिन्नता, समावेशिता का अभाव और धर्म से था। 11 सितम्बर, 2001 से पहले का युग निष्कपटता का युग था जब इस्लाम को दूसरे सभी धर्मों की तरह देखा जाता था। इसे भी एक धार्मिक परम्परा माना जाता था जो सामान्य रूप से सहृदय और विनम्र थी। 9/11 के बाद का युग कई अर्थों में असहज हो चुका था और हरेक व्यक्ति को इस्लामिक आतंकवाद के हाथों अपने धर्म पर ख़तरा महसूस होने लगा था।[48]

ब्रिटिशों को इस बात की उम्मीद थी कि यूरोपीय मुसलमान भी धर्मनिरपेक्षता और सांस्कृतिक सहभागिता के असर में आकर बुनियादी तौर पर बदल जायेंगे। समय के साथ वे अपने पड़ोसियों की तरह ही धार्मिक पहचान से मुक्त हो जायेंगे। लेकिन ऐसा मानने के रास्ते में अनेक अड़चने हैं क्योंकि इस्लाम धर्म के प्रति अपने अनुयायियों से कट्टर निष्ठा की अपेक्षा करता है और इसके बताये मार्ग से भटकने का अर्थ धर्मच्युत होने का दण्ड पाना है। दूसरे सभी बड़े धर्मों के विपरीत इस्लाम एक आध्यात्मिक मान्यता के साथ–साथ एक राजनीतिक पद्धति भी है, इसलिए धार्मिक बन्धन से अपेक्षाकृत मुक्त एक आधुनिक पाश्चात्य समाज के साथ इसका सहअस्तित्व बनाये रखना कदाचित् एक कठिन काम है। इस्लामिक देशों में क़ानून (शरिया) का सीधा स्रोत कुरान है, और यह स्थिति एक धर्मनिरपेक्ष राज्य को पर्याप्त अधिकार देने के मार्ग में एक बड़ा अवरोधक है। दूसरे शब्दों में कहें तो इस्लाम राज्य के साथ अपनी शक्ति की साझेदारी को लेकर अधिक उत्साहित नहीं दिखता है।[49]

अधिक पुरानी बात नहीं है जब ब्रिटेन का राष्ट्रीय ब्रॉडकास्टर अपनी साहसहीन और अनाड़ी जनता की सराहना और स्तुतियों से गद्गद रहता था। देश की समस्त जनता (कम–से–कम ऐसा प्रतीत होता था) बीबीसी पर आँख मूँद कर विश्वास करती थी। कुछ तो इसकी खुलेआम प्रशंसा करने से भी बाज नहीं आती थी। इसके दूरदर्शी, गम्भीर और प्रगतिशील दृष्टिकोण के कारण ही युद्धोत्तर काल की ब्रिटिश मीडिया ने इसे 'आंटी' का नाम दिया था। यह नाम बदस्तूर जारी रहा। युद्ध का समय रहा हो अथवा शान्तिकाल रहा हो, 'आंटी' सदैव एक शान्तचित्त और आदेशात्मक आवाज़ के रूप में उपस्थित रही, हालाँकि अनेक लोगों को इसके तथाकथित निष्पक्ष और स्वतन्त्र संगठन तथा सरकार के हस्तक्षेप से पूर्णतः मुक्त होने दावे के पर आपत्ति थी। बहरहाल पूर्वाग्रहों को यदि छोड़ दें तो बीबीसी निर्विवाद रूप से आम जनता की आवाज़ थी। 1950 के दशक तक इसने ब्रिटिश दिलोदिमाग़ में अपनी इतनी गहरी और सुरक्षित जगह बना ली थी कि 'आंटी' का इसके परिहासपूर्ण उपनाम ने ब्रिटेन ही नहीं बल्कि उससे बाहर भी इसके अनोखे रुतबे पर मुहर लगा दी। उसके बाद कायदन तो इस पर विश्वास से जुड़े सवाल कभी नहीं उठने चाहिए थे। लेकिन बीबीसी की राजनीतिक तटस्थता और निष्पक्षता पर शीघ्र सवाल उठ खड़े हुए। अगर एक ब्रॉडकास्टर सचमुच किसी देश की 'राष्ट्रीय' आवाज़, या ब्रिटिशों का प्रतिनिधि होता तब ऐसी स्थिति में वह 2016 ईयू के जनमत संग्रह की अनदेखी करने में अपनी पूरी ताक़त नहीं झोंक देता, जिसमें तक़रीबन 1.74 करोड़ नागरिकों ने यूरोपीय यूनियन से अलग होने की इच्छा व्यक्त की थी।[50]

साइमन जेनकिंस जैसे दिग्गज का यह कहना था कि 'सच्ची ख़बर' के समतुल्य कोई दूसरी चीज़ नहीं है। उन्होंने कहा था, 'कुछ भी जो हम किसी अख़बार में पढ़ते हैं या रेडियो पर सुनते हैं, हरेक किया गया सवाल और हरेक दिया गया जवाब, व्यक्ति के निर्णय का परिणाम है जिसका निर्धारण उसकी प्राथमिकताओं और आवश्यकताओं के आधार पर होता है।' जनसंचार के अपने विश्लेषण में नाओम चोमस्की और एडवर्ड एस. हेर्मन भी इसी बिन्दु पर पहुँचते हैं–'ख़बरों के कच्चे मालों को एक निरन्तर परिष्करण प्रणाली से छन कर गुज़रना चाहिए ताकि जो अन्ततः प्रिंट में आये वह समाचार का शुद्धतम रूप हो।'[51] बीबीसी को भी ख़बरों में तथ्य का लोप कर देने के हुनर में महारत हासिल है।

इक्कीसवीं सदी के इस तीसरे दशक में ख़बरों का कोई सरोकार निष्पक्ष तथ्यों से नहीं है (वस्तुतः यह सरोकार पुराने समय से ही कभी नहीं रहा), लेकिन सोशल मीडिया, अख़बारों के ऑनलाइन संस्करणों और सन्देशवाहक सेवाओं, जिनमें बहुतों के अपने सुरक्षा कोड भी हैं, के प्रचलन के आ जाने से ख़बरें अब एजेंडे और विचारधाराओं के निर्माण का माध्यम अधिक बन गयी हैं। विदेश नीति को बनाने में अब मीडिया की निर्णायक भूमिका निभाने लगा है, और अमेरिका और ब्रिटेन जैसे देशों में मुख्यधारा की मीडिया अपने–अपने सरकारों की विदेश नीति का समर्थन करती हुई साफ़ दिखती है। राष्ट्रीय समाचारपत्र और टेलीविज़न जैसे अभिव्यक्ति के सबसे सशक्त और प्रभावशाली साधनों पर बड़े कॉर्पोरेट घरानों का मालिकाना हक है। वे इस क्षेत्र में मुनाफ़ा कमाने के मक़सद से आये हैं। ब्रिटेन में 90 प्रतिशत ब्रिटिश प्रेस पर सिर्फ़ चार कॉर्पोरेट घरानों का स्वामित्व है। मुट्ठी भर लोगों ने व्यावसायिक ब्रॉडकास्टिंग समूहों को अपने अधीन रखा हुआ है। उनके बीच गलाकाट प्रतिस्पर्धा है और उन्हें सशक्त कहानियों, मनोरंजक कार्यक्रमों, सोप ओपेरा और अन्य कार्यक्रमों की बेहद ज़रूरत है ताकि विज्ञापनों को अधिक से अधिक अपनी ओर आकृष्ट किया जा सके। विश्व–इतिहास में ब्रिटेन की भूमिका को सकारात्मक रूप में व्यक्त किया जा सके, इसके लिए उनके पास रिपोर्टों में छेड़छाड़ करने के स्तरीय तरीक़े हैं। इनमें सबसे उपयुक्त तरीक़े मीडिया द्वारा अपना एजेंडा तैयार करना, प्रसारित होने वाली ख़बरों पर चौकसी रखना, अपने एजेंडे के अनुरूप परिचर्चाओं को आयोजित और नियन्त्रित करना, इतिहास की प्रासंगिकता की अनदेखी करना और सरकार के पक्ष से असहमत होने में नाकाम होना आदि है।[52]

भारत के बारे में बीबीसी के प्रसारण को थोड़ी उदारता के साथ स्वीकार कर लेना व्यावहारिकता होगी क्योंकि वे ईश्वर के उचारे गये सत्यवचन नहीं हैं।

मीडिया, और उसके मोर्चे और घराने

यदि वैश्विक हितों के साथ कोई महाशक्ति अपनी ताक़त को बनाये रखने की आकांक्षा रखता है, या सत्ता के अन्य वैकल्पिक केन्द्रों को उभरने से रोकना चाहता है तो उसे हर हाल में अपनी गाथा सुनाने के योग्य

बनना होगा–सबसे पहले गाथा सुनाने वाला, सबसे बेहतर गाथा सुनाने वाला और बार–बार अलग तरीक़े से और भिन्न–भिन्न समयों पर गाथा सुनाने वाला। अचरज की बात नहीं है कि अमेरिकी एजेंसियाँ इस काम को शीतयुद्ध के समय और उसके बाद भी लगातार और पेशेवर तरीक़े से करने में निष्णात हो चुकी थीं। सभी सरकारें अपनी सुविधा और समय के मुताबिक़ झूठ का सहारा लेती हैं। कोई सरकार इसका अपवाद नहीं है। महत्त्वपूर्ण बात सबसे पहले झूठ बोलना है। इसके पीछे सिद्धान्त यह है कि अपनी कहानी सबसे पहले प्रस्तुत कर देने का लाभ यह है कि उसके बाद कही गयी सभी दूसरी कहानियाँ सिर्फ़ प्रतिक्रिया प्रतीत हों।

दुष्प्रचार का सबसे सामान्य उपयोग उन युद्धों को बढ़ावा देना या बेचना है जो वस्तुतः अनावश्यक या उद्देश्यहीन हैं, क्योंकि मीडिया, ख़ासतौर पर अमेरिकी मीडिया आमतौर पर युद्ध में जाने को लेकर बहुत लालायित रहती है। ऐसा महसूस होता है कि युद्ध मुख्यधारा के प्रकाशकों, निर्माताओं, सम्पादकों और संवाददाताओं की मदद करता है। अमेरिका की भूमि से हज़ारों मील दूर होने वाले युद्ध के रोमांच को मुनाफ़े में तब्दील करने से अधिक आनन्ददायी सुख कोई दूसरा नहीं है। साथ ही युद्ध के समय युद्ध के उपकरणों और हथियारों के उद्योग को काफ़ी अर्थलाभ होता है। युद्ध की समाप्ति के बाद आधारभूत उद्योगों को भी यही लाभ मिलता है। इसलिए युद्ध के पहले, युद्धकाल में और युद्धोपरान्त समय में आर्थिक लाभ होना सुनिश्चित है। लाभान्वित होने वाला एक हिस्सा सैनिक–उद्योग, ख़ुफ़िया–मीडिया की सुविधाओं के प्रबन्धन से भी जुड़ा है।

शीतयुद्ध के दौरान सीआईए का उपयोग अन्य तरीक़ों के साथ–साथ कॉन्टिनेंटल प्रेस सर्विस नाम की स्वामित्व वाली मुख्य कम्पनी के रूप में भी किया गया। यह सर्विस दुष्प्रचारों को विस्तारित करने, प्रकारान्तर में वैश्विक साम्यवाद के ख़िलाफ़ ख़ुफ़ियागिरी को एक आवरण देने और अवैध घरेलू गुप्तचरी करने जैसे काम करती थी। इस राज का भण्डाफोड़ निक्सन के राष्ट्रपति काल में वाटरगेट सेंधमारी के बाद हुआ जब जून 1972 में सीआईए के 'चोरों' ने डेमोक्रेटिक पार्टी के मुख्यालय में सेंधमारी की। कॉन्टिनेंटल प्रेस सर्विस पूरी दुनिया में वाशिंगटन ब्यूरो के रूप में अनेक समाचारपत्रों के लिए सक्रिय थी। ये वे अख़बार थे जो अपने स्वतन्त्र पत्रकारों को पैसे देने में असमर्थ थे और अमेरिका में भी अपने

संवाददाताओं का ख़र्च वहन करने में असमर्थ थे–पाकिस्तान के कराची से निकलने वाला अख़बार 'डॉन' भी इनमें शामिल था। सीआईए और केजीबी दोनों ही यूरोप में झूठी या बढ़ाचढ़ा कर दी गयी ख़बरों को फैलाने में इस तरक़ीब का इस्तेमाल करते थे ताकि विकासशील देशों में अपनी वैश्विक लड़ाई में एक–दूसरे पर बढ़त हासिल कर सकें। इन ख़बरों को अख़बार बड़ी आसानी से बड़े पाठक–वर्ग अथवा क्षेत्र विशेष तक पहुँचा सकते हैं। सीआईए इस बात को लेकर ठीक ही आश्वस्त था कि अमेरिकी अख़बारों में इन ख़बरों की कोई विशेष उपयोगिता नहीं थी और इन ख़बरों को अपने हितों में नहीं 'भुनाया' जा सकता था।[53]

मीडिया की ताक़त समय के साथ–साथ बढ़ती जाती है। यह ताक़त पीढ़ियों के साथ विकसित होती है और वंशवादी परिवारों में केन्द्रित होने के लिए प्रवृत्त होती है। 2013 में अमेज़न के संस्थापक जेफ बेजोस के हाथों बेचे जाने से पहले अस्सी सालों तक वाशिंगटन पोस्ट का मालिक ग्राहम परिवार था। अमेरिकी मीडिया जगत और लाइफस्टाइल पत्रिकाओं में एक विशिष्ट स्थान रखने वाले हर्स्ट प्रकाशन का मालिकाना आज भी विलियम आर. हर्स्ट तृतीय के हाथों में है। उनके परदादा, खनन–उद्योगपति से अमेरिकी सीनेटर बने जॉर्ज हर्स्ट प्रकाशन के असली मालिक थे। 'न्यूयॉर्क टाइम्स' भी सौ से अधिक सालों तक ओच्स–सुल्ज़बर्गर परिवार के अधीन रहा। इन सबकी तुलना में मर्डोक का साम्राज्य अपेक्षाकृत नया था। 21st सेंचुरी फॉक्स के सह–अध्यक्ष और वाल स्ट्रीट जर्नल के स्वामित्व वाले न्यूज़ कोर्प के अध्यक्ष की हैसियत से रूपर्ट मर्डोक पाँच देशों के 120 समाचारपत्रों को नियन्त्रित करते हैं, और वर्तमान में सम्भवतः सबसे ताक़तवर मीडिया घराने के मुखिया हैं। माइकल ब्लूमबर्ग जो कि मीडिया व्यापार के सबसे धनाढ्य अरबपति हैं, न्यूयॉर्क के मेयर के तौर पर अपना कार्यकाल पूरा करने के बाद 2014 में उनकी कम्पनी के साथ एक बार फिर से जुड़ गये हैं। ब्लूमबर्ग एल पी आज पूरी दुनिया में एक स्थापित नाम है। अरबपति परिवारों के मीडिया उद्योग में आने का एक नतीजा यह हुआ कि उन्होंने जनता के नायकों और जातीय–राष्ट्रवाद को महिमामण्डित करने का काम किया और सच का राजनीतिकरण किया। हालाँकि इसका परिणाम सम्भवतः सुखद नहीं हुआ और इसके कारण लोकतन्त्र में भी एक अस्थायित्व आया।[54]

1952 में रूपर्ट मर्डोक ऑस्ट्रेलिया के अपने गृहनगर में एक क्षेत्रीय अख़बार के मालिक थे। आज वे एक मीडिया साम्राज्य के बेताज बादशाह हैं जिसके अधीन तीन महादेशों–अमेरिका, यूरोप और एशिया में अनेक समाचारपत्र, फ़िल्म स्टूडियो और टेलीविज़न स्टूडियो हैं। आज वे अपनी दौलत और ताक़त से अमेरिका और ब्रिटेन के चुनावों को प्रभावित करने की क्षमता रखते हैं। अप्रैल 2019 में 'न्यूयॉर्क टाइम्स' ने 20,000 शब्दों की एक रपट छापी जो हमें मर्डोक के उत्थान और डोनाल्ड ट्रम्प के चुनाव प्रक्रिया पर उनके गहरे प्रभाव का विस्तृत ब्यौरा देती है। साथ ही न्यूज़कोर्प के अध्यक्ष और फॉक्स कॉरपोरेशन के सह–अध्यक्ष की भूमिका में उनके व्यापक रसूख़ का भी उल्लेख रपट में उपलब्ध है। ज्ञातव्य है कि आज दोनों ही दुनिया की प्रतिष्ठित और प्रभावशाली मीडिया कम्पनियाँ हैं। इन बातों ने उन्हें वैश्विक दृष्टि से सबसे ताक़तवर मीडिया दिग्गज बना दिया है। इसके अतिरिक्त वे अनेक टेलीविज़न नेटवर्क और स्टेशनों के भी मालिक हैं जिनमें एक वैश्विक समाचार सेवा (डाउ जोंस, वाल स्ट्रीट जर्नल के मालिक), एक विशाल प्रकाशन समूह (हार्पर कॉलिंस) और एक हॉलीवुड फ़िल्म स्टूडियो (21st सेंचुरी फॉक्स) शामिल हैं।

'न्यूयॉर्क टाइम्स' में प्रकाशित एक आलेख के अनुसार मर्डोक के समाचारपत्र और टेलीविज़न नेटवर्क अमेरिका में ही नहीं बल्कि दुनिया भर के कई देशों में 'सरकारों को नया आकार देने वाले स्वदेशवादी विद्रोहों के पैरोकार रहे थे।' मर्डोक का फॉक्स न्यूज़ जो चौबीसों घण्टे समाचारों और वैचारिक बहसों का प्रसारण करता है, का राष्ट्रपति ट्रम्प और उनके कट्टर समर्थकों के साथ मज़बूत सम्बन्ध रहा था। इस बात ने मर्डोक को दुनिया के सबसे शक्तिशाली लोकतन्त्र पर अपना प्रभाव स्थापित करने में मदद की। ब्रिटेन में लन्दन से प्रकाशित होने वाले उसके स्थानीय समाचारपत्र 'सन' ने देश को यूरोपीय यूनियन से बाहर होने के लिए ऐतिहासिक ब्रेक्सिट अभियान चलाया था और उसके बाद के अराजक घटनाक्रम में कथित रूप से थेरेसा मे को प्रधानमन्त्री बनने में सहायता की थी। ऑस्ट्रेलिया में जहाँ मर्डोक आज के दिन भी प्रभावशाली माने जाते हैं, उनके संसाधनों ने देश से कार्बन कर समाप्त करने की माँग की मुहिम की अगुआई की। ऐसा करने वाला ऑस्ट्रेलिया विश्व का पहला देश था।

इन प्रयासों में उन्होंने अनेक प्रधानमन्त्रियों को सत्ता से बाहर जाने का रास्ता भी दिखाया जिनका एजेंडा मर्डोक की योजनाओं के अनुकूल नहीं था।

मीडिया जगत में अपने छह दशकों के अनुभव के कारण मर्डोक को सुविधानुसार उदार सरकारों को भी अपना समर्थन देने की व्यावहारिक बुद्धि हासिल थी, जबकि वे निजी तौर पर दक्षिणपन्थी मान्यताओं में विश्वास करने वाले व्यक्ति हैं। उन्होंने ओबामा के लिए एक पूरक की भूमिका निभायी और हिलेरी क्लिंटन के चुनाव अभियान को आर्थिक मदद दी। मर्डोक ने गम्भीर परिस्थितियों में जॉर्ज बुश की मदद की और 2003 में अमेरिका के इराक़ से युद्ध करने के निर्णय का समर्थन किया, और मौसम में परिवर्तन को नियन्त्रित करने के वैश्विक प्रयासों को भी निरर्थक करने में महत्त्वपूर्ण भूमिका निभायी।[56] डोनाल्ड ट्रम्प भी मुख्य रूप से यही चाहते थे।

समाचार एजेंसियाँ और लाइफस्टाइल पत्रिकाएँ

समाचार एजेंसियों का दूसरा लाभ पश्चिमी देशों ने आख्यानों का निर्माण करने, उन आख्यानों का अस्तित्व बचाये रखने या नये आख्यानों की रचना करने के कामों में उठाया। दुनिया की सबसे बड़ी न्यूज़ एजेंसियों में तीन हैं–रायटर्स जो पहले एक ब्रिटिश एजेंसी हुआ करती थी और अब थॉमस रायटर्स के अधीन हैं, एसोसिएटेड प्रेस (एपी) है जो न्यूयॉर्क में अवस्थित है, और अगेंस फ्रांस–प्रेस (एएफपी) है जो पेरिस में है। यह तीनों एजेंसियाँ दुनियाभर के समाचारपत्रों को समाचार उपलब्ध कराने वाला पारम्परिक स्रोत रहे हैं। किन ख़बरों का प्रसारण के लिए चुनाव करना है और उन ख़बरों को कैसे प्रसारित करना है, यह पूरी तरह से इन्हीं एजेंसियों की नीतियों पर निर्भर है। मिसाल के लिए बीबीसी की तरह ही रायटर्स भी अपनी ख़बरों में 'आतंकवादी' शब्द का प्रयोग नहीं करता है, बल्कि इसके बज़ाय वह 'बन्दूक़धारी' शब्द का इस्तेमाल करना ज़्यादा मुनासिब समझता है। दूसरी तरफ़ एपी इन बातों को बड़े सहज तरीक़े से लेता है। इसका कारण सिर्फ़ यह है कि वह किसी भी प्रकार के मूल्य निर्णय के बन्धनों से स्वयं को मुक्त रखना चाहता है। रायटर्स प्रतिदिन सोलह भाषाओं में अरबों लोगों तक पहुँचता है[57], एपी की पहुँच 263 स्थानों के ज़रिये दुनिया

के 106 देशो में है[58], और एपीएफ के समाचार ब्यूरो 151 देशों के 201 स्थानों में फैले हुए हैं जो छह भाषाओं में ख़बरें प्रकाशित करते हैं।[59] आज इन तीनों एजेंसियों का पूरी दुनिया पर एकाधिकार है, और इन्होंने अपने पक्ष में सोशल मीडिया का इस्तेमाल करने के लिए अपनी कार्यशैली का पर्याप्त आधुनिकीकरण भी कर लिया है।

आख्यानों की स्थापना में केवल समाचारपत्रों, टेलीविज़न की रपटों, सोशल मीडिया की गतिविधियों और हॉलीवुड की चकाचौंध का ही हाथ नहीं हैं। विज्ञापन का बाज़ार भी इस पूरे खेल का एक और खिलाड़ी है। विज्ञापन दुनिया में किसी विशेष देश की राष्ट्रीय आकांक्षाओं के अनुरूप अवधारणा बनाने का काम करते हैं। विज्ञापन पूरी दक्षता के साथ सपने बेचने में समर्थ हैं, टेलीविज़न पर प्रसारित होने वाले धारावाहिक मनोरंजन प्रदान करने के अतिरिक्त किसी देश की और उसकी राष्ट्रीय मान्यताओं को आदर्श रूप में प्रस्तुत करते हैं, और टेलीविज़न पर होने वाले विमर्श उस देश की लोकप्रिय संस्कृति को दुनिया को दर्शाते हैं। ये बातें आख्यानों को गढ़ने में महत्त्वपूर्ण भूमिकाएँ निभाती हैं। दुनिया की तीस सबसे बड़ी मीडिया कम्पनियों में अधिकतर अमेरिका और यूरोप में हैं। इनका एकमात्र अपवाद चीन और जापान जैसे देश हैं जहाँ दुनिया की एक–एक विशालतम मीडिया कम्पनी स्थित हैं। 2015 में प्रकाशित एक आँकड़े के अनुसार इन कम्पनियों का अनुमानित साझा राजस्व लगभग 257 अरब अमेरिकी डॉलर था। इस राजस्व में अकेली पाँच कम्पनियाँ– गूगल, फ़ेसबुक, बैदु, याहू और माइक्रोसॉफ्ट विज्ञापनों के माध्यम से मीडिया को होने वाली आमदनी का 19 प्रतिशत योगदान करती हैं। समाचारपत्रों और पत्रिकाओं की आय के साधनों में विज्ञापन राजस्व के अतिरिक्त प्रसार राजस्व भी शामिल हैं।

जेसी डीकौक्स दुनिया के सबसे बड़ी आउटडोर विज्ञापन कम्पनी है जिसका सालाना राजस्व 3.74 अरब अमेरिकी डॉलर है, जबकि 4 अरब अमेरिकी डॉलर की कमाई के साथ हर्स्ट कॉरपोरेशन के पास पन्द्रह दैनिक समाचारपत्रों, इक्कीस पत्रिकाओं और अमेरिका में तीस टेलीविज़न स्टेशनों का स्वामित्व है। यह दुनिया भर में 300 से भी अधिक अख़बार प्रकाशित करता है और एनबीसी तथा एनबीसी नेटवर्क और बहुपठित पत्रिकाएँ कॉस्मोपोलिटन और सैन फ्रांसिस्को जर्नल जैसे बड़े और स्थापित

ब्रांडों के साथ इसकी साझेदारी है।[60] ये वे मशहूर नाम हैं जो पश्चिमी दुनिया के 'वैभवपूर्ण जीवन' पर अपना स्थायी प्रभाव डालने में सक्षम हैं। उन्हें ख़ुफ़िया एजेंसियों के किसी हस्तक्षेप की आवश्यकता या आशंका नहीं है, और किसी प्रत्यक्ष राजनीतिक अथवा रणनीतिक प्रतिबद्धता से मुक्त होने के कारण सरकार की ख़ुशामद करना भी उनके लिए क़तई ज़रूरी नहीं है। वे सुविधासम्पन्न पश्चिमी देशों की भव्य जीवन–शैली के लिए अपरिहार्य अवश्य माने जाते हैं। जहाँ तक उद्देश्य की बात है तो केवल लाभ अर्जित करना ही उनका प्रमुख ध्येय है। मीडिया के स्वामित्व और व्यवसायीकरण की वास्तविक प्रवृत्ति इंटरनेट के प्रभावी हस्तक्षेप के परिदृश्य में इक्कीसवीं सदी के बदलते दौर में समय के साथ सन्तुलन स्थापित करना है, और इस दिशा में विगत कई वर्षों से पर्याप्त प्रयास किये भी जा रहे हैं। निष्कर्षात्मक रूप में कहें तो पश्चिमी मीडिया का अ़सल मक़सद आज भी निकट भविष्य में भी आख्यानों को नियन्त्रित करना ही है। मीडिया विश्व के सुदूर कोनों में पहुँचने की क्षमता रखता है, उसकी आर्थिक ताक़त अटूट है, उसके पास ख़बरों को पूरी एहतियात के साथ प्रकाशन और प्रसारण के लिए चुनने या उनकी अनदेखी करने के लिए प्रशिक्षित प्रतिभाओं और तकनीकी दक्षता उपलब्ध है, और यही कारण है कि मीडिया एक नये दृष्टिकोण को विकसित करने या किसी दृष्टिकोण के निर्माण में बाधा बनने के लिए एक शक्तिशाली माध्यम है।

अफ़सोस की बात है कि भारत की सीमा के पार इसका अपना कुछ भी नहीं है। बमुश्किल ही किसी भारतीय मीडिया समूह या प्रकाशकों की कोई उपस्थिति पड़ोस के देशों के किसी महत्त्वपूर्ण शहर में है, और दुनिया की किसी बड़ी राजधानी में तो यह नहीं के बराबर है। भारत में मीडिया किसी भी ख़बर के स्रोत और प्रकाशन के लिए पश्चिम की समाचार एजेंसियों पर निर्भर है। इसका अर्थ बिल्कुल स्पष्ट है कि बहुत सारे मुद्दों पर हमें सीमा पार की ख़बरों पर पश्चिम की व्याख्या के अनुसार विश्वास करने को विवश होना पड़ता है। जब तक कि हमारी ख़ुद की आवाज़ मज़बूत और बुलन्द नहीं होगी, और दुनिया उस पर विश्वास करने को मजबूर नहीं होगी तब तक हमें अभिव्यक्ति की स्वतन्त्रता, और सन्तुलित तथा निष्पक्ष पत्रकारिता के नाम पर पश्चिम के दबंग और एकपक्षीय दृष्टिकोण के साथ मजबूरन सहमत होना होगा।

यह निश्चित रूप से आसान नहीं होगा, और न स्थापित मान्यताएँ और व्यावसायिक घरानों के अपने स्वार्थ इसे आसानी से होने देंगे, दूसरी तरफ़ बिना किसी ठोस उपलब्धि के अपनी पीठ ख़ुद ही ठोंकने की भारतीय प्रवृत्ति से इसकी अपनी ही साख को नुक़सान पहुँचेगा। किसी भी आख्यान की स्थापना कोई अकस्मात् घटित होने वाली घटना नहीं है–इसमें पर्याप्त समय लगता है। सहयोगपूर्ण निष्पादन और दृढ़ प्रदर्शन के साथ–साथ धैर्यपूर्ण प्रतीक्षा, प्रचार के लिए चलाये गये निरन्तर और सुचिन्तित अभियान, और जनता को दिया गया प्रलोभन इसके सबसे आवश्यक हथियार हैं। ऐसे में भारत में पाठकों के लिए मजबूरन अपने ही देश के बारे में विदेशी समाचार एजेंसियों की नकारात्मक धारणा (जो कि अमूमन स्थानीय राजनेताओं द्वारा निर्मित होते हैं) पर आधारित नकारात्मक समाचारों को पढ़ने के सिवा कोई अन्य उपाय नहीं बचता है।

शान्ति के नाम पर किये गये युद्ध के लाभ

3 जनवरी, 2020 को अमेरिका ने ड्रोन हमले में ईरान के दूसरे सबसे क़द्दावर और महत्त्वपूर्ण नेता कमांडर क़ासिम सुलेमानी की हत्या कर दी। इस घटना के बाद दुनिया भर के लोगों ने यही सोचा कि ईरान इसका कड़ा विरोध करेगा। पूरा विश्व ही नहीं, अमेरिका का कॉर्पोरेट जगत भी इसी भय और आशंका से आक्रान्त था कि इस घटना का परिणाम दोनों पक्षों के बीच तनाव के रूप में सामने आयेगा, और उसका व्यापक असर पूरी दुनिया पर पड़ेगा। दूसरी तरफ़ पेंटागन के पाँच सबसे बड़े आपूर्तिकर्ता और निर्माण कम्पनियों के मुख्य कार्यकारी अधिकारी (सीईओ) शेयर बाज़ार में अचानक अपने भावों में उछाल आने का जश्न मना रहे थे। सबसे अधिक मुनाफ़ा कमाने वाले नोर्थरोप ग्रुमैन के सीईओ थे जिसका शेयर भाव 40.09 लाख अमेरिकी डॉलर से बढ़कर 9.49 करोड़ अमेरिकी डॉलर हो गया था। मुनाफ़ा कमाने वाले दूसरे लोगों में दुनिया की सबसे बड़ी हथियार निर्माता कम्पनी लॉकहीड मार्टिन, जेनेरल डाइनेमिक्स और रेथियोन के सीईओ थे। सिर्फ़ बोईंग का कारोबार अपेक्षाकृत मन्दा ज़रूर रहा।[1]

युद्ध अक्सर मुनाफ़े का सौदा होता है–दुनिया में हथियारों और सैन्य–उपकरणों के बड़े निर्यातक देशों के लिए तो ख़ासतौर पर। हथियारों के उपयोग के साथ–साथ उनको स्थानापन्न करने और हथियारों तथा अन्य युद्ध–उपकरणों को आधुनिकतम बनाने के लिए भी युद्ध बहुत आवश्यक है, अन्यथा यह कारोबार ही हमेशा के लिए ख़त्म हो जायेगा। सभी हथियारों का उत्पादन एक नियत अवधि की समाप्ति से पहले उपयोग कर लेने के लिए होता है। नये हथियारों को थोड़े–थोड़े अन्तराल के बाद बाज़ारों में पेश किया जाता रहता है ताकि हथियार निर्माण का

कारोबार फलता–फूलता रहे। दूसरी महाशक्तियों द्वारा अपने देशों की सीमाओं से बाहर युद्ध में शामिल होना दोहरे लाभ का सौदा होता है क्योंकि यह न सिर्फ़ हथियारों के निर्माताओं के लिए फ़ायदेमन्द साबित होता है बल्कि उन आनुषंगिक उद्योगों को भी इससे आर्थिक लाभ होता है जो रसद और दूसरे सहायक सैन्य–उपकरण उपलब्ध कराने का काम करते हैं। युद्ध के नतीजों का कोई विशेष महत्त्व नहीं होता क्योंकि युद्ध में कोई भी पक्ष जीते, दोनों स्थितियों में यह लाभप्रद ही होता है। इसलिए, हथियार निर्माताओं द्वारा स्थापित किया गया आख्यान बिल्कुल भिन्न होता है, क्योंकि उनके लिए शान्ति एक इच्छा–विरुद्ध अवस्था होती है। जब तक कि अमेरिका में सैनिक–उद्योग–ख़ुफ़िया–तकनीक का गठजोड़ एक–दूसरे के साथ मिलकर काम करते रहेंगे, तब तक यह परोक्ष आख्यान नहीं बदलेगा। निरन्तर युद्ध जारी रहे, यह सुनिश्चित करने के लिए भी युद्ध चलते रहेंगे।

अगर किसी देश की कोई वैश्विक अथवा प्रादेशिक महत्त्वाकांक्षा होती है, तब अपने प्रतिस्पर्धियों के ख़िलाफ़ पर्याप्त रूप से हथियारों से लैस होने की आवश्यकता रहती है। यदि वह देश ख़ुद हथियार नहीं बनाता है तो उसे मनमानी क़ीमतों पर उस देश से हथियार ख़रीदने पड़ते हैं जो हथियार बनाता है, और ऐसी हालत में बेचने वाला देश ही क़ीमतें और शर्तें दोनों तय करता है। विश्व की नयी व्यवस्था यही है। हथियारों के विक्रेताओं के लिए हथियारों की खपत कम हो जाना फ़ायदेमन्द नहीं है। निर्माण सम्बन्धी आधुनिक तकनीक का स्थानान्तरण, या ख़रीददार देशों में नये विक्रेताओं का प्रवेश भी हथियार विक्रेता के लिए घाटे की स्थिति है। ख़ासतौर पर हथियार और अन्य युद्ध उपकरण बनाने वाले देशों के लिए यह वास्तविकता अधिक प्रासंगिक है। इसलिए यह बहुत ज़रूरी है कि हथियार इस्तेमाल किये जाने के बाद बेकार और पुराने हो जायें ताकि राजनीतिक अस्थायित्व, तनाव और असुरक्षा के वातावरण में नये हथियारों को ख़रीदने का रास्ता हमेशा खुला रहे।

युद्ध हथियारों और सैन्य–उपकरणों की निरन्तर ज़रूरतों की भरपाई का सबसे बढ़िया तरीक़ा है। हथियारों की ख़रीद–फ़रोख़्त में लॉबिइंग करने वालों, विज्ञापनकर्ताओं, प्रबुद्ध–समाजों और कुछ मामलों में अवैध दलालों की सम्बद्धता भी कमोबेश अपरिहार्य है। स्वतन्त्रता, लोकतन्त्र और

आदमी की आज़ादी पर बड़े–बड़े वक्तव्य एक सर्वकालिक और व्यापक आख्यान के लिए अनिवार्य हैं। अपने राष्ट्रीय हितों के हक़ में सोचना किसी भी देश के लिए सबसे महत्त्वपूर्ण प्राथमिकता है।

हथियारों की बिक्री और तेल की ख़रीद के महत्त्व का सबसे सटीक उदाहरण 1985 में ब्रिटिश प्रधानमन्त्री मार्गरेट थैचर द्वारा सऊदी अरब की यात्रा में क्रम में दिखा जो बीएई सिस्टम्स के साथ 40 अरब पाउंड के अल यमामह हथियार सौदा पर करार के ठीक पाँच महीने पहले निर्धारित थी। इस यात्रा में किंग फहद से मुलाक़ात के समय थैचर उनके सम्मान में इतनी झुक गयी। कि लोगों को यह लगने लगा कि वे फ़र्श पर पालथी मार कर बैठने वाली हैं।[2] इस सौदेबाज़ी में शहज़ादे बांदर बिन सुल्तान बिन अब्दुलअज़ीज़ अल–सउद को कृतज्ञ बीएई की तरफ़ से जन्मदिन के तोहफ़े में 7.5 करोड़ पौंड का एक एयरबस मिला।

तेल की कूटनीति

पश्चिमी शक्तियों के बीच मध्यपूर्व के प्रति एक विचित्र आसक्ति का भाव है। लोकतन्त्र और लोकतान्त्रिक विचार इस आसक्ति के केन्द्र में कहीं नहीं हैं। भले ही इसे अलग–अलग तरीक़े से परिभाषित किया जाता रहा हो लेकिन इस आसक्ति अथवा उन्माद के मुख्य कारण रणनीतिक हित ही रहे हैं। प्रथम विश्वयुद्ध की समाप्ति के बाद इंग्लैंड, फ़्रांस और रूस जैसे विजेता यूरोपीय देशों ने जम कर तुर्क साम्राज्य से जीती गयी ज़मीन का उत्सव मनाया। उन्होंने नये सिरे से सरहदों को बाँटा और जॉर्डन और इराक़ जैसे नये देशों का अस्तित्व बनाया और उन देशों में ऐसे सम्राट् को सत्ता पर बिठा दिया जो उनकी मर्ज़ी के मुताबिक़ चल सकें। ब्रिटिशों ने अपने संरक्षण में सऊदी अरब, इराक़ और कुवैत का सीमा–निर्धारण किया। फ़्रांसीसियों ने सीरिया और लेबनान में ईसाइयों और मुसलमानों के बीच भी भेद कर दिया ताकि इन दोनों भूक्षेत्रों पर नियन्त्रण रखा जा सके। उसी प्रकार रूस ने अजरबैजान और आर्मीनिया की बीच की सीमा का पुनर्निर्धारण किया। भारत को अन्य प्रतिद्वन्द्वियों से सुरक्षित रखने की पुरानी ब्रिटिश नीति के अधीन साम्राज्य का मध्यपूर्व और सुएज नहर पर नियन्त्रण बहुत आवश्यक था। दूसरे विश्वयुद्ध की समाप्ति तक भारत ब्रिटिशों के हाथ से बहुत हद तक फिसल चुका था, और इसलिए भी

मध्यपूर्व के महत्त्वपूर्ण ऊर्जा स्रोतों पर नियन्त्रण स्थापित करना ब्रिटिशों के लिए बेहद ज़रूरी था। स्पष्ट था कि तेल के भण्डारों पर क़ब्ज़े के लिए होड़ शुरू हो चुकी थी।

अब तक दुनिया पर यूरोप का एकछत्र आधिपत्य बहुत हद तक समाप्त हो चुका था, और इस स्थिति का लाभ उठाते हुए अमेरिका ने अपने पाँवों को पसारने में थोड़ा भी वक़्त नहीं गँवाया। तेल की दो अमेरिकी साझेदार कम्पनियाँ–शेवरॉन और टक्साको को शुरुआती दौर में सबसे अधिक लाभ हुआ।[3] दोनों कम्पनियों ने सऊदी अरब के पूर्वी हिस्से में तेल के एक विशाल भण्डार की खोज की थी। अमेरिकी राष्ट्रपति फ्रेंक्लिन रूज़वेल्ट के लिए यह सऊदी के किंग अब्दुल अज़ीज़ के साथ एक गुप्त बैठक करने की पर्याप्त वजह थी। फ़रवरी 1945 में दोनों सुएज नहर से लगे ग्रेट ब्रिटेन लेक में यूएसएस पर मिले और उनके बीच घण्टों बातचीत चली। बैठक के ख़त्म होने पर रूज़वेल्ट के लिए सऊदी के तेल–भण्डारों के दरवाज़े खोल दिये गये, लेकिन किंग ने उन्हें यहूदियों के नरसंहार में जीवित बचे लोगों के बसने लिए फिलिस्तीन का भूक्षेत्र देने के अनुरोध को अस्वीकृत कर दिया।[4] बहरहाल दोनों शासनाध्यक्ष युद्ध के माहौल और तेल के सौदों के बीच एक समझौता करने में क़ामयाब रहे जो इतने दशकों के बाद भी आज किसी–न–किसी रूप में काम कर रहा है।

1953 में अमेरिकियों ने ईरान के निर्वाचित प्रधानमन्त्री मोहम्मद मोसादेग को अपदस्थ करने के इरादे से तेहरान पर धावा बोल दिया। उन्हें इस बात का डर था कि आंग्ल–ईरानी तेल कम्पनी के खाते का अंकेक्षण करने की कामना के पीछे का कारण मोसादेग का दृष्टिकोण कुछ ज़्यादा ही राष्ट्रवादी था। उनके स्थान पर अमेरिकियों ने अपने मित्र और विश्वासपात्र मोहम्मद रज़ा शाह पहलवी को ईरान का राजा नियुक्त किया। यहाँ तक कि 1956 में जब ब्रिटिश–फ्रांसिसी–इसरायली गुट मिस्र के राष्ट्रपति गमाल अब्देल नासेर को सुएज नहर के राष्ट्रीयकरण के कथित अपराध में दण्डित करने की जुगत में लगा हुआ था, तब उस समय की दो महाशक्तियाँ अमेरिका और सोवियत संघ और उनका समर्थन करने वाले राष्ट्रसंघ ने इस प्रकरण में हस्तक्षेप किया और घुसपैठ करने वाली फ़ौजों को मार भगाया था। ज़ाहिर बात थी कि साम्राज्यवाद की धमकाने वाली कूटनीति को करारा झटका लग चुका था।

ब्रिटेन ने समय रहते स्थिति की गम्भीरता को भाँप लिया। उसे यह बात समझ में आ चुकी थी कि द्वितीय विश्वयुद्ध की समाप्ति के बाद वैश्विक राजनीति में अपनी प्रासंगिकता को बचाये रखने के लिए अमेरिका की बनायी हुई परिपाटी पर चलना अनिवार्य है। निःसन्देह लन्दन के लिए अपने विशाल साम्राज्य को सिकुड़ कर एक ख़ुशामदी ब्रिटिश राष्ट्रकुल में तब्दील होते देखना तकलीफ़देह रहा होगा लेकिन समय की कठोर वास्तविकता को स्वीकार कर लेने में उसने वक़्त नहीं गँवाया। सालों बाद, राष्ट्रपति जॉर्ज डब्ल्यू. बुश को प्रसन्न रखने की ब्रिटिश प्रधानमन्त्री टोनी ब्लेयर की उत्कण्ठा में यह ख़ुशामद अपनी पराकाष्ठा पर दिखी। दूसरी तरफ़ अमेरिका को यह विश्वास था कि सऊदी अरब उसके साथ कोई धोखा कर ही नहीं सकता था। अरब के वहाबी विचारों के उग्रवादी अमेरिकी हितों और शासन व्यवस्था दोनों के लिए उस समय तक अहानिकर थे जब तक कि अरब की समस्त सम्पदा पर राजा का एकाधिकार था। किंग अमेरिका को अपना तेल अमेरिकी डॉलर में ही बेचने को तैयार थे। तेल के खनन और मूल्य निर्धारण की प्रक्रिया में उन्हें अमेरिकी हस्तक्षेप से भी कोई आपत्ति नहीं थी। वे अपनी आय का निवेश अमेरिका में करने को तैयार थे और साथ ही उनकी नीतियाँ ईरान के विरोध में थीं। इन कसौटियों पर खरा उतरने के अतिरिक्त वे अमेरिका से महँगे हथियार लगातार ख़रीदने के लिए तैयार थे जबकि उनको हथियारों की कोई ज़रूरत नहीं थी। ये सभी बातें शीतयुद्ध के आरम्भ से ही अमेरिका के मनोनुकूल थीं और कमोबेश आज भी यही स्थिति है।

अफ़ग़ानी जिहाद और सोवियत संघ के विघटन की सफलताओं के बावजूद अमेरिका आज भी वियतनाम युद्ध में अपनी हार के घावों को नहीं भूल पाया है। मध्यपूर्व के बारे में रीगन के सलोने सपनों को भी बेरुत में 18 अप्रैल और 23 अक्टूबर, 1983 को किये गये दोहरे आत्मघाती हमले ने गहरा आघात पहुँचाया। इन हमलों में 300 अमेरिकी और अट्ठावन फ्रांसिसी सैनिकों को अपनी जान गँवानी पड़ी थी। जॉर्ज डब्ल्यू. बुश के कार्यकाल में इराक़ के ख़िलाफ़ चलाया गया ऑपरेशन डेजर्ट शील्ड का लक्ष्य एक नयी विश्व व्यवस्था को स्थापित करना था, क्योंकि अमेरिका स्वयं को विश्व की एकमात्र महाशक्ति घोषित करने और नये हथियार और युद्ध–सम्बन्धी तकनीक आजमाने के लिए उतावला था। इस पूरे अभियान

को बौद्धिकों और विशेषज्ञों ने परिहास में निन्टेंडो युद्ध का नाम दिया था क्योंकि आत्मविश्वास से भरे अमेरिका ने पूरे युद्ध का टेलीविज़न के ज़रिये सीधा प्रसारण किया था। यह अमेरिकी अहंकार का चरमोत्कर्ष था।

इसी नीयत के साथ आख्यान को स्थापित किया जा चुका था और सीनियर बुश ने 2001 में अमेरिका पर आतंकी हमले के ठीक ग्यारह साल पहले 11 सितम्बर, 1990 को अपनी महान जीत का उद्‌घोष किया था। अपने भाषण में जॉर्ज एच. डब्ल्यू. बुश ने शान्ति और समृद्धि के एक युग, 'आतंक के साये से मुक्त' देशों के आपसी सौहार्द, एक ऐसी दुनिया जिसमें देश स्वतन्त्रता के प्रति अपनी ज़िम्मेदारियों को समझते हों और जहाँ शक्तिशालियों द्वारा कमज़ोरों के अधिकारों का सम्मान होता है आदि बातें कही थी।[5] ये उच्चादर्शों से ओतप्रोत और विनम्रता के साथ कहे गये जुमले थे, लेकिन इस भाषण के दूसरे हिस्से भी थे जिन्होंने बीसवीं सदी के बचे हुए सालों के लिए वास्तविक एजेंडे और आख्यान को स्थापित करने का काम किया।

भाषण में आदर्शवाद के समानान्तर ही एक यथार्थवाद भी था। उन्होंने कहा कि अमेरिका के महत्त्वपूर्ण आर्थिक हितों पर बड़ा ख़तरा मंडरा रहा है। इराक़ के विशाल तेल भण्डारों का उल्लेख करते हुए उन्होंने साफ़ घोषणा की कि 'अमेरिका किसी भी क़ीमत पर इराक़ के अक्षय ऊर्जा स्रोतों को इतने क्रूर हाथों के हवाले सौंपने का जोख़िम नहीं उठा सकता है।' बुश सीनियर ने अपने भाषण में आगे जोड़ते हुए कहा, 'अन्यायों पर गम्भीरतापूर्वक विचार करते हुए, किसी भी व्यक्ति को अमेरिका की विश्वसनीयता और ज़िम्मेदारी पर सन्देह नहीं करना चाहिए।' साथ ही यह भी कहा कि अमेरिका के हित दूरगामी हैं, और उन हितों की रक्षा करने में अमेरिका अपने सामर्थ्यानुसार कोई कसर नहीं छोड़ रहा है। अमेरिका का एजेंडा स्पष्ट था कि हथियारों के निरन्तर उपयोग की पटकथा तैयार हो चुकी थी।[6]

सद्दाम हुसैन का विविधतापूर्ण जीवन

अन्तर्निहित सम्बन्धों के परिप्रेक्ष्य में सैद्धान्तिक उद्देश्य और नैतिकता जैसी निराधार बातों में महाशक्तियों की कोई रुचि नहीं है। उनके समस्त इतिहास–काल में राष्ट्रीय सामरिक हित उनकी कूटनीति की धुरी में

हमेशा से रहे हैं। अगस्त 1990 में जब सद्दाम हुसैन ने कुवैत पर अवैध रूप से अधिकार कर लिया, तब तक वह अमेरिका की दृष्टि में पूरी तरह से निर्दोष था। वह अपने अमेरिकी दोस्तों और सरपरस्तों की ख़ामोश इजाज़त के साथ अपनी मर्ज़ी का कुछ भी करने के लिए आज़ाद था। उसे अपने क्षेत्र में बदलाव के पीछे की ताक़त के रूप में देखा जाता था और अमेरिका भी उसके कार्यकाल में उसके साथ अपने सम्बन्धों को नया विस्तार देने को उत्सुक था। इसीलिए ईरान के साथ उसके असमाप्य किन्तु रक्तरंजित युद्ध में, जिसमें दोनों पक्षों के लाखों लोग मारे गये या घायल हुए, अमेरिका ने किसी भी रूप में हस्तक्षेप नहीं किया। सद्दाम की अतिआधुनिक परमाणु परियोजनाओं के बारे में बुश प्रशासन को सब कुछ पता था, लेकिन अमेरिका का मित्र–देश होने के कारण इस बात की भी अनदेखी की गयी। इस बीच सद्दाम ने चिली और दक्षिण अफ़्रीका जैसे तीसरे पक्ष के देशों से गुप्त तरीक़े से मिसाइल तकनीक हासिल कर ली। एक अमेरिकी कम्पनी से जैविक हथियारों को बनाने के लिए आवश्यक सामग्रियाँ भी मध्यपूर्व के इस देश ने जुटा ली थीं, जबकि एक ब्रिटिश फ़र्म ने इसके हाथों एंथ्रेक्स बेचा था। कोई सन्देह नहीं कि यह सभी सौदे पैसों के एवज़ में हुए थे।[7]

अमेरिका ने इस बात पर कभी ध्यान नहीं दिया कि सद्दाम हुसैन एक ज़िद्दी और ताक़तवर तानाशाह था। उसकी दिलचस्पी पेट्रोडॉलर के बदले में अमेरिका की सरकारी प्रतिभूतियाँ इराक़ के हाथों बेचने में अधिक थी। इस प्रक्रिया से अमेरिका को इराक़ी तेल की अबाध आपूर्ति होने की गारंटी थी। दूसरी तरफ़ इन प्रतिभूतियों के ब्याज से होने वाली आमदनी को अमेरिकी कम्पनियाँ इराक़ में आधारभूत ढाँचे के विकास, नये शहरों के निर्माण और टैंकों और लड़ाकू विमानों की बिक्री के अतिरिक्त रासायनिक और परमाणु संयन्त्रों के निर्माण में करने वाली थीं। इस आशंका का कोई प्रभाव अमेरिका पर नहीं पड़ा था कि इन संयन्त्रों का उपयोग घातक आयुधों के निर्माण के लिए भी किया जा सकता है।[8]

ईरान और इराक़ के बीच जो जंग सितम्बर 1980 में शुरू हुई थी वह किसी भी नतीजे पर पहुँचे बिना अगस्त 1988 में समाप्त हो गयी। 1980 और 1990 के बीच सद्दाम हुसैन ने 50 अरब अमेरिकी डॉलर हथियारों को ख़रीदने में ख़र्च किये। 15 अरब अमेरिकी डॉलर अलग से हथियार

के गुप्त सौदे में ख़र्च किये गये। अमेरिका ने इस पूरे सौदे से तटस्थता का दावा करने के बावजूद सद्दाम के इस गुप्त कार्यक्रम के अधीन दोहरे उपयोग में आने वाली सामग्रियों को ख़रीदने के लिए 1.5 अमेरिकी डॉलर की राशि उपलब्ध कराई। इन सामग्रियों में सरीन, वी.एक्स और हाइड्रोजन साइनाइड जैसे घातक रासायनिक एजेंट और एंथ्रेक्स, बीए कोली आदि जैसे ज़हरीले जैविक एजेंट शामिल थे।[9] युद्ध की समाप्ति के बाद एफबीआई ने एक अनुसन्धान में यह पाया कि बैंका नाजियोनेल डेल लावारो के अटलांटा स्थित कार्यालय ने सद्दाम हुसैन को 5.5 अरब अमेरिकी डॉलर का क़र्ज़ दिया था। सीआईए के अतिरिक्त वाशिंगटन में सत्ता के अन्य कई केन्द्रों ने भी उसकी मदद की। अमेरिकी सरकार ने इन ऋणों की स्वीकृति कृषि ऋण सुविधा के अन्तर्गत अमेरिकी पैदावार के निर्यात को प्रोत्साहित करने के नाम पर दी थी। इराक़ ने बाद में ऋण चुकाने में अपनी असमर्थता प्रकट कर दी और इसका बोझ अमेरिकी करदाताओं को उठाना पड़ा।[10] ब्रिटिश, फ्रांसिसी और जर्मन भी इराक़ी बाज़ार के बड़े खिलाड़ियों में शुमार थे और अपने–अपने उत्पाद तानाशाह को बेच रहे थे। पश्चिमी देशों ने सद्दाम हुसैन को हथियारों से इतना लैस कर दिया था कि उसके भीतर कुवैत में घुसने का दुस्साहस उत्पन्न हो गया था।

ईरान–इराक़ युद्ध के ख़त्म होने पर इस क्षेत्र में अपनी प्रासंगिकता को लेकर संशयग्रस्त अमेरिका ने 25 जुलाई, 1990 के दिन अपने राजदूत अप्रैल ग्लास्पी को सद्दाम हुसैन से मुलाक़ात करने के लिए भेजा। युद्ध में इराक़ की हुई क्षति पर हमदर्दी दिखाने और क्षतिपूर्ति में अमेरिकी मदद की पेशकश करने के बाद उन्होंने सद्दाम के भविष्य की योजना के बारे में जानना चाहा। यह उत्सुकता उन्हें सीमा पर इराक़ी सेना की बड़े पैमाने पर तैनाती के बाद हुई थी। सद्दाम की बातें सुनने के बाद ग्लास्पी ने कहा था, 'जहाँ तक कुवैत से आपके विवाद का सवाल है तो हमें अरब के लोगों के आपसी टकराव से कोई लेना–देना नहीं है। सेक्रेटरी बेकर ने (विदेश सचिव जेम्स बेकर) मुझे केवल आपके प्रति सहानुभूति प्रकट करने के लिए भेजा है। हम साठ के दशक की अपनी नीतियों पर कायम हैं और कुवैत के मुद्दे से अमेरिका का कोई सरोकार नहीं है।'[11]

यह सद्दाम हुसैन के लिए एक बड़ी राहत की बात थी, और इसके ठीक हफ़्ते भर बाद 2 अगस्त, 1990 को इराक़ी फ़ौज कुवैत की सीमाओं में दाखिल हो गयी। दरअसल यह स्पष्ट रूप से सद्दाम को जाल में फँसाने के लिए रचा गया एक छल था ताकि अमेरिका को इस इलाक़े में दोबारा दख़लअन्दाज़ी करने का मौक़ा मिल सके। पिछले दशक का अमेरिका का विश्वासपात्र और नायक अब उसका सबसे बड़ा दुश्मन था। पूरा का पूरा आख्यान ही बदल चुका था क्योंकि अमेरिका के असल उद्देश्य ही बदल चुके थे।

कुवैत में सद्दाम की घुसपैठ पर अमेरिका के क्रोध का कारण कुवैत की सम्प्रभुता का हरण नहीं था, और न ही उसकी मंशा सद्दाम को कोई सबक सिखाने की थी। अमेरिका का एकमात्र उद्देश्य अपनी सामरिक उपस्थिति से उस क्षेत्र में अपनी प्रासंगिकता को बनाये रखना था। उसका वास्तविक लक्ष्य सऊदी अरब को यह सन्देश देना था कि इराक़ी महत्त्वाकांक्षा से उसकी संप्रभुता को भी ख़तरा है और इराक़ सऊदी अरब पर किसी भी क्षण आक्रमण कर सकता है। इस आशंका को लेकर खुलेआम अटकलें लगायी जा रही थीं। अमेरिका द्वारा यह आख्यान गढ़ा जा रहा था कि एक कमज़ोर और बेबस देश कुवैत अपने लोभी और अत्याचारी पड़ोसी के हाथों सताया जा रहा था।, इसीलिए अमेरिका को अपनी ताक़त के साथ हस्तक्षेप करना पड़ा ताकि उसके अरब मित्रों की हिफाज़त की जा सके, और परिणामतः अमेरिकी फ़ौज का इस्लाम के मुख्य केन्द्र पर नियन्त्रण से CENTCOM (मध्यपूर्व, मध्य एशिया और मिस्र के बीस देशों पर निगरानी रखने वाले अमेरिकी सेंट्रल कमांड) का सन्दर्भ नये सिरे से सिद्ध किया जा सके। यह बेशक सऊदी अरब और मध्यपूर्व के तेल के भण्डारों की रक्षा करने की अमेरिका की व्यावहारिक नीति को दर्शाता था, लेकिन दूसरी तरफ़ अमेरिका के इस फ़ैसले ने ओसामा बिन लादेन जैसे इस्लामी कट्टरवादियों को उकसाने का भी काम किया।

पहला खाड़ी युद्ध फ़रवरी 1991 को ख़त्म हुआ। ब्रिटेन और अमेरिका दोनों एक साथ सद्दाम हुसैन के विरोधियों को एकजुट करने की कोशिशों में लगे थे ताकि उनके ज़रिये हालात पर अपनी पकड़ को बनाये रखा जा सके। इराक़ में अनेक उड़ान प्रतिबन्धित क्षेत्रों की घोषणा के साथ–साथ इराक़ पर कड़े आर्थिक प्रतिबन्ध भी लगा दिये गये। अहमद चलाबी के

इराक़ी नेशनल कांग्रेस जैसे अनेक विरोधी गुटों को अपरोक्ष आर्थिक मदद की गयी। लेकिन सद्दाम हुसैन पर इन बातों का कोई असर नहीं हुआ और 11 सितम्बर, 2001 के आतंकी हमले तक कमोबेश उसने ख़ुद को असुरक्षित कभी नहीं समझा।[12] इस हमले ने अमेरिका को एक जादुई मौक़ा दे दिया। अब अमेरिका को अपनी अगली कार्रवाई के बस कुछ नाटकीय साक्ष्यों की ज़रूरत थी।

आख्यान परिवर्तन–अल क़ायदा से इराक़

यह ऐसा समय था (2001 में जॉर्ज डब्ल्यू. बुश के चुनाव के तत्काल बाद) जब असमान में हॉक ऊँची उड़ान भर रहे थे और बुश के कार्यालय में जिज्ञासा का माहौल बना हुआ था। छल और षड्यन्त्र एक–दूसरे से होड़ लगाये हुए थे और महत्त्वाकांक्षा और अहंकार के बीच लगातार जंग जारी थी। यह द्वन्द्व सीआईए बनाम एफबीआई, गृह विभाग बनाम पेंटागन और पेंटागन बनाम सीआईए था क्योंकि सीआईए कभी पाकिस्तान की आईएसआई का समर्थन करता था और कभी उसके ख़िलाफ़ हो जाता था। आतंक के ख़िलाफ़ यह युद्ध वाइट हाउस, पेंटागन और लैंगली के एकान्त कमरों से लड़ा जा रहा था जबकि असल युद्धभूमि अफ़ग़ानिस्तान, सोमालिया, यमन और इराक़ थे। यह बात ग़ौरतलब है कि पाकिस्तान द्वारा प्रायोजित आतंकवाद की अनदेखी की गयी। जरमी स्कैहिल ने अपनी किताब 'डर्टी वार्स–दी वर्ल्ड इज़ बैटलफील्ड' (13) में इसकी विस्तारपूर्वक व्याख्या की है।

अगर 11 सितम्बर, 2001 को वर्ल्ड ट्रेड सेंटर पर हमला नहीं होता तो पश्चिमी देशों और मध्यपूर्व के अनेक प्रतिगामी शासकों के बीच यह सहज सम्बन्ध काफ़ी लम्बे समय तक बना रहता। बहरहाल, इसके बावजूद यह एक मामूली आघात था। इस तथ्य का भी कोई विशेष महत्त्व नहीं था कि उन्नीस विमान अपहर्ताओं में से पन्द्रह सऊदी थे। मध्यपूर्व और मध्य एशिया में इतना अधिक तेल, पैसा और भय (सऊदियों और इस्रायलियों के बीच) था कि पश्चिमी शक्तियों के साथ सऊदी अरब अपने सम्बन्धों को वह किसी भी अप्रत्याशित और दीर्घकालिक दबाव के बावजूद बनाये रखने के लिए विवश था। लिहाज़ा अमेरिका ने निर्धन और असहाय अफ़ग़ानिस्तान को एक सबक सिखाने का निर्णय किया, और लोकतन्त्र

और स्वतन्त्रता के नाम पर उसे इतना तबाह कर दिया कि उसका पुनर्निर्माण असम्भव हो गया। अफ़ग़ानिस्तान का अमेरिका के द्वारा पहला लक्ष्य बनाया जाना कोई पूर्व निर्धारित नहीं बल्कि एक आकस्मिक संयोग था। दूसरी तरफ़ मध्यपूर्व के असली खलनायक रहे अमेरिकी भेदियों ने मिस्र, इराक़ और सीरिया को चुनौती देने की हिम्मत दिखाई। ज़ाहिर बात थी कि इराक़ और उसके तेल भण्डारों को पहला लक्ष्य बनाया जाना था।

9/11 के बाद जो कुछ भी हुआ वह कोई बिना सोचे–समझे उठाया गया क़दम नहीं था। हमले के कुछेक मिनटों के भीतर ही गृह विभाग के उपसचिव पॉल वोल्फोवित्ज़ हरकत में आ चुके थे। उन्होंने अपने सहयोगियों से कहा कि उन्हें इस हमले के पीछे इराक़ियों का हाथ होने का सन्देह है। ऐसा नहीं कि इस सोच के पीछे सिर्फ़ अमेरिकियों का डर और क्रोध था। यह कुल मिलाकर एक ऐसा क़दम था जिसके पक्ष में वाशिंगटन डीसी के ग़ैरसहमत रिपब्लिकन रणनीतिकार पहले खाड़ी युद्ध की समाप्ति के बाद से सक्रिय थे। उनका नीति–पत्र 'डिफेन्स प्लानिंग गाईडेंस (डीपीजी) ऑफ़ 1992', इस तथ्य पर विशेष बल देता था कि अमेरिका को दुनिया पर अपना वर्चस्व स्थापित करने और नये प्रतिद्वन्द्वियों को उभरने से रोकने के लिए एक स्थायी सैनिक–श्रेष्ठता के लक्ष्य के अनुरूप चलना होगा। इस दस्तावेज़ को लिखने वाले छह लेखकों में ऐसे लोग भी शामिल थे जिन्होंने दोनों बुशों के अधीन काम किया था मसलन–डिक चेनी, पॉल वोल्फोवित्ज़, जल्मे खलीलजाद और कॉलिन पॉवेल–लेकिन इसे स्वीकृति देने वाले चेनी थे और वोल्फोवित्ज़ की निगरानी में इसका प्रारूप तैयार किया गया था। 'हमारा पहला लक्ष्य किसी नये प्रतिद्वन्द्वी को उभरने से रोकना है,' प्रारूप में मुख्य रूप से यही घोषित किया गया था।[14] वोल्फोवित्ज़ और खलीलजाद ने यह तर्क दिया था कि देर–सबेर अमेरिका को सद्दाम से टकराने की नौबत ज़रूर आयेगी।[15]

इराक़ पर हमला करने का फ़ैसला सम्भवतः सालों पहले लिया जा चुका था। जूनियर बुश के शासन के समय से ही महत्त्वपूर्ण आर्थिक–सामरिक हितों के पक्ष में कई लॉबियाँ सक्रिय थीं। शहज़ादे बांदर बिन सुल्तान अल सऊद (जो 1983 से 2005 की अवधि में अमेरिका में सऊदी अरब के राजदूत भी रहे) के अतिरिक्त ब्रिटिश प्रधानमन्त्री टोनी ब्लेयर और

अमेरिका की हथियार लॉबी भी इस दिशा में प्रयासरत थे। इराक़ को आज़ाद करने में लॉकहीड मार्टिन कॉरपोरेशन की ख़ास दिलचस्पी थी। एक नवरूढ़िवादी कारोबारी और कमिटी फॉर लिबरेशन ऑफ़ इराक़ का सह–संस्थापक बनने से पहले ब्रूस जैकसन कॉरपोरेशन में दस साल गुज़ार चुके थे। इराक़ युद्ध की पैरोकारी करते हुए वे बुश प्रशासन के सीधे सम्पर्क में थे। लॉकहीड मार्टिन, डिफेन्स सोल्यूशन्स और हैलीबर्टन कुछ ऐसी भरोसेमन्द और विश्वसीय कम्पनियाँ थीं जिन्हें सरकार, सामाजिक विचारकों और पेंटागन का वरदहस्त मिला हुआ था। इसके अतिरिक्त इन कम्पनियों को एनबीसी जैसी ब्राडकास्टिंग कम्पनी कास का समर्थन भी हासिल था जिसने एक कथित 'नीतिपूर्ण' पक्ष में वैश्विक वातावरण बनाने के लिए हज़ारों साक्षात्कार किये।[16]

लॉकहीड मार्टिन और हैलीबर्टन–दोनों तेल कॉरपोरेशनों के युद्ध में अत्यन्त लाभकारी स्थिति थी। हैलीबर्टन तो प्रकारान्तर में डिक चेनी और उनकी पत्नी की ही कम्पनी थी। लॉकहीड मार्टिन ने अकेले 2005 में करदाताओं की जेब से 25 अरब अमेरिकी डॉलर कमाये। इसके शेयर भाव में 2001 और 2006 के बीच तीन गुणा अधिक की बढ़ोतरी हुई।[17] बाज़ार की दृष्टि से इराक़ युद्ध एक बड़ी सफलता मानी जा सकती है, जिसे लेखिका नाओमी क्लिन ने अपनी 2007 में लिखी किताब 'दी शॉक डॉक्ट्रिन–दी राइज ऑफ़ डिज़ास्टर कैपिटलिज़्म' में 'विध्वंसक पूँजीवाद' का नाम दिया है। वे कहती हैं कि असली पैसा विदेशी भूमि पर युद्ध लड़ने से हासिल होता है, और जब अमेरिकी फ़ौज कहीं युद्ध लड़ने जाती है तो अपने साथ–साथ 'बर्गर किंग' और 'पिज्जा हट' भी उसके पीछे–पीछे वहाँ पहुँच जाते हैं क्योंकि सरकार के साथ इन कम्पनियों का फ़ौजी छावनियों में सैनिकों के लिए इराक़ से लेकर गुंतानामो की खाड़ी पर बसाये गये 'छोटे–से शहर' में फ्रैंचाइजी चलाने का क़रार है।[18]

इराक़ की 'अक्ल ठिकाने लगाने' के नाम पर उस पर आक्रमण करने के लिए एक आख्यान गढ़ने की आवश्यकता थी। इस तरह के आख्यानों के निर्माण में योजनाबद्धता, समन्वय, दृढ़ निश्चय और कठोर सत्य से झूठ की रचना करने की योग्यता बेहद ज़रूरी हैं। दुनिया को यह कहा गया कि 'शातिर बदमाश' सद्दाम हुसैन के पास बड़े पैमाने पर विध्वंस (डब्ल्यूएमडी) करने के हथियार उपलब्ध हैं जिनका इस्तेमाल कर

के वह बड़े नरसंहार और बर्बादी को अंजाम दे सकता है। उनमें तो कुछ हथियार ऐसे भी हैं जो सिर्फ़ पैंतालिस मिनटों की अल्पावधि में आज़माये जा सकते हैं। दुनिया को इसका विश्वास दिलाने के लिए ख़ासी मेहनत की गयी, जबकि यह सरासर झूठ था। दुनिया को बताया गया कि इराक़ के तार अल क़ायदा से जुड़े थे, इसलिए 9/11 के हमलों में वह बराबर का अपराधी था। दोनों की दोनों बातें ग़लत थीं। दुनिया से यह भी कहा गया कि सद्दाम दुनिया की सुरक्षा के लिए एक बड़ा ख़तरा था। यह बात भी सच्ची नहीं थी।

सच इससे बिल्कुल भिन्न था और आज भी है। सच को इस सन्दर्भ में समझने की ज़रूरत है कि अमेरिका वैश्विक परिप्रेक्ष्य में अपनी–अपनी भूमिका को कैसे देखता है और उस भूमिका के अनुकूल सिद्धान्तों को कैसे आत्मसात करता है। आख्यान के इस खेल में यह भी समझना होगा कि राजनेताओं की कोई रुचि सच में बिल्कुल नहीं है। वे बस सत्ता चाहते हैं और सत्ता में बने रहना चाहते हैं। उनकी सत्ता बनी रहे इसके लिए ज़रूरी है कि लोग अज्ञानता के माहौल में जीवित रहें, भले ही इस अज्ञानता के कारण उनकी जानें क्यों न चली जाये। जैसा कि हेरोल्ड पिंटर ने 2005 में नोबेल पुरस्कार हासिल करते हुए अपने सम्बोधन में कहा था, 'आम जनता को जिसने जकड़ कर घेर रखा है, वह झूठ का एक विशाल मकड़जाल और झूठे आख्यानों के आवरण में लिपटा धोखा है।[19]

सीआईए ने बुश के भेदियों को युद्ध में उनके लिए उपयोगी सूचनाओं से उपकृत करने से लगभग मना कर दिया था। रक्षा सचिव डोनाल्ड रम्सफेल्ड और उनके सहयोगियों को 'सही जानकारियाँ' हासिल करने अथवा 'जानकारियाँ निर्मित करने' के लिए अपने स्वयं की व्यवस्था विकसित करनी पड़ी थी ताकि उनके आख्यान को यथोचित तरीक़े से गढ़ा जा सके, जबकि राष्ट्रसंघ के निरीक्षक यह कह चुके थे कि इराक़ में किसी प्रकार का कोई 'विध्वंसक आयुध' (डब्ल्यूएमडी) नहीं पाया गया था। अमेरिका की अपनी ख़ुफ़िया सूचनाएँ भी इस सत्य की पुष्टि कर चुकी थीं।[20] अमेरिका के पक्ष में न केवल सभी संसाधन थे बल्कि एक भरोसेमन्द ब्रिटिश प्रधानमन्त्री का सहयोग था, लिहाज़ा नवरूढ़िवादियों ने न केवल राष्ट्रसंघ के सुरक्षा परिषद् (यूएनएससी) की खुल कर अवहेलना की अपितु वाइट हाउस ने अपनी पसन्द की ख़बरों को तरजीह दी और अपने विरोध

में उठने वाली हर एक आवाज़ का गला घोंट दिया। दुर्भाग्यवश और अप्रत्याशित रूप में ईरान इस क्षेत्र का सबसे ताक़तवर देश बन गया और उसे सीरिया और इराक़ का साथ हासिल हो गया। इराक़ियों ने अमेरिका को यथासम्भव करारा जवाब दिया और अफ़ग़ानी आपस में ही लड़ बैठे। ऐसे में अमेरिका दोहरे दलदल के बीच फँस गया जहाँ से सफलतापूर्वक निकलने की गुंजाइश नहीं के बराबर थी। विडम्बना यह थी कि यह डोनाल्ड रम्सफेल्ड ही थे जिन्होंने यह गर्वोक्तिपूर्ण दावा किया था, 'मैं दलदल जैसी स्थिति बनाने में विश्वास नहीं करता हूँ।'[21] उन्नीस साल बाद अमेरिका आज भी सम्मानजनक तरीक़े से अफ़ग़ानिस्तान से अपने निकलने का रास्ता तलाश रहा है, लेकिन दूर–दूर तक इसकी सम्भावना नहीं दिख रही है।

कुछ आख्याओं को अपनी अस्तित्व–रक्षा के लिए किसी सत्य के समर्थन की आवश्यकता नहीं होती, लेकिन इराक़ और अफ़ग़ानिस्तान दोनों ऐसे मामले थे जहाँ आख्यान मिथ्या और छल की बुनियाद पर गढ़े गये थे। इन आख्यानों को जीवन्त और गतिशील बनाये रखने के लिए कोई बैसाखी नहीं थी, लिहाज़ा आख़िरकार उनको लड़खड़ा कर गिरना ही था। इस पूरी प्रक्रिया में अमेरिका जो आज़ादी और न्याय का स्वयंभू चमकता हुआ सितारा था, पर कुछ निडर पत्रकारों ने एक युद्ध को तर्कसम्मत ठहराने के लिए गुप्तचर एजेंसियों के सरासर दुरुपयोग का आरोप ज़रूर लगाया। युद्ध में प्रयुक्त 'गहन पूछताछ की तकनीक' (अत्यधिक यातना) और 'असाधारण प्रतिपादन' (अन्य देशों में अपहरण के सन्दिग्ध आरोपियों के लिए नियमों में शिथिलता) ने अमानवीय आख्यानों की चमक को धूमिल करने में बड़ी भूमिका निभायी।

तेल, पैसा और ताक़त

समय और जोड़तोड़ द्वारा किये गये विलय और अधिग्रहण के उपरान्त मध्यपूर्व में तेल पर पश्चिम के एकाधिकार के प्रतिनिधि जिन चार विशालकाय तेल कॉरपोरेशनों के नाम उभरकर सामने आये–वे एक्सानमोबिल, शेवरॉन, शेल और बीपी थे। इसके अतिरिक्त बेचटेल, शेवरॉन, हैलीबर्टन और लॉकहीड मार्टिन ऐसी अन्य चार अमेरिकी कम्पनियाँ थीं जिन्होंने अकेले या साझेदारी में अधिक लाभ प्राप्त करने के लिए न केवल मुहिम चलायी

बल्कि लाभ हासिल भी किया। इस अभियान ने इराक़ तथा अन्यत्र स्थानों पर तेल पर एकाधिकार स्थापित करने के लिए बुश की नीतियों को समर्थन दिया। ये शेवरॉन के सीईओ केनेथ टी. डेर थे जिन्होंने कुछ साल पहले 1988 में यह टिप्पणी की थी, 'इराक़ के पास तेल और गैस का विशाल भण्डार है–मेरी हार्दिक इच्छा है कि इन भण्डारों तक शेवरॉन की पहुँच हो।'[22]

इस उपक्रम को निष्कर्ष तक पहुँचाने की युक्ति 1980 के दशक से ही एक जैसी रही है। उदाहरण के लिए, इराक़ पर दबाब बनाने के उद्देश्य से मध्यपूर्व के देशों को हथियारों की ख़रीद की होड़ में शामिल करने के लिए पूरे अमेरिकी प्रशासन को झोंक दिया गया। अगर इसके बावजूद इराक़ दबाब में नहीं आया तो सद्दाम को बिना किसी हिचक के सत्ता से बेदख़ल करने की कारवाई की शुरुआत, और इस कार्रवाई को बड़े आर्थिक लाभ के अवसर में तब्दील कर देना था। यह हैरत की बात नहीं थी कि मई 2003 में जब अमेरिका ने इराक़ पर हमला किया था, उसके बाद हैलीबर्टन के सीईओ जॉन गिब्सन ने यह उम्मीद ज़ाहिर की थी कि इराक़ सिर्फ़ एक मुखौटा है, असली निशाने पर तो 'लीबिया और ईरान' हैं। विश्लेषक अंटोनिया जुहास्ज ने 2006 में प्रकाशित अपनी किताब 'दी बुश एजेंडा' में आकलन किया था कि इराक़ का इतिहास बहुत अन्तरंग रूप में 'तेल, पैसा और ताक़त' से गुँथा हुआ है। इराक़ वास्तव में बड़े कॉरपोरेट हितों और सामरिक लक्ष्यों का पर्याय है।[23]

वाशिंगटन में भी 2005 के मध्य तक यही धारणा प्रचलित रही। विलियम पाफ ने अमेरिकन कंजर्वेटिव के 4 जुलाई, 2005 के अंक में इस बात का रहस्योद्घाटन किया कि गृह विभाग का नवगठित ब्यूरो ऑफ़ रिकंस्ट्रक्शन एंड स्टेबिलाइजेशन उन देशों को 'नये सिरे से सूचीबद्ध करेगा जिन्हें अमेरिका लोकतन्त्र के अपने कथित विचारों के विपणन हेतु हस्तक्षेप करने के योग्य समझेगा।' रक्षा विभाग ने ऐसे 'पच्चीस देशों को सूचीबद्ध किया है जिन्हें सम्भावित विखण्डन की दृष्टि से अमेरिका की निगरानी के तहत रखा गया है, और ब्यूरो–निदेशक अधिकारियों, ग़ैर–सरकारी नागरिकों और कारपोरेट व्यापार के विशेषज्ञों का एक 'रैपिड–रिएक्शन फोर्स' की नियुक्ति में व्यस्त हैं। उन्हें विश्वास है कि शीघ्र ही विभिन्न देशों में साथ–साथ और व्यापक स्तर पर तीन पुनर्निर्माण

अभियानों का आरम्भ किया जायेगा।'[24] इस प्रकार इस प्रकिया के इराक़ से शुरू होने के बाद लीबिया से गुज़रती हुई सीरिया में पूरी होने की सम्भावना है। अब प्रश्न यह नहीं है कि यह कोशिश कितनी गम्भीर और कारगर होगी, या यह मात्र एक दिखावा होगी, सवाल यह है कि इस कोशिश को कितनी गम्भीरता के साथ लिया जायेगा।

जनवरी 1998 में राष्ट्रपति बिल क्लिंटन को 'प्रोजेक्ट फ़ॉर दी न्यू अमेरिकन सेंचुरी' लिखित रूप में प्रस्तुत किया गया जिसमें किसी भी दूसरी प्रतिस्पर्धी महाशक्ति की अनुपस्थिति में अमेरिका के सम्भावित लाभ की रक्षा की महत्त्वाकांक्षी रणनीति का विस्तृत उल्लेख था। इस प्रोजेक्ट के अधोहस्ताक्षरी डीपीजी के प्रस्ताव पर पहले ही दस्तख़त कर चुके खलीलजाद और वोल्फोवित्ज़ के अलावा आर्मिटेज, जॉन बोल्टन, विलियम क्रिस्टल, डोनाल्ड रेम्सफेल्ड, रिचर्ड परले, जेम्स वूलसी और रोबर्ट जोलिक जैसे दिग्गज दक्षिणपन्थी थे। इस प्रस्ताव में वैश्विक स्तर पर शक्ति–विरतार के प्रयासों के आरम्भ पर विशेष बल दिया गया था। दूसरे अर्थों में इसकी व्याख्या इस रूप में भी की जा सकती है कि तेल और गैस के मौजूदा भण्डारों पर क़ब्ज़े के लिए अमेरिका इराक़ और ईरान जैसे बिगड़ैल देशों को सबक सिखाने के लिए कृतसंकल्प था।

जल्दी ही इस नवरूढ़िवादी अभियान ने तूल पकड़ लिया और कुछेक हफ़्ते बाद ही रिचर्ड परले ने 'सेंटर फॉर पीस एंड सिक्यूरिटी इन दी गल्फ़' की बैठक की अध्यक्षता करते हुए सद्दाम हुसैन का तख़्तापलट करने की माँग की। वास्तविकता तो यह थी कि नवरुढ़िवादियों द्वारा वाइट हाउस पर 11 सितम्बर, 2001 के हमले के पहले से ही दबाव बनाया जा रहा था।[25] उन्हें सिर्फ़ एक मज़बूत मौके का इन्तज़ार था जिससे आमलोगों की स्वीकृति हासिल करने का एक बहाना मिल जाये और वे अपनी नीतियों को व्यावहारिक रूप दे सकें। इराक़ में युद्ध के लिए बजाई जाने वाली दुन्दुभि की आवाज़ें लगातार तेज़ होती जा रही थी।[26]

जॉर्ज डब्ल्यू. बुश की 'नेशनल एनर्जी पॉलिसी डेवलपमेंट ग्रुप' (जो कि उपराष्ट्रपति डिक चेनी के दिमाग़ की उत्पत्ति था) ने अपनी सिफ़ारिश में तेल–समृद्ध देशों के साथ अमेरिका के सम्बन्धों को प्रगाढ़ करने की आवश्यकता पर बल दिया था, और साथ ही यह भी कहा था कि अमेरिका को इन क्षेत्रों में अपना प्रभाव और व्यापक करना चाहिए।[27]

2001 की 'क्वाड्रेनियल डिफेंस रिव्यू' ने अनुशंसा की थी कि अमेरिका को दुनिया भर के किसी भी महत्त्वपूर्ण ठिकाने पर सेना भेज सकने के अपने अधिकार को बनाये रखना चाहिए। यहाँ तक कि मध्यपूर्व के उन क्षेत्रों को भी महत्त्वपूर्ण ठिकानों के रूप में जो तेल–उत्पादन में अग्रणी थे। स्पष्ट था कि तेल से सम्बन्धित निजी हित और अमेरिका का सामरिक हित–दोनों रेखाएँ संयोगवश एक–दूसरे को एक ही अक्षांश पर काट रही थीं। लक्ष्य निर्धारित किया जा चुका था, उस लक्ष्य को प्राप्त करने के लिए योजनाएँ भी बन चुकी थीं, अब सिर्फ़ एक आख्यान की आवश्यकता और अवसर की प्रतीक्षा थी। अमेरिका को बग़दाद में एक ऐसी सरकार चाहिए थी जो पश्चिम की पिट्ठू हो ताकि अमेरिका इराक़ में अपना ठिकाना बना कर अपने हितों की रक्षा कर सके और साथ ही ईरान को अपने प्रभुत्व के विस्तार की मंशा पर अंकुश लगा सके। यह तय था कि शासन में परिवर्तन लाये बिना इस उद्देश्य को प्राप्त करना मुश्किल था, और ब्रिटेन की सहज सहमति के बाद अमेरिका को यह एक मामूली काम लग रहा था।

आतंकियों द्वारा अमेरिका पर 11 सितम्बर, 2001 के हमले के कुछेक घण्टों बाद अमेरिका के रक्षा सचिव डोनाल्ड रेम्सफेल्ड ने पूर्वनिर्धारित योजना का एक सूत्र दिया। 'इससे बेहतर अवसर शायद ही दोबारा मिले। हमें जल्दीबाज़ी दिखानी होगी,' अपने सहयोगी द्वारा दी गयी रिपोर्ट के आधार पर उन्होंने कहा था। 'निकट अवधि लक्ष्य बनाने की आवश्यकता है, और इसके लिए तत्परता दिखानी होगी ताकि स्थिति पर पूर्ण नियन्त्रण स्थापित किया जा सके। भले ही वह हमारे काम की चीज़ हो या नहीं हो।'[28] अमेरिका पहले ही ओसामा बिन लादेन को हमले का मुख्य आरोपी घोषित कर चुका था, लेकिन रेम्सफेल्ड को इराक़ के ख़िलाफ़ सबूत की तलाश थी। दो सप्ताह बाद जब रेम्सफेल्ड अमेरिकियों को ख़बरदार कर रहे थे कि उन्हें निकास की रणनीति के बारे में भूल जाना चाहिए तो उन्हें जैसे इस बात का पूर्वानुमान था कि यह युद्ध एक अनिर्धारित समय तक भी जारी रह सकता है।[29] रेम्सफेल्ड का पूरा ध्यान सद्दाम हुसैन पर केन्द्रित था। इस बात का पता उनकी एक लिखित टिप्पणी से चलता है। उन्होंने लिखा था, 'काम की जानकारी जल्दी से जल्दी। एसएच (सद्दाम हुसैन)

को उसी समय निशाने पर लेना ठीक होगा कि नहीं, इसका फ़ैसला मौक़े के मुताबिक़ लीजिए–सिर्फ़ यूबीएल (पेंटागन के लिए उसामा/ओसामा बिन लादेन का संक्षिप्त रूप) के बारे में ही नहीं सोचना है।'[30]

जॉर्ज डब्ल्यू. बुश द्वारा अमेरिका के तैतालिसवें राष्ट्रपति का पदभार–ग्रहण करने के दस दिनों बाद ही उन्होंने राष्ट्रीय सुरक्षा की अपनी पहली बैठक 30 जनवरी, 2001 को बुलाई। पश्चिमी पट्टी और गाजा पर कुछ आरम्भिक टीका–टिप्पणियों के साथ–साथ बैठक की शुरुआत हुई, तभी बुश ने अपने राष्ट्रीय सुरक्षा सलाहकार को पलट कर देखा और पूछा, 'तो, कोंडी, आज हम किस मुद्दे पर बात करने जा रहे हैं?' कोंडोलीजा राइस ने जवाब दिया, 'राष्ट्रपति महोदय, इस मुद्दे पर कि इराक़ की वजह से पूरे इलाक़े की शान्ति ख़तरे में पड़ गयी है।' अनेक विश्लेषकों के अनुसार यह बातचीत एक पूर्वनियोजित पटकथा का हिस्सा थी।[31] इसके बाद सीआईए के निदेशक जॉर्ज टेनेट ने एक टेबलक्लॉथ के आकार का फ़ोटो निकाल कर बैठक में पेश किया जो उनके मुताबिक़, सम्भवतः हथियारों के लिए जैविक सामग्रियाँ बनाने वाले किसी कारख़ाने की तस्वीर थी। हालाँकि उन्होंने यह भी जोड़ा कि उन सामग्रियों की पुष्टि के लिए उनके पास कोई गोपनीय प्रमाण नहीं था।

रेम्सफेल्ड की अगुआई में सरकार पर यह दबाव बनाया गया कि युद्ध में किसी भी तरह की देरी नुक़सानदेह साबित हो सकती है। युद्ध के औचित्य पर सन्देह करने वाले वित्त सचिव पॉल ओ'नील जैसे शंकालु नेताओं को इस बैठक में आमन्त्रित भी नहीं किया गया। 'सद्दाम हुसैन के बिना इराक़ की शासन व्यवस्था की कल्पना कीजिए, और यह भी सोचिए कि अमेरिकी हितों का साथ देने वाली इराक़ की नयी शासन व्यवस्था कैसी होगी,' रेम्सफेल्ड ने कहा था। 'इसकी बदौलत इस क्षेत्र में ही नहीं बल्कि इससे परे भी सारी स्थितियाँ पूरी तरह से बदल जायेंगी। इसके परिणामस्वरूप पूरी दुनिया को अमेरिकी नीतियों की जानकारी मिल जायेगी।[32] दूसरी तरफ़ नवरूढ़िवाद के नये मठाधीश युद्ध के विकल्प पर चलने के लिए आतुर थे। यदि दुनिया को यह बताया जाता कि सद्दाम हुसैन के पास 'विध्वंसक आयुध' हैं वह ऐसे हथियार बनाने की कोशिश में है, और इसके कारण इस क्षेत्र में उपस्थित अमेरिकी सेना को गम्भीर ख़तरे का सामना करना पड़ सकता है, तो इसका कूटनीतिक और

सामरिक लाभ उठाया जा सकता था। साथ ही सद्दाम के तख़्तापलट से डब्ल्यूएमडी के विकल्प पर चलने की सोचने वाले देशों का हौसला तोड़ने में भी ख़ासी मदद मिलती।

उपराष्ट्रपति डिक चेनी के पास अमेरिका प्रभुसत्ता के समक्ष उत्पन्न ख़तरों के ख़िलाफ़ अपना ही जवाबी सिद्धान्त था। 'विध्वंसक आयुधों' (डब्ल्यूएमडी) के अल क़ायदा और इस्लामी आतंकियों के हाथ लगने के सम्भावित ख़तरों पर जॉर्ज टेनेट के साथ चर्चा करते हुए चेनी ने कहा था, 'यदि इस बात की एक प्रतिशत भी सम्भावना है कि पाकिस्तानी वैज्ञानिक अल क़ायदा को परमाणु बनाने अथवा विकसित करने में मदद कर रहे हैं तो हमें इस बात को पूरी गम्भीरता से लेने की ज़रूरत है। इसकी सच्चाई का विश्लेषण करने या इसके ठोस प्रमाण की प्रतीक्षा में समय नष्ट किये बिना हमें जवाबी कार्रवाई के बारे में सोचना होगा।'[33] अमेरिका पर जब यह दबाव बढ़ने लगा कि वह सद्दाम के पास 'विध्वंसक आयुध' (डब्ल्यूएमडी) होने के प्रमाण प्रस्तुत करे, और जब राष्ट्रसंघ के पर्यवेक्षकों ने भी यह ज़ोर डालते हुए कहा कि इसका कोई प्रमाण नहीं है कि सद्दाम के पास ऐसा कोई हथियार है, तब रेम्सफेल्ड ने टिप्पणी करते हुए कहा कि 'प्रमाणों की अनुपस्थिति को हथियारों की अनुपस्थिति मानना ठीक नहीं है।'[34] चेनी के सिद्धान्त और रेम्सफेल्ड के दावे ने यह बात पूरी तरह से स्पष्ट कर दी कि आने वाले दिनों में अमेरिका की क्या नीति होगी।

यह एक विडम्बना ही कही जायेगी कि इराक़ के ख़िलाफ़ युद्ध के पैरोकारों में वे लोग अच्छी–ख़ासी संख्या में थे जो विएतनाम में अपनी सेवा देने से किसी तरह बच निकलने में क़ामयाब रहे थे। इन लोगों में ख़ुद बुश जूनियर, डिक चेनी, पॉल वोल्फोवित्ज़, उनके बेहद प्रिय मित्र रिचर्ड परले, चेनी के राष्ट्रीय सुरक्षा सलाहकार स्कूटर लिबी, वाइट हाउस के चीफ़ ऑफ़ स्टाफ एंड्रू कार्ड और कई दूसरे लोग शामिल थे।[35] 11 सितम्बर, 2001 के दूसरे दिन ही बुश के ख़ासमख़ास सलाहकारों की ज़ुबान पर इराक़ का नाम था (36), और कुछ दिनों के बाद कैम्प डेविड में वोल्फोवित्ज़ ने बुश के कानों में फुसफुसाते हुए कहा था कि आतंकी हमले ने अमेरिका को मध्यपूर्व के इस देश पर हमला करने के लिए अच्छा अवसर दे दिया है।[37]

एक अन्य नवरूढ़िवादी माइकल लेडीन ने वालस्ट्रीट जर्नल में लिखा था कि इराक़ के साथ–साथ अमेरिका का अगला लक्ष्य सीरिया, ईरान और सऊदी अरब की सरकारें हो सकती हैं।[38] लेकिन चेनी ने अपेक्षाकृत धैर्य से काम लिया।[39] 2001 के शरद काल में इटली में इस आशय की अफ़वाहें उड़ी कि कोई व्यक्ति सद्दाम हुसैन द्वारा नाइज़र से टनों की मात्रा में यूरेनियम ख़रीदने की कोशिशों से सम्बन्धित जानकारियाँ बेचना चाहता है। हालाँकि यह एक सन्दिग्ध जानकारी थी और इस सौदे के बारे में कल्पना करना भी विचित्र था, लेकिन इटली ने पूरी जानकारी का संक्षेप–रूप ब्रिटेन को दे दिया। बदले ब्रिटेन ने इन ख़बरों को अमेरिका के साथ साझा कर दिया। सीआईए ने इस रिपोर्ट को अधिक गम्भीरता से नहीं लिया क्योंकि यह किसी तीसरे पक्ष द्वारा दी गयी। अपुष्ट सूचनाएँ थीं। बहरहाल अमेरिकी भेदिये अपने काम में लग चुके थे और उन्होंने नाइज़र के साथ इस तथाकथित सौदे के बारे में चेनी के सामने जानकारियों का अम्बार खड़ा करने में कोई कसर नहीं उठा रखी थी।[40]

हमले के पहले अमेरिका में अनेक नाटकीय घटनाक्रम हुए। ख़ुफ़िया सूचनाओं के साथ छेड़छाड़ की गयी और कई बार तो सूचनाओं की अनदेखी भी की गयी। इसमें कोई हैरत की बात नहीं थी क्योंकि 1980 के दशक से ही बुश की नवरूढ़िवादी साज़िश के मुताबिक़ इराक़ के भक्षण और उसके बाद अमेरिका को होने वाले आर्थिक–सामरिक मुनाफ़े के इर्द–गिर्द रची जाने की शुरुआत हो चुकी थी। मुख्यधारा की मीडिया भी सरकारी नीति से क़दमताल मिला रही थी। बहरहाल अब सिर्फ़ एक हमले के आधिकारिक उद्घोष के लिए एक शुरुआती बमबारी की ज़रूरत थी जिसके आधार पर मीडिया अमेरिका के कथित 'आधिकारिक शत्रु' के ख़िलाफ़ कार्रवाई या शत्रुराष्ट्र में हस्तक्षेप की बुनियाद रख सके।

इसके बाद ही डाउनिंग स्ट्रीट द्वारा वह प्रसिद्ध ज्ञापन जारी किया जिसमें ब्रिटिश ख़ुफ़िया प्रमुख–सी को यह कहते हुए उद्धृत किया गया था कि उन्हें वाशिंगटन के रवैये में एक साफ़ बदलाव दिख रहा था। सैन्य कारवाई अब अपरिहार्य थी। 'आतंकवाद और विध्वंसक आयुधों' (डब्ल्यूएमडी) को आधार बनाकर बुश सैनिक हस्तक्षेप के ज़रिये सद्दाम को बेदख़ल करना चाहते थे और, ख़ुफ़िया सूचनाओं और तथ्यों को इसी नीति के अनुसार जुटाने की कोशिशें हो रही थीं। राष्ट्रीय सुरक्षा परिषद् के

पास इतना धैर्य नहीं था कि वह राष्ट्रसंघ के सुझाए गये निर्देशों पर चले, और इराक़ी शासन व्यवस्था के रिकार्डों को सार्वजनिक रूप से प्रकाशित करने में भी अधिकारियों ने कोई रुचि नहीं दिखाई। सैनिक कारवाई के सम्भावित परिणामों पर वाशिंगटन ने आपस में या मित्र–देशों के साथ बातचीत करने की कोई ज़रूरत नहीं समझी।'[41]

एजेंडे के अनुरूप आख्यान का निर्माण

कोई भी शुरुआती दुश्मन बमबारी तब की जाती है जब उसकी कुत्सित कार्रवाई के बारे में नाटकीय ढंग से कोई प्रमाण हाथ लग जाने का दावा किया जाता है ताकि राष्ट्र अथवा मानवता की रक्षा के नाम पर शत्रुराष्ट्र पर निशाना साधने के उपयुक्त बहाने मिल जायें। वह नया बहाना या प्रमाण इतना सशक्त होता कि वह सभी पूर्वस्थितियों को एक झटके में बदल देने की क्षमता रखे। आख्यान के लिए यह भी आवश्यक है कि वास्तविक युद्ध छिड़ने से पहले जनसाधारण युद्ध की अनिवार्यता को स्वीकार कर ले।

2002 के मध्य तक जादुई छड़ी हाथ लग चुकी थी। सितम्बर 2002 में ब्रिटेन में ब्लेयर सरकार ने इराक़ के 'विध्वंसक आयुधों' (डब्ल्यूएमडी) पर अपने कुख्यात डोजियर को सार्वजनिक कर दिया। डोजियर में एक नाटकीय 'सत्य' उजागर किया गया था जो दुनिया के लिए बिल्कुल नया था, कि इराक़ ने 'विध्वंसक आयुधों' को सिर्फ़ पैंतालिस मिनट के भीतर ब्रिटेन के ख़िलाफ़ तैनात करने की क्षमता हासिल कर ली थी। बाद में ख़ुफ़िया अधिकारियों ने यह राज़ खोला कि यह दावा दरअसल उस समय के अन्तराल के बारे में किया गया था जो इराक़ को अपने स्कड मिसाइलों या रॉकेट लांचरों में ईंधन भरने और उन्हें प्रक्षेपित करने में लगने वाला था। किन्तु इराक़ के पास क्या सचमुच रासायनिक अथवा जैविक हथियार और उनका प्रयोग करने के माध्यम थे, इस बारे में असली ख़ुफ़िया सूचनाओं में किसी तरह की पुष्टि नहीं की गयी थी।[42] इराक़ के इस कथित डब्ल्यूएमडी के बारे में प्रकाशित इस डोजियर को 'कुटिल डोजियर' का भी नाम दिया गया। यह झूठे और छलपूर्ण तथ्यों से भरा हुआ था और बाद में इस पूरी फ़ाइल को कुत्सित और लज्जाजनक माना गया।[43]

स्पष्ट बात थी कि ख़ुफ़िया एजेंसियों का दुरुपयोग राजनीतिक स्वार्थों से प्रेरित होकर और युद्ध के लिए अनुकूल वातावरण बनाने के उद्देश्य से किया गया था।

बहरहाल बुश प्रशासन, जिसे इराक़ पर हमला करने से पहले एक अनुकूल आख्यान की तलाश में था, ने इराक़ में डब्ल्यूएमडी होने के प्रमाण ढूँढ़ने की आवश्यकता पर ज़ोर दिया। सद्दाम को ऐसे किसी भी आरोप से बरी करने वाली समीक्षाओं को बुश सरकार मानने को बिल्कुल तैयार नहीं थी। जैसे अमेरिकी पर्यवेक्षक स्कॉट रिटर ने यह दावा किया कि इराक़ के सभी संसाधनों के बारे में उन्हें शत–प्रतिशत जानकारियाँ उपलब्ध हैं, उसी क्षण वे अमेरिकी प्रशासन की दृष्टि में सर्वाधिक अवांछित व्यक्ति बन गये।[44] फेडरल रिज़र्व गवर्नर्स बोर्ड के पूर्व अध्यक्ष एलन ग्रीनस्पान ने जब चूकवश यह कह दिया कि इराक़ युद्ध की असल वजह तेल पर क़ब्ज़ा है, उन्हें फ़ौरन अपनी बात वापिस लेने का निर्देश दिया गया। बमबारी हमलों की शुरुआत कर दी गयी थी और इराक़ में सेंधमारी करने वालों का जमावड़ा शुरू हो चुका था। बहरहाल युद्धोपरान्त काल में एक्सान–शेल और बीओ मिडिल ईस्ट ने इराक़ी तेल के ज़रिये अरबों डॉलर की होने वाली भारी कमाई ने ग्रीनस्पान के उस 'चूकवश' कथन को पुष्ट कर दिया।[45]

और भी कई लोग थे जिन्होंने इराक़ पर आक्रमण की इस अमेरिकी योजना का गम्भीर और ईमानदार विरोध किया था। उनमें एक CENTCOM के कमांडर जनरल टॉमी फ्रैंक्स थे, जिन्होंने सितम्बर 2002 में राष्ट्रीय सुरक्षा परिषद् (एनएससी) की एक बैठक में राष्ट्रपति बुश से साफ़–साफ़ लफ़्ज़ों में कहा, 'राष्ट्रपति महोदय, हम पिछले दस सालों से इराक़ में स्कड मिसाइलों और दूसरे ख़तरनाक हथियारों (डब्ल्यूएमडी) की तलाश कर रहे हैं लेकिन हमें आज तक एक भी हथियार नहीं मिला है।'[46] बड़े संस्थानों से सम्बन्ध रखने वाले अनेक ज़िम्मेदार और वरिष्ठ लोगों ने भी जॉर्ज बुश को युद्ध की अनावश्यकता के प्रति आश्वस्त करने के प्रयास किये। इनमें अमेरिका के सुविख्यात रणनीति विशेषज्ञ जॉर्ज केनन और राष्ट्रीय सुरक्षा सलाहकार (एनएसए) ब्रेंट स्कोव्क्रोफ्ट के अतिरिक्त सुरक्षा बलों से सम्बन्ध रखने वाले कई दूसरे लोग भी शामिल थे। स्कोव्क्रोफ्ट को इस बात की आशंका थी कि इराक़ पर अपनी तरफ़

से पहला और इकतरफ़ा हमला आतंक के विरुद्ध युद्ध को मिलने वाले वैश्विक समर्थन के लिए कुल मिलाकर नुक़सानदेह साबित हो सकता है। वाइट हाउस के चीफ़ ऑफ़ स्टाफ एंड्रू कार्ड यह भलीभांति जानते थे कि इराक़ के विरुद्ध युद्ध का आरम्भ सितम्बर महीने, 9/11 की बरसी से पहले नहीं होने वाला था। कम–से–कम अगस्त में तो इसकी शुरुआत होने की कोई सम्भावना नहीं थी। बहरहाल सितम्बर तक इराक़ समेत पूरे मध्यपूर्व में भय का माहौल बनाने वाली यह शुरुआती बमबारी अपनी पराकाष्ठा पर पहुँच चुकी थी। चेनी, पॉवेल, रेम्सफेल्ड और कोंडोलीजा राइस जैसे सभी राजनीतिक और प्रशासनिक धुरंधर फ़ॉक्स न्यूज़, सीबीएस, सीएनएन और एनबीसी के ज़रिये इराक़ युद्ध की आवश्यकता साबित करने की कोशिशों में जुट गये थे।[47]

एक तरफ़ सद्दाम अमेरिका को व्यापारिक रियायतें देने के बहाने समय खींचने की कोशिशों में लगा हुआ था, जबकि दूसरी तरफ़ अमेरिका की तरफ़ से बमबारी और आख्यान गढ़ने की प्रक्रिया लगातार जारी थी। सद्दाम को अपने लोगों के साथ–साथ अरब दुनिया में भी अपनी साख की चिन्ता थी। हर कोई उसे उस दृष्टि से नहीं देखता था जैसा कि अमेरिका उसे दिखाना चाहता था। इराक़ का मध्यमवर्ग और ग़रीब तबका उसे अपने हक़ में अमेरिका से दुश्मनी मोल लेने वाले एक जांबाज लड़ाके के तौर पर देखता था। अमेरिका के कठोर आर्थिक प्रतिबन्धों के बाद से इराक़ में नवजात शिशुओं की औसत मृत्यु दर बढ़ कर दोगुनी हो चुकी थी। पूरे अरब जगत और कुछ यूरोपियों की भी नज़र में सद्दाम महाशक्ति का विरोध करने वाला एकमात्र प्रतीक–पुरुष था।[48]

अपने नवरूढ़िवादी सलाहकारों का ऐसा अभूतपूर्व समर्थन पाकर जॉर्ज डब्ल्यू. बुश एक हर्षोन्माद की स्थिति में थे। 7 सितम्बर, 2002 को कैम्प डेविड में पत्रकारों से बातचीत करते हुए उन्होंने बताया कि अन्तरराष्ट्रीय परमाणु ऊर्जा अभिकरण (आईएईए) को एक चौंकाने वाला सबूत हाथ लगा था कि इराक़ छः महीने के भीतर परमाणु हथियार बनाने की स्थिति में पहुँच चुका था। एक हफ़्ते बाद अपने साप्ताहिक रेडियो सम्बोधन में उन्होंने यही बात फिर से दोहरायी।[49] 8 सितम्बर को 'न्यूयॉर्क टाइम्स' ने एक दुर्भावनापूर्ण और सनसनीखेज़ ख़बर छापी जिसका शीर्षक था, 'थ्रेट्स एंड रिस्पांसेज़–दी इराक़ीज़, सेज़ हुसैन इंटेन्सिफाएज़ क्वेस्ट

फॉर ए–बम पार्ट्स।'[50] जूडिथ मिलर और माइकल गोर्डोन जैसे मशहूर पत्रकारों ने लिखा कि ख़तरनाक हथियार बनाने की परियोजना को हमेशा के लिए त्याग देने की सद्दाम हुसैन की वचनबद्धता के दस साल बाद ही इराक़ चोरी–छुपे परमाणु हथियार बनाने की महत्त्वाकांक्षा से प्रेरित होकर दूसरे देशों से परमाणु बम बनाने के लिए ज़रूरी सामग्रियों का बन्दोबस्त करने में जुट गया था। इस बात का सबूत सद्दाम द्वारा एल्युमीनियम ट्यूब हासिल करने की कोशिश थी जिसका उपयोग यूरेनियम के अपकेन्द्रण और संवर्द्धन में करने की योजना थी। साथ ही इराक़ से भाग कर दूसरे देशों में शरण लेने वाले बाग़ियों ने भी कथित रूप से यह जानकारी दी कि उनका देश रसायनिक और जैविक हथियारों को और अधिक विकसित करने की अपनी क्षमता का विस्तार करने के प्रयासों में लगा है।[51]

बुश प्रशासन के लिए अपनी गतिविधियों को और तेज़ कर देने के लिए यह पर्याप्त संकेत था और उसने ख़तरों को रेखांकित करने के लिए अनेक साक्षात्कारों की मदद लेने की नीति अपनायी। इस पूरी योजना को सायासपूर्वक उसी महीने होने वाले कांग्रेस के चुनावों के अनुरूप निर्धारित किया गया। उन अनाम अधिकारियों के वक्तव्यों को उद्धृत किया गया जिन्होंने इराक़ के आसमान पर कथित रूप से परमाणु विस्फोट के बाद छाये हुए बादलों का हवाला दिया था। कोंडोलीजा राइस ने सीएनएन को दिये गये साक्षात्कार के क्रम में वुल्फ ब्लिटजर से यही बात कही थी।[52] गृह विभाग में नीति निर्धारण के तत्कालीन निदेशक रिचर्ड हास ने जब अपना सन्देह व्यक्त किया, तब कोंडोलीजा राइस ने उन्हें निश्चिन्त रहने की सलाह दी और कहा, 'राष्ट्रपति महोदय इस बारे में पहले से अपना मन बना चुके हैं।'[53] देश के भीतर युद्ध का विरोध करने वालों को राष्ट्रविरोधी कहा गया। इराक़ का नाम अल क़ायदा से जोड़ दिया गया जबकि इस बात का कोई पुख़्ता सबूत नहीं था, और उसे अमेरिका के लिए एक बड़ा ख़तरा कहा गया। हमेशा की तरह इस बार भी भय ने अपना काम किया, और यह सिर्फ़ एक सर्वसत्तावादी शासन–व्यवस्था की विशेषता नहीं थी। सितम्बर 2002 में अमेरिकी कांग्रेस ने अद्भुत रूप में युद्ध के पक्ष में अपना मत दिया।

कांग्रेस का समर्थन पाकर बुश बेतरह उत्साहित थे। सिनसिनाटी में अपने श्रोताओं को सम्बोधित करते हुए उन्होंने कहा, 'इराक़ की सरकार

के पास रासायनिक और जैविक हथियार होने के पुख़्ता सबूत हैं। अब यह परमाणु हथियार हासिल करने की कोशिश में है। इसने केवल आतंकवाद को प्रश्रय और समर्थन ही नहीं दिया है बल्कि अपने ख़ुद के लोगों के ख़िलाफ़ भी क्रूर कार्रवाई भी की है।' उस समय आईएईए के महानिदेशक रहे मोहम्मद अल बरदी ने इस पर टिप्पणी करते हुए कहा, 'ग़लत, अप्रमाणित और भ्रामक सूचनाओं से भरे हुए वक्तव्यों के सहारे अमेरिका ने इराक़ में सत्ता परिवर्तन के अपने अभियान का श्री गणेश किया।'[54] अपनी किताब 'दी एज ऑफ़ डिसेप्सन' में अल बरदी ने राष्ट्रसंघ के प्रति बुश प्रशासन के तिरस्कारपूर्ण विचारों के बारे में भी विस्तार से लिखा है।

अल बरदी की राष्ट्रपति चेनी के साथ कुछ हफ़्ते बाद ही हुई पहली मुलाक़ात बहुत छोटी रही थी। उस वक़्त चेनी और अल बरदी तथा आईएईए के पूर्व प्रमुख और इराक़ में डब्ल्यूएमडी की तलाश के लिए गठित 'यूनाइटेड नेशंस मोनिटरिंग, वेरिफिकेशन एंड इंस्पेक्शन कमीशन के नियुक्त अध्यक्ष हांस ब्लिक्स के बीच बस काम लायक गपशप हुई। 'अमेरिका राष्ट्रसंघ के पर्यवेक्षकों के साथ सहयोग करने को तैयार है किन्तु हम इराक़ को निहत्था करने के लिए उनकी जाँच को ठुकराने से भी नहीं बाज़ आयेंगे।'[55] उसी दिन बाद में जब अल बरदी और ब्लिक्स बुश से दोबारा मिले तो उनके इस एकतरफ़ा संवाद से दोनों को यह बात समझ में आ गयी कि वे 'टेक्सास के कोई बदमिज़ाज काउब्वॉय नहीं थे, बल्कि शान्तिपूर्ण तरीक़े के नाकाम हो जाने की स्थिति में वे गठबन्धन का नेतृत्व करने की ख़्वाहिश भी रखते थे। ज़ाहिर बात थी, अमेरिकी प्रशासन केवल एक औपचारिक खानापूर्ति कर रहा था, अन्यथा वे अपना मन पहले से ही बना चुके थे।

बुश ने 2002 में अमेरिकी संघ के राज्यों को सम्बोधित करते हुए इस बात की संकेत दे दिये थे जब उन्होंने कहा था, 'संयुक्त राज्य अमेरिका दुनिया के सबसे ख़तरनाक शासन व्यवस्था को दुनिया के सबसे ख़तरनाक और विध्वंसकारी हथियारों का निशाना बनने की इजाज़त हरगिज़ नहीं देगा।'[56] इसलिए, सरल तर्क यही था कि अमेरिका के लिए सद्दाम को निहत्था और सत्ताविहीन करना आवश्यक था।

अक्टूबर 2002 तक यह स्पष्ट हो गया था कि बुश के नवरूढ़िवादी सहयोगी वैचारिक युद्ध को अपने पक्ष में जीत चुके थे। प्यु शोध केन्द्र

ने अपने सर्वेक्षण में यह पाया था कि 66 फ़ीसदी अमेरिकी यह मानते थे कि सद्दाम हुसैन 9/11 के हमलों में शामिल था और 79 फ़ीसदी लोगों को यह विश्वास था कि उसके पास या तो परमाणु हथियार थे या वह उन्हें जल्दी ही हासिल करने की स्थिति में था। नाइट राइडर द्वारा किये गये एक अन्य सर्वेक्षण के अनुसार प्रश्न पूछे गये लोगों में तक़रीबन आधे लोग यह मानते थे कि 9/11 के हमलों में एक इराक़ी भी शामिल था, जब कि सच्चाई यह थी कि किसी भी इराक़ी की संलिप्तता इस आतंकी कारवाई में नहीं थी।[57]

आख़िरकार अड़ियल और आक्रामक अमेरिकी नवम्बर 2002 में इराक़ में डब्ल्यूएमडी की दोबारा जाँच–पड़ताल करने में क़ामयाब रहे। यह जाँच–पड़ताल तीन महीने चली और इसमें भी अमेरिकियों को कुछ भी हाथ नहीं लगा। जब इराक़ियों ने 11,800 पन्नों का अपना प्रतिवेदन अमेरिका के हवाले किया तब इराक़ी फ़ौज के लेफ़्टिनेंट जनरल होसैन मोहम्मद अमिन ने यह घोषणा की कि देश में डब्ल्यूएमडी होने का कोई सबूत नहीं मिला था। लेकिन इस बारे में बुश का तर्क बिल्कुल भिन्न था। उन्होंने पहले से ही जैसे यह तय कर रखा था कि डब्ल्यूएमडी के बिना कोई भी हथियार सम्बन्धी घोषणापत्र झूठ के सिवा और कुछ नहीं है। लिहाज़ा राष्ट्रपति ने इराक़ की उक्त घोषणा को भी एक लतीफ़े की तरह ख़ारिज करते हुए यह स्पष्ट कर दिया कि उनके असली निशाने पर सद्दाम है।

इसके बाद छल–प्रपंच और हाथ की सफ़ाई का एक लम्बा दौर चला। संयुक्त राष्ट्रसंघ सुरक्षा परिषद् (यूएनएससी) के अस्थायी सदस्यों के सामने प्रतिवेदन को रखते हुए अमेरिकियों ने उसके 8,000 पृष्ठों को सम्पादित–संशोधित कर दिया। वे नहीं चाहते थे कि दस अस्थायी सदस्यों को इस बात की जानकारी होने पाये कि विगत वर्षों में अमेरिका की सरकार और चौबीस अमेरिकी व्यापारिक घरानों ने इराक़ को अवैध तरीक़े से मध्यम दूरी के मिसाइलों, राकेटलॉन्चरों, रसायनों अथवा रासायनिक एजेंटों तथा अन्य सामरिक सामग्रियों की आपूर्ति की थी। इन व्यापारिक घरानों में हनीवेल, यूनिसिस, रॉकवेल, स्पेरी, हेवलेट–पैकार्ड, डुपोंट, ईस्टमैन कोडक और कई अन्य कम्पनियाँ शामिल थीं। 1986 और 1989 के बीच दोनों देशों अथवा कम्पनियों के बीच तिहत्तर सौदे हुए जिनमें

हथियार की श्रेणी में आने वाले एंथ्रेक्स बनाने में आवश्यक जीवाणु संवर्द्धक, आधुनिकतम कम्प्यूटर और जेट इंजनों तथा रॉकेटों की मरम्मत करने वाले उपकरण आदि शामिल थे।[58] ये सभी सामान संयुक्तराष्ट्र के पर्यवेक्षकों के दस्ते द्वारा 1991 से 1998 के बीच नष्ट कर दिये गये।[59]

सद्दाम के दामाद हुसैन कमाल अल–मर्ज़ीद ने, जो 1995 में इराक़ छोड़ कर भाग निकलने से पहले दस सालों तक देश के डब्ल्यूएमडी कार्यक्रम का मुखिया रहा था, सीआईए, ब्रिटिश ख़ुफ़िया विभाग और संयुक्तराष्ट्र के पर्यवेक्षकों को यह बताया था कि इराक़ ने पहले खाड़ी युद्ध के बाद ही अपने सभी रासायनिक और जैविक हथियारों को नष्ट कर दिया था।[60] 2002 तक इराक़ इस क्षेत्र के सबसे कमज़ोर राष्ट्रों में एक बन चुका था जिसे पिछले दस सालों में अपने ज़्यादातर हथियारों को नष्ट कर देने के लिए मजबूर कर दिया गया था। उस साल उसने अपनी फ़ौज पर सिर्फ़ 1.4 अरब अमेरिकी डॉलर ख़र्च किये थे जबकि इराक़ को अपने लिए सबसे बड़ा ख़तरा मानने वाले अमेरिका ने इराक़ की तुलना में 300 गुना ज़्यादा पैसे इस मद में ख़र्च किये थे।

दिसम्बर 2002 और मार्च 2003 के बीच इराक़ ने मध्यस्थों के ज़रिये अमेरिका तक पहुँचने की अनेक कोशिशे की थीं लेकिन बुश प्रशासन ने उस सभी कोशिशों को ठुकरा दिया। इराक़ द्वारा दिये गये प्रस्तावों में सघन तलाशी लेने के इरादे से हज़ारों सैनिकों या एफबीआई के एजेंटों को इराक़ में दाखिल होने देने की इजाज़त देना भी था। अमेरिका अपनी मर्ज़ी से इराक़ के किसी भी हिस्से में तलाशी अभियान चला सकता था, और साथ ही उसे तेल, मध्यपूर्व की शान्ति प्रक्रिया और प्रतिबन्धित हथियारों के सम्बन्ध में अनेक रियायतें देने की पेशकश भी की गयी थी। लेकिन बुश के भेदिये इराक़ की एक नहीं सुनने पर अमादा थे।

'बड़े पैमाने पर झूठ का खेल'

इस बीच एक अजीबोग़रीब संयोग यह हुआ इराक़ युद्ध के लिए संयुक्तराष्ट्र के 1441 प्रस्ताव पर मतदान के ठीक पहले नवम्बर 2002 को ब्रिटिश प्रधानमन्त्री टोनी ब्लेयर की सरकार को प्रतिदिन ब्रिटेन के क्रॉस–चैनल फेरी, लन्दन अंडरग्राउंड, हवाई अड्डों और भीड़भाड़ भरे दूसरे इलाक़ों

पर बड़े आतंकी हमलों की धमकियाँ मिलनी शुरू हो गयीं। '2003 में ब्लेयर ने हीथ्रो हवाई अड्डे पर टैंक तैनात कर दिये। यह कहा गया कि मिसाइल हमलों की बढ़ती धमकियों के मद्देनज़र यह फ़ैसला लिया गया था। हालाँकि इस बारे में बाद में कुछ भी सुनने को नहीं आया।'[61] बाद में एक ख़ुफ़िया अधिकारी ने इस प्रकरण पर रौशनी डालते हुए टिप्पणी की कि यह इराक़ युद्ध से पहले विश्व मानस के अनुकूलन की एक तैयारी थी जिसका अभ्यास 'बड़े पैमाने पर झूठ बोलकर' किया जा रहा था।'[62]

कोलिन पॉवेल द्वारा 5 फ़रवरी, 2003 को संयुक्त राष्ट्र सुरक्षा परिषद् (यूएनएससी) दिये गये भाषण को अमेरिकी मीडिया ने जैसी तरज़ीह दी, उसे युद्ध को आरम्भ करने से पहले दिखायी गयी हरी झण्डी का नाम दिया जा सकता है। यह और बात थी कि यह भाषण भी आधे सच और आधे झूठ पर आधारित थी। पॉवेल को उनके नाटकीय लहज़े के लिए ऑस्कर से नवाजा जा सकता था क्योंकि उन्होंने श्रोताओं को आश्वस्त किया, 'मेरे साथियो, वह हर एक बात जो मैं आज यहाँ कहूँगा, वह ठोस प्रमाणों पर आधारित और पूरी तरह से तथ्यपरक है। ये महज़ खोखले दावे नहीं हैं।' ज़ाहिर बात थी कि पॉवेल का उक्त वक्तव्य प्रकारान्तर में दिखाने के दाँत थे।[63] इस भाषण के पीछे व्यापक तैयारियाँ की गयी थीं और यह दुर्भावनाओं से भरा हुआ था। बाक़ी कसर प्रेस ने पूरी कर दी थी और युद्ध पिपासुओं के लिए रंगमंच का पर्दा उठा दिया गया था। प्रेस ने खुल कर दुनिया के सामने यह बात रखी कि पॉवेल ने बड़े प्रामाणिक और तर्कसम्मत तरीक़े से अमेरिका की वाज़िब आशंका को दुनिया के सामने प्रस्तुत किया था और हर आदमी के दिलोदिमाग़ से सभी दुविधाएँ मिटा दी थीं। मीडिया ने अमेरिका के गढ़े हुए आख्यान को हू–ब–हू उसी तरह से दुनिया के सामने परोसने का काम किया। एक वास्तविक युद्ध भ्रामक ख़बरों के आधार पर लड़ा जाने वाला था और अभी तक किसी–न–किसी रूप में जारी इस युद्ध में लाखों की तादाद में लोग मारे जाने वाले थे। अब यह युद्ध उस अवस्था में जा पहुँचा है जिसे नियन्त्रित कर पाना असम्भव हो गया है। बुश और ब्लेयर ने लन्दन, न्यूयॉर्क, रोम, मेड्रिड, बार्सिलोना, पेरिस, और बर्लिन जैसे शहरों में युद्ध के ख़िलाफ़ होने वाले विशाल प्रदर्शनों की अनदेखी की। स्पेन की सरकार ने मार्च 2014 में नये प्रधानमन्त्री जपाटेरो के चुनाव के बाद इराक़ युद्ध लड़ने के उद्देश्य

से बुश की अगुआयी में गठित इच्छुकों के गठबन्धन (कोएलिशन ऑफ़ दी विलिंग) अपनी फ़ौज को वापिस बुला लिया।[64]

पूरे अमेरिका में इस फ़ैसले के बारे में प्रमुख सम्पादकीय आलेखों में 'प्रभावशाली', 'कुशल', 'ज़बर्दस्त', 'अत्यावश्यक' आदि जैसे प्रशंसात्मक शब्दों की बाढ़–सी आयी दिखने लगी। हालाँकि 'न्यूयॉर्क टाइम्स' के सम्पादकीय स्तम्भ किंचित संशयपूर्ण थे, दूसरी तरफ़ वाशिंगटन पोस्ट के सम्पादकीय कुछेक दुविधाओं के बावजूद सूक्ष्म चालाकियों से भरे हुए थे। दोनों अख़बार अपने–अपने दावों के प्रति अत्यधिक सतर्क और सचेत थे। अमेरिका में बुश के सहयोगी युद्ध के नतीजे और उद्देश्य दोनों के सम्बन्ध में लगभग आश्वस्त थे, लेकिन यूरोप में यह मानने वालों की भी कमी नहीं थी कि युद्ध को लेकर अमेरिका का दृष्टिकोण बहुत आश्वस्तकारी नहीं था। डोनाल्ड रेम्सफेल्ड जब एक सुरक्षा संगोष्ठी को सम्बोधित करने के लिए अत्यधिक शीघ्रता दिखलाते हुए म्यूनिख़ पहुँचे तो वे किंचित टकराव की मुद्रा में दिखे और संगोष्ठी के बीच में ही वे जर्मनी के विदेशमन्त्री जोस्च्का फ़िशर के बीच सार्वजनिक रूप से उलझ गये। रम्सफेल्ड इस बात पर अड़े हुए थे कि अमेरिका की योजना को मित्र राष्ट्रों के गठबन्धन का समर्थन प्राप्त है, इसलिए अब किसी भी सन्देह की स्थिति के बाद भी उसके लिए अपने निर्णय से पीछे हटना असम्भव है। साथ ही उन्होंने इस बात की भी घोषणा कर दी कि अगर संयुक्तराष्ट्र बुश की योजना को सहमति नहीं देता तो यह एक ऐसा भद्दा मज़ाक़ होता जिसकी परिणति राष्ट्रसंघ की तरह एक व्यर्थ उपक्रम के रूप में होती। फ़िशर ने आख़िरी पलों तक अमेरिका के निर्णय की तर्कहीनता की ओर उसका ध्यान आकृष्ट करने का प्रयास किया और उसे अफ़ग़ानिस्तान और मध्यपुर में अनावश्यक हस्तक्षेप करने के दुष्परिणामों से आगाह करने का प्रयास किया। उन्होंने आशंका प्रकट करते हुए एक तरह से भविष्यवाणी भी की कि 'आप आने वाले न जाने कितने सालों तक इराक़ पर अपना अधिकार चाहते हैं। मैं आपके इस दावे से भी सहमति नहीं रखता कि आपके इस फ़ैसले से दुनिया में लोकतन्त्र की वैचारिक बुनियाद मज़बूत होगी...। क्या अमेरिका सचमुच ऐसा समझता है?[65]' अमेरिका के पास इस प्रश्न का कोई उत्तर नहीं था, और न ही उसको इसकी कोई परवाह ही थी।

अमेरिकी फ़ौज ने 20 मार्च, 2003 के दिन इराक़ पर हमला किया। युद्ध का ताण्डव शुरू होने के कुछ महीनों बाद ही फ्लोरिडा से प्रकाशित सेंट पीटरबर्ग टाइम्स के संवाददाता चार्ली हानले ने एक स्टोरी के माध्यम से बड़े तार्किक तरीक़े से पॉवेल के उस दावे की पोल खोल दी जो उन्होंने फ़रवरी में संयुक्तराष्ट्र सुरक्षा परिषद् (यूएनएससी) के सामने किया था। लेकिन तब तक युद्ध को रोकने या उससे पीछे हटने के लिए बहुत देर हो चुकी थी। ऊर्जा विभाग के विशेषज्ञ और गृह विभाग के गोपनीय सूत्र सीआईए के उस निष्कर्ष को पहले ही चुनौती दे चुके थे जिसके अनुसार जिन अल्मुनियम पाइपों को हासिल करने की कोशिश इराक़ कर रहा था, जिनका इस्तेमाल परमाणु बम को बनाने के प्रयोजन से यूरेनियम को परिष्कृत करने के लिए ज़रूरी सेंट्रीफ़्यूज सिलेंडर के रूप में किया जाना था। पॉवेल ने आरोप लगाया था कि 1991 से पहले इराक़ ने अपने पास 8,500 लीटर जैविक एजेंट एंथ्रेक्स होने का दावा किया था और उस भण्डार का कोई ब्यौरा विश्व–समुदाय को देना आवश्यक नहीं समझा था। बहरहाल हमले के बाद कोई एंथ्रेक्स बरामद नहीं हुआ। पॉवेल ने यह दावा भी किया था कि इराक़ ने अपनी देखरेख में चार टन स्नायुकारक वीएक्स भी बनाया था, लेकिन यह उल्लेख करने में असफल रहे कि 1990 के दशक में संयुक्तराष्ट्र की निगरानी के अन्तर्गत उसे नष्ट कर दिया गया था। इस दावे की आधिकारिक पुष्टि नहीं हो पायी थी कि इराक़ के पास 100 से 150 टन रासायनिक हथियार थे, और एक भी हथियार की बरामदगी भी नहीं हो सकी।

पॉवेल का एक दावा यह भी था कि 2003 में संयुक्तराष्ट्र के पर्यवेक्षकों ने इराक़ में 122–मिलीमीटर रासायनिक हथियार बरामद किया था, लेकिन ये हथियार ख़ाली थे। इराक़ के पास स्कड मिसाइलों का एक गुप्त दस्ता है, यह दोषारोपण भी झूठा सिद्ध हुआ। गृह सचिव का पूरा भाषण ही झूठ और कल्पना का पुलिन्दा भले रहा हो, लेकिन अपने असल उद्देश्य में यह सफल साबित हुआ। हमले के बाद जो सच उजागर हुए उस पर कोई ध्यान देने की आवश्यकता बुश प्रशासन ने नहीं समझी।[66] ये वही पॉवेल थे जिन्होंने अफ़ग़ानिस्तान और इराक़ के ख़िलाफ़ अमेरिका के युद्ध को सही बताया था और यह कहा था कि अमेरिकी सैनिक अफ़ग़ानिस्तान के लोगों के पसन्द की सरकार बनाने में उसकी मदद कर रहे थे।

इसी तरीक़े को अमेरिका इराक़ में अज़माने की सोच रहा था। परिणाम यह हुआ कि अफ़ग़ानिस्तान के हिस्से में तालिबान आया और इराक़ियों के हिस्से में एक इस्लामिक राष्ट्र आया।[67]

अरब जगत इराक़ के ख़िलाफ़ किसी भी आक्रामक कार्रवाई का विरोधी था। एक वक़्त सऊदी के 97 फ़ीसदी तक लोग ऐसे किसी हमले के ख़िलाफ़ थे। टाइम पत्रिका द्वारा 300,000 यूरोपीय लोगों के बीच किये गये एक सर्वेक्षण के अनुसार 84 प्रतिशत लोग अमेरिका को सबसे बड़ा ख़तरा मानते थे, जबकि सिर्फ़ 8 प्रतिशत लोगों को यह लगता था कि इराक़ सबसे बड़ा ख़तरा था।[68] स्पष्ट था कि अमेरिका जिस आख्यान को स्थापित करने का प्रयास कर रहा था उसे बाहर के लोगों ने अस्वीकृत कर दिया था। लेकिन अमेरिका के लिए इस अस्वीकृति का कोई अर्थ नहीं था। उसके दिमाग़ में तो कोई बड़ा खेल चल रहा था जिसका सम्बन्ध उस पूरे क्षेत्र और आने वाले सालों से था।

अमेरिका के नवरूढ़िवादी भी इसी ज़िद पर अड़े थे। विश्व समुदाय की उपेक्षा, बल्कि तिरस्कार करते हुए बुश ने इराक़ के ख़िलाफ़ 'ऑपरेशन शॉक एंड एव' चलाते हुए बड़े हवाई हमले किये। राष्ट्रपति के चापलूस भी सातवें आसमान पर थे। मिसाल के तौर पर एनबीसी के टॉम ब्रोकाव ने अतिउत्साह का परिचय देते हुए वक्तव्य दिया, 'इस कार्रवाई में हम सिर्फ़ यह चाहते हैं कि इराक़ के बुनियादी ढाँचे को कोई नुक़सान नही पहुँचे क्योंकि आने वाले कुछ दिनों के भीतर देश पर हमारी हुकूमत होगी।'[69] बग़दाद पर जीत हासिल करने के बाद रेम्सफेल्ड ने एक विजेता के रूप में वहाँ पहुँच कर सैनिकों को बधाई देने और उनके प्रति आभार प्रकट करने में थोड़ा भी समय नष्ट नहीं किया। उन्होंने सशस्त्र बलों की खुल कर प्रशंसा की। हर्षोन्माद में फिरदौस चौराहे पर सद्दाम की मूर्ति गिरा कर 'आज़ादी' का जश्न मनाते हुए इराक़ियों की तस्वीरें मीडिया के माध्यम से पूरी दुनिया ने देखीं, जबकि सच यही था कि इस मनोवैज्ञानिक युद्ध को जीतने के लिए अमेरिकियों ने मूर्ति को नष्ट करने के एवज़ में कुछ इराक़ियों को पैसे भी दिये थे।[70]

विजय उत्सवों की कलई उस समय खुल गयी जब अभावों से जूझते इराक़ियों की अनियन्त्रित भीड़ों ने बग़दाद संग्रहालय और उन सभी जगहों पर लूटपाट शुरू कर दिया जहाँ–जहाँ उनको मौक़ा मिला। बुश प्रशासन

के मातहतों और झण्डाबरदारों के पास जश्न मनाने की अपनी–अपनी वजहें थीं। रिचर्ड परले उस समय अमेरिका की ताक़त के अहंकार में आकण्ठ डूबे हुए दिखे जब उन्होंने कहा, 'हम 'दो शब्दों का एक संवाद' प्रसारित कर सकते हैं–आप अगला हैं।'[71] उनका इशारा आने वाले दिनों में ईरान, सीरिया, सऊदी अरब, लेबनान, पीएलओ, सूडान, यमन और सोमालिया में सम्भावित सत्ता–परिवर्तन की तरफ़ था। विलियम क्रिस्टल और लॉरेंस कप्लान ने लिखा कि अमेरिका एक 'नये ऐतिहासिक युग के मुहाने पर खड़ा था', और यह एक निर्णायक पल था जो इराक़ के पूरे मध्यपूर्व और आतंक के विरुद्ध युद्ध जैसे मसलों से सम्बन्धित था।[72] हेनरी किसिंजर ने इराक़ युद्ध का समर्थन करते हुए कहा कि 9/11 को ध्यान में रखते हुए उन्हें अमेरिका से कहीं अधिक कठोर उत्तर की अपेक्षा थी। इस हमले को अफ़ग़ानिस्तान में दाख़िल होकर सिर्फ़ तालिबान की ताक़त को उखाड़ फेंकने जैसे क़दम से अधिक निर्णायक होना चाहिए। इराक़ को कड़ी सज़ा मिलनी चाहिए थी ताकि दुनिया तक यह बड़ा संवाद पहुँचाया जा सके कि 'हम वैसी दुनिया में रहने के लिए हरगिज़ तैयार नहीं हैं, जैसी दुनिया वे हमारे लिए बनाना चाहते है।'[73]

'अगर हम इजाज़त दें तो ख़ास मक़सद से किया गया प्रचार हमेशा सफल होता है।'

9/11 के फ़ौरन बाद पॉल वोल्फोवित्ज़ और डगलस फीथ (अमेरिका के अपर सुरक्षा सचिव) की दोहरी अगुआई में अमेरिकी मीडिया ने इराक़ के कथित हथियार कार्यक्रम के बारे में सनसनीखेज़ ख़बरें देने का अभियान छेड़ दिया। सद्दाम हुसैन का विरोध करने वाले लन्दन और वाशिंगटन केन्द्रित इराक़ी नेशनल कांग्रेस के बुश प्रशासन के साथ अत्यन्त घनिष्ठ सम्बन्ध थे। इसने अक्टूबर 2001 और मई 2002 के बीच ब्रिटिश समाचार एजेंसियों को इराक़ के इस कथित हथियार योजना के बारे में 108 ख़बरें उपलब्ध कराईं। 9/11 की असफलता के अनुमान के सन्दर्भ में इन ख़बरों की सच्चाई पर गुप्तचर सूत्रों ने संशय भी प्रकट किया था। भय और असुरक्षा के वातावरण में मीडिया से आने वाली ख़बरें प्रचार अभियान का प्रभावशाली माध्यम बनने के बजाय युद्ध की पक्षधरता के प्रति अधिक सचेत साबित हो रहे थे।

ऐसे भी कुछ लोग और एजेंसियाँ थीं जिन्हें युद्ध के औचित्य पर सन्देह था। उदाहरण के लिए नाइट–रिडर न्यूज़ सर्विस ने अनेक ख़बरें प्रसारित–प्रकाशित कीं। जब ब्रिटेन के ऑब्ज़र्वर के एड वुल्लीअमी को विश्वसनीय स्रोतों से यह पता लगा कि इराक़ के पास किसी भी प्रकार का 'विध्वंसक आयुध नहीं है तो कम–से–कम सात ऐसे मौक़ों पर उनकी रिपोर्ट्स को दबा दिया गया ताकि मार्च 2003 के लिए रास्ता खुला रखा जा सके। बॉब वुडवॉर्ड और वाशिंगटन पोस्ट के वाल्टर पिंकस सरीखे पत्रकारिता–जगत के बड़े नामों ने उन अवसरों पर कोई विरोध नहीं किया जब बुश के युद्ध–अभियान को लेकर संशय व्यक्त करने वाली उनकी ख़बरों को अख़बार के भीतरी पन्नों पर महत्त्वहीन स्थान दिया गया। वुडवॉर्ड को अलबत्ता बाद में इसका अफ़सोस ज़रूर हुआ कि जब उनकी ख़बरों के प्रति उपेक्षापूर्ण व्यवहार किया गया तब उन्होंने कुछ भी नहीं कहा था।[74]

दूसरी तरफ़ बुश के युद्ध के निर्णय को लेकर उनकी अपनी सरकार के भीतर भी काफ़ी असन्तोष था, और पेंटागन द्वारा झूठे आख्यान की तलाश के एजेंडे को झटक लेने की ख़बर भी मीडिया को इसी कारण से लगी। खोजी पत्रकार सीमौर हर्ष ने 'न्यूयॉर्क टाइम्स' में बुश प्रशासन और गुप्तचर एजेंसियों के उन मतभेदों का ब्यौरा दिया था जिन्होंने इराक़ के हथियार–कार्यक्रम से जुड़ी हुई ख़बरों को नुक़सान पहुँचाया था। यह रपट 'दी स्टोवपाइप' शीर्षक के साथ 19 अक्टूबर, 2003 को प्रकाशित हुई थी। असल टकराव सीआईए और पेंटागन, और सीआईए और उपराष्ट्रपति डिक चेनी के बीच था। बुश प्रशासन के कामकाज का तरीक़ा कुछ ऐसा था कि अगर इराक़ में डब्ल्यूएमडी पाये जाने की ख़बर सच साबित होती तो श्रेय बुश के फ़ैसले को दिया जा सके, और अगर यह ख़बर झूठी होती तो ठीकरा सीआईए पर फोड़ा जा सके। इराक़ में हथियार के मुद्दे पर सीआईए बिल्कुल पेंटागन और डिक चेनी के मुक़ाबिल खड़ा था, इसके बावजूद सूत्रों के अनुसार सीआईए के निदेशक जॉर्ज टेनेट ने राष्ट्रपति से कहा, 'यह एक बेबुनियाद और बेतुका आरोप है कि सद्दाम हुसैन के पास बड़े पैमाने पर जानमाल का नुक़सान पहुँचाने वाले हथियार हैं।'[75]

यह बात बिल्कुल स्पष्ट है कि मीडिया और सरकार–दोनों ने एक–दूसरे की मिलीभगत से अमेरिकी विदेश नीति की महान ग़लतियों

में एक को अंजाम दिया। हफिंगटन पोस्ट के एरिआना हफिंगटन ने इराक़ पर हमले को एक ख़राब फ़ैसले की बेहतरीन मिसाल के तौर पर व्याख्यायित करते हुए कहा कि यह एक उद्देश्यहीन और पथच्युत निर्णय था जिसके पीछे प्रशासन की अन्धी महत्त्वाकांक्षाएँ थीं, और जिसे ख़ुद को वाइट हाउस का विस्तार समझने वाले मीडिया की अदूरदर्शिता और अतिउत्साह ने हवा देने का काम किया।[76] पत्रकार ग्लेन ग्रीनवाल्ड ने इसे मौजूदा पीढ़ी की सबसे विशिष्ट राजनीतिक घटना यूँ ही नहीं कहा है।[77]

उस समय नियमित रूप से आयोजित संवाददाता सम्मेलन वही करते थे जो उनसे करने की अपेक्षा की जाती थी। ऐसे अवसरों पर आम लोगों के साथ सच साझा करने के मामले में मीडिया प्रायः कृपणता दिखलाता है, और यह काम भी वह इतनी ढीठता के साथ करता है मानो वह जनता को अन्दरूनी सच्चाइयों से परिचित करा रहा हो। सरकारें भी मीडिया से अधिकतर वही ख़बरें साझा करती हैं जिनसे उनकी छवि को एक सकारात्मकता मिल सके। उदाहरण के रूप में असल पटकथा यह तैयार की गयी थी WMDs के ख़तरे से निबटने के लिए युद्ध एकमात्र विकल्प था, जबकि दूसरी तरफ़ CIA का यह मानना था कि इराक़ पर हमला वास्तव में इस ख़तरे को ज़्यादा बढ़ा सकता था। इरादे और हक़ीक़त के बीच का यह अन्तर साफ़–साफ़ दिख रहा था, लेकिन इसके बाद भी प्रेस आवश्यक प्रश्न नहीं कर पा रहा था क्योंकि दिमाग़ी और मनोवैज्ञानिक तौर पर उसे क़ाबू में किया जा चुका था।[78] अब हर कोई यह समझ चुका था कि युद्ध को हर हाल में होना था।

बुश प्रशासन ने योजनाबद्ध तरीक़े से गृह विभाग की ख़ुफ़िया रिपोर्टों की अनदेखी की और बड़ी सतर्कता के साथ सिर्फ़ उन्हीं ख़बरों को चुना या उनको ही तोड़–मरोड़ कर दुनिया को पेश किया जो इराक़ में अमेरिकी एजेंडे के हिसाब से ठीक थे। इस प्रक्रिया में ज़ाहिर बात थी कि सरकार ने सनसनीखेज़ और भय उत्पन्न करने वाले समाचारों को अधिक प्रमुखता दी। सितम्बर 2002 के आक्रामक दुष्प्रचार से जो बात छन कर निकली थी उससे आशंकित सीनेट सेलेक्ट कमिटी ने राष्ट्रीय गुप्तचरी आकलन के प्रारूप में जॉर्ज टेनेट से सीआईए के विश्लेषण की।[79] सीआईए ने अवसर की आकस्मिकता को समझते हुए एक पखवाड़े के भीतर ही अपना विश्लेषण सरकार के हवाले कर दिया, जबकि उस

विश्लेषण में विश्वसनीय सूचनाओं की कमी थी और उसकी अधिकांश बातें परमाणु ख़तरे और उसके डर पर केन्द्रित थीं। उस विश्लेषण में नाइज़र से यूरेनियम–अयस्क की आपूर्ति जैसी निराधार और नितान्त अविश्वसनीय रिपोर्ट को भी शामिल किया गया था। अधिकारियों–राजनेताओं के एक बड़े वर्ग को इस सम्भावना पर विश्वास था कि अमेरिका के ख़िलाफ़ घातक जीवाणुओं का इस्तेमाल करने के लिए सद्दाम हुसैन कई मानवरहित वायु वाहन (यूएवीस) को प्रक्षेपित कर सकता था। इस बात के प्रमाण हैं कि पॉवेल ने 5 फ़रवरी, 2003 को दिये गये अपने भाषण में यह बात बाद में शामिल की थी। उन्होंने कहा कि कुछ ही मीटर के पंखों वाले आकार में बहुत छोटे इन यूएवीस का उपयोग इराक़ अमेरिका सहित अपने अन्य पड़ोसी देशों तक जैविक एजेंट ले जाने के लिए कर सकता था।[80] यह ख़ुफ़िया ख़बर पूरी तरह ग़लत थी लेकिन इसने युद्ध के लिए अमेरिका को उपयुक्त बहाना तो दे ही दिया।

यह बात साफ़ दिख रही थी कि 9/11 के विध्वंस के बाद सीआईए ने अपने खेल के लिए एक ग़लत मैदान चुन लिया था। यह हैरत की बात नहीं थी कि लैंगली को उच्चस्तरीय प्रशासनिक हलकों से यही निर्देश दिया गया था कि अगर राष्ट्रपति बुश युद्ध करने का निर्णय लेते हैं तो उनको इसके लिए यथोचित कारण उपलब्ध कराया जाये। दरअसल सीआईए के पूर्व मुखिया और आतंकवाद के प्रखर विरोधी विन्सेंट कैनिसट्रारो 9/11 की घटना से पहले ही अमेरिकी कांग्रेस के कमीशन के सामने उपस्थित होकर इराक़ के विरुद्ध अपना बयान दे चुके थे, जिसने वाइट हाउस द्वारा सीआईए और अन्य ख़ुफ़िया एजेंसियों पर मध्यपूर्व के देशों और ओसामा बिन लादेन तथा अल–काएदा के बीच सूत्र के प्रमाण उपलब्ध कराने के लिए दबाव बनाने का एक ठोस आधार दे दिया था।[81]

इराक़ में असफलता हाथ लगने के बाद भी अमेरिका की नीतियों में कोई बदलाव नहीं आया। अलबत्ता मार्च में एक नयी राष्ट्रीय सुरक्षा नीति ज़रूर लागू की गयी जो मूलतः 2002 की नीति का ही परिवर्तित रूप थी, और जिसे 11 सितम्बर, 2001 के हमले के बाद बनाया गया था। इस बीच 2008 में बुश और चेनी दोनों की अपने–अपने कार्यालय से विदाई हो चुकी थी। अमेरिका की स्थिति कुछ ख़ास अच्छी नहीं थी, इसकी अर्थव्यवस्था चरमरा रही थी और अन्तरराष्ट्रीय मंच पर भी इसकी छवि को गहरा नुक़सान हुआ था।[82]

किसी–न–किसी रूप में युद्ध आज के दिन भी जारी है। इराक़ पर दबाव डाल कर उसे अपना तेल पेट्रोडॉलर में बेचने के लिए विवश किया जा चुका है, अपने पास 'विध्वंसक हथियार' नहीं पाये जाने के बावजूद सद्दाम हुसैन को फाँसी पर लटका दिया गया, और जब उसे फाँसी पर लटकाये जाने तक भी तक अमेरिका को इराक़ में अल–काएदा के होने के कोई सबूत हाथ नहीं लग पाये थे। इराक़ के भीतर ईरान का प्रभाव मज़बूत होता जा रहा था, आईएसआईएस (इस्लामिक स्टेट ऑफ़ इराक़ एंड सीरिया) का अस्तित्व जन्म ले चुका था और सीरियाइयों, कुर्दों और येजिदियों का सफाया किया जा रहा था। इस पूरे अन्तराल में इराक़ से युद्ध करने में अमेरिका ने अपने खरबों डॉलर फूँक डाले थे। अमेरिका की कुछ तेल कम्पनियों को इस क्रम में मध्यपूर्व में कुछ अनुबन्ध ज़रूर हासिल हुए। इस उपलब्धि की दृष्टि से अमेरिका का उद्देश्य सम्भवतः पूरा हो चुका था, लेकिन आज के दिन भी यह पूरा क्षेत्र शान्ति और स्थायित्व की पुनःप्राप्ति के अपने लक्ष्य से कोसों दूर है।

स्पष्ट रूप से, बाक़ी दुनिया के लिए अमेरिकी महत्त्वाकांक्षा का यह आख्यान पूरी तरह से ग़लत था, और युद्ध का उसका फ़ैसला भी निराधार था। अपनी सैन्य शक्ति को सऊदी अरब से हटा कर इराक़ में केन्द्रित करने, इराक़ के तेल–उत्पादों पर एकाधिकार स्थापित करने, और 'अस्थायित्व के उस अर्द्धवृत्त' को पेंटागन का एक स्थायी ठिकाना बनाने का अमेरिका का उद्देश्य अधूरा रह गया।[83] बदले में अफ़ग़ानिस्तान और इराक़ के बेशुमार लोगों की जानें गयी। और लाखों लोग घायल और ज़ख़्मी हो गये। दुनियाभर में हज़ारों की तादाद में गुप्त जेलखाने बनाये गये जहाँ निरीह सन्दिग्धों के साथ क्रूरतम अमानवीय बरताव किया गया और दोनों देशों की प्राचीन धरोहरों को अपमानजनक रूप से क्षति पहुँचायी गयी।

जब महाशक्तियाँ कोई बिसात बिछाती हैं तो उस खेल के कायदे भी वे ही तय करती हैं। अजीब विडम्बना थी, इराक़ के बारे में जो आख्यान गढ़ा गया उसे ऑपरेशन इराक़ी फ्रीडम का नाम दिया गया। पूरी दुनिया से यही कहा गया कि अमेरिका इराक़ी लोगों को तानाशाह सद्दाम हुसैन से आज़ाद कराने और वहाँ लोकतन्त्र को स्थापित करने के पवित्र अभियान पर निकला है। यह मिथ्यारोप कि इराक़ के पास 'विध्वंसक हथियार' हैं

और वह अल क़ायदा की सबसे सुरक्षित पनाहगाह दरअसल उन बहानों को उपलब्ध कराने का एक ज़रिया था जिनको आधार बना कर उसपर हमला किया जाना था। लेकिन अमेरिका का वास्तविक उद्देश्य बिल्कुल भिन्न था। जब पूरी दुनिया अमेरिकी सैनिकों के हाथों इराक़ी फ़ौज और पूरे मुल्क की तबाही होते देख रही थी और लाखों निर्दोष लोग मौत के घाट उतारे जा रहे थे, घायल हो रहे थे, या बेघरबार किये जा रहे थे, उस वक़्त बन्द दरवाज़ों के भीतर दूसरा ही खेल चल रहा था। अमेरिका और इराक़ के ख़िलाफ़ उसका साथ देने वाले देश युद्ध में ज़बरन लूटी हुई सम्पदा को आपस में बाँटने में व्यस्त थे। एक निहायत कमज़ोर और असहाय हो चुके देश पर अनेक प्रतिबन्ध और समझौते थोप दिये गये थे जिसके कारण एक तक़रीबन बर्बाद हो चुके देश को खरबों डॉलर के राजस्व से वंचित होना पड़ा और तेल कम्पनियों के ज़रिये उसके हक़ की आमदनी पश्चिमी देशों के ख़ज़ानों में चली गयी।[84] अमेरिका को सचमुच उसकी लक्ष्यप्राप्ति हो गयी थी, जब कि शेष विश्व इराक़ के हिस्से में आये नुक़सान और पीड़ा से कुपित होता रहा।

जैसा कि 'अडोल्फ हिटलर' फ़िल्म की निर्माता लेनी रीफेंस्टहल ने 1970 के दशक में जॉन पिल्गर से विस्तारपूर्वक कहा था, कि उनकी फ़िल्म का सन्देश 'ऊपर दिये गये आदेशों' पर नहीं बल्कि एक आम जनता की 'मासूम रिक्तता' पर निर्भर था। उन्होंने स्पष्ट किया कि इस 'रिक्तता' की परिधि में सभी शामिल थे—चाहे वह उदारवादी हो, शिक्षित हो, या फिर सर्वहारा हो। 'अगर हम इजाज़त दें तो किसी ख़ास मक़सद से किया गया प्रचार हमेशा सफल होता है,' उन्होंने निष्कर्ष के रूप में कहा था।

हम साफ़ देख सकते हैं कि आज भी पूरी दुनिया के प्रति अमेरिका की बुनियादी नीतियों में विगत वर्षों में कोई बदलाव नहीं आया है।

अनिच्छुक साम्राज्यवादी बनाम साम्राज्यवाद की साज़िश (?)

समस्त विश्व संयुक्त राज्य अमेरिका और मानवीयता, विज्ञान और प्रौद्योगिकी, आविष्कार और स्वतन्त्र उद्यमशीलता के क्षेत्र में उसके योगदान के लिए अत्यन्त कृतज्ञ है। लोक–कल्याण की भावना से प्रेरित होकर उसने दुनिया के अनेक उत्कृष्टतम विश्वविद्यालयों, उच्च शिक्षा के केन्द्रों और शोध संस्थानों की स्थापना की। दुनिया के निर्धनतम और अभावग्रस्त क्षेत्रों से आये अनगिनत लोगों को इन विश्वविद्यालयों में अध्ययन करने और विशेषज्ञता प्राप्त करने का अवसर मिला है। वैज्ञानिक अनुसन्धान के क्षेत्र में भी अमेरिका ने मनुष्य के जीवन में अन्यतम योगदान किया है। उसने जीवन की रक्षा करने और मनुष्य के स्वास्थ्य के लिए अनेक औषधियाँ और चिकित्सा सेवाएँ विकसित कीं। परमाणु बम का उल्लेख से परहेज़ भी करें तब भी अनुवांशिक रूप से संशोधित खाद्य पदार्थ और अत्यन्त घातक कीटनाशक के निर्माण के क्षेत्र में अमेरिका अग्रणी रहा है। अमेरिका के सन्दर्भ में अपवादवाद एक विचित्रतापूर्ण सत्य है। इस देश का एक अनिवार्य और अविभाज्य विरोधाभास यह भी है कि यह मानता है कि इसका अस्तित्व दुनिया पर इसके शासन की स्थापना पर निर्भर है। इसीलिए अमेरिका दूसरे सभी देशों की तुलना में दुनिया के प्रत्येक बाज़ार और संसाधन पर अपने अधिकार को उचित और स्वाभाविक मानता रहा है।

अमेरिकियों के बारे में एक बात निश्चित रूप से कही जा सकती है कि उनके भीतर अपनी सामर्थ्य को लेकर बहुत गहरा विश्वास है। यह विश्वास उस स्तर का है कि इसे देश के वैचारिक वैभव के प्रति उसकी आत्ममुग्धता के परिप्रेक्ष्य में भी समझा जा सकता है। अमेरिकी लोग यह सोचकर आनन्द का अनुभव करते हैं कि दुनिया में सबकुछ ठीक हो जाये

बशर्ते दूसरे सभी देश अमेरिका के बताये रास्ते पर चलने लगें, और उन्हें यह प्रतीत भी होता है कि बहुत–से देश ऐसा करना चाहते तो हैं लेकिन वे यह नहीं जानते कि ऐसा किया कैसे जाये। लिहाज़ा उन देशों की सहायता करना अमेरिकियों की ज़िम्मेदारी है। दूसरे विश्वयुद्ध की समाप्ति के बाद अमेरिका न केवल दुनिया भर में अपने सैन्य अड्डों को बचाये रखने में सफल रहा बल्कि CENTCOM और अफ़्रीका कॉम जैसे नये सैन्य कमांडों की स्थापना के साथ उसने अपनी उपस्थिति का विस्तार भी किया।

ये अड्डे न केवल अमेरिका की वैश्विक सैन्य उपस्थिति को दर्शाते हैं, बल्कि ये एक साम्राज्य की अवधारणा के भी प्रतीक हैं। इस व्यापक सैन्य उपस्थिति और आवश्यकता के पक्ष में अमेरिका के पास अपने तर्क हैं। मसलन साम्यवाद के विस्तार पर अंकुश लगाने से लेकर शीतयुद्ध से लेकर दूरगामी प्रभावों से बचाना, दुनिया की कहीं भी नस्लविरोधी हिंसा का विरोध करना, विश्व को 'विध्वंसक आयुधों' के ख़तरों से मुक्त रखना और आतंकवाद के विरुद्ध वैश्विक युद्ध की बागडोर अपने हाथ में सँभालना आदि। शीतयुद्ध के तत्काल बाद के युग में अमेरिका ने अपने सैनिक अड्डों में कमी करने के बजाय उनकी संख्या में विस्तार करने का काम किया। बाल्कन क्षेत्र में युद्ध, इराक़ के विरुद्ध दो युद्धों और तालिबान तथा अल क़ायदा के ख़िलाफ़ युद्धों ने अमेरिका को अपने सैनिक अड्डों में नये सिरे से इजाफ़ा करने का मौक़ा दिया। आज दक्षिणी यूरेशिया के क्षेत्र बाल्कन से लेकर अफ़ग़ानिस्तान, मध्य एशिया और पाकिस्तान, और पूर्वी एशिया में चीन की सीमा तक अमेरिका ने अपने सैनिक अड्डे बना रखे हैं। मध्यपूर्व और मध्य एशिया का वह पूरा इलाक़ा जो तेल और ऊर्जा के भण्डारों से समृद्ध है, सोवियत संघ के विघटन के बाद उन पर आज अमेरिका का वर्चस्व माना जाता है। लेकिन यह किस तरह से सम्भव हो पाया, यह एक बिल्कुल अलग कहानी है।

साम्राज्य के संकेत

वर्ष 2015 तक अमेरिका से बाहर उसके तक़रीबन 800 सैन्य अड्डे थे।[1] सैन्य अड्डे सामान्यतः दो तरह के होते हैं–सामान्य या नियमित अड्डे जो 10 एकड़ से बड़े भूभाग में बने होते है या जिनका मूल्य एक करोड़ अमेरिकी

डॉलर से अधिक होता है, और 'लिली–पैड' अड्डे जो दो एकड़ से छोटे होते हैं और जिनका मूल्य एक करोड़ अमेरिकी डॉलर से कम होता है। पाकिस्तान ने अमेरिका को गुप्त ड्रोन अड्डे देकर उसके साथ अतिरिक्त सहयोग किया। ये ड्रोन अड्डे जकोबाबाद/शाहबाज, चकलाला, तरबेला, पेशावर, डलबंडिन, पसनी और इस्लामाबाद में स्थित हैं। अफ़ग़ान निशानों पर 57,800 धावे बोलने के अतिरिक्त अमेरिका ने इन अड्डों का इस्तेमाल अफ़ग़ानिस्तान में तथा विशेष बलों के अभियान चलाने के लिए किया।[2] (इस तरह के अत्यधिक सहयोग ने अमेरिका को हमेशा के लिए पाकिस्तान का स्थायी क़र्ज़दार बना दिया, यह और बात है कि पाकिस्तान ने अनेक मौक़ों पर अमेरिका के साथ धोखाधड़ी की है। भारत यदि इस सच को स्वीकार न भी करे लेकिन उसे यह बात समझनी चाहिए)।

ऐसा नहीं है कि सभी सैन्य अड्डे हर समय अपने सामरिक लक्ष्य या स्वतन्त्रता की रक्षा में ही व्यस्त रहते हैं। बवेरियन ऐल्प्स मेर स्थित गर्मिस्च सैन्य अड्डा जो हिटलर के बरक्सटेसगादेन रिट्रीट के क़रीब है, में अनेक होटल, अपार्टमेंट, एक शॉपिंग सेंटर, एक गोल्फ कोर्स और एक स्कीट शूटिंग रेंज है जिनके नाम अमेरिकी जनरलों के नाम पर रखे गये हैं। इस अड्डे का एक अपना विचार–मंच–उच्चकोटि के जॉर्ज सी. मार्शल यूरोपियन सेंटर फॉर सिक्यूरिटी स्टडीज नाम से स्थापित है–ताकि बड़े सैनिक अधिकारी जब तफरीह से ऊब जायें तो यहाँ अपनी सामरिक प्रखरता को और बेहतर और धारदार बना सकें।

आतंक के विरुद्ध वैश्विक युद्ध के आरम्भ के एक साल बीत जाने पर 17 सितम्बर 2002 को अमेरिका की राष्ट्रीय सुरक्षा रणनीति (एनएसएसयूएस) ने इन अड्डों को आवश्यक बताते हुए इन्हें बरकार रखने की सिफ़ारिश की–

अमेरिका से बाहर अमेरिकी फ़ौज की उपस्थिति उसके मित्र देशों और सहयोगियों के लिए उसकी शक्ति को प्रदर्शित करने का सबसे महत्त्वपूर्ण संकेत है। अपनी और दूसरों की रक्षा करने की कामना के माध्यम से अमेरिका उस शक्ति सन्तुलन को बनाये रखने का संकल्प प्रस्तुत करता है जो लोकतन्त्र की अस्तित्व–रक्षा के लिए ज़रूरी है। हमारे समक्ष जो अनिश्चितताएँ और रक्षा सम्बन्धी चुनौतियाँ हैं, उन्हें देखते हुए अमेरिका को पश्चिमी यूरोप और उससे परे पूर्वोत्तर एशिया में सैनिक अड्डों और

स्टेशनों की ज़रूरत के साथ–साथ अस्थायी तौर पर सुदूर क्षेत्रों में अमेरिकी सैनिकों की तैनाती के लिए भी सदैव तैयार रहना होगा।[3]

टी.वी. के तेज़ रफ़्तार समाचार चैनलों और अख़बारों के वज़नदार अक्षरों के माध्यम से भय, आक्रोश और कदाचित् प्रतिशोध के आख्यान को न केवल बार–बार दुहराया गया बल्कि इस आख्यान को देशप्रेम से जुड़े एक उपक्रम के रूप में प्रचारित भी किया गया। अफ़ग़ानिस्तान पर हमला करने के लिए मानस बनाने में इस आख्यान की बड़ी भूमिका रही। दुनिया से यह कहा गया कि अफ़ग़ानिस्तान पर हमला वस्तुतः अमेरिका के विश्वास पर हमले का प्रत्युत्तर है, और इसलिए यह हमला आवश्यक है। इस हमले पर कोई सवाल उठाना अमेरिका का विपक्षी होना था। किसी ने नहीं पूछा कि जिस सऊदी अरब के नागरिक 9/11 के हमले में लिप्त थे उस पर हमला क्यों नहीं किया गया? बल्कि, सऊदी राजपरिवार और बिन लादेन परिवार के लोग आराम से अमेरिका से भाग निकले। या फिर पाकिस्तान को निशाना नहीं बनाया गया? वह तालिबान के घर की तरह था, जिसने अफ़ग़ानिस्तान में ओसामा बिन लादेन को पनाह दे रखी थी और तोरा बोरा की गुफाओं के ज़रिये उसे पाकिस्तान भाग जाने में मदद की। बिन लादेन अमेरिका के हाथ लगने से पहले दस सालों तक सुरक्षित रहा। उस समय तालिबान के साथ कन्धे–से–कन्धा मिलाकर सैकड़ों पाकिस्तानी योद्धा भी उत्तरी अफ़ग़ानिस्तान में लड़ रहे थे। अमेरिका ने नॉर्दर्न एलायंस की अगुआई में तालिबान पर हमला करने से पहले सभी पाकिस्तानी योद्धाओं को हवाई रास्ते से पाकिस्तान लौट जाने का पर्याप्त अवसर दिया।

कुछ ईमानदार और मेहनती अधिकारियों ने जब आतंकी हमले के ब्योरे की गहरी पड़ताल करके कुछ विवादित बिन्दुओं, जिन्हें सायासपूर्ण तरीक़े से दबा दिया गया था, को ढूँढ़ निकालने या उनकी तरफ़ संकेत करने की कोशिश की, तब उन्हें गड़े हुए मुर्दे को दोबारा खोद कर निकालने के अपराध में दंडित किया गया। इन प्रयासों के पीछे कोई साज़िश या चाल नहीं थी, बल्कि उन सवालों के प्रति एक जिज्ञासा का भाव था जिनका उत्तर कभी नहीं दिया गया। इन सभी सवालों को यह प्रचारित करते हुए एक असमाप्य उन्माद में बहा दिया गया कि अमेरिका ख़तरे में है। यह सभी कुछ एक तेज़ नाटकीय घटनाक्रम में हुआ और देखते–देखते आगे की कार्रवाई का निर्धारण हो गया।

कुल मिलाकर मध्यपूर्व और पश्चिम एशिया के बारे में अमेरिका का आत्मप्रचार यही था, और आज भी यही है कि वे अपनी सैन्य ताक़त का इस्तेमाल आज़ादी और तरक़्क़ी के लिए करेंगे, उनकी फ़ौज का मक़सद शान्ति और स्थायित्व बहाल करना, लोकतन्त्र को प्रोत्साहन देना, संकटों में घिरे दुनिया के लोगों की सहायता करना, निर्दोषों और अभावग्रस्त लोगों की हिफाज़त करना और मानवाधिकारों को सुनिश्चित करना होगा। इसके बाद भी अप्रैल 1980 में ऑपरेशन ईगल क्लॉ के असफल हो जाने के बाद भी, जब अमेरिकी फ़ौज बावन बन्धकों को छुड़ाने के उद्देश्य से ईरान में दाख़िल हुई थी, अमेरिका एक के बाद दूसरे युद्धों में फँसता चला गया। दुर्भाग्य की बात यह थी कि अपनी दुर्दम्य सामरिक विदेश नीति और पराक्रमी सैनिक बलों की तैनाती के बावजूद अमेरिका इस भूक्षेत्र में अपने पूर्वनिर्धारित किसी भी लक्ष्य को पाने में विफल रहा।

अफ़ग़ानिस्तान से लेकर तुर्की तक और मिस्र से लेकर यमन तक यही कहानी दोहरायी जाती रही। अफ़ग़ानिस्तान, इराक़ और सीरिया आज अमेरिकी असफलता की पर्यायवाची कहनियाँ और इस्लामी कट्टरता के सबसे बड़े कारण बन चुके हैं और यूरोप से लेकर दक्षिणपूर्व एशिया तक तनाव और अशान्ति फैलाने का काम कर रहे हैं। बीच में पाकिस्तान और अफ़ग़ानिस्तान जैसे भी कुछ राष्ट्र हैं जो या तो अपनी कट्टरता का शिकार ख़ुद बन रहे हैं या फिर कट्टरवादी इस्लामिक शासन के अधीन हैं। अमेरिकी फ़ौज के वहाँ होने, या वहाँ से चले जाने से कोई फ़र्क़ नहीं पड़ता है। वास्तविक और अघोषित सच यही था कि अमेरिका के इस क्षेत्र पर प्रभाव और क़ब्ज़े का मुख्य लोभ सस्ते तेलों की प्रचुर उपलब्धता थी। अमेरिका के आदर्शों के नाम इस क्षेत्र में सहायता का बहाना एक ढोंग के सिवा कुछ नहीं था।

ऊर्जा का अधिकारी

महाशक्तियों की सुविधाओं और वैभव का बोझ वहन करना उन राष्ट्रों के बूते की बात नहीं है जो आर्थिक और सैनिक ताक़त में कमतर हैं। सालोंसाल अमेरिका ने ईरान के शाह को पश्चिम एशिया में अपने बाहुबली की तरह से सम्पोषित किया। 1979 की बग़ावत के बाद जब शाह का तख़्ता पलट दिया गया तो उसकी सुरक्षित पनाह के लिए कोई जगह

नहीं थी—यहाँ तक कि अमेरिका में भी वह उन्हीं कुछ दिनों तक रहा था जब कैंसर की बीमारी के कारण उसे अस्पताल में दाख़िल कराने की नौबत आयी थी। बाद में 1980 में उसे काहिरा के एक अस्पताल में मरने के लिए छोड़ दिया गया। लीबिया का सनकी तानाशाह मुअम्मर गद्दाफ़ी पश्चिमी देशों का मित्रवत् था, लेकिन जब उसने तेल कम्पनियों के बजाय लीबियाई जनता की मदद करने के बारे में सोचना शुरू किया तो उसे अपनी गद्दी छोड़नी पड़ी और उसे अचानक एक शैतान घोषित कर दिया गया। गद्दाफ़ी के दिमाग़ में अफ़्रीका के बारे में महत्त्वाकांक्षी योजनाएँ थीं, मसलन वह एक नयी अर्थव्यवस्था पर आधारित एक नया अफ़्रीकी संघ बनाना चाहता था जिसमें अफ़्रीकी मुद्रा को मज़बूती देने के लिए 'सोने के दीनार' को चलाये जाने की योजना थी। इस आर्थिक योजना का वैचारिक आधार अफ़्रीकियों को डॉलर के वर्चस्व वाली मुद्रा प्रणाली से मुक्त करना था। उसने दूसरे मुस्लिम अफ़्रीकी देशों को भी इसी लाभप्रद और उपयोगी मुद्रा प्रणाली की परिधि में आने का प्रस्ताव दिया लेकिन उसमें शामिल होने या नहीं होने के उनके विकल्प को खुला रखा।[4]

परिणामतः एक असफल अरब विद्रोह के बाद ही त्रिपोली की सड़कों पर गद्दाफ़ी की हत्या कर दी गयी। और, जैसा कि पिछले अध्याय में भी चर्चा हो चुकी है, इराक़ी तानाशाह सद्दाम हुसैन का भी यही हश्र हुआ। दिसम्बर 1983 में जब ईरान—इराक़ युद्ध अपनी पराकाष्ठा पर था, मध्यपूर्व में अमेरिकी राष्ट्रपति रीगन के दूत डोनाल्ड रेम्सफेल्ड बग़दाद पहुँच कर सद्दाम से मिले थे और उसे मदद के प्रति आश्वस्त किया था। इस प्रस्ताव का परोक्ष उद्देश्य इराक़ में अमेरिकी व्यापार और आर्थिक हितों का विस्तार करना था। बहरहाल सिर्फ़ सात साल बाद ही अगस्त 1990 को कुवैत में घुसपैठ करने के अपराध में सद्दाम को अमेरिका का सबसे बड़ा शत्रु घोषित कर दिया गया था।

2009 में सीरिया के दौरे पर गये सीनेटर जॉन केरी मध्य डमस्कस के आलीशान नारंज रेस्टोरेंट में सीरिया के क़द्दावर नेता बशर अल—असद के साथ एक ख़ुशनुमा माहौल में रात्रिभोज कर रहे थे। यह शहर के शानदार खानपान की जगहों में से एक था। उस रात भोजन के समय दोनों की पत्नियाँ भी उनके साथ थीं। केरी और असद पहले भी अनेक अवसरों पर मिल चुके थे, और अमेरिका को ऐसी उम्मीद थी कि सीरिया अमेरिकी

नीतियों को मान लेगा। केरी सीरिया में सुधार की सम्भावनाओं पर अपनी राय दे रहे थे। जब ऐसा नहीं हुआ और सीरिया पर अरब विद्रोह का कोई असर नहीं पड़ा, तब केरी वहाँ सत्ता परिवर्तन के बड़े समर्थक बन गये। पूरी दुनिया यह जानती है यह जोखिम उठाने के बाद क्या हुआ।

मित्र और शत्रुओं का निर्धारण सिर्फ़ राष्ट्रीय हितों को ध्यान में रख कर ही होता था और इस निर्धारण में भावुकता का कोई स्थान नहीं था। अमेरिका को एक युद्ध की आवश्यकता थी और जब जॉर्ज डब्ल्यू. बुश ने 'आतंक के विरुद्ध युद्ध' का उद्घोष किया तो अमेरिका को उक्त युद्ध का आधार मिल गया। ठीक उसी तरह, जब 1996 में पाकिस्तान की सामान्य मदद के सहारे पहली बार तालिबान ने अफ़ग़ानिस्तान पर नियन्त्रण स्थापित किया था तब वह अमेरिका के लिए एक व्यापारिक उम्मीद के रूप में उभरा था। उस समय के अपेक्षाकृत 'विनीत और सभ्य' तालिबान से यह आशा थी कि वह टेक्सास की तेल कम्पनी UNOCAL जैसे अनेक दूसरे उद्यमों के आर्थिक हितों की दृष्टि से मददगार सिद्ध होगा। इस विशेष प्रयोजन से उससे 1997 में टेक्सास के सुगर लैंड में बातचीत भी की गयी थी क्योंकि तुर्कमेनिस्तान से अफ़ग़ानिस्तान होते हुए पाकिस्तान तक पाइप लाइन बिछाने की एक सामूहिक और महत्त्वाकांक्षी योजना थी। इस योजना से अमेरिकी कम्पनियों और उनके राजनीतिक सहयोगियों को अरबों डॉलर का मुनाफ़ा होने की उम्मीद थी। इस नये अप्रत्याशित अवसर के कारण हर आदमी अरबपति बनने का सपना देखने लगा था। मानवाधिकार के प्रति असंवेदनशील और प्रतिकूल दृष्टिकोण रखने सम्बन्धी तालिबान के सन्दिग्ध इतिहास के बावजूद पश्चिमी जगत अपने कतिपय व्यावसायिक लाभ के लिए इस संगठन के साथ काम करने को लेकर पूरी तरह से दुविधामुक्त था। अमेरिकी मीडिया ने अपने आलेखों और स्तम्भों के माध्यम से अमेरिका को इस चयन के लिए आवश्यक आख्यान गढ़ने में पर्याप्त सहयोग किया। मसलन वाल स्ट्रीट जर्नल ने अपने रपट और आलेखों में यह साबित करने में कोई कोताही नहीं बरती कि अफ़ग़ानिस्तान में शान्ति बहाल करने में तालिबान सबसे अधिक महत्त्वपूर्ण भूमिका निभा सकता था। यह मई 1997 की बात है। ज़ाहिर बात थी अपने समय का यह सर्वाधिक वांछित आख्यान था।

अपने प्रभुत्व या प्रभाव को प्रदर्शित करने के लिए अमेरिका के पास दूसरी विधि सत्ता परिवर्तन थी। शीतयुद्ध के आरम्भिक दिनों से ईरान और लातिनी अमेरिका में व्यवहार में लायी जाने के बाद इस विधि का क्रूर रूप इंडोनेशिया में तब प्रकट हुआ जब अमेरिका की मदद से जनरल सुहार्तो ने 1967 में राष्ट्रपति सुकर्णो का तख़्तापलट कर दिया था। इस घटनाक्रम में इंडोनेशिया की कम्युनिस्ट पार्टी पीकेआई के लगभग 15 लाख कार्यकर्ताओं को अपने प्राण गँवाने पड़े। बाद में 1968 में सीआईए ने तब बात स्वीकार की कि 'मारे गये लोगों की तादाद देखी जाये तो इंडोनेशिया में पीकेआई–विरोधी नरसंहार बीसवीं सदी में हुई सबसे भयावह सामूहिक हत्याओं में एक था।' अमेरिका का प्रियपात्र होने के नाते सुहार्तो ने बहुत तेज़ी से इंडोनेशिया की अर्थव्यवस्था में उदारीकरण लागू किया, प्राकृतिक संसाधनों में विदेशी निवेश की अनुमति दी, और सबसे बड़ी आर्थिक पहल करते हुए तेल उद्योग में विदेशी पूँजी लगाने का मार्ग खोल दिया। इन सभी निर्णयों का परिणाम यह हुआ कि कच्चे तेल की क़ीमत में ज़बर्दस्त उछाल दर्ज़ किया गया, और काल्टेक्स को इससे भारी मुनाफ़ा हुआ।[5]

सस्ते तेल ने अमेरिकियों का जीवन बहुत आरामदेह और आसान बना दिया। 1969 में अमेरिका अपनी खपत का 20 फ़ीसदी अर्थात् 1.5 करोड़ बैरल तेल प्रतिदिन आयात करता था। अगले साल उनका घरेलू तेल उत्पादन घट कर 1.2 करोड़ बैरेल प्रतिदिन हो गया, और उसके बाद भी यह उत्पादन हर साल घटता ही गया। एक समय के बाद घरेलू उत्पादन में यह गिरावट स्थिर हा गयी और जल्दी ही अमेरिका 80 लाख बैरेल के अनुपात में प्रतिदिन तेल का आयात करने लगा। स्थिति तब और चिन्ताजनक हो गयी जब योम किप्पुर युद्ध के बाद अक्टूबर 1973 में तेल–उत्पादक देशों ने युद्ध में इज़राइल का साथ देने के विरोध में अमेरिका और पश्चिमी देशों पर कड़े आर्थिक प्रतिबन्ध थोप दिये। तेल अब कमोबेश एक हथियारबन्द चीज़ हो चुकी थी, और इसका सबसे पहला और गम्भीर प्रभाव अमेरिका और पश्चिम को झेलना पड़ा।[6]

किसी भी तरक़ीब को अपनाकर इस दलदल से बाहर निकलने की अमेरिका की बेचैनी को अन्ततः मध्यपूर्व के तेल–भण्डारों पर उसके आधिपत्य–बोध से अप्रत्याशित ताक़त मिली। जॉन होपकिंस यूनिवर्सिटी

के अमेरिकन फ़ॉरेन पॉलिसी, नीत्ज़े स्कूल ऑफ़ एडवांस्ड इंटरनेशनल स्टडीज़ में प्रोफ़ेसर रोबर्ट डब्ल्यू. टकर ने महत्त्वपूर्ण अमेरिकी हितों की रक्षा के लिए शक्ति–प्रयोग की सिफ़ारिश की, जबकि पेंटागन के एक परामर्शदाता एडवर्ड लटवाक ने सऊदी के तेल–भण्डारों पर हमला करने की सलाह दी। इस सम्बन्ध में कोई फ़ैसला लिया भी जा चुका होता लेकिन अमेरिका इस समय वियतनाम के दिये ज़ख़्म से उबर ही रहा था। टकर और लटवाक के वक्तव्य से सुर मिलाने वाले कई और भी लोग थे जिनका यह मानना था कि मध्यपूर्व पर उनका तर्कसम्मत अधिकार है जिन्होंने उसकी खोज की और इसको विकसित किया। उनको ही मध्यपूर्व की ज़रूरत सबसे ज़्यादा है। सामान्य अमेरिकी नागरिक भी यही मानते थे कि तेल पर उनका न्यायपूर्ण अधिकार है। अब किसी चीज़ की ज़रूरत थी तो वह थी सैनिकों के ज़रिये अपने हक़ को हासिल करना।

जिमी कार्टर 1977 में राष्ट्रपति बने। यह अमेरिका के लिए एक संकट भरा समय था। वियतनाम छोड़ देने के बाद भी अमेरिका पर ओपीईसी का प्रतिबन्ध जारी था। इराक़ में अमेरिकी दूतावास में बन्धकों को रिहा कराने की चुनौती के अतिरिक्त, 1979 की ईरान की क्रान्ति, मक्का मस्जिद पर क़ब्ज़ा और अफ़ग़ानिस्तान पर सोवियत हमला जैसे संकटों से कार्टर को निबटना था। अपने पूर्ववर्ती रिचर्ड निक्सन और उनके प्रमुख सलाहकार हेनरी किसिंजर–जिन्होंने सोवियत संघ और माओ के चीन के साथ समझौते किये थे और दक्षिणी विएतनामियों को उनकी क़िस्मत के भरोसे छोड़ दिया था–के विपरीत कार्टर मूलतः एक आदर्शवादी व्यक्ति थे जो सचमुच शान्ति और मानवाधिकारों की रक्षा के प्रति संकल्पित थे। ईरान के शाह ने अपने देश में स्थिरता लाने के उद्देश्य से निक्सन से अत्याधुनिक हथियार ख़रीदे थे। 1978 में अमेरिका ईरान की माँग पर उन्हें आधुनिकतम हथियारों के साथ–साथ एक परमाणु रिएक्टर तक देने को सहमत हो गया था। सैन्य–औद्योगिक गठबन्धन की महत्त्वाकांक्षापूर्ण मेहनत के कारण सभी बड़े सुरक्षा–उद्योग जम कर मुनाफ़ा कमा रहे थे। इसके बावजूद कार्टर ने 1979 में शाह को त्याग दिया।

अमेरिका ने अपने किसी सहयोगी अथवा मित्र का साथ छोड़ दिया हो, ऐसा कोई एक बार नहीं हुआ था। अफ़ग़ानिस्तान को अपनी क़िस्मत पर तालिबान के हवाले छोड़ दिया गया था, जबकि अमेरिका ने अफ़ग़ानों

की आज़ादी के प्रति अपनी वचनबद्धता ज़ाहिर की थी। कुर्दों, जो अमेरिका के वफ़ादार माने जाते थे और जिन्होंने इस्लामिक राष्ट्र के विरुद्ध युद्ध में बढ़चढ़ के हिस्सा लिया, को भी अक्टूबर 2019 में तुर्की की मेहरबानी पर छोड़ दिया गया। तुर्क राष्ट्रपति रेसेप तईप एर्दोआन ने भी उनके प्रति कोई ख़ास हमदर्दी नहीं दिखायी।

शीतयुद्ध के मुखर पक्षधरों में एक और कार्टर के राष्ट्रीय सुरक्षा सलाहकार (एनएसए) ज़िबग्निएव ब्र्जेजिन्सकी ने उन्हें मशविरा दिया कि शाह के पतन के बाद की राजनीतिक अस्थिरता से निबटने और पूरे क्षेत्र को सोवियत नियन्त्रण से बचाने के लिए अमेरिका को अफ़ग़ान जेहादियों और पाकिस्तान की खुल कर मदद करनी चाहिए। आज चालीस साल बाद भी अमेरिका उन उलझनों को सुलझा पाने में नाकाम सिद्ध हुआ और न उनसे ख़ुद को निकाल ही पाया है। इस तुलना में रूसियों ने अधिक चतुराई का परिचय दिया कि जिन्होंने समय नष्ट किये बिना अपना बोरिया–बिस्तर समेटा और चलते बने। बहरहाल, आज़ादी के एक बड़े पैरोकार के रूप में अमेरिका की पुरानी छवि कमोबेश आज भी बरकरार है। कोई शक नहीं है कि उसकी विश्वसनीयता पर अब सवाल खड़े होने लगे हैं, और 'अमेरिका फर्स्ट' की उसकी नीति में अब अमेरिका ही सर्वव्यापी हो गया दिखता है।

बाद में ब्र्जेजिन्सकी ने 1997 में विस्तारपूर्वक यह लिखा कि कोई 500 सालों तक यूरेशियाई प्रदेश विश्वशक्ति का केन्द्र रहे। उन्होंने यूरेशियाई प्रदेश के रूप में जर्मनी और पोलैंड के पूर्वी भाग और प्रशान्त महासागर तक विस्तार में फैले रूस और चीन के इलाक़ों को परिभाषित किया। सोवियत संघ की पराजय के बाद एक नयी ग़ैर–यूरेशियाई शक्ति (संयुक्त राज्य अमेरिका) का उत्थान हुआ जिसके ऊपर इस क्षेत्र–विशेष में शक्ति सम्बन्धों को सन्तुलित करने का उत्तरदायित्व था। ब्र्जेजिन्सकी ने अमेरिकी नीति के अन्तिम लक्ष्य को यह कहते हुए परिभाषित करने का प्रयास किया कि इसे 'मानवीय और दूरदर्शी' रहते हुए एक वास्तविक सौहार्दपूर्ण विश्व समुदाय को आकार देने के लिए प्रतिबद्ध होना होगा ताकि मानव जाति के आधारभूत हितों की रक्षा की जा सके।[7] इस अवधि में यह आवश्यक था कि अमेरिका को चुनौती देने वाली किसी नयी यूरेशियाई शक्ति का

उदय नहीं होने पाये ताकि इस प्रदेश में अमेरिका को अपना प्रभाव बढ़ाने के मार्ग में किसी अवरोध का सामना नहीं करना पड़े।

ब्र्जेजिन्सकी के अनुसार उनकी पुस्तक का उद्देश्य एक अमेरिका की एक व्यापक और एकीकृत यूरेशियाई नीति का निर्माण करना था। भारत के पश्चिम में तेल और गैस के अक्षय भण्डार से समृद्ध यह इलाक़ा जिस पर उत्तर में कज़ाकिस्तान तक इस्लाम धर्मावलम्बियों का बसेरा है–प्राकृतिक संसाधनों की प्रचुरता वाले विश्व के अग्रणी भूप्रदेशों में एक है। पश्चिम में तुर्की की सीमा और दक्षिण में अरब प्रायद्वीप से घिरा यह भूभाग अपनी राजनीतिक अस्थिरता और आपसी टकराव के कारण भी अमेरिकी आर्थिक हितों और सामरिक महत्त्वाकांक्षाओं की दृष्टि से हमेशा से एक आसान शिकार रहा है। यह उनका अपना दृष्टिकोण था कि इस इलाक़े के राजनीतिक–आर्थिक घटनाक्रमों में कम–से–कम CENTCOM का हस्तक्षेप ज़रूर रहे।

आर्थिक–सामरिक आशाओं पर आधारित यह पूर्वानुमान इस इलाक़े की भौगोलिक–राजनीतिक वास्तविकताओं की परिणति था जो एक ऐसे कार्यात्मक व्यवस्था के रास्ते खोल रहा था जिससे होकर अमेरिका का प्रवेश आसान ही नहीं बल्कि अवश्यम्भावी दिखने लगा था। अमेरिका को तो इस अवसर की तलाश पहले से थी क्योंकि वह विश्व शान्ति और स्थिरता का स्वयंभू ध्वजवाहक था। इस अव्यवस्था का लाभ उठा कर उसे यह सिद्ध करने का अवसर मिल रहा था कि वह 'विश्व का एकमात्र और अन्तिम' महाशक्ति बनने के लिए सर्वथा उपयुक्त था।[8] यूरेशिया में अमेरिकी हितों के महत्त्व को एक बार फिर रेखांकित करते हुए ब्र्जेजिन्सकी ने लिखा है, 'सबसे पहला काम यह सुनिश्चित करना है कि कोई देश अथवा देशों के समूह को इतनी ताक़त बढ़ाने का मौक़ा नहीं मिल पाये कि वह यूरेशिया से अमेरिका को बेदखल करने में सक्षम हो, बल्कि उसे इतना भी समर्थवान नहीं बनने देना होगा कि वह किसी भी रूप में इस इलाक़े में अमेरिकी प्रभुत्व को ज़रा–सा भी नुक़सान पहुँचा सके।'[9] हालाँकि अमेरिका को आज के दिन भी इस प्रदेश से बेदखल नहीं किया जा सका है, लेकिन इस क्षेत्र के न्यायाधीश के रूप में उसकी साख को नुक़सान ज़रूर पहुँचा है। आये दिन उसकी प्रभुसत्ता को स्थानीय नेताओं द्वारा चुनौतियाँ मिल रही हैं।

'एक अकेली ताक़त'

1992 में पेंटागन ने एक दस्तावेज़–'सुरक्षा योजना–निर्देश 1994–1997' के ज़रिये अमेरिका के लक्ष्यों को साफ़–साफ़ परिभाषित करते हुए कहा है, तीसरा लक्ष्य उन दुश्मन ताक़तों को उस इलाक़े में बढ़ने से रोकना है जो इलाक़े हमारे हितों के लिए महत्त्वपूर्ण हैं, और इसके लिए उन वैश्विक चुनौतियों को दोबारा उभरने के मार्ग में आने वाले अवरोधों को मज़बूत करना ज़रूरी है जिनसे अमेरिका और उसके मित्रों के समक्ष संकट उत्पन्न हो सकता है। इन इलाक़ों में यूरोप, पूर्वी एशिया, मध्यपूर्व/फ़ारस की खाड़ी और लातिनी अमेरिका आते हैं। ऐसे महत्त्वपूर्ण इलाक़ों में संसाधनों पर संगठित और अलोकतान्त्रिक नियन्त्रण हमारी सुरक्षा के लिए गम्भीर संकट उत्पन्न कर सकते हैं।[10]

पॉल वोल्फोवित्ज़, जो मूलतः एक नवरूढ़िवादी थे और बाद के सालों में जिन्होंने बुश प्रशासन में एक बड़ी भूमिका निभायी, ने शीतयुद्धोत्तर काल में अमेरिका की भूमिका के सन्दर्भ में इस निर्देशिका पर कड़ी मेहनत की थी। हम अमेरिका की महत्त्वाकांक्षाओं और सपनों के बारे में उसकी भूमिका में एक निरन्तरता सम्भवतः इसलिए भी देख सकते हैं। उसके सभी आख्यान उसके इसी दृष्टिकोण को केन्द्र में रख कर गढ़े गये हैं।

विलियम ब्लूम जिन्होंने अपने देश की वियतनाम–नीतियों के विरोध में 1967 में अमेरिकी गृह विभाग में अपनी सेवा से इस्तीफ़ा दे दिया था, बाद में पत्रकारिता को अपना पेशा बना लिया और अनेक किताबें भी लिखीं। अपनी सुप्रसिद्ध पुस्तक 'रोग स्टेट–अ गाइड टू दी वर्ल्ड'स ओनली सुपरपॉवर' में उन्होंने अमेरिका द्वारा 1945 से 1999 के बीच किये गये अनेक सैन्य हस्तक्षेपों के बारे में विस्तारपूर्वक और व्यवस्थित क्रम में लिखा है। यह सूची चालीस पन्नों की है। अलग से दस पन्ने चुनावी कार्यक्रम और एजेंडे में फेरबदल की व्याख्या करते हुए लिखे गये हैं। अमेरिका में चुनावों को प्रभावित करने का इतिहास 2016 के राष्ट्रपति चुनाव में कथित रूसी दख़ल से जुड़े विवाद से बहुत पुराना रहा है। अमेरिका ने संयुक्तराष्ट्र में अपने ख़िलाफ़ हुए मतदान की कोई परवाह कभी नहीं की। जब 1983 में ग्रेनेडा में अमेरिकी सैनिक हस्तक्षेप के ख़िलाफ़ संयुक्तराष्ट्र ने अमेरिका का कड़ा विरोध किया तब रोनाल्ड रीगन ने टिप्पणी की थी, 'संयुक्तराष्ट्र के एक सौ सदस्य देशों ने हमारे साथ सिर्फ़ इसलिए अपनी

असहमति जताई क्योंकि हमारी भागेदारी उनके सैद्धान्तिक विरोध का एकमात्र कारण है। लेकिन इससे मेरे नाश्ते के जायके में कोई फ़र्क़ नहीं पड़ा।' शेष दुनिया के बारे में अमेरिका का यही रवैया रहा है।[11]

साम्राज्य की स्थापना कोई सस्ता और आसान सौदा नहीं है। उपनिवेश को अपने नागरिकों की मौत और संसाधनों के नुक़सान के रूप में इसकी भारी क़ीमत चुकानी पड़ती है। साम्राज्य निर्दोष जनता से बेशमार मुनाफ़ा कमाता है लेकिन उस मुनाफ़े के एवज में उन्हें शुक्रिया भी अदा नहीं करता।

कुछ साल बाद, इराक़ युद्ध में जीत के नशे में डूबे राष्ट्रपति जॉर्ज एच. डब्ल्यू. बुश ने 29 जनवरी, 1992 को संघ के राज्यों को सम्बोधित करते हुए अपने भाषण में कहा, 'किसी समय दो खेमों में बँटी हुई दुनिया अब संयुक्त राज्य अमेरिका को दुनिया की एकमात्र और पूर्वप्रतिष्ठित ताक़त के रूप में स्वीकार कर रही है। और, इस स्वीकार्यता के पीछे कोई भय नहीं है क्योंकि दुनिया हम पर हमारी ताक़त के लिए भरोसा करती है, और दुनिया किसी रूप में ग़लत नहीं है। दुनिया हम पर सही और नियन्त्रित होने के लिए भरोसा करती है। वह हम पर इसलिए भरोसा करती है क्योंकि हम शिष्टता के पक्षपाती हैं। वह हम पर इसलिये भी भरोसा करती है क्योंकि हम वही करते है जो उचित है।'[12] चार साल बाद उनके उत्तराधिकारी बिल क्लिंटन ने भी गर्वोन्मत्त लहजे में कहा, 'जब मैंने अपना पद सँभाला, मैंने तभी यह तय कर लिया था कि हमारा देश दुनिया में शान्ति, स्वतन्त्रता, लोकतन्त्र और समृद्धि के पक्ष में खड़ी दुनिया की प्रबलतम शक्ति के रूप में इक्कीसवीं सदी में प्रवेश करेगा।'[13]

बुश सीनियर विदा होते हुए क्लिंटन को युगोस्लाविया युद्ध (1991–2001) की विरासत छोड़ गये थे, जब अमेरिका ने 1999 एक उन्मादपूर्ण बमवर्षक अभियान चलाया था जो निरन्तर अठहत्तर दिनों तक जारी रहा। क्लिंटन के उत्तराधिकारी बुश जूनियर ने दो युद्धों की शुरुआत की–एक अफ़ग़ानिस्तान के ख़िलाफ़ और दूसरा इराक़ के ख़िलाफ़। लेकिन दोनों युद्धों में से एक भी शान्ति, स्थिरता या लोकतन्त्र की स्थापना के अपने कथित उद्देश्य में सफल होता नहीं दिखा। उल्टे इन युद्धों के कारण अफ़ग़ानिस्तान और इराक़ का सामान्य जनजीवन अन्तहीन दुखों और अनिश्चितताओं का शिकार अवश्य बन गया। सम्भवतः दोनों ही

भाषणों का ध्येय आख्यानों को स्थापित करना था। सच शायद यह था कि अमेरिका उन देशों पर अपने प्रभुत्व और नियन्त्रण का आकांक्षी था, और इन भूभागों पर दूसरी शक्तियों को अपने प्रभाव का विस्तार करने से रोकना चाहता था।

इस विषय पर सर्वाधिक द्वेषपूर्ण टिप्पणियों में एक मेडलाइन अलब्राइट टिप्पणी को माना जा सकता है जो संयुक्तराष्ट्र में अमेरिका की राजदूत थीं। 1996 में सीबीएस से प्रसारित होने वाले कार्यक्रम 60 मिनट्स के लिए पत्रकार लेस्ली स्टाल ने उनसे इराक़ पर लगाये गये अमेरिकी प्रतिबन्धों के सन्दर्भ में पूछा, 'हमने सुना है कि इन प्रतिबन्धों के कारण पाँच लाख बच्चे मारे गये हैं। मेरे विचार से यह संख्या हिरोशिमा में मारे गये बच्चों से भी अधिक है। आपकी दृष्टि में इराक़ को क्या इतनी भारी क़ीमत चुकानी चाहिए थी?' इस प्रश्न के उत्तर में अलब्राइट ने उत्तर दिया, 'हमारे लिए यह थोड़ा मुश्किल फ़ैसला था, लेकिन जहाँ तक क़ीमत की बात है–हमें लगता है इराक़ ने इसकी सही क़ीमत चुकाई है।' निश्चित रूप से अलब्राइट अपने वक्तव्य को अब दोहराना पसन्द नहीं करेंगी।[14]

मशहूर लेखक और टिप्पणीकार ग़ौर विडाल ने अपने लेखन में जॉर्ज बुश के प्रति गहरा आक्रोश व्यक्त किया था। उनका निष्पक्ष आलेख 'दी एनिमी विदीन' बहुत चर्चा में रहा।[15] यह आलेख 11 सितम्बर, 2001 की घटनाओं के लिए राजनीतिक रूप से उत्तरदायी लोगों का विवादास्पद किन्तु गहन विश्लेषण करता है। इसमें विडाल ने जॉर्ज बुश और उसके सहयोगियों पर जम कर अपनी भड़ास निकाली है। राष्ट्रपति वुडरो विल्सन ने अपने पृथक्तावादी देश को पहले विश्वयुद्ध में शामिल होने की चाल रची और राष्ट्रपति रूज़वेल्ट ने अमेरिका को द्वितीय विश्वयुद्ध में प्रवेश करने के लिए पर्ल हार्बर पर बमबारी को माध्यम बनाया, उसी तरह विडाल के कथनानुसार, बुश ने वर्ल्ड ट्रेड सेंटर पर हमले को होने दिया ताकि आतंक के विरुद्ध युद्ध छेड़ा जा सके। अपने आलेखों में ब्ज़ेजिन्सकी पहले ही लिख चुके थे कि विश्व की 74 प्रतिशत आबादी यूरेशिया में रहती है, दुनिया का 60 प्रतिशत सकल राष्ट्रीय उत्पाद (जीएनपी) भी यहीं से आता है और उस समय दुनिया के ज्ञात 75 प्रतिशत ऊर्जा भण्डार भी यूरेशिया में ही थे। ब्ज़ेजिन्सकी इन आलेखों को 1997 में लिख चुके थे। यह अमेरिका द्वारा शेल तेल के उत्खनन से पहले की बात है। यह

तब की बात है जब सब कोई 'पीक ऑयल' के बारे में बातें करता था और जलवायु परिवर्तन जैसे मुद्दे पर बात अभी शुरू नहीं हुई थी। ज़ाहिर बात थी कि तब इन इलाक़ों पर अमेरिका और अमेरिकी उद्योग जगत के नियन्त्रण स्थापित होने के रास्ते में कोई मुश्किल नहीं थी। लेकिन उस समय भी एक समस्या थी और उसको लेकर ब्ज़ेजिन्सकी के मन में चिन्ताएँ थीं। जैसे–जैसे अमेरिका एक बहुसांस्कृतिक समाज में परिवर्तित होता जा रहा था, वैसे–वैसे विदेश नीति के मामले में देश में एक आम सहमति बनने की गुंजाइश भी धीरे–धीरे कम होती जा रही थी, बशर्ते ख़तरा बहुत गम्भीर और प्रत्यक्ष न हो। विडाल ने अपने आलेख में कहा था, 'इस तरह से बन्दूक़ें एक संकेत की तरह निकाली जाती रहतीं जो यदा–कदा मेनहट्टन और पेंटागन पर धुआँ उग़लती रहती थीं।'[16]

बृहत्तर मध्यपूर्व पर पूर्ण नियन्त्रण स्थापित करने में अक्षम होने, या इस इलाक़े में रूस अथवा चीन की सक्रिय उपस्थिति की आशंका, या अमेरिकी हितों के विरोध राष्ट्रवाद के नारे और भावनाओं के सहारे स्थानीय नेताओं के उभार की चुनौतियों से निबटने के लिए एक के बाद एक अमेरिकी राष्ट्रपतियों ने इस इलाक़े में नेतृत्व परिवर्तन की तरकीब का सहारा लिया। ऐसे नेताओं को उग्रवादी, आतंकवादी, सिपहसलार, विध्वंसक राष्ट्र, बुराई की धुरी जैसे कुख्यात नाम दिये गये। 'अमेरिकी शान्ति' (पैक्स अमेरिकाना) का फलसफ़ा उस समय पूरी तरह स्पष्ट हो गया जब किसी ठोस वजह के बिना भी इराक़ पर हमला कर दिया गया। मौम्मार गद्दाफ़ी, सद्दाम हुसैन, स्लोबोदान मिलोसेविक और बशर अस्साद जैसे नेताओं के साथ–साथ ओसामा बिन लादेन, मुल्ला ओमर, अबु मूसा अल–जरकावी और अबु बकर–बग़दादी जैसे मुसलमान आतंकी नेताओं को अलग–अलग अवसरों पर निशाना बनाया गया। कुछ निशाने तो सफल भी रहे। होस्नी मुबारक़ जैसे वफ़ादार दोस्तों को राजनीतिक–आर्थिक लाभ के लिए अपने जान की भी कुर्बानी देनी पड़ी। बहरहाल इतने साल गँवाने के बाद और इतने लम्बे समय तक चलने वाले संघर्ष के बाद भी ऐसी कोई तब्दीली नहीं आयी जिसका दावा करते हुए अमेरिका ने अपने आख्यानों की स्थापना और इस आखेटनुमा अभियान की शुरुआत की थी। सम्भवतः यह अभियान और इसके कारण उद्योग जगत और सामरिक उद्योग को होने वाला लाभ ही अमेरिका का वास्तविक प्राप्य था। यद्यपि इस प्राप्य

का बहुत छोटा अंश ही यूरोप को मिल पाया लेकिन यदि आर्थिक लाभ और सामरिक प्रभुत्व की दृष्टि से देखें तो शायद अमेरिका इस मुहिम को अपनी इच्छित परिणति तक पहुँचाने में सफल रहा।

बहरहाल ग़लतियाँ इक्कीसवीं सदी में भी दोहराती जाती रहीं, और आख्यान मनगढ़न्त और खोखले साबित होते रहे। अगर वियतनाम मैकनामारा का शुरू किया हुआ युद्ध था तो इराक़ का दलदल रेम्सफेल्ड का रचा हुआ था। उसने मनगढ़न्त ख़तरों का भय दिखाते हुए अमेरिकी फ़ौज को मध्यपूर्व के इस देश में झोंक दिया और अमेरिका द्वारा स्थापित आख्यान की धज्जियाँ उड़ गयीं। अमेरिका ख़ुद को आज़ादी देने वाला राष्ट्र कहता था, इसके बावजूद जब 2005 में राष्ट्रीय सुरक्षा सलाहकार कोंडोलीज़ा राइस ने इराक़ का एकदिवसीय दौरा किया तो वे केवल सघन सुरक्षा वाले ग्रीन ज़ोन गयीं। और उस समय उन्होंने एक हेलमेट और बुलेटप्रूफ़ जैकेट पहना हुआ था। जबकि इसके उलट ईरान के तत्कालीन विदेश मन्त्री कमाल खराज़ी कोई हफ़्ते भर इराक़ में रहे। अपनी यात्रा के क्रम में वे अयातुल्ला सिस्तानी के साथ नज़फ़ में एक जनसभा में भी शामिल हुए और राइस की तुलना में कहीं अधिक लोगों के साथ मिले–जुले, और अपनी हिफ़ाज़त में 'बुराई की एक और धुरी' ने सिर्फ़ अपने सामान्य कपड़े पहन रखे थे।

अमेरिकी नव–साम्राज्यवाद

आज दुनिया में तीन बड़े लोकतन्त्र हैं। ब्रिटेन का लोकतन्त्र सबसे पुराना है, अमेरिका का लोकतन्त्र सबसे मज़बूत है, और भारत का लोकतन्त्र सबसे बड़ा है। लियो टॉलस्टॉय की एना करेनिना की प्रारम्भिक पंक्ति को उधार ले लें, तो प्रत्येक अप्रसन्न लोकतन्त्र स्वयं अपने तरीक़े से अप्रसन्न है। ब्रिटिशों को ब्रेक्सिट के साथ समस्या है, और उनको अपनी जनसंख्या में बढ़ते हुए असन्तुलन के साथ तालमेल स्थापित करने में भी मुश्किलें आ रही हैं। अमेरिकियों के साथ डोनाल्ड ट्रम्प और उनकी अन्य स्वभावगत समस्याओं के बीच उनकी पृथक्‌तावादी प्रवृत्तियाँ हैं। भारतीयों के साथ धर्मनिरपेक्ष राजनीति और नरेन्द्र मोदी सरकार की राजनीति के प्रतिरोध जैसी अपनी समस्याएँ हैं। ताज़ा घटनाक्रम से संकेत मिलते हैं कि 'नेटिव इंडियंस' के ख़ात्मे, सस्ते गुलाम श्रमिक और भेदभाव जैसे मुद्दों के

उपायों और इस दिशा में पश्चिम द्वारा किये गये सार्थक पहल के बावजूद बुनियादी सवाल अपनी जगह बने हुए हैं। उनमें से अधिकतर सवाल पिछली सदियों में हमारे मस्तिष्क में बैठायी गयी धारणाओं से उत्पन्न हुए हैं, और आर्थिक संकट के दिनों में हमारे समक्ष अधिक स्पष्टता के साथ उपस्थित होते हैं।

समय–समय पर अमेरिकी विद्वानों ने अपने राष्ट्र के मूल चरित्र पर गहन विमर्श किया है। मसलन, क्या अमेरिका पिछली सदी के बाद एक साम्राज्य में तब्दील हो गया, या कभी यह पहले भी साम्राज्य रहा था। और, अगर कभी रहा था तो क्या यह एक सुनियोजित पहल थी या सिर्फ़ एक संयोग था। क्या यह एक कल्याणकारी, अनिच्छुक, अनौपचारिक और निरंकुश साम्राज्य था, या विशुद्ध महत्त्वाकांक्षा का नतीजा था, जहाँ अमेरिकियों ने अपने राष्ट्रीय हितों के रक्षार्थ जर्मन नाज़ी लेबेन्स्राम (वास–स्थल) का अपना संस्करण ईजाद किया था! हेनरी लूस ने इसे अमेरिकी सदी का नाम दिया था जिसकी शुरुआत वस्तुतः दूसरे विश्वयुद्ध के समय हुई थी।

कोई पचास से भी अधिक वर्षों के बाद नवरूढ़िवादी विचार संगठन 'प्रोजेक्ट फॉर दी न्यू अमेरिकन सेंचुरी' के संस्थापक, 'काउंसिल ऑन फ़ॉरेन रिलेशंस' के सदस्य और एक इतिहासकार रोबर्ट कागन ने लिखा कि अमेरिका की प्रभावशाली भूमिका को अन्तरराष्ट्रीय पर्यवेक्षकों ने अधिक स्पष्टता के साथ देखा है। साथ ही उन्होंने यह भी जोड़ा कि यह उदार नेतृत्व जिसका उपयोग अमेरिका ने किया, वह पूरी दुनिया के लिए फ़ायदेमन्द था। अमेरिका की स्वतन्त्रता दूसरे देशों में स्वतन्त्रता के अस्तित्व और विस्तार पर निर्भर थी, और वैश्विक समृद्धि के बिना अमेरिका की समृद्धि भी सम्भव नहीं थी।[17] और, इसके बाद भी अमेरिका ने शीतयुद्ध के सालों में लातिनी अमेरिका, अफ़्रीका और एशिया में दुनिया के कुछ सबसे दुर्दान्त तानाशाहों का समर्थन किया, और आज भी कर रहा है।

इतिहासविद् निआल फर्गुसन ने टिप्पणी की थी कि एक साम्राज्य के रूप में अमेरिका उतना बुरा भी नहीं सिद्ध हुआ होगा। उनके अनुसार 'अमेरिका एक ग़ैर–इरादतन साम्राज्य है, जो अपनी उपनिवेशवादी प्रवृत्ति के प्रति आत्म सजग है और इसी को एक बेहतर विकल्प भी मानता है।[18] काउंसिल सेबास्टियन मालाबी जो 'काउंसिल ऑन फ़ॉरेन रिलेशंस'

(सीएफआर) में वरिष्ठ शोधार्थी हैं, ने अमेरिका को एक 'अनिच्छुक साम्राज्यवादी' बताया है।[19] एक अस्वीकार करने वाले या एक आमन्त्रित साम्राज्यवादी के रूप में भी अमेरिका को व्याख्यायित किया गया है। इसके अतिरिक्त एक खेमा साम्राज्यवाद की उत्सवधर्मिता के उन पक्षधरों का भी है जो किसी भी बहाने या क्षमा–याचना के बोध से पूरी तरह से मुक्त हैं और अमेरिका की राष्ट्रीय सुरक्षा और विदेशों में अपनी परिसम्पत्तियों पर अपना अधिकार बनाये रखने के लिए निरन्तर युद्ध और विदेशों में अपनी जीत को ज़रूरी मानते हैं। यह कहना व्यर्थ होगा कि अमेरिकी साम्राज्य को तर्कसंगत बताने वाले इनमें से अधिकतर आख्यान उत्पत्ति की दृष्टि से आंग्ल–अमेरिकी मूल के हैं। अन्य विद्वान सीएफआर की गतिविधियों को उस शक्ति का नियन्ता मानते हैं जिसके कारण अमेरिका ने अत्यधिक सतर्कतापूर्ण और योजनाबद्ध तरीक़े से एक साम्राज्य का आकार प्राप्त किया है।

उन्नीसवीं सदी का सबसे बड़ा साम्राज्यवादी सरदार ब्रिटेन था, जबकि उसका सकल राष्ट्रीय उत्पादन अमेरिका और रूस से भी कम था। लेकिन दुनिया पर ब्रिटेन की विक्टोरियायुगीन संस्कृति के प्रभाव ने इसे एक अलग तरह की परिमार्जित शक्ति दी थी। लगभग पूरी दुनिया इस शक्ति के अधीन थी। आज अमेरिका की शक्ति भी भूप्रदेशों पर उसकी जीत पर नहीं, बल्कि ऐसी ही एक परिमार्जित शक्ति पर निर्भर है। इस योग्यता के कारण अमेरिका की श्रेष्ठता ब्रिटेन की तुलना में दुनिया पर अधिक लम्बे समय तक स्थापित रहेगी। यह योग्यता इतनी विराट् और बहुआयामी है कि सम्भावित प्रतिद्वन्द्वियों को ठीक वैसे ही अमेरिका की शत्रुता की चिन्ता रहती है जैसे उसके सहयोगियों को उसके समर्थन की आशा रहती है।[20] इस बात की सम्भावना है कि दोनों तरह की योग्यताओं को वास्तविकता से अधिक आँका जाता हो, लेकिन इस बात को कतई अस्वीकार नहीं किया जा सकता कि इन योग्यताओं का अस्तित्व सचमुच है। बहरहाल अमेरिकी विचारकों की यह मान्यता है कि अपने तकनीकी नेतृत्व, सैनिक और आर्थिक क्षमता और पारदेशीय संचार की धुरी होने के कारण अमेरिका इक्कीसवीं सदी में भी अपनी श्रेष्ठता और प्रभुत्व बनाये रखने में सफल होगा। और, इस तरह आख्यान गढ़ने का उसका सिलसिला भी चलता रहेगा।

11 सितम्बर, 2001 के हमलों के एक साल बाद प्रिंसटन के विद्वान जी. जॉन इकेनबेरी ने एकध्रुवीय विश्व की पुनर्रचना की आवश्यकता पर ज़ोर डालने वाले उन विचारों के बारे में लिखा जो बुश प्रशासन में दोबारा प्रमुखता के साथ उभर रहे थे। उन्होंने इस प्रयास पर चिन्ता जतायी जिसके अनुसार अमेरिकी शक्ति की एकलता के पक्ष में सैन्य–प्रयोगों और अन्य अवरोधात्मक कार्रवाइयों को तर्कसंगत बताया जा रहा था। इस प्रयास में अमेरिका के मित्र राष्ट्रों की 'इच्छानुसार' सहभागिता को भी उचित बताने की कोशिश की गयी थी।

नव साम्राज्यवादी दृष्टिकोण वाले इन देशों का सहयोग संयुक्त राज्य अमेरिका की अहंकारपूर्ण वैश्विक मानसिकता की कसौटी पर पूर्णतः खरा उतरता था, क्योंकि अमेरिका ख़तरों और चुनौतियों को परिभाषित करने का एकाधिकार अपने पास सुरक्षित रखता है, और 'इंसाफ़' के रास्ते पर चलने के लिए बल–प्रयोग करने में संकोच अथवा विलम्ब नहीं करता है। यह एक ऐसा दृष्टिकोण है जो सम्प्रभुता को और अधिक निरंकुश बनाता है। ज़ाहिर है कि यह वाशिंगटन को देश के भीतर या बाहर से मिलने वाली किसी भी चुनौती से निबटने के लिए ऐसी सम्प्रभुता ही अमेरिका की नीतियों के अधिक मनोनुकूल है।[21]

इकेनबेरी की मुख्य चिन्ता यह थी कि अमेरिका की यह महत्त्वाकांक्षी नव साम्राज्यवादी नीति अन्तरराष्ट्रीय सौहार्द और एक स्वस्थ राजनीतिक सहभागिता के लिए बड़ा ख़तरा थी, ख़ासतौर पर ऐसे समय पर जबकि इस सौहार्द और सहभागिता की बहुत अधिक ज़रूरत थी। यह एक ऐसी नीति थी जो वैश्विक समस्याओं और दुखों का कारण बन सकती थी और इस नीति का सफल होना लगभग निश्चित था, क्योंकि यह न केवल राजनीतिक दृष्टि से प्रतिकूल थी बल्कि इसके कूटनीतिक परिणाम भी नुक़सानदेह सिद्ध होने वाले थे। 'और, अगर इतिहास को पथप्रदर्शक मान लिया जाये तो यह नीति वैमनस्य और असन्तोष में वृद्धि करेगी जिस कारण से अमेरिका एक शत्रुतापूर्ण और विभाजित दुनिया में अन्ततः स्वयं को अकेला अनुभव करेगा।'[22] यह दुनिया तब से ही इसी रास्ते पर चलती दिख रही है—लीबिया से यमन तक, अफ़्रीका और यूरेशिया में, और पूरे यूरोप और एशिया में कट्टरपन्थी इस्लाम के कारण बढ़ते आतंकवाद के साथ इस अस्थिरता ने आज एक वैश्विक रूप ले लिया है।

अनिवार्यतः ऐसे भी लोग हैं जिनका नज़रिया पूरी तरह से अलग है। वे न केवल अमेरिका के इस दक्षिणपन्थी वैश्विक दृष्टिकोण से अपनी सहमति रखते हैं, बल्कि अमेरिकी साम्राज्य के पक्ष में गढ़े गये आख्यानों का खुल कर समर्थन भी करते हैं। मध्यपूर्व के परिप्रेक्ष्य में, रोबर्ट ड्रेफस की डेविल'स गेम जिसे डेरेक इडले ने उद्धृत किया है, ने इस तर्क को व्यापकता देने का प्रयास किया है। ड्रेफस के अनुसार, अमेरिका ने 'दशकों तक मुसलमानों को पनपने का अवसर दिया है, उनकी सोच और विचारों पर हुकूमत की है और शीतयुद्ध के सहयोगियों के रूप में उनका जमकर उपयोग और दुरुपयोग किया है।'[23] अमेरिकी दृष्टिकोण में कुछ भी नया नहीं है। ब्रिटिशों ने भी अपने पूरे साम्राज्य में यही तरक़ीबें इस्तेमाल कीं और उपनिवेशों में राष्ट्रवाद के उभार को रोकने के लिए मुसलमानों का दुरुपयोग किया। अमेरिका सहित पूरे पश्चिम में इस तरह के प्रामाणिक लेख उपलब्ध हैं जो अमेरिका की वैश्विक सामरिक और विदेश नीति की आलोचना करता है, लेकिन यहाँ उसका उल्लेख करना अप्रासंगिक होगा।

अमेरिकी राजनयिक और अपने समय में अग्रणी रणनीतिकार रहे जॉर्ज केनन ने 1948 में अमेरिकी गृह विभाग की 'पॉलिसी प्लानिंग स्टडी 23' में लिखा था,

हमारे पास दुनिया की लगभग 50 प्रतिशत सम्पत्तियाँ हैं लेकिन जनसंख्या के आधार पर हम दुनिया के केवल 6.3 प्रतिशत भाग हैं। ऐसी स्थिति में यह कतई अस्वाभाविक नहीं है कि हम अपने प्रतिद्वन्द्वियो की ईर्ष्या और असन्तोष का कारण बन जायें। आने वाले समय में हमारा सबसे बड़ा लक्ष्य यह होना चाहिए कि हम अन्तर्राष्ट्रीय सम्बन्धों की एक ऐसी पद्धति विकसित करें जो हमें इस बड़े अन्तराल को बनाये रखने की सुविधा दे सके...। इस लक्ष्य को हासिल करने के क्रम में हमें समस्त भावुकताओं और सुखद कल्पनाओं की तिलांजलि देनी होगी; और अपना पूरा ध्यान हमें छोटे–से–छोटे राष्ट्रीय हितों पर केन्द्रित करना होगा...। अस्पष्ट और अवास्तविक संवादों से हमें बचने की आवश्यकता है...। मानवाधिकारों की चिन्ताएँ, जीवन स्तर को उन्नत करने की बातें और लोकतान्त्रिकता के आग्रहों का हमारे लिए कोई अर्थ नहीं होना चाहिए। यह स्थिति कोई बहुत दूर नहीं है जब हम सीधे शक्ति की अवधारणा पर बातचीत करेंगे। इसलिए जितना हम आदर्शवादी नारों से स्वयं को बचायेंगे, उतना हमारे लिए बेहतर होगा।[24]

जहाँ तक सामान्य रणनीतिक तर्कों का प्रश्न था, तो यह बृहत्तर अमेरिकी हितों में एक ईमानदार, व्यावहारिक, यथार्थवादी, भविष्योन्मुखी और भावुकता से मुक्त मूल्यांकन और परामर्श था। कुछेक साल बाद ही, सम्भवतः 1955 में केनन ने यह भी मशविरा दिया, 'एक नम्र, सुविधापसन्द साम्यवादियों से प्रभावित होने वाली उदार सरकार के बनिस्बत एक मज़बूत सत्ता का प्रतिष्ठापन अधिक श्रेयस्कर है।'[25] अमेरिकियों ने तभी से इस परामर्श का निरन्तर अनुसरण किया है। आदर्शवादी नारों को बुलन्द करने और लोकोपकारवादी कार्यों के मार्ग पर चलने के बाद भी उनका ध्यान अधिकतर 'अमेरिका पहले' की व्यावहारिक धुरी पर केन्द्रित रहता है। यह उनकी सरकार की सैद्धान्तिक प्राथमिकता है। यह दुर्भाग्यपूर्ण बात है कि अपनी स्वतन्त्रता के प्रारम्भिक वर्षों में भारत केनन के परामर्शों को व्यवहार में नहीं अपना सका और आदर्शवाद के बहकावे में भटक गया, हालाँकि यह बात भी सन्देह से परे नहीं कि भारत राजनेताओं को राष्ट्रीय हित की उतनी ही आत्मीय चिन्ताएँ होतीं।

इस परामर्श के अनुसरण में एक निरन्तरता तो थी ही, किन्तु 1990 के दशक में भूमण्डलीकरण के प्रवेश ने इस निरन्तरता को एक गौरवशाली बीजमन्त्र दे दिया। अब भूमण्डलीकरण एक नया आख्यान था, लेकिन वास्तविक सत्य वह था जो फ़्रांसिसी नाटककार जीन अनाउइल्ह ने कहा था, 'हर एक को यही लगता है कि ईश्वर उसी के साथ है। धनवान और शक्तिशाली तो इस बात को लेकर पूरा आश्वस्त रहते हैं।' अनाउइल्ह ने यह भी कहा, 'ईश्वर सभी के साथ है।... लेकिन निष्कर्ष यही है कि अन्त में वह अपार धन–दौलत और विशाल सेनाओं के साथ है।'[26] दोनों ही वक्तव्य अपने स्थान पर सही हैं। अमेरिकियों को इस बात की आश्वस्ति है कि ये दोनों सच अधिकतर उन पर ही लागू होते हैं।

नयी विश्व व्यवस्था

राजनीतिशास्त्री डेविड रोथकोफ, जो स्वयं भी अमेरिकी व्यवस्था के अन्तरंग जानकार रहे हैं, ने अपनी उल्लेखनीय पुस्तक 'सुपरक्लास–हाउ दी रिच रुइंड आवर वर्ल्ड' के आरम्भिक पन्नों में जीन अनाउइल्ह को उद्धृत किया है। प्रस्तावना के सबसे पहले पैराग्राफ़ में वे कहते हैं :

यह पुस्तक सत्ता के विषय में है।... सत्य यही है कि पूरी दुनिया में सत्ता जिन लोगों के हाथों में निहित है वे हैरतअंगेज़ रूप में गिनती में बहुत कम हैं।... यह पुस्तक उन लोगों पर ही केन्द्रित है, वे इतिहास के कुलीनों की तुलना में कैसे लोग हैं, और हम शेष बचे लोगों से वे किस तरह से अलग हैं। सबसे अधिक यह पुस्तक इससे सम्बन्धित है कि इस सत्ता–समूह का हमारे जीवन पर कितना गहरा असर है, और हमारे समय को वे कैसा आकार दे रहे हैं।[27]

जॉर्ज केनन ने जिस दुनिया की कामना की थी और जिस दुनिया का उल्लेख 2008 में रोथकोफ़ की लिखी इस किताब में है–दोनों के बीच बहुत मामूली–सा अन्तर था। आज की दुनिया भी तक़रीबन वैसी ही है।

संयुक्त राष्ट्र के 2006 की एक रिपोर्ट में असमानता का एक अन्य पक्ष परिलक्षित हुआ था जिसके अनुसार दुनिया की 1 प्रतिशत सबसे धनी आबादी के पास दुनिया की 40 प्रतिशत सम्पत्ति का स्वामित्व है, और इन सर्वाधिक समृद्ध वर्ग के भीतर धनाढ्यतम समूह उन धन कुबेरों का है जो वित्त और इंटरनेट की दुनिया से सम्बन्ध रखते हैं। दुनिया के एक–तिहाई से अधिक धनाढ्यतम लोग अमेरिका में रहते हैं। जापान में 27 प्रतिशत, ब्रिटेन में 6 प्रतिशत और फ़्रांस में 5 प्रतिशत लोग रहते हैं–उन्हें मिलाकर कुल 70 प्रतिशत लोग होते हैं। धन और आमदनी के बँटवारे को ठीक–ठीक समझने के लिए हमें और भीतर प्रवेश करने की ज़रूरत होगी। दुनिया के 10 प्रतिशत धनी लोग पृथ्वी की 85 प्रतिशत सम्पत्तियों के मालिक हैं, जबकि विश्व जनसंख्या के 50 प्रतिशत के पास दुनिया की 1 प्रतिशत से भी कम दौलत है। शेष बची 14 प्रतिशत से भी कम सम्पत्ति पर मोटा–मोटी 49 प्रतिशत आबादी का क़ब्ज़ा है। सम्पत्ति और आमदनी में बढ़ोतरी का अधिकतर भाग धनाढ्यतम वर्ग के पास ही जाता है। यह सच है कि असमानता को कम करने और अवसरों को बढ़ाने के उद्देश्य से कई आख्यानों को स्थापित किया गया है और अनेक ठोस उपाय भी किये गये हैं, लेकिन उनका कोई सकारात्मक नतीजा मूर्त रूप में सामने नहीं आता दिख रहा है।[28]

जब सितम्बर 1990 में जॉर्ज बुश सीनियर ने अमेरिकी कांग्रेस के संयुक्त अधिवेशन में नयी विश्व व्यवस्था पर अपना वक्तव्य दिया, तब कोई पहली बार इस शब्दावली का प्रयोग नहीं किया गया था। वे खाड़ी

युद्ध के लिए अमेरिकी सैनिकों के प्रस्थान के परिप्रेक्ष्य में अपनी बात रखते हुए दुनिया पर प्रभुत्व स्थापित करने वाली विश्व व्यवस्था पर प्रकाश डाल रहे थे। 'वे इसीलिए गर्मी और धूप में झुलसते हैं और रेत में अपना पसीना बहाते हैं।'[29] यह सम्बोधन को समाप्त करने वाले वक्तव्य की पंक्ति थी। ग़ौरतलब है कि इस साझा मुहिम में अमेरिका और सोवियत संघ दोनों शामिल थे। तब न तो बुश को और न उनके सलाहकारों या भाषण–लेखकों को यह रत्तीभर का आभास था कि अपने विघटन के कारण सोवियत संघ को जल्दी ही रास्ते से हटना पड़ जायेगा।

द्वितीय विश्वयुद्ध के बाद नयी विश्व व्यवस्था के परिप्रेक्ष्य में भारत का पहला खुला सन्दर्भ भारतीय प्रधानमन्त्री राजीव गाँधी और मिखाइल गोर्बाचेव के बीच नवम्बर 1988 को हुई बातचीत में मिला था, जिसमें 1986 के नयी दिल्ली घोषणापत्र का हवाला देते इस बिन्दु पर दोनों नेताओं द्वारा विचार किया गया कि नयी विश्व व्यवस्था को अहिंसा और शान्तिपूर्ण सह–अस्तित्व पर आधारित होना चाहिए। लेकिन ऐसी कोई व्यवस्था व्यवहार में आकार नहीं ले सकी। कुछ हफ़्ते बाद ही दिसम्बर में गोर्बाचेव ने संयुक्तराष्ट्र महासभा में एक नयी विश्व व्यवस्था की बात करते हुए उसमें संयुक्तराष्ट्र की बड़ी भूमिका पर ज़ोर दिया।

आज झूठे ख़तरों पर गढ़े हुए आख्यानों को वास्तविकता में बदलने की सम्भावना हर क्षण उपस्थित है, लिहाज़ा बदलती हुई या बढ़ती हुई चुनौतियों के सन्दर्भ में भारत के लिए नयी विश्व व्यवस्था से ज़रूरी सबक सीखने की ज़रूरत है। भारत को पहले अपना लक्ष्य तय करना चाहिए, फिर अपनी क्षमताओं का मूल्यांकन करना चाहिए, और कभी भी अपनी क्षमताओं को लक्ष्य के मार्ग का अवरोधक नहीं बनने देना चाहिए। सुरक्षा के मामले में देश निम्नतम सामान्य भाजक के रूप में काम नहीं कर सकता है। कोई भी नयी रणनीति व्यापक और निरन्तर सूचना से सम्पन्न युद्ध कौशल पर आधारित होनी चाहिए, जैसा कि शीतयुद्ध की समाप्ति के बाद के सालों में बड़ी शक्तियाँ करती रही हैं। अनेक विशेषज्ञों की दृष्टि में यह एक नया शीतयुद्ध काल है जिसमें नये–नये खिलाड़ी वैश्विक राजनीति में वर्चस्व का खेल, खेल रहे हैं। ग़ौरतलब है कि अपने लिए एक नया सामरिक सिद्धान्त हथियाने वाला आख्यान ही अन्य देशों के साथ अपनी वैश्विक प्रतिद्वन्द्विता में अव्वल और बेहतर बन सकता है।

साम्राज्यवाद, आप्रवासन, राष्ट्रवाद और इस्लाम

अट्ठारहवीं सदी का अन्त और उन्नीसवीं सदी का आरम्भ अनेक देशों और लोगों–दोनों के लिए एक अनुकूल समय था। औद्योगिक क्रान्ति के परिणामस्वरूप इंग्लैंड विश्व का एक अग्रणी देश बन कर उभरा, फ्रांसीसियों ने फ्रांस की क्रान्ति के बाद दुनिया को आम आदमी का अधिकार (राइट टू मैन) जैसा दुर्लभ उपहार दिया, अमेरिकियों को अपनी आज़ादी हासिल करने में क़ामयाबी मिली और भारत को रॉबर्ट क्लाइव के रूप में अपना पहला गवर्नर जनरल मिला। सम्राटों ने ईश्वर को उसकी सत्ता से अपदस्थ कर दिया और अपार समृद्धि और वैभव में सम्राटों का जीवन गुज़रने लगा। उनके पास गुलामों की बड़ी फ़ौजें थीं, उपनिवेशों से आयी हराम की बेशुमार दौलत थी और एक के बाद एक किये गये युद्धों के परिणामस्वरूप राजनीतिक और सैनिक प्रभुसत्ता थी। भारत पर उस समय ब्रिटिश ईस्ट इंडिया कम्पनी, जो दुनिया की पहली बहुराष्ट्रीय कम्पनी थी, का अधिकार हुए लम्बा समय गुज़र चुका था। कोई एक सौ साल बाद 1857 तक देश कम्पनी के शासन के अधीन रहा, और उसके बाद 1947 तक सीधा ब्रिटिश राज के अधीन रहा।

यह ब्रिटिश साम्राज्य के लिए एक स्वर्ण युग था। इसने भारत के स्थानीय लोगों के बीच अपने श्रेष्ठ होने की किंवदन्तियों को बहुत सफलता के साथ बेचा। इस युग में उसके लिए व्यापार करना सिर्फ़ आसान ही नहीं था बल्कि फ़ायदेमन्द भी था। कम्पनी के व्यापारिक विस्तार का मुख्य आधार भारतीय उद्योग और कृषि का योजनाबद्ध उन्मूलन था। यहाँ के लोग अशिक्षित और ग़रीब थे इसलिए श्रमिक यदि मुफ़्त नहीं भी तो निहायत सस्ती क़ीमत पर उपलब्ध थे। साम्राज्य की तरफ़ से युद्ध करने के लिए ब्रिटिश सेना में शामिल होने वाले भारतीयों की कोई कमी नहीं थी,

और सबसे बड़ी बात थी कि भारत का आर्थिक दोहन करके इंग्लैंड ने बहुत लाभ कमाया। एक कृतज्ञ ब्रिटिश राष्ट्र ने रॉबर्ट क्लाइव के प्रति सम्मान प्रदर्शित करते हुए 1912 में उसकी मूर्ति वाइटहॉल में प्रतिस्थापित की। मूर्ति की तीन तरफ़ काँसे की नक़्क़ाशी कर के उन तीन ऐतिहासिक घटनाओं के बारे में बताया गया था जिन्होंने ब्रिटिश साम्राज्य की स्थापना में महत्त्वपूर्ण भूमिकाएँ निभायी थीं–1751 में आर्कोट पर क़ब्ज़ा, 1757 में पलासी का युद्ध, और 1765 में इलाहाबाद की सन्धि।

अवसर ने शक्ति के लिए मार्ग प्रशस्त किया और शक्ति ने समृद्धि के द्वार खोले, और इसके बाद से इस प्रक्रिया में उत्तरोत्तर बढ़ोतरी होती गयी। बाद के वर्षों में यह वर्चस्व और पराक्रम नस्ल अथवा जाति, धर्म, भाषा, कला और संस्कृति निहित श्रेष्ठता में देखा जाने लगा। इतिहास ने स्थानीय लोगों को साम्राज्य की उपलब्धियों का ढोल बजा कर गुणगान करना सिखाया, और भारतीयों को मुग़लों से पहले अपने गौरवशाली अतीत के सम्बन्ध में अधिक कुछ जानकारी नहीं रह गयी।

भारतीय सैनिकों के नेतृत्व में 1857 में अंग्रेज़ों के ख़िलाफ़ होने वाले विद्रोह के बाद ब्रिटिशों को दूसरी बग़ावत की चिन्ता सताने लगी थी। उन्हें आशंका थी कि उनको सत्ता से हटाने के लिए साज़िशें रची जा रही थीं, उनके विरुद्ध युद्ध की तैयारियाँ हो रही थीं और उनके दूसरे साम्राज्यवादी (विदेशी) प्रतिस्पर्द्धी, ख़ासतौर पर रूस इस युद्ध में ब्रिटेन के विरुद्ध हस्तक्षेप करने के लिए उचित अवसर की प्रतीक्षा कर रहे थे। भारत की स्वतन्त्रता के पहले युद्ध को कम्पनी ने अत्यन्त क्रूरता के साथ दबा दिया। लन्दन में बैठे चतुर और व्यावहारिक कुलीनों को एक बात फ़ौरन समझ में आ गयी थी कि भारत भौगोलिक दृष्टि से इतना बड़ा है कि उसे नियन्त्रित करने के लिए जनता को धार्मिक दृष्टि से विभाजित कर देना ही एकमात्र उपाय है, और साथ ही उनमें अंग्रेज़ी शिक्षा का विस्तार करना भी आवश्यक है ताकि ब्रिटिशों के प्रशासकीय कामकाज को चलाने के लिए पर्याप्त संख्या में किरानी पैदा किये जा सकें। अंग्रेज़ी माध्यम में शिक्षित यह तबका ख़ुद को 'स्थानीय' लोगों की तुलना में श्रेष्ठ भी समझेगा, और इससे ब्रिटिशों को अपना लक्ष्य प्राप्त करने में अधिक सुविधा होगी।

उन्नीसवीं सदी में सूडान में अफ़ग़ानों और माहदियों के साथ लगातार झड़पों के बाद ब्रिटिशों को चिन्ता सताने लगी थी। सूडान को दोबारा विजित करने के बाद 1899 में अपनी पहली पुस्तक में इस्लाम की चर्चा करते हुए विंस्टन चर्चिल ने कहा था कि 'इससे पतित कोई दूसरी ताक़त दुनिया में नहीं है, और कि इस्लाम एक उग्र और दूसरों को बहकाने वाली आस्था है।' 1919 में चर्चिल को यह घोषणा करते हुए एक गौरवानुभूति हो रही थी कि 'ब्रिटेन दुनिया की सबसे बड़ी इस्लामिक ताक़त था।'[1]

'फूट डालो और राज करो' की यह नीति बाद के सालों में एक राजनीतिक कौशल में विकसित हो गयी, और अन्ततः भारत के विभाजन के रूप में परिणत हुई। द्वितीय विश्वयुद्ध के बाद की वैश्विक स्थितियों, विशेष रूप से मध्यपूर्व की समस्याओं के सन्दर्भ में, अपने साम्राज्य की अस्तित्व–रक्षा और भारत के स्वाधीनता आन्दोलन से निबटने के अनुभव ब्रिटिशों के लिए बहुत उपयोगी साबित हुए। सत्ता परिवर्तन एक राजनीतिक अपरिहार्यता थी, और सामरिक तथा व्यावसायिक हितों की रक्षा के लिए कूटनीतिक और सैन्य उपयोग सामान्य स्थिति थी। इन नीतियों को सुविधानुसार अपनाते हुए ब्रिटेन और अमेरिका ने कट्टरवादी इस्लामिक ताक़तों का बार–बार समर्थन किया और उनको मदद पहुँचाई। अनेक बार 'मुस्लिम ब्रदरहुड' का इस्तेमाल राष्ट्रवाद के उभार को रोकने के लिए किया गया।

मध्यपूर्व में ब्रिटेन

ब्रिटेन के लिए जिस तरह भारत में अपने हितों की रक्षा करना ज़रूरी था, तुर्क साम्राज्य के बाद मध्यपूर्व में नये मिलने वाले तेल के भण्डारों पर भी नियन्त्रण बनाये रखना भी उसके लिए उतना ही आवश्यक था। ब्रिटिशों को यही लगता था कि जिस तरह से हेर्नन कोर्टज ने एज्टेक सम्राट् को बन्दी बना कर मेक्सिको पर अधिकार कर लिया था, या फ़्रांस के शासकों ने पोप को अविग्नन में क़ैद कर रखा था, उसी तरह ख़लीफ़ा को अपने हाथों की कठपुतली बना कर वे इस्लाम पर अधिकार स्थापित कर सकते थे। उन्हें यह भी ग़लतफ़हमी थी कि धार्मिक नेताओं को बन्दी बनाकर इस्लाम को ख़रीदा, या बहकाया जा सकता है।[2] उनको यह चिन्ता भी थी कि ख़लीफ़ा किसी भी हालत में फ़्रांसिसी या किसी दूसरे दुश्मन के

हाथ नहीं लगने पाये। इस तरह से पहले विश्वयुद्ध के बाद की अवधि में मध्यपूर्व पर प्रभुत्व को लेकर साम्राज्यवादी तिकड़मों का दौर शुरू हो गया, और ब्रिटिशों ने अपनी ताक़त को मज़बूत करने के इरादे से इस्लाम और इस्लामी सम्पर्कों का इस्तेमाल करना शुरू कर दिया।

उस समय मध्यपूर्व की राजनीति के पीछे जो विविध षड्यन्त्र हुए उनमें ब्रिटेन की प्रत्यक्ष अथवा परोक्ष संलिप्तता हमेशा उपस्थित रही, जिसकी आख़िरी परिणति एक राज्य के रूप में सऊदी अरब की स्थापना के रूप में हुई। अभी इतिहास के लिए अपने हिस्से का पूरा खेल खेलना बाक़ी बचा था क्योंकि सऊदी अरब आने वाले वर्षों में कट्टरपन्थी वहाबी इस्लाम का दुनिया का सबसे बड़ा प्रचारक बनने वाला था। उसने दूसरे प्रदेशों के इस्लामिक कट्टरपन्थियों को न केवल वैचारिक और आर्थिक सहायता पहुँचायी बल्कि उसके प्रयासों के कारण ही सुन्नी वहाबी सम्प्रदाय दुनिया के बृहत्तर कट्टरवादी इस्लामिक संगठन में परिवर्तित हो सका। यह सऊदी अरब ही था जिसने सोवियत संघ के ख़िलाफ़ अफ़ग़ान जिहाद में अमेरिका की मदद की थी। उस समय तक मध्यपूर्व पूरी तरह से ब्रिटिश गिरफ़्त में था। ब्रिटिश–प्रशासित इराक़ में ब्रिटिशों ने सुन्नी और शिया नेतृत्व को एक–दूसरे के ख़िलाफ़ जम कर इस्तेमाल किया। जहाँ तक मिस्र की बात थी तो वहाँ ब्रिटेन की मंशा एक स्कूली शिक्षक हसन अल–बन्ना द्वारा 1928 में स्थापित इखवान अल मुस्लिमीन (मुस्लिम ब्रदरहुड) को नुक़सान पहुँचाने की थी। इस उद्देश्य से इंग्लैंड ने मिस्र के प्रति अतिरिक्त दया, उदारता और रियायत भी दिखायी, जबकि उसे यह जानकारी थी कि 'ब्रदरहुड' के तार नाज़ी जर्मनी से जुड़े हुए थे और उसे इंग्लैंड–विरोधी समझा जाता था।

दूसरे विश्वयुद्ध के सम्भावित अरब राष्ट्रवाद के तेज़ उभार को दबाने के लिए अल–बन्ना और 'ब्रदरहुड' दोनों की आवश्यकता पड़ने वाली थी मिस्र जैसे देशों के शासकों के समर्थन में रहने के लिए 'ब्रदरहुड' को आर्थिक मदद देने के अलावा उसे फुसलाने की तरक़ीब का भी इस्तेमाल किया गया। लेकिन द्वितीय विश्वयुद्ध के बाद ब्रिटिश–समर्थक शासक के ख़िलाफ़ 'ब्रदरहुड' आन्दोलन ने एक उग्र रूप ले लिया था और अन्ततः 1949 में हसन अल–बन्ना की हत्या कर दी गयी। वे तब तक एक ज़रूरी नेता के बजाय एक ग़ैरज़रूरी बोझ बन चुके थे।

दूसरे विश्वयुद्ध के बाद 1950 के दशक के आरम्भिक वर्षों तक ब्रिटिशों ने ईरान में शिया समुदाय और मिस्र में सुन्नियों को संरक्षण देना और समर्थन देना जारी रखा। उनको यह उम्मीद थी कि वे लम्बे समय तक ब्रिटिश हितों को पूरा करने में मददगार होंगे। बहरहाल वे अस्थायी और मौक़ापरस्त सहयोगी साबित हुए क्योंकि जब इंग्लैंड उनपर अपना प्रभाव बनाये रखने के लिए ख़ासी मशक्कत कर रहा था तब वे भीतर ही भीतर अमेरिका के साथ अपने सम्बन्धों को दृढ़ करने में जुटे हुए थे। महाशक्तियाँ जब अपने आधिपत्य वाले भूक्षेत्रों पर अपना प्रभाव समाप्त होने के भय से आशंकित होती हैं तब वे किसी भी धूर्तता का सहारा लेने से नहीं हिचकिचाती हैं। तब उन्हें दीर्घकालिक परिणामों की रत्ती भर भी चिन्ता नहीं रहती है। 1956 में इंग्लैंड और फ़्रांस के बीच सुएज नहर विवाद के बाद ब्रिटिश गमाल अब्देल नासेर जैसे राष्ट्रवादी अरब नेताओं से छुटकारा पाने की तरक़ीब खोजने लगे थे, क्योंकि अब वे ब्रिटिश हितों के मार्ग में अवरोधक साबित हो रहे थे। एक अस्तित्वहीन अरब के हाथों धूमिल हो रही अपनी छवि को दोबारा दुरुस्त करने के उद्देश्य से इंग्लैंड अब ब्रिटिश विरोधी इस्लामिक ताक़तों को कुचलने और नासेर सहित अन्य अरब नेताओं को सत्ता से अपदस्थ करने के लिए आतुर था। इंग्लैंड की व्यथा भी अजीबोग़रीब थी। उन उदार राष्ट्रवादियों, जिनके साथ उसका ठीक–ठाक निबाह हो सकता था, की बनिस्बत उसने उन ब्रिटिश–विरोधी इस्लामिक ताक़तों के साथ समझौता करना ज़्यादा मुनासिब समझा जो बाद के वर्षों में इंग्लैंड के लिए अधिक नुक़सानदेह साबित होने वाले थे। इस अहंकारपूर्ण निर्णय ने बाद में इंग्लैंड से अच्छी–ख़ासी क़ीमत वसूल की।

पश्चिम के देश, ख़ास कर अमेरिका और इंग्लैंड एक तरफ़ शीतयुद्ध के दिनों में मध्यपूर्व में लोकतन्त्र और आज़ादी बहाल करने के लिए पुरज़ोर आवाज़ उठा रहे थे, वहीं दूसरी तरफ़ तेल तथा गैस के क्षेत्र में अपने कारोबारी हितों और सामरिक महत्त्वाकांक्षाओं की प्राप्ति के लिए साम्यवाद का दमन करने वाले तानाशाहों और सम्राटों, और राष्ट्रवादी अरब नेताओं का विरोध करने वाले कट्टरपन्थी मुसलमानों से मिलीभगत बढ़ाने का भी कोई अवसर हाथ से नहीं जाने दे रहे थे। उनके लिए लोकतन्त्र और स्वतन्त्रता का नारा दिखाने के दाँतों के सिवा और कुछ नहीं था जिनका उपयोग वे केवल अपने आख्यान को स्थापित करने के लिए करते थे।

दूसरे विश्वयुद्ध के तत्काल बाद जब शीतयुद्ध–काल में विश्व शक्तियों में खेमेबन्दी नये सिरे से होने लगी तो मध्यपूर्व में पश्चिमी हितों की निगरानी करने का उत्तरदायित्व ब्रिटेन को सौंप दिया गया। ब्रिटेन ने इस इलाक़े में एक मनोवैज्ञानिक युद्ध की शुरुआत कर दी और 'डायरेक्टरेट ऑफ़ दी फॉरवर्ड प्लान्स' के ज़रिये सैन्य कार्रवाई के साथ–साथ प्रचार अभियान चलाने की साझा नीति पर चलने लगा। इस नीति के पीछे की मूल अवधारणा यह थी कि रक्तरंजित युद्धों के विकल्प पर चले बिना रणनीतिक हितों की रक्षा की जा सके। बहरहाल पश्चिमी नेताओं की इस नीति को अपेक्षित सफलता नहीं मिल पायी।[3]

1950 का दशक मध्यपूर्व के लिए उथलपुथल वाला रहा। इस अवधि में मिस्र और लीबिया की अगुआई में धर्मनिरपेक्ष राष्ट्रवादी ताक़तों का उदय हुआ और साथ ही 1958 में इराक़ के ब्रिटेन–समर्थित सम्राट का तख़्तापलट भी हो गया। इस पूरे घटनाक्रम के दूसरे सिरे पर सऊदी अरब, जॉर्डन, ईरान जैसे पश्चिम के समर्थक इस्लामिक राजतन्त्र और कुवैत और ओमान जैसे खाड़ी के देश थे। इंग्लैंड की तरह इन राजतन्त्रों को भी इस बात का भय था कि धर्मनिरपेक्षता और लोकतन्त्र के सिद्धान्तों के प्रसार से तेल के उत्खनन, उसके प्रसंस्करण और बिक्री पर पश्चिम के उद्योग जगत के नियन्त्रण में बाधा उत्पन्न हो सकती थी। इसलिए लोकतन्त्र और धर्मनिरपेक्षता जैसे विचारों को विकसित होने से रोका जाना ज़रूरी था।

1954 में नासेर द्वारा 'मुस्लिम ब्रदरहुड' को प्रतिबन्धित करने के बाद संगठन को सऊदी अरब में शरण मिली, और सीआईए ने इसमें महत्त्वपूर्ण भूमिका निभायी। वहाँ इस संगठन को फलने–फूलने का अनुकूल अवसर मिला और इसने शिक्षा और बैंकिंग जैसे सार्वजनिक क्षेत्रों पर अपना अच्छा–ख़ासा दबदबा क़ायम कर लिया। जल्दी ही 'ब्रदरहुड' के सदस्य अपने–अपने देश की राष्ट्रवादी सरकारों से तंग आकर बड़ी तादाद में सीरिया और इराक़ से भाग निकले और म्यूनिख़ में संगठन की एक अन्तरराष्ट्रीय शाखा की बुनियाद रखी। ब्रिटिशों को यह महसूस हो रहा था कि नासेर के राष्ट्रवाद के प्रतिकार में सऊदी अरब के राजा को इस्लाम के एक बड़े आध्यात्मिक नेता के रूप में प्रस्तुत किया जा सकता था। सीआईए ने भी नासेर का विरोध करने के उद्देश्य से 'मुस्लिम ब्रदरहुड' की अनेक गुप्त शाखाओं का निर्माण किया था। इसके अलावा सऊदी अरब

में आन्तरिक असहमतियों को भी सम्पोषित करने का काम शुरू कर दिया गया ताकि जॉर्डन, सीरिया और लेबनान में तनाव पैदा करने की उनकी 'वांछित योजना' पूरी हो सके।[4] यह जानते हुए भी कि 'ब्रदरहुड' मूलतः पश्चिम विरोधी और ब्रिटेन विरोधी था और जोर्डन में रहने वाले ईसाई और ब्रिटेन उनके मुख्य निशाने पर थे, ब्रिटिश इस बात को लेकर पूरी तरह से आश्वस्त थे कि संगठन जॉर्डन के राजा के प्रति वफ़ादार था।[5] लेकिन तेल और गैस के लालच और आवश्यकता ने सभी तर्कों को दरकिनार कर दिया था।

चूँकि सऊदी अरब ने इंग्लैंड में बहुत भारी मात्रा में निवेश किया था और वह हथियारों का बहुत बड़ा ख़रीदार भी था, इसलिए वह इंग्लैंड का प्रियपात्र था। इसके अतिरिक्त, तेल का मसला तो अपनी जगह था ही। 1963 के अगस्त में सऊदी अरब में ब्रिटेन के राजदूत ने अपना पद छोड़ते हुए ब्रिटिश विदेश सचिव एलेक डगलस होम को वहाँ के शासन तन्त्र के बारे में एक वास्तविक आकलन भेजा था। उन्होंने कहा कि सऊदी अरब रुक्ष और असहिष्णु निष्ठावादियों के वर्चस्व के अधीन है, वहाँ न्याय एक आपराधिक क्रूरता थी और लोकतन्त्र का कोई अस्पष्ट–सा सूत्र भी वहाँ के राजनीतिक माहौल में दिखायी नहीं देता था। इसके बावजूद, लन्दन ने अपनी वही नीति आगे भी जारी रखी जो सऊदी अरब के तात्कालिक शासन को सत्ता में बनाये रखने में मददगार साबित होती।[6]

सितम्बर 1970 में जॉर्डन के राजा हुसेन बिन तलाल, फिलस्तीनी उग्रपन्थियों द्वारा तख़्तापलट के प्रयासों में अपनी गद्दी बचाने में क़ामयाब रहे। उन्हें ब्रिटेन का वरदहस्त प्राप्त था। लिहाज़ा उनकी गद्दी बचने के पीछे अमेरिकी और ब्रिटिश सरकारों तथा 'मुस्लिम ब्रदरहुड' बड़े मददगार साबित हुए। संयोग की बात थी कि हुसेन की फ़ौज की एक शाखा का कमान ब्रिगेडियर जिया–उल–हक़ के हाथ में था जो बाद में जनरल जिया–उल–हक़ के नाम से मशहूर हुए और पाकिस्तान के राष्ट्रपति बने। सितम्बर 1970 में नासेर की मृत्यु के बाद उनके उत्तराधिकारी अनवर सादात के सत्ता सँभालते ही मिस्र के इस्लामीकरण की प्रक्रिया शुरू हो गयी। सादात के 'ब्रदरहुड' के साथ क़रीबी सम्बन्ध थे। उन्हें लगता था कि संगठन उनके पक्ष में था लेकिन उनकी फ़ौज की ही उग्रपन्थी ताक़तों ने उन्हें इस्राएल के साथ सितम्बर 1981 में एक समझौते पर

दस्तख़त करने के कारण उनकी हत्या कर दी। दोषी हत्यारों में ख़ालिद इस्लामबौली उर्फ़ अयमन अल–जवाहिरी भी शामिल था, जो बाद में ओसामा बिन लादेन का मुख्य सिपहसलार बना।

उग्रपन्थी इस्लाम और पश्चिम

मध्यपूर्व के महत्त्वपूर्ण और सामरिक क्षेत्रों पर वर्चस्व और नियन्त्रण की आंग्ल–अमेरिकी योजना में राष्ट्रवाद एक बड़ी बाधा था। अतः उद्देश्य यह था कि इस अभी–अभी जन्मे राष्ट्रवाद का विरोध किया जाये और इसके लिए इस्लामिक साम्राज्यों को सुरक्षित रखा जाये। सोवियत संघ की तरफ़ अपने झुकाव के कारण नासेर से आरम्भिक दिनों में सबसे अधिक ख़तरा यह माना जा रहा था कि वे अरब राष्ट्रवाद को भड़का सकते थे। इस ख़तरे की काट के रूप में सऊदी अरब और उसके पूर्ण इस्लामीकरण की नीति का समर्थन किया जाने लगा। अरब राष्ट्रवाद और लोकतन्त्र से उस क्षेत्र के लोगों और आंग्ल–अमेरिकी हितों–दोनों का लाभ होगा, इस सम्भावना के विकल्प पर विचार ही नहीं किया गया। नतीजा यह हुआ कि एक अधिक कट्टरवादी स्वरूप में इस्लाम ने अपना वर्चस्व स्थापित कर लिया, ख़ासतौर पर 1967 में इस्राएल के विरुद्ध अरब द्वारा थोपे गये अवरोधों के कारण स्थिति अधिक गम्भीर हो गयी। बहरहाल उग्रपन्थी इस्लाम के उभार और विस्तार के लिए आंग्ल–अमेरिकी गतिविधियों और नीतियों को पूरी तरह ज़िम्मेदार माना जाना चाहिए।

बहरहाल तब से ही पूरे मध्यपूर्व पश्चिमी देशों द्वारा इस नीति को बार–बार दोहराया गया। 1982 में अयातुल्ला खोमेनी के काम में ईरान ने राजनीतिक असन्तुष्टों को नियन्त्रित करने के लिए कड़े क़दम उठाने का फ़ैसला किया। ब्रिटिशों ने भी साम्यवादी तुदेह पार्टी को कुचलने के लिए ईरान का साथ देने में थोड़ी भी कोताही नहीं बरती और साम्यवादियों के साथ सहयोग करने वाले सोवियत एजेंटों की सूची सरकार के हवाले कर दी। ईरान पर सोवियत प्रभाव को रोकने के लक्ष्य ने बाक़ी सभी मुद्दों को हाशिये पर कर दिया। इस तरह 1980 का दशक वैश्विक स्तर पर उग्र इस्लाम के उत्थान का काल कहा जा सकता है। इस होड़ में मध्यपूर्व के भी अनेक देश शामिल थे। अफ़ग़ान जिहाद को पश्चिम से सामरिक और आर्थिक मदद मिल रही थी, सऊदी अरब इस्लामी उद्देश्यों के लिए दुनिया

भर के देशों को आर्थिक सहायता दे रहा था। ईरान में अयातुल्ला अनेक शिया संगठनों को वित्तीय रूप से प्रायोजित कर रहे थे और पाकिस्तान में जनरल जिया शीतयुद्ध के दिनों में एक तरफ़ पश्चिम की मदद करने और दूसरी तरफ़ अपने देश के इस्लामीकरण में जुटे थे। ये सभी घटनाएँ और इनके बाद की कई दूसरी घटनाएँ जिन्होंने इस्लामिक जिहाद और अन्तरराष्ट्रीय उम्मत को अपना समर्थन दिया, आज इतिहास में अच्छे तरीक़े से दर्ज हैं।

एक बार फिर से स्वतन्त्रता और लोकतन्त्र की दुहाई देता हुआ ब्रिटेन पूरे प्रकरण में अपनी स्थिति को ताक़तवर बनाये हुए था, हालाँकि दूसरी तरफ़ वह इस्लामवादियों को मदद भी दे रहा था। अक्टूबर 1981 में अपनी पाकिस्तान यात्रा में तत्कालीन ब्रिटिश प्रधानमन्त्री मार्गरेट थैचर ने स्वागत भोज में अपने भाषण में कहा था कि पाकिस्तान दुनिया के सभी देशों से समर्थन पाने की पात्रता रखता था। 'ब्रिटेन की ओर से मैं आप सभी को आश्वस्त करना चाहूँगी कि आप सब के सामने जो सामान्य समस्याएँ हैं उनका समाधान तलाशने के लिए पाकिस्तान को हमारा पूरा समर्थन है।'[7] यद्यपि उन्होंने यह नहीं बताया कि पाकिस्तान की समस्याएँ वस्तुतः क्या–क्या थीं, लेकिन सिर्फ़ कोई दो साल पहले ही, अगस्त 1979 में संयुक्तराष्ट्र जाने के क्रम में जब जनरल ज़िया ब्रिटेन से गुज़र रहे थे तो मार्गरेट थैचर ने उनसे मिलने से इसलिए मना कर दिया था क्योंकि वो जुल्फ़िकार अली भुट्टो को फाँसी पर लटकाने के ज़िम्मेदार थे।

दिसम्बर 1979 में सोवियतों द्वारा अफ़ग़ानिस्तान पर हमले के फ़ौरन बाद सभी अवधारणाएँ बदल गयीं। सोवियत हमले के सिर्फ़ एक सप्ताह पहले मार्गरेट थैचर ने न्यूयॉर्क में फ़ॉरेन पॉलिसी एसोसिएशन को सम्बोधित करते हुए साम्यवाद के विस्तार को रोकने के लिए इस्लामी कट्टरपन्थ को ज़रूरी बताया था। 'यह मध्यपूर्व की जनता और ख़ुद हमारे हित में है कि वे अपनी धार्मिक परम्पराओं को मज़बूत बनायें और उन पर गम्भीरतापूर्वक चलें। हम यह कतई नहीं चाहते हैं कि वे मार्क्सवाद के सब्ज़बाग़ के झाँसे में आयें जो मूलतः एक बाहरी और छद्म राजनीतिक दर्शन है,' उन्होंने कहा था।[8] थैचर सीआईए के लिए एक देवदूत साबित हुईं, और अफ़ग़ान अभियान में तैनात सीआईए एक अधिकारी ने उन्हें 'अट्टिला हुन से भी अधिक रुढ़िवादी' के रूप में परिभाषित किया था।[9]

मुजाहिदीनों को आज़ादी के लिए लड़ने वाले योद्धा के रूप में प्रचारित करने में कोई कसर नहीं छोड़ी गयी थी और मॉस्को को अन्तरराष्ट्रीय क़ानूनों का उल्लंघन करने वाला एक अपराधी बताया गया। 'ब्रिटिश सीक्रेट इंटेलिजेंस सर्विस' (एसआईएस–जिसे सामान्यतः एम16 के नाम से जाना जाता है) ने ताजिकिस्तान और उज़्बेकिस्तान में इस्लामिक साहित्य बाँटने, और उक्त सोवियत गणराज्यों में धार्मिक असन्तोषों को भड़काने के लिए दक्षिणपन्थी इस्लामिक संगठन जमात–ए–इस्लामी को आर्थिक मदद दी।[10]

ब्रिटेन ने सऊदी अरब और यमन के गुप्त अड्डों पर इस्लामी उग्रपन्थियों को प्रशिक्षित करने में भी सहायता की और विद्रोह करने के लिए उन्हें वित्तीय सहायता करने के अलावा हथियारों की आपूर्ति भी की। सोवियत संघ के विरुद्ध शीतयुद्ध में हथियारों ने पश्चिमी देशों द्वारा आख्यान–स्थापना में एक महत्त्वपूर्ण भूमिका निभायी थी। यह वह समय था जब सिद्धान्तों की तुलना में स्वार्थों को अधिक तरज़ीह दी जाने लगी और मध्यपूर्व की राजनीति और उससे जुड़े फ़ैसलों की पटकथाएँ उन स्वार्थों के मुताबिक़ तय होने लगीं। मध्यपूर्व को नियन्त्रित करने की लालसा, और इस बहाने पूरी इस्लामिक दुनिया को नियन्त्रित करने और व्यापारिक तथा सामरिक हितों को साधने की ख़ुशफ़हमी के कारण पश्चिम ने इस इलाक़े की सरकारों और शासन व्यवस्थाओं को अपना समर्थन देने का सिलसिला जारी रखा। 7 जुलाई, 2005 को पाकिस्तानी मूल के इस्लामिक उग्रपन्थियों द्वारा लन्दन में किया गया आतंकी हमला ब्रिटिश मुसलमानों में फैलते धार्मिक उन्माद की सिर्फ़ एक छोटी–सी मिसाल थी। जब उग्र विचारधाराएँ और आस्थाएँ जनता के दृष्टिकोण में एक ख़ास झुकाव पैदा करने के लिए प्रयुक्त होती हैं तो यह एक भयावह संकेत है। मनुष्य स्वभावतः इसके प्रतिकार का उपाय ढूँढ़ने लगता है।

असन्तुष्टों को अपने देशों से निर्वासित करने के अरबों के आग्रह के उत्तर में ब्रिटेन ने दोहरी नीति अपनायी। उसने अरबों के आग्रह को कुछ इस तरह से महत्त्व दिया ताकि उसके समानान्तर उसके हित भी तुष्ट होते रहें। इस दोहरी नीति के कारण ही ओसामा बिन लादेन जुलाई 1994 में लन्दन में 'एडवाइस एंड रिफोर्मेशन कमिटी' (एआरसी) की स्थापना करने में सफल रहा, जहाँ उसके अधिकतर कर्मचारी अयमन अल–जवाहिरी के वफ़ादार सहयोगी थे। एआरसी का कार्यालय मुख्य रूप

से शरिया के प्रचार और अल क़ायदा के दूसरे केन्द्रों के साथ सूचनाओं के आदान–प्रदान के काम में आता था। वास्तविकता यही थी कि अफ़ग़ानिस्तान में अपने ठिकाने से ख़ुद ओसामा बिन लादेन अपने लन्दन स्थित कार्यालय के साथ निरन्तर सम्पर्क में रहता था, और अल क़ायदा की तरफ़ से दुनिया के किसी भी कोने में फ़तवा जारी करने का काम भी लन्दन स्थित कार्यालय का ही था। ब्रिटिशों को उम्मीद थी कि इस्लामिक संगठनों के दबाव के कारण सऊदी शाही परिवार (हाउस ऑफ़ सऊद) और आंग्ल–अमेरिकी उपस्थिति–दोनों को मध्यपूर्व में परस्पर संगठित होने में मददगार साबित होगी। बहरहाल ऐसा कुछ भी नहीं हुआ, बल्कि इसने 9/11 के हमले को और अधिक आसान बना दिया।

ब्रिटेन में शरण पाने वालों में अल क़ायदा कोई अकेला इस्लामिक संगठन नहीं था। 'लीबियन इस्लामिक फाइटिंग ग्रुप', 'आर्म्ड इस्लामिक ग्रुप ऑफ़ अल्जीरिया' और 'इज्पिसीयन इस्लामिक जिहाद' जैसे संगठनों के ठिकाने भी लन्दन में थे जो दुनिया के किसी भी इलाक़े में अभियानों को संचालित करने वाले केन्द्र के रूप में सक्रिय थे। दुनिया भर में आतंकी गतिविधियों को चलाने के लिए लन्दन में ही करोड़ों पाउंड्स उगाहे जाते थे। 'लन्दनिस्तान' प्रकारान्तर में सुरक्षा सेवाओं और इस्लामी उग्रपन्थियों के बीच एक सुरक्षात्मक अनुबन्ध वाले आश्वस्तकारी स्थान में परिवर्तित हो चुका था। इस समझ का आधार यह था कि ब्रिटेन द्वारा इस्लामी उग्रपन्थियों को दिये प्रश्रय के बदले में उन संगठनों द्वारा यह अघोषित गारंटी थी कि वे ब्रिटेन को अपना लक्ष्य नहीं बनायेंगे।–मिसाल के तौर पर 'तुम मेरी राह में मत आओ, मैंने भी तुम्हें नहीं देखा या तुम्हारे बारे में कुछ सुना है,' जैसी नीति का मार्ग दोनों पक्षों के लिए अनुकूल बन गया।

ये बातें फिन्सबरी पार्क मस्जिद के पूर्व इमाम अबू हमजा जैसे कट्टरपन्थी मुसलमान नेता ने अपने ऊपर मुक़दमे की सुनवाई के दौरान कुबूल की थीं, और इनकी पुष्टि 1998 में लन्दन में एआरसी कार्यालय के मुखिया खालेद अल–फ़व्वाज़ ने भी की। कुछ महीने बाद उग्रपन्थी संगठन अल–मुहाजिरौन के संस्थापक ओमर बाकरी ने भी यह बात कही कि उससे कई बार पूछताछ की गयी थी और हर बार उससे सच जानने के बाद ही उसे छोड़ा गया था। 2001 में वर्ल्ड ट्रेड सेंटर पर हमला करने की योजना बनाने की बुनियाद यहीं से रखी गयी थी। 1990 के दशक के आख़िर में अबू हमजा ने अपने संगठन 'सपोर्टर्स ऑफ़ शरिया' के लिए

वेल्स और स्कॉटलैंड जैसे इंग्लैंड के ग्रामीण और दूरदराज के इलाक़ों में प्रशिक्षण शिविर की शुरुआत की, जहाँ बहाली के बाद उग्रपन्थियों को एके–47 सहित दूसरे हथियारों को चलाने का प्रशिक्षण दिया जाता था।[11]

1990 का दशक एक ऐसा समय था जब, अब तक सिर्फ़ अफ़ग़ानिस्तान तक ही अपनी गतिविधियों को सीमित रखने वाले पाकिस्तान ने भारत के कश्मीर में आतंकी हमला आरम्भ कर दिया। पश्चिमी देशों की सहानुभूति के बावजूद भारत पर निरन्तर मानवाधिकारों का उल्लंघन करने के आरोप लगाये गये। पाकिस्तानी मूल के ब्रिटिश नागरिकों की हथियारों के प्रशिक्षण के लिए पाकिस्तान आवाजाही लगी रहती थी। लेकिन ब्रिटेन के लिए यह कोई गम्भीर मसला नहीं था क्योंकि उन पाकिस्तानियों के निशाने पर भारतीय थे, ब्रिटिश नहीं। उस दशक में तक़रीबन उसी समय सर्बों और बोस्नियाई मुसलमानों के बीच बाल्कन युद्ध की शुरुआत हो गयी, और ब्रिटेन ने लगभग 4,000 इस्लामी उग्रपन्थियों को सर्बों के ख़िलाफ़ बोस्निया जाने की इजाज़त दे दी। इन जिहादियों को सऊदी अरब और अनेक दूसरे इस्लामी संगठन वित्तीय मदद दे रहे थे। उन सब के लिए यह बेहद ज़रूरी जंग थी।

यह भी 1990 का दशक ही था जब ब्रिटेन ने मध्य एशिया में प्रवेश करने के लिए पाकिस्तान का उपयोग किया। अफ़ग़ानिस्तान में युद्ध का पर्याप्त अनुभव पाने के बाद पाकिस्तानी मध्य एशिया, कॉकेसिया और बाल्कन में अपनी भूमिका के विस्तार की कोशिश में लगे थे। अल क़ायदा के साथ अपने सम्पर्कों का इस्तेमाल करते हरकत–उल–अंसार ने अपना प्रभाव अफ़ग़ानिस्तान से कश्मीर और बोस्निया तक कर लिया था। संघर्ष का मुख्य कारण तुर्कमेनिस्तान, अजरबैजान और कज़ाकिस्तान के कैस्पियन सागर में पाये जाने वाले तेल और गैस के साथ–साथ बीपी के व्यापारिक हित थे। इन सभी व्यापारिक गतिविधियों का संचालन लन्दन स्थित मुख्यालयों से हो रहा था। इन क्षेत्रों में पाकिस्तान की मदद से जारी हिंसा और चेचन्या में अल क़ायदा की गतिविधियों को भी पश्चिम का समर्थन मिल रहा था। 1996–98 के बीच पाकिस्तान ने सैकड़ों चेचनों को 'अत्याधुनिक आतंकवाद और युद्ध कौशल' में प्रशिक्षित किया।[12]

प्रिंसटन विश्वविद्यालय में अन्तरराष्ट्रीय सम्बन्धों के प्रोफ़ेसर रिचर्ड फाक ने कभी कहा था कि पश्चिमी विदेश नीति को मीडिया के माध्यम

से इंसाफ़परस्त, नैतिक, मूल्यकेन्द्रित, उदार और सकारात्मक दिखाने की भरपूर कोशिश की जाती है, जबकि इसका अन्दरूनी चरित्र वर्चस्ववादी, लोलुप, हिंसात्मक, हस्तक्षेपकारी, स्वेच्छाचारी और स्वार्थी रहा है।[13] अल क़ायदा और आईएसआईएस जैसे आतंकी संगठनों की तुलना में दूसरे देशों में इस नीति ने कहीं अधिक लोगों की जानें ली हैं। हाल–फिलहाल के सालों में पश्चिम की विदेश नीति के कारण होने वाली मृत्यु का आँकड़ा हम अफ़ग़ानिस्तान, इराक़ और दोबारा अफ़ग़ानिस्तान में देख सकते हैं। ब्रिटिश इतिहासकार मार्क कर्टिस के कथनानुसार ब्रिटेन आतंकवाद का एक स्थायी समर्थक रहा है, और राज्य–प्रायोजित आतंक आज विश्व में विध्वंस का सबसे ख़तरनाक स्वरूप है। आज अन्तरराष्ट्रीय सम्बन्धों के सन्दर्भ में लोकतन्त्र, अभिव्यक्ति की स्वतन्त्रता, समानता और मानवाधिकार कोई स्थायी और पत्थर पर अंकित सिद्धान्त नहीं हैं। राष्ट्रीय हितों के लिए इन सिद्धान्तों की कभी भी उपेक्षा की जा सकती है। ब्रिटेन और अमेरिका के परिप्रेक्ष्य को छोड़ कर राष्ट्रवाद एक बुराई और ख़तरनाक स्थिति है, क्योंकि अपने चरित्र के कारण कभी–न–कभी राष्ट्रवाद का टकराव पश्चिमी हितों के साथ होना तय है।

अपनी पुस्तक का आरम्भ मार्क कर्टिस यह कहते हुए करते हैं कि नीति निर्माताओं की कूटनीतिक भाषा और प्रतिपादन के पीछे 'एक विशेष ब्रिटिश धूर्तता निहित होती है जिसका विश्वव्यापी भूतलक्षी और मौजूदा प्रभाव सहजता से देखा जा सकता है।'[14] यह पुस्तक ब्रिटिश घोषणा और नीति के बीच के बड़े अन्तराल की ओर एक स्पष्ट संकेत करती है। कर्टिस की दृष्टि में, ब्रिटेन का कथित उदार मीडिया धूर्तता की जाल बुनने के मामले में सरकार का सहयोग करने के कारण बराबर का दोषी है। उनके मुताबिक़, ब्रिटेन की नीतियों और भूमिका के बारे में मुख्यधारा के टिप्पणीकारों के आलेखों और स्तम्भों को पढ़ना 'काफ़्का की अर्द्धयथार्थवादी दुनिया में प्रवेश करने जैसा है जहाँ वास्तविकता दावे से बिल्कुल उलट होती है, और जहाँ आरम्भिक धारणा भयावह रूप में राज्य की ताक़त के पक्ष में खड़ी दिखती है।'[15]

नव साम्राज्यवाद की उम्मीदें

ब्रिटेन की भूमिका आरम्भ से ही एक सक्रिय और महत्त्वाकांक्षी साम्राज्यवादी की रही थी किन्तु अमेरिका के छोटे साझेदार के रूप में अब उसे वैश्विक अर्थव्यवस्था को कुछ इस प्रकार से आकार देने में मददगार होना था

कि नव साम्राज्यवाद का लाभ केवल पश्चिमी कारोबार जगत को ही मिल सके। साथ ही ब्रिटेन इस बात पर भी अपना ध्यान देना चाहता था कि दुनिया में उसकी ख़ुद की स्वतन्त्र राजनीति हैसियत बरकरार रहे–ताकि एक विश्व–शक्ति के रूप में उसे भी शुमार किया जा सके। अपने राजनीतिक रसूख की पुनःप्राप्ति के लोभ में मार्च 2003 इराक़ युद्ध के पहले टोनी ब्लेयर की सरकार अन्तरराष्ट्रीय क़ानूनों का निरन्तर उल्लंघन करने लगी थी। अफ़ग़ानिस्तान और युगोस्लाविया के विरुद्ध युद्ध करने से पहले संयुक्तराष्ट्र की कोई सहमति नहीं ली गयी थी। युगोस्लाविया पर होने वाली बमबारी अन्तरराष्ट्रीय मानवीय नियमों की सरासर उपेक्षा थी। दिसम्बर 1998 में इराक़ पर भी ग़ैरजरूरी तरीक़े से बमबारी की गयी, संयुक्तराष्ट्र की संस्तुति के बिना इराक़ को अवैध 'उड़ान प्रतिबन्धित क्षेत्र' घोषित कर दिया गया, उस क्षेत्र के ऊपर निरन्तर बमबारी की गयी और मध्यपूर्व पर अनेक प्रतिबन्ध थोप दिये गये। इस दमनकारी प्रक्रिया में असंख्य बच्चों सहित लाखों इराक़ी नागरिकों की जानें गयीं।[16]

हालाँकि यह बात फिर भी अस्पष्ट है कि आख़िर ब्रिटेन को आज भी अपने एक विश्व शक्ति होने का मुग़ालता क्यों है। सम्भवतः यह उन आख्यानों के कारण है, जिन्हें इसी उद्देश्य से गढ़ा गया था। इस मुगालते का पूरा श्रेय अमेरिका के साथ ब्रिटेन के नज़दीकी सम्बन्धों को जाता है। दरअसल अमेरिकी आक्रामकता को अपना समर्थन देकर ब्रिटेन ने अपनी ताक़त की मिथ्या छवि गढ़ने में पर्याप्त सफलता प्राप्त की है। इसीलिए वैश्विक अर्थव्यवस्था को नया आकार देने और अन्तरराष्ट्रीय सम्बन्धों के मुद्दे पर मिलकर काम करने के लिए ही दोनों देशों ने एक–दूसरे से साँठ–गाँठ किया है। इस साझेदारी में सूचनाओं के सहयोग की महत्त्वपूर्ण भूमिका रही है और इसका जीवन्त प्रमाण वियतनाम का मामला है।[17]

इस्लामिक देशों और इस्लाम, और दूसरे देशों में बड़े नरसंहारों के मामले में ब्रिटिश नीति में एक पृथक्ता और निरन्तरता स्पष्ट देखी जा सकती है। इस विडम्बनापूर्ण नीति को लोकतन्त्र की आड़ में क्रियान्वित किया जा रहा है। एक साझा आंग्ल–अमेरिकी प्रयास के अन्तर्गत 1965 में ब्रिटेन की सरकार ने इंडोनेशिया पर जनरल सुहार्तो के ख़ूनी नियन्त्रण को समर्थन देने के लिए हथियार, युद्ध तकनीक और उपकरण, तथा सूचनाओं की आपूर्ति की थी। इस ख़ूनी तांडव में तक़रीबन 15 लाख बेकसूर लोगों की जानें गयीं, लेकिन दुर्भाग्यवश दुनिया ने इस ओर ध्यान भी नहीं दिया।

ख़बरों की सुर्खियाँ यही बनीं कि कैसे युद्ध में इंडोनेशिया के साम्यवादियों को पराजय का मुँह देखना पड़ा और कैसे लोकतन्त्र को दोबारा स्थापित करने में क़ामयाबी मिली।[18] दरअसल दोनों पक्षों में एक समझौता हुआ था। सुहार्तो को यह ज़िम्मेदारी दी गयी थी कि सुकर्णो के तख़्तापलट के बाद इंडोनेशिया में विश्व बैंक और आईएमएफ को फिर से बुला लिया जायेगा। बहरहाल दोनों में से किसी ने अपनी वापसी नहीं की और इसे पश्चिम के प्रचार–अभियान की जीत माना गया।[19]

2001 में टोनी ब्लेयर ने चेतावनी देते हुए यह घोषणा की थी कि यदि 1994 में अफ़्रीका के रवांडा की तरह कोई नरसंहार होता है, तो जवाबी कार्रवाई करना ब्रिटेन की नैतिक ज़िम्मेदारी होगी। कटु सत्य यही था कि ब्रिटेन की सरकार ने स्वयं ही संयुक्तराष्ट्र की सेना पर हुतुओं को तुत्सियों की सामूहिक हत्या करने से रोकने सम्बन्धी अधिकार पर कड़े प्रतिबन्ध लगा दिये थे। साथ ही उसने यह भी सुनिश्चित करने में कोई कसर बाक़ी नहीं रखी थी कि राहत कार्यों में भरसक देरी हो सके। न केवल अन्य देशों को मदद पहुँचाने से रोका गया, बल्कि दुनिया को यह कह कर भी गुमराह करने की कोशिश की गयी कि संयुक्तराष्ट्र के पास पर्याप्त सैनिकों की कमी थी। उस साल मीडिया की उदासीनता के कारण तुत्सियों की हत्या के सम्बन्ध में कोई ख़बर दुनिया के सामने नहीं आयी, और यह भी पक्का किया गया कि संयुक्तराष्ट्र हत्याओं की जानकारी देने के क्रम में भविष्य में 'नरसंहार' शब्द का प्रयोग कभी नहीं करेगा। इन सामूहिक हत्याकांडों का मुख्य कारण बहुसंख्यक हुतुओं द्वारा अल्पसंख्यक तुत्सियों के लिए प्रतिशोधपूर्ण वैमनस्य था। इस वैमनस्य का कारण यह था कि तुत्सियों को बेल्जियाई शासकों का वरदहस्त प्राप्त था, और उनके रवांडा छोड़ कर जाने के बाद भी उनकी यह कृपादृष्टि तुत्सियों पर बनी रही। दूसरी ओर अमेरिकी राष्ट्रपति बिल क्लिंटन जैसे अनेक पश्चिमी नेताओं ने इसे केवल एक 'जनजातीय युद्ध' का नाम दिया।[20]

अमेरिकी और ब्रिटिश दोनों ने बाल्कन की समस्या में इतनी अधिक रुचि ली कि 'आर्थिक' पक्षों की तरफ़ उनकी अपेक्षित दृष्टि गयी। साथ ही इसे 'अमेरिका और यूरोप दोनों की साझा संवेदनहीनता और सनक भरी महत्त्वाकांक्षा के योग' के रूप में भी देखा गया।[21] बहरहाल वास्तविक निष्कर्ष तक अभी भी नहीं पहुँचा जा सका है।

अपनी व्यग्रता के प्रदर्शन को छुपा पाने में हमेशा असमर्थ रहने वाले ब्लेयर की नव साम्राज्यवादी महत्त्वाकांक्षा अपने उत्कर्ष पर तब दिखी जब वे 2 अक्टूबर, 2001 को ब्राइटन में लेबर पार्टी के सालाना अधिवेशन को सम्बोधित कर रहे थे। उन्होंने उत्तरी अफ़्रीका की मरुभूमियों से लेकर गाज़ा की झोपड़पट्टियों और अफ़ग़ानिस्तान की पहाड़ियों में ज़िन्दगी बसर करते भूखे, अभावग्रस्त, ख़ानाबदोश, सीधे–सादे और गन्दगी से भरा जीवन जीने वाले लोगों का जिक्र करते हुए कहा कि उन सबके लिए सोचना भी यूरोप और अमेरिका की ही ज़िम्मेदारी है। उन्होंने आह्वान किया कि 'अब थमकर एक बार सोचने का पल आ चुका है। बहुरंगी दृश्य एक–दूसरे के साथ बेतहाशा गड्डमड्ड हो रहे हैं, और पिघलते हुए दिखने लगे हैं। जल्दी ही चीज़ें दोबारा व्यवस्थित हो जायेंगी। लेकिन वे व्यवस्थित हो सकें, इससे पहले हमें अपने आसपास की पूरी दुनिया को अपनी स्मृतियों में अंकित कर लेना है।'[22] यह सम्बोधन हमें रुडयार्ड किपलिंग के 'वाइट मैन'स बर्डन' के प्रतिपादन की याद दिलाता है।[23]

इस 'मसीहाई' सम्बोधन के सिर्फ़ पाँच दिन बाद ही (जैसा कि इतिहासकार नियल फर्गुसन चुटकी लेते हुए कहते हैं[24] अमेरिकी फ़ौज ने कई टन कॉर्डाइट अफ़ग़ानिस्तान की ज़मीन पर दागे जिसमें महीनेभर के भीतर हज़ारों निर्दोष लोग मारे गये। बाद में फर्गुसन ने यह बताया कि ब्रिटिश नीति ने एक बार फिर से परोपकारवादी नारों को अपनी धूर्तता का आधार बनाया था। बल्कि, यह कहना उपयुक्त होगा कि ब्रिटेन इस पराक्रमहीन लेकिन व्यर्थ, लम्बे और क्रूर युद्ध का प्रारंभ से ही एक हिस्सा रहा था। युद्ध का यदि कोई तार्किक आधार था तो वह केवल अपने आख्यानों की स्थापना को सिद्ध करना था, न कि कोई अन्य विशेष उद्देश्य था। ब्रिटेन का यह परोपकारवाद उस तर्क से क़तई भिन्न नहीं था जो बेल्जियम के राजा लियोपोल्ड द्वितीय ने उन्नीसवीं सदी के आख़िर में सिर्फ़ अपने ख़ज़ाने में बढ़ोतरी करने के इरादे से लगभग एक करोड़ काँगो वासियों के क़त्लेआम को सही ठहराते हुए दिया था।

दुर्भाग्यशाली देश अफ़ग़ानिस्तान को इस इलाक़े में आंग्ल–अमेरिकी नीतियों की क़ीमत चुकानी पड़ी थी। अफ़ग़ानिस्तान ही अकेला वह देश था जहाँ वे आतंक के विरुद्ध अपनी प्रतिबद्धता और 9/11 के हमले का प्रतिशोध लेने के लिए अपने दृढ़निश्चय को प्रदर्शित कर सकते थे। सऊदी अरब इस महत्त्वाकांक्षा को पूरा करने के लिए अपनी समृद्धि के कारण उपयुक्त

नहीं था। वहाँ तेल का अकूत भण्डार था और बड़ी संख्या में ब्रिटिश और अमेरिकी कारोबारी घराने उसे सुरक्षित बचाये रखना चाहते थे। इसके अतिरिक्त, सऊदी अरब इतना अधिक सम्पन्न था कि पश्चिमी बैंकों को उसके द्वारा पूँजी निवेश की ज़रूरत थी, और साथ ही वह उन हथियारों की भी भारी ख़रीदारी करने में सक्षम था जिनकी उसको कोई ज़रूरत नहीं थी। पाकिस्तान भी शीतयुद्ध के दिनों का पुराना और विश्वस्त सहयोगी होने के साथ–साथ भारत के विरुद्ध एक उपयोगी पर्णिका था। ब्रिटेन को यह मंजूर नहीं था कि वह अपनी ख़ुद की रची कोई चीज़ या धारणा को नष्ट होता देख सके।

इक्कीसवीं सदी के पहले दशक के अन्त तक इस्लामी आतंक के ख़िलाफ़ सफलता मिलने के आसार नज़र आये थे। लेकिन 2010 के दशक में 'अरब स्प्रिंग' की शुरुआत के साथ कई पूर्वानुमान ग़लत सिद्ध हो गये। यह अमेरिकियों और ब्रिटिशों के लिए अपने हितों की रक्षा के लिए युद्ध के रास्ते पर दोबारा चलने का अच्छा अवसर था। अपने हस्तक्षेप करने के अधिकार का उपयोग करते हुए सबसे पहले उन्होंने लीबिया में मुअम्मर गद्दाफ़ी को गद्दी से बेदख़ल किया और उसके बाद सीरिया में बशर अल–अस्साद के विरोधी गुट को मदद देना शुरू कर दिया। गद्दाफ़ी के शस्त्रागार से हथियारों को सीरिया ले जाने में ब्रिटेन ने अमेरिका की सहायता की, और इस काम के लिए लीबियाई सैनिकों के दस्तों का इस्तेमाल आगे–आगे चलने के लिए किया। अगले साल, ब्रिटिश इस्तांबुल स्थित अपने ठिकाने से अस्साद विरोधी सीरियाई लड़ाकुओं की मदद के लिए वीडियो, फ़ोटो, रेडियो सामग्री और वेबसाइट तैयार करने में जुट गये।[25] आज़ाद सीरियाई की आवाज़ और ताक़त दोनों को लोकतन्त्र के इस आन्दोलन के लिए मज़बूत करना ज़रूरी था। लेकिन यह पूरा प्रकरण अन्ततः एक रक्तरंजित गृहयुद्ध के रूप में समाप्त हुआ, और दूसरे देशों के साथ–साथ यूरोप में भाग कर पनाह लेने वाले शरणार्थियों के दुखों की कहानियाँ अनकही ही रह गयीं।

लीबिया का मामला इस बात का एक श्रेष्ठ उदाहरण है कि राष्ट्रीय हितों के मुताबिक़ कई बार आख्यान किस तरह से लचीले बन जाते हैं। उपयोगिता नीतियों का निर्धारण करती है और व्यावहारिकता आख्यानों का–दोनों में कोई भी उच्चादर्शों और नैतिकताओं से नियन्त्रित नहीं होते हैं। ब्रिटिश आख्यान यह था कि ब्रिटेन को मानवाधिकारों के पक्ष में खड़ा रहना

चाहिए और गद्दाफ़ी के शासनकाल में लीबिया में लोकतन्त्र को प्रोत्साहित करना चाहिए। दूसरी तरफ़ लीबिया में ब्रिटिश नीति करतब दिखाते किसी ट्रापेज कलाकार की तरह थी जो एक पेंडुलम की तरह दो विपरीत सिरों के बीच डोलती रहती थी। लीबिया में तेल का बड़ा भण्डार और उस तेल से जुड़ा बिटिश कारोबारी हित लीबिया पर नियन्त्रण का केन्द्रीय कारण था, और गद्दाफ़ी द्वारा अपने देश के संसाधनों का राष्ट्रीयकरण करने से इन हितों को नुक़सान होने वाला था। गद्दाफी को सत्ता से हटाने की कोशिशें पहले भी हो चुकी थीं। 1986 में लीबिया पर भयानक बमबारी की गयी थी, और 1996 में भी ब्रिटेन की मदद से उसकी सत्ता पलटने की कोशिश की गयी थी।

टोनी ब्लेयर जब प्रधानमन्त्री बने तो ब्रिटिश नीति में एक बड़ा बदलाव आया। लीबिया पर थोपे गये प्रतिबन्ध हटा दिये गये, और गद्दाफ़ी ने भी अपने डब्ल्यूएमडी कार्यक्रमों के साथ–साथ परमाणु कार्यक्रम को भी त्याग दिया। दोनों के बीच तेल को लेकर सौदे हुए, और मार्च 2004 तक दोनों देश एक 'दीर्घकालिक सामरिक साझेदारी' के लिए सहमत हो चुके थे। उसके बाद भी दोनों देशों के बीच गम्भीर संवादों का एक लम्बा सिलसिला चला, और बीपी ने लीबिया में तेल और गैस के उत्खनन के लिए एक समझौते पर दस्तख़त किया जिसका 2007 में अनुमानित मूल्य लगभग 15 अरब अमेरिकी डॉलर था। कुल मिलाकर ब्रिटेन और लीबिया की द्विपक्षीय दुनिया में सब कुछ ठीकठाक चल रहा था।[26]

ब्लेयर के उत्तराधिकारी गॉर्डोन ब्राउन ने तो लीबिया पर 1996 में लन्दन डॉकलैंड बमबारी में आयरिश रिपब्लिकन आर्मी के शिकार लोगों को मुआवज़ा देने के लिए दबाव डालने से भी मना कर दिया था। ऐसा माना गया था कि बमबारी में जो सेमटेक्स बारूद इस्तेमाल हुआ था वह लीबिया से ही आया था। ब्रिटेन को यह भय था कि कोई भी दबाव ब्रिटिश कारोबारी हितों के लिए नुक़सानदायक साबित होगा। ब्राउन ने अपने मन्त्रिमण्डल को सलाह देते हुए कहा, 'लीबिया ब्रिटेन का सच्चा और ईमानदार अन्तरराष्ट्रीय साझेदार है जिसके साथ उसके विविधस्तरीय हित जुड़े हैं।'[27] दोनों देशों के बीच व्यापार बहुत तेज़ गति से बढ़ा, गद्दाफ़ी को 2010 में बदले में आधुनिक सैन्य उपकरण प्राप्त हुए जिनमें स्नाइपर राइफ़ल, बख़्तरबन्द लड़ाकू गाड़ियाँ और आन्दोलनकारी भीड़ को तितर–बितर करने वाली

पानी के फव्वारों वाली गाड़ियाँ शामिल थीं। लीबियाई सुरक्षाकर्मियों को दंगा नियन्त्रित करने के लिए प्रशिक्षित किया गया। 2010 के अन्त तक बहरहाल ब्रिटिश और अमेरिकियों ने यह ग़ौर किया कि गद्दाफ़ी कई अन्य अन्तरराष्ट्रीय तेल कम्पनियों के साथ दीर्घकालिक व्यापारिक समझौते करने की योजनाएँ बना रहा था। राष्ट्रवाद के उभार के साथ लीबिया में तेल उत्खनन का काम और कठिन होने की सम्भावना थी, इसलिए गद्दाफ़ी की विदाई एक तरह से तय हो चुकी थी। मध्यपूर्व के दूसरे नेताओं के लिए गद्दाफ़ी को एक भयावह उदाहरण के रूप में प्रस्तुत करना ज़रूरी था।

गद्दाफ़ी के ख़िलाफ़ लड़ने वाले असन्तुष्टों को मिलने वाली ब्रिटिश सहायता ख़ासी सन्तोषजनक थी। इसके अतिरिक्त नाटो ने मार्च 2011 से लीबिया पर जो बमबारी शुरू की वह उसी साल अक्टूबर में त्रिपोली की सड़कों पर गद्दाफ़ी के मारे जाने तक जारी रही। यह भी अल–जमा अल–इस्लामियाह अल–मुकतिलाह बिन–लीबिया, या लीबियन इस्लामिक फाइटिंग ग्रुप (एलआईएफजी) के विद्रोहियों को मिलने वाली मदद का ही हिस्सा था।[28] विकीलीक्स की दस्तावेज़ों जिनको ब्रिटिश मीडिया ने उद्धृत भी किया ये बताते थे कि गद्दाफ़ी का विरोध करने वाले असन्तुष्ट इस्लाम के अनुयायी और अल क़ायदा के सम्पर्क वाले कट्टरपन्थी थे जिन्हें क़तर से भारी आर्थिक मदद मिलती थी। ये सभी बातें ब्रिटिशों की जानकारी में थीं, लेकिन अपने तात्कालिक लक्ष्यों को प्राप्त करने के लिए उनको परिस्थितिवश बहुत–सी बातों की अनदेखी करने की ज़रूरत थी। इस कला में ब्रिटेन को अच्छी दक्षता हासिल थी, और इस दक्षता का उपयोग वह सम्भवतः आज भी करने से नहीं चूकता है। 1996 में उसने गद्दाफ़ी के ख़िलाफ़ एलआईएफजी को अपना समर्थन दिया था, लेकिन गद्दाफ़ी क़ा तख़्तापलट करने में वह क़ामयाब नहीं हो पाया। जब लीबिया के साथ उसके सम्बन्ध सुधरे तो 2004 में इंग्लैंड में रहने वाले एलआईएफजी के पचास सदस्यों की सूची ब्रिटेन ने गद्दाफ़ी के हवाले की थी। 2011 में दूरदर्शी ब्रिटिश एक बार फिर से एलआईएफजी की मदद कर रहे थे क्योंकि लीबिया में उनके हित और विद्रोहियों के हित एक ही थे।

इन द्विपक्षीय सम्बन्धों का एक पैमाना दोनों देशों की ख़ुफ़िया एजेंसियों का पारस्परिक सहयोग भी था। हाल–फ़िलहाल इस बारे में एक मुख़बिर के ख़ुलासे से पहले तक सालोंसाल तक कोई ठोस जानकारी उभर कर पक्के तौर पर सामने नहीं आयी थी। 9/11 के बाद के घटनाक्रम में,

जब जॉर्ज डब्ल्यू. बुश सुदूर वाशिंगटन में गरज रहे थे, तब अमेरिकी और ब्रिटिश ख़ुफ़िया एजेंसियों ने अरब की कुछ एजेंसियों से सहयोग लेने का फ़ैसला लिया था। 2002 में सीआईए और एसआईएस ने मुअम्मर गद्दाफ़ी की विदेशों में सक्रिय और कुख्यात ख़ुफ़िया एजेंसी लीबियन एक्सटर्नल सिक्यूरिटी ऑर्गनाइजेशन (ईएसओ) से सम्पर्क किया। चूँकि इराक़ के विरुद्ध युद्ध में ब्रिटिशों और अमेरिकियों को अपेक्षित सफलता नहीं मिल सकी थी, इसलिए उनके लिए अपनी प्रतिष्ठा–रक्षा बहुत महत्त्वपूर्ण थी। उन्हें यह लगा कि यदि गद्दाफ़ी उनके पक्ष में आ जाये और उसे अपने परमाणु कार्यक्रम को छोड़ देने के लिए मना लिया जाये तो इराक़ के ख़िलाफ़ उनकी जंग को एक तार्किक आधार दिया जा सकता है। योजना यह थी कि लीबिया के परमाणु कार्यक्रमों को त्यागने सम्बन्धी घोषणा के बदले उसके साथ पूर्ण सहयोग की नीति अपनायी जायेगी।

सीआईए और एसआईएस ने गद्दाफ़ी के शत्रुओं का अपहरण करने जैसे कामों में लीबियाई जासूसों के साथ सहयोग किया। लीबिया के दो असन्तुष्ट नेताओं, जो देश छोड़कर भाग गये थे, को हांगकांग और थाईलैंड से अगवा कर लिया गया और उनकी पत्नी–बच्चों के साथ उन्हें वापिस त्रिपोली भेज दिया गया। एलआईएफजी के मिलिटरी कमांडर अब्देल हाकिम बेल्हाज को गिरफ़्तार कर असाधारण प्रत्यावर्तन के अन्तर्गत लीबिया भेजने से पहले सीआईए ने बैंकाक में उससे पाँच दिन तक कड़ी पूछताछ की। ठीक उसी तरह आध्यात्मिक नेता सामी अल–सादी को हांगकांग में उसके परिवार के साथ बन्दी बना लिया गया और उसी नीति के अनुसार दोबारा लीबिया भेज दिया गया। गिरफ़्तारी के उपरान्त दोनों को ही भयानक यातनाओं से गुज़रना पड़ा। SIS ने अपने लीबियाई समकक्ष को उन क़ैदियों से पूछे जाने वाले प्रश्न सौंपे जिन प्रश्नों ने निर्वासन में रह रहे दूसरे लीबियाई असन्तुष्टों तक पहुँचने का रास्ता बनाया।[30]

ब्रिटिशों और अमेरिकियों दोनों ने ही मानवाधिकारों का उल्लंघन किया, और उनके द्वारा जो भी पूछताछ की गयी वह कभी भी किसी ठोस नतीजे पर नहीं पहुँच सकी। बहरहाल ब्लेयर, जो नतीजे हासिल हुए थे, उनसे ख़ुश थे। गद्दाफ़ी अपनी हथियार–योजनाओं को त्यागने के लिए राजी थे, और जोश से भरे प्रधानमन्त्री ने अपने 'प्रिय मुअम्मर' को पत्र लिखते हुए लीबिया की मरुभूमि के उसके 'बेडोविन तम्बू' में उसके साथ एक राजनीतिक मुलाक़ात की इच्छा जतायी। यह मुलाक़ात दरअसल ब्रिटिश

मीडिया को ज़रूरी ख़ुराक मुहैया कराने के मक़सद से की गयी थी। और कुछ साल बाद ही गद्दाफ़ी ब्रिटिश आखेट के निशाने पर था।[31]

ब्रिटेन ने एक बार फिर से अपना पाला बदल लिया था। अमेरिका का प्रोत्साहन पाने के बाद वह और फ़्रांस दोनों ही दूसरे इस्लामी कट्टरपन्थियों के साथ गद्दाफ़ी को रास्ते से हटाने की मुहिम पर निकल पड़े। अपनी परमाणु योजना को त्याग देने के बाद गद्दाफ़ी ऐसे भी पश्चिमी देशों के लिए कोई बड़ा ख़तरा नहीं रह गया था। व्यावहारिक राजनीति ने आख्यानों, पूर्ववर्ती समझौतों और नैतिक मूल्यों को एक बार फिर से मात दे दी थी, क्योंकि महाशक्तियों के लिए सबसे महत्त्वपूर्ण और आवश्यक उनके राष्ट्रीय हित थे।

गद्दाफ़ी की हत्या को एक नैतिक जीत की तरह प्रचारित किया गया। नाटो, विशेष रूप से ब्रिटेन और फ़्रांस की वायुसेना ने 'उड़ान–प्रतिबन्धित क्षेत्र' में कोई 26,500 छोटी उड़ानें भरीं और 5,900 से भी अधिक फ़ौजी ठिकानों को नष्ट कर दिया जिनमें 400 तोपें या राकेट लांचर, और 600 से अधिक टैंक्स और बख़्तरबन्द गाड़ियाँ शामिल थे। ब्रिटिश मीडिया ने सबसे अधिक हर्षोल्लास के साथ इस जीत का उत्सव मनाया, मानो इस जीत ने इराक़ के प्रेत को दफ़न कर दिया हो। गद्दाफ़ी की हत्या को बहुत से लोगों ने लीबिया की आज़ादी के रूप में परिभाषित किया और इसे एक अत्यावश्यक हस्तक्षेप बताया। बीबीसी की दृष्टि में यह ब्रिटिश प्रधानमन्त्री की प्रकारान्तर जीत थी। पश्चिम के निष्कर्ष के अनुसार अन्ततः यह उनके उद्देश्यों की जीत थी। वास्तविकता यही थी कि इस तथाकथित 'मुक्ति' को प्राप्त करने के बाद लीबिया हर तरह से छिन्न–भिन्न हो चुका था। अपना राजनीतिक–सामाजिक स्थायित्व, लोकतन्त्र और शेष दुनिया से समानान्तर सम्बन्ध बनाने की दृष्टि से यह अभी भी कोसों दूर था। इसके विपरीत, वहाँ तक़रीबन 1,700 हथियारबन्द गुट सक्रिय थे जो क़ानून और व्यवस्था की पुनर्स्थापना के लिए एक साथ पाँच सरकारों से लड़ रहे थे।[32]

एक निष्ठुर शिशिर

'अरब स्प्रिंग,' मिस्र में जनरल सीसी के नेतृत्व में फ़ौज की सत्ता सँभालने के साथ ही नाकाम हो गया। पश्चिम के निहित स्वार्थों द्वारा आरम्भ किया गया देश में लोकतन्त्र लागू करने का प्रयोग भी उसी समय असफल हो गया

जब मिस्रवासियों ने एक इस्लामी कट्टरपन्थी को अपनी सरकार का मुखिया चुना। वाएल घोनिम जैसे गूगल के पूर्व–कर्मचारी जिसने काहिरा के तहरीर चौक पर हुए प्रदर्शन के पक्ष में ट्विटर–अभियान का नेतृत्व किया था, दोबारा गूगल में वापिस लौट गया और बाद में हार्वर्ड के 'ऐश सेंटर फॉर डेमोक्रेटिक गवर्नेंस एंड इनोवेशन' में एक अनिवासी सीनियर फ़ेलो बन गया। त्रिपोली की सड़कों पर गद्दाफ़ी की क्रूरतापूर्ण हत्या के बाद लीबिया पूरी तरह से अराजकता और असन्तोष की गिरफ़्त में आ चुका था।

और, दूसरा शख़्स–बशर अस्साद–जो निशाने पर था, वह थोड़ा व्यावहारिक और चालाक निकला। 2012 में 'अरब स्प्रिंग' एक स्थिति के बाद लोगों को जागरूक करने में नाकाम साबित हो चुका था। यहाँ तक कि पश्चिम–समर्थित सीरिया की स्वतन्त्र सेना भी अस्साद को उसके पद से हटाने में असफल रही। 9/11 के बाद मध्यपूर्व में लोकतन्त्र की स्थापना का पश्चिम का महत्त्वाकांक्षी सपना भी अधूरा रह गया। बल्कि इस सपने के सर्वथा प्रतिकूल स्थिति के रूप में इस्लामी कट्टरवाद में उभार दिख रहा था। ऐसा भी नहीं था कि इराक़ और सीरिया में सिर्फ़ अल क़ायदा और दूसरे गुट ही सक्रिय थे।

जून 2014 में आईएसआईएस के अबु बक्र अल–बग़दादी ने बृहत्तर इस्लामी राज्य की स्थापना करते हुए ख़ुद को उसका ख़लीफ़ा घोषित कर दिया। बग़दादी द्वारा एक कट्टरपन्थी जिहादी राज्य के निर्माण के आह्वान का दुनिया के लाखों मुसलमानों ने पूरे हर्ष के साथ स्वागत किया। यह समर्थन अल क़ायदा को मिलने वाले समर्थन से कहीं व्यापक और बड़ा था। आख्यान अब तोरा बोरा की उजाड़ पहाड़ियों से स्थानान्तरित होता हुआ अरब की वैश्विक गहमागहमी पर केन्द्रित होता जा रहा था। अकल्पनीय हिंसा और अहंकारयुक्त कट्टर सिद्धान्तों का इस्तेमाल करते हुए प्रदेशों पर आधिपत्य–स्थापना को दुनिया एक प्रकारान्तर मान्यता देने लगी थी।[33] परिणामतः रूस को भी इस टकराव में कभी–न–कभी प्रवेश करना ही था। ज़ाहिर था, 'अरब के वसन्त' के अवसान के बाद एक निष्ठुर शिशिर का आगमन तय था।

वस्तुस्थिति से पृथक् सैद्धान्तिक आख्यान और प्रचार का कभी भी अपने गन्तव्य तक पहुँच पाना असम्भव है। सीरिया भी गन्तव्यहीन आख्यान

का ही एक और उदाहरण था। 'अरब स्प्रिंग' खिलने में नाकाम रहा। बशर अस्साद न केवल सत्ता में बना रहा बल्कि उसने रूस में व्लादिमीर पुतिन के रूप में एक नया दोस्त भी बना लिया और उसने बड़ी ताक़तों के साथ ख़ुशामदी नीति अपनाते हुए वैश्विक राजनीति में महत्त्वपूर्ण भूमिका भी निभायी। इस पूरे प्रकरण का क्या निष्कर्ष निकल सकता था, और कौन–सी विदेशी सरकार अगला निशाना बन सकती थी, यह अनुमान लगाने का एक बेहतर तरीक़ा मुख्यधारा की ख़बरों के सम्पर्क में बने रहना था।

मिसाल के तौर पर सीरिया के बारे में 2013 में बीबीसी की दैनिक ख़बरों को लिया जा सकता है जिनमें सीरिया के बारे में कुछ भी सही नहीं दिखलाया गया था, और इस सबके पीछे सरकार, और ख़ासतौर पर ख़ुद राष्ट्रपति की ज़िम्मेदारी और नाकामी बतायी गयी थी। इन नाक़ामियों में अनेक भयावह युद्ध–अपराध भी शामिल थे। ये सुर्ख़ियाँ राष्ट्रपति अस्साद के ख़िलाफ़ लड़ने वाले कट्टरपन्थियों के ज़रिये आयी अपुष्ट ख़बरों से जन्मी थीं। बीबीसी की दृष्टि में ये कट्टरपन्थी महज़ 'आन्दोलनकारी' या 'असन्तुष्ट बाग़ी' थे, जबकि वे हथियारों से लैस उग्रवादी थे जो सरकार का तख़्तापलट करने के लिए हिंसा के रास्ते पर चल रहे थे। ये कथित 'आन्दोलनकारी' ही उन इलाक़ों से मीडिया को ख़बरें पहुँचा रहे थे जिन इलाक़ों तक विदेशी पत्रकार पहुँचने की कल्पना भी नहीं कर सकते थे। वे ख़बरें हालाँकि अपुष्ट होती थीं लेकिन इसके बाद भी इनका प्रसारण व्यापक पैमाने पर किया जाता था। वे वस्तुतः 'बाग़ियों' द्वारा चलाये गये प्रचार अभियान के हथकण्डे थे लेकिन बीबीसी को इससे कोई लेनादेना नहीं था।

एक निहित और पूर्वनिर्धारित लक्ष्य की प्राप्ति की आशा में मीडिया और उसके मालिक जनता तक ख़बरों और जानकारियों को इस तरह से पहुँचाने का काम कर रहे थे जिसकी परिणति में एक विशेष आख्यान की स्थापना की जा सके और उसे दीर्घकालिक बनाया जा सके। स्पष्ट था कि इस अभियान को इस तरह से संचालित किया गया था ताकि सीरिया में सत्ता परिवर्तन का मार्ग प्रशस्त हो सके। यह वह समय था जब सीआईए सऊदी अरब, क़तर और तुर्की की मदद से अस्साद को अपदस्थ करने की एक गुप्त कार्य–योजना पर एकाग्र होकर काम कर रहा था, जिसपर लगभग एक अरब डॉलर ख़र्च आने वाला था। बहरहाल यह योजना क़ामयाब नहीं हो सकी। जब राष्ट्रपति बराक ओबामा को यह बताया गया कि अस्साद

द्वारा अपनी ही जनता के ख़िलाफ़ घोउटा में रासायनिक हथियारों के उपयोग के बारे में मिली उन्हें पहले जो जानकारी दी गयी थी, वह ग़लत थी तब उन्होंने अगस्त 2013 में सीरिया पर होने वाली बमबारी को तत्काल रोकने का आदेश दिया। जैसे ही यह घोषणा हुई और ब्रिटिश संसद ने भी सीरिया पर बमबारी की योजना को रद्द कर दिया, लेकिन बीबीसी ने सीरिया में जारी कथित अत्याचारों और दमनात्मक कार्रवाइयों पर एक रहस्यपूर्ण चुप्पी ओढ़ ली। बाद के सालों में इस मामले ने दोबारा तब तूल पकड़ा जब अमेरिका के राजनीतिक परिदृश्य पर कुछ समय के लिए हिलेरी क्लिंटन के राष्ट्रपति बनने की सम्भावनाएँ उपस्थित हुई थीं, और पुनः एक बार तब, जब ट्रम्प को युद्ध के लिए उकसाने के प्रयास किये गये थे।[34]

घटना के बाद की धारणाएँ स्थापित आख्यानों की उत्तरजीविता के लिए अत्यन्त आवश्यक और महत्त्वपूर्ण हैं। आख्यानों की तार्किकता वस्तुतः उन धारणाओं पर ही निर्भर है। ब्रिटिश युवाओं के बीच 2013 में किये गये एक सर्वेक्षण में यह सवाल पूछा गया कि सैनिकों और नागरिकों–दोनों को मिलाकर 2003 में आरम्भ हुए युद्ध में कितने इराक़ी मारे गये थे। जवाब ने बहुतों को अवाक् कर दिया। सर्वेक्षण के मुताबिक़ तक़रीबन 44 फ़ीसदी लोगों ने जवाब दिया 5,000 से भी कम इराक़ी मारे गये थे; लगभग 59 प्रतिशत लोगों का आकलन था कि मारे गये इराक़ियों की तादाद 10,000 से भी कम थी। सिर्फ़ 2 प्रतिशत लोगों ने ही मारे गये इराक़ियों का आँकड़ा दस लाख के क़रीब बताया, जो अपेक्षाकृत एक सही अनुमान था।[35]

बीबीसी के द्वारा वैसे अप्रामाणिक समाचार भी प्रसारित किये गये जो सीरिया में घातक सरीन गैस के उपयोग से सम्बन्धित थे। दूसरी तरफ़ तुर्कीश मीडिया और 'रशिया टुडे' (आरटी) के हवालों से ये ख़बरें आयीं कि सरीन गैस सीरियाई सैनिकों से लड़ने वाले उग्रपन्थियों के क़ब्ज़े से बरामद की गयी थी। यहाँ तक कि संयुक्तराष्ट्र में अमेरिका के राजदूत सुसेन राइस भी इन अपुष्ट ख़बरों को फैलाने से खुद को नहीं रोक सकीं जब उन्होंने गद्दाफ़ी को अपने सैनिकों को सामूहिक बलात्कार के लिए उकसाने हेतु वियाग्रा बाँटने का दोषी बताया।[36]

विशेष उद्देश्यों की प्राप्ति के लिए स्थापित आख्यानों को बार–बार पुनरावृत्ति और पुनर्विस्तारण की आवश्यकता पड़ती है ताकि यह अवधारणा जीवित बची रहे कि उनके पक्ष में की गयी कार्रवाई न्यायसंगत, निर्विकल्प और पूरी तरह से यथोचित थी।

राजनीतिक अपरिहार्यता और उसके ख़तरे

'आपके लोकतन्त्र को माध्यम बना कर हम आप पर आक्रमण कर सकते हैं, और आपके धर्म को आधार बना कर हम आपको नियन्त्रित कर सकते है," अक्टूबर 1999 में वैटिकन की एक धर्मसभा में एक इस्लामी विद्वान के भाषण के अंश को उद्धृत करती हुई ओरियाना फलाची ने 2002 में प्रकाशित अपनी किताब 'दी रेज एंड दी प्राइड' में लिखा था।[1] आज यूरोप के हालात तक़रीबन ऐसे ही दिख रहे हैं, जबकि राजनीतिक औचित्य और धारणाओं से सम्बन्धित आख्यान में कोई बदलाव नहीं आया है। अधिकतर यूरोपीय सरकारें दशकों से सामाजिक–राजनीतिक नकारात्मकता को अस्वीकृत करती रही हैं। उनकी मान्यता है कि मुफ़्त शिक्षा, स्वास्थ्य, आवास और अन्य आर्थिक आवश्यकताओं से सम्बन्धित उनका खुलापन और उदारता आप्रवासियों को उनके समाज के प्रति एक प्रशंसा–भाव का मिर्माण करेगा। उन्हें आशा थी कि इससे उनके धर्म और संस्कृतियों के बीच परस्पर सद्भाव बनेगा और लोगों के आपसी सम्बन्ध प्रगाढ़ होंगे। लेकिन दुर्भाग्य से जो नतीजे सामने आये, वे इससे बिल्कुल उलट थे। आप्रवासियों का एक बहुत बड़ा वर्ग उनका निकला जो अपनी धार्मिक परम्पराओं के अनुसार अपना जीवन जीने के आग्रही थे।

ओरियाना फलाची जो कि सुप्रसिद्ध युद्ध पत्रकार और बीसवीं तथा आरम्भिक इक्कीसवीं सदी की टिप्पणीकार थीं, ने अपनी पत्रकारिता के जीवन में कई विभूतियों का साक्षात्कार किया था जिनमें हेनरी किसिंजर, अयातुल्ला खोमैनी, गोल्डा मीर, यासिर अराफात, डेंग जिअओपिंग, इन्दिरा गाँधी, लेक वालेसा, मुअम्मर गद्दाफ़, विली ब्रैंड जैसे लोग शामिल थे। उन्होंने 'दी रेज एंड दी प्राइड' 9/11 के हमले के तत्काल बाद लिखी थी। किताब में उन्होंने इस्लाम सभ्यता और पश्चिम के बीच के विरोधाभासों के

प्रति गहरी मायूसी व्यक्त की थी। दोनों को एक–दूसरे के विरुद्ध इसलिए भी पाया था कि पूरी दुनिया में एक वैश्विक जिहाद का वातावरण बन चुका था, और इस आसन्न ख़तरे से निबटने के लिए पश्चिम के समाज और सरकारों को जो ज़रूरी क़दम उठाने चाहिए थे, वे नहीं उठाये गये थे। विगत वर्षों के दौरान फलाची ने बार–बार इस बात को लेकर आगाह किया था कि इस संकट से निबटने के लिए एक ऐसे प्रतिगामी 'धर्मयुद्ध' की ज़रूरत है जिसके योद्धा किसी घोड़े पर सवार होकर नहीं आने वाले थे, बल्कि आप्रवासियों और शरणार्थियों का वेश धर कर आने वाले थे।

सभ्यताओं का संघर्ष

एंड्रयू वीटक्रॉफ्ट की किताब 'इनफाइडल्स–ए हिस्ट्री ऑफ़ कंफ्लिक्ट बिटवीन क्रिश्चियनडम एंड इस्लाम ब्रिटेन' से अरब और उत्तरी अमेरिका तक ईसाईयत और इस्लाम के बीच के टकराव के बारे में विस्तार से बताती है।[2] इस पुस्तक में दोनों धर्मों के बीच शत्रुता की उत्पत्ति के कारणों से लेकर इक्कीसवीं सदी तक उस शत्रुता की निरन्तर उपस्थिति का ब्योरेवार उल्लेख मिलता है। मुसलमान पश्चिमी ईसाइयत के केन्द्र में मुख्य रूप से और अकेले नहीं थे। सोलहवीं सदी के बवेरिया में प्रोटेस्टेंटों की दृष्टि में 'जेसुइट और मामेलुक' उनके धार्मिक शत्रु थे। इंग्लैंड में कैथोलिक 'रोम के मामेलुक के यीशु के विरोधी' थे।[3] 'सनकी मुल्लाह' और 'लालची तुर्क' जैसे शब्द हालाँकि प्रचलन में उन्नीसवीं सदी में आये, लेकिन इनकी उत्पत्ति सत्रहवीं शताब्दी के ईसाई–विचारों में हो चुकी थी। निष्कर्ष के तौर पर यह कहा जा सकता है कि इस्लाम के बारे में ईसाई पूर्वाग्रह और धारणाएँ उनकी अनेक वृत्तान्तों, पुस्तकों और धार्मिक ग्रन्थों में प्रतिबिम्बित होते हैं, जबकि ईसाइयत के बारे में मुसलमानों की रुचि कुछ दशक ही पुरानी मानी जाती है।[4]

अपनी पुस्तक के अन्तिम पृष्ठों में वीटक्रॉफ्ट ने अक्टूबर 2003 में पुत्रजय में आयोजित विश्व इस्लाम सम्मेलन में मलेशिया के पूर्व प्रधानमन्त्री महाथिर बिन मोहम्मद द्वारा दिये गये भाषण का उल्लेख किया है। भाषण में उन्होंने कहा :

मुसलमान हमेशा यूरोपियनों और यहूदियों द्वारा दबाये और सताये जाते रहेंगे। वे हमेशा निर्धन, कमज़ोर और पिछड़े रहेंगे...। क्या यह सच है

कि 1.3 अरब लोग अपने से बहुत छोटे शत्रुओं के हाथों से अपमानित और शोषित होने से ख़ुद को बचाने के लिए किसी प्रकार की ताक़त का प्रयोग नहीं कर सकते हैं? ...1.3 अरब मुसलमान कुछेक लाख यहूदियों के द्वारा कभी नहीं पराजित हो सकते हैं। कोई न कोई समाधान तो अवश्य निकालना होगा। और, समाधान तभी ही निकल पायेगा जब हम सिर्फ़ सोचना बन्द करेंगे, अपनी कमज़ोरियों और ताक़तों का आकलन करेंगे और जवाबी कार्रवाई करने के लिए रणनीतियाँ बनायेंगे।[5]

इतने शक्तिशाली दुश्मनों से निपटने के लिए केवल ताक़त का उपयोग व्यर्थ था, उन्होंने कहा था, और इसलिए उन्होंने इस्लाम के शत्रुओं पर जीत हासिल करने के लिए सामूहिक प्रयास करने की अपील की।

लगभग इसी समय लोगों को अमेरिका में जनरल विलियम 'जेरी' बॉयकिन का पता चला जो एक अलंकृत सेनाधिकारी था और पेंटागन में किसी विशेष काम को पूरा करने में जुटा था। वह एक उत्साही 'नव–धर्मयोद्धा' था और उसके बारे में यह जानकारी मिली थी कि 1990 के दशक में सोमालिया में गिरफ़्तार एक मुसलमान सरदार से बातचीत करते हुए बॉयकिन ने कहा था, 'मुझे पता है, मेरा ईश्वर उसके ईश्वर से बड़ा है। मुझे यह भी पता है कि मेरा ईश्वर वास्तविक है और उसका ईश्वर सिर्फ़ एक मूर्ति है।'[7] 2003 में बॉयकिन एक धार्मिक दौरे पर गया था। उस क्रम में उसने गिरजाओं में सभाओं को सम्बोधित किया और पूरे वैभव और धार्मिक चिह्नों के साथ अपने सन्देशों का प्रचार किया। एक बार ओक्लाहोमा में अपने व्याख्यान के क्रम में बॉयकिन ने सोमालिया की राजधानी मोगादिशु को अन्धकार की रियासतों में एक कह कर उद्धृत किया था। 'इस शहर में किसी राक्षसी शै का वास है जिसके बारे में ईश्वर ने मुझे बताया कि वह शै ईश्वर का शत्रु है।[8] 'बॉयकिन के मुताबिक़ ओसामा बिन लादेन, सद्दाम हुसेन या किम जोंग द्वितीय उसके शत्रु नहीं थे। उसका शत्रु शैतान था।

बॉयकिन और महाथिर दोनों ही अपने समर्थकों–श्रोताओं से लगभग एक ही समय–काल में मुख़ातिब थे, लेकिन यह केवल एक संयोग की बात थी। दोनों को शब्दों और आख्यानों की ताक़त के बारे में पता था, और दोनों ने इनका उपयोग अपने–अपने सन्देशों को अधिकतम दूरी तक पहुँचाने के लिए किया था।

यह प्रायः कहा जाता है कि दुनिया, ख़ास कर पश्चिम को इस्लाम से उतनी समस्याएँ नहीं हैं जितनी कि हिंसा के रास्ते पर चलने वाले मुसलमान उग्रवादियों से थी। लेकिन जैसा कि राजनीतिशास्त्री सैमुएल पी. हंटिंगटन ने अपनी सुविख्यात पुस्तक 'दी क्लैश ऑफ़ सिविलाइजेशंस एंड दी रिमेकिंग ऑफ़ दी वर्ल्ड ऑर्डर' में संकेत किया है, विगत 1,400 सालों का इतिहास कोई और ही कहानी कहता है। 'इस्लाम और ईसाइयत के बीच के सम्बन्ध, रूढ़ और पश्चिमी दोनों ही रूपों में, उतार और चढ़ाव से भरे रहे हैं। दोनों एक–दूसरे के साथ अन्यतम रूप में पराये हैं।'[9] ग़ौरतलब है कि हंटिंगटन यह कहते हैं कि बीसवीं सदी में उदार लोकतन्त्र और मार्क्सवाद–लेनिनवाद के बीच का तनाव केवल दिखाने के दाँत थे, असली संघर्ष तो इस्लाम और ईसाइयत के आपसी सम्बन्धों को लेकर था।[10]

इसके बात के स्पष्ट प्रमाण मिलते हैं कि मुसलमानों के एक बड़े वर्ग में पश्चिम के विरुद्ध मानसिकता और इस्लामी कट्टरपन्थ के सम्भावित ख़तरों को लेकर पश्चिम की चिन्ता 1990 के दशक में लगभग एक ही अवधि में घटित होतीं दो समानान्तर घटनाएँ थीं। इस्लाम को परमाणु ख़तरों के विस्तार, आतंकवाद और यूरोप में आप्रवासियों की अवांछित घुसपैठ का माध्यम माना जाने लगा था। हंटिंगटन के पूर्वानुमान को लेकर पहले जिन लोगों के मन में संशय था अब वे भी इस चिन्ता से बेतरह घिरे हुए थे।

यूरोप ख़ुद का ही गला घोंटने पर आमादा है, और उसके नेताओं को भी यूरोप को बचाने की कोई चिन्ता नहीं है–यह धारणा न तो नाटकीय प्रतीत होती थी और न ही अतिशयोक्तिपूर्ण ही थी। लेकिन इसके बाद भी बड़ी संख्या में ऐसे यूरोपियों की कमी नहीं थी जो इस आख्यान को लेकर चिन्तित थे, और इसे अपने सम्भावित भविष्य की तरह प्रस्तुत कर रहे थे। दुनिया में जो हो रहा था वह एक ही समय में घटती हुई और एक–दूसरे से सम्बन्धित घटनाओं का निष्कर्ष था। पहली का सम्बन्ध उस सामूहिक श्रम के आयात से था जिसके ज़रिये दूसरे विश्वयुद्ध के बाद श्रमिकों की कमी की भरपाई को पूरा करना था। युद्ध के तत्काल बाद थके हुए और ऊर्जाहीन यूरोप ने सस्ती क़ीमत पर अपने पूर्व उपनिवेशों से श्रमिकों को बुलाना आरम्भ कर दिया था। परिणाम यह हुआ कि यूरोप

का चरित्र और प्रकृति दोनों धीरे–धीरे बदलने लगे। यूरोपियों को यह लगता था कि संस्कृति–बहुलता उनके लिए उपयोगी सिद्ध होगी। उनको विश्वास था कि पूरे यूरोपीय समाज की अगली पीढ़ी या उसके बाद वाली पीढ़ी के लिए यह अवश्यम्भावी सांस्कृतिक समग्रता बहुअर्थी रूप में सफल होगी। बहरहाल, इन समस्त अपेक्षाओं के बाद भी इसका कोई सुखद परिणाम नहीं निकल पाया। दूसरी बात यह थी कि युद्ध की त्रासदी और महत्त्वाकांक्षा से मोहभंग के बाद यूरोपियों की एक बड़ी जमात अपनी आस्था, परम्परा, विरासत, यहाँ तक कि वैधता के प्रति अपना गौरव–बोध और आसक्ति गँवा चुकी थी। अपने अतीत के प्रति एक अपराध–बोध और युद्ध से उपजे नैराश्य ने यूरोपियों को सम्भवतः नये सिरे से शुरू करने के लिए प्रेरित किया। आप्रवासन का एक मुख्य कारण यह भी था।[11] दुर्भाग्य से इससे भी समस्या का समाधान नहीं निकल पाया।

यूरोप एक साम्राजवादी अतीत और आधुनिक और लोकतान्त्रिक वर्तमान–दोनों के बीच में फँस गया था। वह अपने पुराने आदर्शों के मोह से ख़ुद को मुक्त नहीं कर पा रहा था। तेज़ी से बढ़ते हुए आप्रवासियों के लिए नये घर और अन्य आवश्यकताओं को पूरा करने का दबाब यूरोपियों पर ज़बर्दस्त था। उन्होंने सांस्कृतिक–बहुलता के हवाले से इन समस्याओं का समाधान तलाशने का प्रयास किया। साँस्कृतिक–बहुलता की अवधारणा यूरोप में बीसवीं सदी के उत्तरार्द्ध में बहुत तेज़ी से विकसित हुई थी। बहरहाल यूरोप के मूल निवासी आप्रवासियों की आवश्यकताओं के अनुरूप स्वयं को ढाल पाने में शायद बहुत सफल सिद्ध नहीं हुए, और आप्रवासियों के एक बड़े वर्ग को यूरोप के परिवेश में अच्छी तरह घुल–मिल जाने के लिए अनुकूलित करने के प्रयासों में कसर भी रह गयी। अमेरिका, ब्रिटेन और फ्रांस के साथ–साथ रूस जैसी पश्चिमी ताक़तों और तुर्की जैसी प्रादेशिक ताक़तों के लगातार और बार–बार फ़ौजी–हमलों ने करोड़ों की संख्या में स्थानीय नागरिकों को विस्थापन और निर्वासन के लिए विवश कर दिया है। उनमें से आज अधिकतर लोग विकल्पहीन शरणार्थियों के रूप में यूरोप में अपना जीवन गुज़ार रहे हैं।

इसका दूसरा परिणाम शरण देने वाले देशों के क़ानून की अवमानना करता इस्लामिक कट्टरवाद के उभार के तौर पर सामने आया। इस्लाम से भय के बहाने बहुसंख्यकों ने जिस तरह से मुसलमानों को आरोपों

और संशयों के घेरे में रखा, उसकी प्रतिक्रिया इस रूप में सामने आयी कि मुसलमान अब अपनी अस्मिता के प्रति सजग और व्यग्र दिखने लगे थे। यूरोपियों ने उनकी समस्याओं को सुधारने से पहले तो यही मानने से अस्वीकार किया कि वास्तव में कहीं कोई समस्या थी भी। इस लापरवाही ने समस्या को और भी गम्भीर बना दिया। बाद में पश्चिम को यह महसूस हुआ कि राजनीतिक औचित्य और तुष्टीकरण की नीति को अपना कर इसका हल कुछ हद तक निकाला जा सकता है। लेकिन इस समस्या की निरन्तरता और इसके समाधान के प्रति पश्चिम के उपेक्षा–भाव ने स्थितियों को अनियन्त्रित कर दिया। सामूहिक नरसंहार और 'आवाजाही–निषेध क्षेत्रों' ने उन्हें ऐसे समुदायों में तब्दील कर दिया जो संशय की दृष्टि से देखे जाते थे और सामाजिक–सांस्कृतिक पृथकता और दूसरों के तिरस्कार के शिकार थे।

बहु–संस्कृतिवाद की असफलता

यूरोपीय देशों की सरकारों ने यह उम्मीद कि सौहार्दपूर्ण बहु–संस्कृतिवाद उनके समाज में एक स्थिरता प्रदान करेगा, नाकाम हो चुकी है। इस नाकामी के अनेक कारण हैं और वे कारण एक–दूसरे से जटिल रूप में जुड़े हैं। 'मुसलमानों को बाहरी दुनिया से वैसा ही डर लगता था जैसा डर बेडोविन ख़ानाबदोशों को उस रेगिस्तान से लगता था जिससे वे घिरे रहते थे। यह एक अदृश्य से निराधार भय था। और, आज भी यह इसी रूप में विद्यमान है,'[12] वफ़ा सुल्तान जो इस्लाम की सीरियाई–अमेरिकी आलोचक हैं, ने 2009 में प्रकाशित अपनी पुस्तक 'ए गॉड हू हेट्स' में लिखा है। रेगिस्तान के बेडोविन भूख के बजाय प्यास के कारण मरने से डरते थे। कुरान की आयतों में एक ऐसे स्वर्ग का उल्लेख मिलता है जहाँ बेशुमार पानी, फलों के बाग़ीचे, खजूर और टँगूर मिलते हैं। बेडोविन को यह डर भी सताता था कि उनपर हमला करके उनको मार डाला जायेगा, जबकि ख़ुद को ज़िन्दा रखने के लिए वे ख़ुद भी दूसरों पर हमले करते थे।

अपने 2015 में लिखे गये उपन्यास सबमिशन में फ़्रांसीसी लेखक मिचेल हौएलेबेक ने 2022 में होने वाले फ़्रांसीसी चुनाव की एक कल्पनिक तस्वीर उकेरी है। इस उपन्यास में उन्होंने मरीन ले पेन नाम के एक धुर दक्षिणपन्थी फ़्रांसीसी राजनीतिक दल 'नेशनल फ्रंट' के नेता का किरदार

'मुस्लिम ब्रदरहुड' नाम के इस्लामी दल के करिश्माई नेता मोहम्मद बेन अब्बेस के ख़िलाफ़ गढ़ा है। बेन अब्बेस और उसका दल–दोनों फ़्रांसीसी वामपन्थ के राजनीतिक सहयोगी थे। चुनाव में बेन अब्बेस की जीत होती है और रातोंरात देश का राजनीतिक–सामाजिक वातावरण बदल जाता। यह फ़्रांस की धर्मनिरपेक्षता के लिए घातक रूप से नुक़सानदेह साबित होता है। पूरे फ़्रांस में इस्लामी क़ानून लागू कर दिया जाता है। औरतों को पर्दे में रहने के लिए मजबूर किया जाता है, बहुविवाह की प्रथा को बढ़ावा दिया जाता है और फ़्रांसीसियों की पूरी जीवन–पद्धति ही बदल दी जाती है। हालाँकि यह उपन्यास एक व्यंग्य है लेकिन यह सवाल सहज रूप से उत्पन्न होता है कि इस कथा में यूरोप के लिए कोई सत्य अवश्य निहित रहा होगा।[13]

फलासी और हौएलेबेक–दोनों को इस्लामी संगठनों द्वारा इस्लाम की निन्दा करने के लिए कड़े विरोध का सामना करना पड़ा था, और फ़्रांसीसी और इतालवी वाम दलों ने इस विरोध में उन संगठनों का साथ दिया था। फलासी को भाग कर इटली में शरण लेनी पड़ी जहाँ वह पैदा हुई थीं, और जब वहाँ पहुँचने पर उनको इटली के अर्द्धसैनिक बल काराबिनिएरी की सुरक्षा दी गयी थी। 2005 में कैंसर से मरने तक फेलासी ने अपना मुहिम जारी रखा।

इस्लामी नेता ओसामा बिन लादेन और वे अन्य नेता जो उनसे पहले उनके और बाद में आये थे, ने अपने अनुयायियों को आश्वस्त करने के उद्देश्य से कि मुसलमान अमेरिका और उसके सहयोगियों के विरुद्ध अपनी ज़मीन और अपनी आस्था की रक्षा करने के लिए वचनबद्ध हैं, जिहाद अथवा 'पवित्र युद्ध' जैसे आख्यान गढ़े। हर एक मुसलमान के लिए एक अघोषित किन्तु अनिवार्य सिद्धान्त बनाया गया कि काफ़िरों के ख़िलाफ़ युद्ध करना उनका नैतिक उत्तरदायित्व है। इन उग्रवादी नेताओं ने इस आशय का फ़तवा भी जारी किया कि ख़ुद की हिफाज़त के लिए जिहाद के रास्ते पर चलने के लिए उन्हें किसी की इजाज़त की ज़रूरत नहीं है। यह ख़ुदा की मर्ज़ी है।[14]

नतीजे के तौर पर, शीतयुद्ध के विपरीत–जिसमें दुश्मन अच्छी तरह से परिभाषित थे, लक्ष्यों का ठीक–ठीक पता था और ख़तरों का ठीक–ठीक अनुमान लगा पाना सम्भव था–इस्लामी आतंक के ख़तरे अदृश्य और

आकारविहीन थे। इसका कोई निश्चित क्षेत्र नहीं था, इसकी ताक़त का सही आकलन मुश्किल था, और न ही इसके वास्तविक उद्देश्यों और बुनियादी सिद्धान्तों के बारे में पक्के तौर पर कुछ कहा जा सकता था। विगत कुछेक सालों में कट्टरपन्थी मुसलमानों ने जिन बिन्दुओं पर अपनी आपत्ति और असहमति जतलाई, अमेरिकियों ने उसे ही अपना निशाना बनाया और अपने प्रभावों का विस्तार भी वहीं किया। उदाहरण के लिए मध्यपूर्व में दुश्मनी जारी रहने के कारणों में वृद्धि होने की सम्भावना है, और यूरोपीय साम्राज्यवाद की नीति को इसके लिए मुख्य रूप से ज़िम्मेदार ठहराना ग़लत नहीं होगा। साथ ही मुस्लिम उलेमाओं की दृष्टि में जो आपत्तिजनक मसले हैं उनकी सूची भी बेहद लम्बी और अव्यावहारिक है। विरोध के एकमात्र मुद्दे यही नहीं हैं बल्कि वे आख्यान भी हैं जिन्हें गढने और बहुप्रचारित करने के प्रयास किये जा रहे हैं।

पश्चिम, ख़ासतौर पर यूरोप का सैद्धान्तिक पाखण्ड हमेशा से एक अन्तर्निमित विरोधाभास का शिकार रहा है। वे आप्रवासियों को अपने देशों में आने की अनुमति देते हैं, अपने नागरिकों से ऊँचा कर वसूलते हैं ताकि आप्रवासियों के आवास, स्वास्थ्य सेवाओं और बच्चों की शिक्षा और सेहत पर ख़र्च कर सकें, और वे आप्रवासियों को 'हमारे नये देशवासी' कह कर सम्बोधित भी करते हैं। लेकिन वे उन आप्रवासियों को सच्चे अर्थों में स्वीडिश, नॉर्वेजियन और डच के रूप में अपने सामाजिक–राष्ट्रीय जीवन में स्वीकार नहीं करते। उनके मन की भीतरी तहों में कोई असहमति का स्वर अवश्य होता है जो उन्हें आप्रवासियों को स्वयं के बराबर सम्मान और अवसर देने से मना–सा करता है।[15]

यहाँ तक कि ब्रिटिश भी अपने तौर–तरीक़ों में थोड़ा भी भिन्न नहीं हैं। हंगरी में जन्मे लेखक और व्यंग्यकार जॉर्ज माइक्स ने बहुत साल पहले ही लिखा था कि नागरिकता पाने के बाद कोई भी विदेशी ब्रिटिश भले बन जाये, लेकिन एक अंग्रेज़ वह कभी नहीं बन सकता है।[16] डचों के साथ भी बिल्कुल यही स्थिति है। अपनी सामान्य बातचीत में वे भी बिन्नेललैंड्स (स्थानीय) और ब्यूटेनलैंड्स (विदेशी), या ऑटोचटून (मूल निवासी) और एलोचटून (आप्रवासी) जैसे शब्दों का धड़ल्ले से प्रयोग करते हैं। डचों के लिए एकमात्र और सर्वाधिक महत्त्वपूर्ण विषय उनकी राष्ट्रीय

अस्मिता से जुड़ा है, और वे आश्चर्यजनक रूप से उन लोगों का विरोध कर सकते हैं जो ब्यूटेन से बिन्नेन बनने के बीच की दीवार का उल्लंघन करने का प्रयास करते हैं।[17]

यह एक विडम्बनापूर्ण स्थिति है कि निर्धन देशों को सहायता पहुँचाने के उद्देश्य से यूरोपीय देश उन्हें सामाजिक सुरक्षा और करोड़ों–अरबों की आर्थिक मदद तो दे सकते हैं किन्तु उन देशों के युवाओं को अपने यहाँ रोज़गार देने के मामले में उनकी अधिक रुचि नहीं है। इस मामले में वे विदेशी लोगों की बनिस्बत स्थानीय लोगों को अधिक तरजीह देते हैं, और ऐसा करते हुए वे उनकी योग्यता की भी अनदेखी करते हैं। नॉर्वे इस क़ानून को लागू करने वाला ऐसा ही एक देश है। इस स्थिति में सबसे बड़ा ख़तरा तब पैदा होता है जब अपने राजनीतिक औचित्य के लिए कोई देश असहिष्णुता को भी बर्दाश्त करना शुरू कर देता है।

9/11 के तुरन्त बाद से ही पश्चिमी यूरोप के अनेक हिस्सों से अमेरिका के प्रति तल्ख और कठोर वक्तव्य आने लगे थे, जिनके कारण उस समय के प्रचलित आख्यानों के प्रति लोगों के मन में कई आलोचनापूर्ण सवाल उठ खड़े हुए। इटली में नोबेल पुरस्कार से पुरस्कृत नाटककार दारियो फो ने अमेरिका को प्रत्येक वर्ष 'ग़रीबी के कारण लाखों लोगों की जान लेने वाला हत्यारा बताया,' और 9/11 के आतंकी हमले में बड़ी संख्या में लोगों की हत्या करने की घटना को 'जायज़' ठहराया।[18] जर्मनी में संगीतकार कार्लहेंज स्टॉकहुसेन ने हमले को 'समस्त ब्रह्माण्ड के लिए अकल्पनीय कला के महानतम प्रमाण' के रूप में व्याख्यायित किया।[19] बीबीसी की एक परिचर्चा में दूसरे भागीदारों की निन्दा और अमेरिका–विरोधी विचारों को जानकर ब्रिटेन में अमेरिका के पूर्व राजदूत रह चुके एक राजनयिक भावुक हो उठे थे क्योंकि हमलों में उन्होंने अपने अनेक सहयोगियों को खो दिया था।[20]

स्वीडिश समाचारपत्र 'एफ्टोनब्लाडेट' ने 18 सितम्बर, 2001 के अपने सम्पादकीय में लिखा कि आतंकियों ने किसी अन्य चीज़ पर नहीं बल्कि अमेरिकी साम्राज्यवाद पर हमला किया था, और अमेरिका 'हमारे समय का सबसे क्रूर सामूहिक हत्यारा' है। सम्पादकीय में यह भी लिखा गया था कि 'दुनिया के श्वेत लोगों और मुसलमानों के बीच युद्ध का परिणाम यदि और कुछ नहीं भी तो इतना तो अवश्य होगा कि यह युद्ध बाइबिल

द्वारा निर्दिष्ट यूरोप के जनसंख्या अनुपात के लिए तबाही का कारण बनेगा जहाँ फ़िलहाल तक़रीबन 40 नागरिक मुसलमान हैं।'[21] कुछ नॉर्वेजियनों का तो मानना यह था कि यदि जॉर्ज डब्ल्यू. बुश युद्ध में नहीं जाने का फ़ैसला करते हैं तो उन्हें नोबेल पुरस्कार देने के लिए सर्वाधिक उपयुक्त पात्र माना जाना चाहिए।

लेकिन युद्ध के बारे में नॉर्वे की जनता और सरकार के भीतर एक वैचारिक दोहरापन साफ़–साफ़ दिख रहा था। नॉर्वेजियन सरकार ने सद्दाम हुसेन का तख़्ता पलटने के लिए अमेरिका का साथ देने से अमेरिका को स्पष्ट मना कर दिया था। नॉर्वे की संसद के सदस्यों और मन्त्रिमण्डल ने अमेरिका की एकतरफ़ा कार्रवाई की कई बार कठोर निन्दा भी की थी। दूसरी तरफ़ नॉर्वे भीतर ही भीतर अमेरिका की युद्धपरस्त नीति का समर्थन भी करता दिख रहा था। कई राजनेताओं और मीडिया के सदस्यों ने अमेरिका के विरुद्ध अपना रोष व्यक्त करने के बावजूद अधिकतर पश्चिमी यूरोप देशों ने अफ़ग़ानिस्तान में अपनी सेनाएँ भेजीं। ब्रिटेन, डेनमार्क, स्पेन और इटली की फ़ौजों ने हमले के वक़्त इराक़ में अमेरिकी सेना का साथ दिया। हालाँकि स्पेन ने 11 मार्च, 2004 को मेड्रिड पर हुए बम हमले के बाद इराक़ युद्ध से अपने सैनिकों को वापस बुला लिया था। युद्ध के विरुद्ध अनेक यूरोपीय देशों की राजधानियों में बड़े पैमाने पर धरना–प्रदर्शन किये गये। इस्लामी समूहों और उग्रपन्थियों ने यूरोप की इस मंशा का गहराई से विश्लेषण किया और इस नतीजे पर पहुँचे कि पश्चिम के लिए वे एक सहज शिकार हैं और उनके बारे में पश्चिम में एक स्पष्ट मत विभाजन की स्थिति है।

जटिलताओं के प्रति मिथ्याबोध

एक औसत जर्मन, फ़्रांसीसी या स्वेड सिर्फ़ धर्म द्वारा संचालित होते जीवन की कल्पना भी नहीं कर सकता है। लेकिन इस्लामवादियों को एकमात्र इसी तत्त्व से प्रेरित होते देखना उनके लिए किंचित असहज और अस्वाभाविक था। इसलिए भी कट्टरपन्थी मुसलमान उन्हें पूरी तरह से अस्वीकार्य थे। विशेष रूप से कट्टरपन्थी मुसलमानों के जीवन दर्शन से वे किसी भी स्थिति में सहज भाव से सहमत होने के लिए क़तई

तैयार नहीं थे। वे इस कट्टरता का कोई अन्य कारण ढूँढ़ने के आग्रह पर अड़े हुए थे। उनकी दृष्टि में इसका सीधा सम्बन्ध ग़रीबी, शोषण अथवा साम्राज्य विस्तार जैसा कोई विषय हो सकता था। इस ग़लत व्याख्या के कारण आने वाले सालों में नव–मार्क्सवादी विश्लेषण का जन्म हुआ जिसने स्थिति को और अधिक अपरिभाषेय और जटिल बना दिया।[22]

भारी तादाद में शरणार्थियों के यूरोप में दाख़िल होने से अब मुश्किलें और पेचीदा हो गयी हैं। एक तरफ़ तो यूरोप अपने साम्राज्यवादी अतीत की गहरी ग्लानि तले दबा हुआ है। दूसरी तरफ़ उसकी स्वयं की राजनीतिक महत्त्वाकांक्षाएँ पूरी पृथक्ता के साथ उपस्थित हैं, जहाँ उसका बहुसंख्यक समाज एक अपरिचित संस्कृति से सामंजस्य स्थापित करने, और उसके साथ कोई भी समझौता करने से पूर्णतः अनिच्छुक दिखता है। यूरोप का अतीत अनेक युद्धों, धार्मिक यातनाओं और सामूहिक हत्याओं, दास प्रथा, फ़ासीवाद, साम्यवाद और कुछ हिस्सों में इस्लामी आतंकवाद से भरा रहा है। इस समस्त घटनाक्रम का दुष्परिणाम यह हुआ कि पश्चिम जिन विलक्षणताओं के लिए जाना जाता है, उन विलक्षण मूल्यों–मसलन श्रम, व्यवस्था और अनुशासन को समकाल लगभग भुला दिया गया है। विज्ञान, संस्कृति और नैतिक आदर्शों के क्षेत्र में भी दुर्भाग्यवश यही कुछ परिघटित हुआ है।[23] अपने औपनिवेशिक अतीत की स्वाभाविक प्रवृत्तियों के कारण ही यूरोप ने आप्रवासियों की इस बाढ़ जैसी आमद (ख़ासतौर पर उथल–पुथल से भरे मुसलमान बहुल देशों से आये शरणार्थियों के विशेष सन्दर्भ में) से निबटने के उद्देश्य से राजनीतिक औचित्य का विकल्प चुना। उनके आप्रवासन को मात्र सस्ते श्रम के नज़रिये से देखने का भी एक अलहदा पहलू था, क्योंकि उन्हें पश्चिमी देशों की राजनीति में एक सम्भावित वोट बैंक के रूप में देखा जाने लगा।

आज का यूरोप वैश्विक राजनीति की आँच पर चढ़ी हुई मानवीय भावनाओं की एक हाँडी है, और अतीत की ग़लतियाँ और ग्लानि इस हाँडी में पकाये जाने वाले व्यंजन में डलने वाले कुछेक मसाले मात्र है। धर्मसुधार आन्दोलन के आरम्भिक दिनों से ही 'काल्पनिक अतीत के उन्माद में डूबे पश्चिमी राष्ट्र भीतर ही भीतर अपनी पारस्परिक प्रतिस्पर्द्धाओं को सींचने के काम में निरन्तर लगे हुए थे, और सींचने के इस काम को मानव रक्त के माध्यम से अंजाम दिया जा रहा था। मानव इतिहास इन नरसंहारों

के बोझ से भविष्य में भी कभी मुक्त नहीं हो पायेगा।' यह बात 1948 में पॉल वलेरी ने अपनी किताब 'रिफ़्लेक्शन्स ऑन दी वर्ल्ड टुडे' में लिखी थी।[24] अगर एक पक्ष एक ओर ग्लानि और कुण्ठा से पीड़ित है, और दूसरी ओर ईसाइयत के श्रेष्ठता बोध का भी शिकार है तो ज़ाहिर–सी बात है कि दूसरा पक्ष अतीत के अनुभूत उत्पीड़न से मुक्ति का मार्ग हर हाल में खोजना चाहेगा।

बहरहाल एकमात्र ग्लानि ही संस्कृति–बहुलता की जटिलताओं के उपाय तलाशने में अक्षम साबित हो चुकी राजनीति को व्याख्यायित नहीं करती है। यूरोप ने चेचन्या के विरुद्ध रूस के घृणित युद्ध की अनदेखी तो की ही, वह तब भी मौन रहा जब रवांडा में हज़ारों निरीह लोग मार डाले गये। उसी तरह जब इराक़ में भी हज़ारों निर्दोषों को हर साल अपनी जान गँवानी पड़ रही थी तब भी वह कमोबेश बेअसर ही रहा।[25] अन्तःकरण का चयन भी कई बार पसन्द और सुविधाओं के आधार पर होता है। ऐसे भी लोग थे जिन्होंने धर्म–सुधार की स्थिति में विपरीत प्रतिक्रिया की सम्भावनाओं के बारे में आगाह करते हुए कहा था कि 9/11 सिर्फ़ इसकी शुरुआत भर है। यह बात विचारणीय है कि ये हमले सिर्फ़ इसलिए नहीं किये गये थे कि आतंकियों को पश्चिम की आज़ादी और लोकतन्त्र से किसी तरह की नफ़रत थी। उनकी घृणा का मूल चरित्र वस्तुतः धार्मिक था। वे 'इस्लाम की पाक ज़मीन' को बाहरी लोगों से मुक्त कराने के लिए आतुर और व्यग्र थे। ओसामा बिन लादेन ने यह ऐलान किया था कि पूरी धरती पर इस्लाम का क़ब्ज़ा होना चाहिए।

कट्टरपन्थी इस्लाम के मुद्दे पर बोलते हुए पाकिस्तान के सबसे प्रगतिशील इस्लामी विद्वान जावेद अहमद गमीदी ने कहा था कि उग्रपन्थी विचारधारा के मुताबिक़ दुनिया में कहीं भी अनेकेश्वरवाद, नास्तिकता और स्वधर्मत्याग के अपराध की सज़ा के तौर पर मनुष्य मृत्यु का अधिकारी है, और इस आस्था से प्रेरित उलेमा और उग्रपन्थी ने इस दण्ड के निष्पादन के लिए स्वयं को ही अधिकृत कर लिया था। इसी तरीक़े से इस्लामी राज्यों ने अपने एकाधिकार को वैधता प्रदान करने और इस्लाम और राजनीति को पुनःपरिभाषित करने का प्रयास किया। उनकी यह स्पष्ट मान्यता थी कि शासन करने का अधिकार केवल मुसलमानों को प्राप्त है और सभी ग़ैर–इस्लामी सरकारें अवैध और नियम विरुद्ध हैं।

इस्लामी श्रेष्ठता का यह विचार एकदम सीधे तौर पर ग़ैर–मुसलमानों को अपने अधीन करने की महत्त्वाकांक्षा से जुड़ा था। मुसलमान आतंकी यह भी मानते थे कि ग़ैर इस्लामी सरकारों को उखाड़ फेंकना जायज़ और क्षम्य है। यह पूरा विचार विश्व में अकेली इस्लामी सरकार–ख़लीफ़ा–की मूल स्थापना पर आधारित है जिसने आईएसआईएस के उदय में महत्त्वपूर्ण भूमिका निभायी। कट्टरपन्थी मुसलमानों ने उन छप्पन देशों में वैध इस्लामी सरकार की माँग कभी नहीं की जो घोषित रूप से मुस्लिम देश हैं।[26] बदक़िस्मती से यूरोपीय देशों पर हुकूमत करने वाली सरकारों ने इस बिन्दु को कभी विचारणीय नहीं समझा है, और ज़ाहिर है कि वे इसकी उपेक्षा करते हैं तो यह न तो उनके लिए और न ही यूरोपीय समाज के लिए किसी भी दृष्टि से मुनासिब होगा।

ब्रिटेन में यह बात स्पष्ट दिखती है कि एक औसत ब्रिटिश के लिए धर्म और नस्ल एक गम्भीर और विचारणीय मुद्दा है, लेकिन सरकार ने छद्म राजनीतिक प्रयोजनों के लिए हमेशा इस मुद्दे की अनदेखी की। उदाहरण के लिए साठवें दशक के आख़िर में अप्रैल 1968 में कराये गये एक जन सर्वेक्षण के अनुसार 75 फ़ीसदी की क़रीब ब्रिटिश जनता का यह मानना था कि आप्रवासियों के प्रवेश पर नियन्त्रण उतना कठोर नहीं था जितना कि इसे होना चाहिए था। बहरहाल इस सर्वेक्षण पर कोई विचार किये बिना इसे ठण्डे बस्ते में डाल दिया गया। बाद में यह आँकड़ा बढ़ कर 83 प्रतिशत हो गया।[27] तब जाकर कहीं सरकार ने आप्रवासन क़ानूनों के बारे में सख़्ती बरतनी शुरू की। इस सख़्ती का सीधा प्रभाव एशियाई आप्रवासियों पर पड़ा, लेकिन ब्रिटिश सरकार ने इस बात को लेकर विशेष सतर्कता बरती कि उनके क़ानून निर्माण की प्रकिया पर नस्लवादी होने की मुहर नहीं लगने पाये। 2011 में प्रकाशित हुई ब्रिटिश जनगणना के अनुसार इंग्लैंड और वेल्स के घरों में तक़रीबन तीस लाख ऐसे लोग रहते थे जहाँ एक भी ऐसा वयस्क सदस्य नहीं था जो अपनी मुख्य भाषा के रूप में अंग्रेज़ी बोलता था।[28] इंग्लैंड और वेल्स में रहने वाले ईसाइयों का प्रतिशत 72 फ़ीसदी से गिर कर 59 फ़ीसदी रह गया था और उनकी आबादी भी 3.7 करोड़ से घट कर 3.3 करोड़ हा गयी थी। दूसरी तरफ़ इंग्लैंड और वेल्स में रहने वाले मुसलमानों की तादाद डेढ़ करोड़ से बढ़ कर 2.7 करोड़ हो गयी थी। इस आँकड़े में वे

अवैध आप्रवासी शामिल नहीं थे जिनकी अनुमानित संख्या दस लाख के आसपास थी। आबादी में सबसे ज़्यादा बढ़ोतरी उस इलाक़े में दर्ज की गयी जहाँ मुसलमान की तादात पहले से ही बहुत अधिक थी। उदाहरण के लिए टावर हैमलेट्स और नेवहम जैसे शहर के नाम लिये जा सकते हैं। जब इस बात की आधिकारिक पुष्टि हुई कि लन्दन के सैंतीस में से तेईस उपनगरों में ब्रिटिश गोरे अल्पसंख्यक के रूप में रह रहे थे, तो इस ख़ुलासे पर सरकारी प्रतिक्रिया यह आयी कि यह आँकड़े ब्रिटेन की अभूतपूर्व सांस्कृतिक विविधता का प्रतिनिधित्व करते थे।[29] बीबीसी के कार्यक्रम न्यूज़ नाइट, जहाँ इस जनगणना की घोषणा हुई थी, में आयोजित एक परिचर्चा में अधिकतर भागीदार नतीजे पर अपनी ख़ुशी व्यक्त करने से ख़ुद को रोक नहीं पाये थे। बल्कि उन्होंने जनता को आश्वस्त किया कि चिन्ता का कोई कारण नहीं था। ज़ाहिर–सी बात थी कि बहुसंस्कृतिवादी आख्यानों की हिततुष्टि के लिए ज़मीनी सच्चाइयों की अनदेखी की गयी थी।[30]

निराशाजनक परिणाम

उत्तरी इंग्लैंड में सालोंसाल से सिख और श्वेत समुदाय का मेहनतकश तबका उत्तरी अफ़्रीका और पाकिस्तान से आये गिरोहबन्द मर्दों के ख़िलाफ़ शिकायतें दर्ज करता रहा था। लेकिन एक लम्बी अनदेखी के बाद आख़िरकार 2000 के बाद ही मीडिया ने इन शिकायतों की जाँच–पड़ताल करने की ज़रूरत समझी। इसके पुख़्ता सबूत मिले कि यौन अपराधियों के अनेक संगठित गिरोह अल्पवयस्क श्वेत लड़कियों को अपने जाल में फँसा कर उनका यौन शोषण कराने के धन्धे में लिप्त थे। ऐसा लगता है कि स्थानीय पुलिस उनसे पूछताछ करने से डरती थी, और मीडिया ने भी इस मामले में अधिक दिनों तक अपनी रुचि नहीं दिखायी। चैनल 4 द्वारा बनायी गयी एक डॉक्यूमेंट्री ने इस राज़ का पर्दाफ़ाश किया था कि एशियाई मूल के अपराधियों के गिरोहों ने श्वेत लड़कियों का यौन शोषण किया था। बहरहाल इस डॉक्यूमेंट्री को भड़काऊ माना गया और स्वघोषित फ़ासीवाद–विरोधियों और स्थानीय पुलिस अधिकारियों ने स्थानीय चुनावों के मद्देनज़र महीनों तक इसकी स्क्रीनिंग को स्थगित कराये रखा।[31]

जब किग्ले, यॉर्कशायर के स्थानीय लेबर संसद एन क्रयेर ने अपने निर्वाचन क्षेत्र में नाबालिग लड़कियों के बलात्कार की जाँच की माँग की, तो नस्लवादी और इस्लाम से घृणा करने वाली कहकर उनकी तीखी निन्दा की गयी। अन्ततः उन्हें अपने लिए पुलिस–सुरक्षा की माँग करनी पड़ी। स्थानीय आप्रवासियों और अधिकारियों के रवैये को समझने के लिए रोथेरहैम के मामले का विशेष उल्लेख किया जाता है। जब आख़िरकार यह जाँच शुरू हुई तब इस निष्कर्ष ने सबको हतप्रभ कर दिया कि 1997 और 2014 के बीच की अवधि में तक़रीबन 1,400 अल्पवयस्क लड़कियों का यौन शोषण किया गया था। वे सभी लडकियाँ ग़ैर–मुसलमान थीं और अत्यन्त क्रूरतापूर्वक उनका बलात्कार किया गया था। अपराधी मुख्य रूप से पाकिस्तानी मूल के थे और गिरोहों के रूप में अपने अपराध को अंजाम देते थे। स्थानीय परिषद के कर्मचारी या तो उनकी पहचान करने से डरते थे, या शायद उन्हें अपने आकाओं से इस मामले को रफ़ा–दफ़ा कर देने के लिए कहा गया था। शायद नस्लवादी होने और दो भिन्न सामाजिक समुदायों के बीच वैमनस्य पैदा करने के आरोपों से बचने के लिए पुलिस भी इस जाँच को पूरा करने में असफल रही। स्थानीय मुसलमानों ने आरोपियों पर लगे इल्ज़ामों को सिरे से नकार दिया और खुल कर अपने समुदाय बचाव करने आगे आये। जब बमुश्किल एक मुसलमान ने इस जघन्य अपराध के ख़िलाफ़ अपना मुँह खोलने की कोशिश की तब उसे जान से मार देने की धमकियाँ मिलीं। एक देश के रूप में ब्रिटेन दुनिया के सामने स्वयं को ऐसे प्रस्तुत कर रहा था जैसे अपने नागरिकों की रक्षा करना उसका सबसे महत्त्वपूर्ण कर्तव्य था।[32]

राजनीति औचित्य अथवा अपरिहार्यता के नाम पर राजनीतिक विवशता का समान रूप इंग्लिश चैनल के उस पार भी स्पष्ट देखा जा सकता था। पश्चिम यूरोप के देश, विशेष रूप से फ़्रांस, जर्मनी, हॉलैंड, बेल्जियम और इटली में भी पूर्व उपनिवेशों से आप्रवासियों का आना हुआ था। इन देशों ने भी युद्धोत्तर काल में सस्ते कामगारों के तौर पर शुरू–शुरू में तो उनका स्वागत किया, लेकिन बाद में नस्लीय और सांस्कृतिक उपेक्षावश ये देश आप्रवासन सम्बन्धी समस्याओं का समाधान ढूँढ़ने में विफल साबित हुए। हालाँकि स्वीडेन और नॉर्वे किसी उपनिवेश के स्वामी नहीं थे, लेकिन उन दोनों देशों को भी समान संकट से जूझना पड़ा।

डचों ने भी अब तक मुसलमान आप्रवासियों के प्रति पर्याप्त उदारता और नरमी दिखायी थी। 2004 में उनके न्याय मन्त्री पीट हेन डॉनर ने यहाँ तक प्रस्तावित किया कि मुसलमानों की कुछ मुश्किलों से निबटने के लिए देश अपने ईश–निन्दा क़ानूनों को पुनर्जीवित करने पर फिर से विचार कर सकता है। दो साल बाद उन्होंने एक साक्षात्कार में कहा कि यदि मुसलमान चाहें तो देश के क़ानून को लोकतान्त्रिक रास्तों से शरिया में परिवर्तित कर सकते हैं। हालाँकि बहुमत में रहने की शर्त पर वे इस काम को कर सकते थे।[33]

बहुसंस्कृतिवाद असफल सिद्ध हुआ है क्योंकि यह जनता से एक–दूसरे से अलग रहने की अपेक्षा करता है। संस्कृतियों में सामंजस्य अभी तक सम्भव नहीं हो पाया है। कट्टरपन्थी इस्लामिक आतंक से जब निपटने का सवाल हमारे सामने उठ खड़ा होता है तो अक्सर यह मशविरा सुनने को मिलता है कि बातचीत मामले की बारीकियों को समझने के माध्यम से इस टकराव का समाधान ढूँढ़ा जा सकता है। बल प्रयोग के ज़रिये समाधान ढूँढ़ने पर कभी गम्भीर विचार नहीं किया गया। एक ऐसी स्थिति में जब इस्लामी कट्टरपन्थी किसी वैकल्पिक संवाद के बजाय केवल दुराग्रहपूर्ण और रूढ़ आस्थाओं में विश्वास करते हों, ऐसा कोई भी दृष्टिकोण इस्लामवादियों को लाभ ही पहुँचाता।[34]

ओरिआना फलाची ने यूरोपियों के एक विशिष्ट बहरेपन, अन्धेपन और विवेकहीनता की ओर हमारा ध्यान दिलाया था। उन्होंने एक उपेक्षा का भाव और नेतृत्व के स्तर पर एक शून्यता की स्थिति भी देखी थी। उनकी दृढ़ मान्यता थी कि राजनीतिक औचित्य और अपरिहार्यता ने प्रायः कट्टरवाद को प्रोत्साहित किया।[35] ऐसा प्रतीत होता है कि 2006 को अपनी मृत्यु से पहले उन्होंने भविष्य को देख लिया था। यूरोपीय अधिकारी आज भी रूढ़िवादी संस्कृतियों से सम्बन्ध रखने वाले आप्रवासियों के प्रवेश से जन्मे भौगोलिक और सांस्कृतिक टकरावों के सामाजिक दुष्परिणामों को अच्छी तरह से समझने के प्रति अनिच्छुक हैं। ऐसा या तो धर्मनिरपेक्ष और उदार समाज की उनकी स्वरचित छवि के कारण है, या अतीत के भयावह ग्लानि–बोध तले दबे होने के कारण है, या फिर अलोकप्रिय और कठोर निर्णय लेने में उनकी अनिच्छा और अक्षमता के कारण है।

'पूरी तरह से विफल' एकरूपता

दूसरे विश्वयुद्ध की समाप्ति के बाद उत्तरी अफ़्रीका और मध्यपूर्व से यूरोप में अनेक दशकों से आप्रवासन होता रहा, किन्तु इक्कीसवीं के शुरुआती सालों में यह प्रक्रिया अचानक ही बहुत तेज़ हो गयी। उत्तरी और उप सहारा अफ़्रीका तथा मध्यपूर्व से नावों में भर–भर कर शरणार्थी इटली के सबसे दक्षिणी द्वीप लैम्पेंडुसा पहुँचने लगे। ऊँचे आर्थिक लाभ के लिए मानव तस्करी करने में सक्रिय गिरोह बड़ी संख्या में अवैध घुसपैठियों को यूरोप ले जाने के धन्धे में लगे हुए थे। एक बार लैम्पेंडुसा पहुँचने के बाद इन घुसपैठियों के लिए इटली के रास्ते यूरोप में प्रवेश करना बहुत आसान था। इक्कीसवीं सदी की शुरुआत में उत्तरी अफीका से वहाँ पहुँचने वालों की तादाद इतनी कम थी कि मात्र 350 लोगों के रहने लायक़ क्षमता वाला एक ही शरणार्थी शिविर उनके लिए पर्याप्त था। लेकिन 2011 में अरब स्प्रिंग के शुरू होते ही यूरोप पहुँचने वालों की संख्या में अप्रत्याशित तेजी आ गयी। विशेषकर जब सीरिया में राजनीतिक अव्यवस्था की शुरुआत हुई तब हज़ारों की तादाद में मध्यमवर्गीय सीरियाई भी देश छोड़ कर भाग निकले। 2013 में आप्रवासन की इस समस्या ने विकट रूप ले लिया और बड़े–बड़े समूहों में शरणार्थी केवल सिसली और इटली के दूसरे हिस्सों में ही नहीं, बल्कि उत्तरी यूरोप में भी फैलने लगे।

इटली और यूरोप के दूसरे हिस्सों की तरह जर्मनी में भी आप्रवासन और अखण्डता को लेकर विमर्श छिड़ा हुआ था। पूर्व सीनेटर और बुंडेसबैंक समिति के सदस्य थिलो सराजिन ने 2010 में प्रकाशित अपनी विवादास्पद किताब 'जर्मनी अबोलिशेस इटसेल्फ–हाउ वी आर पुटिंग और कंट्री इन जिओपर्डी'[36] में इस बिन्दु पर गहनतापूर्वक लिखा कि कैसे जर्मनों का निम्न होता जन्म दर और उसके समानान्तर आप्रवासन के दर में बेतहाशा बढ़ोतरी के परिणामस्वरूप सामाजिक चरित्र में तेज़ बदलाव हो रहा था, और इस बात के भी स्पष्ट प्रमाण दिखते थे कि नये आप्रवासी देश की राष्ट्रीय–सामाजिक संस्कृति में घुलने–मिलने में नाकाम रहे थे। उनका तर्क था कि इन्हीं कारणों से देश की युद्धोत्तर सफलता और तेज़ी से होते आर्थिक विकास–दोनों पर संकट उत्पन्न हो गया था।

कमोबेश यही राय उनके अनेक समकालीन राजनेताओं और मीडिया के एक बड़े वर्ग का भी था। बहरहाल अपने बयान के कारण सुर्ख़ियों में आये सराजिन को अपने राजनीतिक दल सोशल डेमोक्रेटिक पार्टी से इस्तीफ़ा दे देना पड़ा, और अनेक दूसरी पार्टियों ने उनके साथ एक राजनीतिक दूरी बना ली।

अनेक इस्लामी संगठनों ने सराजिन को अदालत में घसीटने की कोशिशें भी कीं लेकिन इसके बावजूद उनके 47 फ़ीसदी पाठकों का यही मानना था कि इस्लाम जर्मनी की धार्मिक अवधारणा नहीं था। आप्रवासन, अखण्डता और इस्लाम पर चर्चा को सीमित करने की लगातार कोशिशों के बाद भी उक्त किताब की तक़रीबन बीस लाख प्रतियाँ बिकीं। इस प्रकरण ने यह साफ़ कर दिया कि बृहत्तर समाज उस आख्यान से एकमत नहीं था जिसका निर्माण उसके लिए ही किया गया था। उसी साल अक्टूबर 2010 में चांसलर एंजेला मर्केल ने पॉट्सडैम में अपनी क्रिश्चियन डेमोक्रेटिक यूनियन पार्टी की सभा में युवाओं को सम्बोधित करते हुए यह स्वीकार किया कि आपसी सद्भाव और सहभागिता को प्रोत्साहित करने वाले एक बहुसंस्कृतिवादी समाज के निर्माण का सपना 'पूरी तरह से विफल' सिद्ध हुआ है।'[33] मर्केल ने यहाँ तक कहने से गुरेज़ नहीं किया कि जर्मन समाज में हिस्सेदारी की आकांक्षा करने वाले आदमी को देश के क़ानून और संविधान के प्रति निष्ठावान होना होगा, और साथ ही उसे देश की भाषा बोलनी होगी। उस दिन उनके भाषण की प्रतिक्रिया में श्रोताओं ने खड़े होकर उनका अभिनन्दन किया था।

तत्कालीन ब्रिटिश प्रधानमन्त्री डेविड कैमरुन ने भी मर्केल के कथन का अनुसरण करते हुए फ़रवरी 2011 को म्यूनिख़ सिक्यूरिटी कॉन्फ्रेंस में स्वीकार किया, 'सरकार समर्थित बहुसंस्कृतिवादी सिद्धान्तों पर चलते हुए हमने भिन्न–भिन्न संस्कृतियों वाले आप्रवासियों को उनकी सुविधाओं के अनुसार, न केवल एक–दूसरे से भिन्न, बल्कि मुख्यधारा से भी भिन्न जीवन जीने के लिए प्रोत्साहित किया, लेकिन हम उनको यह दृष्टि देने में असफल रहे जिसका सम्बन्ध उनकी सामाजिक अस्मिता से है,' उन्होंने कहा। 'हमने उन अलग–अलग समुदायों को स्वयं अपने नैतिक मूल्यों की क़ीमत देकर भी फूलने–फलने की इजाज़त दी किन्तु इसका सकारात्मक परिणाम हमें नहीं मिला।'[38]

कैमरुन के भाषण के कुछ ही हफ़्ते बाद फ़्रांस के राष्ट्रपति निकोलस सरकोजी ने भी टेलीविज़न पर प्रसारित हुई एक परिचर्चा में बहुसंस्कृतिवाद के असफल होने की बात दोहरायी। 'सच यही है कि अपने सभी वर्तमान लोकतन्त्रों में मेज़बान देशों की तुलना में आप्रवासियों की खुद की पहचान को कहीं अधिक प्रमुखता दी है।'[39] लेकिन अब यह अपेक्षा रखनी होगी कि नेतृत्व अपनी नीतियों पर नये सिरे से पुनर्विचार करेगा।

बहरहाल 2010 में पॉट्सडैम में दिये गये अपने खेद भरे वक्तव्य के बाद भी मर्केल ने सिर्फ़ एक साल में पन्द्रह लाख आप्रवासियों को जर्मनी आने की इजाज़त दी थी। जब केवल 50,000 शरणार्थी ही बहुसंस्कृतिवाद की स्थापना की राह में बाधा बन रहे थे तो ऐसी स्थिति में उससे तीस गुणा अधिक शरणार्थियों और आप्रवासियों को जर्मनी आने की इजाज़त देने का फ़ैसला किसी को भी हैरत में डाल सकता है। ज़ाहिर बात थी कि राजनीतिक औचित्य और अपरिहार्यता के कारण नये आप्रवासियों के राजनीतिक और धार्मिक मूल्यों का कोई अर्थ नहीं था और इन्हें कभी सार्वजनिक विचार–विमर्श के लायक समझा भी नहीं गया। इस सदी की शुरुआत तक मोरक्को या पाकिस्तान के लोग जब यूरोप में प्रवेश पाते थे तो उनकी पहचान मोरक्को या पाकिस्तानी के रूप में ही की जाती थी। लेकिन जबसे बहस के केन्द्र में धर्म आ गया, और ईश–निन्दा और शरिया जैसे मुद्दों को बहस में रेखांकित किया जाने लगा, तब से राजनेताओं के लिए इन मसलों से निपटना भी मुश्किल हो गया।

'दी सैटेनिक वर्सेज' और उसकी उत्तरकथा

बहुत से मुसलमानों और ईरान के अयातुल्ला खोमैनी जैसे नेताओं ने फ़रवरी 1989 में सिर्फ़ साल भर पहले प्रकाशित सलमान रुश्दी की 'दी सैटेनिक वर्सेज' जैसा विरोध किया था, उसके बाद भी यूरोप के देश आने वाले दिनों में नज़र आने वाली इस कट्टर धर्मनिष्ठा का अनुमान लगा पाने में सफल नहीं हो सके। कभी कैट स्टेवेंस के नाम से विख्यात और अब इस्लाम कुबूल कर चुके प्रख्यात गायक युसूफ़ इस्लाम से जब एक साक्षात्कार में पूछा गया कि क्या वे रुश्दी का बचाव करेंगे, तब उनका साफ़–साफ़ कहना था कि वे फ़ौरन अयातुल्ला को फ़ोन कर के रुश्दी के छुपे होने के ठिकाने के बारे में बताएँगे। इतिहासकार ह्यूज ट्रेवर–रोपर

पूर्व प्रधानमन्त्री जॉन मेजर और विदेश सचिव डगलस हर्ड जैसे सुपरिचित ब्रिटिश नागरिकों ने भी बढ़–चढ़कर उपन्यासकार की निन्दा की। आख़िर सबसे बड़ी राजनीतिक मजबूरी ब्रिटिश मुसलमानों की भावनाओं को आहत होने से बचाना था। उपन्यास को इतालवी में अनुवाद करने वाले शख़्स की मिलान में छुरा घोंप कर हत्या कर दी गयी, इंग्लैंड में किताबों की दो दुकानों को जला कर खाक कर दिया गया, लन्दन के एक डिपार्टमेंटल स्टोर पर सिर्फ़ इसलिए हमला किया गया क्योंकि उसमें एक बुकस्टोर भी था। रुश्दी की हत्या करने के लिए बम छिपाने वाले एक युवक की बम फटने से मौत हो गयी। उसका नाम मुस्तफ़ा मोहम्मद था। ये तमाम घटनाएँ आज तक़रीबन भुला दी जा चुकी हैं।

1938 में जब हिलेयर बेलॉक ने दी ग्रेट हेरेसीज प्रकाशित कराया था तो उसमें एक अध्याय का शीर्षक ही 'दी ग्रेट एंड एंड्यूरिंग हेरेसी ऑफ़ मोहम्मद' के नाम से था, जिसकी तुलना में 'दी सैटेनिक वर्सेज' की शैली को बहुत शिष्ट और शालीन कहा जा सकता था। लेकिन बेलॉक को किताब लिखने के बाद रुश्दी की तरह कहीं छिपने या ज़िन्दा रहने के लिए पुलिस सुरक्षा की ज़रूरत नहीं महसूस हुई। इसकी वजह यह थी उस समय इंग्लैंड में रहने वाले मुसलमानों की संख्या गिनी–चुनी थी, लेकिन रुश्दी के विवाद के समय वे क़रीब दस लाख के आसपास, और तीन दशक के बाद तीन गुना बढ़कर लगभग तीस लाख हो गये हैं। रुश्दी को 2008 में इसी तरह के विरोध की आशंका के कारण 'दी ज्वेल ऑफ़ मदीना' प्रकाशित कराने की अपनी कोशिशों को रोक देना पड़ा, जबकि यह पैग़म्बर मोहम्मद को केन्द्र में रख कर लिखी गयी एक प्रेमकहानी थी। जब एक अपेक्षाकृत छोटे प्रकाशक ने किसी तरह उपन्यास को प्रकाशित करने की हिम्मत जुटायी भी तो तीन ब्रिटिश मुसलमानों ने उसके प्रेसख़ाने को आग के हवाले कर दिया।

इसके बाद ही ब्रिटिश सरकार ने देश में मुसलमानों का प्रतिनिधित्व करने वाले एक संगठन की आवश्यकता महसूस की ताकि भविष्य में इन घटनाओं की पुनरावृत्ति रोकी जा सके। इस उद्देश्य से 'मुस्लिम काउंसिल ऑफ़ ब्रिटेन' की स्थापना की गयी जिसे सऊदियों ने आर्थिक मदद दी और जिसके ज़्यादातर कर्ताधर्ता पाकिस्तानी संगठन जमात–ए–इस्लामी के सदस्य थे। इससे अन्ततः कट्टरपन्थियों को ही फ़ायदा हुआ जिन्हें

संकट या मुश्किल के समय में दूसरे समूहों के साथ सहयोग करने में सुविधा मिल गयी। साथ–साथ समुदाय के अन्दर के उदार तत्त्वों को अलग–थलग करना भी उनके लिए अब आसान हो गया। चूँकि मुस्लिम काउंसिल स्वयं में एक धार्मिक संगठन था, लिहाज़ा इसकी स्थापना की अनुमति देकर ब्रिटिश अधिकारियों ने आम मुसलमानों को व्यक्तिगत और राजनीतिक अधिकारों के बीच अब धार्मिक प्रतिनिधित्व की भी सुविधा दे दी। सालोंसाल एक साम्राज्यवादी ताक़त के तौर पर ब्रिटिशों ने 'फूट डालो और राज करो' की अपनी नीति के अनुसार मुसलमानों को ख़ुद अपनी आवाज़ को बुलन्द करने के लिए प्रोत्साहित किया था। आज वही नीति ख़ुद ब्रिटेन के लिए ही जी का जंजाल बन चुकी थी।

पूरे यूरोप में लगभग यही चलन था और सरकार और जनता के विचारों में कोई एकरूपता नहीं थी। 1998 में किये गये एक सर्वेक्षण से यह उजागर हुआ कि लगभग आधी डच जनता यह मानती थी कि पश्चिम यूरोप और मुसलमानों का जीवन दर्शन एक–दूसरे से पूरी तरह भिन्न था। रॉटरडैम के एरास्मस विश्वविद्यालय के एक प्रोफ़ेसर विल्हेलमस सिमोन पेट्रुस फोर्तुयम ने 1997 में प्रकाशित अपनी किताब 'अगेंस्ट दी इस्लामिसाइजेशन ऑफ़ आवर कल्चर' में यह चेतावनी दी थी कि 'कट्टरवादी इस्लामी उपसंस्कृति के उभार ने हॉलैंड के लोकतान्त्रिक मूल्यों के लिए संकट उत्पन्न कर दिया था। यदि देश इस संकट को पहचानने में विफल रहेगा और समय रहते इसका समाधान नहीं निकलेगा तो उसका सर्वनाश होना निश्चित है।'[40] उन्होंने लिखा था डच राजनीतिज्ञों और पत्रकारों ने उनपर नस्लवादी होने और अन्धराष्ट्रवाद को बढ़ावा देने का आरोप लगाया, और उनकी तुलना फ़्रांस के धुर दक्षिणपन्थी जीन मारी लि पेन से की गयी।

फोर्तयुम ने निरन्तर इन बातों की ओर संकेत किया था कि सांस्कृतिक–धार्मिक एकात्मकता स्थापित करने के सभी प्रयास अब असफल हो चुके थे। इमामों, जो मुसलमान बहुल बस्तियों को नियन्त्रित करते थे, की हिम्मत रोज़–बरोज़ बढ़ती जा रही थी। मुसलमानों में जन्म दर में बहुत तेज़ बढ़ोतरी हो रही थी और उनके दिलों में लोकतान्त्रिक मूल्यों और भावनाओं के प्रति सम्मान बहुत तेजी से कम होने लगा था। अबाध आप्रवासन और इस्लामी मूल्यों को प्रोत्साहित करने वाले रूढ़िवादी

धार्मिक स्कूलों ने आने वाले दिनों में मुश्किलों को बढ़ाने का ही काम किया।[41] आख़िरकार फोर्तयुम को भी अपने मुखर विचारों की क़ीमत चुकानी पड़ी। 2002 के आम चुनावों के ठीक पहले मई के महीने में उनकी हत्या कर दी गयी। हत्यारा पशु–अधिकारों के लिए सक्रिय एक कथित कार्यकर्ता था। मृत्युपरान्त उनके लिए लिखे गये अनेक सन्देशों में उन्हें गालियाँ दी गयी थीं जिनमें से कुछ आज भी अमेरिका में सुरक्षित हैं। उन सन्देशों को प्रकाशित किया गया जिनमें उन्हें दक्षिणपन्थी कट्टर कह कर सम्बोधित किया गया। मीडिया और डच आभिजात्यों के बीच यह सिलसिला उनकी मौत के बहुत बाद तक जारी रहा।

डच फ़िल्मकार थिओ वान गॉग की हत्या 2004 में उन्हें अपनी किताब 'अल्लाह नोज बेस्ट' (डच में अल्लाह वीट हेट बेटर) लिखने, और सबमिशन नाम की एक लघु फ़िल्म बनाने की वजह से कर दी गयी। यह फ़िल्म इस्लाभ में महिलाओं के साथ किये जाने वाले दुर्व्यवहार और उत्पीड़न पर आधारित थी, और इसकी पटकथा सोमालिया से भाग कर हॉलैंड में शरण लेने वाली युवा लेखिका अयान हिरसी अली ने लिखी थी। वान गॉग के हत्यारे मोहम्मद बौयारी के दूसरे निशाने पर हिरसी अली थी। वान गॉग की मौत के बाद आख़िरकार कुछ लोगों ने इसका विरोध करने का फ़ैसला किया लेकिन तुष्टीकरण के रास्ते पर चलने वालों की बड़ी तादाद उन पर भारी पड़ी। थिओ वान गॉग की क़त्ल के बाद 2004 के क्रिसमस के मौसम में मुसलमानों की भावनाओं को आहत करने से बचने के लिए यूरोपियों ने क्रिसमस के प्रतीक–चिह्नों और धार्मिक सन्दर्भों के साथ अनेक ग़ैरपारम्परिक प्रयोग किये। ब्रिटेन में राजनीतिक अपरिहार्यता के आख्यान को और पुष्ट करने के उद्देश्य से रेड क्रॉस ने अपने चैरिटी स्टोरों में क्रिसमस ट्री और यीशु के जन्म से जुड़े नैटिविटी दृश्यों के प्रदर्शन पर प्रतिबन्ध लगा दिया। ट्रेविसो के एक इतालवी स्कूल ने अपने पारम्परिक नैटिविटी प्ले को रद्द करते हुए इसके स्थान पर 'लिटिल रेड राइडिंग हुड' का प्रहसन आयोजित कराया, जबकि मिलान के क़रीब के एक स्कूल ने एक स्रोत में 'यीशु' शब्द को 'धर्माचरण' जैसे शब्द से स्थानापन्न कर दिया।[42]

'इनफिडेल', 'नोमैड', 'दी केज्ड वर्जिन' और 'हेरेटिक' जैसी अपनी अनेक किताबों में इस्लाम और उसके रीति–रिवाजों की आलोचना करने

के कारण हिरसी अली मुस्लिम कट्टरपन्थियों के निशाने पर आगे भी हमेशा रहेंगी। पश्चिमी दुनिया के लिए उसका साफ़–साफ़ मशविरा यह था कि 'किसी भी शर्त पर पश्चिमी देशों को मुसलमानों को ऐसा कोई स्वतन्त्र संगठन बनाने की अनुमति नहीं देनी चाहिए जिसमें सम्प्रदाय औरतों और सामाजिक–धार्मिक तौर पर उपेक्षित तबके के लोगों के साथ उस प्रकार का व्यवहार किया जाता है मानो वे सातवीं सदी के गुलाम हों।'[43] बहरहाल अवधारणाएँ और आख्यान भले ही बदल जायें, एक पक्ष को राजनीतिक औचित्य की क़ीमत हर हाल में चुकानी होगी और दूसरे पक्ष को कट्टरवाद की क्रूरता और अन्याय के हाथों पीड़ित होना ही होगा।

हमारे पास वक़्त है

फ़्रांस को अपने धर्मनिरपेक्ष गणतन्त्र होने का अभिमान हमेशा से रहा है। गाए मिलिएयर जो सोर्बोने में सांस्कृतिक इतिहास और क़ानूनी दर्शनशास्त्र के एक प्राध्यापक थे, भी उन लोगों में शामिल थे जो यह मानते थे कि 2004 में फ़्रांस की सरकार द्वारा हिजाब पर लगाया गया प्रतिबन्ध पर्याप्त नहीं था। अपने 'हू इज़ अफ्रेड ऑफ़ इस्लाम?' नामक और उसके बाद लिखे गये अनेक आलेखों में उन्होंने यह आक्रोश व्यक्त किया था कि फ़्रांस में पानी अब सर के ऊपर से गुज़र चुका था, और वहाँ के ज़्यादातर मुसलमान युवाओं का फ़्रांसीसी समाज के साथ कोई भावनात्मक जुड़ाव नहीं रह गया था। वे अधिकांश अनपढ़ थे, और मिलिएयर के अनुसार फ़्रांस में अगर कोई चीज़ तेज़ी से बढ़ रही थी तो वह अपराध और इस्लामीकरण था। मिलिएयर को यह भी अन्देशा था कि एक ऐसा समय भी आयेगा जब फ़्रांस में युवाओं की आबादी में मुसलमानों की बहुलता हो जायेगी, और ग़ैर–मुसलमान फ़्रांसीसियों की आबादी में ज़्यादातर वृद्ध ही बचे रह जायेंगे। उनकी भविष्यवाणी थी कि आने वाले बीस सालों में मुसलमान फ़्रांस में बहुसंख्यक हो जायेंगे, और यदि स्थिति को समय रहते नियन्त्रित नहीं किया गया तो वे सभी धार्मिक कट्टरवाद की ओर तेज़ी से प्रवृत्त हो जायेंगे। उन्होंने मुस्लिम ब्रदरहुड के राष्ट्रीय अधिवेशन में बोलने वाले वक्ताओं में से एक को उद्धृत भी किया–'धीरज रखिये, दिमाग़ से काम लीजिए, वक़्त हमारे साथ है।'[44] यह कमोबेश वैसी–सी बात थी

जैसी एक तालिबानी कमांडर ने एक बार कही थी, 'आपके पास घड़ियाँ हैं, लेकिन हमारे पास समय है।'

9/11 के हमले के बाद फ़्रांस के राजनेताओं ने यह तय किया कि वे अमेरिका के 'आतंक के विरुद्ध कथित युद्ध' का पक्ष नहीं लेंगे। उन्होंने उल्टे अरब और दुनिया के दूसरे मुसलमान नेताओं के सम्बन्धों को बेहतर बनाने का रास्ता चुना। उन्हें लगा कि अमेरिका और ब्रिटेन के प्रतिकूल मुस्लिम देशों के प्रति मैत्रीपूर्ण दृष्टिकोण अपनाने से फ़्रांस अरबों और मुसलमानों के समर्थक के रूप में मध्यपूर्व में अपनी छवि और स्थिति—दोनों को मज़बूती से स्थापित करने में सफल होगा। लेकिन यह तरक़ीब भी काम नहीं आयी और दो फ़्रांसीसी पत्रकारों, रेडियो फ़्रांस के क्रिश्चियन चेस्नॉट और डेली फिगारो के गोर्गेस मल्ब्रूनॉट को 'इस्लामिक आर्मी ऑफ़ इराक़' नामक संगठन के इराक़ी बाग़ियों ने अगवा कर अगस्त से 21 दिसम्बर, 2004 तक तक़रीबन चार महीने अपने क़ब्ज़े में रखा। अपहरणकर्ताओं ने फ़्रांसीसी सरकार से हिजाब पर प्रतिबन्ध लगाने वाले क़ानून को निरस्त करने की माँग रखी थी। अन्ततः दोनों पत्रकारों को तब रिहा किया गया जब 'इस्लामिक आर्मी' ने यह कहा कि पश्चिमी सेना द्वारा इराक़ पर क़ब्ज़े के विरोध के कारण फ़्रांस उनकी दृष्टि में उनका शुभचिंतक है।

एक स्वाभाविक प्रश्न यह था कि इस उग्रवादी संगठन ने फ़्रांस को अपना मित्र क्यों माना? इसका कारण शायद यह था कि फ़्रांस की ब्रिटेन और अमेरिका से असहमति इस संगठन के रणनीतिक हितों के अनुकूल थी। जहाँ तक फ़्रांस की बात थी तो वहाँ इस सम्बन्ध में अनेक भ्रान्तियाँ सक्रिय रूप से उपस्थित थीं। उनमें एक भ्रान्ति यह भी थी कि फ़्रांस और इस्लामी आतंकवादियों के बीच की यह 'समझ' दरअसल फ़्रांस के लिए एक गर्व करने योग्य उपलब्धि थी, और इस 'समझ' के कारण फ़्रांसीसी मुसलमानों के मन में लोकतन्त्र और अखण्डता के प्रति जो वैमनस्य था उसमें कमी आ सकती थी। फ़्रांस के इस्लामीकरण का उनके उद्देश्य में परिवर्तन भी सम्भवतः इसी 'समझ' के परिणामस्वरूप हो सकता था। बन्धकों की रिहाई के सफल अभियान को फ़्रांस में सरकार द्वारा साम्प्रदायिक सद्भाव के एक प्रमाण के रूप में प्रस्तुत किया गया। लेकिन ऐसे लोगों की कमी नहीं थी जिन्हें ये सम्भावनाएँ दूर—दूर तक कहीं नहीं

दिखती थीं। उनकी दृष्टि में फ़्रांस की 'नीति' उग्रपन्थी इस्लामवादियों को 'एक उपयोगी मूर्ख' (लेनिन के शब्दों में) समझने की थी।[46]

2019 के अन्त में इस तेज़ी से बढ़ती समस्या से निबटने के लिए फ़्रांसीसियों ने सख़्त क़दम उठाने का निर्णय लिया। उन्होंने मस्जिदों और उन सभी इस्लामी संस्थानों को बन्द करने का आदेश दिया जो 'राजनीतिक इस्लामवाद' से किसी भी रूप में सम्बन्धित थे, और इस मान्यता को प्रोत्साहित करते थे कि 'ख़ुदा का क़ानून, गणतन्त्र के क़ानून' से श्रेष्ठ था। उग्रवाद फ़्रांस के लिए एक समस्या बन चुका था। ऐसे अनेक पुलिस अधिकारी और शिक्षकों को सूचीबद्ध किया गया था जो अपने धार्मिक दृष्टिकोण में कट्टरवादी थे।

इसी समय डेनिश पत्रिका जायलैंड्स–पोस्टेन के सितम्बर 2005 के अंक में छपे कार्टून की प्रतिक्रिया में यूरोप में मुसलमानों ने हिंसक और आक्रामक विरोध शुरू कर दिया था। इस हिंसा का मूल कारण दुनिया में प्रचलित धर्मों के सन्दर्भ में डेनमार्क में बच्चों की एक किताब में इस्लाम पर आधारित कार्टूनों का प्रकाशन था। इसके बाद ही वहाँ कार्टूनिस्टों पर हमले किये जाने लगे। यह हिंसात्मक प्रतिक्रिया विश्वव्यापी थी। अगले वर्ष जब डेनिस कार्टूनिस्ट दोबारा नॉर्वे में पेश हुए और नॉर्वेजियन प्रधानमन्त्री ने समाचारपत्र के सम्पादक को क़ानूनी कार्रवाई की धमकी दी। 2007 में एक बार फिर एक स्वीडिश कलाकार को अज्ञातवास में जाने के लिए विवश होना पड़ा क्योंकि उसने पैग़म्बर मोहम्मद की एक तस्वीर बनाने का अपराध किया था। चार्ली हेब्दो एक सुपरिचित व्यंग्य–केन्द्रित फ़्रांसीसी पत्रिका है जिसने अनेक बार मोहम्मद साहब से सम्बन्धित कार्टूनों को प्रकाशित करने का जोख़िम उठाया। इस पत्रिका ने 2006 और पुनः 2011 में जायलैंड्स–पोस्टेन में छप चुके कार्टून को पुनःप्रकाशित किया। अपने एक अंक का आवरण का शीर्षक चार्ली हेब्दो के बदले चारिया हेब्दो करते हुए इसने मोहम्मद साहब का एक और कार्टून प्रकाशित कर दिया, और प्रतिक्रियास्वरूप आतंकवादियों ने इस साप्ताहिक के पेरिस स्थित कार्यालय को आग के हवाले कर दिया। बहरहाल पत्रिका ने मुसलमानों के आक्रोश को हवा देना जारी रखा और 2012 में पैग़म्बर साहब के कुछ और कार्टून प्रकाशित किये। इस्लामी कट्टरपन्थियों ने इस पत्रिका और इसके सम्पादक को पहले से ही अपने निशाने पर रखा हुआ था,

और 7 जनवरी, 2015 को इस्लामी कट्टरपन्थी पत्रिका के गुप्त कार्यालय में घुसने में क़ामयाब रहे। उन्होंने सम्पादकीय टीम के 12 सदस्यों की हत्या कर दी और 11 अन्य लोगों को गम्भीर रूप से घायल कर दिया।

जब 2013 में लन्दन में दो ब्रिटिश मुसलमानों ने ली रिग्बी नाम के एक ब्रिटिश सैनिक को दिनदहाड़े फाँसी पर लटका कर हत्या कर दी तब ब्रिटिश प्रधानमन्त्री डेविड कैमरून को भी यह कहना पड़ा–'यह केवल ब्रिटेन और हमारी ब्रिटिश जीवन पद्धति पर हमला नहीं था। यह इस्लाम और उस मुसलमान सम्प्रदाय का हमसे किया हुआ विश्वासघात भी था जिसने हमारे देश को इतना कुछ दिया। इस्लाम में वैसा कुछ भी नहीं है जो इस जघन्य अपराध को तर्कसम्मत ठहरा सके।'[47] अगले ही साल 2014 में सीरिया में एक ब्रिटिश राहतकर्मी की गला काटकर हत्या कर दी गयी। हत्यारा ब्रिटेन में जन्मा एक जिहादी था। कैमरून ने घोषणा की, 'उनका दावा है कि वे इस्लाम के लिए यह सब कर रहे हैं। लेकिन यह मूर्खतापूर्ण दावा है क्योंकि इस्लाम एक शान्ति का धर्म है। वे मुसलमान नहीं हैं, वे दानव हैं।'[48]

ब्रिटेन की पुलिस ने यह बात स्वीकार की वह अनगिनत युवा मुसलमान औरतों की मौत का अनुसन्धान करने में विफल रही क्योंकि उनकी दृष्टि में ये हत्याएँ 'सम्मान की रक्षा में' की गयी थीं, और इसलिए पुलिस ने इसे समुदाय का आन्तरिक मामला समझा। ब्रिटिश मेडिकल एसोसिएशन की एक रिपोर्ट के अनुसार वर्ष 2006 तक ब्रिटेन में कम–से–कम 74,000 मुसलमान औरतों का खतना किया जा चुका था।[49] ज़ाहिर बात थी यूरोप के कई हिस्सों में दो बिल्कुल भिन्न दुनिया का अस्तित्व है। एक दुनिया इक्कीसवीं सदी से सम्बन्ध रखती है और दूसरी दुनिया वर्तमान समय से लाभान्वित होकर भी ख़ुद को ही सातवीं शताब्दी में धकेलने को उद्यत है। ऐसी स्थिति में स्वाभाविक है कि टकराव तो होंगे।

ब्रिटिश क़ानून आतंकियों और सन्दिग्धों को सालोंसाल सुविधाजनक जीवन जीने की छूट देता है। भारत में 1993 में दो बम विस्फोटों के आरोपी एक आतंकी का ब्रिटेन से प्रत्यावर्तन आज तक नहीं हो पाया है। टाइगर हनीफ़ ब्रिटेन में 1996 में ही अवैध रूप से आया था और भारत दोबारा भेजे जाने के विरुद्ध उसे अब तक 200,000 पौंड की क़ानूनी मदद मिल चुकी है। इसे किसी भी रूप में आतंकवाद से निबटने के लिए

आवश्यक एक आदर्श अन्तरराष्ट्रीय सहयोग के प्रमाण के रूप में नहीं देखा जा सकता है। नवम्बर 2015 में पेरिस में हुए आतंकी हमले में लिप्त सालाह अब्देसलाम ने जिस समय हमले की योजना बनायी उस समय वह 19,000 फ्रैंक का बेरोज़गारी भत्ता प्राप्त कर रहा था। यह विडम्बना ही मानी जायेगी कि देश अपने ऊपर किये गये आतंकी हमले को ख़ुद ही प्रायोजित कर रहा था।[50]

बढ़ती हुई चिन्ताएँ

इस सदी के दूसरे दशक की शुरुआत में ही मुसलमानों ने यूरोप के अलग–अलग हिस्सों पर व्यक्तिगत हमले किये। उनमें से बहुत से हमलावर शरणार्थी या अवैध आप्रवासी थे। इन हमलों और छिटपुट यौन हिंसाओं की वारदात के विविध कारण थे। कभी हमलावर के मन में सामाजिक मर्यादा के 'प्रतिकूल' कपड़े पहनने वालों के विरुद्ध आक्रोश था, तो कभी हमले की वजह बवेरिया के संगीत समारोह से टिकट न होने के कारण वापस लौटा दिया किसी कुपित युवा का ग़ुस्सा था। दूसरी घटना में तो हमलावर के पास एक बम होने का भी पता चला जिसे बाद में एक शराबख़ाने के बाहर निष्क्रिय कर दिया गया। इस तरह की हिंसाओं के असंख्य उदाहरण हैं।[51] लगभग इसी के समानान्तर ग़ैरक़ानूनी रूप से आये आप्रवासियों की संख्या में भी चिन्ताजनक वृद्धि दर्ज की गयी। ख़ासतौर जर्मनी और स्वीडेन में तो यह वृद्धि अप्रत्याशित थी। इस विषय में सोचना भी व्यर्थ था कि ये सारे घुसपैठिए एक दिन अपने–अपने देश वापिस लौट जायेंगे। यह एक कठोर सच था कि यूरोपीय देशों को इन आप्रवासियों के साथ ही जीना होगा। 1990 में स्वीडेन की जनसंख्या के कुल 3 प्रतिशत आप्रवासी थे। 2016 तक यह आँकड़ा बढ़ कर 13 से 14 प्रतिशत हो गया, और अब भी इसमें एक से दो प्रतिशत प्रति वर्ष की दर से बढ़ोत्तरी हो रही है। स्वीडेन के तीसरे सबसे बड़े शहर मालमो में ग़ैर–स्वीडिश नस्ल के लोग आबादी के आधे हिस्से पर क़ब्ज़ा कर चुके हैं।[52] अगली पीढ़ी तक स्वीडेन के कई दूसरे शहर में जनसंख्या का यही पैटर्न देखने को मिलेगा जिसकी वजह से स्वीडिश नस्ल के लोग अपने ही देश में अल्पसंख्यक हो जायेंगे। इस उलटफेर की वजह आप्रवासियों के निरन्तर आगमन के साथ–साथ आप्रवासियों में उच्च जन्म दर का होना

तो है ही, एक दूसरी वजह यह भी है कि आप्रवासियों की बहुलता वाली अधिकांश जगहों से स्वीडिशों का हट जाना भी है।[53]

समय–समय पर यूरोपीय सर्वे जो ख़ुलासे करता रहा है, वह रोचक के साथ–साथ चिन्ताजनक दोनों है। 2006 में ब्रिटेन में कराये गये एक जनमत संग्रह के अनुसार 78 प्रतिशत ब्रिटिश मुसलमानों का यह मानना था कि डेनिश कार्टूनों के प्रकाशकों पर मुक़दमा चलाया जाना चाहिए, जबकि 68 प्रतिशत ने यह महसूस किया कि उस हर व्यक्ति पर जिसने इस्लाम का अपमान किया है, मुक़दमा चलाया जाना चाहिए। इस जनमत संग्रह ने यह संकेत भी किया कि 19 फ़ीसदी ब्रिटिश मुसलमानों के मन में ओसामा बिन लादेन के प्रति सम्मान का भाव है, और 6 प्रतिशत के मन में उसके प्रति अगाध श्रद्धा थी। 9 साल बाद 2015 में चार्ली हेब्दो की प्रतिक्रिया में हुई सामूहिक हत्या ने यह स्पष्ट कर दिया कि 27 प्रतिशत ब्रिटिश मुसलमानों ने कहा कि उनकी सहानुभूति हमलावरों की संवेदनाओं के साथ है, जबकि 24 फ़ीसदी यह मानते थे कि मोहम्मद साहब की तस्वीर प्रकाशित करने वाले लोगों के ख़िलाफ़ हिंसापूर्ण विरोध करना एक उचित क़दम था।[54]

2013 में एक डच सर्वे में यह रहस्योद्घाटन हुआ कि 77 प्रतिशत प्रतिभागियों का यह दृढ़ मानना था कि इस्लाम ने उनके देश की समृद्धि और विकास में कोई भूमिका नहीं निभायी। लगभग 73 प्रतिशत लोगों की दृष्टि में इस्लाम और आतंकवाद के बीच अन्तरंग सम्बन्ध थे, जबकि 68 फ़ीसदी प्रतिभागी यह मानते थे कि हॉलैंड में इस्लाम मानने वालों की तादात ज़रूरत से कहीं अधिक है।[55] उसी वर्ष (2013) में एक फ़्रांसीसी सर्वे के अनुसार 73 प्रतिशत लोग इस्लाम के प्रति नकारात्मक दृष्टिकोण रखते थे, जबकि 74 प्रतिशत लोगों की नज़र में इस्लाम एक असहिष्णु धर्म था।[56] 55 प्रतिशत डच अब अपने देश में एक भी अतिरिक्त मुसलमान के आगमन के पक्षधर नहीं थे। 2012 में कराये गये सर्वेक्षण के अनुसार 56 प्रतिशत जर्मन मानते थे कि इस्लाम का प्रत्यक्ष सरोकार राजनीतिक मौक़ापरस्ती से था, और 67 प्रतिश फ़्रांसीसी के अनुसार इस्लाम के बुनियादी मूल्य और आदर्श फ़्रांसीसी समाज के अनुकूल कहीं से नहीं थे।[57]

2015 के एक ब्रिटिश जनमत संग्रह में केवल 30 प्रतिशत लोग इस बात पर सहमत थे कि इस्लाम के मूल्य ब्रिटिश समाज के मूल्यों

के अनुकूल थे।[58] 2012 के एक जर्मन सर्वेक्षण के अनुसार 64 प्रतिशत प्रतिभागियों ने इस्लाम को हिंसा से अनिवार्यतः जुड़ा बताया, जबकि 70 प्रतिशत लोगों ने इसे कट्टरवाद और आतंकवाद से जोड़ कर देखा।[59] एक अन्य जर्मन सर्वे ने तो जनता के एकतरफ़ा रुझान की ओर संकेत किया। 2010 में जर्मनी के राजनीतिक वर्ग की चिन्ता का कारण 47 प्रतिशत जर्मनों का यह मानना था कि इस्लाम उनके देश का सामाजिक विचार नहीं है। पाँच साल बाद ही यह आँकड़ा बढ़कर 60 प्रतिशत पर पहुँच गया, और उसके अगले ही साल जर्मनी की कुल आबादी की दो–तिहाई यही मानने लगी।[60]

2015 से पहले एक दशक में मेड्रिड, पेरिस और लन्दन में व्यापक आतंकी हमले हुए। लेकिन मुख्यधारा के राजनीतिक नेताओं और मीडिया के एक धड़े ने दुनिया के सामने यह ज़ाहिर होने देने की कोशिशें कीं कि कट्टरवादी और हिंसाप्रिय होने का आक्षेप लगाने वाले लोगों ने ही दरअसल इस्लाम की उग्रवादी सक्रियताओं को भड़काने का काम किया। यह स्पष्ट था कि रुश्दी मामले के तीन दशक बाद भी यूरोप में ऐसा एक भी आदमी नहीं हुआ जिसने मुसलमानों के आक्रोश को भड़काने का काम किया। बल्कि राजनीतिज्ञों और अनेक असंख्य लोगों ने इस्लाम को श्रेष्ठ बताने और उसकी मुक्तकण्ठ से प्रशंसा करने में कोई कसर नहीं उठा रखी।

यूरोप में सामाजिक एकरसता स्थापित करने में इस दुर्भाग्यपूर्ण असफलता ने अनेक देशों को सामाजिक अव्यवस्था और बिखराव के रास्ते पर ला खड़ा किया था। दूसरे कई देश भी इसी बिखराव और अव्यवस्था के रास्ते पर चलने के लिए मानो तैयार थे। यूरोप के राजनीतिक नेता बहु–संस्कृतिवाद और कल्याणकारी राज्य जैसे अपने भ्रामक सैद्धान्तिक लक्ष्यों से स्वयं को असम्पृक्त कर लेने के लिए अभी भी कतई तैयार नहीं थे, और इस नाकामी और इसके परिणामस्वरूप बढ़ते हुए जनाक्रोश को शान्त करने के लिए प्रयासरत थे। आज सम्भवतः यूरोप फिर से वहीं पहुँच गया है जहाँ वह दो विश्वयुद्धों के बीच था। इस बार वह उग्र इस्लामवाद की आक्रामक वास्तविकताओं और इन वास्तविकताओं से नज़र चुराने वाली कुलीन राजनीति के दोराहे के बीच ठिठका खड़ा है।

निष्कर्ष के रूप में यही कहा जा सकता है कि यूरोप का शत्रु इस्लाम नहीं है। यूरोप का शत्रु उग्रवादी इस्लाम भी नहीं है। यूरोप का शत्रु आतंक के प्रति इसकी सहनशीलता, निश्चेष्टता, और नम्रता, और तुष्टीकरण की इसकी प्रवृत्ति है। एक बेहद महत्त्वपूर्ण और गम्भीर प्रश्न जिसके उत्तर में या तो एक व्यापक असहमति दिखती है, या फिर एक गहन चुप्पी छा जाती है—क्या इस्लाम और लोकतन्त्र के बीच कोई तारतम्य है? अनेक लोगों का जवाब है कि नहीं है। वे अपने उत्तर के पक्ष में यह दलील देते हैं कि विश्व में मुसलमान जहाँ कहीं भी हैं, वहाँ वे शरिया क़ानून को लागू करने के अपनी पुरानी और अतार्किक माँग पर अड़े हैं। लेकिन यह बात ध्यान देने की है कि धर्म स्वयं को नाटकीय रूप से बदलने की क्षमता रखता है—अच्छे और बुरे दोनों ही उद्देश्यों के लिए। धर्म एक ऐसा विचार है जैसा इसमें आस्था रखने वाला व्यक्ति इसे मानता है अथवा बनाना चाहता है। यदि इस्लाम लोकतन्त्र के साथ अपना सह–अस्तित्व चाहता है—चाहे वह मध्यपूर्व हो, या दक्षिण एशिया, यूरोप या अमेरिका हो—तो अपने समकालिक लाखों–करोड़ों यहूदियों और ईसाइयों की तरह मुसलमानों को भी अपनी आस्था की पुनर्व्याख्या के अधिक उदार मार्गों को तलाशना होगा।

पूरे यूरोपीय जनमानस में फ़िलहाल आप्रवासन के विरोध में एक नयी लहर चलती दिखती है जिसकी राजनीतिक व्याख्या दक्षिणपन्थ की ओर झुकाव के रूप में की जा सकती है। यह हालिया विरोध विविध सरकारों द्वारा लम्बे समय से गढ़े जा रहे आख्यानों की प्रतिक्रिया है। सरकार के विकल्प भी सीमित हैं। उनके पास वापस मुड़ने का आसान तरीक़ा भी नहीं है। अनेक टिप्पणीकारों की दृष्टि में प्रतिगामी धर्मयुद्ध एक बेहतर विकल्प हो सकता है 16 हंटिंगटन ने इस बदलाव को एक 'ध्वंस रेखा' (फाल्ट लाइन) के रूप में सन्दर्भित किया है जो तीव्रता के साथ पश्चिम की ओर बढ़ता जा रहा है। यह महाद्वीप अपने ही आत्म–सन्तोष और अपनी ही भ्रान्तियों से बँधा हुआ है। इन दोनों ही प्रतिकूलताओं ने इसे एक दुविधाजनक और आशापूर्ण आख्यान तक ले जाने का काम किया है। ज़ाहिरन जिस नतीजे के हम सम्मुख हैं वह बेहद भयावह है। दूसरे शब्दों में अगर हम कहें तो पूरा कथानक अब नियन्त्रण से बाहर हो चुका है।

1998 की फ़रवरी में अर्थात् वर्ल्ड ट्रेड सेंटर पर हमले के एक साल पहले ओसामा बिन लादेन ने 'यहूदियों और धर्मयोद्धाओं के ख़िलाफ़ जिहाद' का आह्वान किया था, और कहा था कि यह हर एक मुसलमान का फ़र्ज़ है, चाहे वह कहीं भी हो।[62]

तुर्की के हागिया सोफिया म्यूज़ियम को फिर से एक मस्जिद में रूपान्तरित करने का हालिया फ़ैसला, उसके बाद जेरुसलम में अल अक्सा मस्जिद को 'आज़ाद' कराने का आह्वान, इस्लामाबाद में एक हिन्दू मन्दिर बनाने की इजाज़त को नामंजूरी, या उत्तर–पश्चिमी पाकिस्तान में 1,700 साल पुराने एक बुद्ध प्रतिमा का विध्वंस–ये सभी घटनाएँ एक ही मानसिकता की ओर संकेत करती हैं। यह एक उग्र इस्लामवादी मानसिकता है जिसका सीधा सरोकार आइसिस (ISIS), अल क़ायदा, तालिबान या लश्कर–ए–तैयिबा जैसे समूहों से है, और भिन्न–भिन्न स्थानों से और भिन्न–भिन्न तरीक़ों से अपने 'उदेश्य' को प्राप्त करने में लगे हैं। यह एक ऐसा पन्थ है जिसकी आस्था केवल असहिष्णुता और हिंसा में है, और जो किसी भी स्थिति में अपने क़दम वापस खींचने के लिए राज़ी नहीं है। जब भी कोई तर्कशील और उदार मुसलमान या कोई अन्य इन्हें सचेत करने की कोशिश करता है, उग्र और हिंसक इस्लामी कट्टरवादी और उनके अन्ध समर्थक इसे इस्लामोफोबिया का नाम दे देते हैं।

यूरोप में इस विषय पर व्यापक चर्चाएँ हुई है जिनमें तर्कशील और उदार मुसलमान और ईसाइयों के साथ–साथ कभी इस्लाम में आस्था रखने वाले विद्वान शामिल होते रहे हैं। इन विमर्शों में अयान हिरसी अली और माजिद नवाज़ के बीच 2016 में एलन होवार्ड जे.डब्ल्यू–3 की व्याखान–माला के अन्तर्गत होने वाली बहस (63), मई 2019 में मैथियस कोर्विनस कॉलेजियम में अयान हिरसी अली और डेनिएल पाइप्स, डगलस मर्रे और मोह्सबाब हासजान जुस्जेफ के बीच होने वाले विमर्श प्रमुख हैं।[64] इसके अलावा भी हिरसी अली ने अनेक दूसरी परिचर्चाओं में शिरकत की जिनमें 1 सितम्बर, 2011 में सिमोन विसेंथल सेंटर फॉर होलोकॉस्ट स्टडीज़ में तारेक फतह के साथ हुआ संवाद भी है।[65] हिरसी अली सच्चे मायनों में इस्लाम में सुधार की पैरोकार हैं।

सिमोन विसेंथल सेंटर फॉर होलोकॉस्ट स्टडीज़ में दिये गये अपने व्याख्यान में हिरसी अली ने विश्व को इस्लामी विचारधारा की

वास्तविकताओं को समझने का आग्रह करते हुए स्पष्ट रूप से यह कहा कि लोकतन्त्र और समानता के नाम पर अल्पकालिक तुष्टीकरण ऐसे उपाय दीर्घकालिक और विनाशकारी नतीजों के रूप में सामने आयेंगे। ऐसे लोग जो मुसलमान हैं या कभी मुसलमान रहे थे और जिन्होंने इस्लाम का एक तुलनात्मक और गहन अध्यन किया है, वे इन विमर्शों के निष्कर्ष से इस्लाम की मौलिक और आध्यात्मिक गहराइयों के बारे कुछ अत्यन्त गम्भीर और परिपक्व तथ्यों से परिचित हो सकते हैं। बहरहाल इन विमर्शों से निःसृत सन्देश सम्भवतः उन तक नहीं पहुँच पाया है जिनसे वास्तव में बदलावों की अपेक्षा है, बल्कि सुधार की ज़रूरत पर ज़ोर देने वाले अनेक लोगों को आये दिन धमकियाँ मिलती रही हैं और उनके जीवन पर गम्भीर ख़तरे भी मँडरा रहे हैं। इस बीच इस्लामी कट्टरपन्थियों ने अपनी मुहिम जारी रखी हुई है। पश्चिम को शीतयुद्ध की घातक चुनौतियाँ सिर्फ़ एक राष्ट्र से मिली थीं, लेकिन मौजूदा वक़्त के इस्लामी कट्टरपन्थी आन्दोलनों से मिली चुनौतियों को आज अनेक राज्यों, धार्मिक संगठनों, राजनीतिक दलों और आतंकवादी संगठनों का समर्थन हासिल है। आख्यान का युद्ध और नियन्त्रण का युद्ध–दोनों लम्बे समय तक चलते रहने वाली दुःसाध्य प्रक्रिया है। यह कहना ठीक होगा कि यूरोप को सम्भवतः अपने आख्यान को पुनारान्वेषित कर उसे पुनर्स्थापित करने की आवश्यकता है।

पश्चिम के किंचित क्षीण हो चुके आख्यान के सामने बहुत सी दूसरी चुनौतियाँ भी हैं। दुनिया के राजनीतिक रंगमंच पर रूस और चीन के रूप में अब दो नये किरदार भी दाख़िल हो चुके हैं जो अपनी नयी और निर्णायक भूमिका के साथ पूरी पटकथा को नये सिरे से बदल देने का दमखम रखते हैं। ये दोनों शक्तियाँ नयी विश्व व्यवस्था में अपने एक पृथक् रणनीतिक महत्त्व का दावा करती दिखती हैं और उनके नये राजनयिक सम्बन्धों के केन्द्र में यही मूलतत्त्व निहित है। उनके आर्थिक सरोकार, मीडिया अभियान, राजनीतिक विचारधारा और ख़ुफ़िया एजेंसियों के उपयोग का अन्तिम लक्ष्य अपने हितों की प्राथमिकता और सर्वव्यापकता ही है।

रूस का तरीक़ा

17 जुलाई, 1983 को जब पौ फटी तो वह इतवार की एक सामान्य सुबह थी। इन्दिरा गाँधी का यह तीसरा कार्यकाल था, और सामान्यतः सब ठीकठाक चल रहा था। पेट्रियट दैनिक पढ़ने वालों की तादाद यूँ भी बहुत अधिक नहीं थी, सो वामपन्थी रुझान वाले इस अख़बार में जब एक ख़बर छपी तो इसपर ध्यान भी गिने–चुने लोगों ने ही दिया। 'अमेरिकी परीक्षणों का जानलेवा परिणाम–रहस्यमयी बीमारी भारत में घुसपैठ को तैयार' शीर्षक के साथ प्रकाशित यह ख़बर एक बेनाम लेकिन कथित रूप से 'मशहूर अमेरिकी वैज्ञानिक और मानवशास्त्री' के लिखे हुए एक पत्र पर आधारित थी जिसे उसने पेट्रियट के सम्पादक के नाम लिखा था।[1]

ख़बर का आरम्भ ही इस सनसनीखेज़ वक्तव्य के साथ हुआ था– 'एड्स नाम की प्राणघातक बीमारी जिसने अमेरिका में भारी तबाही मचा दी है, दरअसल पेंटागन द्वारा नये और ख़तरनाक जैविक हथियार विकसित करने के प्रयास में किये गये जटिल और व्यापक परीक्षणों का परिणाम है।'[2] पत्र में इस बीमारी के पाकिस्तान में तेजी से फैलने की आशंका को देखते हुए इसके प्रति ब्रिटेन, फ़्रांस और हॉलैंड जैसे देशों की चिन्ताओं का भी उल्लेख किया गया था। बहरहाल आमतौर पर बेफ़िक्र रहने वाले भारतीयों ने 1983 में एड्स से जुड़ी ख़बर पर ज़्यादा ध्यान नहीं दिया। उनकी दृष्टि में यह एक ऐसी बीमारी थी जो अमूमन 'दूसरों' को होती थी। भारतीयों का ध्यान इस ओर तब गया जब हॉलीवुड की दिलों की धड़कन रॉक हडसन अक्टूबर 1985 में इसकी चपेट में आ गये। 1980 के दशक में ऐसे लोग मुट्ठी भर थे जो एक से अधिक समाचारपत्र पढ़ा करते थे, और पेट्रियट पढ़ने वाले तो गिने–चुने लोग ही थे। बेशक केजीबी के लिए यह एक दिवास्वप्न था कि एक दिन पेट्रियट भी नयी दिल्ली में प्रावदा

की तरह घर–घर में पढ़ा जाने लगेगा, लेकिन उस समय का सच यही था कि शायद ही किसी ने इस ख़बर को गम्भीरता के साथ लिया था।

अक्टूबर 1985 में एड्स से जुडी ख़बरें दोबारा प्रकट हुईं। इस बार माध्यम सोवियत यूनियन का अख़बार लिटरेटरन्या गजेता बना। ख़बर की हेडलाइन थी–'पैनिक इन दी वेस्ट ऑर व्हाट इज़ बिहाइंड दी सन्सेशन ओवर एड्स।' रपट की शुरुआत ही 'एक प्रतिष्ठित भारतीय समाचारपत्र' जैसे जुमले के साथ हुई थी। इस ख़बर में उस अज्ञात 'अमेरिकी वैज्ञानिक' का भी ज़िक्र था। केजीबी ने थोड़ा भी वक़्त नहीं गँवाया और पूर्वी जर्मनी के एक वैज्ञानिक जाकोब सीगल को तत्काल ढूँढ़ निकाला। और, इस तरह सामान्यतः अनेक 'उपयोगी बेवकूफ़' ख़ुफ़िया एजेंसियों ने अपनी सुविधानुसार कहानियाँ लिखनी शुरू कर दीं।[3]

जाकोब सीगल रूस में जन्मा एक जर्मन था जो फ़्रांस में रहता था। उसी ने अपनी पत्नी डॉ. लिली सीगल के साथ इस भ्रामक और जटिल कहानी को रचा था जिसके अनुसार 1977 में पेंटागन की एक अत्यन्त गोपनीय प्रयोगशाला में कुछ शोध और परीक्षण किये गये थे, और लगभग एक साल के बाद इन परीक्षणों के परिणाम अमेरिका में तेज़ी से सामने आये एड्स के मामलों के रूप में प्रकट हुए। इस बार यह रिपोर्ट पूरे अफ़्रीका में बहुत तेज़ी से फैली। इसके ठीक पहले डॉ। सीगल ने जिम्बाब्वे में इस विषय पर अपना व्याख्यान पढ़ा था। अफ़्रीका से इस ख़बर को यूरोप पहुँचने में तनिक भी देर नहीं लगी।[4] यहाँ तक कि अमेरिका के मशहूर टी.वी. प्रस्तोता डैन रैडर ने अपने एक कार्यक्रम में भी इसका उल्लेख किया।

2005 में RAND (रैंड) कॉरपोरेशन और ऑरेगोन स्टेट यूनिवर्सिटी के एक अध्ययन के अनुसार लगभग 50 प्रतिशत अफ़्रीकी–अमेरिकी यह मानते थे कि एड्स का उपचार सम्भव था, लेकिन ग़रीबों के लिए इस उपचार का ख़र्च वहन कर पाना सम्भव नहीं था। 25 प्रतिशत से अधिक लोगों का यह विश्वास था कि यह बीमारी सरकारी परीक्षणों का नतीजा थी, और 15 प्रतिशत के अनुसार एड्स को अश्वेत लोगों के सामूहिक नरसंहार के उद्देश्य से विकसित किया गया है।[5] केजीबी का ऑपरेशन (इन्फेक्टन) अपने लक्ष्य में बहुत हद तक सफल भी रहा था। बहरहाल यह ख़बर झूठी निकली, हालाँकि रूसियों ने यह दावा किया था कि यह अस्सी देशों के बड़े समाचारपत्रों में तीस से अधिक भाषाओं में प्रकाशित हुई थी।

एक्टिवनए मेरोप्रियेशिया–क्रियात्मक उपाय

अमेरिकी आख्यान के प्रत्युत्तर में सोवियत संघ के इन बेतुकी कोशिशों की शुरुआत 1950 के दशक से ही हो चुकी थी जब सबसे पहला दोषारोपण यह किया गया कि अमेरिका रूस में आलू की उपज को बर्बाद करने के लिए उसकी फ़सल पर कोलराडो कीड़ों से हमला कर रहे थे। कीड़ों को देखने के लिए स्कूली बच्चों को खेतों में भेजा गया। वहाँ उन्हें न तो कीड़े मिले और न ही आलू। सोवियत संघ के विघटन के बाद कुछ अमेरिकी लेखकों ने कहा कि रूस के विदेशी ख़ुफ़िया विभाग के प्रमुख येवगेनी प्रिमाकोव ने रूसी पत्रकारों से यह कहा था कि इन मिथ्यारोपों के पीछे केजीबी का हाथ था। इन दुष्प्रचारों और भ्रामक सूचनाओं का प्रचलन शीतयुद्ध की अवधि में एक सामान्य बात थी। जोसेफ़ लेनिन ने इस दुष्प्रचार को अपनी सुविधा के अनुसार डेजिनफोर्मेशिया का नाम दिया था ताकि उत्पत्ति की दृष्टि से यह एक फ़्रांसीसी शब्द प्रतीत हो। सोवियत संघ के ख़िलाफ़ अफ़ग़ान जिहाद की अवधि में इस दुष्प्रचार में विशेष तेज़ी आयी।

सोवियत संघ और उसके मित्र देशों ने इन भ्रामक सूचनाओं, दुष्प्रचारों और प्रपंचों के विस्तार को 'क्रियात्मक उपायों' के नाम दिये, जबकि पश्चिमी देशों की इन गुप्त गतिविधियों को 'ग़ैरपारम्परिक युद्ध' या 'राजनीतिक युद्ध' का नाम दिया। रूसियों ने हत्याओं, राजनीतिक उत्पीड़न, दुष्प्रचार और भ्रामक सूचनाओं का मार्ग 1920 के दशक से ही अपना लिया था जब लेनिन ने अपनी गोपनीय पुलिस 'चेको' का गठन किया था। दुष्प्रचार और भ्रामक सूचनाओं का दुरुपयोग देश के अन्दर और विदेशों–दोनों जगह आवश्यकता और सुविधानुसार किया गया, और इस उपक्रम में 1954 में स्थायी रूप केजीबी गठन के पहले ख़ुफ़िया एजेंसियों के नाम भी बार–बार बदले गये। नयी वामपन्थी व्यवस्था की दृष्टि में स्थापित व्यवस्था और पश्चिम के प्रतिरोध का मुक़ाबला करने के लिए ये आवश्यक पहल थीं। राजनीतिक हत्याओं का सिलसिला केवल सोवियत काल तक ही सीमित नहीं रहा, बाद में पश्चिम की ताक़तों से निबटने के लिए रूसियों ने भी इसका उपयोग करने में कोई संकोच नहीं किया। दोनों पक्षों के लिए सामान्यतः उनकी ख़ुफ़िया एजेंसियाँ इन गतिविधियों का ज़रिया बनीं। बेशक पश्चिम ऐसे व्यापक और गोपनीय अभियानों के संचालन में अधिक सक्षम था। बहरहाल सोवियत संघ रहा हो,

पश्चिम के लोकतन्त्र रहे हों अथवा बाद के सालों में चीन के वामपन्थी रहे हों, उन सभी के तौर–तरीक़े एक जैसे ही थे।

अंग्रेज़ी भाषा पश्चिम के देशों के लिए बहुत उपयोगी सिद्ध हुआ था। इसके अतिरिक्त हॉलीवुड की फ़िल्में, टी.वी. पर दिखाये जाने वाले धारावाहिक, वृत्तचित्र और उन लेखकों द्वारा लिखी गयी। किताबें जिनकी कहानियाँ अथवा कथेतर वृत्तान्तों जैसे पश्चिमी जीवन पद्धति को स्थापित करने के प्रयास करने वाले माध्यमों ने भी एक बड़ी भूमिका निभायी। प्रिंट मीडिया ने भी जनता के एक बड़े वर्ग पर व्यापक प्रभाव डाला। आख्यानों की स्थापना के लिए कला और संस्कृति के विविध माध्यमों का भी अदृश्य उपयोग किया गया। द्वितीय विश्वयुद्ध की शुरुआत तक इन सभी माध्यमों और विधियों में पश्चिमी दुनिया, इस दुनिया की स्वतन्त्रता और सुख–समृद्धि के बारे में एक सकारात्मक धारणा बनाने के प्रयास किये गये। साम्यवाद उस समय तक एक नया विचार था, और सोवियत नेताओं ने यह महसूस किया कि इस लम्बी दौड़ में अपना स्थान सुनिश्चित करने के लिए उसे अपना पूरा दमखम लगाना होगा।

पश्चिम के प्रयासों के प्रत्युत्तर में सोवियत संघ द्वारा किये गये उपायों को राज्य का संरक्षण मिला हुआ था और इन उपायों का संचालन वामपन्थी समाचारपत्र, पत्रकार, बौद्धिक समाज, राजनीतिक संगठन और ग़ैर–सरकारी संस्थाएँ कर रही थीं। सोवियत संघ और पीपल्स रिपब्लिक ऑफ़ चाइना दोनों में से किसी को भी इतने सालों में न तो अपना कोई ख़ुद का आख्यान स्थापित करने का कोई अवसर मिल पाया था, और न इतिहास ही कभी उनके पक्ष में रहा। ऐसे में यह बात साफ़ थी कि उन्हें कोई नयी रणनीति अपनाने की ज़रूरत थी। यह रणनीति–घरेलू और अन्तरराष्ट्रीय दोनों स्तरों पर–या तो राजनीतिक और सूचना युद्ध की हो सकती थी, या फिर असम्मति, प्रपंच और हिंसा और विध्वंस का विकल्प चुनने की हो सकती थी।

पश्चिम ने जिसे राजनीतिक युद्ध के रूप में परिभाषित किया था वह दरअसल अलग–अलग गतिविधियों के माध्यम से लोगों, संस्थाओं और देशों को प्रभावित करने, बहकाने और यहाँ तक कि डराने का उपक्रम था ताकि अपने रणनीतिक हितों के अनुरूप काम करने के लिए उनपर दबाव बनाया जा सके। देश से बाहर अपने प्रभावों का विस्तार करने के लिए रूस ने अपने पड़ोस के देशों में रूसी भाषा बोलने वाली आबादी

का उपयोग किया, या अगर इस आबादी की अनुपलब्धता रही तो उन देशों में अपनी विचारधारा और प्रयासों का समर्थन करने के लिए 'पाँचवें स्तम्भ' के निर्माण को प्रोत्साहन दिया। भारत जैसे देशों में उन्होंने अपने आख्यानों की बुनियाद रखने के लिए अंग्रेज़ी बोलने वाले आभिजात्यों की सहायता ली, और अपने विचारों के विस्तार तथा अन्य गतिविधियों के लिए स्थानीय भाषाओं को माध्यम बनाया। लोकतान्त्रिक देश उनके लिए हमेशा से आसान निशाने पर रहे हैं, जहाँ दूतावासों के ज़रिये आराम से दाख़िल हुआ जा सकता है। इन देशों में सहज प्रयासों से नये सदस्य और वैचारिक संगठन बनाये जा सकते हैं, राजनीतिक सदस्य और पार्टियाँ खड़ी की जा सकती हैं, और उन सदस्यों और पार्टियों का इस्तेमाल ख़ुफ़िया तथा दूसरी सहयोगी गतिविधियों के लिए किया जा सकता है। लोकतन्त्रों को दूसरे प्रयोजनों की तरफ़ सहजता के साथ उन्मुख किया जा सकता है, जबकि अधिनायकवादी राष्ट्र अपने वैचारिक दृष्टिकोण और राजनीतिक उद्देश्यों से बमुश्किल विचलित होते हैं।

अमेरिका, रूस और चीन जैसी बड़ी शक्तियाँ अपने प्रभावों का विस्तार करने के लिए अपने–अपने दूतावासों में पत्रकारों, नौकरशाहों, सिविल सोसाइटी के नेताओं, ट्रेड यूनियन नेताओं और शिक्षाविदों को प्रायः नियुक्त करते रहे हैं। उनमें से अनेक ऐसे भी होते हैं जिन्हें अपने उद्देश्यों को हासिल करने के लिए अच्छी तरह से प्रशिक्षित किया जाता है, लेकिन वैसे 'उपयोगी बेवक़ूफ़ों' की भी बहुतायत होती है जो स्वेच्छया अमेरिकी, रूसी और चीनी विचारधाराओं का प्रचार करते हैं।[6] दूसरी श्रेणी सभी देशों–विशेषकर जो औपनिवेशिक शासन के अधीन लम्बी अवधि तक रहे हों–में पायी जा सकती हैं। यह श्रेणी उस देश के सामने अपनी सकारात्मक छवि को लेकर सम्भवतः अतिशय संवेदनशील होती है, और उनसे एक प्रकार के प्रशंसा–भाव की अपेक्षा करती है जिसकी विचारधारा का वह प्रचार करती है।

शीतयुद्ध काल से ही आख्यानों और धारणाओं के माध्यम से जनमानस को नियन्त्रित करना एक अत्यावश्यक, अबूझ लेकिन अटूट प्रवृत्ति रही है। इस प्रयोजन के लिए अपनाये गये सभी ग़लत तरीक़े भी स्वीकृत और क्षम्य हैं। सोवियत संघ के इस राजनीतिक युद्ध में तीसरी दुनिया में उसके सभी मित्र देशों को ज़रूरत पड़ने पर सैनिक, अर्द्धसैनिक सहयोग और सूचनाओं की उपलब्धता जैसी सहायता शामिल है। साथ ही सोवियत संघ

ने यूरोप में आतंकी संगठनों को भी अपना समर्थन दिया। उदाहरण के रूप में उसने शीतयुद्ध के अन्तिम सालों में जर्मन रेड आर्मी के एक धड़े रेड ब्रिगेड की मदद की, हालाँकि इसमें उसे अधिक सफलता नहीं मिली। यह कमोबेश वैसी ही नीति थी जैसी नीति अमेरिका ने अपने शोर–शराबे से भरे आख्यानों को तर्कसम्मत ठहराने के उद्देश्य के साथ मध्यपूर्व, दक्षिण एशिया और लातिन अमेरिका में अपनायी थी।

'क्रियात्मक उपाय' (एक्टिव मेज़र्स)–रूसी भाषा में एक्टिवनए मेरोप्रियेशिया–शब्द को सामान्यतः दूसरे देशों की घटनाओं, प्रवृत्तियों और गतिविधियों को बाधित करने के प्रयासों के रूप में परिभाषित किया जाता था। इन प्रयासों में दूसरी सरकारों की नीतियों को प्रभावित करने, लक्षित देश की जनता का अपने नेताओं और संस्थाओं में विश्वास को कम करने, दो देशों के पारस्परिक सम्बन्धों में बाधा उत्पन्न करने और सरकारी तथा ग़ैर–सरकारी विरोधियों को कमज़ोर करने और उन्हें किसी भी सफलता के श्रेय से वंचित करने जैसे कार्य शामिल हो सकते थे। सोवियत संघ (अब रूस) के बारे में विदेशों के सरकारी अथवा ग़ैर–सरकारी आभिजात्यों के साथ सामान्य जनमानस की स्थापित मान्यताओं को खंडित या परिवर्तित करने का प्रयास करना इनका सर्वोपरि उद्देश्य था। हालाँकि 'क्रियात्मक उपाय' अपने स्वभाव में मूलतः राजनीतिक थे लेकिन समय अथवा सुविधा के अनुसार घुसपैठियों और आतंकियों को सामरिक तथा आर्थिक मदद करने से भी इस पद्धति को परहेज़ नहीं था।[7]

लक्ष्य की प्राप्ति के लिए संचालन के अनेक तरीक़ों और माध्यमों के समन्वय की ज़रूरत थी। इस समन्वय में सामरिक छल, योजनाबद्ध नीति, उकसावा, घुसपैठ, असत्य, जाली दस्तावेज़, विषयान्तर, हिंसा और कृतघ्नता, गोपनीय समझौते, भ्रामक सूचनाएँ, अपहरण और 'वेट अफेयर्स' (राजनीतिक हत्याएँ, जिनके लिए बाद में 'सीधी कर्रवाई' जैसे शब्द भी गढ़े गये) आदि कृत्य शामिल थे। इन कार्रवाइयों का आपसी तालमेल सोवियत संघ के काम करने के उन जटिल तरीक़ों को प्रतिबिम्बित करता था जो लक्ष्य–प्राप्ति के उसके तरीक़ों और माध्यमों को व्यक्त करते थे।[8] इसमें गुप्तचरी के आदर्श तरीक़े भी दिखाई देते थे और साथ ही कपटपूर्ण मनोवैज्ञानिक युद्ध की झलक भी मिलती थी। उसी प्रकार माध्यमों में भी आक्रामकता और बलप्रयोग का बेहिचक उपयोग नज़र आता था। हाल के वर्षों में पारम्परिक माध्यमों के समानान्तर ही सूचना–युद्ध के आधुनिकतम

तकनीकों, मसलन इंटरनेट, सोशल मीडिया और साइबर गतिविधियों का भी उपयोग किया जाने लगा है।

ग्लाव्नी व्राग–निशाना

सोवियत तौर–तरीक़ों के विशेषज्ञों में एक मेजर जनरल ओलेग कलुगिन भी थे, जो केजीबी में एक लम्बा और क़ामयाब सफ़र तय कर 'फर्स्ट डाइरेक्टोरेट ऑफ़ फ़ॉरेन इंटेलिजेंस' के सबसे कम उम्र के प्रमुख बने थे। कलुगिन एक संक्षिप्त विभागीय यात्रा पर एक बार भारत भी आ चुके, किन्तु आख़िरकार वे अपने विभाग के अन्दरूनी षड्यन्त्रों और ईर्ष्या की बलि चढ़ गये। 1995 में वे रूस को छोड़ कर अमेरिका चले गये और फिर वापिस नहीं लौटे। कुछ साल पहले सीएनएन को दिये गये एक साक्षात्कार में कलुगिन ने 'क्रियात्मक उपायों' को सोवियत ख़ुफ़िया तन्त्र के हृदय और आत्मा के रूप में परिभाषित किया था, और कहा था कि उसका काम केवल सूचनाएँ एकत्र करना ही नहीं, बल्कि साथ ही शत्रु देशों का परोक्ष रूप में अहित कर उनको कमज़ोर करना भी था। पश्चिमी दुनिया का नुक़सान और उनके वर्चस्व का पतन, नाटो के सदस्य देशों में असन्तोष और विद्रोह का बीजारोपण और युद्ध के दोबारा आरम्भ होने की स्थिति में अमेरिका को भारी नुक़सान पहुँचाना 'क्रियात्मक उपायों' के सर्वोपरि उद्देश्य थे।[9]

केजीबी ने लक्षित देश को राजनीतिक क्षति पहुँचाने के लिए मानक सिद्धान्तों का पालन किया और उसकी कमज़ोरियों का लाभ उठाया। वह लक्षित देश उसका मित्र भी हो सकता था। वह झूठ पर आधारित एक कहानी रचता था, हालाँकि उस कहानी में लेश मात्र ही सही लेकिन सत्य की मात्रा भी अवश्य रहती थी। फिर वह उस कहानी को विस्तार से फैलाने के लिए एक 'उपयोगी बेवकूफ़' को खोजता था ताकि नौबत आने पर केजीबी पूरे मामले से मुकरते हुए सफ़ाई से बच निकले, और ख़ुद को लम्बे खेल के लिए दोबारा तैयार कर सके। पाकिस्तान ने भी भारत में सिक्खों के कुछ तबकों में आतंकवाद को पुनर्जीवित करने की कोशिश में सम्भवतः इसी तरक़ीब की नक़ल की है।

कलुगिन के अनुसार, 'सोवियत ख़ुफ़िया तन्त्र और उसके तौर–तरीक़े अनेक अर्थों में अद्‌भुत थे। एक तरफ़ तो केजीबी शान्ति सम्मेलन, युवा सम्मेलन, उत्सव, महिला आन्दोलन, ट्रेड यूनियन आन्दोलन, अमेरिकी

मिसाइल कार्यक्रम के विरोध में यूरोप में प्रदर्शन, नाभिकीय शास्त्रों का विरोध आदि जैसे आयोजन करता था जिनका उद्देश्य राजनीतिज्ञों, प्रबुद्धों और सामान्य जनता में अपनी पैठ बनाना था, और दूसरी तरफ़ इस छल और नक़ली तथ्यों के समानान्तर अपने आख्यान की स्थापना करना और राजनीतिक हित साधना था।'[10]

अनेक आकलनों से संकेत मिलता है कि अपने अभियानों के पीछे सोवियत सरकार पानी की तरह पैसे बहाती थी। 1978 में सीआईए के अनुमान के अनुसार 1970 के दशक में सोवियत संघ ने अपने प्रमुख रेडियो प्रसारण सेवा पर लगभग 700 मिलियन अमेरिकी डॉलर सालाना ख़र्च किये थे। एक अन्य अनुमान के मुताबिक़ 1970 के ही दशक में टीएएसएस, नोवोस्ती, प्रावदा न्यूज़ टाइम्स और रेडियो मॉस्को की विदेश सेवा जैसे न्यूज़ चैनलों पर तक़रीबन 2 मिलियन अमेरिकी डॉलर से भी अधिक पैसे ख़र्च किये थे।[11]

"..सीआईए के एक अन्य आकलन के अनुसार 1978 में चलाए गये प्रचार अभियान और गुप्त गतिविधि में लगभग 3 अरब अमेरिकी डॉलर खर्च किये गये। यह कलुगिन और यूरी बेजमेनोव जैसे दलबदलुओं के उन वक्तव्यों की पुष्टि करता है कि उसमें से अधिकांश राशि (85 प्रतिशत) सक्रिय गतिविधियों पर खर्च की गई थी। हो सकता है कि अनेक अनिवार्य कारणों से इस खर्च को बढ़ा–चढ़ाकर बताया गया हो। लेकिन उस समय सोवियत दूतावास अनेक अन्तर्राष्ट्रीय और स्थानीय मोर्चों पर अनेक महत्त्वपूर्ण संगठनों, मैत्री–संघों, सार्वजनिक मंचों (ट्रेड यूनियनों, सहकारी संस्थाओं, बड़े सामाजिक संगठनों) और गैर–वामपंथी राजनीतिक दलों, गुप्त रेडियो स्टेशनों, शिक्षण संस्थानों, मीडिया, राजनीति को प्रभावित करने और उनसे लाभान्वित होने वाली सक्रियताओं और गतिविधियों, यहाँ तक कि आवश्यकता पड़ने पर सैनिक अभियानों के माध्यम से स्वार्थ साधने के प्रयासों में संलिप्त था, और यह एक सर्वविदित सत्य था[11]।

अमेरिका में केजीबी की गतिविधियों का एक महत्त्वपूर्ण उद्देश्य अमेरिका की सरकार और उसकी एजेंसियों को बदनाम करना और दुनिया के सामने उनके नकारात्मक पक्षों को रेखांकित करना था। इसलिए इसमें कोई हैरत की बात नहीं थी कि केजीबी अमेरिका को ग्लाव्नी व्राग के संदर्भ में अपना प्रमुख शत्रु मानता था। अमेरिका–विरोधी अनेक दुष्प्रचार अभियानों की साजिश अमेरिका स्थित केजीबी के लोगों ने ही रची थी।

यहूदियों के विरुद्ध अमेरिकी नेतृत्व में चलाये गये पश्चिमी देशों के अभियान और कुछ यहूदियों को पलायन करने से रोकने के इरादे से मास्को ने अमेरिका के यहूदी संगठनों को अज्ञात और कट्टर साम्प्रदायिक साहित्यों की आपूर्ति करने का फैसला किया। इस काम में सोवियत मीडिया ने सरकार के लिए एक विश्वस्त सहयोगी की भूमिका निभाई और अमेरिका में यहूदियों के विपक्ष में भरपूर पत्रकारिता की।

1960 के दशक के अंत में और 1970 के दशक में केजीबी ने अपेक्षाकृत कुत्सित तारिकों का इस्तेमाल करते हुए सीआईए, पेंटागन और गृह विभाग से कुछ गोपनीय दस्तावेजों की चोरी की। इस काम के लिए सोवियत दूतावास के अनेक स्रोतों को माध्यम बनाया गया. सोवियत दूतावास ने ही इन दस्तावेजों पर 'अत्यन्त गोपनीय' होने की मुहर लगाने का जघन्य कृत्य किया और इन्हें अमेरिका सहित दुनिया के दूसरे हिस्सों में कार्यरत वामपंथी पत्रकारों तक पहुँचाने का काम किया। विश्व मीडिया अमूमन इन भ्रामक खबरों को फिर से प्रसारित करने का काम करती थी, और मास्को सामान्य तरीके से केजीबी द्वारा प्रायोजित इन दस्तावेजों अमेरिका के एक आक्रामक और साम्राज्यवादी राष्ट्र होने के प्रमाण के रूप में दुनिया से साझा करता था। सम्भव है कि इन गतिविधियों का शीतयुद्ध के परिणामों पर सीधा प्रभाव नहीं पड़ा हो किन्तु अमेरिका के लिए इसने समस्या पैदा करने का प्रयास तो किया ही, और साथ ही सोवियत–अमेरिका प्रचार–युद्ध में इसने एक महत्त्वपूर्ण भूमिका भी निभाई[12]।

रहस्य और विवादों से घिरे केजीबी अधिकारी वास्ली मित्रोखिन जिन्होंने 1992 में ब्रिटेन के पक्ष में अपनी वफादारी बदल दी थी, ने क्रिस्टोफर एंड्रू के साथ मिलकर दो किताबें लिखी थीं–दी मित्रोखिन आर्काइव (खंड–1 और खंड–2)–जो 2005 में प्रकाशित हुई थीं। दूसरे खंड में दो अध्याय भारत में केजीबी की गतिविधियों पर लिखे गये हैं। इन अध्यायों में कैथरीन फ्रैंक की इंदिरा : दी लाइफ एंड टाइम ऑफ इंदिरा नेहरु गाँधी, टी.एन. कौल की रेमिन्सेंस डिस्क्रीट एंड इंडिस्क्रीट और इंदर मल्होत्रा की इंदिरा गाँधी : ए पर्सनल एंड पॉलिटिकल बायोग्राफी जैसी पुस्तकों से महत्त्वपूर्ण उद्धरण संजोये गये हैं। मित्रोखिन भी उसी बात पर विश्वास करते हैं जो केजीबी के अधिकारी कलिगुन ने अपनी पुस्तक स्पाईमास्टर : माय थर्टी–टू ईयर्स इन इंटेलिजेंस एंड स्पायोनेज अगेंस्ट दी वेस्ट में लिखा था। कलिगुन के अनुसार, 'भारत तीसरी दुनिया की

सरकार में केजीबी की घुसपैठ के लिए एक आदर्श देश था' और केजीबी के पास 'भारतीय सरकार में कहीं भी प्रवेश करने के अनेक माध्यम थे। इन माध्यमों में गुप्तचर तंत्र, प्रति गुप्तचर तंत्र, प्रतिरक्षा, विदेश मंत्रालय और पुलिस आदि प्रमुख थे[13]।'

बहरहाल मित्रोखिन के व्यक्तित्व और आचरण पर रहस्य का जो झीनापन है, वह आज भी वैसे ही कायम है। बारह सालों तक लगातार मित्रोखिन ने रूस से लगभग 25,000 पन्नों के गोपनीय नोट्स को अवैध रूप से बाहर भेजने का काम किया। यह सिलसिला 1948 तक चलता रहा। उन नोट्स की नकल उसने केजीबी के अभिलेखागार से निकाली थी। मित्रोखिन इसी उद्देश्य के लिए भेजा गया था। यह घटनाक्रम प्रथम मुख्य निदेशालय के अभिलेखों को लुब्यंका से यासेनोवो में स्थानांतरित किये जाने के बाद है, जो मास्को के निकट स्थित है। इस काम को मित्रोखिन ने अकेले ही पूरा किया। उसने उन नकलों को अपने घर ले जाकर उसे फ्लोरबोर्ड में छुपा कर रखा था। 1985 में उसने अवकाश प्राप्त कर लिया और 1991 में सोवियत संघ के विघटन तक उसने उन कागजातों के साथ कुछ भी नहीं किया। सबसे पहले उसने लातविया में अमेरिकियों से सम्पर्क करने की कोशिश की लेकिन उन्होंने कोई रूचि नहीं दिखाई। उन्हें सम्भवतः यह लगा कि काग़ज़ात जाली थे। उनकी तुलना में ब्रिटिशों ने अधिक दिलचस्पी जाहिर की। नतीजा यह हुआ कि उन दस्तावेजों के साथ–साथ मित्रोखिन और उसके परिवार के लोगों को भी लंदन पहुँचा दिया गया। उन दिनों सम्भवतः शीतयुद्ध के लम्बे सालों से गुजरने के बाद बोरिस येल्तसिन की सरकार विदेश यात्राओं के प्रति अपेक्षाकृत अधिक उदार हो गई थी। इस उदारता का लाभ पूर्व–गुप्तचर अधिकारियों को भी मिला था।

इस पूरे प्रकरण में केजीबी या किसी अन्य गुप्तचर संगठन के स्वरूप और चरित्र से सर्वथा भिन्न बात यह थी कि एक अकेले आदमी को इतनी लम्बी अवधि के लिए इतने विशेष और गोपनीय दस्तावेजों का एकमात्र प्रभारी बना दिया गया था। मित्रोखिन पर किसी तरह के कोई प्रतिबन्ध नहीं था, और न शाम को घर लौटते हुए उसकी जाँच ही की जाती थी कि अपने साथ वह किसी गोपनीय कागजात को तो बाहर नहीं ले जा रहा था। क्या यह रहस्योद्‌घाटन सुनियोजित और पूर्वनिर्धारित था, या यह सुरक्षा कवच में कोई चूक थी? सच कुछ भी हो लेकिन मित्रोखिन

के रहस्योद्घाटनों की सत्यता सिद्ध होने के बाद भी, इनका कोई विशेष प्रयोजन नहीं था।...'

भारत के मामले में ख़ुलासा करते हुए कलुगिन ने केजीबी के साथ भारतीय कम्युनिस्ट पार्टी के सम्बन्धों और आयात–निर्यात के एक तथाकथित उपक्रम के बहाने वित्तीय सहायता का उल्लेख किया।[12] यह सर्वविदित है कि रूसियों ने 1953 में इन्दिरा गाँधी की सोवियत यात्रा के दौरान उनका विशेष आतिथ्य किया था। प्रधानमन्त्री जवाहरलाल नेहरू के साथ अपने सम्बन्धों को मज़बूत करने के इरादे से केजीबी ने उनका ख़ास ख़याल रखा था। हालाँकि, 1966 में इन्दिरा गाँधी ख़ुद ही भारत की प्रधानमन्त्री बन गयीं। कलुगिन के अनुसार, वे इस बात को लेकर आश्वस्त थे कि केजीबी इन्दिरा गाँधी के कार्यकाल में बेतहाशा भ्रष्टाचार का पर्याप्त लाभ उठाने में सक्षम था।[13] इन्दर मल्होत्रा अपनी पुस्तक में लिखते भी हैं, 'इस बात को सत्ता के गलियारे में हर कोई जानता था कि प्रधानमन्त्री के घर में नियमित रूप से "सूटकेस में भर कर नक़दी" पहुँचायी जाती थी। एस.के. पाटिल ने तो यहाँ तक लिखा था कि उनके घर से कभी "ख़ाली सूटकेस वापस लौट कर नहीं आया।'[14]

बेजमनोव का रहस्योद्घाटन–केजीबी का मनोवैज्ञानिक युद्ध

कलुगिन के वरिष्ठ सहकर्मियों में एक, यूरी बेजमनोव को 1960 के दशक के आख़िर में नयी दिल्ली के सोवियत दूतावास में भारत में कुछ रूसी परियोजनाओं के लिए एक अनुवादक के रूप में भेजा गया था। मॉस्को स्टेट यूनिवर्सिटी के इंस्टीट्यूट ऑफ़ ओरिएंटल लैंग्वेजेज़ जो केजीबी के सीधे नियन्त्रण में था, से अपनी पढ़ाई पूरी करने के बाद उन्होंने सोवियत समाचार एजेंसी नोवोस्ती में काम किया, और उसके बाद दो साल तक भारत में सोवियत रिफ़ाइनरी निर्माण–कार्यों के लिए दुभाषिये और जन–सम्पर्क अधिकारी के रूप में गुज़ारे। 1965 में वे मॉस्को वापस लौट गये और नोवोस्ती के लिए सोवियतलैंड पत्रिका के हिन्दी, उर्दू और अंग्रेज़ी संस्करणों के सम्पादक के रूप में काम करने लगे।

1969 में बेजमनोव भारत लौट आये और सोवियत दूतावास के नियन्त्रण से मुक्त नयी दिल्ली में ही 'शोध और प्रतिप्रचार' विभाग से सम्बद्ध होकर नोवोस्ती के लिए प्रचार–कार्यों को सँभालने लगे। पत्रकारों, प्रबुद्धों और वामपन्थ के प्रति झुकाव रखने वाले लोगों को प्रलोभन और

रिश्वत देने का जटिल काम उनके ही ज़िम्मे था। 1970 में सोवियत संघ और केजीबी की मंशा और तरीक़ों से असहमत होने के कारण दोनों के साथ उनके रिश्तों में खटास आ गयी, और वे भाग कर अमेरिका चले गये। भारत से अमेरिका भागते हुए उन्होंने अपना वेश एक अमेरिकी 'हिप्पी' का कर लिया था। आख़िरकार लॉस एंजेल्स में स्थायी पनाह मिलने से पहले वे कुछ सालों तक टॉमस शूमन के नाम से कनाडा में रहे। 1993 में उनकी मौत हो गयी। कुछ लोगों को यह सन्देह है कि उनकी हत्या की गयी थी।

अमेरिकी लेखक, फ़िल्मकार और षड्यन्त्र–सिद्धान्त के जानकार जी. एडवर्ड ग्रिफिन के साथ 1985 में एक लम्बे साक्षात्कार में बेजमनोव ने भारत के प्रति अपने लगाव की चर्चा की थी और अपनी दोहरी निष्ठा की दुविधा का भी उल्लेख किया था।[15] उन्होंने विस्तारपूर्वक यह बताया था कि कैसे उन्हें भारतीयों को रिश्वत देने जैसा जटिल उत्तरदायित्व दिया गया था। उन लोगों में कवि सुमित्रानन्दन पन्त भी थे जिन्होंने 'रैप्सोडी टू लेनिन'[16] जैसी कविता लिखी थी। केजीबी के लोगों को यह ख़ास हिदायत थी कि भारतीय पत्रकारों को हवाई अड्डे पर उतरने से लेकर महत्त्वपूर्ण विमर्शों से लेकर सुबह के नाश्ते और दिन तथा रात के खाने के दौरान शराब की कोई कमी नहीं होनी चाहिए। नशे में ख़ुश मेहमान द्विपक्षीय विमर्श के गम्भीर मुद्दों को नज़रअन्दाज़ करने के लिए ज़रूरी थे। बेजमनोव ने ग्रिफिन को बताया था कि अधिकतर अमेरिकी राजनेता, मीडिया और शिक्षण प्रणाली अगली पीढ़ी को कुछ इस प्रकार से प्रशिक्षित किया था मानो वे शान्तिकाल में रह रहे हों, जबकि उन्हें इस आशंका के प्रति सचेत किये जाने की आवश्यकता थी कि अमेरिका हमेशा से एक अघोषित किन्तु पूर्णकालिक युद्ध की स्थिति में था।

बेजमनोव ने इस बात की भी पुष्टि की कि केजीबी का ध्यान मुख्य रूप से 'क्रियात्मक उपायों' पर ही केन्द्रित था। सोवियत संघ के अधिक पैसे, समय और मानव–संसाधन विशेषतः इन्हीं में निवेश किये गये थे। सोवियत संघ के लिए मनोवैज्ञानिक युद्ध एक लम्बे समय तक चलने वाली प्रक्रिया थी। केजीबी के मुताबिक़ इस प्रकिया में कम–से–कम पन्द्रह से बीस वर्ष लगने का अनुमान था। एक देश को नीचा दिखाने में पूरी एक पीढ़ी को खप जाना था। विचारधारा को अपनी जड़ें फैलाने में अधिक समय तो लगता ही है। लिहाज़ा 'डिपार्टमेंट ऑफ़ फर्स्ट डाइरेक्टोरेट' को

उन लोगों के बारे में बहुत व्यापक आँकड़ा इकट्ठा करना था जो जनता की आम धारणा बनाने में सहायक थे। ऐसे लोगों में प्रकाशक, पत्रकार, लेखक, सम्पादक, अभिनेता, शिक्षक, प्राध्यापक और संसद के सदस्य प्रमुख थे। उसके बाद उन्हें 'सोवियत समर्थक' और 'सोवियत विरोधी'–दो भागों में श्रेणीबद्ध किया जाता था। पहली श्रेणी को किसी–न–किसी रूप में पुरस्कृत किया जाता था और दूसरी श्रेणी में जो लोग होते थे उनका चरित्र–हनन किया जाता था, या उन्हें किसी भी लाभ से वंचित रखने के लिए सूचीबद्ध कर दिया जाता था।

अपनी सैद्धान्तिक संरचना में केजीबी वामपन्थ के बुनियादी विचारों के बहुत निकट नहीं था। इसका कारण भी बहुत स्पष्ट था कि वे कमोबेश 'उपयोगी बेवक़ूफ़ों' की एक जमात थे जिसका इस्तेमाल किसी देश–विशेष में प्रतिक्रियात्मक क्रान्ति को प्रोत्साहित करने के लिए किया जाता था। ये साम्यवाद और समाजवाद के वास्तविक सौन्दर्य में विश्वास करने वाले लोग थे, और उन्हें बहुत आसानी और तेज़ी के साथ बहकाया जा सकता था। इस कारण भी केजीबी एक बड़े ख़तरे के रूप में उभरा। उसे ताक़ीद की गयी थी कि वह धनाढ्यों, आभिजात्यों, शिक्षितों, पत्रकारों और उन सभी बौद्धिकों तक अपनी पहुँच बनाये जो अपनी रचनात्मक अहंकार के कारण हमेशा किसी–न–किसी संशय के शिकार रहते थे। ये लोग न केवल अधिक उपयोगी सिद्ध होते हैं, बल्कि उन्हें प्रभावित करना भी बहुत आसान होता है। ये दूसरे चरण के लिए ज़्यादा फ़ायदेमन्द होते हैं, जो कि अस्थिरता का होता है और आमतौर पर दो से पाँच सालों की अवधि का होता है। यही वह अवधि है जिसमें किसी देश की महत्त्वपूर्ण और आवश्यक संस्थाओं को नष्ट करने की शुरुआत होती है, और लक्षित देश की अर्थव्यवस्था, उसकी विदेश नीति, सुरक्षा व्यवस्था और जातीय तथा धार्मिक चरित्रों पर योजनाबद्ध हमले किये जाते हैं।

ऐसे देश की नीतियों और निर्णयों पर सन्देह प्रकट किये जाते हैं और उसे तीसरे चरण में पहुँचाने के लिए छोटे और सामान्य विरोधों को भी तूल देने का काम किया जाता है। यह सबसे महत्त्वपूर्ण और संकटपूर्ण चरण माना जाता है जिसे अनिवार्यतः अधिक लम्बा नहीं होना चाहिए। कई बार तो इसकी अधिकतम अवधि केवल छह हफ़्तों की होती है जो राजनीतिक और आर्थिक उलटफेर की दृष्टि से पर्याप्त लम्बी होती है। उसके बाद अन्तिम चरण आता है जिसे 'मानकीकरण' भी कहा जा सकता है,

और यह चरण कुछेक सालों का हो सकता है। जब 1968 में सोवियत टैंक चेकोस्लोवाकिया में दाख़िल हुए थे, तब कहते हैं कि लियोनिड ब्रेझनेव ने कहा था, 'अब हमारे भाई की तरह देश चेकोस्लोवाकिया का 'मानकीकरण' हो चुका है।'[17] सोवियत–युग में केजीबी की कार्यशैली और नीतियों में कोई आधारभूत बदलाव नहीं आया है।[18]

पश्चिम, विशेषकर अमेरिका के अनुमान के अनुसार सोवियत खेमे के दूसरे देशों ने भी 'क्रियात्मक उपायों' की क्षमता विकसित कर ली है। इस सन्दर्भ में एक बात ध्यान देने योग्य है कि इसके लिए संसाधनों के निरन्तर और बड़े पैमाने पर निवेश की ज़रूरत पड़ी होगी। इस पूरी प्रक्रिया में कुछ ग़ैर–इरादतन ग़लत फ़ैसलों की भी गुंजाइश रहती है। कई बार हालात और फ़ैसलों के मुताबिक़ नतीजे वह नहीं निकलते जिनकी उम्मीद रहती है।

बहरहाल शान्ति का समय हो अथवा युद्धकाल, सोवियत संघ ने अपने अभियान में एक निरन्तरता हमेशा बनाये रखी। संयुक्त राज्य अमेरिका की सूचना एजेंसी यूएसआईए का यह मन्तव्य रहा है कि सोवियत संघ ने दुनिया का सबसे दुर्जेय प्रभावकारी संगठन बनाया था। यह एक इतनी सशक्त प्रणाली थी जो अपने समकक्ष किसी भी प्रतिद्वन्द्वी प्रणाली से निबटने में सक्षम थी। अपनी बनावट में भी यह आंशिक रूप से सरकारी, आंशिक रूप से स्वैच्छिक और निजी थी, और केजीबी के धुर प्रतिद्वन्द्वी सीआईए से मुक़ाबला करने के लिए बनायी गयी थी।

केजीबी के पक्ष में ऐसे अनेक धुरन्धर थे जो नीति–निर्माताओं, प्रमुख नौकरशाहों, वरीय सैनिक अधिकारियों और प्रबुद्धों पर दबाव बनाने में समर्थ थे। पश्चिम की भाषा में वे 'प्रतिक्रियात्मक नियन्त्रण रणनीति' में दक्ष थे, और विरोधियों को कुछ इस प्रकार प्रभावित करना जानते थे ताकि उनके निर्णय और कार्यवाही सोवियत संघ के हित में हो सकें। प्रायः सभी बड़े देशों के ऐसे कुछ एजेंट होते थे जो अपने–अपने देश की हित–रक्षा में सक्रिय होते थे। इस सम्भावना से इनकार नहीं किया जा सकता है कि भारतीय व्यवस्था के भीतर भी ऐसे कुछ एजेंट सक्रिय हैं जो वस्तुतः चीनी और पाकिस्तानी हितों के लिए काम करते हैं।[19] 'प्रतिक्रियात्मक नियन्त्रण' एक सूचना युद्ध है जो लक्षित देश के मानस का अनुकूलन कुछ इस प्रकार से करता है ताकि वह कुछ विशेष सूचनाओं के प्रति नियन्त्रणकर्ता देश की धारणाओं के अनुसार व्यवहार करता है और लक्षित

देश के नागरिक नियन्त्रणकर्ता देश के निर्णयों से स्वेच्छया सहमत होने लगते हैं। इन्हीं हथकण्डों को अपनाकर सोवियत संघ ने शीतयुद्ध में अपनी लड़ाई लड़ी।

अन्तर्काल

हिटलर का पंजर डिवीज़न जब पूरे यूरोप को रौंदता हुआ मई 1940 में फ़्रांस पहुँचा, तब अमेरिकी पृथक्तावादियों के एक समूह ने अमेरिका को युद्ध में किसी प्रकार का हस्तक्षेप नहीं करने का परामर्श दिया। इसमें 'पीस ब्रिगेड' के अनेक लोग, पाँचवें स्तम्भ के कुछ सन्दिग्ध पैरोकार और चार्ल्स लिंडबर्ग जैसी मशहूर शख़्सियत शामिल थे। उनका यह तर्क़ था कि जिस पक्ष की भी जीत होगी, अमेरिका को उसके साथ व्यापारिक सम्बन्ध बनाने में आसानी होगी। लेनिनग्राद के प्रसिद्ध युद्ध के बाद जिसमें रूस ने जर्मनी को पराजित कर दिया, अमेरिका ने यह महसूस किया कि स्टालिन के साम्यवादी रूस से निबटने के सिवा उसके पास दूसरा विकल्प नहीं था। शीतयुद्ध के बाद का समय रूसी प्रपंचों और क्रूरताओं से भरा समय रहा है। ऐसे मौक़े कई बार आये जब रूसियों ने अमेरिकियों को अपनी ऐनक से देखने की कोशिश की। प्रत्युत्तर में अमेरिका ने भी रूस के साथ यही किया। ऐसे क्षण भी आये जब रूस और अमेरिका ने एक–दूसरे को अपने–अपने मिसाइलों और परमाणु हथियारों की धौंस भी दिखायी। विश्व समुदाय परमाणु युद्ध के ख़ौफ़ तले जीने को मजबूर था और अमेरिका ने भी यह महसूस किया कि उसका मुक़ाबला इस बार एक अड़ियल और ख़तरनाक दुश्मन से है।[20]

इन सबके बावजूद सोवियत संघ रोज़मर्रे की अपनी अन्दरूनी और बुनियादी परेशानियों के हल निकाल पाने में नाकाम था। बेशक अमेरिका से पहले अन्तरिक्ष में अपने उपग्रह भेजने की उसकी उपलब्धि उसके लिए एक गौरवशाली क्षण था, और यूरी गैगरिन अन्तरिक्ष में क़दम रखने वाले पहले व्यक्ति बन चुके थे। लेकिन इन उपलब्धियों ने रूसी जनजीवन को बदलने में कोई ऐतिहासिक भूमिका नहीं निभायी। दोनों देशों के जीवन स्तरों में कोई समानता नहीं थी। अमेरिकी समाज जीवन जीने के लिए ज़रूरी सभी भौतिक चीज़ों और सुविधाओं की प्रचुरता थी, और नागरिकों को भी पर्याप्त स्वतन्त्रता प्राप्त थी, जबकि सोवियत संघ में स्थितियाँ

बिल्कुल भिन्न थीं। रूसियों की मान्यता थी कि समाजवाद सर्वश्रेष्ठ सामाजिक अवधारणा है और पूँजीवाद एक निकृष्ट विचार है। उन्हें यह सिद्ध करने की ज़िद थी कि जीवन को जीने का उनका दृष्टिकोण इसलिए बेहतर था क्योंकि वह समतामूलक था।

मॉस्को में ज़रूरी सामानों से वंचित जनरल स्टोरों के सामने ज़रूरतों की मामूली चीज़ों और खाद्य सामग्रियों की आशा में प्लास्टिक की थैलियाँ लिए और बेतरतीब कपड़े पहने लोगों की लम्बी क़तारें एक आम नज़ारा थीं। दूसरी तरफ़ अमेरिका में जनरल स्टोर लोगों की ज़रूरत की चीज़ों से ठसाठस भरे होते थे जिन्हें ख़रीद कर वे बाहर लगी अपनी कैडिलैक में फुर्र से उड़ जाते थे। गोर्की स्ट्रीट में पाँव घिसटती हुई घर जाती औरतों के बरअक्स न्यूयॉर्क के टाइम्स स्क्वेयर में दिन–रात धड़कता जीवन किसी को भी लुभा सकता था। पूरी दुनिया में असंख्य प्रतियों में बिकने वाली लाइफ़ और टाइम पत्रिका ने ऐसी ही छवि पेश की थी। रेड स्क्वेयर बेशक एक ऐतिहासिक और दर्शनीय स्थल था लेकिन दिवंगत तानाशाहों की मूर्तियों के कारण अब वह भी एक क़ब्रगाह में तब्दील हो चुका था।

सोवियत संघ का अन्ततः विघटन हो गया। अफ़ग़ानिस्तान के लम्बे अभियान और रोनाल्ड रीगन द्वारा रक्षा के मद में किये गये अनाप–शनाप ख़र्च से होड़ के कारण आर्थिक रूप से निचुड़ जाना उसकी नियति थी। बहुतों के लिए यह एक युग का अवसान था, और जॉर्ज एच.डब्ल्यू. बुश ने तो एक नयी विश्व व्यवस्था के आरम्भ की विधिवत घोषणा भी कर दी। अमेरिका अब एकमात्र महाशक्ति था। 1990 का दशक रूस के लिए चुनौतियों से भरा था। पश्चिम के अपने नये मित्रों का कहा मानते हुए उसने अपने नागरिकों को राजनीतिक स्वतन्त्रताएँ तो दीं लेकिन उनके आर्थिक भविष्य को सुरक्षित करने के कोई उपाय नहीं किये। अलबत्ता चीन ने इससे भिन्न और ठोस रास्ता खोजा।

रूस को बाध्य होकर वारसा सन्धि को निरस्त करना पड़ा। दूसरी ओर नाटो ने पूरब की ओर अपने प्रभाव का विस्तार किया और बाल्कन क्षेत्र में घुस कर अपने सैन्य बल से युगोस्लाविया के टुकड़े कर डाले। इसके बाद एक बार फिर मानवाधिकारों की रक्षा पश्चिम के लिए युद्ध का एक प्रामाणिक और तर्कसम्मत कारण बन गया जिसकी आड़ में वे अपनी मर्ज़ी से कहीं भी हस्तक्षेप कर सकते थे। इस दशक में रूस को

आर्थिक मोर्चों पर भी निरन्तर नाकामियाँ झेलनी पड़ीं। इसके लिए मुख्य ज़िम्मेदार अनुभवहीन राजनीतिज्ञों द्वारा उठाये गये अव्यावहारिक क़दम थे। फिर 1999 में व्लादिमीर पुतिन के उभार से परिदृश्य में बदलाव आने लगा। हालाँकि पुतिन के अभ्युदय से दूसरे शीतयुद्ध का सूत्रपात भी हुआ जिसकी पुष्टि डोनाल्ड ट्रम्प ने 2015 में राष्ट्रपति पद के लिए अपनी उम्मीदवारी की घोषणा के साथ कर दी। दुनिया इतिहास के एक नये मुहाने पर खड़ी थी।

डोनाल्ड ट्रम्प का उत्थान

सोवियत संघ के पतन के बाद 'क्रियात्मक उपायों' का पहला दौर–अर्थात् शत्रु के मनोबल को ध्वस्त करने की प्रक्रिया फिर से शुरू होनी थी। जैसा कि यूरी बेजमनोव ने कहा था, युद्धभूमि में जंग करना अब एक बेवकूफ़ी थी जो बीते ज़माने में लोगबाग़ किया करते थे। अब युद्ध का सबसे बड़ा कौशल शत्रुओं के देश को भीतर ही भीतर जर्जर कर देना था। यह लक्ष्य उक्त देश के नैतिक आदर्शों, धर्म, व्यवस्था और नेताओं के प्रति सम्मान, सांस्कृतिक परम्पराओं या वह सबकुछ जो उस देश की पहचान का प्रतीक हो, को नुक़सान पहुँचा कर प्राप्त किया जा सकता था। इस लक्ष्य तक पहुँचने के तरीक़े भी अलग–अलग थे–मसलन अश्वेतों के विरुद्ध श्वेतों को, निर्धनों के प्रति धनाढ्यों को, या नये के प्रति पुराने विचारों का उपयोग। सामाजिक समरसता को बाधित करने वाले और राष्ट्र के नैतिक सूत्र को कमज़ोर करने वाले हरेक तत्त्व को प्रोत्साहित किया जाता था। जब शत्रु देश भीतर से कमज़ोर, दुविधाग्रस्त और दिशाभ्रमित हो चुका होता है, और जब वह आन्तरिक अस्थिरता का शिकार हो चुका होता है तब उसकी वास्तविक मुश्किलों का दौर शुरू होता है।[21] इस लक्ष्य को रातोंरात हासिल नहीं किया जा सकता है। इसमें सालोंसाल लग सकते है, बशर्ते अनुकूल नीतियों और निर्णयों पर लगातार काम किया जाये।

रूसियों ने अपने प्रभाव–क्षेत्र में विस्तार के लिए राजनीतिक युद्ध के अधिक और पारम्परिक युद्ध के कम उपयोग की नीति पर अमल किया। इस उपयोग को हाइब्रिड युद्ध प्रणाली का नाम भी दिया जा सकता है जहाँ परमाणु ताक़तों से सम्पन्न प्रतिद्वन्द्वी एक–दूसरे को पर दबाव डालने के लिए राजनीतिक अस्पष्टता और एक तरह की 'स्वीकार्य' अस्वीकार्यता जैसे हथकण्डे आजमाते हैं।[22] पश्चिमी विशेषज्ञों का यह आकलन है कि

पुतिन के अधीन रूस अब पश्चिम के विरुद्ध एक दीर्घकालिक लड़ाई में संलिप्त है और यह लड़ाई युद्ध और शान्ति दोनों काल में किसी–न–किसी रूप में जारी है। भय इस बात का है कि इस टकराव का भी अन्त हिंसा के रूप में होगा। पुतिन पूर्व सोवियत गणराज्यों के विरुद्ध युद्ध के विषम तरीक़ों को आज़मा रहे हैं और रूस के प्रभाव के विस्तार के लिए उन्हें निरन्तर धमका रहे हैं। नयी पीढ़ी के युद्ध या हाइब्रिड युद्ध के माध्यम से उस दुनिया के निर्माण का प्रयास जिसकी धुरी में रूस हो, दरअसल प्रकारान्तर में सोवियत संघ के पतन के बाद पूर्वी यूरोप में पश्चिम के विस्तार का रूसी जवाब है। वैचारिक अभियानों के साथ–साथ इन देशों की आबादी को संगठित करने के उद्देश्य सैनिक–बलों की तैनाती का छलपूर्ण तालमेल रूसी कार्य योजना का हिस्सा थी।

रूस के राजनीतिक युद्ध की असल कहानी डोनाल्ड ट्रम्प की अगले राष्ट्रपति के चुनाव में खड़े होने की घोषणा के साथ शुरू होती है जो उन्होंने न्यूयॉर्क के ट्रम्प टावर से 16 जून, 2015 को की थी। पहले तो ज़्यादातर अमेरिकियों ने इस ख़बर को सन्दिग्ध माना और इसे एक मज़ाक़ समझा। बल्कि एक अख़बार ने तो यह हेडलाइन तक छापा, 'राष्ट्रपति चुनाव में खड़ा विदूषक।'[23] इसकी वजह थी कि ट्रम्प अमेरिका में इस हद तक अलोकप्रिय थे कि जनता को अपनी रैलियों में बुलाने के लिए उन्हें पैसे अदा करने की ज़रूरत पड़ती थी। लोग यह तक नहीं चाहते थे कि वे राष्ट्रपति पद के लिए बतौर रिपब्लिकन उम्मीदवार अपना नामांकन भी करें। लेकिन 2015 के वह दिन अन्तिम चरण का वह दिन भी था जब रूस के 'क्रियात्मक उपाय' ने अचानक अपनी सुस्त रफ़्तार को त्याग दिया और द्रुत गति पर जा पहुँची थी। जब 8 नवम्बर (मॉस्को के समयानुसार 9 नवम्बर की सुबह) चुनाव के नतीजे सामने आये और डोनाल्ड जे. ट्रम्प का नाम संयुक्त राज्य अमेरिका के नवनिर्वाचित राष्ट्रपति के रूप में घोषित किया गया तब बहुतों ने इसे व्लादिमीर पुतिन की जीत के रूप में देखा। कइयों ने इस बात का जश्न मनाया, और कइयों के लिए यह निराशाजनक बात थी।

ट्रम्प की जीत सिर्फ़ उस बात का नतीजा नहीं थी जो पुतिन या रूसियों ने जून से नवम्बर 2015 के बीच किया था, इस जीत के पीछे रूस का कोई चालीस साल पुराना खेल था। अमेरिकियों की चिन्ता का सबब भी यही था। रूस ने इस मुहिम को अंजाम तक पहुँचाने के लिए आम

जनता और संस्थाओं में सुनियोजित तरीक़े से धन और समय का निवेश किया था, और एक दृढ़ व्यवस्था का निर्माण किया था। इस दीर्घकालिक योजना को पुतिन ने उस विशेष दिन अपनी चतुराई से अपनी कथित जीत में बदल दिया था।

कोई चालीस साल से भी पहले सोवियत सेना के एक छँटनीग्रस्त सैनिक को न्यूयॉर्क जाने के क्रम में एक फ़ैक्ट्री में नौकरी मिल गयी। वह एक यहूदी था और उसका नाम डेविड बोगाटिन था। डेविड एक उद्यमी स्वभाव का महत्त्वाकांक्षी व्यक्ति था जो जीवन में बहुत कुछ हासिल करना चाहता था, लेकिन जब वह अमेरिकी तट पर उतरा तब उसकी जेब में सिर्फ़ तीन डॉलर ही थे। वह वैसी ज़िन्दगी के लिए हरगिज़ राज़ी नहीं था जैसी ज़िन्दगियाँ उसके दूसरे रूसी साथी जी रहे थे। समय के साथ–साथ डेविड बोगाटिन ने अपना हाथ इंधन वितरण और कर अपवंचन के क्षेत्र में अपनाया और एक गैस स्टेशन भी चलाया। 1984 तक उसने करोड़ों डॉलर बना लिए थे।[24]

उसके बाद उसने न्यूयॉर्क के फिफ्थ एवेन्यु में बने ट्रम्प टावर में पाँच लक्ज़री फ़्लैट ख़रीदे। बोगाटिन ने उन फ़्लैटों को ख़रीदने में 60 लाख डॉलर नक़द ख़र्च किये, जिसका मूल्य 2018 में 1.45 करोड़ डॉलर के बराबर था। डोनाल्ड ट्रम्प ने ये फ़्लैट उसे ख़ुद बेचे थे, और तभी से ट्रम्प टावर काले धन को वैध करने का एक अड्डा बन गया। बोगाटिन क़ानूनी कर्रवाई से बचने के लिए 1987 में पोलैंड भाग गया लेकिन पाँच साल बाद ही प्रत्यावर्तन के ज़रिये वापिस अमेरिका भेज दिया गया। यह राज़ अभी भी नहीं खुला है कि क्या ट्रम्प को बोगाटिन के पैसों के स्रोत की जानकारी थी। मूल बिन्दु यह है कि बोगाटिन पहला रूसी था जिसने ट्रम्प के सहस्वामित्व में अवैध पैसों का कारोबार किया था। कई दूसरे देशों के अपराधी और कुछेक तानाशाह भी थे जो उन इमारतों के मालिक थे जिन्हें ट्रम्प की कम्पनी ने बनाया था। रूसियों ने इस बात पर ग़ौर किया कि ट्रम्प सम्पत्ति हासिल करने या बनाने में व्यस्त थे, और वित्तीय आमद उनके लिए चिन्ता की वजह कभी नहीं रही। 1984 तक रूस इस नतीजे पर पहुँच चुका था कि जब तक लाभ की आशा रहती थी तभी तक ट्रम्प की किसी मुद्दे में दिलचस्पी भी बनी रहती थी।[25]

रूस की माफ़िया गतिविधियाँ और ट्रम्प की दौलत में शुरुआती के सालों से ही इजाफ़ा हुआ, हालाँकि दोनों बातें अनिवार्य रूप से एक–दूसरे

से जुड़ी नहीं थीं। अपने–अपने व्यापारिक हितों के क्रम में वे कई बार एक–दूसरे के सामने भी आये। रूसी अरबपतियों का एक बड़ा वर्ग था जो एक तरफ़ ट्रम्प के सम्पर्क में था और दूसरी तरफ़ पुतिन के सम्पर्क में भी था। यह सम्पर्क प्रत्यक्ष भी था और कुछ बिचौलियों के ज़रिये भी था। यही बिचौलिए बाद में 2015 के राष्ट्रपति के चुनाव के समय बहुत उपयोगी सिद्ध हुए।

ट्रम्प इस बात पर बहुत ज़ोर देते थे कि न्यूयॉर्क के फिफ्थ एवेन्यु में उनके ट्रम्प टावर को 'टिफनी लोकेशन' के नाम से जाना जाय। यह वान क्लीफ एंड अर्पेल्स, बुल्गारी और टिफनी से घिरा हुआ था, और गुज़रे सालों में सोफ़िया लोरेन, माइकल जैक्सन, ब्रूस विलिस और कई दूसरी शख़्सियतें यहाँ रह चुकी थीं। डोनाल्ड ट्रम्प इसी आलीशान जगह से अपना कारोबार देखते थे और उनका विलासितापूर्ण जीवन किसी के लिए भी ईर्ष्या का विषय हो सकता था। वे एक बोईंग–727, एक बड़ी–सी नौका, एक 'डार्थ वडेर' हेलिकॉप्टर और 124 कमरों वाले एक भव्य रिसोर्ट 'मार–अ–लागो' के मालिक थे। ट्रम्प की दौलत में ये तमाम चीज़ें 1987 तक शामिल हो चुकी थीं, और यह कोई मामूली उपलब्धि नहीं थी।

ट्रम्प की पहली पत्नी के पिता इवाना ट्रम्प के पिता पर चेक ख़ुफ़िया एजेंसी की पैनी नज़र थी और केजीबी को इस बारे में पता था। अमेरिका में रूस के राजदूत यूरी दुबिनिन के एक आमन्त्रण पर ट्रम्प मॉस्को भी जा चुके थे। उन्हें मॉस्को में एक होटल को बनाने और उसका प्रबन्धन देखने के उद्देश्य से मॉस्को आने का न्योता मिला था। ट्रम्प ने भी इस मामले में अपनी रुचि दिखायी और जुलाई 1987 में अपनी चेकोस्लोवाकियाई पत्नी के साथ पहली बार मॉस्को की यात्रा पर गये। वे नेशनल होटल के एक आलीशान सुइट में ठहरे जहाँ उनकी मेज़बानी के एवज़ में उनसे एक पाई भी नहीं ली गयी थी। बस ट्रम्प से एक बात जो छुपायी गयी थी, वह यह थी कि उनका होटल 24 घण्टे केजीबी की निगरानी में था।[26]

ओलेग कलुगिन के मुताबिक़, यह हैरत की बात नहीं थी कि रूस के पास ऐसे सबूत हो सकते थे जिससे यह सिद्ध होता था कि मॉस्को प्रवास के दौरान वे 'कुछ युवा स्त्रियों के सम्पर्क में रहे जो सोवियत ख़ुफ़िया एजेंसियों के इशारे पर काम कर रही थीं, और ख़ुद ट्रम्प भी इस बात को जानते थे।' इस बात का अर्थ यह कदापि नहीं था कि इस प्रवास में कुछ आपत्तिजनक घटा था, और यदि घटा भी था तो यह

मानने की कोई वजह नहीं थी कि ट्रम्प को इस बात की जानकारी नहीं थी। कलिगुन यह मानते थे कि ख़ुफ़िया जाँच एजेंसी के काम–काज के तौर–तरीक़ों के तहत रूसियों के लिए यह जानना बहुत स्वाभाविक था।[27] ट्रम्प ने अपना राजनीतिक प्रशिक्षण न्यूयॉर्क के सबसे कुख्यात दलाल रॉय कोहन के अधीन लिया था, और दुनिया के आसमान पर एक सितारे की तरह चमकने की उनकी हसर केजीबी और पूर्वी ब्लॉक की एजेंसियों की नज़रों से छुपी नहीं थी। 1990 के दशक में ट्रम्प को एक के बाद एक कई दिवालियेपन से गुज़रना पड़ा। 1991 में उसके 1.2 अरब डॉलर के कैसिनो ताज महल के कंगाल हो जाने से ट्रम्प को गहरा धक्का लगा। यह कैसिनो किसी समय रूसी माफ़ियाओं का पसन्दीदा गन्तव्य था। वित्तीय लेनदेन के बारे में अस्पष्टता बरतने के कारण उनके दो अन्य कैसिनो को मोटा हर्जाना भरना पड़ा। अटलांटा सिटी के तीन कैसिनो और प्लाज़ा शटल भी उनके हाथों से निकल गये, और अन्त में उनकी निजी नौका भी बिक गयी।[28]

इधर रूस में कुलीनों और धनाढ्यों ने प्रभावों में विस्तार के लिए अपनी--अपनी अलग तरक़ीबें लगानी शुरू कर दीं। पुतिन के क़रीबी ओलेग देरिपास्का ने पुतिन के वैश्विक एजेंडे का विस्तार करने के उद्देश्य से ट्रम्प के सहयोगी पॉल मानाफोर्ट को 1 करोड़ अमेरिकी डॉलर की मदद भेजी। सेमिओन मोगिलेविच अरबों डॉलर के कारोबार वाले गिरोह को संचालित करने वाला एक उक्रेनी सरगना था जो आतंकवादियों को परमाणु पदार्थ बेचने, मानव तस्करी, वेश्यावृत्ति, मादक द्रव्यों की तस्करी और पैसों के अवैध लेन–देन करने जैसे ग़ैरक़ानूनी धन्धों में लिप्त था। ऐसा माना जाता है कि पुतिन के विश्वासपात्रों में वह भी शामिल था क्योंकि 1992 में उसने रूस की गतिविधियों के विस्तार के लिए अमेरिकी बाज़ारों का भविष्य जाँचने अपने प्रतिनिधि व्याचेस्लाव इवानकोव को वहाँ भेजा था। कोंस्टनटिन किलिम्निक ने मानाफोर्ट के साथ 2005 में काम करना शुरू किया। तब मानाफोर्ट यूक्रेनी अमीर रिनाट अख्मेटोव के लिए काम करता था। अख्मेटोव ने अभी तुरत क्रेमलिन द्वारा समर्थित यूक्रेन के भावी राष्ट्रपति विक्टर यानुकोविच से अपना दीर्घ सम्बन्धों को समाप्त कर लिया था, और अपना खुद का कंसल्टिंगे फर्म खोल लिया था जिसका सम्बन्ध कैम्ब्रिज एनेलेटिका के साथ था। कैम्ब्रिज एनेलेटिका का सीधा सम्बन्ध 2016 में ट्रम्प के चुनाव से था।

यूक्रेनियाई आभिजात्य दमित्रो फिरताश जिसे सेमिओन मोगिलेविच का निकटस्थ सहयोगी माना जाता था, ने अनेक ऐसी कम्पनियाँ स्थापित कर रखी थीं जो यूक्रेनियाई ऊर्जा व्यापार से करोड़ों डॉलर की कमाई करने में बिचौलिए की भूमिकाएँ निभा रही थीं। फिरताश ने मनाफोर्ट के साथ न्यूयॉर्क के ड्रेक होटल से सम्बन्धित एक साझेदारी की थी, हालाँकि बाद में यह सौदा रद्द हो गया। ट्रम्प द्वारा अपना प्रचार प्रबन्धक नियुक्त किये जाने से पहले मनाफोर्ट यूक्रेन की पुतिन समर्थक राजनीतिक दल 'पार्टी ऑफ़ रीजन्स' को अपनी सेवा दे रहा था। उसका काम राष्ट्रपति पद के प्रस्तावित प्रत्याशी के रूप में विक्टर यानुकोविच की छवि को निखारना था। हालाँकि यह सफलता बहुत लम्बी साबित नहीं हो पायी क्योंकि यानुकोविच को बाद में यूक्रेन छोड़ कर मॉस्को में शरण लेना पड़ा। बहरहाल मनाफोर्ट ने देरिपास्का और अख्मेटोव के लिए भी काम किया।

2005 में उसने तय किया कि वह अमेरिका, यूरोप और पूर्व सोवियत गणराज्यों की राजनीति, व्यापार और मीडिया को प्रभावित कर पुतिन की पकड़ को मज़बूत करने के लिए काम करेगा। मनाफोर्ट पर यह आरोप है कि उसने कथित रूप से विदेश के गुप्त खातों में अवैध लेन–देन के ज़रिये तक़रीबन 7.5 करोड़ अमेरिकी डॉलर की राशि जमा करवायी है, और उनमें से कम–से–कम एक खाता मोगिलेविच का भी है। ऐसे बहुत सारे दूसरे सूत्र भी हैं लेकिन ये कुछ झलकियाँ थीं जो पुतिन और ट्रम्प के दरमियान की नज़दीकियों को बेहद बारीक़ी के साथ दिखा सकने में क़ामयाब हैं।

1990 के बाद का दौर ट्रम्प के लिए निराशाओं से भरा दौर था, लेकिन फिर जल्दी ही उन्होंने अपनी वापसी कर ली। यह वह समय था जब व्लादिमीर पुतिन का जीवन बदलना भी शुरू हो चुका था। सोवियत संघ का पतन हो चुका था लेकिन इसकी संस्थाओं को बचाया जाना बहुत आवश्यक था। इन संस्थाओं में केजीबी भी शामिल थी। इस ख़ुफ़िया एजेंसी, इसके अधिकारी, और इसके दस्तावेज़ों और परिसम्पत्तियों ली हिफाज़त बहुत ज़रूरी काम था। पुतिन उन दिनों किसी आधिकारिक उत्तरदायित्व के कारण जर्मनी में थे। 1990 में जब वे वापिस सैंट पीटर्सबर्ग लौटे तो उस वक़्त शहर के मेयर अनातोली सोबचाक को अपने लिए एक योग्य सहयोगी की तलाश थी। उन्हें इस ज़िम्मेदारी के लिए पुतिन जँच गये। पुतिन के अनेक गुणों में एक यह भी था कि उनके चेहरे

के भावों को पढ़कर उनके व्यक्तित्व के बारे में किसी नतीजे पर पहुँचना बहुत कठिन था। उनका भावशून्य चेहरा बड़ी–से–बड़ी बात को छुपाने में सक्षम था। सोवियत संघ के विघटन के बाद की अव्यवस्था, रूसी माफ़ियाओं की सक्रियताओं और विदेशी शिकारियों के बीच काम करते हुए पुतिन ने अपनी क्षमताओं को निखारना शुरू कर दिया था।

दूसरे शीतयुद्ध की शुरुआत

जैसे ही रिपब्लिकन पार्टी की तरफ़ से राष्ट्रपति पद के लिए डोनाल्ड ट्रम्प की नामजदगी की ख़बर फूटी, पूरा उत्तरपूर्वी अमेरिका स्तब्ध रह गया। देश का प्रभावशाली, विशिष्ट और पारम्परिक कुलीन वर्ग अधिकांशतः यहीं का बाशिन्दा था। वह अमेरिकियों को अपने मन से मतप्रयोग करने की इजाज़त तो देता था लेकिन सत्ताधारी पार्टी को अप्रासंगिक मानते हुए जीवन अपनी इच्छानुसार जीता था। ट्रम्प की जीत उनके लिए किसी बड़े हादसे से कम नहीं थी, मानो उनकी दुनिया में अब कुछ शेष बचा नहीं रह गया था। बहरहाल अभी भी ऐसे लोगों की कमी नहीं थी जिनके लिए यह एक नयी शुरुआत थी। सालोंसाल दूसरे देशों में निर्लज्जतापूर्ण तरीक़े से सत्ता परिवर्तन और सैन्य हस्तक्षेप का समर्थक रहे अमेरिकियों ने अचानक विदेशी (यहाँ रूसी पढ़ें) दख़लअन्दाज़ी के बारे में सवाल पूछने शुरू कर दिये। उनकी कुछ चिन्ताएँ उचित भी थीं मसलन अभी तक अमेरिकी राजनीति में अस्तित्वहीन रहने वाली ताक़त ने अचानक सब कुछ अपने नियन्त्रण में ले लिया था। ट्रम्प के सामने सबसे बड़ा प्रश्न यह था कि अमेरिका को फिर से महान बनाने के लिए वे कौन से क़दम उठायेंगे, क्योंकि अपनी अड़ियल मानसिकता के कारण वे पहले से ख़ासे बदनाम थे। राष्ट्रपति के चुनाव में बाहरी हस्तक्षेप और रूस की संलिप्तता जैसे दूसरे डर भी थे।

राष्ट्रपति का पूरा चुनाव ही अनेक विचित्रताओं से परिपूर्ण रहा। इससे पहले अमेरिकी इतिहास छाया और छवि के बीच तथा व्यंग्य और आक्षेप के बीच इस प्रकार का द्वन्द्व कभी नहीं देखा या सुना गया था। इस चुनाव ने सत्य और कल्पना तथा सूचना और विचार के बीच की सभी रेखाएँ मिटा दीं। उम्मीदवारों ने जम के एक–दूसरे पर कीचड़ उछाले, आरोप–प्रत्यारोप लगाये और एक–दूसरे का चरित्र हनन किया। चुनावी

सभाओं के साथ–साथ दस्तावेज़ों, सन्देशों, ई–मेलों और फ़ोन पर हुई बातचीत का धड़ल्ले से दुरुपयोग हुआ। ट्विटर, फ़ेसबुक, व्हाट्सएप या लोगों द्वारा इस्तेमाल किये गये उन दूसरे माध्यमों पर पोस्ट की गयी स्टोरियों को सयास सार्वजनिक किया गया। इन सबका मूल अन्तर्तत्त्व बस एक ही था–रूस का हाथ।

चूँकि चिन्ता का मूल कारण चुनाव में रूस का हस्तक्षेप था, तो स्वाभाविक प्रश्न यह था कि क्या रूसियों ने ट्रम्प को धूल–धूसरित करने का काम किया? लोगों के मन में यह जानने की जिज्ञासा भी थी कि क्या पुतिन और ट्रम्प के बीच कोई गोपनीय समझौता भी था। क्या पुतिन की रुचि केवल ट्रम्प की जीत में थी अथवा वे ट्रम्प की जीत के ज़रिये अमेरिका को अस्थिर करना चाहते थे और यह ज़ाहिर करना चाहते थे कि चाहने पर वे भी दख़लअन्दाज़ी करने की ताक़त रखते हैं? और, सबसे आख़िर में यह सवाल भी उठता है कि क्या रूसी दुनिया के सबसे ताक़तवर देश के बारे में पूर्वप्रचलित आख्यान को बदलना चाहते थे?

व्लादिमीर पुतिन के नेतृत्व में रूस ने अपने नये संकल्प को प्रदर्शित किया। उसने स्पष्ट कर दिया कि रूस वैश्विक खेल का एक निरीह और कमज़ोर खिलाड़ी मात्र नहीं था। वह इतिहास में अपने उसी स्थान को प्राप्त करने के लिए वचनबद्ध था जिस स्थान पर वह सोवियत संघ के विघटन से पहले था, और यह ऐतिहासिक काम पुतिन की अगुआई में सम्पन्न होने जा रहा था। आख्यान पूरी तरह से बदल चुका था और दुनिया को अब यह विश्वास दिलाना कि अब वह जो देख और सुन रही है, वास्तविक आख्यान वही है। रूस द्वारा जॉर्जिया में घुस कर उसके ख़िलाफ़ निष्ठुर और कड़ी कार्रवाई करने, या क्रीमिया और यूक्रेन के मामले में उसके धमकी भरे रवैये को अमेरिकी समर्थन मिलने के बाद से ही रूस ने पश्चिम को यह स्पष्ट संकेत दे दिया कि 'हमारा इलाक़ा किसी और का नहीं, बल्कि हमारा ही इलाक़ा है।' चिन्ता की बात यह नहीं थी कि क्या ट्रम्प पर कोई समझौता करने का दबाव था। चिन्ता की बात यह थी कि पहली बार कोई विदेशी ताक़त अमेरिका के प्रभुत्व और रष्ट्रीय हितों के लिए एक ख़तरे के तौर पर उभर रही थी।

यह बात ग़ौरतलब है कि रूसी नेतृत्व के निशाने पर व्यक्ति नहीं थे, उसकी रुचि तो अमेरिका की सर्वांगीण पराजय में थी। रूस अमेरिका को एक विभाजित देश के रूप में देखना चाहता था–पहला वह अमेरिका जो

जातीयता, नस्ल, धर्म, आर्थिक असमानताओं तथा दूसरी गम्भीर समस्याओं को लेकर ख़ुद से ही लड़ रहा था, और दूसरा वह अमेरिका जो अपनी वैश्विक आर्थिक–राजनीतिक प्रभुसत्ता के लिए संघर्षरत था। पुतिन थोड़ा भी वक़्त नहीं गँवाना चाहते थे। उन्होंने रूस के भविष्य के लिए पहले से नयी रणनीतिक योजनाएँ तैयार कर रखी थीं, और उनके क्रियान्वयन के लिए उन्होंने अपनी सरकार के साथ–साथ राज्य की सभी एजेंसियों पर अपना नियन्त्रण और सख़्त कर दिया और उसके केन्द्रीय टँगों को अच्छी तरह से मज़बूत बनाया।

रैंड ऑर्गेनाइजेशन की एक रिपोर्ट जिसे 'ऑफ़िस ऑफ़ दी डायरेक्टर ऑफ़ नेशनल इंटेलिजेंस' और 'दी डिपार्टमेंट ऑफ़ होमलैंड सिक्यूरिटी' के साथ तैयार किया गया था, के अनुसार, वित्तीय चोरी और ट्रम्प और उनके साझेदारों के साथ रूसियों का संवाद के बारे में रूस की सरकार को आधिकारिक जानकारी थी, और इस पूरी क़वायद को 'अमेरिकी चुनाव की प्रक्रिया में हस्तक्षेप करने की नीयत से अंजाम दिया गया था।'[29]

यह कहा जाता है कि इस पूरी मुहिम के पीछे पुतिन के दाहिने हाथ व्लादिस्लाव सुर्कोव की भूमिका थी जो जन्म से मूलतः एक चेचन था और यहाँ तक का सफ़र उसने रूस के सबसे बड़े धनाढ्य मिखाइल खोदोरकोवस्की की मेहरबानी से तय किया था। खोदोरकोवस्की ने बोरिस येल्तसिन के साथ लगाने से पहले अपनी कम्पनियों के प्रचार और जन–सम्पर्क के लिए उसका इस्तेमाल किया था। सुर्कोव पुतिन का पक्का वफ़ादार था और जल्दी ही वह क्रेमलिन के सबसे ताक़तवर शख़्स के रूप में उभरा। जब सुर्कोव ने शासन कला की बारीक़ियाँ सीखीं तब उसने अनेक राजनीतिक दलों, समूहों और आन्दोलनों के साथ लोकतन्त्र की एक जटिल व्यवस्था की रचना की। उन सभी को इस सत्य का स्पष्ट संकेत था कि क्रेमलिन हमेशा सुरक्षित था और नियन्त्रण में था। सुर्कोव का राजनीतिक दर्शन भी बिल्कुल साफ़ था कि दुनिया में वास्तविक लोकतन्त्र नाम की कोई चीज़ नहीं होती है, और सभी लोकतन्त्र अन्ततः एक व्यवस्थित प्रबन्धन है। सफलता का रहस्य जनमानस को प्रभावित करना, और उसके भीतर यह भ्रान्ति पैदा करना कि वह स्वतन्त्र है; जबकि सच यही है कि वह स्वतन्त्र नहीं बल्कि व्यवस्थित है। उसकी दृष्टि में 'कलात्मक स्वतन्त्रता' ही एकमात्र स्वतन्त्रता है। पुतिन की सफलता के पीछे सुर्कोव का सहयोग अविस्मरणीय था। लेकिन बाद में वह अपनी

राजनीतिक सक्रियताओं से मुक्त हो गया, और यदा–कदा जॉर्जिया और यूक्रेन के मुद्दे पर पुतिन को निजी तौर पर सलाह देने तक ही सीमित हो गया।[30]

रूसियों ने विध्वंस, छल और धोखे के नेपथ्य में ख़ुद को रख कर अपनी लड़ाई लड़ी। इस हाइब्रिड युद्ध में उसके मुख्य यही हथियार थे। और, यही हथियार और तौर–तरीक़े उसे भविष्य में भी आज़माने थे। वे अपनी ज़मीन पर कोई घोषित और पूर्णकालिक युद्ध नहीं चाहते थे, और न अमेरिकी अपनी भूमि पर ही ऐसा चाहते थे। लिहाज़ा, विचारों और आख्यानों के बीच की लड़ाई अब विचारों और अनुमानों के बीच की लड़ाई में तब्दील होने जा रही थी। अमेरिका की नज़र में पूर्ववर्ती क्रेमलिन की तरह ही पुतिन की अगुआई में होने वाले इस युद्ध का उद्देश्य भी नाटो को कमज़ोर करना और उदार मूल्यों की बुनियाद को खोखला कर अमेरिकी विस्तार को सीमित करना था।

जैसा कि 2017 में राजनीतिक परामर्शक मौली के। मैक्यू ने पोलिटिको पत्रिका में लिखा था।

वास्तविकता और अवधारणा दोनों ही दृष्टियों से पुतिन का इकलौता उद्देश्य अमेरिका की छवि को एक खण्डित और भ्रमित देश के रूप में दुनिया के सामने प्रस्तुत करना, हमारी शासन व्यवस्था, मूल्यों और संस्थाओं में जनता के विश्वास को क्षीण करना, दूसरे देशों में हमारी सफलता के श्रेय से हमें वंचित करने का प्रयास करना, हमारे समाज में गहरी खाई पैदा करना...। और, इस बात को सुनिश्चित करना कि चुनाव के नतीजे चाहे जो भी निकलें, लेकिन क्रेमलिन की वैश्विक साम्राज्यवादी नीयत को इससे कोई चुनौती नहीं मिलने पाये।[31]

मैक्यू अतीत में जॉर्जियाई राष्ट्रपति मिखाइल साकाशविली की सरकार के सलाहकार के रूप में 2009 से 2013 तक काम कर चुकी थीं, और मोल्दाविया के पूर्व प्रधानमन्त्री व्लाद फिलट जो 2015 से क़ैद में हैं, को भी अपनी सेवाएँ दे चुकी थीं। रूस के दीर्घकालिक लक्ष्यों के बारे में अपने विस्तारपूर्ण तरीक़े से लिखा है कि अपने भेदियों और प्रतिनिधियों के माध्यम से क्रेमलिन ने किस तरह से अमेरिका और अमेरिकियों के विरुद्ध सूचनाओं का अपना व्यापक संजाल निर्मित किया था। रूसियों ने क्रियात्मक उपायों, प्रतिवर्त्ती नियन्त्रण और मनोवैज्ञानिक युद्ध नीति का यथास्थान उपयोग कर ग़लत सूचनाओं को आशातीत विस्तार देने

में सफलता पायी। अपने व्यवस्था–विरोधी गतिविधियों और नज़रिये को और धार देने के लिए उन्होंने धुर दक्षिणपन्थियों, उग्र वामपन्थियों और दूसरे उग्रवादी तत्त्वों का इस्तेमाल करने में कोई कोताही नहीं बरती। 'श्वेत राष्ट्रवादियों,' हार्ड–लाइन पर्यावरण कार्यकर्ताओं और उनके जैसे अनेक दूसरे आनुषंगिक समूहों के प्रभावों को विस्फारित कर उन्हें उतना ताक़तवर बताया गया जितना वे असल में थे नहीं।

भविष्य के प्रति एक निराशाजनक आशंका ज़ाहिर करते हुए मैक्यू ने कहा कि रूसी सम्भवतः यही समझते थे कि बिना कोई ठोस कारण के भी वे अमेरिकी विचारों को बदलने में सक्षम थे, और ऐसा करके 'अमेरिका की अगली सरकार का रूस के प्रति दृष्टिकोण को नियन्त्रित किया जा सकता था।' उन्होंने आगे लिखा, 'पतन का आरम्भ यहीं से होता है। हम ठीक–ठीक जानते भी नहीं कि क्या हुआ था। हम यह भी नहीं जान पाते कि कौन किस भूमिका के पीछे है, और क्यों है। या, वे अपनी किसी ख़ास कार्रवाई और फ़ैसले के ज़रिये क्या हासिल करना चाहते हैं। हम नहीं जानते हैं कि नया क्या घटित होगा, यह अब सब कुछ ख़त्म हो चुका है। हम यह भी नहीं जानते कि पूरे प्रकरण में किसने समझौता किया और किसको इसकी ज़रूरत नहीं पड़ी।'[32]

उन्होंने यह भी चेतावनी दी कि क्रेमलिन यह धारणा बनाने में सफल रहा था कि अमेरिकी राष्ट्रपति उसके सीधे प्रभाव में थे, और इसलिए वे हमेशा रूस के हितों को ध्यान में रख कर ही फ़ैसले लेंगे। सम्भव है कि वैश्विक यथार्थ, चुनौतियों और क्षमताओं के बारे में अतिशयोक्तिपूर्ण अमेरिकी अवधारणा की तरह रूसी क्षमताओं और विचारों को बढ़ा–चढ़ाकर पेश किया गया हो, किन्तु एक सत्यता का आभास तो वे निश्चित रूप से कराते ही हैं।

रूस की दावेदारी

मार्च 2017 में अमेरिका की 'सीनेट कमिटी ऑन इंटेलिजेंस' ने रूस के इस्तेमाल किये गये 'क्रियात्मक उपायों' और अन्य प्रचार अभियानों की पुनःसमीक्षा की। इसमें 'अमेरिकन इंटेलिजेंस काउंसिल' में रूस और यूरेशिया के लिए पूर्व राष्ट्रीय सूचना अधिकारी और एक वरिष्ठ शोधार्थी तथा कारनेगी के 'रशिया प्रोग्राम' के निदेशक यूगेन रुमेर ने भी 30 मार्च, 2017 को उपस्थित होकर अपनी गवाही दी थी। उन्होंने बिना किसी

संशय के कहा था, 'मैं पूरी तरह आश्वस्त हूँ कि रूस की ख़ुफ़िया सेवाएँ और उनके एजेंटों तथा दूसरे सम्बन्धित लोगों ने 2016 के हमारे चुनाव में सीधा हस्तक्षेप किया था।[33] साथ ही रुमेर ने रशिया टी.वी. टुडे के प्रसारण, इंटरनेट पर ट्रोल करने की घटनाओं, ग़लत और तोड़े–मरोड़े समाचारों के माध्यम से फ़्रांसीसी दक्षिणपन्थ और उसके जैसी अन्य गतिविधियों को प्रोत्साहित करने के रूसी प्रयासों के बारे में भी हैरतअंगेज़ बातों का ख़ुलासा किया।

रुमेर ने यह बात बिल्कुल सही कही थी कि रूस का पुनरोदय निश्चित है, अलबत्ता रूस को प्रतिशोध से भरा देश बताने का उनका वक्तव्य कदाचित् अतिशयोक्तिपूर्ण था। पुतिन के शासन में रूस केवल अपने सीमापार देशों में नाटो के आक्रामक रवैये का प्रत्युत्तर दे रहा था। 2007 के म्यूनिख़ सुरक्षा अधिवेशन में पुतिन का धमकियों से भरा व्याख्यान, 2008 में जॉर्जिया में युद्ध पर रूस की प्रतिक्रिया, 2014 में क्रीमिया का विलय करने के बाद रूस का यह दावा कि अपनी सीमाओं से लगे हितों की रक्षा करना उसका विशेषाधिकार है और यूक्रेन के ख़िलाफ़ उसका अघोषित युद्ध आदि अन्ततः रूस की दावेदारी की पुष्टि करते थे।

सिलसिला यहीं नहीं थमा। सीरिया में बशर अल–असद के पक्ष में प्रत्यक्ष हस्तक्षेप, और ईरान, इराक़ और पाकिस्तान के साथ सम्बन्धों को मज़बूत करने की पहल कर के रूस ने आने वाले सालों में अपनी कूटनीति की झलक दिखला दी थी। ये सारे पहल वाशिंगटन डीसी को ख़बरदार करने के इरादे से किये गये थे। रुमेर ने भविष्यवाणी की थी कि चूँकि 2016 के चुनाव में रूस का अभियान सफल रहा था, और इसमें कोई अपव्यय अथवा रक्तपात नहीं हुआ था, ऐसी स्थिति में इस बात का अन्देशा था कि रूस द्वारा इसकी पुनरावृत्ति किसी–न–किसी रूप में सम्भव थी। और, यह बार–बार भी हो सकती थी।

पुतिन द्वारा रूस में अपनी स्थिति सुदृढ़ किये जाने के बाद से ही विश्व समुदाय के सामने ऐसा प्रकट किया जाने लगा कि 1990 के दशक में सोवियत संघ की शक्तिहीनता का लाभ उठा कर पश्चिम ने जो अन्यायपूर्ण और विसंगतिपूर्ण काम किये थे, उनमें सुधार लाकर दुनिया में दोबारा शक्ति–सन्तुलन स्थापित करना मानो रूस की महत्त्वपूर्ण ज़िम्मेदारी है। विदेशों में रूस की नीतियों और निर्णयों के केन्द्र में इसी आख्यान की स्थापना के प्रयास हैं। जहाँ तक आन्तरिक वास्तविकता की

बात है तो रूस का मध्यवर्ग और आभिजात्य पुतिन के सर्वसत्तावाद को रूसी समाज की पारम्परिक राजनीतिक मूल्यों की पुनर्वापसी के लिए आवश्यक मानते हैं, जो विदेशी हस्तक्षेप से पूरी तरह मुक्त हों। उनकी दृष्टि में 1990 के दशक की राजनीतिक अस्थिरता के मूल में वे पश्चिमी हस्तक्षेप थे जिनकी अगुआई अमेरिका कर रहा था, और इस हस्तक्षेप का उद्देश्य रूस पर आयातित मूल्यों को थोप कर तेल सहित उसके अन्य संसाधनों को हथियाना था। रूसी मीडिया में भी बार–बार इसी की दुहाई दी और यह आख्यान इसलिए सफल सिद्ध हुआ क्योंकि रुमेर के अनुसार, इसमें एक बड़ी सच्चाई थी।

चूँकि रूस आर्थिक, सैनिक और पूरी दुनिया में अपने सुरक्षा बलों की तैनाती के मामले में अमेरिका का मुक़ाबला नहीं कर सकता है, इसलिए अपनी क्षमताओं के मद्देनज़र उसने सूचना–युद्ध पर निर्भर होना उपयुक्त समझा। उसने अपने सारे के सारे हथियार और तौर–तरीक़े इस युद्ध में झोंक दिये हैं। इस सूचना–युद्ध और आख्यान–युद्ध में सभी तरह के घात, छल, भ्रामक सूचना, धमकी, गुप्तचरी, आर्थिक हमला और अपने हित में उठाया गया कोई भी दूसरा क़दम वैध हथकण्डे हैं। आने वाले दिनों में इंटरनेट, दूरसंचार और साइबर युद्ध हथियारों की नयी खेप के रूप में शामिल होने वाले थे।

राष्ट्रीय सुरक्षा एजेंसी (एनएसए) के पूर्व निदेशक और अमेरिका के साइबर कमांड के संस्थापक कमांडर जनरल (अवकाशप्राप्त) कीथ बी. एलेक्ज़ेंडर ने 'सीनेट सिलेक्ट कमिटी ऑफ़ इंटेलिजेंस' के लिए तैयार किये गये और 30 मार्च, 2017 (34) को दिये गये अपने वक्तव्य में यह रेखांकित किया था कि आईपी नेटवर्क के ज़रिये पूरी दुनिया में सूचनाओं के संचरण की मात्रा 2020 तक बढ़ कर 2.3 जीटाबाइट (एक जीटाबाइट एक खरब गीगाबाइट के बराबर होता है) तक पहुँच जायेगी, और एक अनुमान के मुताबिक़ तब तक नेटवर्क से जुड़े उपकरणों की तादाद 23.4 अरब हो चुकी होगी। इसका अर्थ यह हुआ कि 2020 में एक व्यक्ति के पास औसतन तीन ऐसे उपकरण होंगे जो आईपी नेटवर्क से जुड़े होंगे।

आज शीतयुद्धोत्तर काल (या दूसरे शीतयुद्ध) में सूचनाओं के स्रोतों में सोशल मीडिया ने निर्विवाद रूप से सबसे अव्वल दर्ज़ा हासिल कर लिया है, और दूसरे साइट अथवा माध्यम कमोबेश इसकी आनुषंगिक इकाई बन कर रह गये हैं। यह भी उतना ही निर्द्वन्द्व सत्य है कि औसत

उपभोक्ताओं को उपलब्ध सूचनाएँ ग़लत या अपर्याप्त हैं, या उन सूचनाओं को सुविधाओं के अनुसार तोड़–मरोड़कर उपलब्ध कराया गया है। पहले की तुलना में अब यह अधिक सामान्य और आसान प्रक्रिया है। इसीलिए अब 'बज्ज' और 'हाइप' पैदा करना, या ख़बरों का 'वायरल' हो जाना अब रोज़मर्रे की शब्दावलियाँ हैं। अब मिनटों में कोई समूह अधिकारियों के सतर्क होने से पहले ही किसी समुदाय या नस्ल को दंगा–फ़साद के लिए उकसा सकता है। और, यह सोशल मीडिया के क्रूर सत्य का सबसे मासूम चेहरा है।

27 जून, 2019 के 'फिनान्सिअल टाइम्स' को दिये गये साक्षात्कार[35] में व्लादिमीर पुतिन ने डोनाल्ड ट्रम्प की तारीफ़ करते हुए उसे एक प्रतिभाशाली व्यक्ति बताया था जो यह समझने में सक्षम था कि उसके मतदाता उससे क्या चाहते थे। उन्होंने 2016 में ट्रम्प की का श्रेय भूमण्डलीकरण के उन दुष्प्रभावों को दिया, जिनके कारण केवल धनी लोगों और कॉरपोरेशनों को लाभ मिला, और मध्यमवर्ग को उनकी क़ीमत चुकानी पड़ी। पुतिन ने कहा कि ट्रम्प ने इस बात को समझा और इसका उपयोग चुनाव में किया। इसलिए अमेरिकियों को विदेशी हस्तक्षेप के आरोपों के बजाय देश की आन्तरिक समस्याओं में उनकी सफलता का कारण ढूँढ़ना चाहिए, पुतिन ने आगे कहा था।

अमेरिका में ऐसे लोगों की कमी भी नहीं थी जो ट्रम्प की जीत के पीछे पुतिन की लड़ाई लड़ने और जीतने के लिए अन्य माध्यमों को अपनाने की रणनीति को वजह मानते थे–जो कि सीधे हमले की जगह नेपथ्य से लड़ने की तरक़ीब थी। पुतिन की रणनीति के पीछे विचार यह था कि युद्ध में जीत के लिए विजेता होना ज़रूरी नहीं, बल्कि शत्रु को कमज़ोर कर देना ज़्यादा ज़रूरी था, ताकि अन्तिम विजेता क्रेमलिन ही बने। तरीक़ा यह था कि लक्षित देश के जनमानस को सोशल मीडिया द्वारा विस्तारित भ्रामक और अधूरी सूचनाओं के जाल में फँसा कर अगुआ कर लिया जाये उसकी अपराजेय शक्ति को अदृश्य शत्रु के रूप में खोखला कर दिया जाये। रूस की नीयत यह नहीं थी कि वह शक्तिशाली बनने के लिए अमेरिका को पराजित करे, बल्कि उसकी रणनीति यह थी कि वह अमेरिका के पतन का कारण तब तक बना रहे जब तक अमेरिका और रूस दोनों दुनिया की दृष्टि एक–दूसरे के बराबर न आ जायें।[36]

रूस का अन्तिम लक्ष्य अपने प्रभावों का विस्तार कर अपने नियन्त्रण को मज़बूत करना था। सीआईए के पूर्व महानिदेशक जनरल मैथ्यू हैडन ने भी यह टिप्पणी की थी कि 2016 का अमेरिकी राष्ट्रपति का चुनाव प्रभावों के व्यापक उपयोग की दृष्टि से इतिहास की सबसे बड़ी घटना थी। ऐसा माना जाता है कि मुएलर रिपोर्ट की अनुशंसा के बाद से ही प्रतिरोधात्मक उपायों और सैद्धान्तिक परिवर्तनों की दृष्टि से अमेरिकी व्यवस्था में बुनियादी और व्यापक सुधारों की प्रक्रिया आरम्भ हो चुकी है।

अमेरिका के राष्ट्रपति चुनाव में रूसी हस्तक्षेप के आरोपों की जाँच के बाद 448 पन्नों की अपनड़ी रिपोर्ट को जारी करने के बाद संयुक्त राज्य अमेरिका के पूर्व 'स्पेशल काउंसल' रोबर्ट मुएलर ने 29 मई, 2019 को अपनी टिप्पणी में कहा कि 'रूसियों ने हमारी राजनीतिक व्यवस्था पर बड़ा और असरदार हमला किया था।' उन्होंने आगे कहा, 'हमारे चुनाव में हस्तक्षेप करने के चौतरफ़ा और योजनाबद्ध प्रयास किये गये थे। और, इन आरोपों पर सभी अमेरिकावासियों का ध्यान दिया जाना आवश्यक है।'[37]

सबसे पहले ट्रम्प के पक्ष में एक सोशल मीडिया अभियान का प्रारूप तैयार किया गया, उसके बाद प्रतिद्वन्द्वी डेमोक्रेट उम्मीदवार हिलेरी क्लिंटन का तिरस्कार किया जाने लगा ताकि अमेरिकी मतदाताओं के बीच एक खटास और वैमनस्य पैदा किया जा सके। दूसरे चरण में कम्प्यूटर की सहायता से वैचारिक घुसपैठ की शुरुआत की गयी और हैकिंग तथा डेटा में सेंधमारी कर लोगों की निजता का हनन किया जाने लगा। क्लिंटन के प्रतिपक्ष में योजनाबद्ध अभियान भी चलाये गये। 'रूसी सरकार ने 2016 के राष्ट्रपति चुनाव में प्रभावी तरीक़े से हस्तक्षेप किया था,' रिपोर्ट कहती है।[38] इस निष्कर्ष को लेकर किसी के मन में कोई दुविधा अब नहीं रही।

साहस से भरा हुआ नया रूस

शीतयुद्ध काल में संसाधनों से सम्पन्न और अपने आख्यान के व्यापक प्रसार के लिए विविध स्वतन्त्र अवसरों वाले अमेरिकियों के विपरीत, सोवियत जनता के पास सुस्त और शुष्क सरकारी मुखपत्रों पर निर्भर करने के अतिरिक्त कोई अन्य विकल्प नहीं था। उन मुखपत्रों को भी सोवियत संघ के भीतर और उसके कुछेक पिछलग्गू देशों में सीमित लोग ही पढ़ते थे। कपट और लालच के इस खेल में उन मुखपत्रों को केवल केजीबी और

जीआरयू (विदेशी सैनिकों के लिए ख़ुफ़िया एजेंसी) का ही सहयोग प्राप्त था। 2007 तक व्लादिमीर पुतिन ने एक लम्बा सफर तय कर लिया था, और अब वे टाइम पत्रिका के आवरण की शोभा बढ़ा रहे थे। ऐसे अमेरिकियों की तादाद कम नहीं है जिनके लिए पुतिन शैतान का अवतार हैं। उन्हें कमोबेश डार्थ वाडर की तरह देखा जाता है जो दुनिया की उस हर चीज़ को नष्ट कर देना चाहता है जो अच्छी या अमेरिकी है। यह सचमुच एक विडम्बना है कि एक महाशक्ति जिसने अपने सैन्य–पराक्रम से पूरी दुनिया पर अपना दबदबा कायम कर रखा है, और जिसकी आर्थिक और तकनीकी श्रेष्ठता को दुनिया में कोई दूसरा चुनौती नहीं दे सकता है, वह इस बात का रोना रोये कि पुतिन के अधीन रूस एक ऐसा वैकल्पिक आख्यान निर्मित करने की जुगत में है जो अमेरिका द्वारा निर्धारित की गयी विश्व व्यवस्था में भारी उलटफेर करने पर आमादा है।

एक ऐसा राष्ट्र जो दुनिया के अनेक देशों में अपनी मर्ज़ी से सत्ता परिवर्तन का सूत्रधार रहा हो, उसके द्वारा ख़ुद अपने ही चुनाव में पुतिन द्वारा हस्तक्षेप का आरोप मढ़ना उसकी तिलमिलाहट को समझने के लिए पर्याप्त था। पुतिन पर लगा दूसरा आरोप कि वे आरटी–अर्थात् रशिया टी.वी.–का इस्तेमाल अपने बिल्कुल निकट–पड़ोसी देशों के विरुद्ध मनोवैज्ञानिक युद्ध के उपकरण के रूप में करते हैं, अब धीरे–धीरे अन्य देशों में भी ठोस आधार पाने लगा है। आशंका इस बात की है कि पुतिन स्वयं अपने देश के लिए पारम्परिक तौर पर पश्चिमी–वर्चस्व वाले क्षेत्रों–मसलन मध्यपूर्व में अपना आख्यान बनाना चाहते हैं। यह सचमुच हैरतअंगेज़ बात है क्योंकि बीबीसी–सीएनएन, न्यूयॉर्क टाइम्स, वाशिंगटन पोस्ट, टाइम पत्रिका, टाइम्स ऑफ़ लन्दन, रॉयटर्स, एएफपी और दूसरों के पास विशाल और ताक़तवर मीडिया साम्राज्य हैं, और तटस्थ और सन्तुलित होने का ढोंग करते हुए जो बीते अनेक वर्षों से पश्चिम की कठपुतली बन कर ही ख़बरें छापते रहे हैं।[39]

अमेरिकियों के दृष्टिकोण का लाभ उठाते हुए रूसियों ने इस कहानी को कुछ दूसरी चिन्ताओं के साथ जोड़ कर दुनिया के सामने परोसा है। आरटी आज के दिन एक मशहूर और आधुनिक टी.वी. चैनल है जिसमें एक बड़ी पूँजी का निवेश किया गया है। कुछ लोगों की बातों पर विश्वास किया जाये तो प्रत्येक साल इसमें करोड़ों डॉलर लगाये जा रहे हैं। केबल, उपग्रहों और ऑनलाइन मीडिया की मदद से चलने वाले इस चैनल में

मनोरंज़न के कार्यक्रमों के साथ–साथ सच्ची और झूठी दोनों ख़बरें परोसी जाती हैं। क्रेमलिन–समर्थित और सरकार की नुमाइन्दगी करने वाले समाचार चैनल दुष्प्रचारों को व्यापकता देने का उत्तरदायित्व निभाते हैं। लेकिन इस क्रम में वे सरकार के साथ अपनी निकटता को या तो छिपाते हैं अथवा उससे सीधे मुकर जाते हैं। रूसी हैकरों और ट्रोलों की एक बड़ी फ़ौज हज़ारों की तादाद में ट्विटर, फ़ेसबुक और दूसरे सोशल मीडिया पर अपने नक़ली अकाउंट के साथ सक्रिय हैं। मीडिया और उसके माध्यमों की यह जटिल विराटता का एक दूसरा परिणाम भी था। मनोवैज्ञानिक विश्लेषण बताते हैं कि समाचार के एकाधिक माध्यम की तुलना में अधिक विश्वसनीय होते हैं। इन सभी तथ्यों का एक प्रति–परिणाम इस रूप में आया कि स्वतन्त्र और निजी चैनल यद्यपि पश्चिम में जन्मे और विकसित हुए लेकिन उनका उपयोग आज के दिन दुनिया के सभी देश कर रहे हैं।

दशकों तक सूचना तन्त्र और मीडिया पर निर्विवाद नियन्त्रण रखने के कारण पश्चिमी देशों को यह सुविधाप्राप्त स्वतः थी कि वह शेष दुनिया को सूचनाओं और समाचारों के अपने संस्करण से अवगत करायें और अपने उद्देश्यों के अनुरूप आख्यानों को स्थापित करें। बहरहाल रोज़–बरोज़ अधिक सक्षम और भरोसेमन्द होते जा रहे तकनीक की दुनिया में वैश्विक महत्त्वाकांक्षाओं और प्रतिस्पर्धाओं के साथ–साथ पारस्परिक संशयों का बढ़ना भी स्वाभाविक था। प्रत्येक देश को अपने लक्ष्य तक सबसे पहले पहुँचने की शीघ्रता थी। ऐसे में सूचनाओं और अफ़वाहों–दोनों के विस्तार–माध्यमों पर एकाधिकार को गम्भीर चुनौतियाँ मिलना बहुत स्वाभाविक था। वे देश जिनके पास अपने संसाधन नहीं थे, वे सूचनाओं के लिए 'मैत्रीपूर्ण' संसाधनों पर निर्भर थे। और, इस निर्भरता का आलम्बन उनकी उपयोगिता और चाटुकारिता थी।

आख्यान के विषय पर जो लेखन अथवा विमर्श हुए उनके केन्द्र में मुख्यतः अमेरिका और रूस रहे हैं। हालिया सालों में अलबत्ता चीनी और अन्य पश्चिमी राजनीतिक साहित्य में इस सम्बन्ध में कुछ छिटपुट ज़रूर सामग्रियाँ दिखती हैं जो आख्यानों की वैश्विक महत्ता के विस्तार और कार्यक्रमों की पुष्टि करती हैं। इस सूची में अपनी वैश्विक उपस्थिति के कारण अमेरिका शीर्ष स्थान पर है। उसने पूरी दुनिया को अपनी सामरिक सुविधानुसार छह सैन्य कमांड में बाँट रखा है, जहाँ छोटे या बड़े 800 अड्डों पर इसकी सैनिक टुकड़ियाँ तैनात हैं, और दूसरे विश्वयुद्ध के समाप्त

हो जाने के बाद यह अस्सी से भी अधिक युद्धों में किसी–न–किसी रूप में संलिप्त रहा है। इस सूची में साइबर कमांड और स्पेशल ऑपरेशन कमांड शामिल नहीं हैं। इन उद्देश्यों और हितों को शत्रुओं से बचाये रखना आवश्यक है। वैश्विक सूचनाओं की आवश्यकता केवल इन अड्डों की सुरक्षा के लिए ही नहीं है बल्कि इन अड्डों की सैन्य उपयोगिता के लिए ज़रूरी है। प्रतिरक्षात्मक उपायों की आवश्यकता भी इसीलिए होती है। वैश्विक वर्चस्व के लिए केवल सैनिक ताक़त की ज़रूरत नहीं होती। इसके लिए मज़बूत अर्थव्यवस्था और वैज्ञानिक तथा तकनीकी दक्षता भी उतनी ही आवश्यक है। किन्तु इनसे अधिक ताक़तवर और अदृश्य हथियार उस देश द्वारा गढ़े गये आख्यान होते हैं। अपनी उपलब्धियों का महिमामण्डन करने वाली कहानी का निर्माण और अपने संघर्ष और मूल्यों की स्तुति करने वाले कथानक सबसे आदर्श आख्यान की स्थापना के सबसे कारगर तरीक़े हैं जिनका शत्रुओं और प्रतिस्पर्द्धियों पर सबसे गहरा असर पड़ता है।

इन दिनों अमेरिका में यह आख्यान गढ़ा जा रहा है कि रूसियों ने उसके ख़िलाफ़ एक अदृश्य घेराबन्दी कर रखी है। इससे होने वाली परेशानियों से आम अमेरिकी कैसे जूझ रहा है, इसपर अनेक किताबें और आलेख उपलब्ध हैं और इस विषय पर आये दिन विमर्श भी जारी है। लेकिन इस पूरे उपक्रम में एक निष्कर्ष पर बहुत सहजता के साथ पहुँचा जा सकता है कि अमेरिका के लिए यह शीतयुद्ध में पुनर्वापसी है। उदाहरण के लिए यूट्यूब के एक टी.वी. प्रस्तोता को अमेरिका और रूस के बीच जारी आख्यानों और धमकियों से जुड़ी हुई ख़बरों को सुनाते हुए देखा जा सकता है। उसके कहे अनुसार रूस का यह दावा है कि उसके पास अमेरिका के आधुनिकतम हथियारों से भी तीन पीढ़ी आगे के हथियार तैयार हैं। रूस के इस मनोवैज्ञानिक युद्ध की आड़ में अमेरिका अपने रक्षा मद में अधिक संसाधन और धन के निवेश को तर्कसम्मत ठहराने का प्रयास भी कर सकता है। या तो दोनों ही देश अपनी–अपनी जगह ठीक हैं, या अमेरिका अपने लिए अधिक आधुनिक और घातक हथियार बनाने के बहाने तलाश रहा है।

क्रेमलिन में बैठे पुतिन ने पश्चिमी देशों को अस्थिर करने के पारम्परिक ख़ुफ़िया तौर–तरीक़ों की जगह अब भीतरघात और प्रपंच पर आधारित साइबर युद्धप्रणाली का रास्ता चुन लिया है। चूँकि पुतिन रूसी ख़ुफ़िया

एजेंसी के पूर्व मुखिया रह चुके हैं और केजीबी के कामकाज की प्रक्रिया में भलीभाँति प्रशिक्षित हैं, इसलिए अमेरिका में उनके प्रति यह संशयपूर्ण धारणा बन चुकी है कि गुप्तचरी छलपूर्ण, रहस्यमयी, दुष्प्रचारात्मक और घातक तौर–तरीक़ों के अनुसार ख़ुद को निपुणता से ढाल लेंगे। वे अपने आख्यान की स्थापना के लिए आधुनिक सूचना व्यवस्था और तकनीक का लाभ उठाने वाले इक्कीसवीं सदी के एक प्रमुख प्रतिस्पर्द्धी के रूप में पर्याप्त कुख्याति अर्जित कर चुके हैं, और अमेरिकियों को यह भय बुरी तरह सता रहा है कि वर्चस्व की होड़ में रूस उन्हें कहीं पीछे न छोड़ दे।

अपने प्रयासों के प्रति रूस कितना अधिक गम्भीर है, वह इस बात से भी समझा जा सकता है कि दक्षतापूर्वक और व्यावसायिक तरीक़े से टी.वी. चैनल–आरटी (रशियन टीवी) को संचालित करने के लिए क्रेमलिन ने 30 करोड़ अमेरिकी डॉलर का बजट बनाया है। इससे पहले आरटी सोवियत संघ के पुराने दिनों में अपने उबाऊ और सुस्त कार्यक्रमों के प्रसारण के कारण बदनाम था। आज 'स्पुतनिक' एक सफल वैश्विक प्रयास है जिसका अपना वेबसाइट और लन्दन और फ़्रांस जैसे यूरोपीय शहरों, लातिनी अमेरिका, काबुल और नयी दिल्ली जैसी जगहों में रेडियो स्टेशन हैं जो 30 से अधिक भाषाओं में अपना प्रसारण करते हैं।[40]

सम्भव है कि पुतिन की इस तानाशाही नीतियों और छलपूर्ण कार्यप्रणाली के बारे में बढ़ाचढ़ा कर दुनिया को बताया गया हो लेकिन इसमें कोई दो राय नहीं है कि पिछले अनेक दशकों में अमेरिका, पश्चिम यूरोप और कुछ हद तक चीन जिस तरीक़े की सक्रियताओं में लिप्त रहे हैं उसका प्रतिकार करने के लिए पुतिन का मौजूदा स्तर तक आना शायद अपेक्षित ही था। बेशक इस पूरे प्रकरण में, परोक्षतः अमेरिका में पुतिन का अवांछित महिमामण्डन ही हुआ है, बल्कि दूसरे देशों में भी पुतिन के प्रति एक सम्मान और भय का वातावरण निर्मित करने में इसकी बड़ी भूमिका रही है। कठोर कूटनीति के परिणामस्वरूप सम्मान और कई बार घृणा की भावना का निर्माण एक स्वाभाविक घटना है, लेकिन यह उस लचीलेपन और विनम्रता से बहुत बेहतर स्थिति है जिसे अपनाने के लिए छोटे और कमज़ोर देश आमतौर पर बाध्य होते हैं। उनके पास अपने ताक़तवर और महत्त्वाकांक्षी पड़ोसियों के समक्ष विनत होने के अतिरिक्त कोई अन्य विकल्प नहीं रह जाता है।

हालाँकि अपने प्रतिद्वन्द्वी के विरुद्ध आवश्यकता से अधिक दुष्प्रचार करने के अपने नुक़सान भी हैं। इस तरह के आख्यान से जो सामान्य धारणा बनती है कि उस धारणा में सच का छोटा ही सही लेकिन निश्चित अंश उपस्थित होता ही है। पुतिन के बारे में दुष्प्रचार को भी दुनिया के लिए एक चेतावनी मानी जा रही है जिसके कारण अमेरिका को अपनी ताक़त और क्षमताओं को अधिक विकसित करने का आधार मिल गया है। अमेरिका में पुतिन के बारे में जिस संशय को प्रचारित किया जा रहा है उसने अमेरिकी सीनेटरों को लॉबिंग के नये रास्ते खोलने के साथ ही सैन्य–औद्योगिक सूचनाओं और ख़ुफ़िया तन्त्र को पुनः सक्रिय होने का एक अवसर भी प्रदान किया है।

वैश्विक परिदृश्य और चीन की दृष्टि

जेम्स सि–चेंग चाओ एक युवा और उद्यमशील व्यक्ति थे जिन्होंने अमेरिका में अपना भविष्य बनाने के इरादे से 1958 में ताइवान का अपना अस्थायी घर छोड़ दिया था। उन्होंने शंघाई जियाओ तोंग विश्वविद्यालय में अपनी पढ़ाई पूरी की थी जहाँ शंघाई के भावी मेयर और चीन की कम्युनिस्ट पार्टी (सीसीपी) के महासचिव जियांग जेमिन उनके सहपाठी थे। जियांग संयोगवश 1993 से 2003 तक चीन के राष्ट्रपति भी रहे। बहरहाल चीन छोड़ने के बाद भी जेम्स चाओ, जियांग के सम्पर्क में रहे और दोनों अवसर मिलने पर एक–दूसरे से मिलते–जुलते रहे। अपने अन्य व्यवसायों के अतिरिक्त जब चाओ ने 1964 में जहाज़रानी के उद्योग से सम्बन्धित अपनी कम्पनी फोरमोस्ट समूह की शुरुआत की तब उन्होंने दो जहाज़ शंघाई में बनाने का भी निर्देश अपनी कम्पनी को दिया। उस वक़्त शहर के मेयर जियांग ही थे।

चूँकि स्वभावतः जेम्स चाओ एक मानवप्रेमी और समाजसेवी व्यक्ति थे इसलिए जल्दी ही उनकी गिनती एक सम्मानित और स्वीकार्य चीनी–अमेरिकी के रूप में होने लगी। जल्दी ही फोरमोस्ट समुह के जहाज़ चीनी दिग्गज कॉस्को और सिनो–ट्रांस को अपनी सेवाएँ देने लगे। जेम्स चाओ की सबसे बड़ी बेटी इलैने चाओ की शादी फ़रवरी 1993 में सीनेटर मित्च मैककॉनेल से हो गयी जो वर्तमान में अमेरिकी सीनेट में बहुमत के नेता हैं। अपने विवाह के कुछ दिनों बाद ही मैककॉलेन और एलैने जियांग जेमिन से मिलने बीजिंग गये। उन दोनों के साथ जेम्स चाओ भी थे। बाद के सालों में एलैने जॉर्ज डब्ल्यू. बुश की श्रम सचिव बनीं और फ़िलहाल राष्ट्रपति डोनाल्ड ट्रम्प की परिवहन सचिव हैं।

16 सितम्बर, 2019 के 'न्यूयॉर्क टाइम्स' में छपी एक ख़बर के मुताबिक़ साल 2008 में मैककॉनेल दम्पति को 50 लाख से लेकर 2.5 करोड़ अमेरिकी डॉलर के बीच की कोई राशि जेम्स चाओ के ज़रिये प्राप्त हुई थी। ख़बर में इसका ख़ुलासा भी किया गया था कि फोरमोस्ट समूह को एक चीनी सरकारी बैंक से करोड़ों डॉलर क़र्ज़ के तौर पर भी मिले थे ताकि कम्पनी सरकार के स्वामित्व वाले एक शिपयार्ड से ख़रीदे गये जहाज़ों को पुनर्निर्मित कर सके। यह आरोप भी लगा कि परिवहन सचिव के रूप में इलैने ने अपने परिवार की जहाज़रानी कम्पनी को अमेरिका और कनाडा से कच्चे मालों की ढुलाई कर उन्हें चीन पहुँचाने में मदद की।[1]

बहरहाल इन आरोपों को जल्दी ही भुला दिया गया। डोनाल्ड ट्रम्प के राष्ट्रपति चुने जाने के बाद शीघ्र ही एलैने की छोटी बहन एंजेला जो कि फ़ोरमोस्ट ग्रुप में मुख्य कार्यकारी अधिकारी थीं, को बैंक ऑफ़ चाइना के निदेशक मण्डल में नियुक्त किया गया। यह एंजेला की चीन में दूसरी बड़ी ज़िम्मेदारी थी। अपने पिता के साथ वे देश के सबसे बड़े सुरक्षा उद्योग की संवेदक कम्पनी 'चाइना स्टेट शिपबिल्डिंग कॉरपोरेशन' के निदेशक मण्डल में भी शामिल थीं। लेकिन इस बात पर अमेरिका में किसी ने चूँ तक नहीं की कि सीनेट में बहुमत के नेता की सगी साली देश के प्रमुख व्यापारिक प्रतिद्वन्द्वी देश में इतने उत्तरदायित्वपूर्ण पद पर नियुक्त हुई थी। लोगों ने तो इस सच की भी अनदेखी की कि एंजेला पहले से ही चीन के राष्ट्रीय बैंक के निदेशक मण्डल की सदस्या थीं। ज़ाहिर बात थी कि इस नियुक्ति ने चीन और चीन की कम्युनिस्ट पार्टी (सीपीपी) तक पहुँचने का रास्ता बहुत आसान और निष्कंटक कर दिया था।[2]

इसके अतिरिक्त भी कई अन्य छोटे–बड़े क़िस्से थे। मसलन किस प्रकार रोबर्ट हंटर बिडेन जो पूर्व उपराष्ट्रपति बिडेन के पुत्र थे, अपने पिता के साथ दिसम्बर 2013 में एयरफोर्स टू पर सवार होकर चीन गये और वहाँ उन्होंने चीनी सरकार द्वारा समर्थित बोहाई हार्वेस्ट तेज़ नाम की एक निजी कम्पनी के साथ 1 अरब अमेरिकी डॉलर के निजी मसौदे पर दस्तख़त किया। बदले में इस सौदे के प्रतिकार में उक्त कम्पनी ने उपराष्ट्रपति के बेटे को उक्त राशि बतौर 'तोहफ़ा' दिया। यह सोचना भी असम्भव है कि तब बिडेन चीन के बारे में कुछ ऐसा सोच भी सकते थे जो उसके लिए अहितकर होता। आज जबकि ट्रम्प के ख़िलाफ़ चुनावी

दौड़ में बिडेन आगे निकलता दिख रहे हैं, और यदि वे इस दौड़ में विजेता साबित होते हैं, तो क्या ऐसी स्थिति में अमेरिका चीन के साथ अपने पुराने रिश्तों का पूर्वावलोकन करेगा?

'मुनाफ़ की मोहब्बत'

दूसरों को कैसे प्रभावित किया जाय और राष्ट्रहित में उनका उपयोग कैसे किया जाये, साम्यवादी चीन ने खुद को इस हुनर में अच्छी तरह से ढाल लिया है। इस मक़सद को हासिल करने के लिए वक़्त और ज़रूरत के मुताबिक़ वित्तीय लेन–देन, रिश्वतखोरी, धमकी, षड्यन्त्र और दूसरे सभी अनैतिक माध्यमों को वह पूरी तरह मुनासिब समझता है। अमेरिकियों और दूसरे पश्चिमी नेताओं और व्यवसाय को नुक़सान पहुँचाने की चीन की योजनाएँ और नीतियाँ इतनी गहरी और विस्तृत हैं कि दूसरे छोर से देखें तो चीन हमें पश्चिम का दुश्मन होने के बजाय उसको लाभ पहुँचाने वाला एक रक्षक–देश अधिक नज़र आता है। अत्यन्त श्रमपूर्वक और बारीक़ी से गढ़े गये इस आख्यान पर चीन की वास्तविक सफलता टिकी हुई है। कोविड–19 की वैश्विक महामारी से उसके इस आख्यान को आघात अवश्य पहुँचा है लेकिन यह कहना थोड़ी जल्दबाज़ी होगी कि महामारी चीन को उसके पूर्ववर्ती श्रेय से पूरी तरह वंचित कर देने में सफल होगी। हमें यह भी याद रखना चाहिए कि प्राचीन सभ्यताओं की जड़ें बहुत गहरी होती हैं, और अपने अद्भुत लचीलेपन के कारण जब वे अपना मार्ग पा लेती हैं तो उस पर बहुत तीव्रता के साथ विकसित होती हैं।

2,500 से पहले चीन की कुलीनता का शौर्य और पराक्रम 'ली' के सिद्धान्त पर निर्भर था। जो 'ली' की दृष्टि से निषिद्ध था, वह चीनी मान्यता के अनुसार 'अनुपयुक्त' या 'अनैतिक' था। जब सांग वंश के ड्यूक जियांग (जिसने 650 से 637 बीसीई तक शासन किया) की सेना पर हमला करने के उद्देश्य से एक ताक़तवर दुश्मन रास्ते में एक नदी पार कर रहा था, तब उसके सलाहकारों ने उसे दुश्मन पर हमला करने की सलाह दी, क्योंकि उस समय शत्रु–सेना सबसे कम सुरक्षित थी। लेकिन ड्यूक ने उनकी सलाह नहीं मानी, और उसने कहा कि 'ली' दृष्टि से यह निषिद्ध अथवा 'अनैतिक' था। इसलिए उसने आक्रान्ताओं को नदी पार कर युद्ध के लिए तैयार होने का पर्याप्त समय दिया, और उसके बाद ही

शत्रुओं पर आक्रमण किया। युद्ध में ड्यूक की बुरी तरह से हार हुई, और जब उसके सहयोगियों ने हार के लिए उसे ज़िम्मेदार ठहराया तो उसने गर्व के साथ कहा कि कमज़ोर या जो शत्रु तैयार नहीं है उसको कुचलने में कोई समझदारी नहीं है।[3]

नैतिकता की यह मूर्खतापूर्ण कहानियाँ आज भी चीनी लोक–जीवन में कही–सुनी जाती हैं। बहरहाल किसी ज़माने में शत्रुओं के प्रति ऐसी नैतिकता तर्कसंगत रही होगी, कि रथों पर बैठे शत्रु सेनापति युद्धभूमि में एक–दूसरे का अभिवादन करते होंगे और, यह भी सम्भव है कि सामने वाले पर प्रहार करने से पहले उसे आगाह भी करते होंगे। किन्तु उन्नीसवीं सदी के तेज़ी से बदलते परिदृश्य में चीनियों ने युद्ध–नीतियों से सम्बन्धित नयी धूर्त्तताओं और बारीकियों को सीखने में कोई कसर नहीं उठा रखी थी। यहाँ इतिहास में दर्ज पहले अफ़ीम युद्ध का उदाहरण देना समीचीन होगा जब चीनियों ने नांग्बो में साज़िश के तहत संक्रमित किये गये मवेशियों को क़ब्ज़ाने के लिए आतुर ब्रिटिश फ़ौज को अपने जाल में फँसाने में क़ामयाब हुए थे। कहने का तात्पर्य यह है कि बीसवीं सदी तक नैतिक परिदृश्य और तौर–तरीक़े पूरी तरह से बदल चुके थे। माओ जेदोंग अपने लांग मार्च के क्रम में ऐलानिया तौर पर यह कहते थे कि वे सांग वंश के ड्यूक जियांग थे और उनके पास युद्धभूमि में दिखाने लायक़ कोई सज्जनता और नैतिकता नहीं थी। फ़रवरी 2018 में पुलित्ज़र पुरस्कार विजेता पत्रकार इयान जॉनसन ने यह पूछा था कि, 'किसने ज़्यादा लोगों की जानें लीं–हिटलर, स्टालिन या माओ ने?' और ख़ुद ही इस सवाल का जवाब भी दिया था, 'यहाँ यह कहना अधिक उपयुक्त होगा कि सास्कृतिक क्रान्ति के दौरान हुई डेढ़ करोड़ मौतों के लिए माओ ज़िम्मेदार थे। एक करोड़ अन्य लोग दूसरे अभियानों में मारे गये, और साढ़े तीन से साढ़े चार करोड़ लोग 'ग्रेट लीप' अकाल के समय मारे गये। अगर अकाल में मारे गये लोगो के आँकड़े को औसतन 4 करोड़ भी मान लिया जाये तो भी माओ के काल में कुल मरने वालों की तादाद कोई 42.5 करोड़ के आसपास मानी जायेगी।"[4]

महत्त्वाकांक्षा माओ के चरित्र का एक विशिष्ट गुण था, और इसलिए उसने जीवन में जो भी चाहा, उसे हर क़ीमत पर हासिल किया। उसके आचरण के उन्माद ने उसकी इन उपलब्धियों में बड़ी भूमिकाएँ निभायीं।

जब रणनीतिक हितों की बात होती है तब किसी तानाशाह के शासन के अन्तर्गत उसके देश में मारे गये नागरिकों की संख्या का कोई महत्त्व नहीं रह जाता है। चर्चिल और रूज़वेल्ट को याल्टा और पाट्सडैम में स्टालिन से मिलने पर कोई एतराज़ नहीं हुआ क्योंकि हिटलर की पराजय के बाद तीनों को जर्मन साम्राज्य की बन्दरबाँट करने की व्यग्रता थी। ठीक उसी तरह निक्सन को भी 1972 में माओ से मिलने में कोई हिचक नहीं हुई। चीन की पुरानी दुस्साहसिक घटनाओं की तरह कोविड–19 महामारी से उपजी स्थितियों से निपटने की प्रक्रिया में जी जिनपिंग के आजीवन राष्ट्रपति काल के अधीन चीनी नेतृत्व ने भी इन्हीं गुणों का परिचय दिया है। पहले तो अपने ऊपर लगे आरोपों को उन्होंने सिरे से ख़ारिज किया, फिर अपने आख्यान को लेकर दुविधाग्रस्त और भ्रमित दिखे। बहरहाल आने वाले सालों में सब कुछ सामान्य हो जायेगा। दुनिया इसे सहज मान लेगी और चीनी नेतृत्व पुनः अपने व्यवसाय की दुनिया में पहले की तरह सक्रिय हो जायेगा क्योंकि विश्व में फ़िलहाल कोई ऐसी शक्ति नहीं है जो चीन के रिक्त स्थान को भर सके और दुनिया के लिए निर्माता–देश बन सके। अन्तरराष्ट्रीय सम्बन्धों का यही स्वरूप है, और नियन्त्रण और एकाधिकार के खेल की अन्तिम सच्चाई भी यही है।

सुन त्जु (330–220 बीसीई) के अतिरिक्त कन्फ़ुशियस (551–479 बीसीई) और मेंगजी (372–294 बीसीई) चीन के अग्रणी दार्शनिक सन्त माने जाते हैं। मानव स्वभाव के प्रति सुन त्जु का दृष्टिकोण कदाचित् नकारात्मक और दुराग्रहपूर्ण था। मनुष्य लाभ की आशा के साथ ही जन्म लेता है। एडम स्मिथ ने सदियों बाद तक़रीबन यही बात दोहरायी थी। सुन त्जु ने अपने कथन को इस प्रकार व्याख्यायित किया था, 'यदि वह इस प्रेम में लिप्त हो जायेगा तो वह ईर्ष्यालु और लोभी बन जायेगा। इसके भीतर की समस्त विनम्रताएँ और मानवीयता स्वतः समाप्त होने लगेंगी। वह ईर्ष्या और घृणा की भावनाओं के साथ ही जन्म लेता है। और, यदि वह इन दुर्गुणों को आत्मसात करेगा तो ये तत्त्व उन्हें हिंसा और क्रूरता की तरफ़ ले जाने का प्रयास करेंगे। परिणाम यह होगा कि उसके अन्दर की समस्त निष्ठा और आस्था धीरे–धीरे अदृश्य होने लगेंगी। मनुष्य का जन्म उसकी ऐन्द्रिक कामनाओं के साथ होता है, और यदि वह उन कामनाओं द्वारा नियन्त्रित होने लगेगा तो वह पथभ्रष्ट और अनैतिक हो जायेगा।

ऐसी स्थिति में वह अच्छे गुणों और नैतिक सिद्धान्तों से स्वतः दूर हो जायेगा।' यह एक घातक आक्षेप था। इसके आगे सुन त्जु ने कहा, 'यदि वह चालाक है तो निश्चित रूप से एक बटमार बनेगा। अगर वह साहसी है, तो एक डाकू बनेगा। अगर वह सुपात्र है तो वह दूसरों के लिए समस्याएँ पैदा करेगा। अगर वह तार्किक है तो वह बकवास बातें करेगा।'[5] माओ और उसके उत्तराधिकारियों के चीन को हर क़ीमत पर सांग के ड्यूक की विरासत से भिन्न होना ही था।

कैटरिना लुंग इस तथ्य को विस्तारित करती है। गुआंगझाऊ में जन्मी कैटरिना ताइवानी पासपोर्ट पर अमेरिका आयी थी। बाद में अमेरिका में अपनी पढ़ाई पूरी करने के बाद उसने ख़ुद को एक उद्यमी पूँजीदाता बताना शुरू किया और लॉस एंजेलेस के क़रीब मोंटररी पार्क में एक बुकस्टोर चलाने लगी। जल्दी ही वे अपने पति के साथ सन मरीनो में 20 लाख अमेरिकी डॉलर के घर में रहने आ गयी जो पास ही पूरी तरह श्वेतों का एक अत्यन्त धनाढ्य इलाक़ा था। लुंग कैलीफोर्निया के रईसों में गिनी जाती थी और रिपब्लिकनों के लिए धन एकत्र करने के काम में बहुत सक्रिय थी। ज़ाहिरन उसे अपने सम्पर्कों का लाभ मिला और वह रसूख़दार शख़्सियतों में शुमार होने लगी। उसकी गतिविधियों ने एफबीआई का ध्यान उनकी तरफ़ आकृष्ट किया और एजेंसी ने उसे 1980 के दशक में चीनियों के ख़िलाफ़ ख़ुफ़ियागिरी करने के लिए नियुक्त कर लिया।

लुंग चीनियों के ख़िलाफ़ एक अमेरिकी जासूस थी, जबकि अपने दूसरे अवतार में वह अमेरिकियों के ख़िलाफ़ चीन की जासूस थी। उसके दो छद्मनाम थे–चीन के गृह सुरक्षा मन्त्रालय द्वारा प्रयुक्त 'लुओ ज्होंग्शन' और एफबीआई की दस्तावेज़ के मुताबिक़ 'पार्लर मेड।' एफबीआई के आरम्भिक बीस वर्षों में उसके पहले दोनों संचालक जेम्स जे. स्मिथ और उसके उच्चस्थ विलियम क्लेवरलैंड उसके प्रेमी थे। लुंग के पति को भी शायद उसके प्रेम सम्बन्धों से कोई दिक़्क़त नहीं थी। 1977 में जिस वक़्त लुंग ने अपनी गतिविधियाँ शुरू कीं उस समय चीन ने डेंग जियोंगपिंग के 'चार आधुनिकीकरण' की घोषणा के बाद उदारीकरण के युग में प्रवेश किया ही था। इस होड़ का लाभ उठाने के लिए हर देश उतावला था और इस उदारीकरण के ज़रिये विदेशों में अपने प्रभाव का विस्तार करना चाहता था।

कैटरिना लुंग ने कनाडा की दूरसंचार कम्पनी नोर्टेल का सम्पर्क चीनी नेताओं से कराने के एवज़ में कम्पनी से 1.2 करोड़ अमेरिकी डॉलर वसूल किये। इस लक्ष्य तक पहुँचने के लिए उसने गुआंक्सी–अर्थात् सूत्र, सम्पर्क और सम्बन्ध–तीनों का उपयोग किया जो चीन के परिप्रेक्ष्य में एक सामान्य किन्तु आवश्यक तरीक़ा था। उसके हांगकांग और चीन में कुल सोलह विदेशी बैंक खाते थे, और वह हांगकांग से कई कम्पनियाँ संचालित करती थी। जब लॉस एंजेलेस के पूर्व मेयर रिचर्ड रिऑर्डन राष्ट्रपति जियांग जेमिन से मिलने गये तब उनके साथ लुंग भी थी। यहाँ तक कि राष्ट्रपति यांग शकुन (जिन्होंने 1988 से 93 तक शासन किया) भी उसे बहुत पसन्द करते थे। चीन के कई मन्त्रियों तक उसकी अबाध पहुँच थी। इस पूरे उपक्रम में उसने दोनों देशों को अपनी जो सेवाएँ दीं उसके बदले में उसने अमेरिकी सरकार से 17 लाख अमेरिकी डॉलर कमाये और चीनी सरकार से 1,000,000 अमेरिकी डॉलर कमाये।[6]

लुंग कुछ लोगों की नज़रों में खटकने लगी थी, लिहाज़ा उसपर निगरानी रखी जाने लगी, और 2003 में उसपर अनधिकृत रूप से सुरक्षा सम्बन्धी गोपनीय काग़ज़ात रखने के आरोप लगाये गये। बहरहाल उस पर गुप्तचरी करने का कोई अभियोग नहीं लगाया गया। दो साल बाद उस पर जुर्माना लगा कर अदालत से बरी कर दिया गया। जाँच की ख़ानापूरी कर पूरे मामले को रफ़ा–दफ़ा कर दिया गया। मुक़दमा भले ही बन्द कर दिया गया लेकिन रहस्य को सुलझाया नहीं जा सका। निष्कर्ष के तौर पर यही कहा जा सकता है कि कहीं–न–कहीं कोई सौदा ज़रूर हुआ ताकि शर्मिन्दगी से बचा जा सके। पूरा अभियान गोपनीय सूचनाओं के संकलन और प्रभाव–निर्माण का सम्मिश्रण था ताकि एक अपेक्षाकृत नम्र और उदार शक्तिकेन्द्र को अधिष्ठापित किया जा सके।

शक्ति का स्थानान्तरण

चीनी साम्यवादियों ने 1949 से भी पहले संयुक्त राज्य अमेरिका की जासूसी शुरू कर दी थी। इस काम के लिए उन्होंने सबसे पहले 1948 में लैरी वू–ताई चिन नाम के एक सीआईए अनुवादक को बहाल किया था, जिसने चीनियों के साथ कोई तीन दशकों तक काम किया। उसने बीजिंग से सम्बन्ध को सामान्य करने की निक्सन की योजना के बारे में

चीन को अग्रिम जानकारियाँ देने का काम किया। और भी कई दूसरे लोग थे जिनमें से अधिकतर चीनी आप्रवासी थे, जिन्होंने चीन के साथ सैनिक और तकनीकी गोपनीयता साझा करने में सहयोग किया। अमेरिका का जवाबी ख़ुफ़िया–तन्त्र नियमित रूप से चीनी जासूसों की शिनाख़्त कर उनके ख़िलाफ़ कार्रवाई करता रहता था। वे जासूस मुख्यतः चीनी मूल के आप्रवासी निकलते थे, और उनका मुख्य काम सैनिक और तकनीकी गोपनीयताओं को एकत्र करना था।

गोपनीय सूचनाओं तक पहुँचाने वाली सामान्य सूचनाओं को एकत्रित करने के अतिरिक्त चीनियों ने अपने अनेक स्वतन्त्र विचार–समूहों की रचना करने में भी क़ामयाबी हासिल की थी। इनमें गृह सुरक्षा मन्त्रालय द्वारा संचालित 'दी चाइना इंस्टीट्यूट ऑफ़ कंटेम्परारी इंटरनेशनल रिलेशंस' (सीआईसीआईआर) और पीपल्स लिबरेशन आर्मी (पीएलए) के सैनिक सूचनातन्त्र से संबद्ध 'चाइना इंस्टीट्यूट फॉर इंटरनेशनल स्ट्रेटजिक स्टडीज़' (सीआईआईएसएस) जैसे संस्थान शामिल हैं। सीआईसीआईआर के वर्तमान प्रमुख का सम्बन्ध कम्युनिस्ट पार्टी से है, लेकिन उनके पूर्ववर्ती संगठन के एक शोधकर्त्ता थे जिन्होंने संस्थान के औचित्य को पर्याप्त विस्तार देने का काम किया।

सीआईआईएसएस की अध्यक्षता चीन के सैनिक सूचना विभाग के एक वरिष्ठ सदस्य करते हैं, जो प्रायः सेना के उप प्रमुख पद के समतुल्य होते हैं। दोनों ही संगठन अपनी शैक्षणिक छवियों का उपयोग विदेशी अधिकारियों से सम्पर्क स्थापित करने और प्राप्त सूचनाओं का विश्लेषण करने के लिए करते हैं। ये विचार–समूह चीन को संवाद–सूत्र तलाशने, वैचारिक रुझान को समझने, भावी वरीय अधिकारों की नीतियों और निर्णयों का आकलन करने और उन सभी दूसरी सूचनाओं तक पहुँचने जो जनता के लिए उपलब्ध नहीं हैं, को सुलभ कराने के अवसर मुहैया कराते हैं। बाद में यही जानकारियाँ और सूचनाएँ देश के प्रभाव–निर्माण और आख्यान की स्थापना में बुनियाद का काम करती हैं। इसके अलावा ये संगठन अनेक गुप्त अभियानों को सुरक्षा–कवच उपलब्ध कराने के काम भी आते हैं।

भारत और तिब्बत सदियों से पड़ोसी थे, लेकिन भारत और चीन पड़ोसी तभी बन सके जब चीन ने तिब्बत में घुसपैठ की और उसे अपने

क़ब्ज़े में ले लिया, और भारत बिन्दुवार पीछे हटता गया। स्वतन्त्रता–प्राप्ति के मात्र बारह साल बाद ही 1959 में भारत ने चीनी उत्पीड़न के कारण भागे दलाई लामा को अपने यहाँ शरण दी। लेकिन माओ के चीन ने नेहरू के भारत को इस दुस्साहस के लिए माफ़ नहीं किया। भारत के लिए इसका परिणाम तो बुरा सिद्ध हुआ ही, चीन को एक साथ अपने अनेक उद्देश्यों को हासिल करने में सफलता मिल गयी। उसके बाद 1962 का चीन युद्ध आरम्भ हुआ। यदि गहन विश्लेषण किया जाये तो भारतीस युद्ध के प्रलोभन में स्वयं ही फँस गया था। युद्ध के बाद गुट–निरपेक्ष भारत को पश्चिमी मदद की गुहार लगाने के लिए मजबूर होना पड़ा, जो उसे इसकी क़ीमत चुकाने के बाद ही मिली। अमेरिका के गृह सचिव अवेरेल हैरीमन और उनके ब्रिटिश समकक्ष डंकन सैंडीज़ सहायता का प्रस्ताव लेकर शीघ्रता में भारत आये, और इस प्रस्ताव के बदले में कश्मीर के साथ कश्मीर पर एक समझौते पर दस्तख़त किये।

चीन पाकिस्तान के तात्कालिक राष्ट्रपति मोहम्मद अयूब खान का दिल जीतने में क़ामयाब रहा, जिसके परिणामस्वरूप अमेरिका के नेतृत्व वाली 'दक्षिण–पूर्वी एशिया सन्धि संगठन' (एसईएटीओ) की साम्यवाद–विरोधी मुहिम को बड़ा आघात पहुँचा। इस घटना ने चीन को उसके वैचारिक प्रतिद्वन्द्वी–निकिता ख्रुश्चेव के सोवियत संघ के सम्मुख दृढ़ता के साथ ला खड़ा किया, और एक गुट–निरपेक्ष देश के रूप में भारत की साख को भी नुक़सान पहुँचाया। नतीजतन भारत के दूसरे पड़ोसी मुल्क अपनी रक्षा के लिए दोनों देशों में से किसी एक से आवरण की तलाश में व्यग्र होते दिखे। दशकों से अपने दोनों परमाणु शक्ति–सम्पन्न पड़ोसियों से भारत के सम्बन्ध बनने–बिगड़ने की प्रक्रिया से गुज़रते रहे हैं। भारत और चीन के बीच बड़े पैमाने पर व्यापारिक सम्बन्ध हैं। भारत चीन के लिए कच्चे मालों का बड़ा निर्यातक और चीन के तैयार मालों की खपत का बड़ा बाज़ार दोनों है। इसका यह तात्पर्य बिल्कुल नहीं है कि दोनों के रिश्ते सामान्य, समतुल्य और स्वस्थ हैं, बल्कि इसे औपनिवेशिक सिद्धान्त पर आधारित व्यवस्था कहना अधिक उपयुक्त होगा।

इस बीच चीन ने वैश्विक स्तर पर अपनी सैनिक, आर्थिक और तकनीकी बढ़त बनाने में ख़ासी सफलता पायी है और अब वह दुनिया की अग्रणी शक्तियों में एक है। अपने उत्थान के साथ ही उसकी यह

महत्त्वाकांक्षा भी तीव्रता के साथ बढ़ी है कि इस महाद्वीप की एक बड़ी ताक़त के तौर पर वह अपनी दावेदारी पेश करे। इस महत्त्वाकांक्षा को अपने 'बेल्ट एंड रोड इनिशिएटिव' के माध्यम से उसने व्यावहारिक रूप देना भी आरम्भ कर दिया है। उसकी इस नीति के सूत्र चीन के पड़ोसी देशों से लेकर पश्चिमी यूरोप तक फैले हुए हैं। चीन ने अब पश्चिमी प्रशान्त से लेकर कोरियाई प्रायद्वीप और अफ़्रीका के पूर्वी तट के बीच के समुद्री इलाक़े में अपनी रुचि और उपस्थिति–दोनों बढ़ा दी है। उसके सैनिक अड्डे पूर्वी अफ़्रीका के जिबोटी और पाकिस्तान के ग्वादर में हैं। अब वह अमेरिका के आंशिक स्थानापन्न और रूस के प्रतिद्वन्द्वी के रूप में मध्यपूर्व में अपने हस्तक्षेप का आकांक्षी है। इसके अलावा चीन अब पश्चिमी प्रशान्त में ख़ुद को अमेरिका के प्रतिस्पर्धी के रूप में भी देखता है। उसके हित और सामर्थ्य के अनुसार ही उसके आख्यान भी गढ़े और स्थापित किये जा रहे हैं।

'एशिया तेज़ी से बदल रहा है, और चीन इस बदलाव की एक बड़ी वजह है। उसकी तेज़ी से विकसित होती आर्थिक और सामरिक ताक़त, बढ़ते राजीनीतिक प्रभाव, भिन्न कूटनीतिक शैली और क्षेत्रीय तथा बहुराष्ट्रीय संस्थानिक संलिप्तता में वृद्धि के कारण शक्ति–संरचना और अन्तरराष्ट्रीय सम्बन्धों के मानदण्डों में निरन्तर बुनियादी बदलाव देखे जा सकते हैं,' यह राय जॉर्ज वाशिंगटन विश्वविद्यालय के 'चाइना पॉलिसी प्रोग्राम' के निदेशक डेविड शम्बौग ने 2005 में आयी अपनी किताब 'पॉवर शिफ्ट–चाइना एंड एशिया'ज़ न्यू डाइनेमिक्स' में व्यक्त की है।[7]

शक्ति का सौम्य प्रदर्शन

चीन ने अपनी ताक़त का शालीन प्रदर्शन करने के क्रम में अपनी विचारधारा थोपने की नीति को त्यागते हुए अपने पड़ोसियों के साथ रणनीतिक साझेदारी को निर्माण का विकल्प अपनाया। साथ ही उसने अमेरिका और ब्रिटेन के उदाहरणों से प्रेरणा लेते अपने शैक्षणिक संस्थानों को विदेशी छात्रों के लिए खोल दिया। यह अनुमान लगा पाना हालाँकि मुश्किल है कि उन संस्थानों में शिक्षा ग्रहण करने वाले छात्रों के जीवन और भविष्य पर उसका क्या सकारात्मक प्रभाव पड़ा, किन्तु यह तो कहा ही जा सकता है कि इन संस्थानों ने चीन के वैचारिक दृष्टिकोण, सामाजिक संस्कृति,

इतिहास और राजनीति को दुनिया के अन्य हिस्सों में विस्तारित करने का काम किया। इसके बावजूद भविष्य–निर्माण की दृष्टि से युवाओं के लिए ये संस्थान उतने कारगर नहीं थे जितना कि अमेरिका या ब्रिटेन के शैक्षणिक संस्थान माने जाते रहे हैं। एक सैनिक और आर्थिक शक्ति के रूप में चीन का अभ्युदय बेहद प्रभावशाली रहा, और बीसवीं सदी के समाप्त होने तक यह स्पष्ट हो चुका था कि जल्दी ही चीन वैश्विक प्रभुसत्ता के लिए अमेरिका को चुनौती देने की स्थिति में पहुँच जायेगा।

बहरहाल इसके लिए एक ऐसी योजनाबद्ध नीति आवश्यक थी जो राजनीतिक और सामरिक कारणों के इतर भी चीन के वैश्विक वर्चस्व को रेखांकित कर सके। और, इस नीति के निर्माण और क्रियान्वयन के लिए शक्ति के एक सौम्य प्रारूप को आज़माने की ज़रूरत थी–जो उस पुरानी संस्कृति से निःसृत हो जो किसी व्यक्ति को एक देश की ओर ऐसे आकृष्ट करे कि वह व्यक्ति उस देश के राजनीतिक मूल्यों से प्रभावित और प्रेरित हुए बिना नहीं रह पाये। देश के भीतर और विदेशों में भी जनसामान्य को अपने सांस्कृतिक–नैतिक आभामण्डल की परिधि में बाँधे रखना उस देश की अपेक्षित छवि के लिए अत्यन्त महत्त्वपूर्ण है। उसकी नीतियाँ यथार्थपरक हों और सत्ता की एक आदर्श संरचना के अनुरूप वैध प्रतीत हों। यह वही छवि है जिसे अमेरिका और पश्चिम ने ऐतिहासिक दृष्टि से दुनिया को प्रदर्शित किया। अफ़्रीका और लातिन अमेरिका की समस्याओं से निपटते हुए उन राष्ट्रों की अस्मिता के प्रति किसी प्रकार का नैतिक मलाल रखे बग़ैर चीन ने जैसी आक्रामकता प्रदर्शित की, उसने चीन की सफलताओं को सीमित करने में बड़ी भूमिका निभायी। यूरोप, अमेरिका, जापान और भारत ने उसे हमेशा से एक सन्देह भरी दृष्टि से देखा।

2008 का बीजिंग ओलिम्पिक और 2009 का शंघाई एक्सपो बहुत ही सफल आयोजन सिद्ध हुए और इन्हें देश की शक्ति और क्षमता के सौम्य प्रदर्शनों के रूप में देखा गया। लेकिन मानवाधिकार के विरुद्ध उसका रवैया हमेशा से उसके ख़िलाफ़ रहा। प्रदर्शनकारियों को बर्बरतापूर्ण तरीक़े से कुचलने और सम्मानित होने के बाद नोबेल पुरस्कार विजेता लिऊ जियाओबो को जेल में डालने की घोषणा ने उसकी अन्तरराष्ट्रीय छवि को और भी धूमिल किया। और तो और, क्रोध से तमतमाये चीन ने पलटवार

करते हुए नॉर्वे से मँगायी जाने वाली सालमन मछलियों के आयात पर प्रतिबन्ध लगा दिया, जिसने आग में घी डालने का काम किया।

अधिकांश निरंकुश शासन व्यवस्था की तरह चीनी नेताओं ने अपनी सौम्य ताक़त का उपयोग करने और विकसित करने के लिए सरकारी संस्थानों को माध्यम बनाया। निरन्तर सूचनाओं के इस युग में उन्होंने सरकारी दुष्प्रचार को सौम्य शक्ति प्रदर्शन का विकल्प समझने की भूल कर ली। जिन्हुआ और चाइना सेंट्रल टेलीविज़न रायटर्स, एएफपी, सीएनएन या बीबीसी का मुक़ाबला करने में कहीं से सक्षम नहीं हैं। वैश्विक पहुँच की दृष्टि से वेइबो फ़ेसबुक और ट्विटर की बराबरी नहीं कर सकता। यह बस इतना भर ही कर सकता है कि चीन में बाहर से आने वाली सूचनाओं और प्रभावों को सीमित कर दे। लेकिन सीमाओं के परे देश की आवाज़ अभी भी भुरभुरी, भावशून्य और अविश्वसनीय है। दूसरी तरफ़ पश्चिम ने अपनी सौम्य शक्ति से दुनिया का परिचय बीसवीं सदी की शुरुआत में ही करा दिया था, जब उसके प्रतिद्वन्द्वियों की तादाद भी बहुत कम थी। विदेशों में अपने आख्यान को सुस्थापित करने और छवि–निर्माण के लिए उसने कारोबार जगत, सिविल सोसाइटी और व्यक्ति–विशेष की सहायता ली।

चीन के पास हॉलीवुड जैसी पहुँच रखने वाला कोई सिने–उद्योग नहीं है। उसके पास अंग्रेज़ी जैसी कोई समर्थ भाषा नहीं है। इन दोनों ख़ूबियों की अनुपस्थिति तकनीक के विकास और सामरिक और आर्थिक क्षमता की राह को कहीं से बाधित नहीं करती, लेकिन यह चीन के प्रभाव और उसकी अन्तरराष्ट्रीय छवि–दोनों को निश्चित रूप से कम करती है। चीन अन्य एशियाई देशों में लोगों को मैंडरिन को दूसरी भाषा के रूप में सीखने के लिए प्रोत्साहित करता है–ख़ासकर जहाँ वह मैंडरिन के अधिक निकट हैं। बहरहाल चीन कितना भी प्रयास कर ले, इस बात की सम्भावना नगण्य है कि मैंडरिन एक वैश्विक भाषा के रूप में अंग्रेज़ी को विस्थापित कर देगा।

प्रौद्योगिकी और राजनीति सूचनाओं के लिए जासूसी हमेशा से ही चीनी ख़ुफ़िया तन्त्र की दो सबसे महत्त्वपूर्ण और सर्वोपरि प्राथमिकताएँ रही हैं। राजनीतिक युद्ध का उद्देश्य देश और विदेश के लोगों की चीन के प्रति धारणा को एक सुनियोजित आकार देना है। सीआईए की गहन जाँच की कुख्यात तकनीक के माध्यम से अमेरिका द्वारा अपने सौम्य शक्ति प्रदर्शन

की क्षमता पर टिप्पणी करते हुए चीन के सरकारी अख़बार 'ग्लोबल टाइम्स' ने 11 दिसम्बर, 2014 को लिखा कि 'अमेरिका युद्धबन्दियों पर अमानवीय क्रूरता जैसी दुष्टतापूर्ण कार्रवाइयों को भी अमेरिका–समर्थित ताक़तों के इस्तेमाल से एक सकारात्मक रूप देने में सक्षम है।' अख़बार ने यहाँ तक लिखा कि 'अमेरिका के इसी सौम्य शक्ति–प्रयोग के परिणामस्वरूप वह आज की तिथि में विश्व–व्यवस्था की धुरी बना हुआ है, और इसी विशेषता ने उसे दुनिया में शक्ति–सन्तुलन और समस्त संसाधनों को नियन्त्रित रखने की अतुलनीय योग्यता प्रदान की है।'[8]

'शान्तिपूर्ण उत्थान' और आख्यान

चीनी नेताओं ने स्वयं भी इस तरह आख्यान–श्रेष्ठता को हासिल करने के प्रयास किये हैं। कोमिन्टर्न (कम्युनिस्ट इंटरनेशनल नाम का एक विश्व–संगठन जिसने 1919 से 1943 की अवधि में साम्यवाद को प्रोत्साहित करने का काम किया) के दिनों के बाद से ही चीनियों और रूसियों (सिर्फ़ सोवियत संघ नहीं) अपने–अपने देशों में सूचना–नियन्त्रण को अपेक्षित दिया था, जो स्टालिन के हाथों का एक नकारात्मक उपकरण बन गया और अन्ततः 1943 में इसे पूरी तरह समाप्त कर दिया गया।

कम्युनिस्ट पार्टी की यह एक सामान्य कार्यपद्धति थी। लिहाज़ा चीन ने विदेशों में अपने निर्धारित उद्देश्यों को प्राप्त करने के लिए अपनी छवि–निर्माण और सत्ता पर एकाधिकार को सुनिश्चित करने के लिए अपने संसाधनों को झोंकने में कोई कसर नहीं उठा रखी है। चीन अपने आख्यानों का ढाँचा–निर्माण इस भावना के साथ करता है कि उसके सम्भावित प्रतिद्वन्द्वियों और विरोधी उसके प्रति यथासम्भव शालीनता प्रकट करते हुए उसके उत्थान की रुकावट नहीं बनें। इसलिए, चीन अपने बारे में यह धारणा बनाना चाहता है कि यह एक ऐसा देश है जो 'शान्तिपूर्ण उत्थान' में विश्वास करता है। वह अपनी श्रेष्ठता सिद्ध करने में कोई रुचि नहीं रखता, इसलिए किसी देश को धमकाना उसके लिए व्यर्थ है। उसका एकमात्र लक्ष्य अपने आन्तरिक विकास पर केन्द्रित रहना है। सितम्बर 2015 में संयुक्तराष्ट्र की आमसभा में अपनी बात रखते हुए जी जिनपिंग ने निष्ठापूर्वक इस बात की घोषणा की कि चीन कभी भी अपनी श्रेष्ठता और प्रभाव की परिधि के विस्तार की नीति पर नहीं चलेगा। उसने यह

प्रयास भी किया कि विश्व को यह सन्देश सम्प्रेषित हो कि उसके विकास में उसकी राजनीतिक और आर्थिक नीतियों का प्रमुख योगदान है। इस धारणा की प्रस्तुति का नेतृत्व ख़ुद डेंग जिओपिंग ने ही किया था कि चीन की कोई आर्थिक रणनीति नहीं है।[9]

चीन के आख्यान का एक अविभाज्य पहलू यह है कि इसका उत्थान अवश्यम्भावी था। इसका क्रमशः समृद्ध और शक्तिसम्पन्न होना पूर्व निर्धारित था, और ऐसा होने देने से रोकने का कोई भी प्रयास व्यर्थ और निष्फल सिद्ध होता। इस बदलते हुए घटनाक्रम में चीन के तेज़ी से बढ़ते राष्ट्रीय हितों और ख़ुद चीन का यह विश्वास–कि पृथ्वी की कोई भी चीज़ उसके श्रेष्ठ बनने के मार्ग में अवरोधक नहीं बन सकती है–ने भी महत्त्वपूर्ण योगदान दिया। जिस देश से इस बात की सबसे अधिक आशंका थी वह अमेरिका था, और चीन के आकलन के अनुसार अमेरिका अब अपने उत्कर्ष के दिनों से नीचे खिसकने लगा था। दक्षिण चीन सागर (South China Sea) में चीन की निरन्तर उपस्थिति और अपने विविध राष्ट्रीय दिवसों की परेडों में अपनी सैन्य शक्ति और अत्याधुनिक सैन्य–उपकरणों के नियमित प्रदर्शन के ज़रिये वह अमेरिका और अपने पड़ोसियों को पश्चिमी प्रशान्त में अपनी सामरिक ताक़त का अहसास कराना चाहता था।

चीन को इस सम्भावना का भरोसा है कि अमेरिका उसकी दावेदारी को सहज भाव से स्वीकार कर लेगा। दुनिया के दूसरे देशों की तरह (बेशक उन सब की तुलना में यहाँ चीन की महत्त्वाकांक्षा थोड़ी भिन्न और ऊँची है) वह भी प्रमुख अमेरिकी हितों वाले क्षेत्र में अमेरिका की गतिविधियों पर पैनी नज़र गड़ाये हुए है। चीन ने यह भी देखा कि राष्ट्रपति बराक ओबामा के कार्यकाल में अमेरिका कैरो क्रीमिया और यूक्रेन में पुतिन की दादागिरी का मूक दर्शक बना रहा। इसी तरह सीरिया में भी उसने अपने लिए निर्धारित सीमा रेखा का उल्लंघन करना उचित नहीं समझा जिसके कारण रूस के लिए हस्तक्षेप करने का विकल्प चुनना आसान हो गया। फ़िलहाल राष्ट्रपति ट्रम्प के कार्यकाल में भी अमेरिका को अफ़ग़ानिस्तान के पाकिस्तान समर्थित तालिबान के प्रति नरम रवैया अपनाने को विवश होना पड़ा जिसे शुरू में वह समूल नष्ट कर देने के लिए प्रतिबद्ध था।

आगामी दिनों में चीन का प्रयास उस अन्तरराष्ट्रीय व्यवस्था को बाधित करना होगा जिसे अमेरिका ने विगत सालों में प्रयासपूर्वक बनाये रखा है। विश्व की दृष्टि में कमज़ोर अमेरिकी प्रतिरक्षा, दोहरे कूटनीतिक मानदण्ड और निर्देश देने और नियन्त्रित करने की उसकी अक्षमता के कारण अपने एशियाई साथियों की दृष्टि में अमेरिका एक अविश्वसनीय रक्षक बन जायेगा। यह स्थिति उन्हें चीन की नीतियों और विचारों के प्रति अधिक उत्तरदायी बनायेगी। चीन की श्रेष्ठता का एक रास्ता सम्भवतः यहाँ से भी खुलेगा।

2017 में रक्षा विभाग द्वारा अमेरिकी कांग्रेस को सौंपी गयी एक रिपोर्ट के अनुसार, अभी तक चीनी नेतृत्व का मुख्य उद्देश्य पार्टी के शासन को निरन्तरता देना, घरेलू स्थायित्व को बहाल रखना, विकास और आर्थिक प्रगति को गतिशीलता देना, राष्ट्रीय सम्प्रभुता देश की अखण्डता की रक्षा करना, एक महाशक्ति के रूप में चीन का स्थान सुनिश्चित करना और अन्तोगत्वा देश की पूर्ववर्ती भौगोलिक सीमाओं पर पुनराधिपत्य स्थापित करते हुए विदेशी भूमि पर भी चीन के राष्ट्रीय हितों की रक्षा करना है।[10] ये सामान्य लक्ष्य नहीं हैं और दूसरे शब्दों में रूस के राष्ट्रीय उद्देश्यों से बहुत हद तक मिलते–जुलते हैं। रूस और चीन के बीच एक दूसरी समानता यह है कि अपनी गुप्तचर संस्थाओं पर दोनों की निर्भरता परम्परागत है और नौकरशाही उनकी शासन प्रणाली का दूसरा सबसे प्रभावशाली उपकरण है जिसके ज़रिये वे अपनी नीतियों को निष्पादित करते हैं। दोनों देश अपनी आबादी पर भी बहुत केन्द्रित हैं।

अमेरिकियों को सम्भवतः ऐसा लगता है कि चीन के मित्र–देशों और अमेरिका के मित्र–देशों के बीच कभी लड़ाई नहीं होगी। चीन अपने शत्रुओं के विरुद्ध अपने मित्र–देशों के साथ अपने सम्बन्धों के अतिरिक्त अपनी सरकार के सम्पर्क–संसाधनों और सूचना–युद्ध की नीतियों को आज़मायेगा। विशेष रूप से शत्रुओं के आर्थिक और राजनीतिक संस्थान उसके निशाने पर रहेंगे, क्योंकि इन तरीक़ों को आज़मा कर अपने शत्रुओं के विरुद्ध उसे ख़ासी सफलता भी मिली है। साथ ही, केवल पाकिस्तान ही नहीं बल्कि रूस, सीरिया और ईरान के साथ भी चीन के मित्रवत् सम्बन्ध रहे हैं, जो आवश्यकता पड़ने पर चीन के पक्ष में खड़े हो सकते हैं। ऐसी स्थिति में अमेरिकी रणनीतिकारों को एक ऐसे युद्ध की आशंका है

जिसके बारे में वे नहीं जानते कि उसे कैसे जीता जायेगा। पीपल्स डेली में प्रकाशित होने वाले एक आलेख को उद्धृत करना यहाँ समीचीन होगा कि अमेरिका को नष्ट कर देने की इच्छा रखने वाले उसके किसी विरोधी के हाथ केवल जटिल कम्प्यूटर प्रणाली लगेगी जो केवल उच्च तकनीक द्वारा संचालित होती है। वे अमेरिकी अर्थव्यवस्था को बाधित और नष्ट कर देने की क्षमता रखते हैं। 'हम अगर इस महत्त्वपूर्ण बिन्दु की उपेक्षा करते हैं केवल एक शक्तिशाली फ़ौज को संगठित करने में पैसे ख़र्च करते हैं।..। तो यह उतनी ही व्यर्थ कार्यवाही होगी जितनी इस युग में मैजिनॉट लाइन को बनाना।' आलेख में आगे लिखा है।[11]

चीन अवधारणा और उद्देश्य को लक्षित कर लड़े जाने वाले मनोवैज्ञानिक युद्ध के लिए भी अपनी ख़ुफ़िया एजेंसियों पर निर्भर है। अमेरिका के साथ अपनी अनेक मुठभेड़ों में चीन ने उनको आर्थिक प्रतिबन्धों के विरुद्ध आगाह करते हुए युआन की क़ीमतें गिरा दी हैं। उसका उद्देश्य देश को यह संदेश देना है कि वह भी अमेरिकी अर्थव्यवस्था को बाधित करने की क्षमता रखता है। समाचारों के ज़रिये गोपनीय सूचनाओं को सार्वजनिक करना और किसी महत्त्वपूर्ण स्थिति के आगमन से पहले सैनिक पूर्वाभ्यास चीन के नये आख्यान–निर्माण की अपनी तरक़ीब है। ऐसी रणनीतियाँ उसके प्रतिद्वन्द्वियों को संशय में रखती हैं।

जनवरी 2011 में अमेरिकी गृह सचिव रोबर्ट गेट्स की बीजिंग यात्रा का कार्यक्रम पूर्व निर्धारित था, लेकिन उनकी यात्रा के कुछ दिन पहले ही चीनियों ने जुड़वाँ इंजिनों वाले अपने नये भेदिया जे–20 एयरक्राफ़्ट की तस्वीरें सार्वजनिक कर दीं। वाल स्ट्रीट जनरल जैसे प्रमुख अमेरिकी अख़बार ने इस गुप्त फाइटर की एक तस्वीर को प्रकाशित किया। इस एयरक्राफ़्ट को अगेरिका के एफ–117 नाइटहॉक के विकसित उत्तराधिकारी एफ–22, जिसे कोसोवा युद्ध के समय साइबेरिया में मार गिराया गया था, का प्रतिद्वन्द्वी माना गया। इस एयरक्राफ़्ट की तकनीक की तलाश में चीन के एजेंट पूरे क्षेत्र में भटकते रहे थे। उन्होंने स्थानीय किसानों से एयरक्राफ़्ट के बिखरे हुए कलपुर्ज़े ख़रीदे और उन्हें इकट्ठा कर चीन भेज दिया था। ऐसा नहीं था कि उनका एकमात्र उद्देश्य एयरक्राफ़्ट के कलपुर्ज़ों का संग्रह करना था, बल्कि इस बहाने वे इस एयरक्राफ़्ट को विकसित करने की तकनीक समझना चाहते थे। इस काम में चीनियों

ने तक़रीबन दस साल से भी ज़्यादा का वक़्त लगा दिया, लेकिन अन्त में वे अपने उद्देश्य में सफल रहे और अमेरिकी एयरक्राफ़्ट का मुक़ाबला करने वाला फाइटर विमान बना डाला। दुनिया के नाम चीन का स्पष्ट सन्देश यही था कि वह इस क्षेत्र में अमेरिका का एकमात्र प्रतिद्वन्द्वी बनने के लिए ख़ुद को तैयार करने में जुटा था। असल उद्देश्य इसी आख्यान को स्थापित करना था।

जैसे–जैसे चीन अपनी सामरिक और आर्थिक दावेदारी बढ़ाता जा रहा था, वैसे–वैसे उसकी ख़ुफ़िया सक्रियताएँ भी बढ़ती जा रही थीं, और इस प्रक्रिया में चीन के प्रयास और आवश्यकताओं की पारस्परिक–निर्भरता और भी जटिल और परतदार होती जा रही थी। चीन का असल लक्ष्य अमेरिका है, और दुनिया के दूसरे देश उसके लिए इस लक्ष्य तक पहुँचने के रास्ते भर हैं। राजनीतिक द्वन्द्व, सूचनाओं के युद्ध और अमेरिकी दुष्प्रचार के लिए चीन अरबों डॉलर पानी की तरह बहाता है। इस मद में वह अमेरिका की सार्वजनिक कूटनीति के बनिस्पत कई गुना अधिक पैसे ख़र्च करता है। लेकिन चीन की सरकार ऐसी किसी भी परियोजना का हिस्सा नहीं बनना चाहती है जो उसके लिए किसी भी शर्मिन्दगी का कारण बने। इसीलिए जब बीजिंग के एक संगठन ने स्टेनफोर्ड विश्वविद्यालय में 40 लाख अमेरिकी डॉलर ख़र्च कर कन्फ्यूशियन इंस्टीट्यूट ऑफ़ चाइनीज़ लैंग्वेजेज़ के निर्माण का प्रस्ताव रखा तो चीन इसी शर्त पर सहमत हुआ कि यहाँ तिब्बत पर किसी तरह का संवाद नहीं होगा। चीनी अधिकारी उन सभी अमेरिकी पत्रकारों को बीजिंग से बाहर का रास्ता दिखाने में ज़रा भी नहीं हिचकते हैं, जिनके सवाल उनके लिए किसी शर्मिन्दगी का कारण बन सकते हैं–मसलन भ्रष्टाचार, पर्यावरण और मानवाधिकार आदि। चीन अपने लिए हमेशा एक सकारात्मक छवि की अपेक्षा करता है।

चीनी नेतृत्व ने बड़ी गम्भीरता के साथ यह अनुभव किया कि अमेरिका की बढ़ती हुई चुनौतियों का सामना करने के लिए उसे शायद अपनी छवि को सँवारने और आधुनिक बनाने की आवश्यकता है। दिसम्बर 2016 को सरकारी नियन्त्रण वाले सीसीटीवी न्यूज़ का 'चाइना ग्लोबल टेलीविज़न नेटवर्क (सीजीटीएन)' नवीनीकरण कर उसे एक छह टी.वी. चैनलों वाले बहुउद्देशीय और बहुभाषीय मीडिया समूह में बदल दिया गया, और वीडियो कंटेंट उपलब्ध करने वाले डिजिटल मीडिया डिवीज़न के साथ विदेशों में

उसकी तीन शाखाएँ भी स्थापित की गयीं। दुनिया को चीन के बारे में अधिक–से–अधिक जानने की ज़रूरत है,' जिन ने सीजीटीएन के प्रबन्धन को सम्बोधित करते हुए कहा था।[12] 2018 में तीन सरकारी टेलीविज़न और रेडियो ब्रॉडकास्टरों को एक साथ शामिल कर एक विशाल मीडिया आउटलेट, 'वॉयस ऑफ़ चाइना' का निर्माण किया गया जिसका मुख्य उद्देश्य विदेशी दर्शकों के हाथों 'चीनी सपनों' को बेचना है ताकि चीन अपनी अन्तरराष्ट्रीय छवि में आशातीत सुधार ला सके। लेकिन अरबों डॉलर ख़र्च कर स्थापित किये गये 'वॉयस ऑफ़ चाइना' का सबसे बड़ा दोष यह है कि यह केन्द्रीय पार्टी नियन्त्रण से मुक्त नहीं है, जिसका सीधा दुष्प्रभाव चीन की विश्वसनीयता और अन्ततोगत्वा चीन के आख्यान पर पड़ा है।

2018 की शुरुआत में चीन के विदेश मन्त्रालय ने एशिया और अफ़्रीका के अग्रणी मीडिया घरानों के 100 पत्रकारों की मेहमाननवाज़ी की परम्परा शुरू की थी। इन पत्रकारों को दस महीने के प्रवास पर चीन आमन्त्रित किया गया और उनका शानदार आतिथ्य–सत्कार हुआ। उनके रहने की व्यवस्था 'जिआंगुओमेन डिप्लोमेटिक कंपाउंड' जैसे बीजिंग के आलीशान रिहाइशी इलाक़े के शानदार अपार्टमेंटों में की गयी, उन्हें प्रत्येक महीने 50,000 रूपये का भत्ता दिया गया और उनके लिए महीने में दो बार चीन के विभिन्न प्रान्तों में मुफ़्त यात्रा की व्यवस्था की गयी। कार्यक्रम की समाप्ति पर उन्हें भाषा सीखने के लिए शिक्षित किया गया और एक चीनी विश्वविद्यालय द्वारा अन्तरराष्ट्रीय सम्बन्धों में डिग्री का प्रमाण–पत्र दिया गया। इन सुविधाओं के साथ–साथ उन्हें आवश्यकतानुसार चीनी उच्चाधिकारियों और मन्त्रियों के साथ सम्पर्क स्थापित करने का मौक़ा भी दिया गया था।

सालों से अमेरिका, ब्रिटेन और यूरोपीय देश अतिथि पत्रकारों को मीडिया फ़ेलोशिप देते रहे हैं लेकिन चीन का उपर्युक्त कार्यक्रम सरकारी नियन्त्रणों के कारण उन सभी देशों में पूरी तरह भिन्न था। चीन में प्रवास की अवधि में किसी भी पत्रकार को किसी को साथ लिए बिना निर्धारित रिपोर्टिंग के लिए अकेले जाने की अनुमति नहीं थी, इसीलिए, जिंगजियांग और तिब्बत जैसे संवेदनशील स्थलों पर या तो रिपोर्टिंग नहीं की जा सकी, और की भी गयी तो उसकी निष्पक्षता पर सवाल खड़े किये गये।

इंडो–एशियन न्यूज़ सर्विस, जनसत्ता और इंडियन एक्सप्रेस जैसे भारतीय मीडिया घराने उनमें शामिल थे जो इस कार्यक्रम में शामिल हुए थे, जबकि 2016 में इनमें से किसी के भी ब्यूरो चीन में नहीं थे। अन्य भारतीय समाचार समूह जो उस समय चीन में उपस्थित थे, उनमें प्रेस ट्रस्ट ऑफ़ इंडिया, दी हिन्दू, इंडिया टुडे, हिन्दुस्तान टाइम्स और टाइम्स ऑफ़ इंडिया जैसी पत्र–पत्रिकाएँ थीं। फ़ेलोशिप की शुरुआत के बाद इंडियन एक्सप्रेस ने तीन में से दो कार्यक्रमों में भाग लिया। इस समाचारपत्र के इस आयोजन में हितों का कोई टकराव नहीं और वह कार्यक्रम में हुई रिपोर्टिंग से मोटे तौर पर सन्तुष्ट नज़र आया। अनेक समूहों का प्रतिनिधित्व करते कुछ पत्रकारों ने चीन से भेजे गये रिपोर्ताज़ों में सायास यह उल्लेख नहीं किया कि वे एक सरकार–प्रायोजित फ़ेलोशिप पर थे। बहरहाल ग़ैर–चीनी सूत्रों से चीन के पक्ष में आयी ख़बरों के प्रकाशन से चीन के निहित स्वार्थों की पूर्ति हो चुकी थी।[13] इसने चीनी आख्यान की प्राणप्रतिष्ठा में बड़ी भूमिका निभायी।

अमेरिका का भूमण्डलीकरण, चीन का आधुनिकीकरण

जैसे–जैसे चीन अपनी स्थिति मज़बूत करता जा रहा है, वैसे–वैसे दुनिया का रोमांच अनुमान भी बढ़ता जा रहा है कि इस प्रतिस्पर्द्धा में वह कब अमेरिका से आगे निकलेगा। बहरहाल दुनिया की सबसे बड़ी अर्थव्यवस्था होने के बाद भी चीन को अभी लम्बी दूरी तय करनी है। अमेरिका का समाज आधुनिकतम तकनीकों और नये अन्वेषी विचारों से समृद्ध है। इसका सबसे बड़ा और मुखर प्रतीक सिलिकॉन वैली है। दुनिया में आज भी कोई ऐसा देश नहीं है जो शोध और विकास के मद में इतना पैसा ख़र्च करता है, और जिसके पास इतनी बड़ी संख्या में उच्च गुणवत्ता वाले अध्ययन–केन्द्र, विशेषतः विश्वविद्यालय हैं। बीसवीं शताब्दी के उत्तरार्द्ध में अंग्रेज़ी पूरी दुनिया में बोले जाने वाली भाषा के रूप में स्थापित हो गयी। इसका श्रेय ब्रिटिश साम्राज्य को नहीं बल्कि अमेरिका की दुनिया के कोने–कोने तक पहुँचने की क्षमता को है। आज विश्व का कोई देश हॉलीवुड के प्रभावों का मुक़ाबला नहीं कर सकता है। अमेरिकी टी.वी. कार्यक्रमों के साथ भी यही स्थिति है। उनके दर्शक दुनिया के सभी कोने

में फैले हुए हैं–चाहे वे अमेरिकी टी.वी. पर आने वाले धारावाहिक हों या फिर न्यूज़ शो हों।

चीन के पास दुनिया भर में घर–घर जाना जाने वाले गूगल, माइक्रोसॉफ्ट, कोका–कोला, वालमार्ट या डिज़्नी की बराबरी करने वाले ब्रांड नहीं हैं। सैनिक और हथियार–बाज़ार में भी बोइंग, लॉकहीड मार्टिन, रेथियान और बहुत सारी दूसरी कम्पनियों का मुक़ाबला करने वाली कम्पनियाँ भी चीन के पास नहीं हैं। अमेरिका की तरह कोई अन्य देश अपने हितों को सुरक्षा बलों की मदद से साधने का लोलुप भी नहीं दिखता। हालाँकि सभी सैनिक अभियान अपने उद्देश्यों में सफल ही नहीं होते, लेकिन अमेरिका के बारे में एक सच्चाई यह भी है कि वह आमतौर पर दुनिया में कहीं भी सैनिक हस्तक्षेप के लिए हमेशा तैयार और उत्सुक रहता है। उसने अपनी पूरी अर्थव्यवस्था को अविभाज्य रूप से अपने सैनिक हितों से जोड़ रखा है, और वैश्विक अर्थव्यवस्था में व्यापक तोड़–फोड़ किये बिना दोनों को एक–दूसरे से पृथक् करना असम्भव है।

चीन का पास ऐसी कोई राजनीतिक वैचारिकता नहीं है जिससे वह यक्ति की निजता, स्वतन्त्रता और लोकतन्त्र जैसे मूल्यों का मुक़ाबला कर सके। ये नैतिकताएँ चीन की साम्यवादी पार्टी के बुनियादी सिद्धान्तों को कहीं से स्वीकार्य नहीं हैं। जब अल–काएदा अपनी गतिविधियों की ओर दुनिया का ध्यान आकृष्ट करना चाहता था तब उसने न्यूयॉर्क को अपना निशाना बनाया, और उसके बाद पूरी दुनिया को यह बात भूलने नहीं दी गयी। अगर उसने किसी और देश पर हमला किया होता तो यह बात पखवाड़े भर में भुला दी गयी होती। एक बात और जिस बारे में आमतौर पर जितनी होनी चाहिए उतनी बात नहीं की जाती है, वह यह है कि अमेरिकी वर्चस्व का सम्बन्ध श्वेत नस्ल की श्रेष्ठता से भी है। अपने क्रियान्वयन में अमेरिकी श्वेत–समाज दूसरी नस्लों को पदानुक्रम में नीचे के पायदान पर निर्वासित करने का अभ्यस्त है।[14] अपने अपरिहार्य उद्भव के बावजूद चीन को अभी बहुत लम्बा सफ़र तय करना होगा।

एक लम्बी अवधि तक चीन दुनिया के सामने ख़ुद को एक मध्य साम्राज्य (Middle Kingdom) की तरह प्रस्तुत करता रहा जिसे उसके उत्तर और दक्षिण की असभ्य और बर्बर जातियाँ और सभ्यताएँ अपनी बन्दगी पेश करती थीं। लेकिन अब वह धीरे–धीरे यह स्वीकार करने

लगा है कि आधुनिक दुनिया में चीन को दुनिया के अनुरूप ख़ुद को बदलना होगा। इसके सिवा कोई दूसरा विकल्प भी नहीं है। वह स्थितियाँ अब समाप्त हो चुकी थीं जब पड़ोसी देशों के नेता चीन की सत्ता को अखण्ड मानते थे और उसकी राजनीतिक–सांस्कृतिक विरासत के सामने नत–मस्तक रहते थे। अब चीन बस इतने भर से ही सन्तुष्ट था कि उसके पड़ोसी एशिया को एक चीन–केन्द्रित उपमहाद्वीप मान लें।

चीनी नेता अपने प्रति यह आश्वस्त हैं कि उनका सम्बन्ध चीन की सर्वश्रेष्ठ हान जाति से है। अमेरिका और चीन के बीच के होड़ का एक कारण सम्भवतः यह श्रेष्ठता–बोध भी है। ख़ुद को दुनिया की प्राचीनतम सभ्यताओं में एक का प्रतिनिधि मानने वाले लोग यदि अपने राजनीतिक, सांकृतिक और जातीय आग्रहों के कारण विश्व–सम्बन्धों को पुनःसंगठित करने में अपने लिए महत्त्वपूर्ण भूमिका चाहते हों तो इसमें कोई अस्वाभाविक बात नहीं है। अगर चीन का विकास होता है तो, वैश्विक सन्दर्भ में इसकी पूर्वनिर्धारित स्थिति से सम्बन्धित आख्यान का भी विकास होगा। अपनी किताब 'व्हेन चाइना रूल्स दी वर्ल्ड–दी एंड ऑफ़ वेस्टर्न वर्ल्ड एंड दी बर्थ ऑफ़ अ न्यू ग्लोबल ऑर्डर' में लिखते हैं, 'अगर पश्चिम अपनी आक्रामक और विजेतावादी प्रवृत्तियों के कारण जाना जाता है तो चीन का परिचय उसके उस श्रेष्ठता–बोध से दिया जा सकता है जो उसे विरासत में मिली है।'[15]

चीन के पक्ष में एक अनुकूल वातावरण के निर्माण में पश्चिमी देशों, विशेष रूप से अमेरिका की अतिरिक्त रुचि और उदार दृष्टिकोण की भी बड़ी भूमिका रही है। लम्बे समय से चीन पश्चिम को अपनी ओर आकर्षित करता रहा है। पर्ल एस. बक की 1931 में प्रकाशित किताब 'दी गुड अर्थ' ने पश्चिमी देशों को 1930 के दशक में चीनी साम्यवाद को एक नयी दृष्टि से देखने के लिए प्रेरित किया था। 1937 में प्रकाशित अमेरिकी पत्रकार एडगर स्नो की किताब 'रेड स्टार ओवर चाइना' माओ के लॉन्ग मार्च और चीन की कम्युनिस्ट पार्टी के प्रचार में ख़ासा मददगार साबित हुई। 1949 में बाह्य हस्तक्षेप की दृष्टि से एक निषिद्ध समाज बनने के बाद से चीन के प्रति शेष दुनिया की जिज्ञासा अप्रत्याशित रूप से बढ़ने लगी थी। ऐसे में डेंग के सुधारों के बाद चीन की नीतियों में अकस्मात आये उदारीकरण ने स्वाभाविक रूप से इस साम्यवादी देश के प्रति पश्चिम के मानस में

एक कौतूहल उत्पन्न कर दिया। इस प्रक्रिया में विचारकों, विश्लेषकों, पुस्तकों और शैक्षणिक शोधों ने महत्त्वपूर्ण भूमिका निभायी। ऐसे में यह कहना ग़लत नहीं होगा कि चीन के आख्यान की स्थापना चीन नहीं बल्कि अमेरिकी और अन्य पश्चिमी विशेषज्ञ कर रहे थे।

एक बात स्पष्ट थी कि वर्चस्व की इस वैश्विक होड़ में अन्तिम रूप से प्रवेश पाने के लिए चीन को अमेरिका के अनुशंसा की आवश्यकता थी। अमेरिका के भूमण्डलीकरण और चीन के उदारीकरण के समन्वय का प्रतिफलन अमेरिकी अर्थव्यवस्था के हित में चीन को दिये गये आकर्षक प्रस्तावों के रूप में सामने आया। सामरिक और राजनीतिक मुद्दों पर अनेक पुराने और अनसुलझे मतभेदों के बावजूद दोनों देशों के बीच व्यापारिक और आर्थिक सम्बन्ध तेज़ी से प्रगाढ़ होने लगे। अमेरिका ने यही उम्मीद लगा रखी थी कि एक बार उत्पादन को चीन और मैक्सिको के बीच विभाजित कर और भारत में अपने बैक–ऑफ़िस कामों के अतिरिक्त अपनी सेनाओं की आउटसोर्सिंग करने के बाद वह नियन्त्रण–कर्ता की स्थिति में आ जायेगा।

थियानमेन चौराहे की घटना और सोवियत संघ के विघटन के कुछ साल बाद ही डेंग जिओपिंग ने चीनियों को निर्देश दिया कि 'किसी भी लक्ष्य को पाने के लिए अपनी क्षमताओं को गुप्त रखने और समय के अनुसार निर्णय लेने की अत्यन्त आवश्यकता है ।'[16] हालाँकि चीन यह बात पहले भी कहता रहा था लेकिन अपने इस गोपनीय सूत्र को सार्वजनिक करने से बचता भी रहा था, क्योंकि उस समय के आख्यान की अपरिहार्यता चीन को उससे भी अधिक कमज़ोर राष्ट्र के रूप में प्रस्तुत करना था, जितना कि वह वास्तव में था। या, इसका एक कारण यह था प्रतिद्वन्द्वी राष्ट्रों द्वारा इस बात के अतिप्रचार से एक प्रपंच की गन्ध आती थी। बहरहाल चीनियों की दृष्टि में डेंग के निर्देशों का एकमात्र औचित्य यह था कि जब तक चीन अपनी स्थिति को अच्छी तरह से मज़बूत नहीं कर लेता, तब तक उसे अपनी विदेशनीति के सन्दर्भ में अपेक्षाकृत अधिक सजग और तटस्थ रहने की आवश्यकता थी। मामूली आक्रामकता भी उसके विरुद्ध विश्व समुदाय में एक संशय का वातावरण बना सकती थी।

1994 में चीन में हुए चीनी, अमेरिकी और एशियाई विचारकों और प्रबुद्धों के एक अधिवेशन में चीनियों ने यह विश्वास दिलाने की पूरी

कोशिश की कि उनका देश किसी के लिए भी ख़तरा नहीं बनेगा। लेकिन 2002 के आते–आते वे अपनी ही प्रतिबद्धता से मुकरते हुए दिखने लगे और चीनी विशेषज्ञों ने स्पष्ट रूप से यह कहा कि चीन अब प्रादेशिक शक्ति के बजाय विश्वशक्ति बनने की दिशा में अग्रसर था। राष्ट्रपति बिल क्लिंटन द्वारा प्रयुक्त अमेरिकी आख्यान का अनुसरण करते हुए चीन की सरकार ने भी इस बात को प्रकट कर दिया कि वह अपने देश और नेताओं के प्रति सम्मान का भाव रखने वाला 'विश्व की एक उत्तरदायी शक्ति' है। 'उत्तरदायी शक्ति' शब्द का प्रयोग सबसे पहले चीनी विद्वान वांग यिजोऊ ने किया था जिसे बाद के वर्षों में क्लिंटन ने अमेरिका के सन्दर्भ में ख़ूब आज़माया। वांग ने 1999 में लिखा था, 'एक सक्रिय और सकारात्मक भूमिका के साथ चीन इक्कीसवीं सदी में अपनी ज़िम्मेदार छवि के साथ प्रवेश करेगा, और समय बीतने के साथ–साथ चीन को एक सम्भावित ख़तरा समझने की मान्यता स्वतः समाप्त होती जायेगी।[17]

पूरब और पश्चिम के बीच 'आमना–सामना'

2019 के अन्त और 2020 के आरम्भ में कोविड–19 महामारी के फैलने से बीसवीं सदी की एक ज़िम्मेदार शक्ति के रूप में चीन की छवि को गहरा नुक़सान हुआ है। अमेरिका और चीन के बीच कटु आरोपों और प्रत्यारोपों ने इस वायरस की उत्पत्ति, प्रकृति और उद्देश्य के बारे में अनेक स्थापनाएँ गढ़ने में व्यापक भूमिका निभायी है। कुछ बहस तो इस सम्भावना पर हुई कि अमेरिका ने ही जनवरी 2020 में इस वायरस को पैदा किया। हैरत की बात यह थी कि ऐसी कुछ अफ़वाहों ने अमेरिका के भीतर ही जन्म लिया था। इन अफ़वाहों को कवच की तरह इस्तेमाल कर चीन ने अपनी साख को बचाने की भरसक कोशिश भी की। बहरहाल कोविड–19 की उत्पत्ति में अपनी भूमिका के सन्दर्भ में चीन ने जैसा प्रतिक्रियात्मक व्यवहार किया उसे बचकाना, असंवेदनशील और प्रभावहीन ही माना जायेगा।

बीजिंग में लन्दन टाइम्स के पूर्व ब्यूरो चीफ़ और अनेक किताबों के लेखक डेविड बोनाविया ने 1989 में प्रकाशित अपनी पुस्तक 'दी चाइनीज़' में विस्तार से यह बताने का प्रयास किया है कि चीन की दृष्टि में 'साख' का क्या मतलब होता है।[18] उनकी दृष्टि में 'साख' आत्मसम्मान और अहंकार से एक भिन्न स्थिति है। उनके अनुसार साख को बचाने का

सबसे बेहतर तरीक़ा अपनी ग़लतियों को स्वीकार नहीं करना है। ईसाई धर्म के प्रचलन की तरह अपनी भूल को स्वीकार कर लेना चीनियों का राष्ट्रीय चरित्र कभी नहीं रहा है। एक ऐसा सद्‌गुण है जो चीन की अन्तरराष्ट्रीय नीतियों में कभी स्वीकार्य नहीं रहा है। दूसरे शब्दों में, चीन के लिए अपनी साख को बचाने का सबसे सफल और सुरक्षित रास्ता अपनी प्रतिद्वन्द्वी अथवा शत्रु की साख को धूमिल करना है। अगर किन्ही दो देशों के बीच अत्यन्त कटु और शत्रुतापूर्ण सम्बन्ध नहीं रहे हों तो किसी समझौते के अन्तर्गत सामान्यतः ऐसा उपाय निकाला जाना अपेक्षित होता है जिसमें पराजित पक्ष भी अपने आत्मसम्मान को कुछ हद सुरक्षित बचाते हुए अन्तरराष्ट्रीय व्यवस्था में बना रह सकता है। पाश्चात्य अवधारणा में नैतिकपूर्ण तरीक़े से हारने वाल़े देश का भी सम्मान है किन्तु चीनी अवधारणा में सिर्फ़ विजेता को सम्मानजनक स्थान देने की परिपाटी है। उदाहरण के रूप में, यदि चीन की फुटबॉल टीम किसी मेहमान विदेशी टीम को हराती है तो यह हारने वाली टीम की इतनी असंयत और अतिरेकी प्रशंसा करती है कि वह बेतरह असहज और शर्मिन्दा हो जाये।

बहरहाल देश हो या विदेश, लेकिन जब वुहान में कोविड–19 फैला तो चीन की साख बचाने में किसी ने भी उसकी मदद नहीं की। कोई विकल्प नहीं देख कर अन्ततः चीन ने भी इस सिद्धान्त को प्रतिपादित किया कि कोरोना वायरस की उत्पत्ति वस्तुतः अमेरिका में हुई थी। इस कयास को कुछ अमेरिकी वेबसाइटों की मदद से भी तूल देने की कोशिशें हुईं। बेशक वायरस द्वारा पूरी दुनिया को आतंकित कर देने का रहस्य खुलने में समय लगेगा, या यह भी सम्भव है कि यह गुत्थी हमेशा के लिए अनसुलझी ही रह जाये। लेकिन इस पूरे प्रकरण के घटनाक्रम पर ध्यान देना आवश्यक है। ऐसा माना जाता है कि नवम्बर 2019 तक वुहान वायरस चीन की धरती से ग़ायब हो चुका था। चीन और अमेरिका ने एक व्यापारिक समझौते पर हस्ताक्षर किये थे जिसके अनुसार किसी भी प्राकृतिक आपदा या किसी अन्य गम्भीर संकट की स्थिति में दोनों देशों के बीच परस्पर परामर्श और सहयोग करने पर भी सहमति बनी थी। कई हफ़्ते बाद, 23 जनवरी, 2020 ने कोरोना वायरस के अपने देश में फैलने की बात की घोषणा करते हुए वुहान में शटडाउन लागू कर दिया।

महामारी का प्रकोप बढ़ने के साथ ही विश्व स्वास्थ्य संगठन (डब्ल्यूएचओ) ने बीजिंग के दबाव में आकर इसकी गम्भीरता को न केवल छुपाने की इजाज़त दी बल्कि इस काम में चीन की भरसक मदद भी की। चीन इस पूरे घटनाक्रम में इतना धृष्ट बना रहा मानो वहाँ सब कुछ सामान्य हो, और उसने वुहान में एक बड़ा उत्सव आयोजित करने की अनुमति भी दे दी जिसमें अनुमानतः 80,000 लोग सम्मिलित हुए।

चीन के आकार, आबादी, निरन्तर बढ़ते हुए सामरिक और आर्थिक प्रभावों से एक बात तो तय है कि देर–सबेर ही सही लेकिन आने वाले दिनों में पश्चिम की प्रभुसत्ता को कड़ी टक्कर मिलेगी। अफ़्रीका, लातिनी अमेरिका और मध्यपूर्व में चीन की सक्रियता बेरोक–टोक जारी है। राष्ट्रपति जी जिनपिंग का सपना पश्चिमी प्रशान्त से लेकर अटलांटिक के समस्त यूरेशियाई भूभाग और हिन्द महासागर पर अपना वर्चस्व स्थापित करने का है। इस पूरे घटनाक्रम का निहितार्थ यह है कि चीन नयी विश्वशक्ति बनने की दिशा में बढ़ने को व्यग्र है, और अमेरिका के साथ उसके इस टकराव से चीन के पक्ष में आख्यान को अधिक आसानी से स्थापित किया जा सकता है।

ऐसे भी चीन और अमेरिका के बीच का यह टकराव अवश्यम्भावी था, और अब इसके परिणाम हमारे सामने आ रहे हैं। लगभग बीस साल पहले आरोन एल. फ्राइडबर्ग जो अब प्रिंसटन विश्वविद्यालय में एक प्रोफ़ेसर हैं, ने 'एशिया पर प्रभुत्व के लिए संघर्ष' नाम से एक आलेख लिखा था। आलेख के आरम्भ में ही उन्होंने लिखा था–

अगले कुछेक दशकों में इस बात की पर्याप्त सम्भावना है कि अमेरिका विश्व पर भौगोलिक–राजनीतिक वर्चस्व की उग्र और खुली प्रतिस्पर्द्धा में स्वयं को चीनी गणतन्त्र के विरुद्ध खड़ा पायेगा। यह परिणति अनिवार्य नहीं है किन्तु अन्तरराष्ट्रीय राजनीति में कुछ घटनाएँ निश्चित रूप से अपरिहार्य हैं। फ़िलहाल यह सोचने का एक ठोस आधार है, बल्कि यह कहना अधिक उपयुक्त होगा कि यह प्रक्रिया पहले से आरम्भ हो चुकी है।[19]

2011 में प्रकाशित अपनी किताब में फ्राइडबर्ग ने यह भी कहा–

अमेरिका और चीन के बीच आमने–सामने संघर्ष या टकराव नहीं होने की स्थिति में भी दोनों देशों के बीच की प्रतिद्वन्द्विता को लेकर पूर्व में प्रकट की गयी आशंकाएँ अब सच होती दिखाई दे रही हैं। दोनों देशों

के बीच सामरिक प्रतिस्पर्द्धा पिछले दशक की तुलना में अब अधिक मुखर रूप में प्रकट होने लगी है।[20]

1900 में पश्चिमी वर्चस्व में दरार और यूरोपीय साम्राज्यों के पतन के आरम्भ ने पूरब और पश्चिम के बीच के टकराव को अपरिहार्य बनाने में महत्त्वपूर्ण भूमिका निभायी। पश्चिमी आधिपत्य के पतन की दृष्टि से द्वितीय विश्वयुद्ध की समाप्ति एक निर्णायक मोड़ सिद्ध हुआ।[21] चीन ख़ुद को केवल एक उभरती हुई ताक़त के रूप में ही नहीं देखता है, बल्कि देश के राजनेता समझते हैं कि वे चीन को उसके अतीतगौरव के दिनों में वापस ले जा रहे हैं, और अपनी पुरानी प्रभुसत्ता और प्रभाव को दोबारा हासिल करना उनका सहज लक्ष्य है।[22] चीनियों का यह दृढ़ विश्वास है कि उनकी सभ्यता दुनिया में अतुलनीय और सर्वश्रेष्ठ है, और पूर्वी एशिया इस महानतम सभ्यता की धुरी है।

चीन ने अमेरिका में अपने आख्यान के विस्तार के वर्तमान सदी के दूसरे दशक को उपयुक्त समय माना, और इस दिशा में आक्रामक पहल शुरू की। 2019 में चीनी सरकार का प्रवक्ता समझे जाने वाली चाइना डेली ने अमेरिका के अनेक महत्त्वपूर्ण अख़बारों के कोई 500 से भी अधिक पन्ने अपने प्रयोजन को सिद्ध करने वाली सामग्रियों के प्रकाशन के लिए ख़रीद लिए। इन पृष्ठों का उपयोग हांगकांग, तिब्बत और जिनजियांग में होने वाले विरोध–प्रदर्शनों को सकारात्मक घटनाओं के रूप में प्रस्तुत करते हुए अनेक प्रचारात्मक आलेखों के प्रकाशन के लिए किया गया। मुख्यधारा के तीन समाचारपत्रों ने चाइना डेली के पक्ष में 'चाइना वाच' नाम से आर्थिक भुगतान की शर्त पर परिशिष्ट प्रकाशित करने का काम किया। उन परिशिष्टों की रूपरेखा ऐसी बनायी गयी थी मानो उनमें प्रकाशित होने वाली रपटें सच्ची घटनाओं पर आधारित थीं।

दिसम्बर 2018 में वाशिंगटन डीसी के एक कंजर्वेटिव विचारमंच 'हेरिटेज फ़ाउंडेशन' ने इस विषय पर एक परिचर्चा का आयोजन किया कि 'क्या चीन हॉलीवुड पर क़ब्ज़ा करने के प्रयास में है।'[23] पिछले कुछ सालों से चीन में अनेक सफल अमेरिकी फ़िल्मों को वित्तीय मदद देने और सिनेमाघरों को ख़रीदने की प्रवृत्ति बढ़ती जा रही थी। चूँकि सबसे बड़ी सिनेमाप्रेमी आबादी के रूप चीन तेज़ी से उभर रहा था, लिहाज़ा चीन के सेंसरशिप नियम और क़ानूनों को मानने के लिए अमेरिका की

फ़िल्म–निर्माण कम्पनियाँ हाथ बाँधे क़तार में खड़ी थीं। लाभ के लोभ को नियन्त्रित करना असम्भव था। चीन के बाज़ार को ध्यान में रखते हुए हॉलीवुड ने चीनी दर्शकों के पसन्द आ सकने वाली फ़िल्मों का निर्माण तेज़ी से आरम्भ कर दिया, और चीन के सेंसरशिप क़ानूनों को प्राथमिकता देने लगे। वर्तमान और भविष्य की दृष्टि से चीन द्वारा हॉलीवुड में निवेश किये गये धन के कारण चीन कमोबेश एक दृढ़ नियन्त्रण की स्थिति में है। वह किसी भी दूसरे विकसित देश की तरह ही हॉलीवुड के फ़िल्मोद्योग का उपयोग अपनी छवि को सँवारने के लिए करने में सक्षम है।

चीन की विशाल कम्पनी अलीबाबा ने 2015 में हॉलीवुड की फ़िल्म मिशन इम्पॉसिबल–रोग नेशन में पैसे लगाये थे, और चाइना फ़िल्म ग्रुप ने फ़िल्म फ़ास्ट एंड फ़्युरीयस 7 में निवेश किया था। इस फ़िल्म ने क़ामयाबी के सभी कीर्तिमान तोड़ दिये थे। चीनी की मनोरंजन और तकनीकी संस्था स्मज्ट ने 2015 में लॉस एंजल्स में अपना दफ़्तर खोला था, और उसी वर्ष एक दूसरी चीनी कम्पनी हुई ब्रदर्स ने अमेरिकी कम्पनी 'एस.टी.एक्स. इंटरटेनमेंट' के साथ एक दर्ज़न या उससे भी अधिक फ़िल्म बनाने के करार पर दस्तख़त किया। जनवरी 2016 मेंडालियन वांडा ग्रुप ने लीजेंडरी पिक्चर्स का अधिग्रहण कर लिया और इस तरह अमेरिका में एक स्टूडियो का मालिक बनने वाली पहली चीनी कम्पनी बन गयी। चीन द्वारा अथवा चीनी कम्पनियों द्वारा किये गये निवेश से फ़िल्म बनाने का प्रचलन हॉलीवुड में अब दिन–ब–दिन बढ़ता जा रहा है।

अमेरिकी मीडिया में चीन के निवेश के अतिरिक्त डिजिटल प्लेटफॉर्म नेटवर्क में निवेश के कारण चीन के आख्यानों पर अमेरिका का प्रभाव पड़ने की सम्भावना और भी कमतर होती जा रही है, और आने वाले वर्षों में स्थितियाँ शायद बिल्कुल उलट जायें। बाज दफ़ा तो चीनी लोग हॉलीवुड के गिनेचुने अभिनेताओं का कॅरियर तय करने की स्थिति में होते हैं। मिसाल के तौर पर किसी ज़माने में रिचर्ड गे़रे हॉलीवुड की गिनती हॉलीवुड के बड़े अभिनेताओं में होती थी लेकिन जैसे ही चीन ने दलाईलामा के साथ उनकी निकटता पर आपत्ति जताई, अमेरिकी फ़िल्मोद्योग ने फ़ौरन उनसे किनाराकशी कर ली। अमेरिकी दर्शक चीन की सेंसर के अनुमोदन के बिना तिब्बत, उइगरों या थियानमेन नरसंहार पर बनी फ़िल्म शायद ही कभी देख सकें।

हांगकांग और शेनझेन स्थित फ़ीनिक्स टेलीविज़न ने कनाडा और अमेरिकी में केबल, उपग्रह और आईपीटीवी के माध्यम से अपनी महत्त्वपूर्ण उपस्थिति दर्ज करायी है। आंशिक रूप से सरकारी स्वामित्व वाली यह कम्पनी अपने देश में मैंडरिन और कंटनीज़ भाषा में अपने कार्यक्रम प्रस्तुत करती है लेकिन प्रवासियों की अपेक्षाओं पर भी खरा उतरती है और अमेरिका में जा बसे चीनियों के लिए अमेरिकी प्रभावों के विरुद्ध कवच का काम भी करती है। इसके संस्थापक और मुख्य कार्यकारी अधिकारी (सीईओ) लिऊ चांगले चीन की कम्युनिस्ट पार्टी के अत्यन्त अन्तरंग थे और पीएलए के एक अधिकारी थे। सांस्कृतिक क्रान्ति के काल में लिऊ ने एक मुस्तैद रेडियो पत्रकार की भूमिका निभायी। इस बात ने चीन को न केवल मीडिया में एक ऊँची हैसियत दी, बल्कि बाहरी दबावों से उसकी रक्षा भी की। इसके विपरीत भारत अभी तक अमेरिकी टेलीविज़न नेटवर्क में अपनी कोई जगह बना पाने में नाकाम रहा है, और प्रिंट मीडिया में भी इसकी उपस्थिति बहुत सीमित रही है।

चीन ने अमेरिका के विरुद्ध अपनी पहली युद्धभूमि के रूप में एशिया–प्रशान्त क्षेत्र का चयन किया था जहाँ अमेरिका का प्रभाव धीरे–धीरे कम होता जा रहा था।[24] एक अमेरिकी टी.वी. टॉक शो के मेज़बान चार्ली रोज़ को 2009 में दिये गये एक साक्षात्कार में सिंगापुर के प्रधानमन्त्री ली कुआन येव ने कहा था, 'इक्कीसवीं सदी प्रशान्त क्षेत्र में अधिपत्य के होड़ का युग होगा क्योंकि विकास का रास्ता इसी क्षेत्र से खुलता है। दुनिया का एक बड़ा और आर्थिक रूप से ताक़तवर तबक़ा यहीं से निकलेगा। वे देश जो प्रशान्त क्षेत्र में अपना पाँव जमाने से वंचित रह जायेंगे वे स्वतः इस होड़ से बाहर हो जायेंगे। वे कभी भी दुनिया का नेतृत्व नहीं कर सकेंगे।'[25]

अमेरिकियों ने यह बात समझी तो ज़रूर होगी लेकिन या तो उन्होंने इसको अनसुना कर दिया या फिर शायद किसी झिझक ने उन्हें इस पहल से रोक दिया। चीनियों ने भी इस बात को सुना और विश्व के सुदूर भागों तक पहुँचने से पहले प्रशान्त क्षेत्र में अपनी शक्ति को संगठित करने में जुट गये। ली कुआन येव ने बिल्कुल ठीक कहा था–ख़ासतौर पर कोविड–19 के बाद के घटनाक्रम के परिप्रेक्ष्य में उनके अनुमान की गम्भीरता को बेहतर तरीक़े से समझा जा सकता है। यदि चीन प्रमुख

शक्ति के रूप में अमेरिका को हिन्द महासागर और प्रशान्त महासागर जैसे महत्त्वपूर्ण क्षेत्रों से अपदस्थ करने में क़ामयाब हो जाता है तो इससे भारत सहित दुनिया के अन्य देशों के हितों पर एक बड़ा ख़तरा उत्पन्न हो जायेगा। सुन त्जु ने कहा है कि युद्ध की सर्वोच्च कला वह मानी जायेगी जो दुश्मन को युद्ध किये बिना पराजित कर दे, लेकिन उनके ज़ेहन में यह बात सपने में भी नहीं आयी होगी कि दुनिया को कभी कोविड–19 का सामना भी करना होगा। बहरहाल वर्चस्व की इस होड़ में फ़िलहाल अपने प्रति बदली हुई धारणा के साथ चीन पिछड़ता हुआ दिख रहा है।

महामारी बनाम महाशक्तियों की राजनीति

हाल–फ़िलहाल तक चीन अपनी उत्कर्ष–यात्रा की ओर अग्रसर था। अपने 'रोड एंड बोर्डर इनिसिएटिव' के माध्यम से अपनी गतिशील वैश्विक भौगोलिक–राजनीतिक और भौगोलिक–सामरिक उपस्थिति दर्ज करते हुए उसने पूरी दुनिया को सकते में डाल दिया था। हावेई के 5जी तकनीक को पेश कर उसने अपनी तकनीकी क्षमताओं से भी दुनिया को परिचित करा दिया था, और अमेरिका के साथ व्यापारिक प्रतिस्पर्धा में उसने यह साबित कर दिया था कि इस होड़ में वह अमेरिका के साथ बराबर का भागीदार है। लेकिन, नये–नये कोरोना वायरस जिसे कुछ अमेरिकी हलकों में 'सीसीपी वायरस' के नाम से भी जाना जाता है, ने चीन की पूरी पोल खोल कर रख दी। वैश्विक. मंच पर चीन की अकड़ शायद उसके अपरिपक्व अहंकार का ही प्रतिफल थी। एक देश के रूप में चीन अभी जिन स्थितियों से गुज़र रहा है, वे कहीं ज़्यादा चिन्ताजनक हैं। यह चीन की सुनियोजित साज़िश थी अथवा किसी घबराहटपूर्ण घटना के कारण ऐसा हुआ, यह विवाद का मुद्दा हो सकता है किन्तु एक बात निर्विवाद है कि कोरोना वायरस ने समस्त मनुष्य प्रजाति के अस्तित्व को ख़तरे में डाल दिया। चीन के विरुद्ध प्रतिकूल अवधारणा की स्थापना के लिए यही पर्याप्त कारण था। ज़ाहिरन कोविड–19 के फैलने के बाद चीन दुनिया के लिये बहुत प्यारा नहीं रह गया था।

चीनी नेतृत्व के लिए यह कोई शर्मिन्दगी महसूस करने वाली घटना नहीं लगती थी, लिहाज़ा इस मुद्दे पर उसके अफ़सोस ज़ाहिर करने या माफ़ी माँगने की उम्मीद करना ही ग़लत था। ऐसे भी स्वीकारोक्ति

प्रकट करने से चीन की तथाकथित 'साख' को भारी आघात पहुँचता। जैसा कि ऑब्ज़र्वर रिसर्च फ़ाउंडेशन के निदेशक, अध्ययन, और सामरिक अध्ययन कार्यक्रम के अध्यक्ष हर्ष वी. पन्त ने लेखक से कहा, 'अपने देश में उत्पन्न हुए महामारी के बावजूद चीन ने बाहुबल के प्रदर्शन का अपना पुराना खेल जारी रखा और न केवल अपने नौसैनिकों का युद्धाभ्यास कराया बल्कि दूसरे देशों की मछली पकड़ने वाली नौकाओं को समुद्र में डुबोने जैसा निन्दनीय काम भी किया। जिस समय पूरी दुनिया चीन के ग़ैर–ज़िम्मेदाराना रवैये के लिए उसे धिक्कार रही थी, उस समय 'चीन दुनिया में फैली अव्यवस्था का लाभ उठाने के प्रयासों में व्यस्त था।'

वैश्विक महामारी के इस दुर्निवार समय में महाशक्तियों का राजनीतिक खेल आने वाले दिनों के लिए एक नयी सुरक्षा चुनौती है। अन्तरराष्ट्रीय संस्थानों से कहाँ तो यह आशा की जा रही थी कि वे सुरक्षा सम्बन्धी चुनौतियों से निबटने में मानवीय समुदायों की मदद करेंगे लेकिन यहाँ तो दुनिया के सभ्य राष्ट्र ही इन आशाओं को तार–तार कर देने पर तुले थे। स्थितियाँ चाहे जो हुई हों, लेकिन कोरोना वायरस ने अमेरिका और चीन के बीच की खाई को चौड़ा और गहरा करने का ही काम किया।

अतीत में चीन और अमेरिका ने साथ मिल कर अनेक वैश्विक संकटों का समाधान तलाशने की दिशा में काम किया था, लेकिन बदक़िस्मती से इस बार ऐसा नहीं हुआ। डोनाल्ड ट्रम्प की 'अमेरिका फर्स्ट' की नीति के कारण उसके सहयोगी देश उससे पहले से नाराज़ थे, लेकिन दवाइयों की आपूर्ति–नीति में परिवर्तन, नियमित ख़रीरदारों की अवहेलना और अमेरिकी कम्पनियों द्वारा 'होस्पिटल–ग्रे एन–95' मास्क के निर्यात पर प्रतिबन्ध जैसे कारणों से उनकी नाराज़गी और बढ़ी। वाशिंगटन ने बीजिंग की राह को आसान करते हुए पश्चिम के अनेक देशों को चीनी सामानों पर एक तरह निर्भर बना दिया, और उनके सामने कमोबेश एक विकल्पहीनता की स्थिति उत्पन्न कर दी। इस सुविधा ने चीन को अपने प्रभाव का विस्तार करने में काफ़ी मदद पहुँचायी और चीन ने इसका उपयोग संकट के समय में एक मददगार राष्ट्र के रूप में अपनी छवि को भुनाने में किया। अब बदले हुए परिदृश्य में चीन और अमेरिका के बीच की होड़ आगे भी जारी रहने वाली है, और अतीत में राष्ट्रसंघ सुरक्षा परिषद्–जिसके निर्देश और परामर्श को दुनिया में अब कोई नहीं मानता, और विश्व स्वास्थ्य संगठन

जिसकी विश्वसनीयता कोविड–19 के बाद दो कौड़ी की रह गयी है–जैसे संगठनों के पतन के कारण सबसे बड़ा नुक़सान अमेरिका के वैश्विक वर्चस्व को उठाना पड़ेगा।

न्यूयॉर्क के 'एपॉक टाइम्स' द्वारा बनाया गया एक अनुसन्धानात्मक वृत्तचित्र इस बात का संकेत करता है कि कोरोना वायरस एक पुनःसंयोजन की घटना का परिणाम था–प्रयोगशाला में किया गया एक अनुसन्धान जिसमें दो भिन्न वायरसों का पुनर्मेल किया गया था। यह सीफूड बाज़ार में पाया जाने वाला कोई आम वायरस नहीं था स्तम्भकार और चीनी मामलों के विशेषज्ञ गॉर्डोन चांग ने इस वायरस पर टिप्पणी करते हुए चीन के साम्यवाद को एक बुराई बताया। ठीक–ठीक उनके शब्दों में कहा जाये तो, 'हर देश को कोई रोग होता है, लेकिन चीन में यह रोग राष्ट्रीय आपातकाल और वैश्विक आपातकाल के रूप में देखा जा सकता है क्योंकि यहाँ का वास्तविक रोग साम्यवाद है।'[26]

बहरहाल दुनिया को एक–न–एक दिन सच का पता लग ही जायेगा। तब इस बात पर आश्चर्य व्यक्त करते हुए चर्चा होगी कि इसकी शुरुआत किसने की थी और उसकी क्या मंशा रही होगी। दुनिया पीछे मुड़ कर अपनी अस्तव्यस्त या नष्ट हो चुकी अर्थव्यवस्था और महामारी के कारण मारे गये असंख्य लोगों को देखेगी, और इस बात पर हैरान होगी कि यह सब सिर्फ़ दुनिया पर अपना नियन्त्रण स्थापित करने और किसी व्यक्ति विशेष के अहंकार को तुष्ट करने के लिए किया गया। आज का समय और उस वक़्त के आने के बीच की जो अवधि है उसमें चीन अपनी छवि को दुरुस्त करने की क़वायद में जी–जान लगा देगा। बहरहाल, अभी तो एक उत्तरदायी राष्ट्र के रूप में विश्व समुदाय के सामने स्वयं को प्रस्तुत करने की उसकी कोशिशों को करारा झटका लगा है।

कोविड–19 के कारण जिस तरह से अवधारणाएँ बदली हैं उससे चीन के व्यापारिक हितों पर भी नकारात्मक प्रभाव पड़ने की सम्भावना है। मिसाल के रूप में हावेई के 5जी तकनीक को बेचने की उसकी कोशिशों को लिया जा सकता है। भारत का विशाल बाज़ार और उसकी भावी ज़रूरतें हावेई के लिए एक आकर्षक और लाभकारी लक्ष्य है। लेकिन राष्ट्र द्वारा नियन्त्रित हावेई को प्रवेश की अनुमति देना भारत जैसे संवेदनशील देश के लिए सामरिक, तकनीकी, भौगोलिक–राजनीतिक और

क़ानूनी–सभी दृष्टि से अनुपयुक्त है। यह कम्पनी भारत में मनमाने तरीक़े से और स्वतन्त्र अस्तित्व के रूप में काम करने का प्रयास करेगी, और हर किसी को इसका सहज आभास है कि ऐसी स्थिति भारत के लिए किसी रूप में हितकारी नहीं है। हावेई को चीन की सरकार ने वित्तीय मदद दी है और अमेरिका में बौद्धिक सम्पदा की चोरी से जुड़े मसलों में उसकी भूमिका होने के कुछेक साक्ष्य भी उपलब्ध हैं।

चाइनीज़ नेशनल सिक्यूरिटी कमीशन और पीएलए द्वारा हावेई में निवेश की बात को सीआईए ने ही उजागर किया है। जनवरी 2019 में अमेरिका की सरकार ने कम्पनी को व्यापारिक गोपनीयता की चोरी, वायरटैप और न्यायप्रणाली को बाधित करने का दोषी पाया था।[27] चूँकि गोपनीयता की चोरी को वैध ख़ुफ़िया गतिविधियों का एक हिस्सा माना जाता है, लिहाज़ा भारत के प्रति चीन के रवैये और देश के हितों के विरुद्ध उसकी भौगोलिक–राजनीतिक शत्रुता के कारण हावेई की सम्भावित और सन्दिग्ध भूमिका को लेकर भारत का सशंकित रहना स्वाभाविक है। क़ानूनन देश के लिए गुप्तचरी करने के लिए चीन को निजी कम्पनियों की ज़रूरत पड़ती है।[28] जब तक चीन भारत के प्रति अपनी अवधारणा नहीं बदलता है, और इस बदलाव के पक्ष में प्रमाण नहीं देता है, हावेई या उसकी तरह किसी अन्य प्रस्ताव से दूर रहना ही देश के लिए श्रेयस्कर होगा। सच तो यही है कि वैश्विक महामारी के बाद की स्थितियों में चीन को पूरी दुनिया को फिर से आश्वस्त करना होगा कि वह एक ज़िम्मेदार शक्ति है। इस क्रम में हर किसी को यह भी याद रखने की ज़रूरत है कि कोई भी देश आत्मनिर्भर होकर ही महान बन सकता है। उधार लिए गये पंखों से वह लम्बी दूरी कभी तय नहीं कर सकता।

रोबर्ट स्पाल्डिंग की किताब 'स्टील्थ वॉर–हाउ चाइना टुक ओवर व्हाइल अमेरिका'ज इलीट स्लेप्ट' सम्भवतः सबसे विस्तृत तरीक़े से यह बताती है कि एक राष्ट्र ने शून्य से शिखर तक की यात्रा कैसे तय की। महाशक्तियों के बीच इक्कीसवीं सदी में होने वाला युद्ध बम और मिसाइलों से नहीं बल्कि अधिक–से–अधिक डॉलरों, व्यापार, डेटा, सूचनाओं और निर्माण से लड़ा जायेगा। अवधारणाएँ और आख्यान नयी सामरिक नीतियाँ होंगी। चीनियों को यह खेल पहले समझ आ गया, जबकि अमेरिकी घातक सामरिक हथियार बनाने में ही व्यस्त रहे। चीनी इस युद्ध को एक

भी गोली चलाये बिना जीतना चाहते थे। उनकी योजना अर्थव्यवस्था, सैनिक, तकनीक, आधारभूत ढाँचा और वैश्विक कूटनीति पर अपना वर्चस्व स्थापित करने की रही है। दूसरी तरफ़ पश्चिम के लिए उसकी चार आवश्यक स्वतन्त्रताएँ—अभिव्यक्ति, धर्म, इच्छा से आज़ादी और भय से आज़ादी अधिक महत्त्वपूर्ण थीं। चीन की कम्युनिस्ट पार्टी के लिए इन सिद्धान्तों का कोई महत्त्व नहीं था, और उसने अपने लिए गोपनीयता का एक पृथक सिद्धान्त चुनना बेहतर समझा।

पीपल्स रिपब्लिक ऑफ़ चाइना में, चीन की जनता सरकार की प्राथमिकताओं में सबसे अन्त में आती है। देश में जो सर्वोच्च शक्तिशाली संस्था है, वह चीन की कम्युनिस्ट पार्टी (सीसीपी) है। देश में किसी भी दूसरी संस्था की शक्ति का स्रोत यही है। पीएलए भी चीन नहीं अपितु सीसीपी के प्रति स्वयं को उत्तरदायी समझता है। मीडिया पर सीसीपी का नियन्त्रण है, चीन का कारोबार जगत सीसीपी के इशारे पर चलता है, और गुप्तचर एजेंसियाँ भी कम्युनिस्ट पार्टी के प्रति उत्तरदायी हैं। लेकिन सीसीपी का तात्पर्य गहरे रंग के सूट, सफ़ेद क़मीज़ और मैरून रंग की टाई पहने, और पुरुषों की प्रधानता वाले उस समूह मात्र से नहीं है जो पार्टी कांग्रेस के महाधिवेशनों में तालियाँ बजाता हुआ पार्टी के निर्णयों के साथ अपनी सहमति प्रकट करता हुआ दिखता है। सीसीपी अनिवार्य रूप से एक केन्द्रीकृत संस्था है जिसमें अन्तिम सत्ता पार्टी की स्टैंडिंग कमिटी और उसके ऊपर पार्टी के पोलित ब्यूरो से होकर गुज़रती हुई अन्ततः चीन के वास्तविक सर्वशक्तिमान व्यक्ति अर्थात् पार्टी महासचिव, केन्द्रीय सैनिक आयोग के सभापति और देश के राष्ट्रपति शी जिनपिंग में निहित है। आज के दिन दुनिया का कोई भी दूसरा राष्ट्राध्यक्ष कामरेड जि जितना शक्तिशाली नहीं है।

शी जिनपिंग के नेतृत्व में ही सीसीपी ने दूसरे देशों की राजनीति और अर्थव्यवस्था को प्रभावित करने और हस्तक्षेप की नीति का उपयोग करते हुए पूरी दुनिया को अपने हितों के अनुरूप बदलने के सुविचारित अभियान की शुरुआत की है। यह अभियान यद्यपि कुछ साल पहले ही शुरू हो चुका था लेकिन हाल के वर्षों में यह अधिक आक्रामक और योजनाबद्ध हो गया है। यह आक्रामकता केवल औपचारिक कूटनीतिक आचरणों में नहीं बल्कि एक सुनियोजित गोपनीयता में भी अभिव्यक्त हुई है,

और इसका लक्ष्य दुनिया के उन सभी लोकतन्त्रों को दुर्बल करना है जिनसे चीन की व्यवस्था को ख़तरा उत्पन्न हो सकता है। सिद्धान्त रूप में सीसीपी ने अपने बाह्य सम्बन्धों के आधार पर दुनिया को तीन हिस्सों में बाँट रखा है। पहली श्रेणी में वे देश हैं जो चीन के मित्र हैं। उनकी संख्या गिनी–चुनी है। इन मित्रों में पाकिस्तान और उत्तर कोरिया शामिल हैं। दूसरी श्रेणी में तटस्थ देश शामिल हैं जो भविष्य में चीन के मित्र और शत्रु दोनों में से कुछ भी बन सकते हैं। ये देश भौगोलिक दृष्टि से छोटे और आर्थिक–राजनीतिक रूप से कमज़ोर होने के बावजूद संसाधनों की दृष्टि से समृद्ध हैं। और सबसे अन्त में चीन के शत्रु जिनमें दुनिया के सभी लोकतान्त्रिक देश आते हैं। इन देशों में अमेरिका, भारत और हाल फ़िलहाल शामिल हुए ऑस्ट्रेलिया सहित अनेक दूसरे देश हैं। हाल फ़िलहाल शत्रुओं की सूची में अधिकतर वैसे देश शामिल हैं जिन्होंने कोरोना वायरस की महामारी के विस्तार में चीन की भूमिका के सम्बन्ध में जाँच–पड़ताल की माँग की थी। इन देशों को समयानुसार सबक सिखाना चीन की सबसे बड़ी प्राथमिकता है।

भारत भी तीसरी श्रेणी में शामिल देशों में एक है। यह एक क़ामयाब लोकतन्त्र है, किसी की चापलूसी करना या किसी को अपना सरपरस्त मान लेना भारत के स्वभाव के प्रतिकूल है, और थोड़ा विलम्ब से ही सही उसने चीन की 'बेल्ट एंड रोड' योजना के प्रति अपनी असहमति और नाराज़गी जतलाई। बीआरआई शी के जीवन का सबसे महत्त्वाकांक्षी स्वप्न है और किसी भी स्तर पर उसका विरोध एक अक्षम्य और दण्डनीय अपराध है। सीसीपी शत्रु–देशों के भीतर सामाजिक अन्तराल पैदा करने की नीयत से तरह–तरह के राजनीतिक हथकण्डों का इस्तेमाल करने को भी ग़लत नहीं मानता है। यहाँ ऑस्ट्रेलिया का मामला उदाहरण के रूप में देखा जा सकता है जहाँ सीसीपी ने कैनबरा की असहमति के बाद भी विक्टोरिया के साथ एक समझौता करने का प्रयास किया था। इस पहल को केन्द्रीय अथवा संघीय सरकार और राज्य अथवा प्रान्तीय सरकार के बीच मतभेद पैदा करने के एक प्रयास के रूप में देखा जा सकता है। अपनी पुस्तक 'हिडेन हैण्ड–एक्सपोजिंग हाउ दी चाइनीज़ कम्युनिस्ट पार्टी इज़ रिशेपिंग दी वर्ल्ड' में क्लाइव हैमिल्टन और मरिएक आल्बर्ग ने इस विषय पर विस्तारपूर्वक और रोचक तरीक़े से लिखा है।[29]

इस पुस्तक में सीसीपी द्वारा वैश्विक आख्यान को परिवर्तित कर अपनी स्वयं की स्थिति को दृढ़ करने की इच्छा के विषय में विस्तृत उल्लेख मिलता है। इसके उद्देश्य के लिए वह पश्चिम के उन देशों में रहने वाले अपने रसूख़दार और प्रभावशाली मित्रों का निरन्तर उपयोग करता रहा है जिनसे उसका हित जुड़ा हुआ है, और उसके निशाने पर प्रायः राजनीतिक दल, कारोबार जगत, शिक्षाविद् और शिक्षण संस्थान और सांस्कृतिक विचारधाराएँ होती हैं। बहरहाल शी का चीन अब एक समय में एक ही शत्रु से निबटने की अपनी पुरानी परिपाटी से मुक्त होने को आतुर है। अब उसने एक ऐसी केन्द्रीकृत और नियन्त्रित व्यवस्था विकसित कर ली है जो एक साथ अनेक मोर्चों पर निपटने में सक्षम है। आज का चीन तकनीक और रणनीतिक मामलों में किसी भी उदार लोकतन्त्रों की तुलना में कम समर्थ नहीं दिखता है।

2020 में चीन अपने विरोधियों के सवालों के कठघरे में खड़ा दिखता है। इसका उत्तर समय ही देगा कि इस स्थिति के लिए उसका दम्भी और अड़ियल रवैया ज़िम्मेदार है अथवा अपनी आन्तरिक मुश्किलों से दुनिया का ध्यान भटकाने की उसकी बाहरी कोशिशें इसकी मुख्य वजह है। चीन अपने आरम्भिक साम्राज्यों के तर्ज पर प्रभुत्व की अपनी पुरानी अवधारणा से प्रेरित है जिनका आधार मुख्यतः बल प्रयोग था। इन उपायों के इस्तेमाल से वह भौगोलिक–सामरिक उद्देश्यों के लिए आवश्यक भूक्षेत्रों पर जबरन अपनी प्रभुसत्ता स्थापित करना चाहता है। दक्षिणी प्रशान्त और अफ़्रीकी देशों की सरकारें, राजनीतिक पार्टियाँ, राजनेता और चीन का अपना प्रभाव इस प्रयास में उसके सहयोगी हैं और प्रकारान्तर में चीन के आख्यान का बचाव भी करते हैं।[30] उसकी नज़र आने वाले कल पर टिकी है। 2021 माओ द्वारा स्थापित सीसीपी की स्थापना का शताब्दी वर्ष है। चीन निश्चित रूप से इस अवसर को तामझाम के साथ मनाना चाहेगा और उसका आख्यान भी इसी की ओर लक्षित होगा।[30]

इक्कीसवीं सदी के पहले दशक में उत्पादन के वैश्विक केन्द्र के रूप में चीन के उत्थान ने इन सवालों को भी जन्म दिया है कि उसके आर्थिक विकास का पूरी दुनिया पर तत्काल, और दस साल बाद क्या असर पड़ेगा। दुनिया की सबसे बड़ी अर्थव्यवस्था के रूप में चीन के सम्भावित वर्चस्व और इसके परिणामस्वरूप पूर्वी एशिया के स्वाभाविक

दबदबे को लेकर भी विश्वमानस में अनेक कौतूहलपूर्ण प्रश्न हैं। पिछले अनेक दशकों में चीन के व्यवहार को देखते हुए बहुतों के मन में यह सन्देह है कि विश्व के सबसे अग्रणी देश (यदि ऐसा होता है तो) के रूप में उसका आचरण अन्तरराष्ट्रीय व्यवस्था के अनुरूप शायद ही होगा। 2020 के शुरुआती संकेत हमें आगाह करने के लिए पर्याप्त हैं, क्योंकि चीन दुनिया में एक गम्भीर और चुनौतीपूर्ण विवाद के केन्द्र के रूप में प्रकट होने के बाद उसने अपने व्यवहार की झलक दिखा दी। जब दुनिया को महामारी का पता चला था तब चीन ने इस मुद्दे को अपने देश के भीतर बर्बरतापूर्ण तरीक़े से दबाने का प्रयास किया था। उसने इनकार के साथ साथ विषयान्तर की दोहरी नीतियों को अपनाया। कुछ समय के लिए तो उसने ख़ुद को शिकार के रूप में प्रस्तुत किया ही, बल्कि इस गम्भीर संकट में ख़ुद को मददगार होने का दिखावा भी किया। 2020 के मध्य तक चीन ने ग़लत सूचनाओं और जानकारियों के ज़रिये अपने ख़िलाफ़ बनी धारणा को बदलने का जी–जान से प्रयास किया, लेकिन कमयाबी नहीं मिली देखकर अन्ततः उसने तरीक़े और नीति दोनों सख़्त कर लिए। उसने एक ज़िम्मेदार विश्व की महाशक्ति बनने की एक कमज़ोर कोशिश भी की। भारत जैसे देश जो मानवीय और लोकतान्त्रिक मूल्यों के कारण पश्चिमी आदर्शों से अधिक निकट हैं, को पर्यावरण और प्राकृतिक आपदाओं के कारण अपने सपनों को हासिल करने में अवरोधों से गुज़रना पड़ रहा है। आने वाले समय में अवधारणाएँ और प्रतिक्रियाएँ निश्चित रूप से बदल जायेंगी।

कॉरपोरेट जगत के सपने

1989 में बर्लिन की दीवार गिरा दी गयी। दो साल बाद सोवियत संघ का भी पतन हो गया। संयुक्त राज्य अमेरिका और उसके मित्र–देश शीतयुद्ध में विजय प्राप्त कर चुके थे। पूरी दुनिया एक नयी विश्वव्यवस्था की शुरुआत की ख़ुमारी में डूबी थी। अमेरिका के लिए भी यह बिल्कुल सही वक़्त था कि वह अपनी भारी–भरकम सुरक्षा प्रणाली पर पानी की तरह पैसे ख़र्च करने के औचित्य पर पुनर्विचार करे।

इस भावना से प्रेरित होकर 1993 में पद की शपथ लेने के कुछ समय बाद ही राष्ट्रपति बिल क्लिंटन ने सुरक्षा और ख़ुफ़िया बजट में कटौती की शुरुआत कर दी। यहाँ तक कि उन्होंने संघीय सूचनातन्त्र के निदेशक जेम्स वूल्सी के साथ अपनी औपचारिक मुलाक़ातों को भी बहुत सीमित कर दिया। अब उन दोनों की मुलाक़ातें इतने कम अवसरों पर होने लगीं कि जब 1995 में एक आदमी ने अपने छोटे–से खिलौने सरीखे विमान को वाइट हाउस की लॉन पर दे मारा तो वाशिंगटन डीसी के कुछ हलकों में बतौर मज़ाक़ यह बात कही जाने लगी कि दरअसल विमान में वूल्सी बैठे हुए थे जो क्लिंटन से मिलने की कोशिश कर रहे थे।

जनवरी 1995 में अवकाश प्राप्त करने के कुछ साल बाद ही वूल्सी बूज एलन हैमिल्टन होल्डिंग कॉरपोरेशन (जिसे सामान्यतः बूज एलन के नाम से जाना जाता है) में शामिल हो गये। यह कथित कंसल्टिंग फर्म 'दुनिया की सबसे अधिक मुनाफ़ा कमाने वाले ख़ुफ़िया संगठन' के रूप में भी मशहूर थी।[1] 2002 में वूल्सी बूज एलन की वैश्विक सामरिक सुरक्षा सेवा के उपाध्यक्ष बना दिये गये। इस पद पर रहते हुए उन्हें बड़े व्यापारिक घरानों के मुख्य कार्यकारी अधिकारियों (सीईओ) के साथ काम करना था और उन पर युद्ध सम्बन्धी व्यावसायिक योजनाओं को सुरक्षा

व्यवस्था के साथ एकीकृत करने की ज़िम्मेदारी थी। वे पलाडीन कैपिटल ग्रुप जैसे सुरक्षा से सम्बन्धित सूचना तकनीक के अनेक महत्त्वपूर्ण फ़र्मों के निदेशक मण्डल में शामिल थे। वूल्सी कोई अनाड़ी आदमी नहीं थे। दक्षिणपन्थी नीति–निर्माण समूह 'कमिटी ऑन दी प्रेजेंट डेंजर' (सीपीडी) के अध्यक्ष और प्रमुख के रूप में उन्हें आतंकवाद के विरुद्ध निर्णायक 'युद्ध' के उद्घोष को विशेष रूप से एक सफल परिणति तक पहुँचाना था।

वूल्सी जॉर्ज डब्ल्यू. बुश के शासनकाल में नव–रूढ़िवादी आन्दोलन के प्रमुख विचारकों में एक थे। उन्होंने हमेशा बुश की आक्रामक सामरिक और राष्ट्रीय सुरक्षा नीतियों का सिद्धान्त रूप में समर्थन किया और सद्दाम हुसेन को अपदस्थ करने के लिए इराक़ के विरुद्ध युद्ध की घोषणा के पक्ष में वातावरण निर्मित करने में सहयोग किया। वूल्सी 2006 तक 6 सालों के लिए डोनाल्ड रम्सफेल्ड के 'डिफेंस पॉलिसी बोर्ड' के भी सदस्य रहे और 9/11 के हमले के बाद उन्हें सद्दाम हुसेन और 'ट्विन टॉवर' पर हमले के बीच सूत्र की तलाश करने के लिए यूरोप भी भेजा गया था। उन्होंने बूज एलन, जिसे सामान्यतः 'शैडो आईसी' के रूप में जाना जाता था, को महत्त्वपूर्ण जानकारियाँ उपलब्ध कराते थे, और उनकी राजनीतिक समझ के कारण कम्पनी को ख़ासा लाभ भी हुआ। ख़ुफ़िया सम्पर्क, नीति सम्बन्धी जानकारियाँ और कारोबार जगत अपने आर्थिक लाभ के लिए आख्यान निर्माण से गहरे रूप में जुड़े हुए थे।

युद्ध का व्यवसायीकरण

कारोबार जगत के लिए बुश प्रशासन का खुला सन्देश यह था कि वह इराक़ को मुक्त बाज़ार के सिद्धान्तों के मुताबिक़ बदलने का इच्छुक है जिसमें मार्शल प्लान में वर्णित लक्ष्यों और नागरिक अधिकार आन्दोलन की आधुनिक पारदर्शिता का समायोजन होगा। 2003 में बूज एलन द्वारा आहूत एक अधिवेशन प्रतिभागियों ने इराक़ में निवेश करने में अपनी गहरी रुचि प्रदर्शित की। ज़ाहिर बात थी कि वे सरकारी ठेकों में लाभांश के रूप में खरबों डॉलर की कमाई करने के लिए व्यग्र थे। अधिवेशन में अनेक कॉरपोरेशनों ने अपनी उपस्थिति दर्ज़ करायी थी, और वक्ताओं में सबसे विशिष्ट वूल्सी थे जिनके महत्त्वाकांक्षी वक्तव्य को रिकॉर्ड में सायास रूप से शामिल नहीं किया गया।[2] वहाँ जुटे कारोबार जगत के दिग्गजों को

सम्बोधित करते हुए उन्होंने आश्वस्त किया कि इराक़ में अधिकतर ठेके अमेरिकी कम्पनियों को ही मिलेंगे क्योंकि अमेरिका ही दुनिया का वह एकमात्र देश है जो इराक़ पर पहला आक्रमण करेगा। स्पष्ट रूप से यह एक सैनिक–ख़ुफ़िया–औद्योगिक कम्पनियों का व्यावसायिक गठबन्धन था, जिसमें तीनों पक्षों के अपने–अपने आर्थिक स्वार्थ जुड़े थे।

अपनी किताब 'स्पाइज फॉर हायर–दी स्क्रेट वर्ल्ड ऑफ़ इंटेलिजेंस आउटसोर्सिंग' में टिम शोरॉक ने अमेरिका में ख़ुफ़िया तन्त्र की बनावट के बारे में विस्तीर्ण जानकारी दी है। स्पष्ट रूप से यह पूर्ण रूप से एक प्रशासकीय उपक्रम है। कारोबार जगत को ख़ुफ़िया गतिविधियों के सभी पहलुओं को उनके गन्तव्य तक पहुँचाना होता है। तत्पश्चात् ख़ुफ़ियातन्त्र सभी एजेंसियों की कार्य–व्यवस्था को अपने नियन्त्रण में ले लेता है। सूचनाओं का एकत्रीकरण, विश्लेषण, मनोवैज्ञानिक युद्ध के लिए आवश्यक तकनीकी और अन्य सहायक तत्त्व, और आख्यान निर्माण में सहायता जैसी सूक्ष्म प्रविधियाँ 1990 के दशक के उत्तरार्द्ध में प्रयुक्त हुईं और बाद में इनका इस्तेमाल उत्तरोत्तर बढ़ता गया।

सीआईए में वूल्सी के उत्तराधिकारी जॉर्ज टेनेट भी अपने अवकाशप्राप्ति के बाद विभिन्न सूचना–सम्बन्धी कम्पनियों से जुड़ गये। इनमें एक कम्पनी एल–1 आइडेंटिटी सोल्यूशन भी थी जिसने सीआईए से व्यवसाय सुनिश्चित करने के लिए उनकी सेवाएँ ली थीं, और इसके कुछेक महीने बाद ही कम्पनी ने सीआईए के दो प्रभावशाली और बड़े ठेकेदार स्पेक्टल एलएलसी और एडवांस्ड कॉन्सेप्ट्स इंक. का अधिग्रहण करते हुए सूचनाओं की आउटसोर्सिंग का काम शुरू कर दिया।[3]

1999 में सीआईए ने लगभग नब्बे कम्पनियों में 30 करोड़ अमेरिकी डॉलर के निवेश के साथ उद्यम पूँजी (venture capital) की अपनी कम्पनी इन–क्यू–टेल की शुरुआत की। यह उस समय की बात है जब बजट में कटौती की जा रही थी और गुप्तचर व्यवस्था अपनी गतिविधियों को संचालित करने के लिए नये संसाधनों की तलाश में व्यस्त थी। टेनेट एकमात्र ऐसे अमेरिकी निदेशक थे जो एक ब्रिटिश सुरक्षा और सूचना शोध कम्पनी किनेटिक्यू ग्रुप प्राइवेट लिमिटेड कम्पनी के निदेशक मण्डल में शामिल थे, जिसे उस समय प्रभावशाली संम्पर्कों वाला कार्लाइल ग्रुप नियन्त्रित कर रहा था। जिमी कार्टर के राष्ट्रपतिकाल में सीआईए के

उपनिदेशक रह चुके फ्रैंक सी. कार्लुची–जो रीगन के सुरक्षा सचिव और निक्सन प्रशासन में राष्ट्रीय सुरक्षा सलाहकार (एनएसए) थे–इस समूह के अध्यक्ष थे। एक समय ऐसा था जब तक़रीबन 7,000 वैज्ञानिकों और इंजीनियरों वाली इस कम्पनी में कोई 10,000 कर्मचारी कार्यरत थे, और यह ब्रिटेन की डिफेंस एवैल्युएशन रिसर्च एजेंसी के सर्वाधिक गोपनीय विभाग के रूप में काम करती थी।[4]

टेनेट जैसे अनेक लोगों के लिए युद्ध का विपणन और आतंक के विरुद्ध बृहत्तर युद्ध लाभ का सौदा थे। इन–क्यू–टेल द्वारा अधिगृहीत कम्पनियों में एक की–होल इंक. भी थी जिसको बाद के सालों में गूगल ने ख़रीद लिया। कीहोल इंक. ने ही दुनिया का त्रिआयामी कम्प्यूटर मानचित्र तैयार करने का काम किया था जिसके कारण उपयोगकर्त्ताओं के लिए शहरों को भीतर और बाहर से देखने का काम सम्भव हो पाया। आज हमारे लिए यह काम गूगल करता है। इन–क्यू–टेल और किनेटिक्यू दोनों कम्पनियों की स्थापना के पीछे की प्रेरणा 'क्यू' नाम का एक काल्पनिक व्यक्ति था जो ख़ुफ़िया उपकरण बनाने की तकनीक में दक्ष था और जेम्स बांड के लिए कफलिंक कैमर और जूते में फिट बन्दूक़ जैसे जासूसी उपकरण बनाता था।

साइंटिफिक एप्लीकेशंस इंटरनेशनल कॉरपोरेशन (एसएआईसी) और बूज एलन ऐसी दो दिग्गज कम्पनियाँ थीं जिनका निजी सूचना उद्योग पर एक तरह से एकाधिकार था। एसएआईसी के 42,000 कर्मचारियों में से लगभग आधे ऐसे थे जिन्हें सुरक्षा के मानकों पर आज़माया जा चुका था, जबकि बूज एलन के लिए काम करने वाले ख़ुफ़िया कर्मचारियों की तादात कोई 10,000 के क़रीब थी। आज इन दोनों कम्पनियों के साथ–साथ रेथियोन, नार्थरोप ग्रुमैन और लॉकहीड मार्टिन जैसी कुछ सहायक कम्पनियाँ थीं जो निजी ख़ुफ़िया उद्योग की धुरी हैं। ये सिग्नलों से लेकर मानवीय कल्पनाशीलता के दायरे में आने वाले गुप्तचरी के सभी पहलुओं पर ध्यान रखती हैं और उनकी ज़रूरतों को पूरा करती हैं। इसके इर्द–गिर्द दूसरे स्तर की कम्पनियाँ हैं जो एनएसए, नेशनल जिओस्पेशियल एजेंसी (एनजीए) और नेशनल रिकानिसन्स ऑफ़िस (एनआरओ) को सूचना तकनीक और सीआईए और एनएसए को विश्लेषण सम्बन्धी सेवाएँ देती हैं। तीसरे स्तर की कम्पनियाँ एक या अधिक ख़ुफ़िया एजेंसियों को विशेष

तकनीक या सेवाएँ उपलब्ध कराती हैं। चौथे स्तर पर वे छोटी–बड़ी कम्पनियाँ हैं जो ख़ुफ़िया अनुबन्धों के आधार पर सूचना और संवाद सम्बन्धी तकनीकें मुहैया कराने का काम करती हैं और गुप्तचर संस्थानों और निजी ठेकेदारों के अन्तःसम्बम्धों का पर्यवेक्षण करती हैं।

अधिक–से–अधिक निजीकरण, अधिक–से–अधिक मुनाफ़ा

यह बात पहले भी कही जा चुकी है कि अन्तरराष्ट्रीय क्षितिज पर अधिकार और नियन्त्रण राष्ट्रों का प्रमुख लक्ष्य है। राष्ट्र जितना अधिक शक्तिशाली होगा, उसके अधिकारों और नियन्त्रण की परिभाषा भी उतनी ही विशद होगी। राष्ट्रीय हितों को सुनिश्चित करने का यह सबसे कारगर तरीक़ा है। ये अधिकार और नियन्त्रण केवल सामरिक और आर्थिक सीमाओं तक ही सीमित नहीं होता, बल्कि उसके परे भी जाता है। मौजूदा तकनीक प्रधान समय में अधिकार का अर्थ केवल भूभागों पर आधिपत्य नहीं है, अब यह जीवन को जीने की पद्धतियों से सम्बन्धित है। इस उपक्रम में सरकारों का सबसे बड़ा सहयोगी व्यापार जगत है। लाभ–व्यक्तिगत हो, अथवा व्यापारिक या राष्ट्रीय–इस पूरे उपक्रम का सह–उत्पाद हैं। कई सदी पहले एडम स्मिथ इस नतीजे पर पहुँच चुके थे। राष्ट्र और कारोबार जगत के हित अन्ततः एकीकृत हो जाते हैं। अमेरिका में सरकार और कारोबार जगत न केवल एक–दूसरे के साथ सहयोग करते हैं बल्कि एक–दूसरे पर भरोसा भी करते हैं। इस साझेदारी के कारण दोनों को लाभ होता है, और परिणामस्वरूप सबसे अधिक लाभ देश को होता है। लेकिन इससे उलट भारत में सरकार और कारोबार जगत के बीच एक अविश्वास की स्थिति है, और दोनों एक–दूसरे को घृणा की दृष्टि से देखते हैं। परिणाम यह होता है कि दोनों की हानि के साथ–साथ अन्ततः देश की हानि होती है।

रचनात्मक विध्वंस में हम पारंगत लोग हैं। प्रवृत्तियों में, समाज में और विदेशों में हम इस वजह से ख़ूब जाने जाते हैं। हम प्रतिदिन पुराने क्रम, और व्यापार से लेकर विज्ञान, साहित्य, कला, स्थापत्य, सिनेमा, क़ानून और राजनीति तक पुरानी मान्यताओं को अस्वीकृत करते रहते हैं। इस असीमित ऊर्जा और रचनात्मक़ता के कारण ही हमारे शत्रु भी हमसे ईर्ष्या करते हैं और हमें अपनी परम्पराओं (चाहे जो भी रही हों) के लिए संकट

मानते हैं। हमारी गतिशीलता की बराबरी नहीं कर पाने की स्थिति में वे हम पर लानतें भेजते हैं। अमेरिका के पारम्परिक समाज को विनष्ट होते देख वे हमसे भयभीत हैं क्योंकि वे अपने विनष्ट होने से बचना चाहते हैं।[5]

यह कथन जॉर्ज डब्ल्यू. बुश के कार्यकाल के अति नव–रूढ़िवादी माइकल लीडीन का था। उन्होंने यह भी कहा कि अमेरिका के दुश्मन अपनी अस्तित्व–रक्षा के लिए आक्रमण का रास्ता भी चुन सकते हैं, अन्यथा अपने 'ऐतिहासिक मिशन' को आगे बढ़ाने के लिए अमेरिका उन्हें नष्ट कर देगा।

लीडेन ने 1991 में शीत–युद्धोत्तर रूस और इराक़ की समस्याओं से सही तरह से नहीं निबटने के लिए पूर्व राष्ट्रपतियों की कड़ी आलोचना की और उम्मीद जतायी कि पिछली ग़लतियों को नहीं दोहराया जायेगा। उनकी स्पष्ट मान्यता थी कि एक बार ईरान, इराक़, सीरिया और सऊदी अरब के तानाशाहों को अपदस्थ करने का उपरान्त अमेरिका के लिए अफ़ग़ानिस्तान की समस्या से निपटना बहुत आसान हो जायेगा, और वहाँ वह केवल युद्ध में रत रहने के बजाये शान्ति स्थापना के अपने मूल लक्ष्य पर अधिक एकाग्र हो सकेगा।[6] प्रकट रूप में तो अमेरिका दुनिया के शेष देशों के साथ अपने राजनीतिक सिद्धान्तों के आधार पर सम्बन्ध बनाने का इच्छुक था, किन्तु लेकिन उसका अंतर्निहित उद्देश्य आर्थिक हित थे। राजनीतिक सिद्धान्त की बात तो अमेरिका के आक्रामक नव–रूढ़िवाद का बाह्य–आडम्बर मात्र थी। लीडेन और रिचर्ड परले जिन्हें अमेरिका के 'प्रिंस ऑफ़ डार्कनेस' के नाम से भी जाना जाता है, अमेरिकी गुप्तचरों के मामले में पूरी तरह आश्वस्त आत्मविश्वास से भरे हुए थे। उनका वक़्त भले ही गुज़र गया हो लेकिन अमेरिका की कॉरपोरेट लॉबी और आर्थिक लाभ के लिए उनकी समर्पित प्रतिबद्धता के सिद्धान्त अभी भी अपनी जगह कायम हैं।

1970 के दशक में मिल्टन फ्राएडमैन और फ्रेडरिक हाएक मुक्त–बाज़ार अर्थव्यवस्था के बड़े पैरोकार थे। पूँजीवाद को पटरी पर लाने हेतु उन्होंने अधिकतम निजीकरण के ज़रिये अधिकतम लाभ जैसे कड़े उपचारों की वक़ालत की। फ्राएडमैन की दलील थी कि इस उपचार को बर्दाश्त करने और अर्थव्यवस्था के पुनरुत्थान से सन्तुलन स्थापित करने हेतु आम लोगों को जागरूक करने व निवेशों में परिवर्तनशीलता और उनकी

गति में बढ़ोतरी बेहद ज़रूरी है। इस प्रक्रिया को 1970 के दशक में लातिन अमेरिका में आज़माया गया, इस उपचार की प्रविधि को कारगर बनाने में सीआईए ने पर्याप्त सहायता की। दुर्भाग्यवश यह प्रयास निष्फल सिद्ध हुआ। इसके बावजूद, अमेरिका में फ्राएडमैन के आर्थिक सिद्धान्त में विश्वास करने वाले लोगों की कमी नहीं थी, लेकिन ख़ुद अमेरिका में इस उपचार को अभी तक नहीं आज़माया गया था। नतीजा यह हुआ कि भूमण्डलीकरण का प्रभाव धीरे–धीरे बहुत धीमा हो गया, और अब एक भिन्न रणनीति की ज़रूरत महसूस की जाने लगी। आर्थिक सुधार में उठाये गये सभी क़दम अन्ततः व्यर्थ सिद्ध हुए।

1995 में जब रिपब्लिकनों द्वारा अमेरिकी कांग्रेस पर क़ब्ज़ा करने के बाद, नव–रूढ़िवादियों ने आर्थिक व्यवस्था में न केवल क्रमिक परिवर्तन का पक्ष लिया, बल्कि उन्होंने अनेक आर्थिक कार्यक्रमों को तत्काल बन्द करने की भी माँग की। 'इन गर्मियों में हम एक ही दिन में 300 आर्थिक कार्यक्रमों को समाप्त करने की अपेक्षा करते हैं–भले ही एक–एक कार्यक्रम खरबों डॉलर की मूल्य का क्यों न हो। और आप चाहें तो यह काम तत्काल प्रभाव से कर सकते हैं।'[7] यह कथन डेविड फ्रम का था, जो बाद के वर्षों में जॉर्ज डब्ल्यू. बुश के भाषण–लेखक बने। यह पूरी तरह से मिल्टन फ्राएड की कार्यशैली थी। फ्रम का असल उत्थान जॉर्ज डब्ल्यू. बुश के राष्ट्रपति पद सँभालने और 11 सितम्बर, 2001 के हादसे के बाद आरम्भ हुआ। यह पुरानी आर्थिक नीतियों से मुक्त होने का एक बढ़िया बहाना था।

2000 के पहले दशक में पूरा आख्यान आतंक के विरुद्ध जॉर्ज बुश के वैश्विक युद्ध पर केन्द्रित हो गया था। यह वह समय था जिसमें अमेरिकी प्रशासन की बागडोर तीन महत्त्वपूर्ण और शक्तिशाली व्यक्तियों के हाथों में थी–डिक चेनी, डोनाल्ड रेम्सफेल्ड, और ख़ुद जॉर्ज डब्ल्यू. बुश। रेम्सफेल्ड पर मिल्टन फ्राएडमैन का गहरा प्रभाव था। फ्राएडमैन भी रेम्सफेल्ड से इतने प्रभावित थे कि उन्होंने रोनाल्ड रीगन को 1980 के चुनाव में जॉर्ज एच. डब्ल्यू. बुश की जगह उनको उपराष्ट्रपति पद के लिए नामांकित करने का मशविरा दिया था। सच यही है कि, फ्राएडमैन ने रीगन को उनका परामर्श नहीं मानने के लिए कभी क्षमा नहीं किया, और बाद में राष्ट्रपति को लिखा भी कि यह उनके चुनाव अभियान ही नहीं बल्कि

राष्ट्रपति काल की सबसे बड़ी भूल थी। फ्राएडमैन आश्वस्त थे कि अगर रेम्सफेल्ड उस समय चुने जाते तो राष्ट्रपति के रूप में रोनाल्ड रीगन के उत्तराधिकारी भी वही बनते और 'अमेरिका को बुश–क्लिंटन' के त्रासद युग का सामना नहीं करना पड़ता।'[8]

इस पूरे प्रकरण से अविचलित रेम्सफेल्ड अपने व्यापारिक पेशे में व्यस्त थे, और एक अन्तरराष्ट्रीय रसायन और औषधि कम्पनी जी. बी. सीर्ले के मुख्य कार्यकारी अधिकारी (सीईओ) के रूप में अपने राजनीतिक सम्पर्कों का लाभ उठाते हुए एस्पारटम के लिए फूड एंड ड्रग एडमिनिस्ट्रेशन (एफडीए) की स्वीकृति प्राप्त कर उसे 'न्युट्रास्वीट' के नाम से बाज़ार में उतारने में सफलता प्राप्त की।[9] बाद में जब कम्पनी को मोनसैंटो ने ख़रीद लिया तो रेम्सफेल्ड को इस सौदे से 1.2 करोड़ अमेरिकी डॉलर का लाभ हुआ। एक चतुर और दूरदर्शी कारोबारी होने के कारण रेम्सफेल्ड 'सीयर्स' और कैलॉग्स जैसी अनेक बड़ी कम्पनियों के निदेशक मण्डल का हिस्सा रहे। एक पूर्व सुरक्षा सचिव की हैसियत से वे सामरिक उपकरण के उद्योग से जुड़ी कम्पनियों के महत्त्व से अच्छी तरह अवगत थे। वे एयरक्राफ़्ट बनाने वाली 'गल्फस्ट्रीम' और एएसईए ब्राउन बोवेरी जैसी दिग्गज स्विस इंजिनियरिंग कम्पनियों के भी निदेशक मण्डल में रहे। ये कम्पनियाँ इस ख़बर के बाद ही विवादों में घिर गयीं। जब दुनिया को यह पता चला कि इन्होंने उत्तरी कोरिया को परमाणु तकनीक और प्लूटोनियम के उत्पादन की क्षमता बेची है। यह सौदा 2000 में हुआ था और तब रेम्सफेल्ड अकेले अमेरिकी थे जो निदेशक मण्डल में थे।

इससे पहले 1997 में एक जैवप्रौद्योगिकी कम्पनी गिलीड साइंसेज़ के निदेशक मण्डल के अध्यक्ष की हैसियत से रेम्सफेल्ड ख़ुद को एक आद्य–आपदा (proto & disaster) पूँजीवादी के रूप में स्थापित कर चुके थे। इस कम्पनी ने इंफ्लुएंजा की दवा टैमीफ़्लू का पेटेंट अपने नाम से निबन्धित करा लिया था जिसे पक्षियों के माध्यम से फैलने वाले फ्लू के उपचार के रूप में आज़माया जाता था। इसका अर्थ था कि बहुत अनियन्त्रित तरीक़े से संक्रामक इस वायरस के फैलने, यहाँ तक कि इसके संक्रमण की आशंका भर से सरकारें गिलीड साइंसेज़ से खरबों डॉलर मूल्य की टैमीफ़्लू ख़रीदने के लिए मजबूर हो जातीं। कम्पनी के पास एड्स की चार दवाइयों के पेटेंट का भी स्वामित्व था, और उसने

विकासशील देशों में उन दवाइयों के सस्ते जेनेरिक विकल्प बेचने की प्रक्रिया को बाधित किया। अपनी सरकार में दोबारा शामिल होने से पहले रेम्सफेल्ड आश्वस्त थे कि जैवप्रौद्योगिकी और औषधि निर्माण कम्पनियों में आर्थिक निवेश का भविष्य उज्ज्वल था। इन कम्पनियों को अनियन्त्रित रूप से फैलने वाली बीमारियों, यहाँ तक कि महामारी में भी अपना बड़ा मुनाफ़ा दिखता था। उनके दबाव में सरकारें मुँहमाँगी क़ीमतों पर दवाइयाँ ख़रीदने को विवश थीं। जीवन–रक्षक सभी उत्पादों के पेटेंट में जो तेज़ी आयी वह इसी युग की देन मानी जाती है।

जिस प्रकार रेम्सफेल्ड ने बीमारियों और महामारियों में लाभ देखा, ठीक उसी प्रकार फोर्ड प्रशासन में उनके पूर्व उत्तराधिकारी डिक चेनी ने युद्ध में लाभ देखा। बुश सीनियर के प्रशासन में रक्षा सचिव के रूप में चेनी ने सैनिकों की संख्या में कटौती की थी। उन्होंने ह्यूस्टन स्थित बहुराष्ट्रीय कम्पनी हैलीबर्टन की अभियन्त्रण शाखा ब्राउन एंड रूट को अमेरिकी सैनिकों द्वारा किये जाने वाले उन कामों को चिन्हित करने का निर्देश दिया जिन्हें भुगतान कर निजी क्षेत्रों के हवाले किया जा सकता था। हैलीबर्टन ने ऐसे सभी कामों को पृथक्कीकृत किया, और इस प्रकार से सैन्य–गतिविधियों के प्रबन्धन की शुरुआत हो गयी।[10] पुरस्कारस्वरूप कम्पनी, जिसने मूल योजना की रूपरेखा तैयार की थी, को 1992 में छत्तीस दूसरे दावेदारों को पछाड़ने के बाद 'रसद और उपस्कर की आपूर्ति' (logistic support) का पाँच साल का ठेका मिल गया। इस पूरे सौदे का ख़र्च पेंटागन को वहन करना था, और सही अर्थों में यह एक ऐसा सौदा था जिसमें दोनों ही पक्ष ख़ुश और लाभान्वित हुए।

स्थितियाँ उस समय और अधिक अनुकूल हो गयी, जब क्लिंटन राष्ट्रपति बने और डिक चेनी ने हैलीबर्टन का पूरा प्रभार ले लिया। इस कम्पनी को वे पहले भी 1995 से लेकर 2000 तक अपनी सेवाएँ दे चुके थे। चेनी के नेतृत्व में कम्पनी की भूमिका में इतने नाटकीय तरीक़े से बदली और विस्तृत हुई कि इसने आधुनिक युद्धकौशल के तौर–तरीक़ों को पूरी तरह से बदल दिया। जिन दिनों चेनी पेंटागन में थे, उन्होंने हैलीबर्टन के साथ एक समझौता किया था, जिसका लाभ उठा कर कम्पनी ने 'रसद और उपस्कर आपूर्ति' के पूरे मायने को बदलते हुए विदेशों में अमेरिकी सैनिकों की तैनाती और गतिविधियों से सम्बन्धित पूरी आधारभूत

संरचना को अपने नियन्त्रण में ले लिया। पेंटागन का क़ाम केवल सैनिक और हथियार मुहैया कराना था और बाक़ी दूसरी सभी ज़िम्मेदारियाँ हैलीबर्टन की थीं। इस व्यवस्था को पहली बार 1990 के दशक में बाल्कन में सफलतापूर्वक आज़माया गया। चेनी की दूरदर्शिता ने यह अच्छी तरह से भाँप लिया था कि युद्ध अमेरिकी अर्थव्यवस्था के लिए सामान्य तौर पर और हैलीबर्टन के लिए विशेष तौर पर फ़ायदे का सौदा था। अपने पाँच सालों के कार्यकाल में चेनी ने पेंटागन से कम्पनी की उगाही को 1.2 खरब अमेरिकी डॉलर से बढ़ा कर 2.3 खरब अमेरिकी डॉलर अर्थात् लगभग दोगुने स्तर तक पहुँचा दिया।[11] दूसरी तरफ़ चेनी की पत्नी लिन ने लॉकहीड मार्टिन निदेशक मण्डल के एक निदेशक की हैसियत से वेतन के साथ पूँजी विकल्प (stock option) के ज़रिये लाभ का मार्ग खोले रखा।

शीत–युद्धोत्तर काल पश्चिमी देशों की हथियार निर्माता कम्पनियों के लिए एक मुश्किल भरा समय था। चूँकि हथियारों की माँग पहले से बहुत कम हो चुकी थी, इसलिए अब उनके लिए अपने व्यापार के तौर–तरीक़ों को बदलना बहुत आवश्यक था। 90 के दशक के मध्य तक लॉकहीड मार्टिन ने अमेरिकी सरकार के तकनीकी विभाग को पूरी तरह से अपने अधीन ले लिया था और डेटा प्रबन्धन में भी ख़ासा दख़ल रखने लगा था। इस तरह पति–पत्नी–लिन और डिक चेनी की इस जोड़ी ने एक तरह से अमेरिकी सरकार के युद्ध–सम्बन्धी सभी निजी उद्यमों को और निर्णयों का नियन्त्रण अपने हाथ में ले लिया। पति का काम देश के बाहर के सभी सैन्य–उपक्रमों की आधारभूत आवश्यकताओं का ध्यान रखना था, जबकि पत्नी देश के भीतर की रोज़मर्रा गतिविधियों में लॉकहीड के माध्यम से सरकार का सहयोग कर रही थीं।[12]

कॉरपोरेट घरानों का हित – देश का हित

आतंक के ख़िलाफ़ युद्ध हैलीबर्टन जैसे बड़े व्यापार और उद्योग के लिए ईश्वरीय वरदान सिद्ध होने वाला था। कम्पनी को मिलने वाले लाभों में इराक़ी तेलक्षेत्रों का जीर्णोद्धार करने का 7 अरब डॉलर मूल्य का एक गुप्त ठेका भी शामिल था जिसको हासिल करने के लिए किसी और कम्पनी ने बोली नहीं लगायी थी।[13] परेशानी की बात यह नही थी कि ये ठेके

अभियान्त्रिकी, निर्माण और प्रबन्धन के मशहूर हैलीबर्टन या बिचेल जैसी दुनिया की बड़ी कम्पनियों को मिल रहे थे, बल्कि दिक़्क़त की वजह यह थी इन विशाल योजनाएँ पर ख़र्च किये जाने वाली धनराशि उन अभावग्रस्त और ज़रूरतमन्द इराक़ियों तक नहीं पहुँच रही थी जिनके लिए उस धनराशि को मंजूरी मिली थी। अतिरिक्त धन की वापसी, भ्रष्टाचार के कारण धन के दुरुपयोग और कम्पनियों की मुनाफ़े के प्रति अनुचित आसक्ति के कारण जीवन–रक्षक परियोजनाओं के लिए स्वीकृत पैसे स्थानीय आबादी तक पहुँच ही नहीं पाये।[14]

बुश, चेनी और रेम्सफेल्ड ने युद्ध के स्वरूप को बदल कर उसे एक निजी व्यापारिक उपक्रम का रूप दे दिया। बुश का 'न्यू डील' 1930 के दशक में रूज़वेल्ट के 'न्यू डील' से बिल्कुल भिन्न था। इस बार, धन के व्यय और आय के केन्द्र में केवल कारोबार जगत था–इनमें वे कम्पनियाँ विशेष रूप से उल्लेखनीय थीं जो वाशिंगटन डीसी स्थित सत्ता–केन्द्र से सीधे सम्पर्क में थीं। इन युद्धों के ज़रिये आम जनता के ख़ून–पसीने से कमाये गये अरबों डॉलर निजी क्षेत्र के हाथों में जा रहे थे। इन पैसों की लेन–देन मुख्यतः ठेकों के मार्फ़त हो रही थी जो अपने प्रिय पात्रों को मनमर्ज़ी से दिये गये थे, और जिन पर प्रशासन की कोई निगरानी अथवा नियन्त्रण नहीं था। जो कम्पनियाँ इन सौदों से लाभान्वित हुईं वे मुख्य रूप से तकनीक, मीडिया, संचार, अभियान्त्रिकी, शिक्षा और स्वास्थ्य–रक्षा के उद्योग से सम्बद्ध थीं।[15]

आवश्यक नहीं कि हर सौदे के पीछे कॉरपोरेट लॉबिंग ही हुई हो लेकिन उस समय लिए गये सभी व्यापारिक निर्णयों के पीछे कोई–न–कोई आर्थिक महत्त्वाकांक्षा और लाभ का उद्देश्य अवश्य था। हैलीबर्टन, बिचेल और एक्सानमोबिल और बीपी जैसी विशाल और ताक़तवर तेल कम्पनियों ने इराक़ पर हमला करने की बुश की योजना को अपना बेशर्त समर्थन दिया। इन सौदों में जिन कम्पनियों की संलिप्तता थी उन्होंने अपने परस्पर टकराव को भी अनदेखा कर दिया। 1950 के दशक से आरम्भ हुई लातिन अमेरिका और मध्यपूर्व में अमेरिकी कार्रवाई, या 1960 के दशक में इंडोनेशिया में अमेरिका का हस्तक्षेप इस तरफ़ साफ़ इशारा करते हैं कि स्थानीय सरकारों के ख़िलाफ़ की गयी अमेरिका की कार्रवाई में कारोबार जगत का स्वार्थ सर्वोपरि था।

स्टीफन किंजर की 2007 में प्रकाशित और पुरस्कृत किताब 'ओवरथ्रो–अमेरिका'ज सेंचुरी ऑफ़ रिजिम चेंज फ्रॉम हवाई टू इराक़' में 1893 से हवाई में और 2003 से इराक़ में सत्ता–परिवर्तन में अमेरिकी सरकार की लगातार भागेदारी का व्यापक उल्लेख मिलता है।[16] किंजर के अनुसार कि यह प्रक्रिया आमतौर पर तीन चरणों में पूरी होती है। किसी अमेरिका–स्थित बहुराष्ट्रीय कम्पनी को यह लगता है कि उस देश में उसके बुनियादी हित सुरक्षित नहीं हैं। ऐसा मानने के कारण कुछ भी हो सकते हैं–मसलन मेज़बान देश की कर–नीति में परिवर्तन, श्रम क़ानूनों का कठोर परिपालन, भूमि पर स्वामित्व सम्बन्धी क़ानूनों का क्रियान्वयन, या सिर्फ़ मुखर और प्रतिरोधात्मक राष्ट्रवाद। अमेरिकी राजनेताओं की दृष्टि में यह उनके महत्त्वपूर्ण राष्ट्रीय हितों पर सीधा हमला है। इस बात में कोई सच्चाई नहीं भी हो तो वे इसे उक्त नज़रिये से ही देखने और दिखाने के अभ्यस्त हो चुके हैं। इसके बाद दूसरे चरण की शुरुआत होती है जब एक आर्थिक मसले को राजनीतिक या सामरिक मसला बना दिया जाता है। तत्पश्चात् लक्षित देश को किसी विशेष घटना को आधार बनाकर अमेरिका के शत्रु देश के रूप में दर्शाया जाता है।

तीसरे चरण की शुरुआत तब होती है जब राजनेताओं और मीडिया का एक वर्ग लक्षित देश में अमेरिकी हस्तक्षेप की माँग शुरू कर देता है। यह वर्ग प्रायः अपनी इच्छा से यह माँग करता है किन्तु अनेक बार इनकी तत्परता के पीछे सरकार के उकसावे की भी भूमिका होती है। यह पूरी पटकथा कथित देश की अभावग्रस्तता, शोषण और अपने पथ से भटकी हुई जनता के इर्द–गिर्द बुनी गयी होती है जिन्हें एक तानाशाह के निरंकुश शासन से मुक्ति दिलाना अमेरिका जैसे उदार और स्वार्थहीन देश का सबसे बड़ा दायित्व है। ऐसा सोचने वाले आभिजात्यों का एक छोटा–सा समूह है जो दरअसल अपना निहितार्थ देखता है। उनके लिए अपने स्वार्थों की रक्षा सर्वोपरि है जिसे वे दुनिया के सामने राष्ट्रीय हित की तरह प्रस्तुत किया करते हैं। इस नुस्खे को बार–बार आज़माया जाता है, और एक तरह से अब यह अमेरिका की विदेशनीति का एक स्वीकार्य अंश बन गया है।

2006 में मध्यावधि चुनावों में रिपब्लिकनों की हार के बाद रेम्सफेल्ड ने सुरक्षा सचिव के पद से इस्तीफ़ा दे दिया, लेकिन उससे तक़रीबन तीन

हफ़्ते पहले जॉर्ज डब्ल्यू. बुश ने गुपचुप तरीक़े से एक अधिनियम–डिफेंस ऑथराइजेशन एक्ट–पारित करा लिया। 1,400 पन्नों के इस अधिनियम के एक अनुच्छेद के अनुसार राष्ट्रपति को नागरिक आपातकाल की स्थिति में व्यवस्था को बहाल रखने के लिए मार्शल लॉ की घोषणा करने और नेशनल गार्ड सहित सशस्त्र बल की तैनाती का अधिकार मिल गया था। यहाँ 'आपातकाल' की परिभाषा के दायरे में समुद्री चक्रवात जैसी प्राकृतिक आपदा, उग्र नागरिक प्रदर्शन या लोकस्वास्थ्य से जुड़ी आकस्मिकताएँ आती थीं, जहाँ चिकित्सा आपूर्ति और टीकों को सुरक्षित रखने और क्वारंटीन को लागू करने के लिए सेना की मदद लेने की आवश्यकता पड़ सकती थी। पुराने अधिनियम के अन्तर्गत जन–असन्तोष के मामले में राष्ट्रपति के अधिकार सीमित थे, लेकिन नये अधिनियम ने राष्ट्रपति के अधिकार में बेतहाशा वृद्धि कर दी।

सरकार की कार्यपालिका इन नये अधिकारों को पाकर पहले से अधिक शक्तिशाली हो गयी, लेकिन इसका दूसरा लाभुक फ़ार्मास्युटिकल उद्योग हुआ। नये अधिनियम में इस बात का स्पष्ट संकेत था कि किसी भी आपातकाल या बीमारी के प्रकोप की स्थिति में, औषधीय प्रयोगशालाओं, दवाइयों की आपूर्ति और क्वारंटीन को लागू करने के लिए सेना को बुलाया जा सकता था। यह एक ऐसा अधिकार था जिसे हासिल करने की कोशिश बुश प्रशासन लम्बे समय से कर रहा था। सम्भवतः इस नये क़ानून और उस समय व्याप्त एवियन फ्लू के भय के कारण ही टैमीफ़्लू के शेयर में आश्चर्यजनक रूप से 24 प्रतिशत का उछाल आ गया। यह गिलीड साइंसेज़ जिसके पास टैमीफ़्लू का पेटेंट सुरक्षित था, और बुश प्रशासन का हिस्सा बनने से पहले डोनाल्ड रेम्सफेल्ड जहाँ अपनी सेवाएँ दे रहे थे, के लिए यह एक बड़ी खुशख़बरी थी। इससे पूर्व, 2004 में गिलीड में अपने शेयरों को बेचने के एवज़ में रेम्सफेल्ड ने बिना किसी मेहनत के 50 लाख अमेरिकी डॉलर बना लिए थे।

जब रेम्सफेल्ड ने सुरक्षा सचिव का पद स्वीकार किया तब उनसे यह अपेक्षा थी कि वे खुद को निजी क्षेत्रों की अपनी व्यस्तताओं से मुक्त कर लेंगे जहाँ आपदा–सम्बन्धी उद्योगों से उनके अनेक हित जुड़े हुए थे। इसका यह अर्थ भी था कि पदभार लेने से पहले ही वे सुरक्षा या रक्षा सम्बन्धी कारोबार में अपनी समस्त हिस्सेदारियां बेच देंगे। लेकिन इस बारे

में वे अपनी कोई–न–कोई विवशता का हवाला देकर एथिक्स कमिटी के सामने टालमटोल करते रहे। रेम्सफेल्ड ने लॉकहीड, बोईंग और अन्य रक्षा कम्पनियों के लाखों के मूल्य के उन सभी शेयरों, जिनके वे प्रत्यक्ष धारक थे, को बेच दिया, लेकिन प्रशासन में शामिल होने के बाद भी वे कुछ निजी सुरक्षा और जैवप्रौद्योगिकी कम्पनियों के आंशिक या पूर्ण स्वामी बने रहे।

अपने कार्यकाल में उन्होंने गिलीड में अपने शेयरों को नहीं बेचा। वे 2006 तक अपने पद पर बने रहे लेकिन किसी भी नैतिकता और मूल्य ने कम्पनियों से जुड़े उनके आर्थिक हितों को प्रभावित नहीं किया। 2005 में पेंटागन ने 5.8 करोड़ डॉलर मूल्य के टैमीफ़्लू टीकों की ख़रीददारी की। सही और ठोस फ़ैसले लेने में कई बार अक्षम रहे एथिक्स कमिटी ने जब रेम्सफेल्ड पर आख़िरकार दबाव बनाया तो उन्हें जेनेरल इलेक्ट्रिक, हनीवेल और नार्थरॉप ग्रूमैन जैसी बड़ी सुरक्षा कम्पनियों की कार्यवाहियों की आड़ लेकर ख़ुद को बचाना पड़ा। उन कम्पनियों के साथ उनके वित्तीय सम्बन्ध थे।[17]

सुपर साइज कॉरपोरेट और विकासशील दुनिया

अमेरिका में स्टेक का आकार हो या फिर कोकाकोला का प्याला, एक बड़ी फ़ौज हो या बड़े–से–बड़े ख़तरों से अमेरिका की हिफ़ाज़त के लिए ज़िम्मेदार सत्रह एजेंसियों वाला विशाल सुरक्षा प्रतिष्ठान–हरेक चीज़ का आकलन उसकी भव्यता और विशालता के पैमाने पर होता है। इन चीज़ों के रखरखाव के लिए बड़ी रकम, विशाल फर्मास्युटिकल उद्योग और तेल का अकूत भण्डार और बड़े मुनाफ़े की ज़रूरत होती है। विगत कई सालों से अमेरिका का फ़ार्मा उद्योग विवादों के घेरे में रहा है। राष्ट्रपति जॉन एफ. केनेडी के भतीजे और रोबर्ट केनेडी के पुत्र रोबर्ट एफ। केनेडी ने कुछ सालों से 'बिग फ़ार्मा' के विरुद्ध अभियान भी चला रखा है जिसके परिणामस्वरूप कांग्रेस और मुख्यधारा की मीडिया–दोनों के सामने उन्हें कारोबार जगत और लॉबिंग करने वालों का कोपभाजन भी बनना पड़ा है। उनके असन्तोष का मुख्य कारण ताक़तवर कम्पनियों द्वारा निम्न गुणवत्ता के टीके बनाने और खाने और पेय जल में ज़हरीले रसायनों का इस्तेमाल है।[18] उनका मुख्य आरोप यह है कि केवल अपने आर्थिक स्वार्थों के बारे में सोचने वाली ये कम्पनियाँ बच्चों के हितों की रक्षा करने वाले संगठनों

को कमज़ोर करने की कोशिशें करती हैं। इन ताक़तवर कम्पनियों ने सभी नियामक प्रक्रियाओं और एजेंसियों के साथ–साथ प्रेस पर क़ब्ज़ा कर रखा है, और यह भी सुनिश्चित कर रखा है कि उनके उत्पादों को चुनौती देने वाली विवादित सामग्री कहीं प्रकाशित नहीं होने पाये।

केनेडी के इस अभियान को ख़ुद उनके सभी पारिवारिक सदस्यों का समर्थन हासिल नहीं है। उनके अनेक परिजन यह मानते हैं कि बच्चों को दिये जाने वाले गलसुआ, ख़सरा और रूबेला के टीकों और आटिज़्म में कोई प्रत्यक्ष सम्बन्ध नहीं है, जैसा कि केनेडी का आरोप है। उन्होंने 2005 से ही यह मुहिम चला रखी है कि कुछ टीकों में पाये जाने वाले थिमेरोसाल से बच्चों को आटिज़्म होने का ख़तरा रहता है। उनके इस दावे को हालाँकि बार–बार चुनौती दी जाती रही है और ऊपर भ्रामक सूचनाएँ फैलाने का भी आरोप लगता रहा है लेकिन इसके बाद भी वे अपने दावे से पीछे हटने के लिए तैयार नहीं हैं। यह आशा की जा सकती है कि वे अमेरिका की टीकाकरण नीति के सम्पूर्ण पुनरीक्षण के लिए ट्रम्प द्वारा नियुक्त समिति में शामिल हो सकते हैं जबकि केनेडी को इस सम्भावना में भी 'बिग फ़ार्मा' की कोई धूर्तता दिख रही है। उन पर बार–बार षड्यन्त्रकारी सिद्धान्त फैलाने के आरोप लगते रहे हैं, इसके बावजूद विश्वस्तर की बीज और रसायन कम्पनी मोंसंटो के ख़िलाफ़ क़ानूनी जंग में उन्हें जीत हासिल हुई। मोंसंटो पर यह दोषारोपण था कि वह राउंड–अप नाम से कीटनाशक बनाने के लिए कथित तौर पर कैंसर पैदा करने वाले रसायन ग्लायफ़ोसेट का उपयोग करती है। स्विट्ज़रलैंड की रसायन कम्पनी बाएर जिसने 2018 में मोंसंटो को ख़रीद लिया, को कैंसर कारक कीटनाशक राउंड–अप के उत्पादन के लिए अब 10 अरब डॉलर हर्ज़ाने के रूप में अदा करना होगा।

हार्वर्ड विश्वविद्यालय स्थित एडमंड जे. सफ्रा सेंटर फॉर एथिक्स के डोनाल्ड डब्ल्यू. लाइट और उनके साथ हार्वर्ड मेडिकल स्कूल के जोनाथन जे. डैरो और यूनिवर्सिटी हेल्थ नेटवर्क, टोरंटो के फिजिशियन जोएल लेक्सचिन ने फ़ार्मास्युटिकल उद्योग के बारे में विस्तृत शोध किया है जिसके आधार पर उन्होंने 2013 में एक रिपोर्ट प्रकाशित की। रिपोर्ट में अनेक महत्त्वपूर्ण तथ्यों का उल्लेख है। 'इंस्टीट्यूशनल करप्शन ऑफ़ फ़ार्मास्युटिकल्स एंड दी मिथ ऑफ़ सेफ़ एंड इफेक्टिव ड्रग्स' शीर्षक से

यह रिपोर्ट जर्नल ऑफ़ लॉ, मेडिसिन एंड एथिक्स, यूएसए द्वारा प्रकाशित की गयी।

इस रिपोर्ट के तीन प्रमुख निष्कर्ष इस प्रकार थे–प्रथम, फ़ार्मास्युटिकल कम्पनियाँ व्यापक लॉबिंग और राजनीतिक सम्पर्कों के माध्यम से एफडीए के प्रावधानों की उपेक्षा कर अपने पक्ष में क़ानून पारित कराने के लिए कांग्रेस पर दबाव बनाती थीं। द्वितीय, उद्योग जगत के दबावों के प्रत्युत्तर में कांग्रेस एफडीए को वित्त आबंटित करने में भारी कटौती करती थी, जिसके परिणामस्वरूप कई बार एफडीए उद्योग जगत के बताये गये उत्पादन के मानकों को स्वीकृत करने के लिए विवश होता था। और तृतीय, कारोबार और आर्थिक मुनाफ़े के लोभ ने चिकित्सकों को व्यावसायिक दृष्टिकोण अपनाने के लिए प्रोत्साहित किया। नतीजतन चिकित्सक अब मरीज़ों के लिए स्वतन्त्र और भरोसेमन्द परामर्शदाता नहीं रह गये।[20]

अमेरिका में, अनाज की किल्लत मोंसंटो जैसी बड़ी कम्पनियों के लिए कभी गम्भीर मुद्दा नहीं रहा। बल्कि यह कहना ज़्यादा मुनासिब होगा कि वहाँ ऐसी कोई किल्लत कभी हुई भी नहीं। इन कम्पनियों की दिलचस्पी मुनाफ़े और उसके बँटवारे और उस पर एकाधिकार में अधिक है। दूसरे देशों की, ख़ास कर भारत जैसे देश की सबसे बड़ी प्राथमिकता अपने नागरिकों को पेट भर अनाज मुहैया कराना है। बड़े निजी समूह और खाद्यान्न और उपभोक्ता–सामग्रियों के बड़े–बड़े स्टोर और सुपर बाज़ार अमेरिका और कनाडा जैसे अमीर देशों के लिए तो ठीक हैं, लेकिन यहाँ की बुनियादी ज़रूरतों को देखते हुए भारत के लिए जहाँ ग्रामीण आबादी का 70 प्रतिशत अभी भी पारम्परिक कृषि पर निर्भर है (21), विकसित देशों की कृषि–व्यापार (agribusiness) के सिद्धान्तों पर ज़बरन आधारित खेती किसी भी दृष्टि से उपयुक्त नहीं कही जायेगी। साथ ही बड़ी और तेज़ी से बढ़ती आबादी वाले देशों के लिए जहाँ पानी का स्तर तेज़ी से कम हो रहा है, वहाँ इस नीति का सीधा अर्थ कि मजबूरन उनको भारी मात्रा में अनाज का आयात करना होगा क्योंकि पर्याप्त पानी के अभाव में वे कृषि–व्यापार द्वारा प्रायोजित अनाज की उन प्रजातियों को उगाने में असमर्थ होंगे जिनका पेटेंट पहले से ही विकसित देशों ने करा रखा है।

हम अब इक्कीसवीं सदी में हैं लेकिन पूरी दुनिया पर पश्चिम का नियन्त्रण कमोबेश अभी भी क़ायम है। तेल और प्राकृतिक गैस के

वितरण, जहाज़रानी, बिक्री और मुनाफ़ा, और यहाँ तक कि उत्पादन जैसी आर्थिक–व्यापारिक सक्रियताओं का निर्णयात्मक संचालन पश्चिम के हाथ में ही है। अत्याधुनिक तकनीकें पश्चिम में जन्म लेती हैं, वित्तीय गतिविधियों और निर्णयों पर पश्चिम की तीन या चार संस्थाओं का क़ब्ज़ा है, और कच्चे मालों की क़ीमतें न्यूयॉर्क और लन्दन के शेयर बाज़ारों में तय होती हैं। यहाँ तक कि हम क्या खाते और पहनते हैं इस बात का फ़ैसला भी दुनिया के इसी हिस्से में होता है। ज़ाहिर बात है, पूरी दुनिया ही अपने रोज़मर्रे की ज़िन्दगी में पश्चिम की चौकस निगरानी के अधीन है।

पश्चिम के देश विकासशील दुनिया की बुनियादी मुश्किलों से निबटते हुए एक उदारतापूर्ण और मानवीय दृष्टिकोण का दिखावा करते हैं। वैश्विक कृषि–व्यापार यह दावा करता है कि उसका उद्देश्य अधिक भोजन उपलब्ध कराना, या वैकल्पिक पैदावार को प्रोत्साहन देना है ताकि किसानों को बेहतर आजीविका प्राप्त हो सके। भारत का बाज़ार अभी ही नहीं, बल्कि पहले से विशाल और तेज़ गति से बढ़ता हुआ रहा है। निजी औद्योगिक और व्यापारिक घराने इस बाज़ार से होने वाले मुनाफ़े का महत्त्व समझते हैं, इसलिए वे शुरुआत से ही इस बात का फ़ायदा उठाने की कोशिश में रहे हैं। लेकिन भारत के समाजवाद और अर्थव्यवस्था को नियन्त्रित–निर्देशित करने की राजनीतिक मंशा ने इस उत्साह को हमेशा ही बाधित किया।

मोंसंटो, डु–पोंट, डो और अन्य कृषि–व्यापारिक कम्पनियों ने पहले तो रसायनों के प्रयोग, आनुवंशिकी से छेड़छाड़ और बीजों के घातक रूपान्तरण के ज़रिये कृषि की पारम्परिक पद्धतियों और स्थानीय अर्थव्यवस्था को स्थायी रूप से नष्ट करने का काम किया, फिर बाद में उन्हीं नुक़सानों को व्यापार और लाभ के मौक़ापरस्त खेल में तब्दील कर दिया। उनका यह भी दावा किया कि उनके उत्पाद ही दुनिया को मौजूदा ग़रीबी और भुखमरी से बचा सकते हैं। जैसा कि सालों पूर्व इकोनॉमिस्ट ने यह लिखा भी था कि 'पूरी दुनिया को ज़हर परोसने जैसे गम्भीर विषय पर बहस करने के बजाय मोंसंटों अब दुनिया का पेट भरने जैसे लोकवादी दावों में व्यस्त है।'[22] जब डो केमिकल्स के जागरूक शेयरधारकों ने उसके पराउत्पत्ति मूलक (transgenic) कार्यक्रम को चुनौती दी, तब कम्पनी ने ज़ोर देते हुए कहा कि उसकी यह दृढ़ मान्यता है कि वह जो कर रही है वह किसानों की आर्थिक सुरक्षा और बेहतरी में है।[23]

इन विवादों के बावजूद यही आख्यान गढ़ा गया कि फ़ार्मास्युटिकल उद्योग की तरह कृषि–व्यापार भी मानव ज़ाति के बृहत्तर भलाई के लिए नवोन्मेष, अनुसन्धान और विकास जैसी भावनाओं से अन्तःप्रेरित है। लेकिन सच यही है कि असल मक़सद मुनाफ़ा कमाना और पारम्परिक उत्पादों को ठीक वैसे ही सुनियोजित तरीक़े से ग़ैर–प्रचलित कर देना है जैसे पुराने हथियारों को नये हथियारों से, लेकिन नयी कारों को पुरानी गाड़ियों से स्थानान्तरित किया जा रहा है। इसलिए, जब ज़रूरी न हो तब भी व्यावसायिक स्वार्थों को प्राप्त करने के उद्देश्य से पारम्परिक पद्धतियों को क्रमशः नष्ट करने का षड्यन्त्र चलता रहता है। विडम्बना यह है कि इस पूरी प्रकिया में असफलताओं और आर्थिक क्रूरताओं का गुणगान भी किसी अभूतपूर्व उपलब्धि की तरह किया जाता है।

यहाँ बीटी कॉटन (आनुवंशिक रूप से रूपान्तरित कपास) की मिसाल दी जा सकती है जिसे भारत में 2002 में सबसे पहले मोंसंटो ने आज़माया था। सामाजिक नीतियों के शोधकर्ता कॉलिन टॉडहंटर ने 2015 में प्रकाशित एक रिपोर्ट में कहा।

मीडिया में अपने समर्थकों की मदद से मोंसंटो द्वारा इस बात से निरन्तर अस्वीकार के बाद भी कि भारत में किसानों की आत्महत्या का प्रत्यक्ष या परोक्ष सम्बन्ध बीटी कॉटन की खेती के साथ है, नये अध्ययन से यह स्पष्ट पता चलता है कि सिंचाई के लिए बरसात पर आश्रित इलाक़ों जो कि कपास की खेती के लिए भारत का पारम्परिक क्षेत्र है, के किसानों और बीटी कॉटन की खेती को अपनाने की उनकी विवशता का प्रत्यक्ष परिणाम किसानों की आत्महत्या के रूप में सामने आया है। बीटी कॉटन के उत्पादन के लिए महँगे व्यावसायिक जीएम बीज और ज़रूरी रसायन और कीटनाशक के प्रयोग के बाद भी सिंचाई योग्य बरसात नहीं होने के कारण किसान अपने भरण–पोषण लायक पैदावार नहीं कर कर पाते हैं।[24]

विकासशील दुनिया में कॉरपोरेट कृषि–व्यापार और किसानों के जीवन में उसकी नकारात्मक भूमिका को अनदेखा नहीं किया जा सकता।

चौकस पूँजीवाद

मानव सभ्यता का डिजिटल भविष्य उन ताक़तवर कारोबारी घरानों के चमत्कारिक उत्थान से सीधे जुड़ा हुआ है जो मानव–व्यवहार के भविष्य

के बारे में बता पाने और उसे नियन्त्रित करने की तकनीकों की तलाश में हैं। इस नये कौतुक को 'चौकस पूँजीवाद' (surveillance capitalism) का नाम दिया गया है। आने वाले दशकों में मानव–व्यवहार को बदलने में समर्थ तौर–तरीक़े और तकनीक इसी औद्योगिक पूँजीवादी चुनौती के रूप में इक्कीसवीं सदी में हमारे सामने प्रकट होंगे।

2019 में प्रकाशित अपनी किताब 'दी एज ऑफ़ सर्विलांस कैपिटलिज़्म' में शोशाना जुबोफ ने भी इसी बात की आशंका जतलायी थी।[25] उनका कहना है कि दुनिया एक ऐसे नये दौर में दाख़िल हो रही है जहाँ इक्कीसवीं सदी को पूरी तरह से एक डिजिटल सम्पर्क–व्यवस्था द्वारा संचालित और नियन्त्रित किया जायेगा। यह व्यवस्था लोकतन्त्र और आज़ादी की क़ीमत पर अधिक–से–अधिक मुनाफ़े को सुनिश्चित करेगी। 'किसी ज़माने में हम गूगल को सर्च किया करते थे, अब गूगल हमें सर्च करता है। पहले हम अपने लिए मुफ़्त में डिजिटल सेवाओं की बात सोचते थे, लेकिन अब ख़ुद ही 'चौकस पूँजीपतियों' के लिए मुफ़्त में मिले उपभोक्ता बन चुके हैं,' यह बात जुबोफ ने गार्डियन को एक साक्षात्कार देते हुए कही थी।[26]

नयी प्रणाली मुफ़्त सेवाएँ उपलब्ध करा रही हैं जिनका इस्तेमाल आज अरबों लोग कर रहे हैं। यह प्रणाली सेवा–प्रदाताओं को उपभोक्ताओं के सूक्ष्मतम ब्योरों पर नज़र रखने की इजाज़त देती है, और प्रायः इस बारे में उपभोक्ताओं को कोई जानकारी नहीं होती है। मिसाल के तौर पर गूगल सम्पूर्ण निगरानी रखने के लिए सेवाएँ उपलब्ध कराता है जिनके लिए उपभोक्ताओं से न तो कोई अनुमति ली जाती है और न ही इस बारे में उन्हें अपनी तरफ़ से पहले से कोई जानकारी रहती है। जुबोफ कहती हैं।

नया गूगल व्यक्ति के आत्मनिर्णय और किसी के प्रति कृतज्ञता की आवश्यकता को अनावश्यक समझता है। अपने सन्धान और अपेक्षा की प्राथमिकताओं को वह स्वयं ही तय करता है। यह व्यक्ति के निर्णय सम्बन्धी अधिकारों और उसके नैतिक अथवा क़ानूनी पक्ष को महत्त्वहीन समझता है। उसका लक्ष्य तकनीकी मौक़ापरस्ती का लाभ उठा कर अपनी एकपक्षीय सत्ता की स्थापना के लिए स्थितियों को अपने लिए निर्मित करना है। नया गूगल अपने वास्तविक ग्राहकों को यह आश्वस्त करता है

कि मनुष्यता और समाज को अन्धकार से निकाल कर वैज्ञानिक सत्यों से युक्त एक नयी दिशा दिखाने में वह अपनी तरफ़ से कोई कसर नहीं उठा रखेगा। यह गूगल एक ऐसी बड़ी ताक़त बन चुका है जो आज अपने आदर्श ख़ुद स्थापित करता है और अपने उद्देश्यों को हासिल करने के लिए उन सभी सामाजिक नियमों की अवहेलना कर सकता है जिनसे एक सामान्य व्यक्ति बँधा या भयाक्रान्त होता है।[27]

गूगल के साथ–साथ फ़ेसबुक, माइक्रोसॉफ़्ट अमेज़ॉन और कई दूसरी कम्पनियाँ आज पूरी दुनिया में अपना जाल फैला चुकी हैं। आज उनकी सेवाओं और उत्पादों के उपभोक्ता दुनिया के कोने–कोने में फैले हुए हैं। बीमा, ख़ुदरा बिक्री, स्वास्थ्य रक्षा, मनोरंजन, शिक्षा आदि क्षेत्रों पर इनका नियन्त्रण बढ़ता जा रहा है। अब उनका ध्यान व्यक्तिगत उपभोक्ताओं से हटकर पूरे समाज, शहर और आबादी पर केन्द्रित हो चुका है। जनवरी 2020 में 'न्यूयॉर्क टाइम्स' के एक आलेख में ज़ुबोफ़ ने यह लिखा है कि लोकतन्त्र अपनी धुरी से विस्थापित हो चुका है और सत्ता और सूचना भी 'चौकस पूँजीवाद' के अधीन हो चुकी है। वे लिखती हैं।

इन ख़तरनाक विषमताओं को डेटाविज्ञान के एकाधिकार, मशीनी बुद्धिमत्ता की सर्वोच्चता, आपूर्तिकर्ता और उपभोक्ता की पारिस्थितिकी, बाज़ार के प्रलोभन, व्यक्ति और समष्टि के व्यवहार में परिवर्तन लाने की क्षमता, हमारी सामाजिक साझेदारी पर स्वामित्व और इन सबको सम्भव बनाते एक विशाल और अजेय पूँजीतन्त्र के संस्थागतकरण जैसे कारगर हथियारों के ज़रिये अंजाम दिया जा रहा है। 21 वीं सदी में हम ज्ञान और सूचना के इसी भयावह असमानता के साथ प्रवेश करने को विवश हैं।[28]

बहरहाल निजता अब कोई निजी मसला नहीं रहा। मई 2019 में गूगल के सीईओ सुन्दर पिचाई ने 'न्यूयॉर्क टाइम्स' में ही लिखा कि उनका कॉरपोरेशन अपने इस सिद्धान्त को लेकर गम्भीर और प्रतिबद्ध है कि निजता पर किसी विशिष्ट वर्ग का एकाधिकार नहीं है।[29] 2017 में दी ऑस्ट्रेलियन को फ़ेसबुक का एक काग़ज़ात हाथ जो इस बात का ख़ुलासा करता था कि कैसे ऑस्ट्रेलिया और न्यूज़ीलैंड के 60 लाख से भी अधिक युवाओं को कम्पनी ने उपभोक्ता व्यवहार के मनोवैज्ञानिक अन्तर्विश्लेषण के लिए चिन्हित किया हुआ था।[30] फ़ेसबुक ने इस विश्लेषण का आधार उस स्थिति को बनाया था जब युवा वर्ग तनाव, घबराहट, पराजय,

अवसाद अथवा संशय जैसी मानसिक अवस्था में किसी अवचेतन सहायता की आवश्यकता अनुभव करते थे। चौकस पूँजीवाद उत्पादन–वृद्धि पर केन्द्रित नहीं होता, और न इसका उद्देश्य भुखमरी, बीमारी अथवा किसी प्राकृतिक आपदा की स्थिति में मनुष्य की सेवा और मदद करना है। इसका एकमात्र ध्येय आख्यानों के नियन्त्रण से लाभ कमाना है।

कॉरपोरेट योद्धा

1990 का दशक भूमण्डलीकरण और निजीकरण के प्रति उत्साह और एक समर्पण से भरी आशा का समय था। शीतयुद्ध समाप्त हो चुका था, एक–दूसरे से युद्धरत भारी–भरकम सैन्यबल अप्रासंगिक हो चुके थे, लेकिन अर्थव्यवस्था और लाभ पर नियन्त्रण की होड़ पहले की तरह ही जारी थी। इसीलिए विदेशी भूमि पर शत्रुओं के बीच टकराव और एक–दूसरे को नीचा दिखाने के लिए रणनीति और सामरिक हथकण्डे आवश्यक थे। अतीत में भी जो बड़े–बड़े साम्राज्य बने उनके पीछे केवल विशाल सैन्यबल की भूमिका नहीं थी। उदाहरण के लिए, पहले ब्रिटिशों ने भारतीयों का उपयोग अपना साम्राज्य खड़ा किया, और उसके बाद उन्हीं भारतीयों की तैनाती फ़ौज में करते हुए मध्यपूर्व और दोनों विश्वयुद्धों में अपनी लड़ाइयाँ लड़ीं। उन्नीसवीं और बीसवीं सदी में युद्धों का स्वरूप कुछ ऐसा था कि सेना का उपयोग कर और नियन्त्रण पूरी तरह से राज्य के हाथों में केन्द्रित था। बीसवीं सदी के अन्त में अफ़ग़ानिस्तान में अन्तरराष्ट्रीय जिहाद का समर्थन करते हुए अमेरिकियों ने युद्ध को एक निजी उपक्रम में तब्दील कर दिया। उसके बाद से ही युद्ध और हिंसा केवल राज्य के विशेषाधिकार नहीं रहे। ये पूरी तरह से 'पैसा है, तो लड़ेंगे' का मामला बन गया।

हालिया सालों के आन्तरिक या घरेलू दबाव ने भी सिर्फ़ गोपनीय लक्ष्यों को प्राप्त करने के उद्देश्य से बड़ी–बड़ी राष्ट्रीय सेनाओं के रख–रखाव की परम्परा के औचित्यों पर प्रश्न खड़े कर दिये। कार्रवाई से मुकरना एक रणनीतिक आवश्यकता बन गयी क्योंकि संलिप्तता के सिद्धान्त को लचीला बनाया जाना ज़रूरी था। निजी सेनाएँ इसी तरह से अस्तित्व में आयीं। इनमें कुछ सेनाएँ क़ानूनी थीं और कुछ ग़ैरक़ानूनी। एक उस तरह की सेनाएँ भी थीं जो क़ानूनी होकर भी ग़ैरक़ानूनी गतिविधियों

में संलिप्त रहती थीं। निजी सैनिक उद्योग, या निजी सैनिक कॉरपोरेशन (Private Military Corporations) युद्ध के व्यावसायिक प्रयोजन को सिद्ध करने वाला मार्ग बन गया। राजनीतिशास्त्री पी.डब्ल्यू. सिंगर ने 2007 में प्रकाशित पुस्तक में इन्हें 'कॉरपोरेट योद्धाओं' में उन्नति का सीधा अर्थ था कि राज्य के अतिरिक्त संस्थाएँ, उद्योग और व्यवसाय जगत और यहाँ तक कि एक व्यक्ति भी सैनिक, अर्द्धसैनिक और कमांडो की सेवाएँ ले सकता था।

अपने समय में विजेताओं और सम्राटों ने युद्धों में भाड़े के सैनिकों का इस्तेमाल किया था। लेकिन इन पूर्व सैनिकों या फ्रेडरिक फोरसिथ के शब्दों में, इन 'भाड़े के टट्टुओं' (Dogs of War) के उपयोग का प्रचलन अफ़्रीका में उस समय आरम्भ हुआ जिस समय वहाँ उपनिवेशवाद अपने अवसान पर था। इन भाड़े के लड़ाकुओं को पूर्व उपनिवेशों पर नियन्त्रण स्थापित करने, उन्हें अस्थिर करने तथा सत्ता परिवर्तन करके वहाँ अधिक उत्तरदायी तानाशाहों को पदासीन करने के उद्देश्य से बहाल किया गया था। भाड़े पर अपनी सेवाएँ देने वाले ये लड़ाके अपने–आप में लघु उद्योग थे।

जैसे–जैसे साम्राज्यवादी राष्ट्रों के हाथ से उनके उपनिवेश एक–एक कर निकलते गये, वैसे–वैसे उन पर खुद को दोबारा साबित करने का दबाव भी बढ़ता गया। हताशा में उन्होंने अपना आदेश नहीं मानने वाले 'उच्छृंखल' स्थानीय शासकों का षड्यन्त्रपूर्ण तरीक़े से तख़्तापलट करने, उन्हें धमकाने, या स्वास्थ्यगत कारणों का बहाना करते हुए उन्हें पदत्याग करने का दबाव डालने जैसे पुराने हथकंडे भी आज़माये। चूँकि यह एक 'गरिमाहीन' उद्देश्य था, इसलिए इस काम में राष्ट्रीय सेना की मदद लेना मुनासिब नहीं था। इस स्वार्थपूर्ण उद्देश्य को पूरा करने के लिए औपनिवेशिक ताक़तें इन्हीं भाड़े के योद्धाओं पर निर्भर थीं। ब्रिटेन इन राष्ट्रों में अग्रणी था जिसने किसी भी हस्तक्षेप में राष्ट्र की भूमिका से न केवल परहेज़ किया बल्कि इसे ख़ारिज भी किया। इन भाड़े के सैनिकों की तुलना निजी क्षेत्र के किसी कार्यकारी अधिकारी से की जा सकती थी, बस दोनों में यही फ़र्क़ था कि एक के हाथ में हथियार था। हिंसा पर राज्य के एकाधिकार को 'आउटसोर्सिंग' के ज़रिये त्याग देने के उपक्रम के अपने निहितार्थ और लाभ थे। यह मौजूदा व्यवस्था में कोई अतिरिक्त

छेड़छाड़ किये बिना विदेश नीति के लक्ष्यों को प्राप्त करने का अधिक सौम्य और प्रभावशाली तरीक़ा था।

उदाहरण के तौर पर 1980 के दशक में श्रीलंका में ब्रिटिश कम्पनी किनी मिनी सर्विसेज़ के किराये के सैनिकों को सरकार ने श्री लंकाई सुरक्षाबलों को तमिल उपद्रवियों के ख़िलाफ़ अभियान चलाने हेतु प्रशिक्षित करने के लिए भेजा था। ये किराये के सैनिक 'स्पेशल एयर सर्विसेज़ रेजिमेंट' (एसएएस) और 'सीक्रेट इंटेलिजेंस सर्विस' (एसआईएस) के पूर्व सैनिक थे।[31] भाड़े के सैनिकों को भेजने का एक कारण यह भी था ताकि भारत को किसी तरह की नाराज़गी नहीं हो, क्योंकि यहाँ ब्रिटेन के व्यापक व्यापारिक और सुरक्षा सम्बन्धी विपणन के हित छुपे हुए थे। श्री लंका किसी भी तरीक़े से इस स्वार्थसिद्धि की भरपाई कर पाने में समर्थ नहीं था।[32] अनेक अवसरों पर किनी मिनी द्वारा सम्पोषित–संवर्धित 'दी स्पेशल टास्क फोर्स' नाम का यह संगठन श्रीलंका के पूर्वी प्रान्त में अनेक सुनियोजित युद्ध–अपराध करने का ज़िम्मेदार बताया गया था।[33] युद्ध के और अधिक भड़कने के साथ ही कम्पनी ने युद्ध में महत्त्वपूर्ण और सक्रिय भूमिका निभानी शुरू कर दी। उसने श्री लंकाई सुरक्षाकर्मियों को जंगल युद्ध के तौर–तरीक़ों का प्रशिक्षण दिया जिसे कम्पनी ने एसएएस के दिनों में अपने कठोर और श्रमसाध्य अनुभवों से सीखा था।

किनी मिनी ने अपना नाम स्वाहिली भाषा से पाया था जिसका अभिप्राय 'घनी घास में साँप के रेंगने' से था। कम्पनी पहले ओमान और निकारागुआ के अतिरिक्त मशहूर ईरान–कोंट्रा विवाद और अफ़ग़ानिस्तान में सक्रिय रह चुकी थी।[34] ब्रिटेन में इस तरह की और कई निजी कम्पनियाँ थीं जिनमें अतिमहत्त्वपूर्ण हस्तियों को अपहर्त्ताओं के विरुद्ध सुरक्षा प्रदान करने वाली कम्पनी 'कंट्रोल रिस्क' भी शामिल थी।[35] श्रीलंका में कुछ धमाकेदार आरम्भिक सफलताओं के बाद, ऐसा प्रतीत होता है कि किनी मिनी ने अपना अभियान थोड़ा धीमा कर दिया और 1990 के दशक में इस अधूरे काम को 'सैंडलाइन इंटरनेशनल' और 'एक्ज़ीक्यूटिव आउटकम्स' जैसी कम्पनियों के हवाले छोड़ दिया। 2000 में प्रवेश के बाद ये दोनों कम्पनियाँ भी 'ब्लैकवाटर' और जी4एस द्वारा स्थानापन्न कर दी गयीं। यमन में अपनी सेवाएँ दे रही कम्पनी 'स्पीयर ऑपरेशंस ग्रुप' भी इनमें शामिल हो गयीं।[36]

1995 में यह निश्चित तौर पर लगने लगा कि सिएरा लियोन के बाग़ी जीत हासिल करने के बहुत क़रीब हैं और देश के सभी हीरे के खदान पर उनका क़ब्ज़ा हो जायेगा। जब बाग़ी राजधानी फ्रीटाउन के 20 किलोमीटर क़रीब तक पहुँच गये तो राजनयिक और विदेशी दूतावास के दूसरे कर्मचारी देश छोड़ कर भागने लगे। ठीक उसी समय कुछ हेलीकॉप्टरों ने उन बाग़ियों पर तेज़ हमला शुरू कर दिया और किराये के लड़ाकुओं के एक दस्ते ने राष्ट्रीय सैनिकों के साथ मिलकर मोर्चा सँभाल लिया। बागी इस अकस्मात् हमले से भौचक्के रह गये और उन्हें मोचे से पीछे हटने के लिए मजबूर होना पड़ा। वे लड़ाके दक्षिण अफ़्रीका की कम्पनी 'एक्ज़ीक्यूटिव आउटकम्स' के प्रशिक्षित योद्धा थे।

लगभग इसी समय सर्बिया, बोस्निया और क्रोएशिया के बीच बाल्कन में घमासान युद्ध छिड़ा हुआ था। युद्ध में लिप्त तीनों पक्ष युगोस्लाविया के भूतपूर्व भूक्षेत्र थे। क्रोएशियाइयों को अमेरिकी निजी संगठन 'मिलिटरी प्रोफ़ेशनल रिसोर्सेज इंटरनेशनल, द्वारा मदद और नाटो की तर्ज़ पर युद्ध का सामना करने का प्रशिक्षण मिल रहा था। यह अमेरीकी फ़ौज की अपनी युद्ध–शैली थी। निजीकरण ने अमेरिकी हितों को पूरा करने के उपक्रम में असंलिप्तता की नीति पर ज़ोर दिया। इससे यह सुनिश्चित हो गया कि सर्बों को सामरिक–विनियोग के मामले में किसी प्रकार अतिरिक्त लाभ नहीं मिलने पाये। 1999 में बाल्कन–क्षेत्र के कोसोवा में युद्ध दोबारा भड़का। एक बार फिर से अमेरिका ने एक श्लाघनीय असंलिप्तता का परिचय दिया और कोसोवाइयों को टेक्सास की कम्पनी 'ब्राउन एंड रूट सर्विसेज़' के माध्यम से परिवहन और आपूर्ति में सहयोग किया। यह संयोग की ही बात थी कि अमेरिका के भावी उप–राष्ट्रपति डिक चेनी की 'ब्राउन एंड रूट' की पैतृक कम्पनी हैलीबर्टन में साझेदारी थी।[37]

सूचना के क्षेत्र से व्यापार जगत में रूपान्तरण की एक शानदार मिसाल के तौर पर ब्लैकवाटर को देखा जा सकता है। 2005 में कम्पनी ने सीआईए आतंक–निरोधी शाखा के पूर्व मुखिया रहे कॉफ़ेर ब्लैक को बतौर उपाध्यक्ष नियुक्त किया। इसके बाद ही उसके मुनाफ़े में अन्धाधुन्ध बढ़ोतरी हुई। सीआईए से आये अनेक दूसरे लोगों ने भी ब्लैकवाटर में अपना योगदान दिया। ब्लैकवाटर ने पाकिस्तान और उसके बाद के सालों में इराक़ में भी महत्त्वपूर्ण और केन्द्रीय ज़िम्मेदारियाँ निभायीं। 9/11 के

बाद इस्लामाबाद के सीआईए स्टेशन में पदस्थापित लगभग तीन–चौथाई अधिकारी ब्लैकवाटर से निजी अनुबन्ध पर आये थे। इराक़ में, सीआईए के अधिकारी कहाँ–कहाँ जा सकते थे और किससे–किससे मिल सकते थे, इस बात का फ़ैसला ब्लैकवाटर लेता था।[38]

1990 के बाद से पीएमसी के इस अचानक विकास के कई कारण थे। शीतयुद्ध की समाप्ति से पहले दोनों महाशक्तियाँ अपने–अपने समर्थक देशों को प्रलोभन या दबाव के ज़रिये अपने–अपने खेमों में मूक दर्शक बनाये रखने में क़ामयाब रहीं। अचानक यह नियन्त्रण शिथिल पड़ गया और उन देशों का पारस्परिक और आन्तरिक तनाव सतह पर आ गया। बढ़ती हुई जनसंख्या और ग़रीबी ने दुनिया पर अपना स्थायी निशान छोड़ा था, और आबादी का एक बेशतर हिस्सा बुनियादी ज़रूरतों से वंचित था। भविष्य में टकराव होना निश्चित था क्योंकि मादक द्रव्यों और मानव–तस्करी से सम्बन्धित स्थानीय उपद्रव और अपराध पर किसी का स्पष्ट नियन्त्रण नहीं रह गया था। राज्य भी ऐसी स्थिति में अपने शक्ति–प्रयोग और प्रत्यक्ष हस्तक्षेप से हिचक रहा था।

मध्यपूर्व में पश्चिम की नीतियों के कारण इस्लामी आतंकवाद का जन्म हुआ, और पश्चिम अफ़्रीका के नये–नये स्वतन्त्र हुए राज्यों के बड़े भूभाग में सक्रिय रहे विद्रोहियों के गुटों ने इसमें भरपूर मदद की। शीतयुद्ध की समाप्ति के बाद बड़ी संख्या में सैनिकों के बेरोज़गार और निठल्ले हो जाने के कारण वे युद्ध के खुले बाज़ार में सहज उपलब्ध थे। उनके पास आजीविका का कोई वैकल्पिक कौशल था भी नहीं। साथ ही, हथियारों का बाज़ार उन छोटे हथियारों से भर गया था जिन्हें या तो इस्तेमाल नहीं किया गया था, या जो नये हथियारों के आने के बाद त्यागे जा चुके थे। एकीकरण के बाद पूर्व जर्मनी की फ़ौज का ज़ख़ीरा औने–पौने क़ीमतों पर नीलाम कर दिया गया। मिसाल के तौर पर मिसाइल दागने वाली नौकाएँ 200,000 अमेरिकी डॉलर में बिकीं जबकि हल्के वज़न की मशीनगनों की क़ीमत सिर्फ़ 60 डॉलर थी। इन हथियारों को ख़रीदने के इच्छुक सौदागरों और निजी कम्पनियों की कोई कमी नहीं थी। अफ़्रीका के बाज़ार में पुर्ज़ों को पुनः जोड़कर बनाये जा सकने वाले बख़्तरबन्द टी–55 टैंक केवल 40,000 अमेरिकी डॉलर में उपलब्ध थे। कोलम्बिया के विद्रोहियों एफएआरसी (Fuerzas Armadas Revolucionarias de Colombia)

ने कोकीन से अर्जित मुनाफ़े का इस्तेमाल अत्याधुनिक सामरिक उपकरण ख़रीदने में किया। उन्होंने इसका प्रयोग सरकारी सेना के ख़िलाफ़ किया जिनके पास इतने आधुनिक हथियार नहीं थे।

अन्तरराष्ट्रीय बाज़ार में अनुमानित 550 मिलियन छोटे हथियार उपलब्ध थे जो 1990 के दशक में हिंसा और युद्ध से हुई 90 फ़ीसदी मौतों के ज़िम्मेदार थे। युगांडा में एक मुर्ग़ी की क़ीमत पर एक एके–47 ख़रीदा जा सकता था, और केन्या में एक बकरे के बराबर मूल्य चुका कर इसे हासिल किया जा सकता था। यह सब एक ऐसे मुश्किल समय में हो रहा था जब उस क्षेत्र के राष्ट्र स्थितियों को नियन्त्रित करने में ख़ुद को बेबस महसूस कर रहे थे और बाहरी एजेंसियाँ भी कोई समाधान निकाल पाने में असमर्थ सिद्ध हो रही थीं। ऐसी स्थिति में पीएमसी का आगमन और विकास एक बहुत स्वाभाविक परिणति थी।[39] ऐसे अनेक देश थे जो संसाधनों के मामले में तो समृद्ध थे लेकिन या तो उन संसाधनों का उपयोग करने में लाचार थे, या फिर असन्तुष्टों को नियन्त्रित कर पाने में विफल थे। इसके अलावा वे उन बाग़ियों से भी नहीं निपट पा रहे थे जो किसी निश्चित विचारधारा के प्रति प्रतिबद्ध थे। इन युद्धों में लड़ने के लिए लोग उतनी ही सस्ती क़ीमतों पर उपलब्ध थे जितनी सस्ती क़ीमत पर बज़ारों में हथियार मौजूद थे। प्रशिक्षित सैनिकों का मुक़ाबला एक साथ हथियारबन्द आतंकियों, तस्करों, निजी मिलिशिया और यहाँ तक कि चोर–उचक्कों–सबसे था।

आज विश्व–परिदृश्य पर अनेक तरह के पीएमसी सक्रिय हैं। सैनिकों को मुहैया कराने वाली कम्पनियाँ युद्धों की रणनीतियाँ तैयार करती हैं किसी विशेषज्ञ की तरह सैनिकों को दिशा–संकेत देती हैं। कमांडो और अर्द्धसैनिक बल उनके निर्देशों का अनिवार्य परिपालन करते हैं। 'एक्ज़ीक्यूटिव आउटकम्स' और 'सैंडलाइन इंटरनेशनल' उनमें सबसे अव्वल थीं, लेकिन इराक़ युद्ध के समय से एरिक प्रिंस का ब्लैकवाटर बहुत तेज़ी से उभर कर सामने आया है। इसने मध्यपूर्व के इस देश में बुश की सूबेदारी की बहुत अच्छी तरह से हिफ़ाज़त की। पॉल एलत्र ब्रेमर–III ने भी युद्धोन्मादी की अपनी कुख्यात छवि के अनुसार फ़ालुजा और नजफ़ में क्रूर अभियान चलाये। अरबपति एरिक प्रिंस विचारधारा से एक दक्षिणपन्थी ईसाई होने के साथ ही ईसाइयों के अधिकारों और

बुश के चुनाव अभियान को वित्तीय मदद करने वाले एक बड़े चन्दादाता थे।[40] ये संगठन सैनिक अभियानों के लिए बल गुणक (Force Multipliers) उपलब्ध कराते हैं और सुरक्षा सम्बन्धी उत्तरदायित्वों का निर्वहन करते हैं। फिर इनके अतिरिक्त लेवडेन, विनेल, एमपीआरआई और डिनकॉर्प जैसी सामरिक परामर्शदाता कम्पनियाँ भी होती हैं जो परामर्श और प्रशिक्षण के अतिरिक्त अभियान–सम्बन्धी तथा संगठनात्मक विश्लेषण का काम करती हैं। ब्राउन एंड रूट के साथ इसकी पैतृक संस्था हैलीबर्ट की प्रमुख कम्पनियाँ पूरी दुनिया भर में फैले अमेरिकी फ़ौज को परिवहन और आपूर्ति की सुविधाएँ मुहैया कराती हैं। उदाहरण के लिए डिनकॉर्प अफ़ग़ानी राष्ट्रपति को सुरक्षा उपलब्ध कराती है।

बिग फ़ार्मा और जनसंख्या नियन्त्रण

2001 में आया जॉन ले कारे का उपन्यास 'दी कांस्टेंट गार्डनर' हालाँकि अफ़्रीका को केन्द्रबिन्दु बना कर लिखा गया है लेकिन वस्तुतः यह एक विश्वव्यापी विषय पर आधारित है–'सेवा और सहायता के पाखण्ड में अमीरों का जश्न! दुनिया के लिए भोजन, दुनिया के स्वास्थ्य और दुनिया के व्यय का हिसाब–किताब...।'[41] यह अफ़्रीका में बिग फ़ार्मा के उत्पादों की बिक्री को विषय बनाकर बुना गया एक शानदार कथानक है। यह कहानी एक ब्रिटिश सामाजिक कार्यकर्ता की हत्या के माध्यम से वैश्विक भ्रष्टाचार का वृत्तान्त सुनाती है। उस कार्यकर्ता का मानना था, 'दुनिया के समस्त लोकतन्त्रों की जननी अपनी आत्ममुग्धता में यही मानती है जहाँ धन है, स्वतन्त्रता और मनुष्य के बुनियादी अधिकार भी वहीं हैं। बाक़ी सब ढपोरशंखी बक़वास हैं।'[42] निरंकुश पूँजीवाद का दुखान्त इस उपन्यास में औषधविज्ञान के प्रवर्तक के रूप में प्रकट होता है।

किताब के अन्त में ले कारे ने अपने लेखकीय दावे में उपन्यास के सभी चरित्रों और कम्पनियों को काल्पनिक बताया है। लेकिन इसे पढ़ते हुए इस बात का सहज भान होता है कि इसमें वर्णित अनेक मामले और घटनाएँ सच पर आधारित हैं, और ऐसे कुछेक लोग भी मिले जिन्हें फ़ार्मास्युटिकल उद्योग के साथ असहमत होने और अपना पक्ष रखने के बदले भारी क़ीमत भी चुकानी पड़ी।

मसला यह नहीं है कि उनके असहज कर देने वाले निष्कर्ष सही थे या नहीं, मसला यह है कि व्यक्ति का अवचेतन जब व्यावसायिक लालच से टकराता है तो उसके परिणाम किस रूप में घटित होते हैं। यह उपन्यास डॉक्टरों के उन प्राथमिक अधिकारों से सम्बन्धित है जो उन्हें चिकित्साविज्ञान एक सामान्य धारणा के रूप में सौंपता है, और मरीज़ से उनका औपचारिक परिचय उसकी आस्था को किस रूप में प्रभावित करता है।[43]

पश्चिमी मीडिया के इस दावे के मद्देनज़र–कि कोरोना वायरस महामारी का अगला सम्भावित केन्द्र अफ़्रीका हो सकता है जिसमें तक़रीबन 300,000 लोगों की जानें जा सकती हैं और तीन करोड़ लोग ग़रीबी और भुखमरी का शिकार हो सकते हैं–इस किताब के बारे में नहीं सोचना लगभग असम्भव प्रतीत होता है।[44] जैसा कि कहा भी जाता रहा है कि हर एक चुनौती एक अवसर भी है। यह साफ़ दिखा कि कोविड–19 महामारी का मुक़ाबला करते हुए सिर्फ़ अफ़्रीका में ही नहीं बल्कि पूरी दुनिया भर में फ़ार्मा उद्योग के अपने व्यापक स्वार्थ हैं। यह स्वार्थ और साथ ही उन्नीसवीं सदी की शुरुआत से तीसरी दुनिया की तेज़ी से बढ़ती आबादी को लेकर पश्चिम का दुराग्रहपूर्ण दृष्टिकोण इस मौजूदा संकट के दो भिन्न होकर एक–दूसरे से अनिवार्य रूप से सम्बद्ध पक्ष हैं।

1960 के दशक से ही सुप्रसिद्ध अर्थशास्त्री थॉमस माल्थस का 1798 में लिखा 'एन एसे ऑन दी प्रिंसिपल ऑफ़ पॉपुलेशन' अर्थशास्त्र के विद्यार्थियों का एक प्रिय विषय रहा है।[45] उनका कथन था कि जनसंख्या में वृद्धि हमेशा से अनाज में वृद्धि को पछाड़ती आयी है। उनके अनुसार, इस दुनिया में जन्मे किसी आदमी को अगर उसके माँ–बाप या समाज की तरफ़ से रोज़गार के मौक़े नहीं मिलते तो समाज में ऐसे आदमी की कोई जगह नहीं बन पाती। इस बात को लेकर हमेशा से एक संशयपूर्ण सम्भावना बनी रही कि विकास की रौशनी से कोसों दूर निर्धन देशों की बड़ी आबादियाँ समय–समय पर आने वाली महामारियों, प्राकृतिक आपदाओं और बीमारियों का मुक़ाबला कर अपने अस्तित्व को कैसे बचाये रखेंगी। इसलिए माल्थस ने बढ़ती हुई जनसंख्या के सम्भावित दुष्परिणामों के मद्देनज़र मनुष्य की प्रजनन–क्षमता को नियन्त्रित करने की ज़रूरत पर ज़ोर डाला।

हालाँकि उन्नीसवीं सदी में कृषि में तेज़ी से विकास के कारण पश्चिम को कभी भी खाद्यान्न के संकट का मुक़ाबला नहीं करना पड़ा, इसके बाद भी माल्थस के सिद्धान्त की प्रासंगिकता आज भी वैसी ही बनी हुई है। 1960 का दशक आते–आते राष्ट्रसंघ, विश्व बैंक, फोर्ड और रॉकफेलर फ़ाउंडेशन जैसे अनेक अमेरिकी संगठनों ने तीसरी दुनिया में अनियन्त्रित रूप में बढ़ती हुई जनसंख्या को लेकर गम्भीर चिन्ताएँ व्यक्त कीं। यह वृद्धि ही इन क्षेत्रों की आर्थिक पिछड़ेपन और राजनीतिक अस्थिरता का प्राथमिक कारण थी। यह उनकी चिन्ता का प्रकट कारण था, लेकिन सच तो यह था विकसित देशों का वास्तविक डर यह कि कहीं संसाधनों और बाज़ार पर इस बढ़ती हुई जनसंख्या का नियन्त्रण न हो जाये। ऐसी स्थिति में सबसे बड़ा संकट पश्चिमी पूँजीवाद के लिए आने वाला था।

अप्रैल 1974 में निक्सन प्रशासन ने अमेरिका की आन्तरिक सुरक्षा और विदेशों में अमेरिकी हितों पर दुनिया की आबादी के व्यापक प्रभावों का विस्तृत अध्ययन करना आरम्भ किया इसका निष्कर्ष दिसम्बर 1974 में हस्ताक्षरित नेशनल सिक्यूरिटी स्टडी मेमोरंडम 200 के नाम से एक अतिगोपनीय दस्तावेज़ के रूप सामने आया, जिसे एक साल बाद राष्ट्रपति ग़ैराल्ड फोर्ड ने एक नीति के रूप में अपनाया। सीआईए, जिसके प्रमुख तब जॉर्ज एच. डब्ल्यू. बुश थे, और जिसने फोर्ड के राष्ट्रीय सुरक्षा सलाहकार ब्रेंट स्कोक्रॉफ्ट और यूएसएआईडी, गृह, सुरक्षा तथा कृषि विभाग को उन निष्कर्षों तक पहुँचने में मदद की जिन्हें आज किसिंजर रिपोर्ट के नाम से जाना जाता है। यह रिपोर्ट आज भी जनसंख्या पर अमेरिका की नीति का बुनियादी दस्तावेज़ है।[46]

इस रिपोर्ट के आधार पर तेरह ऐसे कम विकसित देशों (एलडीसी) को सूचीबद्ध किया गया जहाँ अमेरिका को जनसंख्या नियन्त्रण को क्रियान्वित करना ज़रूरी लगा। इस सूची में भारत, बांग्लादेश, पाकिस्तान, नाइज़ीरिया, इंडोनेशिया और अन्य देश शामिल थे लेकिन हैरतअंगेज़ तरीक़े से चीन का नाम इस सूची में नहीं था। अमेरिका की मूल चिन्ता दरअसल यह थी कि बहुत विशाल जनसंख्या वाले देशों से अमेरिका को प्राप्त होने वाले खनिज संसाधनों पर इन नीतियों का नकारात्मक असर पड़ सकता था। नतीजतन श्रमिकों से सम्बन्धित विवाद, स्थानीय समस्याएँ और स्थानीय लोगों द्वारा संसाधनों का उपभोग, बन्दरबाँट और बर्बादी

जैसी दुष्प्रवृत्तियाँ अमेरिकी उद्देश्यों की राह में बाधक बन सकती थीं। रिपोर्ट में गर्भपात, बंध्याकरण, और गर्भनिरोध जैसे जनसंख्या नियन्त्रण के उपायों के एवज़ में लोगों को आर्थिक प्रलोभन/प्रोत्साहन देने जैसा सुझाव भी दिया गया था। जनसंख्या नियन्त्रण की अपरिहार्यता के लिए कठोर दबाव की नीति भी अपनायी गयी। मसलन जनसंख्या–नियन्त्रण के लिए कड़े नियम नहीं बनाने वाले देशों को आपदा और बाढ़ जैसे संकटों से मुक़ाबला करने के लिए दी जाने वाली आर्थिक मदद पर रोक लगाने के निर्णय लिए गये। विश्व–समुदाय द्वारा आर्थिक–जातीय साम्राज्यवाद और वर्चस्ववादी प्रक्रियाओं की आलोचना के हमले से बचाव के लिए यह स्थापना गढ़ी गयी कि जनसंख्या नियन्त्रण नीति को लागू करने के मूल में मानवतावादी दृष्टिकोण है। बहरहाल 1990 और 2017 के बीच जनसंख्या को क़ाबू करने लिए पश्चिम ने 137 अरब डॉलर से भी अधिक ख़र्च किया है और इन कार्यक्रमों का 'परिवार कल्याण सेवा और प्रजनन स्वास्थ्य' जैसा लोकवादी नामकरण किया है।[47]

फ़रवरी 2010 को कैलिफ़ोर्निया में अपने 'टेड टॉक' (TED Talk) दुनिया के विशालतम मानव–सेवा संगठन में एक–बिल एंड मेलिंडा फ़ाउंडेशन–के मुखिया बिल गेट्स ने पर्यावरण और ऊर्जा पर विस्तारपूर्वक अपना पक्ष रखा, लेकिन साथ ही उन्होंने तेज़ी से बढ़ती हुई जनसंख्या से सम्भावित जटिलताओं और टीकाकरण की आवश्यकता की ओर भी लोगों का ध्यान आकृष्ट किया। 'सबसे पहले हमें अपनी आबादी पर ध्यान देना है। आज दुनिया की आबादी 6.8 अरब हो चुकी है और हम बहुत तेज़ी से 9 अरब के आँकड़े की तरफ़ बढ़ रहे हैं। हमने नये टीकों, स्वास्थ्य सेवाओं, प्रजनन–स्वास्थ्य सेवा आदि के क्षेत्र में अच्छी उपलब्धियाँ हासिल की हैं, और हम सम्भवतः आबादी को 10 से 15 प्रतिशत तक कम करने की स्थिति में पहुँच चुके हैं।'[48]

इस बात के कुछ महीने पहले ही, 5 मई, 2009 को अमेरिका के सबसे धनाढ्य लोगों और बड़े चन्दादाताओं का एक विशिष्ट समूह रॉकफेलर विश्वविद्यालय के अध्यक्ष डेविड रॉकफेलर के मेनहट्टन स्थित आवास पर मिला। इस समूह में बिल गेट्स, वारेन बफ़ेट, ओप्राह विनफ्रे, टेड टर्नर, जॉर्ज सोरस, पीटर जी. पीटरसन, एली बोर्ड और न्यूयॉर्क के तत्कालीन सिटी मेयर माइकल आर. ब्लूमबर्ग जैसी हस्तियाँ शामिल थीं।

उनके विमर्श का विषय था कि मानवसेवा के लिए चलाये जा रहे उनके कार्यक्रमों का विस्तार कैसे किया जाये।[49] यह एक गोपनीय बैठक थी, और इसकी भनक मीडिया को नहीं लगने दी गयी थी। विश्व में तेज़ी से बढ़ती हुई विभिन्न विसंगतियों के युग में इन धुरन्धरों की मुलाक़ात से किसी को भी अन्तर्निहित कारणों को जानने की जिज्ञासा हो सकती है। अनेक संशय से घिरे लोगों के मन में कुछ आशंकाओं का जन्म लेना भी उतना ही स्वाभाविक था।

टाइम्स ऑफ़ लन्दन में छपे एक उद्धरण के अनुसार, इस अतिगोपनीय बैठक में जिन विषयों पर विचार–विमर्श हुआ उनमें स्वास्थ्य सेवा और शिक्षा के अलावा ख़ासतौर पर तेज़ी से बढ़ती दुनिया की आबादी की रफ़्तार में कमी लाने के उपाय जैसे बिन्दु थे। गेट्स की ख़ास पहल पर बैठक में मौजूद सभी दिग्गजों ने जनसंख्या के दबाव को सबसे बड़ी प्राथमिकता के रूप में स्वीकार किया, और तीसरी दुनिया के उन राजनेताओं को चिह्नित भी किया जिनका यह मानना था कि गर्भनिरोध और नारी–शिक्षा से उनके पारम्परिक मूल्यों के लिए ख़तरा उत्पन्न हो सकता था।[50]

2018 में गेट्स ने बैरोन पत्रिका को एक विस्तृत साक्षात्कार दिया था, जिसमें उन्होंने टीकों के विकास के उद्देश्य से अपने फ़ाउंडेशन और फ़ार्मास्युटिकल कम्पनियों के बीच विस्तृत सम्पर्कों के बारे में बातचीत की।[51] उन्होंने बताया कि उस साल के आरम्भ में 8 जनवरी, 2018 को जे.पी. मॉर्गन हेल्थकेयर कॉन्फ्रेंस उनमें दिया गया व्याख्यान का एकमात्र अर्थ यह बताना था कि उनके फ़ाउंडेशन का उद्देश्य केवल मानवसेवा नहीं है, बल्कि यह उनके लिए पैसे कमाने का ज़रिया भी है।[52] उन्होंने अपने साक्षात्कार में स्टार्ट–अप्स के साथ–साथ अनेक दूसरी कम्पनियों के बारे में भी बातचीत की और बताया कि उनका फ़ाउंडेशन विकासशील दुनिया में इस्तेमाल के लिए टीकों के विकास के उद्देश्य से अनेक कम्पनियों की सहायता और उनके साथ सहयोग कर रहा है।

गेट्स ने उष्णकटिबन्धीय बीमारियों से सम्बन्धित शोध के लिए अनाकॉर फ़ार्मास्युटिकल्स के अलावा फ़ार्मा उद्योग के दिग्गज फाइजर जैसे नामों का उल्लेख किया। निर्धन देशों के लिए टीका विकसित करने के लिए क्योर वाक और मॉडर्ना और निम्नतम मूल्य पर महिलाओं के ख़ून की जाँच के लिए सेरा प्रोग्नोस्टिक्स जैसी भविष्य की कम्पनियों

को वित्तीय मदद देने की व्यवस्था थी। इसी तरह से फाउंडेशन के आर्थिक सहयोग से बनी वीर बायोटेक्नोलॉजी जैसी कुछ अपेक्षाकृत छोटी कम्पनियाँ भी थीं जो रोग–प्रतिरोध, ट्यूबरक्लोसिस और एचआईवी से सम्बन्धित शोधों पर काम कर रही थीं। फ़ाउंडेशन ने विकासशील दुनिया के लिए दवाइयाँ विकसित करने के उद्देश्य से गिलीड साइंसेज़ जैसी बड़ी कम्पनियों के साथ भी साझेदारी की थी। उल्लेखनीय है कि गिलीड ने कोविड–19 के लिए नयी दवा विकसित होने तक सिप्ला, जुबिलेंट और लाइफ़ जैसी कई भारतीय कम्पनियों को 'रेमडेसिविर' के उत्पादन के लिए अधिशुल्क–मुक्त (Royalty & free) अनुज्ञप्ति दी है।

कोरोना वायरस ने गेट्स जैसे मानवतासेवियों को संकट का सामना करने और इससे निबटने के लिए एक और अवसर और चुनौती दी है। मई 2020 को एक ब्लॉग में उन्होंने लिखा कि उस समय तक़रीबन आठ–दस ऐसे प्रत्याशी थे जो एक टीका को विकसित करने की स्थिति में थे किन्तु अन्तिम तौर पर इसे विकसित होने में लगभग अट्ठारह महीने लगने का अनुमान था।[54] बहरहाल पूरी दुनिया को टीके की तक़रीबन 14 अरब ख़ुराक की ज़रूरत पड़ने वाली थी।[55]

रोबर्ट एफ़. केनेडी जूनियर के अनुसार टीके के प्रति गेट्स की हठधर्मिता और अतिआग्रही रवैया भारत सरकार को बहुत नागवार गुज़रा। भारत के राष्ट्रीय तकनीकी परामर्श समूह (एनटीएजी) को अनुशंसित पाँच साल से कम उम्र के बच्चों को लगाये जाने वाले पोलियो के टीकों के कारण साल 2000 और 2017 के बीच कथित रूप से लगभग 490,000 बच्चे लकवाग्रस्त हो गये, और आख़िरकार गेट्स को इस कार्यक्रम से मुक्त हो जाने के लिए कहना पड़ा।[56] केनेडी उन मामलों का भी ज़िक्र करते हैं जब 2014 में गेट्स फाउंडेशन और फ़ार्मास्युटिकल कम्पनियों ने भारत के दूरदराज के इलाक़ों में कम उम्र की लड़कियों पर नये टीके आज़माये जिसके दुष्परिणाम अनेक रूपों में सामने आये, और कुछ लड़कियों की मौत तक हो गयी। ऐसी घटनाएँ अफ़्रीका में भी देखी गयीं।

महामारी और उसके आगे

22 दिसम्बर, 2014 को मेरीलैंड में अपने भाषण में राष्ट्रपति बराक ओबामा ने आने वाले समय में महामारी की सम्भावना व्यक्त करते हुए उसके

लिए तैयार रहने–उसकी पहचान करने, उससे निबटने और उस पर जीत हासिल करने की आवश्यकता पर बल दिया।[57] बिल गेट्स, जिन्होंने हज़ारों लाख डॉलर टीके विकसित करने में ख़र्च कर दिये, ने भी मार्च 2015 में 'टेड टॉक' में इस बारे में आगाह किया था, 'अगला विस्फोट? हम इसके लिए बिल्कुल ही तैयार नहीं हैं,' एक अतिसंक्रामक महामारी दुनिया के लिए किसी परमाणु हमले से कई गुना अधिक घातक सिद्ध होगी, क्योंकि उसका सामना करने के लिए हमने किसी तरह की तैयारी नहीं की है।[58] उन्होंने इस सम्भावित ख़तरे के विरुद्ध अमेरिकी राष्ट्रपति के चुनाव में अभियान भी चलाया जिसमें दिसम्बर 2016 में ट्रम्प टावर और 2017 में म्यूनिख़ सिक्युरिटी कॉन्फ्रेंस में उनका सम्बोधन विशेष रूप से उल्लेखनीय है।[59]

जैसा कि नतीजा हुआ, 24 जनवरी, 2019 को जो कार्टनी द्वारा CARES Bill–विधेयक–संख्या एचआर 748 को अमेरिकी कांग्रेस में पेश किया गया, और इस CARES Act (Coronavirus Aid, Relife, and Economic Security Act) पर 27 मार्च, 2020 को राष्ट्रपति ट्रम्प ने अपने दस्तख़त कर दिये। नये पारित अधिनियम के तहत कुल 2 खरब अमेरिकी डॉलर का आर्थिक राहत पैकेज निर्गत किया गया। ग़ौरतलब बात यह थी कि यह पैकेज किसी महामारी के दुष्परिणामों से निबटने के लिए नहीं, बल्कि महामारी की आशंका का पूर्वानुमान कर उसके लिए तैयार रहने के लिए दिया गया था। इस क़ानून ने महामारी फैलने की स्थिति में अन्य प्रावधानों के अतिरिक्त सरकार द्वारा टीका विकसित करने के उद्देश्य से फ़ार्मास्युटिकल उद्योग को 27 अरब अमेरिकी डॉलर की आर्थिक सहायता देने का रास्ता भी साफ़ कर दिया।[60]

अक्टूबर 2019 में जोहन्स हॉपकिंस सेंटर फ़ॉर हेल्थ सिक्यूरिटी, वर्ल्ड इकॉनोमिक फोरम और बिल एंड मेलिंडा गेट्स फ़ाउंडेशन ने न्यूयॉर्क शहर के पियरे होटल में महामारी फैलने की स्थितियों का मुक़ाबला करने के लिए 'इवेंट 201' नाम से छद्माभ्यास आयोजित किया। भागीदारी करने वालों को जो ऑडियो–वीडियो ब्योरा दिया गया था उसे देख–सुन कर कोई भी भौचक्का रह जायेगा कि वह ब्योरा उस वर्ष के अन्त और अगले वर्ष के आरम्भ में कोरोना वायरस की विभीषिका से कितने डरावने रूप में निकट था! इस अभ्यास में शामिल हुए लोगों में चाइनीज़ एकेडमी

ऑफ़ साइंसेज़ से आये एक व्यक्ति को छोड़ अधिकतर पश्चिमी देशों के विशेषज्ञ थे। भारत अथवा किसी भी बड़े एशियाई और अफ़्रीकी देश का कोई प्रतिनिधित्व नहीं था। बहस के केन्द्र में भी केवल पश्चिमी देशों की क्षमताएँ और अपेक्षाएँ थीं। कार्यक्रम की समाप्ति पर एक सर्वे के कुछ नतीजे साझा किये गये जिसमें बताया गया कि परीक्षण नहीं होने की स्थिति में भी अमेरिका की 65 फ़ीसदी जनता टीका लगवाने के लिए तैयार थी।[61]

यह कोई छुपी हुई बात नहीं थी कि ज़्यादातर देशों ने इस चेतावनी को बहुत गम्भीरता के साथ नहीं लिया। टीकाकरण की मुखालफ़त करने वाले संशयवादियों का यह मानना था कि अमेरिका को इस आपदा का पूर्वानुमान था, और उसने महामारी को दुनिया पर अपना आर्थिक–सामरिक एकाधिकार स्थापित करने का एक माध्यम बनाया। उनका यह भी दावा था कि CARES बिल का प्रारूप सम्भवतः इन्हीं कारणों से इतना सटीक था। इस विधेयक को क़ानून बनने में एक साल से भी अधिक समय लग गया, इस देरी के पीछे का राज़ भी यही था। बहरहाल यह एक संश्लिष्ट मसला है और निष्कर्ष तक पहुँच पाना उतना सहज भी नहीं है, लेकिन महामारी की उत्पत्ति के कारणों और उसके स्वरूप के समग्र विश्लेषण केबिना टीकाकरण के अभियानों से कोविड–19 की प्रस्तावित चिकित्सा ने वायरस के विभिन्न ख़तरों को लेकर एक नया विवाद तो खड़ा कर ही दिया है।[62]

भय और पीड़ा की जो भयावह तस्वीरें दुनिया भर की मीडिया ने पेश कीं, उनसे गुज़रते हुए हम सबने यह शिद्दत से महसूस किया कि पूरी सभ्यता को कई बार नेस्तनाबूद करने की ताक़त रखने वाले अतिशक्तिशाली और पराक्रमी देश भी इस बीमारी के ख़ौफ़ से भीगी बिल्ली बन चुके थे। अपने चुनावी वर्ष में दुनिया की महाशक्ति का पुंसत्व इतना कुन्द हो जायेगा, यह किसी ने सपने में भी नहीं सोचा था। वाशिंगटन से आने वाली इस कराह में शक्तिशाली पश्चिमी मीडिया का भी आर्द्र स्वर समाहित था। दोनों समवेत रूप से इस महासंकट और सामूहिक मृत्यु के लिए चीन को ज़िम्मेदार ठहरा रहे थे। एक ग़ैरज़िम्मेदार देश के रूप में चीन की छवि प्रस्तुत की गयी और उसके ख़िलाफ़ प्रतिकार की नीति अपनायी गयी। वैश्विक महामारी के इर्द–गिर्द रचा गया सबसे सशक्त आख्यान यही था।

मौजूदा हालात सभी समीकरणों और स्थापनाओं को पूरी तरह से बदल देंगे। यह प्रकिया आरम्भ हो चुकी है। इसका परिणाम अनेक नये आख्यानों के रूप में हमारे सामने आया है। दुनिया जिस तरह से अब तक चल रही थी, उन तौर–तरीक़ों में ढेर सारी तब्दीलियाँ हुई हैं। वैश्विक और राष्ट्रीय चुनौतियों को नये सिरे से परिभाषित किये जाने की ज़रूरत आ गयी है। अनुमानों पर आधारित चुनौतियों का मुक़ाबला करने के लिए सैनिक उपकरणों का कारबार करने वाली लॉकहीड मार्टिन, बोईंग, रेथियान बीएई सिस्टम्स और दूसरी मेगा कम्पनियों को अपने व्यापार के लिए नये क़िस्से गढ़ने होंगे, या फिर उन्हें व्यापार के एकदम नये क्षेत्रों में अपनी क़िस्मत आज़मानी होगी। तेल की बड़ी कम्पनियाँ और तेल और प्राकृतिक गैस का उत्पादन करने वाले देशों को आर्थिक मन्दी के बाद माँग में आयी कमी से निपटने के लिए नयी नीतियाँ बनानी होंगी, और अपने पुराने–अच्छे दिन दोबारा देखने के लिए उन्हें धैर्य रखना होगा। वे सभी देश जो अपने नागरिकों के स्वास्थ्य, उनकी शिक्षा और रोज़गार को राष्ट्र–निर्माण के उपक्रम में प्राथमिकता नहीं देंगे, वे इस सर्वकालिक संकट से बाहर नहीं निकल पायेंगे।

पर्यटन पर निर्भर करने वाले देशों को तब तक अपनी स्टैपनी बदलनी होगी और नये उत्पादों पर आश्रित होना होगा, जब तक लोगों के पास ख़र्च करने लायक पर्याप्त पैसे इकट्ठे नहीं हो जायें और यात्रा पर निकलना फिर से निरापद नहीं हो जाये। मनोरंजन उद्योग को भी अपनी अभिव्यक्ति के माध्यमों पर पुनर्विचार करना होगा। अमेरिका में भी 'सैनिक–उद्योग–तकनीक–सूचना तन्त्र की पारस्परिकता को अपनी प्रासंगिकता बनाये रखने के लिए आत्म–विश्लेषण की प्रक्रिया से गुज़रना होगा। कॉरपोरेट जगत और बैंकिंग–व्यवस्था, वित्तीय प्रबन्धन, वैश्विक बीमा उद्योग, जहाज़रानी और उनके कई दूसरे व्यापारिक सहायक आने वाले दिनों में बिल्कुल नये अवतारों में नज़र आ सकते हैं।

भूमण्डलीकरण अगर पूरी तरह अस्तित्वहीन नहीं भी होगा तो भी उसके प्रारूप में आधारभूत परिवर्तन दिखने लगेंगे, और दावोस समूह जैसे विशिष्ट संगठन भी हमेशा के लिए ख़त्म हो जायेंगे। बिल्डरबर्ग जैसे प्रभावशाली और धनाढ्यों के समूहों को अपने सदस्यों, औचित्यों और रणनीतियों की पुनःसमीक्षा करनी होगी। आर्थिक व्यवस्था को पटरी

पर दोबारा लौटने के लिए कोविड–19 के टीके के आविष्कार की राह देखनी होगी। आज नहीं तो कल दुनिया को एक आर्थिक राष्ट्रवाद का साक्षी बनना होगा। इस राष्ट्रवाद की परिधि में ही अनेक उपराष्ट्रवादी प्रवृत्तियाँ भी पनपेंगी, जो लोक–स्वास्थ्य, शिक्षा और सुरक्षा पर केन्द्रित होंगी। बदली हुई परिस्थितियों में नये आख्यान निर्मित किये जायेंगे जो अधिक महत्त्वपूर्ण और सामयिक होंगे क्योंकि जर्जर हो चुकी अर्थव्यवस्था में सुधार इन्हीं आख्यानों की प्रासंगिकता और दृढ़ता पर निर्भर करेगा।

ताक़तवर देशों के बीच एकाधिकार को लेकर जारी होड़ और अधिक–से–अधिक लाभ अर्जित करने के प्रति बिग फ़ार्मा की लोलुपता आदि ऐसी मुश्किलें हैं जो शायद कभी नहीं सुलझें। ज़ाहिर–सी बात है कि नयी दुनिया भी पहले की ही तरह क़ायर, मौक़ापरस्त और असहिष्णु साबित हो। युद्धभूमि में लड़े जाने वाले पारम्परिक युद्ध एक दिन अधिक ग़ैरज़रूरी हो जायेंगे। मौजूदा सैनिक–उद्योग–सूचना–तकनीक के गठजोड़ को फार्मास्युटिकल उद्योग के रूप में एक नया साझीदार मिल गया था।

आख्यान प्रायः ऊन के गोलों की तरह होते हैं–उस हद तक बेतरह उलझे हुए और अनेक परतों वाले की वास्तविक सत्य इतना धुँधला हो जाता है कि उनको ठीक–ठीक पढ़ पाना किसी के लिए भी असम्भव हो जाता है।

भारत की कहानी

चीनी एडमिरल जेंग जब 1405 ई. में नानजिंग के बन्दरगाह से श्रीलंका की तरफ़ रवाना हुआ तो उसके साथ 300 जहाज़ों का एक भारी–भरकम बेड़ा था। उन जहाज़ों में उन्नत क़िस्म के पतवार लगे थे, और पीने के पानी से भरे कई टैंकर भी बेड़े में शामिल थे। विकसित सिग्नल प्रणाली से लैस उन जहाज़ों के तहख़ाने जलरोधी थे जिन्हें शायद मुद्राएँ और बेशक़ीमती ख़ज़ानों को सुरक्षित रखने के उद्देश्य से बनाया गया था। हालाँकि यूरोप के बड़े शासकों के विपरीत चीनी सम्राटों की रुचि साहसिक समुद–यात्राओं में नहीं थी और 1430 के दशक में उन्होंने इन यात्राओं पर प्रतिबन्ध भी लगा दिया। इस फ़ैसले से चीन में खोजी–यात्राओं के युग का अवसान आरम्भ हो गया। दूसरी तरफ़ लगभग साठ साल बाद, 1492 में इटली के खोजकर्ता क्रिस्टोफर कोलम्बस ने स्पेन के कैडिज से अपनी यात्रा शुरू की और तीन नौकाओं पर सवार सिर्फ़ नब्बे लोगों की अपनी छोटी–सी टुकड़ी की मदद से भारत को 'खोज' निकाला। बहरहाल अमेरिका की ज़मीन पर जब उसने अपने पाँव रखे तो वह इतिहास के रुख़ को हमेशा के लिए मोड़ चुका था।[1]

छह साल बाद वास्को दा गामा कोडिकोड पहुँचा जिसे उन दिनों कालीकट के नाम से जाना जाता था। उनके साथ चार जहाज़ों पर सवार 170 लोगों का एक दल था। यह पुर्तगाली नाविक मई 1498 ई. में केप ऑफ़ गुड होप के रास्ते भारत पहुँचने वाला पहला नाविक था। बहरहाल दा गामा को जल्दी ही कोडिकोड छोड़ कर जाना पड़ा क्योंकि उसके लाये हुए उपहार स्थानीय राजाओं को कुछ ख़ास पसन्द नहीं आये, लेकिन उसकी यात्रा ने एशिया में यूरोपीय साम्राज्यों की बुनियाद रखने का काम ज़रूर किया। यहाँ यह ग़ौरतलब बात है कि दक्षिण भारत के

चोल–जो तीसरी सदी ई.पू. के विवरणों में अपने आरम्भिक उल्लेख के कारण इतिहास में सबसे लम्बे समय तक शासन करने वाले वंश के रूप में रेखांकित हैं–यूरोपियों के भारत आगमन से सदियों पहले ही प्रशान्त सागर के पश्चिमी तट से चल कर दक्षिणपूर्व एशिया के देशों में अपनी दस्तक दे चुके थे। मालाबार तट पर यूरोपियों के आने के बहुत पहले बादामी के चालुक्य छठी से लेकर बारहवीं शताब्दी तक पश्चिम घाट के तटीय इलाक़ों और सूरत से लेकर आज के गोवा के बीच फैले आन्तरिक भू–क्षेत्रों पर अपना वर्चस्व स्थापित कर चुके थे।

इतिहास की स्थापनाएँ

जब दक्षिण भारत हर एक दृष्टि से फलफूल रहा था, उस समय बारहवीं सदी से ही उत्तर भारत मुसलमान आक्रान्ताओं के लगातार निशाने पर रहा। उत्तर भारत के शासक समुद्र–यात्राओं से अनभिज्ञ थे, और यही स्थिति मुग़लों के साथ भी थी जो उस समय उत्तर भारत पर शासन कर रहे थे। दूसरी तरफ़ सत्तापोषित यूरोपीय नाविक और व्यापारी शिकार की तलाश में दुनिया भर की यात्राएँ कर रहे थे। 1193 में एक सिपहसलार बख़्तियार ख़लजी ने विश्व–विख्यात और शिक्षा का प्राचीन केन्द्र रहे नालन्दा को लूट कर ध्वस्त कर दिया। नालन्दा के विशाल और विश्व के समृद्धतम पुस्तकालय की इमारतों और लाखों पाण्डुलिपियों को आग के हवाले कर दिया गया। उस घटना के बाद से ब्रिटिशों द्वारा उन्नीसवीं सदी के आख़िर में स्थापित भारत के पहले विश्वविद्यालय के बीच के अन्तराल में देश उच्च शिक्षा के एक भी संस्थान से पूरी तरह वंचित रहा।

यूरोप और अमेरिका के नये उपनिवेशों को छोड़ कर भारत और दुनिया के शेष हिस्से औद्योगिक क्रान्ति के लाभों से वंचित रहे। परिणाम यह हुआ कि 1947 में भारत को जब आज़ादी मिली तो यह उपमहाद्वीप आर्थिक मुक़ाबले में बुरी तरह से पिछड़ चुका था। स्वतन्त्रता प्राप्ति के बाद भी स्कूलों में एक विषय के रूप में इतिहास शामिल नहीं था। कॉलेजों में भी इतिहास केवल 'आधुनिक भारत' (ब्रिटिश काल और स्वतन्त्रता आन्दोलन) और मध्यकालीन भारत (सल्तनत काल और मुग़ल काल) पर केन्द्रित था। सबसे दयनीय स्थिति प्राचीन भारत की थी। इसीलिए कॉलेज में पढ़ने वाले युवाओं के मस्तिष्क में इतिहास को लेकर स्थापनाएँ निर्मित

करना और उनको दृढ़ता देना बहुत आसान था। बाद में यही युवा देश के नये 'शासक' और नागरिक की भूमिका सँभालने वाले थे।

आज़ादी हासिल करने के बाद के शुरुआती सालों में तब उम्मीद की रौशनी कभी–कभार ज़रूर दिखती थी जब कुछ महत्त्वपूर्ण और तटस्थ इतिहासकारों ने भारत के बारे में पूर्ववर्ती स्थापनाओं को संशोधित करने के प्रयास किये। 1952 को दिये गये अपने 'रीथ लेक्चर' (Reith Lectures) में आर्नोल्ड टोयनबी ने कहा था कि भारत एक महान ग़ैर–पश्चिमी समाज था जिस पर पश्चिमी शासकों ने न केवल हमले किये बल्कि जीत हासिल कर उस पर हुकूमत भी की। 'बंगाल में पश्चिम का यह शासन 200 सालों तक और पंजाब में 100 से भी अधिक सालों तक रहा। पश्चिम के बारे में भारत के अनुभव चीन या तुर्की की तुलना में कहीं अधिक पीड़ादायक और शोषण की स्मृतियों से भरे हैं। यहाँ तक कि रूस जापान ने भी इतनी जिल्लत नहीं झेली है जितनी भारत को सहनी पड़ी। मुसलमान आक्रान्ताओं के शासन के अधीन 800 साल व्यतीत करने के बाद भारत सम्भवतः मूक रह कर अत्याचार बर्दाश्त करने का अभ्यस्त हो चुका था, और इसीलिए ब्रिटिशों ने बड़ी आसानी से मुग़लों की जगह ले ली।[2]

ईस्ट इंडिया कम्पनी के नाम पर रॉबर्ट क्लाइव ने भयानक लूट मचाई और ब्रिटिश सरकार के साथ–साथ बेरहमी के साथ अपनी भी तिज़ोरी भरी। इस 'उपलब्धि' के पुरस्कार में किंग चार्ल्स स्ट्रीट के वाइटहॉल में उसकी मूर्ति स्थापित की गयी और उसके जीवन की तीन महत्त्वपूर्ण सफलताओं–1751 में आरकोट पर क़ब्ज़ा, 1757 में पलासी का युद्ध और 1765 में इलाहाबाद की सन्धि–के बदले तीन ताम्रपत्रों से सम्मानित किया गया। क्लाइव जिसे इतिहासकार विलियम डालरिंपल ने एक अस्थिर चित्त का मनोरोगी कहा है, और कम्पनी में उसके दूसरे सहयोगियों ने जिस क्रूरता के साथ ख़ुद को आर्थिक दोहन में लिप्त कर लिया, और जिस तरह से वे किसी भी जवाब और ज़िम्मेदारी से मुक्त रहे, उसकी वजह से अंग्रेज़ी का शब्दकोश एक नये शब्द से ज़रूर समृद्ध हुआ–लूट।

मई 1857 में ईस्ट इंडिया कम्पनी के विरुद्ध विद्रोह ने अधिकारियों को सकते में डाल दिया था, लिहाज़ा बग़ावत को अभूतपूर्व बलप्रयोग कर शान्त किया गया। दसियों हज़ार बाग़ियों को सिर्फ़ शक के आधार पर जाँच के घेरे में ले लिया गया और उन्हें या तो फाँसी दे दी गयी या उनकी

हत्या कर शवों को गंगा में बहा दिया गया।[3] जब ब्रिटिशों ने उन्नीसवीं सदी में भारतीयों का परिचय पश्चिमी शिक्षा से कराया तो आबादी के एक तबके को आज़ादी, संसद–प्रदत्त संवैधानिक आचार–व्यवहारों और देश–प्रेम के मूल्यों का आभास हुआ और वे जनसामान्य के बीच इन भावनाओं के प्रचार के लिए प्रयासरत हुए। इन्हीं मूल्यों और भावनाओं ने आने वाले वर्षों में आज़ादी की माँग की आधारशिला रखी।

ब्रिटिशों के लिए भारत पर अधिकार करने का प्रकारान्तर सन्देश पूर्वी व्यवस्था पर पश्चिम की श्रेष्ठता की स्थापना से जुड़ा था। यह श्रेष्ठता में सैनिक, आर्थिक, सास्कृतिक और तकनीकी–सभी पक्ष सम्मिलित थे। इस बहुआयामी श्रेष्ठता बोध का उद्देश्य शासितों पर शासकों के नियन्त्रण को सरल बनाना था। उनके द्वारा अमीर और ताक़तवर पश्चिम और निर्धन और शक्तिहीन पूरब के बीच की खाई भी इसीलिए बनायी गयी थी। इस खाई के अस्तित्व को बीसवीं सदी और उसके बाद भी इसीलिए सायास बचाये रखा गया है, और आज भी यह एक परिवर्तित रूप में जीवित है। आधुनिक–विश्व की 'विकासशील अथवा अविकसित' तीसरी दुनिया को सिर्फ़ नये तरीक़े से पुनःपरिभाषित किया गया है लेकिन सच यही है कि उसके प्रति विकसित दुनिया का दृष्टिकोण और आचरण आज भी वही है जो अतीत में था।

उपनिवेशों में कोई भी असन्तोष हुकूमत के लिए ख़तरा था और उसे दबाने के लिए तत्काल कार्रवाई की जाती थी। चूँकि साम्राज्य इतनी दूर–दूर फैला था और उसकी आबादी इतनी बड़ी थी कि उन्हें कम्पनी के मातहतों द्वारा क़ाबू किया जाना बेहद मुश्किल काम था। ऐसे में जनता और साम्राज्य–दोनों को क़ाबू में रखने के लिए नये तरीक़ों को ईजाद करने की ज़रूरत थी। इस लक्ष्य को हासिल करने के लिए धर्म एक कारगर तरीक़ा था, और ब्रिटिशों ने अपने उपनिवेशों में इसका अचूक इस्तेमाल किया। मध्यपूर्व और भारत में राष्ट्रवाद के उभार को दबाने के लिए भी धर्म को ही हथियार बनाया जाना था। पहले विश्वयुद्ध के बाद 'मुस्लिम ब्रदरहुड' के समर्थन देने के बहाने इस नुस्ख़े को सबसे पहले और मेसोपोटामिया (आज का इराक़, कुवैत, और सीरिया और तुर्की का कुछ हिस्सा) में आज़माया जा चुका था। इतिहास में ऐसे कम–से–कम दो मिसाल ज़रूर मिलते हैं जब ब्रिटिश औपनिवेशिक शासन उग्र इस्लामिक

आन्दोलनों के उभार के लिए सीधे–सीधे ज़िम्मेदार रहा हो–पहला 1866 का भारत का देवबन्द आन्दोलन था, और दूसरा 1928 का मिस्र का मुस्लिम ब्रदरहुड आन्दोलन। लगभग यही वह समय था जब अविभाजित भारत को साम्प्रदायिकता के आधार पर बाँटने के लिए मुस्लिम लीग को उकसाया जा रहा था।

बाँटो और क़ब्ज़ा कर लो, या फूट डालो और राज करो

ब्रिटिश साम्राज्यवाद ने दुनिया के सामने ख़ुद को नेक, बुद्धिमान,अनिवार्य रूप से सच्चा और ईमानदार, यहाँ तक दुनिया के लिए एक ईश्वरीय वरदान के रूप में पेश किया, जबकि सच्चाई यह थी कि यह एक ऐसी शक्तिसम्पन्न सत्ता थी जिसने अपना मौजूदा रुतबा क्रूरता और दमन का उपयोग कर ही हासिल किया था। यह सामान्य सिद्धान्त है कि अपनी श्रेष्ठता का आडम्बर और मिथ्याभिमान सत्तावर्ग हमेशा से स्वयं ही रचता रहा है–आमतौर पर नये जीते गये भूक्षेत्रों की जनता के लिए, और कई बार अपने नागरिकों के लिए। अक्टूबर 2001 में अफ़ग़ानिस्तान पर ब्रिटेन समर्थित अमेरिकी हमले में तक़रीबन 20,000 लोग मारे गये थे, लेकिन 11 सितम्बर, 2001 के हमले में मारे गये 3,000 लोगों की तुलना में किसी ने अफ़ग़ान–युद्ध में मारे गये लोगों की तादाद पर ग़ौर करना ज़रूरी नहीं समझा। पूरी दुनिया ने 11/9 में मारे गये लोगों का शोक मनाया। इस तरह की विडम्बनाएँ इस सत्य की ओर संकेत करती हैं कि घटना की गम्भीरता स्थापनाओं को नियन्त्रित करने वाले पर निर्भर है, या कौन इतिहास के सही पक्ष को भाँपते हुए सबसे पहले 'नैतिकता' के पाखण्ड का महिमामण्डन करता है। ये चालाकियाँ भी साम्राज्यवाद का पर्यायवाची उपक्रम हैं।[4]

पाकिस्तान और सऊदी अरब अनिवार्यतः ब्रिटिश सन्ततियाँ हैं। पाकिस्तान का जन्म 'फूट डालो और राज करो' और तत्पश्चात् 'बाँटो और चले जाओ' की ब्रिटिश नीतियों के परिणामस्वरूप हुआ; जबकि 1920 के दशक के आख़िर में सऊदी अरब की उत्पत्ति के पीछे मध्यपूर्व में ब्रिटिश हितों के मद्देनज़र हथियारों की खपत और कूटनीतिक समर्थन जैसे मिले–जुले किन्तु महत्त्वपूर्ण कारण थे। दोनों ही ब्रिटेन के महत्त्वपूर्ण सहयोगी रहे हैं हालाँकि 1945 में सऊदी अरब और उसके बाद 1954 में

पाकिस्तान ब्रिटिश साम्राज्य के आसन्न अवसान को देखते हुए अमेरिकी खेमे में शामिल हो गये। आख्यान उच्चादर्शों और नैतिक उद्देश्यों पर निर्भर नहीं होते। आत्महित उनका आत्मज्ञान है, और लाभ और एकाधिकार ही उनकी आन्तरिक प्रेरणा है।

सऊदी अरब और पाकिस्तान अनेक दृष्टि से एक–दूसरे से भिन्न हैं, लेकिन दोनों ही उग्र राष्ट्र हैं। दोनों अन्तरराष्ट्रीय इस्लामिक आतंकवाद का समर्थन करते हैं और उनकी मदद करते हैं। और, ब्रिटेन के साथ दोनों के सम्बन्ध विशिष्ट हैं। जब तक सऊदी अरब में ऊर्जा–क्षेत्र में ब्रिटेन का आर्थिक हित पूरा होता रहा, तब तक दमनकारी आन्तरिक नीतियों की अनदेखी करके भी उसने सऊदी अरब के साथ मैत्रीपूर्ण सम्बन्ध बनाये रखे। बहरहाल प्रथम विश्वयुद्ध के समय से ही ब्रिटेन ने न केवल उग्र इस्लामिक ताक़तों का समर्थन किया बल्कि अपने हितों की सुरक्षा के अनुसार समय–समय पर उन ताक़तों का इस्तेमाल करने में भी संकोच नहीं किया। दरअसल इस नीति की शुरुआत उन्नीसवीं सदी में साम्राज्य के आरम्भिक दिनों से ही हो चुकी थी। प्रथम विश्व की समाप्ति पर 1918 में मुस्लिम भूभागों पर नियन्त्रण स्थापित करने के उद्देश्य से ब्रिटेन ने मुसलमानों के पारम्परिक सत्ताकेन्द्रों की लामबन्दी शुरू कर दी। इनाम में उन्हें ब्रिटिशों ने भारत में अपने कुछ धार्मिक–सामाजिक हक़ों की रक्षा के लिए शरीयत के कुछ अंश का उपयोग करने की इजाज़त दे दी।[5] आरम्भ में अपने साम्राज्य को खड़ा करने के लिए ब्रिटिशों ने 'जीत हासिल करने के लिए पहले बाँटो, फिर उन पर क़ब्ज़ा कर लो' की जो नीति अपनायी थी, बाद में उसी नीति को संशोधित करते हुए उसने 'फूट डालो और राज करो' की अचूक तरकीब विकसित कर ली। स्थिरता के नाम पर अपरिवर्तन और परम्परा के पक्षधर हिन्दू रजवाड़ों को संरक्षण दिया गया, और उन गिने–चुने मुसलमान नेताओं को भी सरपरस्ती दी गयी जो हिन्दू राष्ट्रवाद के उभार को रोकने में मददगार हो सकते थे। उन्नीसवीं शताब्दी के आरम्भ में बॉम्बे के गवर्नर रहे विलियम एलिफिंस्टन ने स्थिति का पूर्वानुमान करते हुए 'फूट डालो और राज करो, के रोमन सिद्धान्त को प्रोत्साहित किया। 1835 में थॉमस मैकाले ने भारत का परिचय अंग्रेज़ी शिक्षा से कराया। उसकी असल मंशा ब्रिटिश साम्राज्य की हितसिद्धि को आसान बनाना था। इस पहल को गवर्नर जनरल विलियम

बेंटिक द्वारा अंग्रेज़ी शिक्षा अधिनियम 1835 क़ानून के रूप में लागू किया गया। 1857 के बाद ब्रिटिशों ने साम्प्रदायिकता को प्रोत्साहित करना शुरू किया, और विदेश सचिव सर चार्ल्स वुड ने लॉर्ड एल्गिन–जो 1862–63 में भारत के गवर्नर जनरल थे–को पत्र लिखते हुए कहा, 'ब्रिटेन में हमने एक पक्ष का इस्तेमाल दूसरे पक्ष के ख़िलाफ़ करके अपनी ताक़त को मज़बूत बनाये रखने में अच्छी–ख़ासी क़ामयाबी हासिल की है, भारत में भी हमें अपनी इसी नीति को आगे बढ़ाने की आवश्यकता है।' बाद के दिनों में लॉर्ड डफरिन को विदेश सचिव विसकाउंट क्रॉस का एक पत्र मिला जिसमें लिखा था कि धार्मिक आस्थाओं में विभाजन से साम्राज्य को अनेक लाभ हुए है।[6]

सर जॉन सटार्ची जो कि एक ब्रिटिश नौकरशाह थे, ने 1888 में कहा था, 'पढ़े–लिखे, कुलीन और प्रगतिशील मुसलमान हमारी शक्ति के स्रोत हैं। उनकी निष्ठा और समर्थन किसी भी रूप में हमारे लिए अलाभकारी नहीं है।... वे जनसंख्या का एक छोटा लेकिन ऊर्जावान अल्पसंख्यक समूह हैं, जिनके राजनीतिक हित हमारे हितों के अनुकूल हैं।[7] 'ब्रिटेन के गृह सचिव जॉर्ज फ्रांसिस हैमिल्टन ने लॉर्ड जॉर्ज कर्जन–जो 1899–1905 के बीच भारत के वायसरॉय थे–को पहले ही यह सुझाव दिया था कि 'एक योजना के तहत हमें पाठ्यक्रम की पुस्तकों को एक धार्मिक सम्प्रदाय को और दूसरे धार्मिक सम्प्रदाय के बीच का अन्तर बताने का माध्यम बनाने की आवश्यकता है। भारतीयों के भीतर इस समझ के जन्म लेने से हमारी स्थिति और अधिक दृढ़ होगी...। अगर हम दो भिन्न विचारों वाले शिक्षित भारतीयों को दो भिन्न खाँचों में बाँट पाने में समर्थ होंगे तो इस बँटवारे से हम अधिक स्थिर और मज़बूत हो सकेंगे। शिक्षा का मूल और नैतिक प्रयोजन हमारी महत्त्वाकांक्षा की राह का सबसे बड़ा बाधक है।'[8]

बाद के वर्षों में ब्रिटिश अधिकारियों और सत्तावर्ग के आन्तरिक पत्राचारों से इसकी पुष्टि होती है कि उनके द्वारा समय–समय पर की गयी सिफ़ारिशें, दिये गये सुझाये और उठाये गये क़दम के पीछे बीसवीं सदी को केन्द्र में रखा गया था। दोनों विश्वयुद्धों के बीच के अन्तराल में भारत के परिप्रेक्ष्य में घटनाक्रम जिस तरह से बदला उन्हें देखते हुए यह सहज समझा जा सकता है कि स्टार्ची की अनुशंसाएँ और आकलन भी भविष्य–केन्द्रित थे। मुस्लिम अभिजात–वर्ग को प्रसन्न करते हुए लॉर्ड

मिंटो ने 1906 की प्रान्तीयसभा के चुनावों में मुसलमान प्रत्याशियों के लिए सुरक्षित निर्वाचन क्षेत्र का तोहफ़ा दिया। गर्वोन्मत्त लेडी मिंटो ने इस 'दूरदर्शी और साहसिक' पहल के लिए अपने पति की प्रशंसा करते हुए अपनी डायरी में लिखा कि किस तरह से 'उसने 6.2 करोड़ लोगों को एक द्वेषपूर्ण विद्रोह का हिस्सा बनने से रोक दिया।'[9]

हम सबने न्यूरमबर्ग ट्रायल के बारे में बहुत कुछ सुन रखा है जब जर्मनी में युद्ध के अभियोगी नाज़ियों पर सामूहिक मुक़दमा चलाया गया था। लेकिन चीन में ऐसे किसी ट्रायल के पक्ष में कोई नहीं कहता जहाँ माओ ने लाखों लोगों को मार डालने का आदेश दिया था। या, स्टालिन की क्रूरता की चर्चा भी कोई नहीं करता है। और तो और विंस्टन चर्चिल के उस फ़ैसले पर भी दुनिया में आज तक किसी ने सवाल खड़ा किया जब उसने लाखों बंगालियों को 1943 के बंगाल के अकाल में भूखा मरने के लिए छोड़ दिया क्योंकि खाद्य सामग्रियाँ उन सैनिकों को भेजा जाना था जो द्वितीय विश्वयुद्ध में लड़ रहे थे। चर्चिल ने घोषणा की थी, 'विश्वयुद्ध की विभीषिका से दुनिया क कोई भी हिस्सा उतना सुरक्षित नहीं था जितना कि हिन्दुस्तान के लोग सुरक्षित थे। इतने बड़े युद्ध के समय भी हमारे द्वीप जैसे छोटे–से देश ने अपने कन्धों पर इतने बड़े देश का बोझ ढोया।'[10]

बहरहाल, यह ब्रिटेन की विजय के आख्यान का एकपक्षीय अंश है। ब्रिटिश फ़ौज में शामिल उन पच्चीस लाख भारतीयों का उल्लेख कहीं नहीं मिलता जो मित्र–देशों के लिए मिस्र, ट्यूनीशिया, अल्जीरिया और लीबिया में लड़े। इनमें अधिसंख्य वैसे सैनिक थे जिन्होंने जापान के विरुद्ध भारत, बर्मा और मलेशिया में युद्ध किया। ब्रिटिशों द्वारा पैदा किये गये बंगाल के अकाल में भूख के कारण कम–से–कम पन्द्रह लाख लोगों की जानें गयीं। कुछ आँकड़े तो मरने वालों की तादाद तक़रीबन 30 लाख़ बताते हैं। जब बंगाल दुर्भिक्ष की ख़बर अमेरिका पहुँची तो अख़बारों ने इसे भीतर के पन्नों पर जगह दी। मुखपृष्ठ युद्ध में चर्चिल की अभूतपूर्व सफलता की प्रशंसा के लिए सुरक्षित था। ब्रिटिशों ने सफलता के इस संभ्रम को बहुत परिश्रमपूर्वक प्रचारित किया था, और अमेरिका की दृष्टि में अपना महत्त्व और श्रेष्ठता को सिद्ध करने के लिए उनके पास इस संभ्रम के सिवा और कुछ नहीं था।

ब्रिटिश भारतीय सेना के कमांडर–इन–चीफ़ फील्ड मार्शल क्लाउड ऑकिनलेक ने अपनी तरफ़ से उदारता और ईमानदारी ज़रूर दिखायी जब उन्होंने यह स्पष्ट कहा कि अगर भारतीय सैनिकों ने मदद नहीं की होती तो ब्रिटेन के लिए इन दोनों युद्धों से बाहर निकल पाना कठिन था।[11] लेकिन छह खण्डों में द्वितीय विश्वयुद्ध का इतिहास लिखने वाले चर्चिल ने इसका कहीं कोई उल्लेख नहीं किया है।[12]

ब्रिटिश सरकार के सितम्बर 1931 के एक कैबिनेट पेपर ने इस विषय पर बाज़ाब्ता अपना पक्ष रखते हुए कहा, 'क्या किसी ऐसे मुस्लिम प्रान्त या किसी अन्य प्रान्त जहाँ मुसलमान ख़ुद को एक प्रमुख आबादी के रूप में संगठित करने की स्थिति में हों–पर किसी ऐसे केन्द्र का नियन्त्रण होना चाहिए जो बहुधा बहुसंख्यक हिन्दुओं के निर्देशों और निर्णयों पर निर्भर है।'[13] उस समय तक भी ब्रिटिशों को यही लगता था कि वे भारतीयों को स्वशासन का अधिकार देकर स्वयं सत्ता के शीर्ष पर बने रहेंगे। सितम्बर 1931 के कैबिनेट पेपर ने मुसलमानों के हितों के रक्षार्थ उनके लिए एक पृथक् 'मुस्लिम भारत' की स्थापना की सम्भावनाओं की पड़ताल की। ख़ुद चर्चिल भी हिन्दू–मुसलमान एकता के पैरोकार नहीं थे, बल्कि उनके लिए धार्मिक द्वेष और द्वन्द्वों की निरन्तरता भारत में ब्रिटिश शासन के दीर्घायु होने की गारंटी थी।

'फूट डालो और राज करो' की अपनी नीति पर चलने के उपक्रम में ब्रिटिशों ने मुसलमानों के पक्ष में अनेक निर्णय लिए। भारतीय सेना में ग़ैर–आनुपातिक आधार पर 30 प्रतिशत मुसलमानों की बहाली की गयी, और जब मुस्लिम लीग ने डॉन नाम से एक अख़बार निकालने की शुरुआत की तो सरकार ने उसे विज्ञापनों के माध्यम से भारी–भरकम अनुदान दिया। कुछ ऐसे ब्रिटिश नेता भी थे जो भारत में साम्प्रदायिक एकता के पक्षपाती थे, लेकिन अधिकतर इसके विरुद्ध थे। इस सन्दर्भ में सितम्बर 1946 में अन्तरिम सरकार के गठन के बाद 'भारत के गुप्तचर ब्यूरो' (Indiass Intelligence Bureau) के ब्रिटिश निदेशक की एक टिप्पणी बहुत महत्त्वपूर्ण थी। उसने कहा था कि 'ब्रिटिशों की दृष्टि से देखा जाये तो बिसात पर सारी चालें सोच–समझ कर चली गयी थीं।... साम्प्रदायिक हितों की वैचारिकी में भारत की मौलिक समस्याओं को योजनाबद्ध तरीक़े से नेपथ्य में अदृश्य कर दिया गया था।..। और, स्थितियों का ऐसा

वर्गीकरण कर दिया गया था कि आने वाले दिन ब्रिटिश साम्राज्य के लिए निरापद हो सकें।'[14]

1947 के आरम्भिक महीनों में वायसरॉय लॉर्ड आर्किबाल्ड वावेल ने ग़ौर किया कि मार्च 1947 में नये मन्त्रालय के गठन की सम्भावना को देखते हुए गुप्तचर ब्यूरो (आईआईबी) अपराध अनुसंधान विभाग (सीआईडी) के कुछ संवेदनशील लेकिन अहम काग़ज़ातों को नष्ट कर रहा था। इस सम्बन्ध में 'राजनीति विभाग' के इस फ़ैसले पर आपत्ति प्रकट करते हुए सवाल भी उठाये। अन्त में यह तय हुआ कि भारतीय कार्यालय को सूचित किये बिना किसी भी गोपनीय दस्तावेज़ को नष्ट या स्थानान्तरित नहीं किया जायेगा। ज़ाहिर–सी बात थी, ब्रिटिशों ने यह अनुभव किया कि इन कागज़ातों को नयी दिल्ली की भावी सरकार को सौंप देने के ठोस आधार थे।[15]

द्वितीय विश्वयुद्ध के समाप्त होने के बाद ब्रिटिशों ने इस बात की समीक्षा करने की सोची कि भारतीयों को सत्ता सौंपकर देश से चले जाने की स्थिति में युद्ध के बाद का भारत कैसा होगा। जर्मनी के आत्मसमर्पण करने के कुछ दिन बाद ही चर्चिल ने कुछ सामान्य बिन्दुओं को रेखांकित किया। मध्यपूर्व में ब्रिटेन के हितों और रूस के विरूद्ध रक्षा की दृष्टि से भारतीय भूभाग के सामरिक महत्त्व को इंगित किया गया। रिपोर्ट में बलोचिस्तान को भारत से अलग करने पर इसलिए भी ज़ोर दिया गया क्योंकि इससे ब्रिटेन को अपने उद्देश्यों तक पहुँचने में सुविधा होती। लॉर्ड वावेल जो 1943 में ब्रिटिश भारत के गवर्नर जनरल बने, अपने आकलन में कहीं अधिक सटीक और सम्भावित घटनाक्रम के अधिक निकट प्रतीत हुए। उनके मतानुसार, ब्रिटेन के लिए भारत की सबसे पहली उपयोगिता बाज़ार और लाभ की बनिस्बत रक्षा की दृष्टि से थी क्योंकि ब्रिटेन को आज नहीं तो कल भारत को छोड़ कर जाना ही था। भारतीय कांग्रेस के नेतृत्व से ब्रिटेन को अपने सामरिक मामलों और विदेश नीति में किसी प्रकार के सहयोग की अपेक्षा नहीं थी। इस दृष्टि से उनके लिए मुस्लिम लीग का रवैया अधिक उदार और सहयोगपूर्ण था।

हिन्द महासागर और मध्यपूर्व की हिफाज़त कर पाने में ब्रिटेन की सम्भावित नाकामी को सामरिक दृष्टि से महत्त्वपूर्ण पश्चिमोत्तर को भारत से अलग कर टाला जा सकता था। लॉर्ड वावेल के आकलन के मुताबिक़

से इस उद्देश्य को पाना इसलिए भी बहुत कठिन नहीं था क्योंकि द्वितीय विश्वयुद्ध की अवधि में उनके पूर्ववर्ती मार्केस ऑफ़ लिनलिथगो और मुस्लिम लीग के नेता मुहम्मद अली जिन्नाह के बीच बहुत घनिष्ठता थी। लन्दन में ब्रिटेन के सैनिक मुख्यालय ने भी यह महसूस किया कि उनके लिए अविभाजित भारत के बजाय पाकिस्तान से सौदा करना उनके लिए अधिक लाभप्रद और आसान था। पाकिस्तान को राष्ट्रमण्डल में शामिल करने के अलग फ़ायदे भी हैं। ब्रिटेन की इस पहल से मुस्लिम जगत में यह बात ख़ूब प्रचारित होगी, और उस भूक्षेत्र में उसे आसानी से मुसलमान देशों का सहयोग हासिल हो सकेगा।

जुलाई 1947 तक ब्रिटेन के सामरिक हलकों में यह बात अच्छी तरह से स्थापित हो चुकी थी कि हिन्द महासागर के तटीय देशों की आन्तरिक और परस्पर राजनीति में महत्त्वपूर्ण भूमिका निभाने की दृष्टि पाकिस्तान ही एक मज़बूत सीढ़ी साबित हो सकता था।[16] सम्भवतः वे जिन्ना थे जिन्होंने सितम्बर 1939 में हुई एक मुलाक़ात के दौरान मार्केस ऑफ़ लिनलिथगो के दिमाग़ में मुसलमानों के लिए एक अलग देश का विचार डाला था। जिन्ना ने गवर्नर जनरल से कहा था, 'मुस्लिम प्रदेशों को हिन्दू भारत से अलग कर दिया जाना और उस पर ग्रेट ब्रिटेन समर्थित मुस्लिम सरकार द्वारा शासित किया जाना चाहिए।'[17] 'फूट डालो, और राज करो' के अचूक फॉर्मूले से प्रेरणा लेकर ब्रिटिशों ने अलगाव के जो बीज बोये थे, उनका अंकुरण इसी रूप में हुआ था। एक बार यह बात जैसे साफ़ हुई कि अविभाजित भारत ब्रिटेन के सामरिक हितों के लिए उतना उपयोगी नहीं सिद्ध होगा, वैसे ही अंग्रेज़ों ने ख़ासी जल्दीबाज़ी दिखाते हुए भारत को छोड़ने से पहले ही मुसलमानों के हितों में भारत को दो हिस्सों में बाँट दिया।

1946 में कांग्रेस और मुस्लिम लीग के बीच विवाद बढ़ने के साथ ही जिन्ना ने यह घोषणा की कि अगर अलग पाकिस्तान की माँग ख़ारिज कर दी गयी तब मुस्लिम लीग पूरे देश में अपनी माँग के समर्थन में उग्र आन्दोलन चलायेगा। जल्दी ही जिन्ना ने 16 अगस्त, 1946 का दिन 'डायरेक्ट एक्शन डे' के लिए तय करते हुए साफ़ शब्दों में यह चेतावनी दी, 'हम कोई लड़ाई नहीं चाहते हैं। आपको अगर लड़ाई ही चाहिए तो हमें आपकी चुनौती मंजूर है। हमें या तो बँटा हुआ हिन्दुस्तान चाहिए

या फिर बर्बाद हो चुका हिन्दुस्तान।'[18] एकतरफ़ा ही सही लेकिन फ़ैसला लिया जा चुका था जिसका नतीजा उस साल कलकत्ते में हिन्दू और मुसलमान के बीच इतिहास के सबसे ख़ूनी दंगे के रूप में सामने आया। ज़ाहिर बात थी, बँटवारे के सिवा अब कोई दूसरा चारा नहीं था।

1946 की शुरुआत में ही जिन्ना के डॉक्टर जाल रतनजी पटेल उन्हें उनकी बीमारी के बारे में बता चुके थे और जिन्ना को यह अच्छी तरह पता था कि उनकी ज़िन्दगी कुछ ही महीनों की बची है। सम्भवतः इसीलिए वे अपने सपने को जल्दी से जल्दी पूरा करने के लिए अधीर थे। अंग्रेज़ों को यह बात शायद अपने सूचना–तन्त्र के ज़रिये पता भी थी, और उन्होंने भारतीय नेताओं से यह राज़ छुपाये रखा, क्योंकि यह जान जाने की सूरत में वे विभाजन को रोकने के लिए थोड़ी प्रतीक्षा कर सकते थे।[19]

उथल–पुथल और फ़सादों से भरा पाकिस्तान

मार्च 1947 में भारत का वायसराय बनने के बाद लुईस माउंटबेटन ने विभाजन की प्रक्रिया को तेज़ कर दिया और पूर्वनिर्धारित जून 1948 के बजाय अगस्त 1947 को ही भारत को आज़ादी मिल गयी। अपना स्वप्न पूरा करने के कोई एक साल बाद ही सितम्बर 1948 में जिन्ना का देहान्त हो गया, हालाँकि अपने जीवन की अन्तिम साँसों तक उनको इस बात की शिकायत रही कि उनको जो पाकिस्तान सौंपा गया वह भीतर से पूरी तरह 'खोखला और क्षत–विक्षत' हो चुका था।[20] माउंटबेटन ने बाद में इससे इनकार किया कि उन्हें जिन्ना की बीमारी की बात पता थी। उनके ही शब्दों में–'हमें यह बिल्कुल भी अनुमान नहीं था कि वे मृत्यु के इतने निकट थे (21)'–लेकिन अनेक कारणों से उनके इस दावे पर विश्वास करना थोड़ा कठिन है। लैरी कॉलिन्स और डोमिनिक लेपियर से बातचीत के क्रम में उन्होंने सीआईडी को दुनिया के सबसे योग्य जासूसी संगठन में एक बताया था। उनके मुताबिक़ सीआईडी इतनी सक्षम और बड़ी संस्था थी कि एक साथ कई मामलों को निष्पादित करने में सक्षम थी और परिणाम तक पहुँचने से पहले अपने कर्तव्यों के प्रति निरन्तर सजग रहती थी। इसके बावजूद उन्होंने दावे के साथ कहा कि सीआईडी को जिन्ना की सेहत के बारे में या तो पता नहीं था, या संस्था ने उनसे यह बात छुपायी।

नेहरू की सेहत से जुड़ी बातों का उल्लेख अंग्रेज़ों के अनेक आधिकारिक पत्राचारों में मिलता है लेकिन यह हैरत की बात है कि जिन्ना जो कि प्रायः बीमार रहते थे, का कोई उल्लेख इन कागज़ातों में नहीं मिलता। गुप्तचर एजेंसियाँ महत्त्वपूर्ण नेताओं की गतिविधियों पर चौकस नज़र रखती थीं। सरकार के पास उनकी ताक़त, उनकी कमज़ोरियों, उनकी सेहत और उनकी आर्थिक स्थितियों की विस्तृत फ़ाइलें होती थीं। ऐसे में यह विश्वास करना बहुत मुश्किल है कि एक ऐसे समय में जबकि भारत का स्वतन्त्रता आन्दोलन अपने निर्णायक मोड़ पर था, और दोनों पक्षों में होने वाली सौदेबाज़ी में अंग्रेज़ी हुकूमत एक सूत्रधार की भूमिका में थी, ब्रिटिश इंटेलिजेंस ब्यूरो को जिन्ना की बीमारी से सम्बन्धित जानकारियाँ नहीं थीं।

मई 1944 से ही जिन्ना के स्वास्थ्य को लेकर अटकलें लगायी जाने लगी थीं जब वे विश्राम और स्वास्थ्य लाभ करने पहली बार श्रीनगर गये, और अगले साल ही इसी नाम पर मुम्बई के क़रीब पहाड़ियों पर बसे माथेरान भी गये। 10 अप्रैल, 1945 को जिन्ना ने सार्वजनिक रूप से उन लोगों के प्रति धन्यवाद ज्ञापित भी किया जिन्होंने उनकी बीमारी के प्रति अपनी चिन्ता प्रेषित करते हुए उन्हें शुभकामनाएँ दी थीं। उन्होंने 30 मार्च को लाहौर में आयोजित मुस्लिम लीग के सत्र में उपस्थित नहीं हो पाने के लिए भी खेद प्रकट किया। लेकिन उन्होंने अपने शुभैषियों को अपने स्वास्थ्य के प्रति निश्चिन्त रहने के लिए कहा। 12 अप्रैल, 1945 के हिन्दुस्तान टाइम्स ने यह ख़बर छापी कि जिन्ना के स्वास्थ्य में लगातार सुधार हो रहा है, लेकिन चिकित्सकों ने उन्हें पूरी तरह आराम करने की सलाह दी है। ख़बर में यह भी लिखा था कि अपने निजी डॉक्टर से परामर्श लेने के लिए वे मुम्बई जा सकते हैं।

बाद में, जनवरी 1946 को जिन्ना को उनके डॉक्टर ने बताया कि उन्हें ट्यूबरक्लोसिस था, और जून तक उन्हें यह जानकारी भी मिल चुकी थी कि वे कुछ ही महीने और जीवित रहेंगे। इसलिए वे दिसम्बर 1946 में अपने जन्मदिन के अवसर पर होने वाले आयोजनों से दूर रहे और जनवरी 1947 में कराची में विक्टरी डे समारोह में भी अनुपस्थित रहे। ईस्टर्न टाइम्स ने अगले ही दिन उनकी अनुपस्थिति को रेखांकित करते हुए ख़बरें छापीं। मुस्लिम लीग के वाणिज्य मन्त्री आई.आई. चुन्दरीगर

जब 10 जनवरी को लॉर्ड वावेल से मिलने गये तो उन्होंने जिन्ना को एक बीमार आदमी बताया। बाद में 28 फ़रवरी को लियाकत अली ने भी गवर्नर जनरल से मुलाक़ात के क्रम में जिन्ना की बीमारी का ज़िक्र करते हुए बताया कि वे अगले पन्द्रह दिनों तक दिल्ली पहुँच पाने की स्थिति में नहीं थे। ज़ाहिर बात थी कि ब्रिटिश जाँच एजेंसियों के साथ–साथ लॉर्ड वावेल को इसकी भनक थी और दोनों ने लॉर्ड माउंटबेटन के हिन्दुस्तान आगमन पर इसका उल्लेख भी ज़रूर किया होगा। अंग्रेज़ों के पास इस बात को छुपाये रखने के अपने कारण हो सकते थे, लेकिन यह बात ज़रूर अचम्भित करती है नेहरू और सरदार पटेल जैसे कांग्रेसी नेताओं ने जिन्ना की सेहत में कोई दिलचस्पी क्यों नहीं दिखाई।[22]

भारत में हिन्दू और मुसलमानों के बीच वैमनस्य की शुरुआत करने वाले ब्रिटिश नहीं थे। उनके भारत आने से पहले भी दोनों समुदायों के बीच मतभेद था। ब्रिटिशों ने इस मतभेद का उपयोग अपने लाभ के लिए ज़रूर किया। जहाँ सामाजिक सद्भाव न हो किन्तु वह अविभाजित हो, ब्रिटिश साम्राज्यवाद को ऐसा भारत नहीं चाहिए था। दुनिया के सर्वशक्तिशाली देशों ने पाकिस्तान की स्थापना का समर्थन सम्भवतः इसलिए भी किया था क्योंकि शीतयुद्ध और एक अविभाजित भारत के कारण वैसे धर्मनिरपेक्ष नेताओं का अस्तित्व सामने आया जो उदार विचारों और समाजवादी मूल्यों के पक्षधर थे, और जिनकी सहानुभूति उपनिवेश–विरोधी और लोकतान्त्रिक गतिविधियों के साथ थी। वामपन्थी आदर्शों में विश्वास करने के कारण उनकी निकटता साम्यवादी सोवियत संघ और चीन के साथ बढ़ने की आशंका थी, और यह स्थिति साम्राज्यवादी पश्चिमी ताक़तों के लिए अभिशाप–तुल्य होती। दूसरी तरफ़ जिन्ना और उनके समर्थक बहुसंख्यक (हिन्दू पढ़ें) के शासन की कल्पना मात्र से इतनी घृणा करते थे कि उन्होंने साम्राज्यवादी शक्तियों की शर्तों को सहर्ष मान लिया।

ब्रिटिशों का यह आकलन सही सिद्ध हुआ कि मुस्लिम लीग के नियन्त्रण में प्रस्तावित पाकिस्तान, अपनी स्थापना के ब्रिटेन के सहयोग का आकांक्षी रहेगा। अक्टूबर 1946 में 'इंडिया ऑफ़िस' ने 'चीफ़ ऑफ़ स्टाफ़ कमिटी' को परामर्श देते हुए लिखा, 'अगर भारत के दो या दो से अधिक टुकड़े हुए तो मुसलमान बहुल क्षेत्रों और राज्यों की मुख्य चिन्ता यही होगी कि वे विभाजन के बाद भी राष्ट्रमण्डल में बने रहें।

उनके इस राजनीतिक लोभ के कारण हम उनका समर्थन और सहयोग बहुत सहजता से प्राप्त कर सकते हैं।'[23] दिसम्बर 1946 में विदेश कार्यालय के स्थायी अवर सचिव ने आशा प्रकट की, 'यदि भारत के टुकड़े होते हैं तो मुझे लगता है कि ब्रिटिश समर्थन प्राप्त करने के लिए मुसलमान हमें सभी प्रकार का सैनिक और राजनीतिक सहयोग करने के लिए सहर्ष तैयार रहेंगे। ऐसी स्थिति में क्या हम भारतीय राज्यों का एक–दूसरे के विरुद्ध अधिक अच्छा उपयोग करने की अवस्था में नहीं होंगे?'[24]

बहरहाल मई 1947 में 'चीफ़ ऑफ़ स्टाफ कमिटी' के निष्कर्षों ने उपमहाद्वीप में ब्रिटिश उद्देश्यों को अन्तिम रूप से परिभाषित कर दिया। पश्चिमी पाकिस्तान के राष्ट्रमण्डल में शामिल होने के सामरिक प्रभावों पर व्यापक और गम्भीर विचार–विमर्श हुआ।

पाकिस्तान के निर्माण के निर्णय से भविष्य में ब्रिटेन को कराची बन्दरगाह, हवाई छावनियों और मुसलमानों का मानव–संसाधन जैसी महत्त्वपूर्ण सामरिक सुविधाएँ प्राप्त हो सकती थीं। यह नीति अफ़ग़ानिस्तान की अखण्डता को भी भविष्य में सुनिश्चित करने में कारगर साबित होने वाली थी, और इसके परिणामस्वरूप मुस्लिम देशों में ब्रिटेन का सम्मान और स्थान दोनों को स्वाभाविक तौर पर एक नयी मज़बूती मिलने वाली थी। दूसरी तरफ़ हिन्दुस्तान से विरोध के एवज़ में राष्ट्रमण्डल में पाकिस्तान को जगह दे देना ब्रिटेन के लिए कोई बड़ी क़ीमत नहीं थी, और इसमें कोई बड़ा जोख़िम पैदा होने का अन्देशा भी बहुत कम था।..

इन सभी कारणों ने मिलकर, और ख़ास कर मध्यपूर्व में किसी संकट के मद्देनज़र पाकिस्तान में हवाई अड्डों की सुविधा तथा 'मुस्लिम फैक्टर' ने आज़ादी के पहले ब्रिटेन को भारत का बँटवारा करने की पृष्ठभूमि तैयार की। बहरहाल पूरे शीतयुद्ध–काल और उसके बाद भी स्थितियों में कोई बदलाव नहीं आया।[25]

1947 में भारत और पाकिस्तान एक–दूसरे के विरुद्ध युद्ध में भी उलझे, क्योंकि पाकिस्तान ने कश्मीर में घुसपैठ की थी। स्थितियाँ अजीबोग़रीब थीं क्योंकि दोनों देशों की फ़ौजों की कमान ब्रिटिश अधिकारियों के हाथों में थी, और भारतीय मन्त्रिमण्डल की डिफेंस कमिटी के अध्यक्ष प्रधानमन्त्री नेहरू नहीं बल्कि लॉर्ड माउंटबेटन थे। युद्ध का निर्देशन और संचालन दोनों में से कुछ भी भारतीय हाथों में नहीं था, और दोनों ही देश

सैन्य–आपूर्ति, व्यापार और तेल के लिए ब्रिटेन पर निर्भर थे। यह सचमुच एक विडम्बनापूर्ण स्थिति थी–दो सेनाएँ एक–दूसरे के विरुद्ध लड़ रही थीं, दोनों के जनरल ब्रिटिश थे, और दोनों ही जनरल सीमा के एक ही तरफ़ बैठे अपनी–अपनी सेना को संचालित कर रहे थे। पाकिस्तान के घुसपैठ के बाद, माउंटबेटन ने एक विश्वसनीय मध्यस्थ की भूमिका निभाने का प्रयास किया। हालाँकि पाकिस्तान की हठधर्मिता ने उन्हें बार–बार नेहरू से छूट लेने के लिए मजबूर किया, और कश्मीर में घुसपैठ करने के लिए उन्होंने पाकिस्तान को खुल कर दोषी ही नहीं ठहराया।[26] ब्रिटेन के इस रवैये ने अप्रत्यक्ष रूप से–उस समय और बाद में भी–कश्मीर के मामले में पाकिस्तान की मनमानी नीतियों को प्रोत्साहित करने में महती भूमिका निभायी। दी टाइम्स ऑफ़ लन्दन ने 15 अगस्त, 1947 में अपने सम्पादकीय में सिर्फ़ इन ब्रिटिश उपलब्धियों की पुष्टि भर की, और कहा कि पाकिस्तान मुस्लिम जगत के एक अगुआ राष्ट्र के रूप में उभरा है। 'आज से कराची मुस्लिम एकजुटता के एक नये केन्द्र के रूप में उभर कर दुनिया के सामने आया है, और इस्लामिक विचारों और आकांक्षाओं की मिलन–स्थली के रूप में इसका जन्म इस क्षेत्र के लिए एक बड़ी ऐतिहासिक घटना है।'[27]

ब्रिटिश इस उपमहाद्वीप में किसी भी स्थिति में अपनी पकड़ ढीली होने देने के लिए तैयार नहीं थे, और इस जुगत में उन्हें भारत अथवा पाकिस्तान में किसी एक को ही चुनने का विकल्प मिलता तो ज़ाहिरन वे पाकिस्तान को ही चुनते। भारत का बाज़ार उन्हें अधिक आकर्षित करने की स्थिति में था भी नहीं, और ब्रिटेन का असल लक्ष्य मध्यपूर्व में अपनी प्रासंगिकता को बनाये रखना था। ब्रिटिश योजना के मुताबिक़ कश्मीर को भी पाकिस्तान का ही हिस्सा होना चाहिए था, क्योंकि कश्मीर पर पाकिस्तान के आधिपत्य से सोवियत संघ के विरुद्ध ब्रिटिश हितों की रक्षा करना बहुत आसान था। इसलिए जब पाकिस्तान ने कश्मीर में अवैध घुसपैठ की तो ब्रिटिश नीति काफ़ी हद तक घुसपैठियों का पक्ष लेती नज़र आयी।

कश्मीर के भारत में विलय के पाँच दिन के बाद राष्ट्रमण्डल के सचिव ने अपनी राय व्यक्त करते हुए कहा कि कश्मीर के लिए यह बेहतर होता कि वह निर्धारित शर्तों (भारतीय स्वतन्त्रता अधिनियम, 1947 के अन्तर्गत, जो रजवाड़ों को 15 अगस्त, 1947 के बाद अपनी पसन्द

से भारत अथवा पाकिस्तान के साथ अपना विलय करने की अनुमति देता था) का लाभ उठा कर भारत के बजाय पाकिस्तान के साथ अपना विलय कर लेता। ब्रिटेन ने भी राष्ट्रसंघ के सामने अपनी दलील रखी कि चूँकि कश्मीर की कुल जनसंख्या के 77 प्रतिशत मुसलमान हैं, इसलिए पाकिस्तान का राज्य पर दावा वैध है। ब्रिटिश योजना के अनुसार मध्य एशिया के मुख्य मार्ग पर नियन्त्रण स्थापित करने के लिए कश्मीर का पाकिस्तान में होना ज़रूरी था।[26] पाकिस्तान के पक्ष में पश्चिम की यह स्थापना पूरे शीतयुद्ध–काल तक यही रही। बीसवीं सदी के अन्त में इस नीति में मामूली बदलाव आया है।

एक मुख्य कारण जिसने ब्रिटेन और अमेरिका दोनों को कश्मीर पर पाकिस्तान के अधिकार को अपना परोक्ष समर्थन देने के लिए प्रेरित किया, वह सोवियत संघ का मुद्दा था। यूरोप और उसके प्रमुख प्रतिद्वन्द्वी सोवियत संघ के बीच वैचारिकता, राजनीति और सूचना के स्तर पर गोपनीयता की एक अभेद्य दीवार बन चुकी थी। अपने वामपन्थी वैचारिक रुझानों और समाजवादी नेतृत्व के कारण भारत यूरोप का विश्वसनीय सहयोगी कभी नहीं बन सकता था। दूसरी तरफ़ एक ऐसा पाकिस्तान जिसमें जम्मू और कश्मीर भी शामिल हों, यूरोप के लिए वह अवरोधक दीवार था जो सोवियत संघ को दक्षिण और दक्षिण–पूर्व एशिया तक पहुँचने से रोकने में सक्षम सिद्ध हो सकता था। अनेक ब्रिटिश अधिकारियों और नेताओं का यह मानना था कि सोवियत संघ की महत्त्वाकांक्षाओं पर अंकुश लगाने के लिए मध्य एशिया की पामीर पर्वतमालाओं से लेकर अरब सागर तक सामरिक दृष्टि से एक अर्धवृत्ताकार थलमार्ग बनाना ज़रूरी था। समय–समय पर कश्मीर के महाराजा की सूझबूझ और चालाकियाँ और भारत का दृढ़निश्चय, साम्राज्यवादियों के लिए गम्भीर चिन्ता का कारण थे। इसलिए आख़िरकार उन्होंने जम्मू और कश्मीर के बँटवारे की नीतियों को क्रियान्वित करना ही बेहतर समझा। नेहरू की आंशिक सहमति और कुछ फ़ैसलों ने सम्भवतः उनका यह काम आसान कर दिया।

स्वतन्त्र भारत और वैश्विक परिदृश्य

एक ऐसा भी समय था जब अमेरिकियों ने न केवल भारत की स्वतन्त्रता का समर्थन किया बल्कि पाकिस्तान की स्थापना की अवधारणा के प्रति

एक तरह की उत्साहहीनता भी दिखाई। अमेरिकी प्रेस ने तो बँटवारे के षड्यन्त्र के विरोध में बहुत खुल कर लिखा भी। दुर्भाग्यवश भारतीय नेता इन भावनाओं को अपने पक्ष में भुनाने में असफल रहे। वैश्विक क्षितिज पर यह सत्ता–समीकरण में था सोवियत संघ उसका मुख्य शत्रु था। भारतीय नेता इस बदलते हुए समीकरण को समझने में असफल साबित हुए। अमेरिका में भारत के पहले राजदूत आसफ अली भारत सरकार के कामकाज के सलीक़े और राजनीतिक वैचारिकता से पूरी तरह अनभिज्ञ थे। उनके साथ उनकी पत्नी अरुणा रहती थीं जो विचारधारा से समाजवादी थीं। स्वाभाविक बात थी कि इसी कारण अमेरिकियों से पति–पत्नी के सम्बन्ध बहुत सहज और मैत्रीपूर्ण नहीं थे। दूसरी तरफ़ मोहम्मद अली जिन्ना ने 1947 से लेकर 1952 तक एम.ए.एस. इस्पहानी को पाकिस्तान का पहला राजदूत बना कर वाशिंगटन भेजा था। वे एक वाक्पटु और कुशल कारोबारी थे। वे इस्पहानी ही थे जिन्होंने जिन्ना के ज़ेहन में यह बात डाली थी कि 'पहला परिचय और मृदुभाषिता अमेरिकियों के जीवन में बहुत महत्व रखते हैं।'[29]

संयुक्तराष्ट्र में विजया लक्ष्मी पण्डित जो जवाहरलाल नेहरू की बहन थीं, ने नस्लभेद का विरोध करने में दुनिया का नेतृत्व किया। इस बात से कुछ देश ख़ुश थे और शेष बचे देश खीझे हुए थे। उस समय तक ब्रिटिश साम्राज्यवाद जीवित था, अमेरिका अपने उत्कर्ष के मार्ग पर अग्रसर था और शीतयुद्ध का आन्तरिक तनाव अपनी पराकाष्ठा पर था–लिहाज़ा नवस्वतन्त्र देशों को मित्रों की आवश्यकता थी और साथ ही चौकस रहने की भी ज़रूरत थी। इस रवैये और वी.के. कृष्णा मेनन से अपनी मुलाक़ात के कारण जॉन फोस्टर ड्यूल्स (जो बाद के वर्षों में अमेरिका के गृह सचिव बने) इस बात को लेकर तक़रीबन आश्वस्त हो चुके थे कि भारत साम्यवाद की ओर तेज़ी से बढ़ रहा था। इस संशय के कारण देश की अमेरिका के साथ अपने अवधारणा–युद्ध में पराजय की शुरुआत हो चुकी थी। कांग्रेस के नेतृत्व में स्वतन्त्र भारत अमेरिकी सत्ता के शीर्ष समूह का प्रियपात्र नहीं बन सका। भारत के बारे में वाशिंगटन में आख्यान–परिवर्तन निश्चित रूप से घटित होने वाला था।[30]

आज़ादी के बाद के भारत के शुरुआती साल बहुत आसान नहीं थे–न तो जनता के लिए और न सरकार के लिए ही। बँटवारे ने लोगों

को भूले नहीं जा सकने वाले ज़ख़्म दिये थे। दरअसल बँटवारे को बेहद अदूरदर्शिता और फूहड़ता के साथ अंजाम दिया गया था, और ऐसा शायद योजनाबद्ध तरीक़े से किया गया था। ब्रिटेन और ख़ासतौर पर चर्चिल को यही उम्मीद थी कि यह प्रयोग सम्भवतः असफल हो जायेगा। गाँधी के लिए 'नंगा फ़क़ीर' जैसे तिरस्कारपूर्ण सम्बोधन का प्रयोग करने वाले चर्चिल सही अर्थों में एक कट्टर टोरी साम्राज्यवादी थे। 18 मार्च, 1931 को लन्दन के अल्बर्ट हॉल में 'आवर ड्यूटी इन इंडिया' विषय पर आयोजित व्याख्यान में उन्होंने 'इंडियन एम्पायर सोसाइटी' के नाम जो वक्तव्य दिया था, उसमें उनके वैचारिक दृष्टिकोण की स्पष्ट झलक देखी जा सकती है। उन्होंने महात्मा गाँधी के साथ बातचीत की लॉर्ड इरविन की पहल का विरोध किया, और इरविन–गाँधी समझौते को ब्रिटिश समर्पण की तरह व्याख्यायित किया।

'गाँधी भारत से ब्रिटेन को खदेड़ना चाहते हैं,' चर्चिल ने तब कहा था। 'गाँधी ब्रिटिश व्यापार को भारत से स्थायी रूप से समाप्त करना चाहते हैं। गाँधी भारत में ब्रिटिश सत्ता की जगह ब्राह्मणों का आधिपत्य स्थापित करना चाहते हैं। गाँधी की शर्तों पर कोई भी खरा नहीं उतर सकता है।'[31] उन्होंने चेतावनी दी कि भारत को भारतीयों (उनके शब्दों में ब्राह्मण) के शासन के हवाले छोड़ देना एक क्रूरता और दुष्टता से भरा कृत्य होगा।

ये ब्राह्मण बातें तो पश्चिमी उदारवाद की करते हैं और सिद्धान्त रूप में लोकतान्त्रिक राजनीतिक होने का दिखावा करते हैं, लेकिन व्यवहार में ये वही लोग हैं जो अपने ही 6 करोड़ देशवासियों को अस्पर्श्य कह कर जीवन के प्राथमिक अधिकारों से वंचित रखते हैं। इस ब्राह्मणवादी धर्मशास्त्र और विराट हिन्दू जनसंख्या की ताक़त के ज़ोर पर वे पवित्र धर्मों और अछूत जातियों के साथ समान तरह से पेश आते हैं। इसी ताक़त के बल पर वे भारत में रहने वाले 7 करोड़ मुसलमानों के विरुद्ध ज़बरदस्ती से भरा व्यवहार करते हैं और उन्हें सदैव युद्ध और विजय की दृष्टि से देखते हैं।[32]

यह नज़रिया चर्चिल और उस दौर के सम्भवतः दूसरे सभी ब्रिटिशों के सोच की झलक पेश करते हैं। साम्राज्यवादी अहंकार और पक्षपात का वास्तविक चरित्र भी यही है।

धर्म के आधार पर भारत के बँटवारे ने देश और लोगों को गहरे घाव दिये हैं। नये राष्ट्र को भारी आर्थिक परेशानियों और राजनीतिक अनिश्चितता से गुज़रना पड़ा। शीतयुद्ध–काल में समाजवाद और कमांड अर्थव्यवस्था के खेमे में रहने के कारण गिनेचुने शक्तिशाली और अमीर देश ही भारत के साथ मित्रवत् थे। देश की स्वतन्त्रता के आरम्भिक साल मुश्किलों से भरपूर थे। देश का एकीकरण, कश्मीर, हैदराबाद और जूनागढ़ की समस्याएँ, और 1946 से लेकर 1950 तक जारी तेलंगाना के किसान आन्दोलन जैसी बड़ी चुनौतियों से देश को जूझना पड़ा। विभाजन और शरणार्थियों की समस्याओं से उत्तर भारत और मध्य भारत, तथा बंगाल और असम को भिन्न–भिन्न स्तरों पर निपटना पड़ा। यूपी, बिहार और मध्य भारत वे इलाक़े थे जिन्होंने मुस्लिम लीग के पक्ष में मतदान किया था और प्रकारान्तर में धर्म के आधार पर पाकिस्तान की स्थापना का समर्थन किया था। हालाँकि बँटवारे के बाद भारत में रह गयी मुस्लिम आबादी ने अपनी वफ़ादारी भारतीय राष्ट्रीय कांग्रेस के पक्ष में बदल दी। इस बात ने नेहरू को इस सम्भावना के प्रति आश्वस्त किया कि पाकिस्तान के प्रति मुसलमानों का आकर्षण एक अस्थायी आवेग है और एक बार हित सधने (आर्थिक भी) के साथ ही वह स्वतः समाप्त हो जायेगा।

अभाव और वैचारिक मतभेदों से घिरे किसी देश में लोकतन्त्र और धर्मनिरपेक्षता को बहाल रखना बहुत मुश्किल काम है। लेकिन आज़ादी के बाद भारत की सरकार और जनता इस चुनौती को निभाने में क़ामयाब रही। हालाँकि, इस उपक्रम में देश को पर्याप्त राजनीतिक–वैचारिक समर्थन और आर्थिक रियायतें भी मिलीं। 1950 के दशक में भारत में ऑस्ट्रेलिया के राजनयिक रह चुके लेखक वाल्टर रसेल क्रोकर एशियाई राजनेताओं के बारे में क्या विचार रखते थे, यह उनके उस वक्तव्य से स्पस्ट होता है, जब उन्होंने नेहरू को हिन्दू धर्म के प्रति एक पूर्वाग्रहग्रस्त नेता बताया था। क्रोकर के अनुसार नेहरू के अधिकांश मन्त्री और कांग्रेस के दूसरे कार्यकर्ताओं की तरह औसत समझ वाले प्रान्तीय नेता थे जो कम पढ़े–लिखे, संकीर्ण विचारों वाले और अकर्मण्य थे। उनके शब्दों में या तो वे गौपूजक थे, या फिर परले दर्ज़े के भ्रष्ट।[33]

भारत और भारतीय नेताओं के बारे में विंस्टन चर्चिल ने जैसी ओछी और घृणापूर्ण टिप्पणी की, वैसी शायद ही किसी दूसरे व्यक्ति ने की होगी।

इसके बावजूद इस देश से उन्होंने अंग्रेजों को तब ही बुलाया जब तक इस देश को आर्थिक रूप से पूरी तरह निचोड़ नहीं लिया। भारतीय और जापानी संस्कृति पर 1960 के दशक में आर्थर कोएस्टलर द्वारा लिखी गयी किताब 'दी लोटस एंड दी रोबोट' में भारत के हिन्दू धर्म के बारे में बहुत तिरस्कारपूर्ण ढंग से लिखा गया था। इस पुस्तक का एक अध्याय 1961 में सीआईए का समर्थन करने वाली पत्रिका 'एनकाउंटर' में छापा गया था। इस बात की जानकारी अधिकतर लोगों को थी कि कोएस्टलर एक पूर्व वामपन्थी थे और हाल–फ़िलहाल ही लोकतन्त्र के प्रति आसक्त हुए थे। अपने उपन्यास 'ए ज्वेल इन दी क्राउन' में लेखक पॉल स्कॉट ने लेडी लिली चटर्जी के क़िरदार के ज़रिये हिन्दुओं पर छींटाकशी की है और उन्हें संकीर्ण बुद्धि का, अजीबोग़रीब शाकाहारी भोजन करने वाला और घिनौने फलों का रस पीने वाली नस्ल के रूप में चित्रित किया है। कुछ लोगों के लिए ऐसी टिप्पणियाँ उपहासात्मक हो सकती थीं लेकिन गम्भीरतापूर्वक सोचने पर यह भारत के प्रति पश्चिमी देशों का पूर्वाग्रही दृष्टिकोण ही था। बहरहाल दोनों ही स्थितियों में यह इसी बात की मिसाल पेश करती है कि स्वतन्त्र भारत के बारे में किस तरह से स्थापनाएँ निर्मित की जा रही थीं, और कैसे भारत का अभिजात वर्ग भी अपने देश के विरुद्ध इस स्थापना–निर्माण की बिसात पर मोहरों की तरह इस्तेमाल किया जा रहा था।

भारत का राजनीतिक नेतृत्व और अभिजात वर्ग उस समय इस मुद्दे पर एकमत नहीं था कि हिन्दुओं की माँगों से कैसे निपटा जाये। उनमें से कई माँगें ऐसी भी थीं जो तर्कसंगत और वैध थीं। दरअसल नेहरू सहित पाश्चात्य विचारों से प्रभावित दूसरे नेता यह नहीं चाहते थे कि उन्हें हिन्दुओं के पैरोकार के रूप में चिह्नित किया जाय। इसलिए उन्होंने वामपन्थी रुझान वाले उदार और धर्मनिरपेक्ष प्रगतिशीलों के रूप में ख़ुद को पेश करना ज़्यादा बेहतर समझा। ज़ाहिर बात थी कि इस राजनीतिक दबाव के कारण उन विचारधाराओं में तोड़फोड़ करने की ज़रूरत पड़ने वाली थी, जो देश में अभी तक प्रचलन में थीं। हिन्दू हितों के समर्थन को हिन्दू कट्टरवाद के समतुल्य देखा जाने लगा, जबकि मुसलमानों की माँगों और परम्पराओं के पक्ष में बात किया जाना उचित माना जाने लगा। आज भी स्थिति ऐसी ही है। अल अक्सा मस्जिद की बात करना बिल्कुल

सामान्य माना जाता है, जहाँ से माना जाता है कि मोहम्मद साहब सफ़ेद घोड़े पर बैठ कर अपनी अन्तिम यात्रा पर निकले थे। यही बात बेथलेहम पर भी चरितार्थ होती है जहाँ प्रभु यीशु 'इमैकुलेट कंसेप्शन' से जन्मे थे, लेकिन यह अपेक्षा की जाती है कि कोई भी अयोध्या की बात क़तई न करें, जहाँ हिन्दू आस्था के अनुसार यह माना जाता है कि प्रभु राम का जन्म हुआ था। ऐसा करने को हिन्दुत्व का प्रचार करना माना जाता है।

स्पष्ट बात थी कि 'फूट डालो और राज करो' की ब्रिटिश योजना अंग्रेज़ों के भारत से चले जाने के बाद आज भी जारी है।

अपनी कहानी, अपनी ज़ुबानी

भारत में नये आख्यानों को गढ़ने का काम अभी–अभी शुरू ही हुआ है। ये भारत के अपने स्वतन्त्र आख्यान हैं, और अतीत में इस पर ज़बरन थोप दिये गये आख्यानों से एकदम भिन्न हैं। बल्कि, यह कहना ठीक होगा कि ये उन पूर्ववर्ती आख्यानों का प्रत्युत्तर हैं जिन्हें देश के भीतर और विदेशों में भारत की आवश्यकताओं और अपेक्षाओं के अनुकूल गढ़ा जा रहा है। एक लम्बे अरसे तक भारत का बौद्धिक तबका कमोबेश सूचनाओं के उन विदेशी स्रोतों से मिली जानकारियों से ही सन्तुष्ट था जो भारत की छवि को नकारात्मक रूप से प्रस्तुत करने में कोई कोरकसर नहीं उठा रखते थे। किसी भी देश की देश के बाहर छवि और उसके नागरिकों का चरित्र ऐसे दो प्रमुख तत्त्व हैं जो उसके बारे में अन्तरराष्ट्रीय धारणा स्थापित करने में निर्णायक भूमिका निभाते रहे हैं।[34]

कूटनीति, अर्थव्यवस्था और कारोबारी सम्बन्ध इस छवि निर्माण की प्रक्रिया के सहायक तत्त्व हैं लेकिन कई बार किन्हीं दो राष्ट्रों के सम्बन्ध–निर्धारण में कुछ सामरिक और आर्थिक विषयों की विशेष भूमिका होती है। औपचारिक या आवश्यकताओं पर आधारित दो राष्ट्रों के परस्पर सम्बन्ध सामरिक और आर्थिक दृष्टि से सफल हो सकते हैं लेकिन इन मित्रताओं में कोई अर्थ और स्थायित्व नहीं होता है। इनमें स्थायित्व तभी आता है जब किसी एक देश का आख्यान इन सम्बन्धों को अपनी परिभाषा के अनुरूप सहज बनाने का प्रयास करता है। जिस प्रकार सूचनाओं की दुनिया को एक आवरण पृष्ठ की ज़रूरत होती है, उसी प्रकार एक

आख्यान में भी सच्चाई का अंश होना ज़रूरी है–अन्यथा आख्यान अपने झूठ के बोझ से स्वयं ध्वस्त हो जायेगा और अपनी विश्वसनीयता खो बैठेगा।

भारत अपने आन्तरिक आचरणों के कारण देश के भीतर जिस दृष्टि से देखा जाता है, वही बात विदेशों में उसकी सरकार के कामकाज की गम्भीरता को तय करती है। मौजूदा और प्रचलित मान्यताओं को मीडिया और बौद्धिक वर्ग प्रभावित करने की क्षमता रखता है, इसीलिए सरकारें अपना लक्ष्य प्राप्त करने के लिए उन दोनो का ही उपयोग करती हैं। एक सकारात्मक आख्यान हमेशा फ़ायदेमन्द होता है। आख्यानों से जुड़ी कुछ पुरानी संवेदनशीलता और ग्रहणशीलता का सीधा सम्बन्ध अनिवार्यतः हमारे आस–पड़ोस से होता है। अपने पड़ोसी देशों में अधिक रुचि लेना उनके आन्तरिक मामलों में अकारण हस्तक्षेप करना माना जाता है, जबकि उनके साथ एक आवश्यक दूरी का निर्वहन अहंकार और श्रेष्ठता–बोध की श्रेणी में आता है। इसलिए बड़े देशों को अपने छोटे पड़ोसियों के साथ जिस सम्बन्ध–रेखा पर चलना होता है वह बहुत पतली होती है। यह बात सर्वसत्तावादी समाजों के सम्बन्ध में बहुत महत्त्व की भले नहीं होती है, लेकिन किसी लोकतन्त्र के लिए बहुत मायने रखती है। भारत अपने छोटे पड़ोसी देशों के साथ कैसा व्यवहार करता है, इस बात पर बहुत नज़दीकी नज़र रखी जाती है।

भारत को दुनिया को यह भी बताने की ज़रूरत है कि उनकी दुनिया में नहीं, बल्कि अपनी दुनिया में हम कौन और क्या हैं। देश को अपने बूते पर एक बड़ी ताक़त बनने की ज़रूरत है, ऐसे भी कोई इसे उपहार में महानता नहीं दे देगा। और, ताक़त हासिल करना भी चुटकियों का खेल नहीं है। इसलिए दुनिया से पक्षपाती होने की शिकायत करना व्यर्थ है। इससे भारत की शक्तिशाली बनने की राह मुश्किल ही होगी।

पहली बात तो देश को इस बात की अधिक परवाह नहीं करने के तरीक़े खोजने होंगे कि विदेशी मीडिया इसके बारे में क्या कहता है। पश्चिमी मीडिया की पूरी तरह अनदेखी करना भी सम्भव नहीं है, लेकिन इसमें कोई सन्देह नहीं है कि भारत के प्रति उसका दृष्टिकोण पक्षपातपूर्ण रहा है। पश्चिमी मीडिया में भारत से सम्बन्धित जो ख़बरें आती हैं, वे या तो पूर्वाग्रहों से भरी होती हैं या फिर भ्रामक होती हैं। दूसरी बात यह कि

हमें सबसे पहले अपने घर को दुरुस्त करने की ज़रूरत है। तीसरी बात, हमें एक लक्ष्यकेन्द्रित और दीर्घकालिक योजना की आवश्यकता है जो हमें यह तय करने में मदद कर सके कि शेष दुनिया को हम अपनी गाथा कैसे कहेंगे—एक ऐसी योजना जो स्वायत्त होने के साथ–साथ निजी क्षेत्रों को साथ लेकर चल सके।

व्यावहारिक राजनीति की यह माँग है कि यदि कोई देश विश्व समुदाय में बड़ी और प्रभावशाली भूमिका निभाने का आकांक्षी है तो उसके लिए यह बेहद ज़रूरी है कि दुनिया केवल उससे प्रेम नहीं करे, बल्कि उससे डरे और उसका सम्मान करे। लेकिन अपने ही पड़ोस में भारत को थोड़ी नरमी से पेश आने की ज़रूरत है। ऐसे भी प्रयास यह होना चाहिए कि आख्यान को धीमी लेकिन दृढ़ आवाज़ में कहा जाये।

एक लम्बे समय से भारत का आख्यान कहीं और से संचालित होता रहा है। अब इसमें बदलाव करने की ज़रूरत है। यह यूरोप, अमेरिका और दुनिया के किसी और देश द्वारा तय नहीं हो सकता है। भारत और भारतीयों को अब अपनी कहानी ख़ुद कहनी होगी। पश्चिम के आख्यान अपना काम यथावत करते रहेंगे और दुनिया के सामने अपनी श्रेष्ठता और सर्वव्यापकता प्रदर्शित करते रहेंगे। उन आख्यानों का इस्तेमाल किसी औजार की तरह होता रहेगा, और उन आख्यानों में समयानुसार और सुविधानुसार तब्दीलियाँ भी होती रहेंगी। जब एकजुट होकर काम करेंगे, तब उन्हें हमको महत्त्व देना ही होगा।

हम अपनी नियति को नियन्त्रित कर सकें इसके लिए आवश्यक है कि हम अपने आख्यान का ठीक–ठीक प्रबन्धन और सम्प्रेषण करें।

हम कौन हैं?

भारत एक पुरानी सभ्यता हो सकता है लेकिन एक देश के रूप में यह अभी भी नवजात है। यह बात अतीत में भी अनेक लोगों द्वारा कही जा चुकी है। काल, देश और विविधता के सन्दर्भ में भारत की सभ्यता का प्रभाव निश्चित रूप से बहुत गहरा था। सिन्धु घाटी की विकसित सभ्यता 3300 ईसापूर्व से लेकर 1300 ईसापूर्व तक अपने उत्कर्ष पर रही। एक भारत वह भी है जिसे हम अमरनाथ की गुफा, कश्मीर की विस्तृत और दुर्गम पहाड़ियों और सोलहवीं सदी के केरल के पद्मनाभास्वामी मन्दिर

में देखते हैं। भारतीय सभ्यता का विस्तार गुजरात के सोमनाथ मन्दिर से लेकर असम के कामाख्या मन्दिर तक, अफ़ग़ानिस्तान के बामियान बुद्धों से लेकर वर्तमान के अरुणाचल प्रदेश में स्थित तवांग बौद्धमठ तक, और सारनाथ के बौद्ध स्तूपों से लेकर अपर बर्मा के बागन स्थित आनन्द मन्दिर तक देखा जा सकता है।[35]

दक्षिण भारत के अनेक प्राचीन राज्य की संस्कृतियाँ अपनी समृद्धि को प्राप्त करने के बाद बंगाल की खाड़ी को पार कर वियतनाम, कम्बोडिया, लाओस, थाईलैंड और बर्मा तक जा पहुँचीं। इतिहास में सिन्धु, गंगा और ब्रह्मपुत्र के जलमार्गों से नावों के ज़रिये व्यापार का उल्लेख तो मिलता ही है, लेकिन उससे भी कहीं पहले सिन्धुघाटी के सभ्यता–काल में लोथाल में खुदाई में मिले बन्दरगाह के अवशेष इस दावे की पुष्टि करते हैं। 3300 ईसा पूर्व से लेकर 1947 ईस्वी तक, अर्थात् कोई 5000 साल तक भारतीय सभ्यता की लम्बाई और चौड़ाई इतने बड़े भूक्षेत्र तक रही। देश की विरासत आज भी रामेश्वरम् के 1,212 स्तम्भों वाले रामनाथस्वामी जैसे मन्दिरों में सुरक्षित है जिसके लम्बे गलियारे में अन्तिम छोर पर एक प्रकाश–पुंज की अलौकिक आभा फूटती सी प्रतीत होती है। इस गलियारे की तरह ही, इस सभ्यता ने भी अपनी अविच्छिन्नता के साथ 2020 तक अपने अस्तित्व को बचाये रखा है। अपनी भाषा और धार्मिक आस्थाओं की तरह भारत भी अपने विविध रूपों में इस देश में जीवित रहता रहा है।

इस देश ने पिछली सदियों में बाहरी कई आक्रमणकारियों के हमले झेले हैं। दूसरे भूप्रदेशों में आक्रान्ताओं ने पूरी स्थानीय आबादी को अपने धर्मों–ईसाई धर्म या इस्लाम–में धर्मान्तरण कर दिया। लेकिन भारत में वे ऐसा नहीं कर पाये। इसका कारण शायद यह रहा होगा कि बहुसंख्यक हिन्दुओं की आस्था असंख्य देवी–देवताओं में थी, या शायद भारतीय सभ्यता उन सभी विदेशी प्रभावों को अपने भीतर आत्मसात् करने में सक्षम रही जो उसके अविचल प्रवाह और विस्तार में बाधक नहीं थे। मिस्र, फारस, बेबीलोनिया या यूनान की सभ्यता इसी उदारता के अभाव में समय के साथ विनष्ट हो गयी। भारत की वास्तविक जड़ें यही हैं, और आज का भारत इन्हीं प्रभावों के समागम का प्रतिफल है। हमारे देश का इतिहास केवल गुप्त साम्राज्य और मौर्य वंश का इतिहास नहीं है। इस इतिहास में असम का अहोम राज्य था, चोल और चालुक्य राजवंश भी थे, और दक्षिण

भारत के अन्य वंश भी शामिल थे। 'हम कौन हैं?'—इस प्रश्न का उत्तर पाने के लिए हमें इन सभी राजवंशों का इतिहास खँगालने की ज़रूरत है।

अमेरिकी इतिहासकार विल डुरंट ने अपनी महत्त्वपूर्ण कृति 'आवर ओरिएंटल हेरिटेज—दी स्टोरी ऑफ़ सिविलाइजेशन'[36] में स्वामी विवेकानन्द को उद्धृत किया है, 'सबसे बड़ा सच यह है—ईश्वर हर एक जीव में उपस्थित है। सभी जीव अपने विविध रूपों में ईश्वर का ही प्रतिनिधित्व करते हैं, इसलिए कहीं और ईश्वर की तलाश करने का कोई औचित्य नहीं है। हमारे आसपास जो भी हैं वे सभी आराध्य हैं, क्योंकि उन सबकी सेवा ही ईश्वर को अनुभूत करने और उस तक पहुँचने का एकमात्र मार्ग है।'[37] दूसरी आस्थाओं को स्वीकार करने और उनको ग्राह्य करने की प्रवृत्ति हमारी मूल आस्था का ही विस्तार है।

पुस्तक के एक रोमांचक अंश में डुरंट हमें बर्बर मूर्तिपूजा से लेकर आध्यात्मिक सर्वेश्वरवाद जैसे उन विभिन्न चरणों के बारे में बताते हैं जिनकी अन्तर्यात्रा हमारी सभ्यता और धार्मिक आस्थाओं ने पूरी की थी। उन्होंने उन दार्शनिकों का उल्लेख भी किया जिन्होंने यीशु के जन्म के आठ सदी पहले से लेकर आठ सदी बाद शंकर के काल तक अद्वैत वेदान्त के सिद्धान्तों की हज़ारों परिभाषाएँ हमें दीं।'[38] कल्याणकारी शासकों द्वारा सुदूर क्षेत्रों में उस काल में भी प्रजातान्त्रिक विधियों से राज्यकार्य के निष्पादन के प्राचीन सूत्रों को उपस्थित देख डुरंट ने आश्चर्य प्रकट किया।[39] कलाकारों, स्थापत्यकारों और शिल्पकारों ने भी तिब्बत से लेकर सिलोन तक और कम्बोडिया से लेकर जावा तक हिन्दू देवताओं के भव्य और विशाल मन्दिरों का निर्माण किया।[40]

मुग़ल शासन से पहले भारत में मुसलमान शासकों और आक्रान्ताओं के वर्चस्व और हमलों के लगभग 400 साल के इतिहास को डुरंट ने भारत के आन्तरिक विभाजन और असहयोग का प्रतिफल बताया जिन्होंने घुसपैठियों के भारत में प्रवेश को अधिक सरल बनाने में बड़ी भूमिका निभायी। अपने दारिद्र्य के कारण देश प्रतिरोध की क्षमता पहले ही खो चुका था। परिणामस्वरूप विकल्पहीनता की स्थिति में उसने यह आख्यान गढ़ा कि स्वामित्व और दासत्व दोनों ही सतही स्थितियाँ हैं, अतः इनका बचाव करना व्यर्थ है।[41] किसी भी देश को निश्चित रूप से शान्ति का आकांक्षी होना चाहिए लेकिन उसे शान्ति बनाये रखने के लिए लड़ने में

समर्थ भी होना चाहिए। ए.एल. बाशम की 'दी वंडर दैट वाज इंडिया' और जवाहरलाल नेहरू की 'दी डिस्कवरी ऑफ़ इंडिया' ऐसी अन्य पुस्तकें हैं जिन्होंने भारत के इतिहास को पूरी समग्रता और ख़ूबसूरती के साथ प्रस्तुत किया।

कोई भी देश तब ही शक्तिशाली बन कर उभर सकता है जब वह अतीत से लड़ते हुए अपनी शर्तों पर आगे बढ़ने की क्षमता हासिल कर लेता है। यूरोपीय देश सदियों तक बिना रुके युद्ध में संलिप्त रहे। रक्तपात से भरे द्वितीय विश्युद्ध से ऊब कर जीते और हारे हुए–दोनों देशों ने यह महसूस किया कि इस अन्तहीन क्रूरता और आर्थिक तबाही से किसी को कुछ भी हासिल होने वाला नहीं था। इसके लिए उन्होंने एक ऐसी राजनीतिक और आर्थिक व्यवस्था के निर्माण पर ज़ोर दिया ताकि उनका देश भविष्य में किसी भी युद्ध की रणभूमि नहीं बनने पाये। एक स्थायी शान्ति को सुनिश्चित करने का सीधा अर्थ था कि उन्होंने अतीत में की गयी ग़लतियों से सबक सीखने का निश्चय कर लिया था। उन्हें किसी–न–किसी रूप में ऑशवित्ज़, बुचेनवाल्ड, बर्गन–बेलसेन और डचाऊ के यातना शिविरों की भयावहता का सामना और इन त्रासदियों की क्षतिपूर्ति करनी ही थी। इन क्रूर त्रासदियों का सीधा सम्बन्ध वर्तमान के साथ–साथ भविष्य की पीढ़ियों से था, और उन्हें यह सावधानी बरतने की बेहद ज़रूरत थी कि आने वाले समय में इनकी पुनरावृत्ति कभी नहीं होने पाये।

आज भी यूरोप उन क्रूर नरसंहारों को याद कर काँप उठता है और यहूदी विरोध के उस उन्मादपूर्ण दौर के बारे में सोच कर सिहर जाता है। चूँकि यूरोप के भीतर इस आत्म–स्वीकारोक्ति का साहस था, इसीलिए उसने यह महसूस किया कि उसकी ही नहीं बल्कि पूरी दुनिया की मुक्ति उन कारणों को चिह्नित करने में ही है जिनके लिए वे भयावह उत्पीड़न किये गये थे। यूरोप ने यह संकल्प लिया कि वह पूरा प्रयास करेगा कि भविष्य में ऐसी घटनाओं की पुनरावृत्ति होने की स्थिति कभी नहीं आये। जब राष्ट्र अपने अतीत में झाँकना बन्द कर देते हैं, या यह दिखावा करने की कोशिश करते हैं कि उनसे कोई चूक और ज़्यादती कभी हुई ही नहीं तब किसी प्रकार के भूल–सुधार और अपरिहार की सम्भावना पूरी तरह समाप्त हो जाती है, और ऐसी स्थिति में इतिहास किसी–न–किसी समय

पर और किसी–न–किसी रूप में ख़ुद को दोहराना जारी रखेगा। हमारे लिए यह जानना ज़रूरी है कि प्राचीन समय से अभी तक इतिहास के विभिन्न चरणों में हम कौन थे और अब कौन हैं।

भारत के आख्यान–निर्माण की पहली सीढ़ी यह होगी कि देश इस धारणा को न केवल स्वीकार करे बल्कि उसका विस्तार भी करे कि उसकी सभ्यता की विरासत उसके मौजूदा इतिहास से बहुत बड़ी और पुरानी है। एक लम्बे समय से भारत के प्राचीन अतीत को अवचेतन के अदृश्य अँधेरे में धकेल दिया गया है। इस आख्यान को धर्मनिरपेक्षता के नाम पर एक तरह से विस्मृत कर दिया गया। अधिकतर भारतीयों को इस्लामिक और ब्रिटिश काल से पहले अपनी सांस्कृतिक विरासत के बारे में बातें करते हुए संकोच होता है। बेशक ये दोनों काल भारतीय इतिहास का ही हिस्सा हैं लेकिन एक सभ्यता के रूप में भारत बहुत पुराना है।

भारत में मुसलमान आक्रान्ताओं का प्रवेश जिस समय शुरू हुआ, उस समय देश बहुत जर्जर स्थिति में था। आपसी प्रतिद्वन्द्विता और युद्ध में संलिप्त राज्यों और वंशों के कारण देश इतना अशक्त हो चुका था कि वह अपनी ही रक्षा करने में असमर्थ था। ग्यारहवीं सदी में तुर्क शासक महमूद ग़ज़नी के भारत पर सालाना हमले और लूटपाट के सिलसिले के साथ भारत पर बाहरी हमलों की शुरुआत हो चुकी थी। इन हमलों में देश को भारी क़त्लेआम और तबाही झेलनी पड़ी। 1025 ईस्वी में उसने सोमनाथ मन्दिर पर हमला कर भयानक लूटपाट की, और जल्दी ही वह पूरे इलाक़े का सबसे अमीर लुटेरा सरदार बन गया।

ग़ज़नी की इस अद्‌भुत क़ामयाबी के चर्चे दुनिया भर में फैल गये और दूसरे लुटेरे योद्धाओं ने उसका अनुसरण करना आरम्भ कर दिया। उसके बाद गोरी, ख़लजी, तुग़लक़ अब्दाली, लोधी और अन्त में मुग़ल आये। उन्होंने राजनीतिक और आर्थिक दृष्टि से भारतीय प्रदेशों को अपने सूबेदारों के हवाले छोड़ देने की तुलना में यहाँ रह कर विजित प्रदेशों पर ख़ुद शासन करना अधिक व्यावहारिक समझा। इसी काल में भारत में हिन्दुओं और बौद्धों के अध्ययन–केन्द्रों, मन्दिरों और मठों को नष्ट कर दिया गया। 700 वर्षों के मुसलमानों के शासनकाल में नालन्दा, तक्षशिला और विक्रमशिला जैसे अनेक विश्वविद्यालयों को ध्वस्त कर दिया गया, और उनका स्थानापन्न करने वाले शिक्षा के अन्य केन्द्र नहीं बनाये गये।

भारतीय सभ्यता के लिए यह एक अपूरणीय क्षति थी। नालन्दा और तक्षशिला को कमोबेश उसी समय नष्ट किया गया जब ग्यारहवीं–बारहवीं सदी में बोलोग्ना और ऑक्सफोर्ड में पहले विश्वविद्यालय का आरम्भ हुआ था। सालामान्का, सोर्बोने और कैम्ब्रिज विश्वविद्यालय तो उसके भी बाद बने। यह भारतीय सभ्यता का सामर्थ्य ही था कि उसने इस्लाम को अपनी पुराने धर्मों और परम्पराओं को त्यागे बिना अपनी मुख्यधारा में शामिल कर लिया।

भारत का नया आख्यान

यह अत्यन्त आवश्यक है कि भारत के अतीत को उसके भविष्य की प्रेरणा के रूप में स्थापित किया जाये। देश के नये आख्यान को हर हाल में बहुमुखी होने की ज़रूरत है। हमें एक ऐसे आधुनिक समाज के रूप में विकसित होना होगा जो अपने अतीत–मोहों से कुछ अर्थों में मुक्त हो। मीडिया–भारतीय और विदेशी दोनों ही–उन्हीं ख़बरों को चुनती हैं जो आख्यानों से छन कर उस तक पहुँचती हैं, और इस सोशल मीडिया के ज़माने में जिन ख़बरों में 'वायरल' होने का माद्दा हो। भ्रष्टाचार जैसी ख़बरें भारत के नकारात्मक आख्यान को दृढ़ता देती हैं। इसका स्पष्ट अर्थ यह है कि भारत को इस धारणा को मज़बूत करने की ज़रूरत है कि भारत का निजी क्षेत्र राज्य का पुछल्ला मात्र नहीं बल्कि अपने बूते पर सकारात्मक परिणाम देने वाला उपक्रम है। इस उद्देश्य को पाने के लिए सरकार को निजी क्षेत्रों के अनुकूल वातावरण बनाने की गम्भीर पहल करनी होगी और नौकरशाही के अनावश्यक हस्तक्षेप से बचना होगा। इस प्रयास में सम्भव है कि राज्य द्वारा प्रदत्त सरकार की ताक़तों में थोड़ा क्षरण भी हो जाये, लेकिन हमें यह जोखिम उठाना ही होगा।

भाजपा नेतृत्व वाली राष्ट्रीय जनतान्त्रिक गठबन्धन के बारे में एक पूर्वनिर्धारित नापसन्दगी ने भारत के प्रति एक नकारात्मक वैश्विक धारणा को मज़बूत बनाने का काम किया है। यह रवैया भारतीय प्रेस के कवरेज में भी स्पष्ट दिखता है। 'फ़ासीवादी' शब्द को धड़ल्ले से प्रयोग में लाया जा रहा है, जबकि सरकार की आलोचना करने वाले किसी एक व्यक्ति–चाहे उसका दृष्टिकोण कितना भी कटु क्यों न रहा हो–के विरुद्ध किसी प्रकार की दमनात्मक कार्रवाई नहीं की गयी है। सभी चुनाव स्वतन्त्र और निष्पक्ष

तरीक़े से हुए हैं, और सत्ता–परिवर्तन में किसी तरह की ज़बरदस्ती नहीं की गयी है। इलेक्ट्रोनिक वोटिंग मशीनों में धाँधली का दावा भी साबित नहीं हो पाया है, और इस आरोप के राजनीति से प्रेरित होने के संकेत मिले हैं। वर्तमान सरकार अपने कार्यकाल के पहले ही दिन से कठोर आलोचना के निशाने पर रही है, लेकिन बार–बार ग़लत आलोचनाओं के बाद भी एक भी पत्रकार या सम्पादक को अपनी बात रखने से नहीं रोका गया। इसके बावजूद पूरी दुनिया में यह बात फैलाई जा रही है कि भारत में अभिव्यक्ति की आज़ादी की हत्या की जा रही है। इसलिए एक ख़ास तरह का आख्यान निर्मित करने की बेहद ज़रूरत है।

भारत में जिन मुद्दों पर ध्यान देने की सर्वाधिक आवश्यकता है उनमें क़ानून और व्यवस्था की अपर्याप्तता भी एक मुद्दा है। देश की न्यायपालिका पर भयानक बोझ है। इन कारणों से लोकतन्त्र को नुक़सान पहुँचा है और शासनतन्त्र पर सरकार का अपेक्षित नियन्त्रण भी शिथिल हुआ है। आर्थिक स्वतन्त्रता के बिना राजनीतिक स्वतन्त्रता आज़ादी के समय की ज़रूरत हो सकती थी, लेकिन परिणाम यह हुआ कि विकास को जाति–आधारित आरक्षण और आबादी के एक ख़ास तबके को 'पिछड़ा वर्ग' घोषित करने की मोहताजी करनी पड़ी। इसका दुष्परिणाम इस रूप में सामने आया कि नागरिकता का सम्बन्ध जितना अधिकारों के साथ जोड़ा गया, उतना उत्तरदायित्वों और कर्तव्यों के साथ नहीं जोड़ा जा सका। यह बात कभी भी ठीक से परिभाषित और समझाई नहीं गयी कि किसी भी व्यक्ति के अधिकार तभी तक अविच्छेद्य हैं जब तक वे किसी दूसरे व्यक्ति के अधिकारों से नहीं टकरायें।

भारत का मीडिया दुनिया की दूसरी किसी भी मीडिया से अलग नहीं है। वह अपने स्वामियों के हितों और आदर्शों से संचालित होता है। ज़ाहिर बात है कि यह स्थिति उसे सूचनाओं का प्रतिनिधि बनने से रोकती है और वे सिर्फ़ एजेंडों को ख़ुराक मुहैया करने वाले माध्यम बन कर रह जाते हैं। ऐसे में विचारों को सत्य की तरह फैलाया जाने लगता है, और ख़बरों का उद्देश्य और नैतिकता की उपेक्षा होने लगती है। राजनीतिक हित और व्यक्तिगत स्वार्थ दोनों मिल कर वरणात्मक (selective) झुकाव और सामूहिक दिखावे के परिवेश का निर्माण करते हैं। लोकतन्त्र के चौथे स्तम्भ के रूप में मीडिया की भूमिका निरन्तर कमज़ोर होती जा रही है,

इसके बावजूद यह अभी भी यही इच्छा रखती है कि उसे लोकतन्त्र का प्रहरी माना जाता रहे।

ऐसा अक्सर होता है कि भारत के भीतर अल्पसंख्यकों के ख़िलाफ़ भेदभाव और ज़्यादती की एकतरफ़ा कहानियाँ सुनने को मिलती हैं और बिना किसी पुष्टि और चुनौती के ये ख़बरें फैलती भी हैं। पिछली सभी सरकारें इस धारणा को सत्य और आँकड़ों के माध्यम से सुधारने में नाकाम रही हैं। यह ख़बरें अधिकतर विदेशों में प्रकाशित होती हैं और उसके बाद भारत तक पहुँचती हैं। भारत का उपहास करना और विश्व समुदाय के सामने उसे नीचा दिखाना ही इन ख़बरों का उद्देश्य है। एक ग़लत अवधारणा सत्य के रूप में इसलिए सम्मान पाने लगती है क्योंकि कोई भी औपचारिक इनकार के अतिरिक्त तथ्यात्मक रूप से इसकी पुष्टि करने की आवश्यकता नहीं समझता है। ख़बरों के सन्दर्भ में सिलेक्टिव रिपोर्टिंग भारत में राजनीतिक सच्चाइयों का विकृत रूप प्रस्तुत करता है और दुनिया में भारत के बारे में नकारात्मक सोच का निर्माण करता है। ऐसे आख्यानों को तब और ताक़त मिलती है जब समाचारपत्रों में कोई भारतीय ही भारत के विरुद्ध लिखता है। विवाद टीआरपी रेटिंग की दृष्टि से अच्छे हो सकते हैं लेकिन एक देश को उनकी भारी क़ीमत चुकानी पड़ सकती है।

भारत के उदारवादियों और एक विशेष वर्ग जिसमें सत्ता में कांग्रेस पार्टी के बोलबाले के अनेक दशकों में अपने निहित स्वार्थों वाले लोग शामिल हैं, के बीच एक व्यापक भ्रान्ति है कि हिन्दू राष्ट्रवाद सभी ग़ैर–हिन्दुओं के लिए एक बहुत बड़ा ख़तरा है। ऐसे भारतीयों के लिए नरेन्द्र मोदी का अभ्युदय किसी अभिशाप से कम नहीं। ज़ाहिर बात है कि सरकार के किसी भी महत्त्वपूर्ण निर्णय को विकृत कर प्रस्तुत करने का एक स्वाभाविक प्रयास किया जाता है, और सरकार की हर नीति को साम्प्रदायिकता का रंग देकर उसे बदनाम किया जाता है। देश के उदारवादी वर्ग में यह एक प्रचलित अवधारणा बन चुकी है जो भारत के बारे में पाश्चात्य विमर्श के सुर में सुर मिला रही है। वास्तविकता यही है कि ग़ैर हिन्दू के रूप में अपनी विचारधारा का श्रेष्ठताबोध ऐसे लोगों के मन के संशय और छुपी हुई कुण्ठा और भय को ही व्यक्त करता है। यह बात उनके उत्साह को ज़िन्दा रखती है और प्रकट रूप में धर्मनिरपेक्ष

बने रहने के लिए प्रेरित करती है, जबकि यथार्थ रूप में उनके धर्म के शब्दकोश में 'धर्मनिरपेक्ष' जैसे किसी शब्द का अस्तित्व नहीं है।

भारत दुनिया का विशालतम लोकतन्त्र है। इसका निर्वाचन क्षेत्र आकार में अनेक देशों से भी बड़ा है। यहाँ बिल्कुल समय पर चुनाव होते रहे हैं, शान्तिपूर्ण तरीक़े से सत्ता का हस्तान्तरण होता रहा है, और ये सभी प्रक्रियाएँ हर बार विधिसम्मत तरीक़े से पूरी होती रही हैं। यह पूरे देश के लिए एक गर्व करने योग्य बात है, लेकिन जो लोग इस पात्रता के योग्य नहीं हैं वे देश की इसलिए भी संवैधानिक संस्थाओं को कमज़ोर कर रहे हैं क्योंकि वे यथास्थिति में बदलाव को स्वीकार नहीं करना चाहते हैं। जो समर्थ पात्र हैं वे अपनी शक्ति में ह्रास को सबसे अन्त में स्वीकार करेंगे। देश अब बदलने को उद्यत है, भले ही यह बदलाव धीमा है लेकिन यह निश्चित रूप से स्थायी है।

हिन्दू राष्ट्रवाद को प्रायः अपमानजनक रूप में 'बहुसंख्यकवाद' भी कहा जाता रहा है, हालाँकि सच यही है कि यह जर्मन, ब्रिटिश या अमेरिकी ईसाई राष्ट्रवाद की बनिस्बत कहीं अधिक उदार और समावेशी है। एक और बात कि दुनिया में कोई ऐसा दूसरा राष्ट्र नहीं है जो अपनी धार्मिक जड़ों को लेकर इतना संकोची है–वे राष्ट्र भी नहीं जो अपने राजनीतिक–संवैधानिक स्वरूप में अपने अधिकतम धर्मनिरपेक्ष होने का दावा करते हैं। जैसा कि सैमुएल हंटिंगटन ने कहा है, 'धार्मिकता ही वह विशिष्ट पहचान है जो अमेरिका को अन्य पश्चिमी समाजों से अलग करती है। अमेरिकी लोग हैरतअंगेज़ तरीक़े से इसाई हैं, और इस कारण स्वयं को अधिकतर ग़ैर–पश्चिमी लोगों से अलग मानते हैं।'[42]

किसी भी देश के नैतिक मूल्यों का सबसे बड़ा स्रोत उसका मुख्य धर्म है, और किसी भी लोकतन्त्र में बहुसंख्यक चुनाव में विजेता होता है। सभी देश राष्ट्रराज्य हैं और इसलिए उनका अपने राष्ट्रवाद पर गर्व करना स्वाभाविक है। भारत का राष्ट्रवाद भी उतना ही हिन्दू राष्ट्रवाद है जितना कि अमेरिकी राष्ट्रवाद एक ईसाई राष्ट्रवाद है। ब्रिटिश, फ़्रांसिसी, जर्मन या दुनिया के किसी देश पर यही बात लागू होती है।

दुनिया में ऐसे 100 से भी अधिक राष्ट्र हैं जहाँ बहुसंख्यक आबादी ईसाई है, और इनमें ब्रिटेन सहित पन्द्रह देश ऐसे हैं जहाँ ईसाई धर्म आधिकारिक धर्म है। इनमें एक भी देश ख़ुद को धर्मनिरपेक्ष के रूप में

परिभाषित नहीं करता है। इसी तरह भूटान, बर्मा, थाईलैंड, लाओस, मंगोलिया और श्रीलंका ऐसे सात देश हैं जहाँ पचास से ज़्यादा फ़ीसदी आबादी बौद्धों की है लेकिन ये देश अपने आपको औपचारिक रूप से धर्मनिरपेक्ष नहीं बताते। इन सभी देशों में बड़ी संख्या में अल्पसंख्यक नागरिक हैं। दुनिया में ऐसे पचास–साठ देश हैं जहाँ की पूरी नहीं तो कम–से–कम बड़ी आबादी (तक़रीबन 1.8 अरब) मुसलमानों की है। इनमें से कई देश आधिकारिक रूप से घोषित इस्लामिक गणतन्त्र या राज्य हैं। उनमें से कोई भी देश अपने आपको धर्मनिरपेक्ष होने का दिखावा करने की ज़रूरत नहीं समझता है। लेकिन इन वास्तविकताओं के बाद भी अपनी 79.8 प्रतिशत हिन्दू आबादी के साथ भारत एक हिन्दू राष्ट्र नहीं बल्कि एक धर्मनिरपेक्ष गणतन्त्र है।

हिन्दू दुनिया का तीसरा सबसे बड़ा धर्म है। अन्य कई धार्मिक आस्थाओं के लोग भी भारत में रहते हैं जिनमें से तीन–बौद्धधर्म, जैन धर्म और सिखधर्म भारत में ही जन्मे। देश की दूसरी बड़ी आबादी इस्लाम है। हिन्दुओं को धर्मनिरपेक्षता सुनिश्चित करने के लिए किसी संवैधानिक संशोधन की ज़रूरत नहीं है। भारत इसलिए धर्मनिरपेक्ष है क्योंकि यहाँ का बहुसंख्यक धर्मनिरपेक्ष है। यह सम्भवतः अनुकूल समय है कि हिन्दुओं को ऐसा देश मिले जो उनके धर्म के नाम पर हो, और जहाँ दूसरे धर्म के लोग एक समान नागरिक संहिता (Uniform Civil Code) के अधीन समान अधिकारों के साथ रह सकें। धर्मनिरपेक्षता का अर्थ समानता है। यह बहुसंख्यकों द्वारा किसी अल्पसंख्यक समूह का तुष्टिकरण नहीं है। इसलिए, एक वास्तविक धर्मनिरपेक्ष समाज में धर्म के आधार पर कोई कोटा, अनुदान या विशेष अधिकार नहीं होने चाहिए। भारत में धर्मनिरपेक्षता की अवधारणा का दुरुपयोग हुआ है। एक धर्मनिरपेक्ष राज्य को सभी धर्मों से समान दूरी बना कर रहना होता है।

दूसरे धर्मों के एक ग्रन्थ होते हैं; जबकि भारतीयों के अनेक धार्मिक ग्रन्थ हैं जिनमें ऋषि–मुनियों और सन्तों के ज्ञान और उपदेश अंकित हैं। ये पुस्तकें हमारी पथप्रदर्शक हैं और इनके कारण ही हमारे भीतर इतनी सहिष्णुता विकसित हो सकी है कि हम अन्य धार्मिक आस्थाओं के साथ सहजतापूर्वक रह सकें। आज यूनानी दार्शनिक प्लेटो हमारे बीच अपने अंग्रेज़ी अनुवाद 'दी डायलाग्स ऑफ़ प्लेटो' के कारण ही जीवित हैं।

यूनान की सभ्यता का भले ही अन्त हो गया हो लेकिन उसके विचारक और दार्शनिक आज भी पुस्तकों के रूप में हमारे लिए जीवित हैं। इसी तरह भारत के प्राचीन महान ग्रन्थों को भी देश–देशान्तर तक पहुँचाने की आवश्यकता है, लेकिन इसके लिए भारतीयों को ही प्रयास करना होगा। उपनिषद् और भगवद्गीता जैसे आदिग्रन्थ बृहत्तर पाठकवर्ग तक पहुँच सकें, इसके लिए इनका अधिक–से–अधिक भाषाओं में अनुवाद किया जाना चाहिए।

हिन्दू, जैन, बौद्ध या सिख कोई भी धर्म हमें दुनिया को धर्म के नाम पर युद्ध से जीतने की नसीहत नहीं देता है। दूसरे देशों को ख़ुद को ईसाई देश या इस्लामिक देश कहे जाने पर आपत्ति नहीं है और न वे ख़ुद को गणतन्त्र कहे जाने पर ही ज़ोर देते हैं। उदाहरण के रूप में जर्मनी की आबादी का 60 प्रतिशत कैथोलिक और प्रोटेस्टेंट है फिर भी यह एक ईसाई देश है।[43] क्रिश्चियन डेमोक्रेटिक यूनियन और क्रिश्चियन सोशलिस्ट यूनियन जर्मनी के दो मुख्य राजनीतिक दल हैं। 2012 में अमेरिका में जी8 शिखर सम्मेलन और जर्मनी के मैनहेम में 98वें कैथोलिक डे की तारीख़ें टकरा गयीं। चांसलर एंजेला मार्केल शिखर सम्मेलन के लिए उड़ान भरने के एक दिन पहले 18 मई को आरम्भ हुए कैथोलिक डे के कार्यक्रम में शामिल हुईं। भारत में 80 प्रतिशत हिन्दू हैं लेकिन भारत को 'हिन्दू भारत' कहा जाना बहुसंख्यकवाद और हिन्दू राष्ट्रवाद या हिन्दू कट्टरवाद का प्रदर्शन माना जायेगा। हिन्दुत्व ने कभी ज़बरन धर्मान्तरण का समर्थन नहीं किया और न असहमतिपूर्ण अपवित्रीकरण (Dissent Sacrilege) जैसे विचारों का ही समर्थन किया। पुराने और नये का सम्मिश्रण ही अब हमारा आख्यान होना चाहिए।

भारत के गौरवशाली प्राचीन अतीत को सन्दर्भित करते हुए यह बहुत महत्त्वपूर्ण है कि अतीत का उल्लेख हमारे विमर्श में भविष्य की प्रेरणा के रूप में आये, हमारे गले की फाँस के रूप में नहीं। पूरी दुनिया और आने वाले कल के लिए हमारा आख्यान बहुआयामी होना चाहिए। एक आधुनिक समाज के रूप में हमें अपने अतीत से नहीं चिपके रहना होगा जैसा कि आधुनिक भारत का कथित 'प्रतिनिधि' होने का दावा करते हुए भारत के कुछ प्रतिगामीवादी करते हैं। मीडिया–देशी और विदेशी दोनों–अपने लिए

इन्हीं ख़बरों को चुनती है, और सोशल मीडिया के इस दौर में यही ख़बरें तेज़ी से वायरल होने की क्षमता भी रखती हैं।

ब्रिटिश भारत में व्यापारियों के रूप में आये थे, बाद में वे उपनिवेशवादी बन गये और आख़िरकार शासक। भारत आने का उनका उद्देश्य अपने स्वार्थों को पूरा करना था, और इस सम्बन्ध में उन्होंने कोई समझौता भी नहीं किया। उनके द्वारा संचालित रेलवे, बन्दरगाह, आधारभूत संरचनाएँ, लोक–सेवा, पुलिस, सेना और शिक्षण–संस्थान भारत में ब्रिटिश शासन की मदद करने के लिए बनाये गये थे। लेकिन अनेक भारतीयों ने इनका वास्तविक लाभ भी उठाया। लेकिन ऐसी भी चीज़ें थीं जिन्हें नहीं किया जाना चाहिए था, कुछ ऐसी चीज़ें भी थीं जो सचमुच अच्छी थीं और कुछ चीज़ों को और बेहतर तरीक़े से किया जा सकता था।

ऐसी अनेक घटनाएँ थीं जो भारत में ब्रिटिश शासनकाल पर बड़ा धब्बा थीं। मिसाल के तौर पर 1919 का जलियाँवाला बाग़ के नरसंहार को लिया जा सकता है। एक क्षमायाचना बहुत से चोटिल मनों को राहत का मरहम लगा सकती थी। इस क्षमायाचना के अनेक तरीक़े हो सकते थे–जैसे 1970 में जर्मन चांसलर विली ब्रैंट ने वॉरसॉ की यहूदी बस्ती में घुटने के बल झुक कर यातना शिविरों में मारे गये यहूदियों के प्रति संवेदना प्रकट करते हुए किया था। हालाँकि वे इस सामूहिक नरसंहार में कहीं से भी शामिल नहीं थे, और उस समय पोलैंड में बहुत कम संख्या में यहूदी रह गये थे, लेकिन जो कुछ भी हुआ उन्होंने उसकी नैतिक ज़िम्मेदारी अपने ऊपर ली।

दूसरे हमें सम्मान दे, इस अपेक्षा से पहले यह ज़रूरी है कि हम अपनेआप को सम्मान देना सीखें। अपने राष्ट्र–नायकों को सम्मान देने के मामले में हम कदाचित् बहुत गम्भीर नहीं हैं। दिल्ली के एक गुमनाम कॉलेज और तंगी गलियों वाले एक बाज़ार के अतिरिक्त हमारे पास स्मारक के रूप में एक भी धरोहर नहीं है जो हमें शहीद भगत सिंह के आत्मबलिदान के प्रति एक गौरवबोध से भर दे। स्वतन्त्रता–प्राप्ति के पहले और बाद में भिन्न–भिन्न युद्धों में वीरगति प्राप्त कर चुके भारतीय सैनिकों की स्मृति में एक युद्ध स्मारक बनाने में हमें सत्तर से भी अधिक साल लग गये। आज भी सुभाष चन्द्र बोस के नाम पर कोई स्मारक या संग्रहालय नहीं है। विडम्बना यह है कि महारानी विक्टोरिया के नाम पर

मैदान, कोलकाता में एक भव्य और विशाल स्मारक ज़रूर है। ऐसी बात क़तई नहीं कि विक्टोरिया मेमोरियल या किसी दूसरे स्मारक को गिरा कर ध्वस्त कर दिया जाये क्योंकि ऐसी सभी इमारतें भारत के इतिहास का हिस्सा हैं, और ये हमें हमारे अतीत की याद दिलाती हैं। लेकिन यह भी इतना ही ज़रूरी है कि हम उन शहीदों का पुण्यस्मरण करें जिन्होंने हमारे लिए अपना जीवन उत्सर्ग कर दिया। ये दोनों बातें अन्तर्विरोधी नहीं हैं।

अपनी चूकों को सुधारने और धारणाओं को दुरुस्त करने के लिए हमें अपने हाल–फ़िलहाल के इतिहास को दोबारा देखने की ज़रूरत है। जो देश अपने नायकों और अपने इतिहास को याद नहीं करता है वहाँ केवल खलपुरुष और दुर्जन जन्म लेते और सम्मान पाते हैं। प्रत्येक राष्ट्र के जीवन में एक ऐसा क्षण आता है जब उसे पलट कर अपने हाल–फ़िलहाल के इतिहास को देखने और अपनी जड़ों की तरफ़ दोबारा लौटने की आवश्यकता होती है, अन्यथा उसकी सामूहिक स्मृतियाँ धुँधली हो जायेंगी, अपुष्ट मान्यताएँ स्थायित्व पा लेंगी और सबसे बड़ी त्रासदी यह होगी अतीत–स्मरण का उराका कोई आह्वान ईशनिन्दा के रूप में देखा जाने लगेगा।

अतीत को याद करते हुए उसको सम्मान देने का अर्थ प्रगतिविरोध, विशिष्टतावाद और कट्टरवाद की तरफ़ लौटना कदापि नहीं है। यह अपनी संस्कृति और विरासत के प्रति गौरवबोध और इस अमूल्य धरोहर को सहेजने की एक सचेत और सतर्क प्रक्रिया–मात्र है। यह प्रक्रिया देशवासियों की विविध भाषाओं, धर्मों, जातियों और प्रदेशों को परस्पर अतिक्रमित कर उन्हें आपस में जोड़ती है। इसका अर्थ है कि हमारे अतीत, वर्तमान और भविष्य के लिए हमें तीन भिन्न आख्यान गढ़ने की आवश्यकता होती है।

"किसी आदमी को नष्ट करने की पहली प्रक्रिया उसकी स्मृति को मिटा देना है। उसकी किताबें नष्ट कर दो, उसकी संस्कृति और उसका इतिहास नष्ट कर दो। फिर एक दिन उसके लिए नयी किताबें लिखो, उसके लिए एक नयी सभ्यता का निर्माण करो, और एक नये इतिहास की खोज करो। इसके बहुत पहले से देश यह भूलना शुरू कर देगा कि वह क्या है, और इससे पहले क्या था।..। ताक़त के विरुद्ध आदमी का संघर्ष वस्तुतः स्मृति और विस्मृति के बीच का संघर्ष है।"–**मिलान कुन्देरा**।

आभार

महान ब्रिटिश इतिहासकार और विचारक आर्नोल्ड टॉयन्बी ने 1897 में महारानी विक्टोरिया की हीरक जयन्ती के एक सन्दर्भ के साथ अपनी पुस्तक 'मैनकाइंड एंड मदर अर्थ' (1876) का आरम्भ किया था। कोलम्बस के संयोगवश अमेरिका पहुँचने की घटना के भी लगभग 400 वर्ष हो रहे थे और वास्को डी गामा भी केप ऑफ़ गुड होप से अपनी नौका से भारत पहुँच चुका था। इन 400 सालों में पश्चिम ने पूरी दुनिया पर अपना दबदबा बना लिया था। केवल एबीसीनिया (इथियोपिया) और अफ़ग़ानिस्तान उसकी पहुँच से बाहर थे। पीटर महान ने सत्रहवीं शताब्दी के उत्तरार्द्ध में रूस के 'पाश्चात्यीकरण' का आरम्भ कर दिया था। 1868 में जापानियों ने भी अपना निजी आन्दोलन शुरू कर दिया था। उन्नीसवीं सदी के अन्तिम दशकों तक उस समय की सात महाशक्तियों में छह पश्चिमी राष्ट्र थे। जो शेष रह गये थे उन्होंने या तो इन शक्तियों के आगे समर्पण कर दिया या फिर रूसियों और जापानियों की राह पर चलते हुए पाश्चात्य जीवन पद्धति अपना ली।

टॉयन्बी ने लिखा, उस समय के बाद से ही इतिहास को अलग–अलग दृष्टिकोणों से बताये जाने की शुरुआत हो गयी। इन दृष्टिकोणों के परिणामस्वरूप 1868 के पहले का जापान, 1839 (जब पहला अफ़ीम युद्ध लड़ा गया) के पहले का चीन, 1746 (पहला कर्नाटक युद्ध) के पहले का भारत और 1694 (अपने आधुनिकीकरण से पहले) से पहले का रूस इतिहासविहीन हो जाने वाला था। अधिकतम अनुयायियों वाले विश्व के चार में से तीन धर्मों–हिन्दुत्व, बौद्ध और इस्लाम को हर एक पाश्चात्य विमर्श से निष्कासित कर दिया गया था। एक ऐसे आख्यान की स्थापना हो चुकी थी जो विजेताओं का आख्यान था, जिस आख्यान

को विजेताओं ने गढ़ा था और जिस आख्यान की स्थापना विजेताओं के लिए की गयी थी। और, यह वैश्विक था। दो विश्वयुद्ध जिन्हें पश्चिम ने जीता था, साम्यवाद का अभ्युदय और उससे जुड़ी हुई चुनौतियाँ, शीतयुद्ध और संसाधनों पर नियन्त्रण का लोभ, बाज़ार और भूप्रदेश आख्यान के महत्त्वाकांक्षी उद्देश्य थे।

द्वितीय विश्वयुद्ध के बाद के सालों के अनेक निर्णयों में यह बात स्पष्ट दिखती है। 1980 की शुरुआती सितम्बर में ब्रिटेन के सर्वाधिक प्रतिष्ठित विचार समूहों में से एक समूह के तत्त्वावधान में राजनीतिक और सैन्य विश्लेषकों, राजनयिकों और वरिष्ठ पत्रकारों के बीच गम्भीर बहस छिड़ी। बहस का मुद्दा था कि ईरान में, जो उस समय तक अयातुल्ला के नियन्त्रण में था अब क्या होगा, और ईरान और इराक़ के बीच जंग होने की स्थिति में सम्भावित परिणाम क्या हो सकते हैं। बहस में निष्कर्ष के रूप में यह बात सामने आयी कि हालाँकि ईरानी लोग दुर्दान्त योद्धा थे और सद्दाम हुसैन के लिए उन पर जीत हासिल करना आसान नहीं होगा, लेकिन अन्ततः इराक़ियों की ही जीत होगी। अख़बारों में भी युद्ध भड़कने की स्थिति में सद्दाम की जीत के दावों के पक्ष में तर्क देती हुई रपटें लगातार छपीं। बाद में आख़िरकार जब 22 सितम्बर, 1980 को इराक़ियों ने जब ईरान पर हमला कर दिया तो पूरी दुनिया को असल माजरा समझ में आया। इस पूरे आख्यान में सद्दाम हुसैन की एक उज्ज्वल छवि प्रस्तुत की गयी थी जिसने पश्चिम एशिया को युद्ध की इस आग में झोंकने का काम किया था। यह पूरा खेल पश्चिम द्वारा उस इलाक़े में अपनी उपस्थिति और प्रासंगिकता बनाये रखने के लिए रचा गया था। यह वह क्षण था जब इस पुस्तक के लेखक ने अपने भीतर सार्वजनिक और प्रच्छन्न आख्यानों के सघन विश्लेषण की आदत विकसित करने का निर्णय लिया ताकि आख्यानों के घोषित उद्देश्यों और उनकी पीछे की असल मंशा का भेद समझा जा सके।

इसलिए आप कह सकते हैं कि यह किताब उसी जिज्ञासा का प्रतिफल है, और इसकी जड़ें 1980 के सितम्बर तक फैली हुई हैं। मीडिया की गतिविधियों पर ज़रा ग़ौर कीजिए—वे अपनी किताबों में क्या लिखते हैं उसे पढ़िये, जो वे कहते हैं उसे सुनिये और फिर जो वे करते है उसे देखिये। और, यह विरोधाभास सिर्फ़ राजनीति में ही नहीं दिखता।

इसकी व्याप्ति पूरे जीवन में है, और इस प्रवृत्ति में निरन्तर वृद्धि हो रही है। मीडिया के सन्दर्भ में श्रेष्ठता का वर्तमान प्रतिमान यही है।

इतनी अव्यवस्थित बातों को एक तारतम्यता देने की दृष्टि से यह एक कठिन पुस्तक थी। इसका मुख्य कारण यह था कि पूरी दुनिया में इतनी बड़ी संख्या में आख्यान थे और वे सभी इतने प्रासंगिक और रोचक थे कि उन सबको इस पुस्तक का हिस्सा बनना चाहिए था। इसके अतिरिक्त और भी अनेक समर्थ और सफल आख्यान रहे होंगे जिनका यहाँ उल्लेख होने से रह गया।

मेरी पत्नी उर्वशी की समझ, सहयोग और ईमानदार–बेबाक़ टिप्पणियों के बिना इस पुस्तक के लिए किया गया श्रम सफल नहीं हो पाता। अपने पुराने मित्र और सलाहकार इन्द्रनील बनर्जी का भी मैं हृदय से कृतज्ञ हूँ जिन्होंने समय–समय पर मुझे सही परामर्श दिये। मेरे विभागीय साथी रह चुके गौतम चिकरमाने, सुशान्त सरीन और ख़ालिद शाह को मैं उनके अमूल्य सलाहों के लिए कैसे भूल सकता हूँ! उनके अविस्मरणीय सहयोग के लिए मैं 'एशियन वॉरियर' की युवा और जोशीली तिकड़ी का भी आभारी हूँ।

हार्पर कॉलिन्स इंडिया की कार्यकारी सम्पादक स्वाति चोपड़ा के बिना यह पुस्तक कभी नहीं सम्भव हो पाती। उनका अपरिहार्य सहयोग मुझे निरन्तर मिलता रहा। उनके प्रेरक आत्मविश्वास, असीम धैर्य और समय–समय पर उनके बहुमूल्य निर्देशों ने मुझे हमेशा पर्याप्त ऊर्जा दी। मैं चीफ़ कॉपी एडिटर अमृता मुखर्जी का भी आभारी हूँ कि उन्होंने इस पुस्तक को पढ़ने में न केवल रुचि ली बल्कि कुछ अति आवश्यक तब्दीलियों की तरफ़ मुझे संकेत भी किया। मैं त्रुटिहीन कॉपी–एडिटिंग के लिए ज्योत्स्ना रमण और आवरण पृष्ठ की सुन्दर सज्जा के लिए सौरव दास को भी हृदय–तल से धन्यवाद देता हूँ। हार्पर कॉलिन्स इंडिया को मेरा बहुत–बहुत शुक्रिया!

सन्दर्भ सूची

विषय प्रवेश

1. ग्रेगायर काम्यो, *दी ड्रोन थ्योरी*, पेरिसः पेंगुइन, 2013, पृ. 24–29 एंड 140–141
2. वाल्टर लिपमैन लोटस, लिबर्टी ट्री, सोर्सः http://libertytree.ca/quotes/Walter.Lippmann.Quotes.DEC7, एक्सेस्ड इन जून 2020
3. जेनी डेविस, 'फाइव माइंड कंट्रोल टेक्निक्स यूज़्ड बाई दी मीडिया टू इवोक दी वर्स्ट इन अस', *लर्निंग माइंड*, 25 अप्रैल 2018. सोर्सः https://www.learning-mind.com/mind control-techni ques -media/, एक्सेस्ड इन जून 2020

1. सत्य की यात्रा

1. वारेन कमीशन रिपोर्ट, 1964. सोर्सः https://www.archives.gov/research/jfk/warren-commission-report, एक्सेस्ड 16 मई 2020
2. सोर्सः https://artandseek.org/calender/event/100177/dorothy-kilgallen-jack-ruby-and-the-truth&about-the-jfk-assassination, एक्सेस्ड ऑन 30 जून 2020
3. कार्ल ओग्ल्सबी, 'हू किल्ड जेकेएफ? दी मीडिया वाइटवॉश', सितम्बर 1991, सोर्सः https://ratical.org/ratville/JFK/JFKloot.html, एक्सेस्ड ऑन 30 जून 2020
4. जिम गैरीसन, *ऑन दी ट्रायल ऑफ़ दी असेसिन्स*, न्यू यॉर्कः शेरीडन स्क्वायर प्रेस, 1988
5. जॉन पिल्गर, *डिसटेंट वॉइसेस*, लन्दनः विंटेज, 1992, पृ. 347
6. वही, पृ. 346–353; एंड कार्ल ओग्ल्सबी, ऑप. सिट., एक्सेस्ड ऑन 17 दिसम्बर 2019

7. निगेल टासेल, 'हू किल्ड जेएफके? दी केस दैट कैन नेवर बी क्लोज़्ड', *बीबीसी हिस्ट्री मैगज़ीन, बीबीसी हिस्ट्री रिवील्ड एंड बीबीसी वर्ल्ड हिस्ट्री मैगजीन;* https://www.historyextra.com/period/20th-century/who-killed-jfk-president-kennedy-evidence-lee-harvey-oswald-what-conspiracy-theories/; https://www.bbc.com/news/world-us-canada-41741216; एरिन ब्लैकमोर, *व्हाट फिजिक्स रिविल्स अबाउट जेकेएफ एसेसिनेशन,* सोर्सः https://www.history.com/news/jfk-as sassination-grassy-knoll-theory-debunked. आल लिंक्स एक्सेस्ड ऑन 30 जून 2020
8. लिसा पीज, *अ लाई टू बिग टू फॉलः दी रियल हिस्ट्री ऑफ़ एसेसिनेशन ऑफ़ रोबर्ट एफ. केनेडी,* पोर्ट टाउनसेंडः फेरल हाउस, 2018
9. अजित मान, 'प्लेटो'ज़ फियर–दी पॉवर ऑफ़ पोएर्त्योवर नेशनल सिक्यूरिटी', 1 मार्च 2019. सोर्सः https://www.hstoday.us/subject-matter-areas/leadership-management/platos-fear-the-power-of-poetry-over-national-security/ एक्सेस्ड ऑन 17 दिसम्बर 2019
10. https://www.nationalgeographic.com/news/2002/11/geography-survey-illiteracy/
11. डेविड रोथकोफ, *रनिंग दी वर्ल्डः दी इनसाइड स्टोरी ऑफ़ दी नेशनल सिक्यूरिटी काउंसिल एंड दी आर्किटेक्ट्स ऑफ़ अमेरिकन पॉवर,* न्यू यॉर्कः पब्लिक अफेयर्स, 2005, पृ. 3–4
12. जॉन पिल्गेर, ऑप. सिट. पृ. 213
13. पॉल कोबौघ, 'नैरेटिव वारफेयर', 22 जनवरी 2019. सोर्सः https://medium.com/@paulcobough/narrative-warfare-14ab7fa7ef89, एक्सेस्ड ऑन19 दिसम्बर 2019
14. रोबर्ट ग्रीन, दी 33 *स्ट्रेटेजिज ऑफ़ वार,* न्यू डेल्हीः विवा बुक्स, 2006, पृ. 299
15. जॉर्ज केनन, 'दी इनॉगरेशन ऑफ़ ऑर्गनाइज्ड पोलिटिकल वारफेयर', रिडैक्टेड वर्सन, विल्सन सेंटर डिजिटल आर्काइव, 30 अप्रैल 1948. सोर्सः https://digitalarchive.wilsoncentre.org/document/114320.pdf\v=941dc9ee5c6e51333ea9ebbbc9104e8c, एक्सेस्ड ऑन 17 दिसम्बर 2019
16. रुडयार्ड किपलिंग, 'दी वाइट मैन्स बर्डनः दी यूनाइटेड स्टेट्स एंड दी फिलीपीन आइलैंड्स', फर्स्ट पब्लिश्ड इन *दी टाइम्स* (लन्दन), 4 फ़रवरी 1899
17. नाओम चोमस्की, *वर्ल्ड ऑर्डर्स, ओल्ड एंड न्यू,* लन्दनः ऑक्सफ़ोर्ड यूनिवर्सिटी प्रेस, 1997, पृ. 5

18. इयान मोरिस, *व्हाई दी वर्ल्ड रूल–फॉर नाउ*, न्यू यॉर्कः पिकाडोर, 2010, पृ. 550
19. जोसफ़ एस. नाए जूनियर, *दी पैराडॉक्स ऑफ़ अमेरिकन पॉवरः व्हाई दी वर्ल्ड'स ओनली सुपरपॉवर कैन'ट गो इट अलोन*, न्यू यॉर्कः ऑक्सफ़ोर्ड यूनिवर्सिटी प्रेस, 2002, पृ. 9
20. https://www.bbc.com/news/world-latin-america-12166905, एक्सेस्ड ऑन 30 जून 2020
21. https://www.nytimes.com/2019/01/10/world/americas/venezuela-maduro-inauguration.html, एक्सेस्ड ऑन 30 जून 2020
22. कोटेड बाई गिल्बर्ट अच्कैर, *दी क्लैश ऑफ़ बार्बरिज्म्सः सितम्बर 11 एंड दी मेकिंग ऑफ़ दी न्यू वर्ल्ड डिजआर्डर*, न्यू यॉर्कः *मंथली रिव्यू प्रेस*, 2002, पृ. 14, साइटिंग ब्रेज़ेज़िन्सकी इन *वाशिंगटन पोस्ट*, 2 नवम्बर 2001
23. ज़्बिग्निएव ब्रेज़िज़िन्सकी, 'जॉर्ज डब्ल्यू. बुश'स सुसाइडल स्टेटक्राफ्ट', 13 अक्टूबर 2005, https://www.nytimes.com/2005/10/13/opinion/george-w-bush-suicidal-statecraft.html, एक्सेस्ड ऑन 30 जून 2020
24. कंजम्पशन बाई दी यूनाइटेड स्टेट्स, सोर्सः https://public.wsu.edu/~mreed/380American%20Consumption.htm#targetText=People%20who%20think%20that%20they,24%25%20of%20the%20world's%energy, एक्सेस्ड ऑन 20 दिसम्बर 2019
25. यूनाइटेड नेशंस डिपार्टमेंट ऑफ़ इकनोमिक एंड सोशल अफेयर्स, 7 जुलाई 2018, https://population.un.org\wpp/Download/Standard/Population/, एक्सेस्ड ऑन 21 दिसम्बर 2019
26. लोच के. जॉनसन, *अमेरिका'ज़ सीक्रेट पॉवरः दी CIA इन अ डेमोक्रेटिक सोसाइटी*, न्यू यॉर्कः ऑक्सफ़ोर्ड यूनिवर्सिटी प्रेस, 1989. पृ. 16–17
27. वही, पृ. 17
28. लोच के. जॉनसन, ऑप. सिट. पृ. 18
29. जोसफ़ एस. नाए जूनियर, ऑप. सिट. पृ. xii
30. वही, पृ. 10
31. एंड्रू जे, बसेविच, दी लिमिट्स ऑफ़ पॉवरः दी एंड ऑफ़ अमेरिकन *एक्सेप्शनलिज़्म*, न्यू यॉर्कः मेट्रोपोलिटन बुक्स, 2008, पृ. 19
32. वही, पृ. 18–19
33. रिपोर्ट बाई गौतम चिकरमाने, राकेश सिन्हा, तनुश्री चन्द्रा, 20 फ़रवरी 2020. सोर्सः https://www.orfonline.org/research/india-at-5-trillion-strengthening-opportunities-removing-hurdles-61590/, एक्सेस्ड ऑन 30 जून 2020

2. ईश्वर का अपना देश

1. जोनाथन बेकर, *फ्रीडम फ्राइज, लिबर्टी कैबेज एंड दी मिथ*, 21 फ़रवरी 2018, HPPR रेडियो क्लब https://www.hppr.org/post/freedom-fries-liberty-cabbage-myth, एक्सेस्ड ऑन दी बुक *बर्निंग बीथोवेन* बाई एरिक कर्चबूम. न्यू यॉर्कः बड्रलिंका, 2015
2. क्रिस हेजेज, *डेथ ऑफ़ लिबरल क्लास*, टोरंटोः विंटेज, 2010. पृ. 79
3. 'बिस्मार्क, बर्लिन एंड स्वस्तिका–टाउन दैट चेंज्ड देयर नेम इन वारटाइम (एंड अदर दैट डिड नॉट)', *मिलिट्री हिस्ट्री नाउ*, 10 दिसम्बर 2012, सोर्सः https://militaryhistorynow.com/2012/12/10/bismarck-berlin-swastika-how-some-towns-names-had-to-change-during-the-wars/ एक्सेस्ड ऑन 12 नवम्बर 2019
4. जॉन मैक्सवेल हैमिल्टन, 'इन अ बैटल ऑफ़ रीडर्स, टू मीडिया बैरन्स स्पार्केड अ वार इन दी 1890'ज', *नेशनल ज्योग्राफिक*, 16 अप्रैल 2019, सोर्सः https://www.nationalgeographic.com/history/magaz ine/2019/03-04/yellow-journalism-role-spanish-american-war/, एक्सेस्ड ऑन 12 नवम्बर 2019
5. वही, आल्सो सी 'यू फर्निश दी पिक्चर्स एंड आय विल फर्निश दी वार', 28 नवम्बर 2014. सोर्सः https://medium.com/covilian-military-intelligence-group/you-furnish-the-pictures-and-ill-furnish-the-war-67de6c0e1210, एक्सेस्ड ऑन 15 नवम्बर 2019
6. लॉरेन्स एच. शौप एंड विलियम विंटर, *इम्पेरिअल ब्रेन ट्रस्टः दी काउंसिल ऑन फॉरेन रिलेशंस एंड यूनाइटेड स्टेट्स फॉरेन पॉलिसी, लिंकन*, USA: ऑथर्स चॉइस प्रेस, 2004, पृ. 3–16
7. काउंसिल ऑफ़ फॉरेन रिलेशंस, https://www.cfr.org, एक्सेस्ड ऑन 13 नवम्बर 2019
8. फर्नान्डो बेलिंचन एंड रुक्कैया मोयनिहन, '25 जायंट कम्पनीज़ दैट आर बिगर दैन एंटायर कंट्रीज,' *बिजनेस इनसाइडर*, 25 जुलाई 2018. सोर्सः https://www.businessinsider.com/25-giant-companies-that-earn-more-than-entire-countries-2018-7\IR=T, एक्सेस्ड ऑन 18 नवम्बर 2019
9. डेविड रोथकोफ, *सुपरक्लासः दी ग्लोबल पॉवर इलीट एंड दी वर्ल्ड दे आर मेकिंग*, न्यू यॉर्कः फर्रार, स्ट्रॉस एंड गिरौक्स, 2009

10. लॉरेंस एच. शौप, *वाल स्ट्रीट्स थिंक टैंक, दी काउंसिल ऑन फॉरेन रिलेशंस एंड दी एम्पायर ऑफ़ नियोलिबरल जिओपॉलिटिक्स,* 1976.2014, न्यू यॉर्कः मंथली रिव्यू प्रेस, 2018, पृ. 91–130
11. वही., पृ. 61
12. वही., पृ. 7–8
13. वही., पृ. 7
14. वही., प.14
15. लॉरेंस एच. शौप, *वाल स्ट्रीट्स थिंक टैंक,* पृ. 32–33
16. वही., पृ. 33
17. वही., पृ. 32
18. वही., पृ. 32–34
19. एंड्रयू गेविन मार्शल, 'ग्लोबल पॉवर प्रोजेक्ट, पॉवर 2ः आइडेंटिफाइंग दी इंस्टीट्यूशन ऑफ़ कंट्रोल', 1 जुलाई 2013, सोर्सः https://www-transcend-org/tms/2013/07/global-power&project-part-2-identifying-the-Institutions-of-control/, एक्सेस्ड ऑन 6 नवम्बर 2019
20. लॉरेंस एच. शौप, *वाल स्ट्रीट्स थिंक टैंक,* पृ. 26–27
21. वही. पृ. 65
22. वही., पृ. 63
23. डेविड रोथकोफ, ऑप.सिट. पृ. 33–34
24. वही., पृ. xvii-xviii
25. 'टू जॉन एडम्स थोमस जेफरसन, 1 अग्स्त 1816'. सोर्सः htpps://founders.archives.gov/documents/Adams/99-02-02-6618, एक्सेस्ड ऑन 30 जून 2020
26. लॉरेंस एच. शौप एंड विलियम मिंटर, *इम्पीरियल ब्रेन ट्रस्ट,* पृ. 117.18
27. डेविड मिल्स, 'बिवेयर दी ट्रिलेटरल कमीशन', *वाशिंगटन पोस्ट,* 25 अप्रैल 1992, सोर्सः https://www.washingtonpost com/archive/life style/1992/04/25/beware-the-trilateral-commission/59c48198-9479-4c80-a70a-a1518b5bcfff/, एक्सेस्ड ऑन 12 नवम्बर 2019
28. लॉरेंस एच,. शौप, *वाल स्ट्रीट्स थिंक टैंक,* पृ. 135.36
29. पैट्रिक एम. वुड, 'दी ट्रिलेटेरल कमीशन–असर्पिंग सौवरनिटी', थर्ड वर्ल्ड ट्रेवलर. सोर्सः https://www.thirdworldtraveler.com/New_World_Order/Trilateral_UsurpSovereign.html, एक्सेस्ड ऑन 20 जून 2020

30. फ्रेड डोनाल्डसन, 'ट्रिलेटेरल कमीशन 2019 मेम्बरशिपलिस्ट ऑफ़ हू रियली मेक्स नेशनल एंड फॉरेन पालिसी', 26 मार्च 2019, सोर्सः https://freddonaldson.com/2019/03/26/trilateral-commission-2019-membership-list-of-establishment-leaders-in-america-europe-and-asia/, एक्सेस्ड ऑन 25 नवम्बर 2019
31. जीन बर्कमैन, 'दी ट्रिलेटेरल कमीशन एंड दी न्यू वर्ल्ड ऑर्डर', 1993. सोर्सः https://www.antiwar.com/berkman/trilat.html, एक्सेस्डऑन 25 नवम्बर 2019
32. पैट्रिक एम. वुड, *टेक्नोक्रेसी राइजिंगः दी ट्रोजन हॉर्स ऑफ़ ग्लोबल ट्रांसफॉर्मेशन*, कनवर्जेंट पब्लिकेशन, 2015, पृ. 58–59
33. वही, पृ. 53
34. फ्रेड डोनाल्डसन, 'ट्रिलेटेरल कमीशन 2018 मेंबरशिप लिस्ट ऑफ़ हू रियली मेक्स अमेरिकन नेशनल एंड फ़ॉरेन पालिसी', 15 मई 2018, सोर्सः https://freddonaldson.dkse,,å18/05/15/2018-tri/, एक्सेस्ड ऑन 25 नवम्बर 2019
35. मैथ्यू ह्वेट, 'हाउ दी ट्रिलेटरल कमीशन ड्रोव अ बैंकर्स' कू अक्रॉस अमेरिका', 12 अगस्त 2019, सोर्सः https://www-strategic-culture-org/news/2019/08/12/how-the-trilateral-commission-drove-a-bankers-coup-across-america/, एक्सेस्ड ऑन 25 नवम्बर 2019
36. विक्रम सूद, *दी अनएंडिंग गेम*, गुडगाँवः पेंगुइन रैंडम हाउस, नवम्बर 2018, पृ. 124–128
37. *दी गार्डियन*, 23 अक्टूबर 2019, https://www.theguardian.com/global/commentisfree/2019/oct/23/architects-major-modern-conflicts-kissinger-blair, एक्सेस्ड ऑन 30 जून 2020
38. जेफ़ शार्लेट, *दी फैमिलीः दी सीक्रेट फंडामेंटलिज़्म एट दी हार्ट ऑफ़ अमेरिकन पॉवर*, न्यू यॉर्कः हार्परकॉलिन्स, 2008, पृ. 2
39. लिसा गेटर, 'शोइंग फैथ इन डिस्क्रिशन', *लॉस एंजेल्स टाइम्स*, 27 सितम्बर 2002. सोर्सः https://web.archive.org/web/2013120230345/https://www.toobeautiful.org/lat_020927.html, एक्सेस्ड ऑन 25 नवम्बर 2019
40. लिसा मिलर, 'दी सीक्रेट बाइबिल ग्रुप अक्रूइंग वाशिंगटन पॉवर', *न्यूज़वीक*, 9 जुलाई 2009. सोर्सः https://www.newsweek.com/secret-bible-group-accruing-washington-power-79475
41. लिसा गेटर, ऑप. सिट., एक्सेस्ड ऑन 25 नवम्बर 2019
42. वही।

43. 'मारिया बुटीनाः दी एशियन गन एक्टिविस्ट हू वाज जेल्ड इन दी यूएस', 25 अक्टूबर 2019. सोर्सः https://www.bbc.com/news/world-us-canada-44885633, एक्सेस्ड ऑन 30 जून 2020
44. गुलाम नबी फै, 'डगलस इवांस कोः मैन ऑफ़ क्वाएट डिप्लोमेसी', 12 जुलाई 2017. सोर्सः https://kashmirwatch.com/40288-2/, https://kashmirwatch.com/40288-2/, एक्सेस्ड ऑन 26 नवम्बर 2019
45. जेफ़ शार्लेट, ऑप. सिट., पृ. 19
46. वही, पृ. 25
47. लॉरेन ग्रीन, 'दिस इयर्स नेशनल ब्रेकफ़ास्टः ट्रूली इंस्पिरेशनल', फॉक्स न्यूज़, 4 फ़रवरी 2011. सोर्सः https://www.foxnews.com/opinin/this-years-national-prayer-breakfast-truly-inspirational, एक्सेस्ड ऑन 26 नवम्बर 2019
48. लॉरा कोरन, 'ओबामा एट दी नेशनल प्रेयर मीटिंगः फैथ इज़ दी ग्रेट क्योर फॉर फियर', CNN, 4 फ़रवरी 2016. सोर्सः https://edition.cnn.com/2016/02/04/politics/obama-national-prayer-breakfast/indeX.html, एक्सेस्ड ऑन 26 नवम्बर 2019
49. रयान टीग बेकविथ, 'प्रेसिडेंट ट्रम्प'स रिमार्क्स एट दी नेशनल प्रेयर ब्रेकफ़ास्ट', टाइम, 2 फ़रवरी 2017. सोर्सः https://time.com/4658012/donald-trump-national-prayer-breakfast-transcript/, एक्सेस्ड ऑन 26 नवम्बर 2019
50. सारा पुलियन बेली एंड जूली जौज्मेर, 'ट्रम्प एट दी नेशनल प्रेयर ब्रेकफास्टः "आय विल नेवर लेट यू डाउन. आय कैन से दैट. नेवर". *वाशिंगटन पोस्ट,* 7 फ़रवरी 2019. सोर्सः https://www.washingtonpost.com/religion/201902/06/national-prayer-breakfast-trump-is-likely-play-white-evangelicals-fears/, एक्सेस्ड ऑन 26 नवम्बर 2019
51. क्रेग उंगेर, *दी फॉल ऑफ़ दी हाउस पीएफबुशः दी अनटोल्ड स्टोरी ऑफ़ हाउ अ बैंड ऑफ़ ट्रू बिलीवर्स सीज्ड दी एक्सक्यूटिव ब्रांच, स्टार्टेड़ दी इराक वार एंड स्टिल इम्पेरिल्स अमेरिका'ज़ फ़्यूचर,* न्यू यॉर्क : स्क्रिबनर, 2007, पृ. 218
52. वही., पीपी 15–16
53. वही., पृ. 1–2
54. वही., पृ. 95
55. *जोनाथन* लियोन, *इस्लाम थ्रूः वेस्टर्न आईजः फ्रॉम दी क्रुसेड टू दी वार ऑन टेरर,* न्यू यॉर्कः कोलम्बिया यूनिवर्सिटी प्रेस, 2012, पृ. 10; 'साइमन ब्राउन बॉयकिन बूटेडः कंट्रोवर्सियल रिटायर्ड आर्मी जेनर'ल्स अपीयरेंस एट प्रेयर

ब्रेकफास्ट इज़ कैंसल्ड', 3 जून 2016. सोर्सः https://www.au.org/blogs/wall-of-separations/boykin-booted-controversial-retired-army-general-s-appearance-at-prayer, एक्सेस्ड ऑन जून 2020

56. स्टीफन स्पेक्टर, *इवान्जेलिकल्स एंड इज़राइलः दी स्टोरी ऑफ़ अमेरिकन जिओनिज़्म,* ऑक्सफ़ोर्ड एंड न्यू यॉर्कः ऑक्सफ़ोर्ड यूनिवर्सिटी प्रेस, 2009, पृ. 78
57. जरमी ब्रेचर, जिल कटलर, एंड ब्रेंडन स्मिथ (एड्स), *इन दी नेम ऑफ़ डेमोक्रेसीः अमेरिकन वार क्राइम्स इराक एंड बियांड,* मेट्रोपोलिटन बुक्स, न्यू यॉर्कः हेनरी होल्ट एंड कम्पनी, 2005, पृ. 154

3. हॉलीवुड का आख्यान उद्योग

1. क्रेग उंगेर, *दी फॉल ऑफ़ दी हाउस बुशः दी अनटोल्ड स्टोरी ऑफ़ हाउ अ बैंड ऑफ़ ट्रू बिलीवर्स सीज्ड दी एक्सक्यूटिव ब्रांच, स्टार्टेड दी इराक़ वार, एंड स्टिल इम्पेरिल्स अमेरिका'ज़ फ़्यूचर,* न्यू यॉर्कः स्क्रिबनर, 2007, पृ. 297 एंड फुटनोट
2. वही., पृ. 297.98
3. मैथ्यू अल्फोर्ड टॉम सेकर, *नेशनल सिक्यूरिटी सिनेमाः दी शॉकिंग न्यू एविडेंस ऑफ़ गवर्नमेंट कंट्रोल इन हॉलीवुड,* ड्रम रोल बुक्स, 2017, पृ. 5
4. वही., पृ. 3
5. वही., पृ. 1
6. ट्रिसिया जेनकिंस, *दी CIA इन हॉलीवुडः हाउ दी एजेंसी शेप दी फिल्म एंड टेलीविज़न,* ऑस्टिन : यूनिवर्सिटी ऑफ़ टेक्सास, 2012, पृ. 16, 20 एंड 73.99
7. मैथ्यू अल्फोर्ड एंड टॉम सेकर, ऑप. सिट., पृ. 1
8. वही., पृ. 3
9. वही., पृ. 22
10. रोबर्ट डोवेर एंड माइकल एस. गुडमैन (एड्स), *स्पिनिंग इंटेलिजेंस : व्हाई इंटेलिजेंस नीड्स मीडिया, व्हाई दी मीडिया नीड्स इंटेलिजेंस;* हेविट एंड स्कॉट लेविस, 'दी मीडिया एंड दी यूएस इंटेलिजेंस सर्विसेज बिफोर एंड आफ्टर 9/11', न्यू यॉर्कः कोलम्बिया यूनिवर्सिटी प्रेस, 2000, पृ. 106
11. मैथ्यू अल्फोर्ड एंड टॉम सेकर, *नेशनल सिक्यूरिटी सिनेमा,* पृ. 3
12. वही., पृ. 5

13. वही., पृ. 7
14. वही., पृ. 8
15. वही., पृ. 8
16. वही., पृ. 8—10
17. वही., पृ. 10—11
18. वही., पृ. 15
19. वही., पीपी 98
20. टॉम सेकर एंड मैथ्यू अल्फोर्ड, 'डाक्यूमेंट्स एक्सपोज़ हाउ हॉलीवुड प्रोमोट्स वार ऑन बिहाफ़ ऑफ़ दी पेंटागन', CIA NSA– इन्सर्ज, 4 जुलाई 2017. सोर्सः https://www.globalresearch.ca/documents-expose-how-hollywood-promotes-war-on-behalf-of-the-pentagon-cia-and-nsa/5597891] एक्सेस्ड ऑन 4 जुलाई 2020
21. ट्रिसिया जेनकिंस, ऑप. सिट., पृ. 3
22. वही।
23. मैथ्यू अल्फोर्ड एंड टॉम सेकर, *नेशनल सिक्यूरिटी सिनेमा,* पृ. 24, 40—41
24. फ्रांसिस स्टोनोर सौन्डर्स, *दी कल्चरल कोल्ड वारः दी CIA एंड दी वर्ल्ड ऑफ़* आर्ट्स एंड लेटर्स,
न्यू यॉर्क : दी न्यू प्रेस, 2001
25. निकोलस स्चोऊ, *स्पूक्डः हाउ दी CIA मेनिपुलेट्स दी मीडिया एंड हुडविंक्स हॉलीवुड,* हॉट बुक्स एंड स्काईहॉर्स पब्लिशिंग, न्यू यॉर्क, 2016, पृ. 87—88
26. मैथ्यू अल्फोर्ड एंड टॉम सेकर, *नेशनल सिक्यूरिटी सिनेमा,* पृ. 32
27. वही., पृ. 37
28. वही., पृ. 25
29. ट्रिसिया जेनकिंस, ऑप. सिट., पृ. 7
30. वही।
31. वही., पृ. 16.27
32. वही., पृ. 36—39
33. निकोलस स्चोऊ, ऑप. सिट., पृ. 91—94.
34. वही., पृ. 102.03
35. ट्रिसिया जेनकिंस, ऑप. सिट., पृ. 48
36. वही., पृ. 164—65
37. सीमौर एम. हेर्श, 'दी किलिंग ऑफ़ ओसामा बिन लादेन', *लन्दन रिव्यू ऑफ़ बुक्स,* 21 मई 2015. सोर्सः https://www-lrb-co-uk/v37/n10/

seymour-m-hersh/the-killing-of-osama-bin-laden] एक्सेस्ड ऑन 30 नवम्बर 2019
38. कार्लोट्टागाल, *दी रोंग एनिमी: अमेरिका इन अफ़ग़ानिस्तान 2001.2014*, बोस्टन : हाउटन मिफ़िन हारकोर्ट, पृ. 248–258
39. निकोलस स्चोऊ, ऑप. सिट., पृ. 114–15
40. वही., पृ. 120
41. वही., पृ. 121
42. वही।
43. सीनेट सेलेक्ट कमिटी ऑन इंटेलिजेंस. सोर्सः https://fas.org/irp/congress/2014_rpt/ssci-rdi.pdf, एक्सेस्ड ऑन 1 दिसम्बर 2019

4. सूचना, मीडिया और आख्यान

1. क्रिस्टोफर योगर्स्ट, 'रिव्यू : व्हेन हॉलीवुड केव्ड टू अ कांग्रेसमैन विद नो डिसेंसी', 22 अप्रैल 2018. सोर्सः https://www.posttandc ourier.com/features/review-when-hollywood-caved-to-a-congressman-with-no-decency/article_d287cae9-b83d-5a4c-8879-dcle960e6903.html, एक्सेस्ड ऑन 5 जुलाई 2020
2. जॉन पिल्गेर, *हीरोज*, लन्दनः पैन बुक्स, 1986, पृ. 103–104
3. स्टीवन टी. उस्दीन, *ब्यूरो ऑफ़ एस्पॉयजः दी सीक्रेट कनेक्शंस बिटविन एस्पॉयनेज एंड जर्नलिज़्म इन वाशिंगटन*, न्यू यॉर्कः प्रोमिथेयस बुक्स, 2018, पृ. 139.
4. वही., पृ. 141
5. वही।
6. वही., पृ. 156
7. सोर्सः https://www.cia.gov/library/readingroom/docs/1947-07-26.pdf] एक्सेस्ड ऑन 30 जून 2020
8. टिम वीनर, *लिगेसी ऑफ़ एशेजः दी हिस्ट्री ऑफ़ CIA*, लन्दनः एलन लेन, 2007, पृ. 28
9. वही., पृ. 40
10. कार्ल बर्नस्टीन , *'दी CIA एंड दी मीडिया'*, 20 अक्टूबर 1977. सोर्सः https://www.carlbernstein.com/magazine_cia_and_media.php, एक्सेस्ड ऑन 27 जून 2019

11. निकोलस शोऊ, *स्पूक्डः हाउ दी CIA मैनिपुलेट्स दी मीडिया एंड हुडविंक्स हॉलीवुड,* हॉट बुक्स एंड स्काईहॉर्स पब्लिशिंग, न्यू यॉर्क, 2016, पृ. 21
12. वही., पृ. viii
13. स्टेफेन डोरिल, MI 6: *फिफ्टी इयर्स ऑफ़ स्पेशल ऑपरेशन,* लन्दन : फोर्थ इस्टेट लिमिटेड 2000. पृ. 589
14. मार्क कर्टिस, 'दी कू इन ईरान', 12 फ़रवरी 2007, सोर्सः https://markcurtis.info/2007/02/12/the-coup-in'iran-1953/, एक्सेस्ड ऑन 15 जून 2019
15. कार्ल बर्नस्टीन, ऑप. सिट.' एक्सेस्ड ऑन 30 जून 2020
16. निकोलस शोऊ, ऑप. सिट., पृ. 1
17. केन सिल्वरस्टीन, 'दी CIA मॉप.अप मैन : एल. ए. टाइम्स रिपोर्टर क्लियर्ड स्टोरीज विथ एजेंसी बिफोर पब्लिकेशन', 5 सितम्बर 2014. सोर्सः https://theintercept.com/2014/09/04/former-l-times-repor ter-cleared-storiel-cia-publication/, एक्सेस्ड ऑन 20 जून 2019.
18. वही.
19. डेविड जोह्नसटन, 'CIA टाई रिपोर्टेड इन मंड़ेला अरेस्ट', *न्यू यॉर्क टाइम्स,* 10 जून 1990. सोर्सः https://www.nytimes.com/1990/06/10/world/cia-tie-reported-in-mandela-arrest.html, एक्सेस्ड 20 जून 2019
20. एड स्टोडार्ड, 'इंटेलिजेंस डाक्यूमेंट्स ऑन नेल्सन मंडेला मेड पब्लिक', रायटर्स, 19 जुलाई 2018. सोर्सः https://www.reuters.com/article/us-mandela-usa-documents/u-s-intelligence-documents-on-nelson-mandela-made-public-idUSKBNIK82SD, एक्सेस्ड ऑन 17 जून 2019
21. निकोलस शोऊ, ऑप. सिट., पृ. viii
22. वही., पृ. 21
23. फ्रैंक स्नेप, *डिसेंट इंटरवलः एन इनसाइड'र्स अकाउंट ऑफ़ साइगॉन्स इनडिसेंट एंड,* न्यू यॉर्कः रैंडम हाउस, 1977
24. निकोलस शोऊ, ऑप. सिट., पृ. 25–26
25. वही., पृ. 60–61
26. जॉन पिल्गर, 'दी इन्विजिबल गवर्नमेंट', सोर्सः https://johnpilger.com/article/the-invisible-government, एक्सेस्ड ऑन 20 मार्च 2020
27. वही।
28. जॉन तुलोच कोटिंग एडवर्ड हर्मन इन हिज़ एसे, नोर्मलाइज़िंग दी अनथिंकेबल–दी ब्रिटिश प्रेस, टॉर्चर, एंड दी ह्यूमन राइट्स ऑफ़ टेररिस्ट

सस्पेक्ट्स', *एथिकल स्पेसः दी इंटरनेशनल जर्नल ऑफ़ कम्युनिकेशन एथिक्स*, वोल. 2, न. 4,2005

29. वही।
30. हेरोल्ड पिंटर, 'आर्ट, ट्रुथ एंड पॉलिटिक्स, सोर्सः https://www.nobelprize.org/prizes/literature/2005/pinter/25621-harold-pinter-nobel-lecture-2005/, एक्सेस्ड ऑन 20 मार्च 2020
31. वही।
32. जॉन पिल्गर, *दी इन्विजिबल गवर्नमेंट*, 2007. सोर्सः https://www.coldtype/Assets.07/Essays/0807.Pilger.Chicago.pdf, एक्सेस्ड ऑन 30 जून 2020
33. वही।
34. वही।
35. निकोलस शोऊ, ऑप. सिट., पृ. 80–85
36. रोबिन एटकेन, *कैन वी स्टिल ट्रस्ट दी बीबीसी?*, लन्दनः ब्लूम्सबरी, 2013
37. डेविड सेग्विक, *बीबीसी : ब्रेनवाशिंग ब्रिटेन? हाउ एंड व्हाई दी बीबीसी कंट्रोल्स योर माइंड*, सैंडग्राउंडर, 2018, पृ. 7
38. वही., पृ. 368
39. जॉन मैकएवोय, 'बीबीसी अंडर फायर फॉर वाइटवाशिंग हिस्ट्री ऑफ़ वेस्टर्न कू–प्लाटिंग इन ईरान', *दी कैनेरी*, 8 मई 2019. सोर्सः https://www.thecanary.co/global/world-analysis/2019/05/08/bbc-under-fire-for-whitewashing-history-of-western-coup-plotting-in-iran/, एक्सेस्ड ऑन 20 मार्च 2020
40. मार्क कर्टिस, *वेब ऑफ़ डिसीट*, लन्दनः विंटेज, 1998, पृ. 23
41. वही., पृ. 329
42. 'सुहार्तो टॉप्स करप्शन रैंकिंग', बीबीसी न्यूज़, 25 मार्च 2004. सोर्सः https://news.bbc.co.uk./2/hi/3567745.stm, एक्सेस्ड ऑन 20 फ़रवरी 2020
43. मार्क कर्टिस, ऑप. सिट., पृ. 23–24
44. वही।
45. रोबर्ट एटकिन, *दी नोबेल लायरः बीबीसी*, बाईटबैक पब्लिशिंग, लोकेशन 2934
46. वही., लोकेशन 33
47. जेनी टेलर, 'इन टेकिंग ऑन दी बीबीसी, हैज रोबिन एटकेन बिकम अ मॉडर्न माटर फॉर ट्रुथ?', प्रीमियर क्रिश्चियनिटी, 21 मार्च 2019. सोर्सः https://www.premierchristianity.com/Blog/In-taking-on-the-

BBC-has-Robin-Aitken-become-a-modern-martyr-for-truth, एक्सेस्ड ऑन 20 फ़रवरी 2020

48. रोबिन एटकेन, ऑप. सिट., लोकेशन 2089
49. वही., लोकेशन, 2905–2911
50. डेविड सेग्विक, ऑप. सिट., पृ. 4–5
51. वही, पीपी 8–9
52. मेक कर्टिस, ऑप. सिट. पृ. 376–77
53. स्टीवन टी. उदीन, पृ. 249–253
54. केट विन्टन, 'दीज 15 बिलेनियर ओन अमेरिका'ज़ न्यूज़ मीडिया कम्पनीज़', फोर्ब्स, सोर्सः https://www.forbes.com/sites/kate vin ton/2016/06/these-15-billionaires-americas-news-news-media-companies/#5ea42c61660a, एक्सेस्ड ऑन 10 फ़रवरी 2020
55. जोनाथन माहलर एंड जिम रूटेनबर्ग, 'हाउ रुपर्ट मर्डोक्स एम्पायर ऑफ़ इन्फ्लुएंस रिमेड दी वर्ल्ड', *न्यू यॉर्क टाइम्स*, 3 अप्रैल 2019. सोर्सः https://www.nytimes.com/interactive/2019/04/03/magazine/rupert-murdoch-fox-news-trump-html.
56. वही।
57. रायटर्स न्यूज़ एजेंसी, 'अबाउट', सोर्सः https://www.reutersagency.com/en/about/, एक्सेस्ड ऑन 10 मार्च 2020
58. 'असोसिएटेड प्रेस', 'अ लुक एट दी ईयर थ्रू एपी स्टैट्स एंड फिगर्स', सोर्सः https://www.ap.org/about/annual-report/2016/ap-by-the-numbers.html, एक्सेस्ड ऑन 10 फ़रवरी 2020.
59. एजेन्स फ़्रांस–प्रेस, AFP इन दी वर्ल्ड'. सोर्सः https://www.afp.com/en/agency/about/afp-world, एक्सेस्ड ऑन 10 फ़रवरी 2020
60. लारा ओ'रिली, 'दी थर्ड बजट मीडिया कम्पनीज़ इन दी वर्ल्ड', *बिज़नेस इनसाइडर,* 31 मई 2016, सोर्सः https://businessinsider.in/tech/take-the-30-biggest-media-companies-in-the-world/articleshow/52525051.cms, एक्सेस्ड ऑन 10 फ़रवरी 2020

5. शांन्ति के नाम पर किये गये युद्ध के लाभ

1. सारा एंडरसन, 'मीट दी सीईओज कैशिंग इन ऑन ट्रम्प'स एग्रेसन अगेंस्ट ईरान', *काउंटरपंच,* 9 जनवरी 2020. सोर्सः https://www.counterpunch.org/2020/01/09/meet-the-ceos-cashing-in-on-trumps-aggression-against-iran/print/, एक्सेस्ड ऑन 14 जुलाई 2020

2. एंड्रयू फेनस्टीन, *दी शैडो वर्ल्डः इनसाइड दी ग्लोबल आर्म्स ट्रेड,* लन्दन : हामिश हैमिल्टन, 2011, पृ. 35
3. लेस्ली कैनेडी, 'हाउ एफडीआर चार्मड ए सऊदी किंग एंड वोन यूएस एक्सेस टू आयल', हिस्ट्री, 18 अक्टूबर 2018. सोर्सः https://www.history.com/news/fdr-saudi-arabian-king-oil, एक्सेस्ड ऑन 10 अक्टूबर 2019
4. एंड्रयू ग्लास, 'एफडीआर मीट्स विद सऊदी किंग', फ़रवरी 14 1945', *पोल्टिको.* सोर्सः https://www.politico.com/story/2019/02/14/this-day-in-politics-feb-14-1945-11640, एक्सेस्ड ऑन 22 फ़रवरी 2019
5. प्रेसिडेंट जॉर्ज एच. डब्ल्यू. बुश'स जॉइंट सेशन ऑन दी इराकी इन्वेशन ऑफ़ कुवैत, 11 सितम्बर 1990. सोर्सः https://www.history.house.gov/Historical-Highlights/1951-2000/President-George-H-W-Bush-s-Joint-Session-on-the-Iraqi-invasion-of-Kuwait/, एक्सेस्ड इन जुलाई 2020
6. गिल्बर्ट अच्कैर, *दी क्लैश ऑफ़ बर्बरिज़्मः सितम्बर 11 एंड दी मेकिंग ऑफ़ दी न्यू वर्ल्ड डिसऑर्डर,* न्यू यॉर्कः मंथली रिव्यू प्रेस, 2002
7. जॉन पिल्गार, दी *रूलर्स ऑफ़ दी वर्ल्ड,* लन्दन : वर्सो, 2002, पृ. 66–67
8. जॉन पर्किन्स, *दी न्यू कन्फेशन्स ऑफ़ अन इकोनोमिक हिटमैनः हाउ अमेरिका रियली टुक ओवर दी वर्ल्ड,* पेंगुइनः एबुरी प्रेस, 2016, पृ. 192–93
9. एंड्रयू फेनस्टीन, ऑप. सिट., पृ. 298–99
10. वही., पृ. 397–399
11. अप्रैल ग्लास्पी ट्रांसस्क्रिप्ट, सोर्सः https://www.whatreallyhappened.com/WRHARTICLES/ARTICLES/april.html\q=ARTICLES/april.html, एक्सेस्ड 10 जून 2020
12. मार्क कर्टिस, *सीक्रेट अफेयर्सः ब्रिटेंस कोलुजन विद रैडिकल इस्लाम,* लन्दनः प्रोफाइल बुक्स, 2010, पृ. 231–236
13. जरमी साहिल, *डर्टी वार्स : दी वर्ल्ड इज़ बैटलफील्ड,* न्यू यॉर्कः नेशन बुक्स, 2013
14. जॉर्ज पैकर, दी असेसिन गेटः अमेरिका इन इराक़, न्यू यॉर्कः फर्रार, स्ट्रॉस एंड गिरौक्स, 2005, पृ. 13
15. जेम्स बम्फोर्ड, *ए प्रीटेक्स्ट फॉर वार : 9/11, इराक, एंड दी एब्यूज ऑफ़ अमेरिका'ज़ इंटेलिजेंस एजेंसीज,* न्यू यॉर्कः डबलदे, 2004, पृ. 286
16. एंड्रयू फेनस्टीन, ऑप. सिट., पृ. 395–396

17. वही., पृ. 397, एंड नाओमी क्लेन, *दी शॉक डॉक्ट्रिन : दी राइज ऑफ़ डिजास्टर कैपिटलिज्म*, न्यू यॉर्कः पिकाडोर, 2007, पृ. 369
18. नाओमी क्लेन, ऑप. सिट., पृ. 15
19. हैरोल्ड पिंटर, *आर्ट, ट्रुथ एंड पॉलिटिक्स.* सोर्सः https://www.nobelprize.org/prizes/literature/2005/pinter/25621-harold-pinter-nobel-lecture-2005/
20. एरिक सिमिट एंड थोम शंकर, 'थ्रेट्स एंड रेस्पोंसेज : अ सीआईए राईवल; पेंटागन सेट्स अप इंटेलिजेंस यूनिट', *न्यू यॉर्क टाइम्स*, 24 अक्टूबर 2002. सोर्सः www.nytimes.com/2002/10/24/world/threats-and-reponses-a-cia-rival-pentagon-sets-mi-intelligence-unit.html, एक्सेस्ड ऑन 5 जुलाई 2020
21. सोर्सः https://silverberg-on-meltdown-economics.blogspot.com/2013/12/famous-last-words-i-dont-do-quagmires.html\m=0, एक्सेस्ड ऑन 30 जून 2020
22. अंटोनियो जुहासज़, *दी बुश एजेंडाः इन्वेडिंग दी .वर्ल्ड, वन एकोनोम्येत अ टाइम*, लन्दनः गेरोल्ड डकवर्ल्ड एंड कम्पनी, 2006, पृ. 147
23 वही, पृ. 147–152
24. विलियम फैफ, 'फैंटम मीनेसः बुश'स वर्चुअल रियलिटी', *दी अमेरिकन कंजरवेटिव*, 4 जुलाई 2005. सोर्सः https://www.theam ericancon servative.com/articles/phantom-menace/, एक्सेस्ड ऑन 10 जून 2019
25. अंटोनियो जुहासज़, ऑप. सिट., पृ. 176.180
26. कैल्मर्स जॉनसन, *दी सॉरो ऑफ़ एम्पायरः मिलीटरिज़्म सीक्रेसी एंड दी एंड ऑफ़ दी रिपब्लिक*, न्यू यॉर्कः आउल बुक्स, हेनरी होल्ट एंड कम्पनी, 2004, पृ. 228–229
27. अंटोनियो जुहासज़, ऑप. सिट., पृ. 179
28. https://www.theguardian.com/world/2006/feb/24/freedomofinformation.september11, एक्सेस्ड ऑन 30 जून 2020
29. एंड्रयू जे. बसेविच, दी लिमिट्स ऑफ़ पॉवरः दी एंड ऑफ़ अमेरिकन *एक्सेप्शनलिज्म*, न्यू यॉर्कः मेट्रोपोलिटन बुक्स, 2008, पृ. 4
30. जूलियन बोर्गर, 'ब्लॉगर बेयर्स रम्सफेल्ड'स पोस्ट 9/11 ऑर्डर्स दी *गार्डियन*, 24 फ़रवरी 2006. सोर्सः https://www.theguardian.com/world/2006/feb/24/freedomofinformation.september11, एक्सेस्ड ऑन 10 जून 2019

31. रोन सुसकिंड, *दी प्राइस ऑफ़ लॉयल्टीः जॉर्ज डब्ल्यू. बुश, दी वाइट हाउस, एंड दी एजुकेशन ऑफ़ पॉल ओ' नील*, लन्दन : साइमन एंड शुस्टर, 2004 पृ. 72
32. वही., पृ. 85–86
33. रोन सुसकिंड, *दी वन प्रेजेंट डॉक्ट्रिनः डीप इनसाइड अमेरिकाज परस्यूट ऑफ़ इट्स एनेमीज सिंस 9/11*, न्यू यॉर्क : साइमन एंड शुस्टर, 2006, पृ. 62
34. कैल्मर्स जॉनसन, ऑप. सिट., पृ. 230
35. ओलिवर स्टोन एंड पीटर कुजनिक, *दी अनटोल्ड हिस्ट्री ऑफ़ यूनाइटेड स्टेट्स*, लन्दनः एबुरी प्रेस, 2013, पृ. 524
36. जेम्स बैमफोर्ड, ऑप. सिट., पृ. 285
37. वही., पृ. 286
38. माइकल लेडीन, 'दी वार ऑन टेरर वुड नॉट एंड इन बग़दाद', 4 सितम्बर 2002. सोर्सः https://www.wsj.com/articles/SB1031 0939 75917263555, एक्सेस्ड ऑन 30 जून 2020
39. क्रैग उंगेर, *दी फॉल ऑफ़ दी हाउस ऑफ़ बुशः दी अनटोल्ड स्टोरी ऑफ़ हाउ अ बैंड ऑफ़ ट्रू बिलीवर्स सीज्ड दी एक्ज़िक्यूटिव ब्रांच, स्टार्टेड दी इराक़ वार, एंड स्टिल इम्पेरिल्स अमेरिका'ज़ फ्यूचर*, न्यू यॉर्कः स्क्रिबर, 2007, पृ. 251
40. जेम्स बैमफोर्ड, ऑप. सिट., पृ. 304
41. https://archives.globalresearch.ca/articles/PAL505A.html. एक्सेस्ड ऑन 30 जून 2020
42. डेविड एडवर्ड्स एंड डेविड क्रोमवेल, *प्रोपगैंडा ब्लिट्ज़ः हाउ दी कॉरपोरेट मीडिया डिसटॉर्ट रियलिटी*, लन्दन : प्लूटो प्रेस, 2018, पृ. 2
43. ओलिवर स्टोन एंड पीटर कुजनिक, ऑप. सिट., पृ. 516
44. स्कॉट रिटर, 'फैक्ट्स नीडेड बिफोर इराक़ अटैक', सीएनएन, 17 जुलाई 2002. सोर्सः https://edition.cnn.com/2002/WORLD meast/07/17/saddam. रिटर.cnna/, एक्सेस्ड ऑन 15 जून 2019
45. डेविड एडवर्ड्स एंड डेविड क्रोमवेल, ऑप. सिट., पृ. 77
46. ओलिवर स्टोन एंड पीटर कुजनिक, ऑप. सिट., पृ. 516
47. कैग उंगेर, ऑप. सिट., पृ. 251
48. जॉर्ज पैकर, ऑप. सिट., पृ. 10
49. जेम्स बैमफोर्ड, ए प्रीटेक्स्ट फॉर वार, पृ. 322

50. माइकल आर. गॉर्डोन एंड जूडिथ मिलर, 'थ्रेट्स एंड रिसपोंसेज : दी इराकिज; यूएस सेज हुसेन इंटेंसीफाएज क्वेस्ट फॉर ए–बोम्ब पार्ट्स,' 8 सितम्बर 2002, सोर्सः https://www.nytimes.com/ 2002/09/08/world/ threats/-responses-iraqis-us-says-hussain-intensifiequest-for-bomb-parts.html, एक्सेस्ड ऑन 16 जून 2019
51. जेम्स बैमफोर्ड, ऑप. सिट., पृ. 323–324
52. वही., पृ. 324
53. जॉर्ज पैकर, ऑप. सिट., पृ. 45
54. मोहम्मद अल.बरदेई, *दी एज ऑफ़ डिसेप्शन : न्यूक्लियर डिप्लोमेसी इन ट्रीचरस टाइम्स,* लन्दनः ब्लूम्सबरी, 2011, पृ. 49–50
55. वही., पृ. 53
56. जॉर्ज पैकर, ऑप. सिट., पी 60
57. जेम्स बैमफोर्ड, ऑप. सिट., पृ. 377
58. कैल्मर्स जॉनसन, ऑप. सिट., पी 224
59. 'इराक : वेपन्स इंस्पेक्शन्सः 1991–1998', काउंसिल ऑन फ़ॉरेन रिलेशंस, न्यू यॉर्क, 3 फ़रवरी 2005. सोर्सः https://www.cfr.org/ back grounder/ Iraq-weapons-inspections-1991-1998, एक्सेस्ड ऑन 5 जुलाई 2020
60. ओलिवर स्टोन पीटर कुजनिक, ऑप सिट., पृ. 517
61. डेविड एडवर्ड्स एंड डेविड क्रोमवेल, ऑप. सिट., पृ. 16
62. वही।
63. मोहम्मद अल–बरदेई, ऑप. सिट., पृ. 61.
64. कैल्मर्स जॉनसन, नेमसिसः दी सेंज डेज ऑफ़ अमेरिकन रिपब्लिक, न्यू यॉर्क : मेट्रोपोलिटन बुक्स, 2006, पृ. 16
65. थॉमस रिक्स, *फियास्कोः दी अमेरिकन मिलिटरी एडवेंचर इन इराक,* न्यू यॉर्क : पेंगुइन प्रेस, 2006, पृ. 93–95
66. ग्रेग मिचेल, *सो रॉग फॉर सो लॉन्गः हाउ दी प्रेस, दी पंडित.एंड दी प्रेसिडेंट–फेल्ड ऑन इराक़,* न्यू यॉर्कः यूनिक स्क्वायर प्रेस, 2008, पृ. 964
67. कैल्मर्स जॉनसन, ऑप. सिट., पृ. 25
68. ओलिवर स्टोन एंड पीटर कुजनिक, ऑप. सिट., पृ. 524, कोटिंग निकोलस डी. क्रिस्टोफ, 'फ्लोगिंग दी फ्रेंच', *न्यू यॉर्क टाइम्स,* 31 जनवरी 2003
69. वही., पृ. 525
70. वही., पृ. 526
71. जॉन जॉर्ज स्टोसिंजर, *व्हाई नेशंस गो टू वार,* थोमसन/वैड्सवर्थ, यूनिवर्सिटी ऑफ़ कैलिफोर्निया, 2005, पृ. 279

72. वही., पृ. 525–526
73. बॉब वुडवॉर्ड, *स्टेट ऑफ़ डिनायलः बुश एट वार, पार्ट–III*, न्यू यॉर्कः साइमन एंड शुस्टर, 2006, पृ. 408
74. स्टीव हैविट एंड स्कॉट लेविस, 'दी मीडिया एंड दी यूएस इंटेलिजेंस सर्विसेज बिफोर एंड आफ्टर 9/11' *इन स्पिनिंग इंटेलिजेंस*, पृ. 111
75. 'वुडवॉर्ड : टेनेट टोल्ड बुश WMD केस अ "स्लैम डंक", सीएनएन, 19 अप्रैल 2004. सोर्सः https://edition.cnn.com/2004/ALLPO LITICS/04/18/woodward.book/, एक्सेस्ड ऑन 6 जुलाई 2020
76. ग्रेग मिचेल, ऑप. सिट., लोकेशन 102
77. वही., लोकेशन 105
78. वही., लोकेशन 339–340
79. जेम्स बैम्फोर्ड ऑप. सिट. पृ. 330
80. वही।
81. पृ. 335
82. ओलिवर स्टोन एंड पीटर कुजनिक, ऑप. सिट., पृ. 499
83. कैल्मर्स जॉनसन, ऑप. सिट., पृ. 159
84. ग्रेग मटिट, 'हाइजैकिंग इराक़'स आयल रिजवर्रू इकॉनोमिक हिटमैन एट वर्क' इन स्टीवन हियात्त (एड.), *अ गेम ऐज ओल्ड ऐज एम्पायरः दी सीक्रेट वर्ल्ड ऑफ़ इकॉनोमिकः हिट मेन एंड दी web ऑफ़ ग्लोबल करप्शन*, सैन फ्रांसिस्कोः बोर्रेट–कोहलर पब्लिशर्स, इन., 2007, पृ. 133–155
85. डेविड एडवर्ड्स एंड डेविड क्रोमवेल, ऑप. सिट., पेज xiii

6. अचिच्छुक साम्राज्यवादी बनाव सामाज्यवाद की साज़िश (?)

1. डेविड वाइन, *बेस नेशनः हाउ यू.एस. मिलिटरी बेसेज अब्रॉड हार्म अमेरिका एंड दी वर्ल्ड*, न्यू यॉर्कः मेट्रोपोलिटन बुक्स/हेनरी होल्ट्ज़, 2015, loc. 80; www.tomdispatch.com, एक्सेस्ड ऑन 4 सितम्बर 2012
2. कैल्मर्स जॉनसन, *दी सॉरो ऑफ़ एम्पायरः मिलिटरिज़्म, सीक्रेसी एंड दी एंड ऑफ़ रिपब्लिक*, आउल बुक्स, 2004, पृ. 184
3. वही., पृ. 151
4. पीटर कोएनिग, 'लेट्'स नेवर फॉरगेट व्हाई मुअम्मर गद्दाफ़ी वाज किल्ड', 25 मई 2017. सोर्सः https://www.pambazuka.org/pan-africanism/

let%2%80%99l-never-forget-why-muammar-gaddafi-was-killed, एक्सेस्ड ऑन 20 जून 2020

5. ओलिवर स्टोन एंड पीटर कुजनिक, *दी अनटोल्ड स्टोरी ऑफ़ दी यूनाइटेड स्टेट्स*, लन्दन : एबुरी प्रेस, 2013, पृ. 351–352
6. एंड्रयू जे, बसेविच, *अमेरिका'ज़ वार फॉर दी ग्रेटर मिडल ईस्ट*, न्यू यॉर्क : पेंगुइन रैंडम हाउस, 2016, पृ. xix एंड 4
7. ज़िबग्निएव ब्रेज़ेज़िन्सकी, *दी ग्रैंड चेसबोर्डः अमेरिकन प्राइमेसी एंड इट्स जिओस्ट्रेटेजिक इम्पेरेटिव*, न्यू यॉर्कः बेसिक बुक्स, 1997, पीपृ. xii-xiv
8. वही., पृ. 215
9. वही। ., पृ. 198
10. डिफेन्स प्लानिंगः गाइडेंस 1994–1999. सोर्सः https://www.archives.gov/files/declassification/iscap/pdf/2008-003-docs1-12.pdf, एक्सेस्ड ऑन 5 जनवरी 2020
11. विलियम ब्लूम, *रोग स्टेट : अ गाइड टू दी वर्ल्ड'स ओनली सुपरपॉवर*, लन्दन : जेड बुक्स, 2003, पृ. 185
12. प्रेसिडेंट बुश'स स्टेट ऑफ़ दी यूनियन एड्रेस ऐज रिपोर्टेड बाय *दी न्यू यॉर्क टाइम्स*, 29 जनवरी 1992. सोर्सः https://www.nytimes.com/1992/01/29/us/state-union-transscript-president-bush-s-address-state-union.html] एक्सेस्ड ऑन 15 दिसम्बर 2019
13. कोटेड बाय विलियम ब्लूम *इन रोग स्टेट*, पृ. 274, साइटिंग पब्लिक पेपर्स ऑफ़ दी प्रेसिडेंट्स ऑफ़ यूनाइटेड स्टेट्स (GPO) 1996, वोल. 1, पृ. 654
14. *60 मिनट्स*, CBS, 4 दिसम्बर 1996. सोर्सः https://youtu.be/4iFYaeoE3n4, एक्सेस्ड ऑन 20 जून 2020
15. गोर विडाल, 'दी एनिमी विदीन', *दी ऑब्ज़र्वर*, 27 अक्टूबर 2002, रिव्यू सेक्शन, पृ.1–4. सोर्सः https://www.ratical.org/ratville/CAH/EnemyWithin.html, एक्सेस्ड ऑन 20 मई 2020
16. वही।
17. रोबर्ट कागन, *'बेनेवोलेंट एम्पायर'*, फॉरेन पालिसी, समर 1998, रिप्रिंटेड बाय कार्नेगी एंडोमेंट फॉर इंटरनेशनल पीस, 1 जून 1998
18. निअल फर्गुसन, *दी अनकॉन्शस कॉलॉससः लिमिट्स ऑफ़ (एंड अल्टरनेटिव्स टू) अमेरिकन एम्पायर*, डेडोलस, वोल. 134, न. 2, ऑन इम्पेरिअलिस्म (स्प्रिंग, 2005), पृ. 18.33
19. सेबास्टियन मालाबी, 'दी रिलक्टंट इम्पेरिअलिस्टः टेररिज़्म, फेल्ड स्टेट्स, एंड दी केस फॉर अमेरिकन एम्पायर', फॉरेन अफेयर्स, वोल. 81 न. 2, पृ. 2–7

20. जोसफ़ एस. नाए जूनियर, *दी पैराडॉक्स ऑफ़ अमेरिकन पॉवरः व्हाई दी वर्ल्ड'स ओनली सुपरपावर कैन,ट गो इट अ़लोन,* न्यू यॉर्कः ऑक्सफ़ोर्ड यूनिवर्सिटी प्रेस, 2002, पृ. 16
21. जि. जॉन इकेनबेरी, 'अमेरिका'ज़ इम्पीरियल एम्बिशन्स', फ़ॉरेन अफेयर्स, वोल. 81, न. 5, सितम्बर–अक्टूबर 2002, पृ. 44–60
22. वही।
23. डेरेक इड, 'दी एबलिटी टू डिफाइन फेनोमेनाः अ हिस्टिरियोग्राफी ऑफ़ यू. एस. एम्पायर इन दी मिडिल ईस्ट', 6 दिसम्बर 2018, सोर्सः https://www.hamptonthink..org/read/the-ability-to-def ine-phenomena-a-historiography-of-us-empire-in-the-middle-east, एक्सेस्ड ऑन 5 जुलाई 2020
24. कोटेड इन नोम चोमस्की'ज़ *व्हाट अंकल सैम रियली वांट्स,* यूएसएः ओडोनियन प्रेस, 2002, पृ. 9–10
25. वही., पृ. 11
26. https://www.azquotes.com/author/456-Jean_Anaoilh, एक्सेस्ड ऑन 7 जून 2020
27. डेविड रोथकोफ, सुपरक्लास : हाउ दी रिच रुइंड आवर वर्ल्ड, न्यू यॉर्क : अबेकस, 2008, पृ. xvi
28. एंड्रयू गेविन मार्शल, 'ग्लोबल पॉवर प्रोजेक्टः एक्स्पोजिंग दी ट्रांजिशनल कैपिटलिस्ट क्लास–पार्ट 1' 24 जून 2013, सोर्सः https://www.tran scend.org/त्म20स13/06/exposing-the-transnational-capitalist-class/, एक्सेस्ड ऑन 2 जुलाई 2020
29. प्रेसिडेंट जॉर्ज एच. डब्ल्यू. बुश'स जॉइंट सेशन ऑन दी इराक़ी इनवेशन ऑफ़ कुवैत, 11 सितम्बर 1990. सोर्सः https://history.house.gov/Historical-Highlights/1951-2000/President-George-H-W-Bush-s-joint-session-on-the-Iraqi-invasion-of-Kuwait/, एक्सेस्ड इन जुलाई 2020

7. साम्राज्य, आप्रवासन राष्ट्रवाद और इस्लाम

1. सोर्सः https://winstonchurchill.org/\s=MOHAMMEDANISM, एक्सेस्ड इन जुलाई 2020

2. डेविड फ्रॉमकिन, *अ पीस टू एंड आल पीसः दी फॉल ऑफ़ ओटोमन एम्पायर एंड दी क्रिएशन ऑफ़ दी मॉडर्न मिडिल ईस्ट*, न्यू यॉर्कः आउल बुक्स, 1989, पृ. 96.97
3. हुव बेनेट, 'वर्ड्स आर चीपर दैन बुलेट्सः ब्रिटेन'स साइकोलोजिकल वारफेयर इन दी मिडिलईस्ट, 1945–60'. सोर्सः https://doi.org/10.1080/02684527.2019.1628454, एक्सेस्ड इन जून 2020
4. मार्क कर्टिस, *सीक्रेट अफेयर्सः ब्रिटेन'स कोलूशन विद रैडिकल इस्लाम*, लन्दनः प्रोफाइल बुक्स, 2010, पृ. 72
5. वही., पृ. 67–75
6. वही., पृ. 93–94
7. वही., पृ. 154
8. वही., पृ. 136
9. रोरी कोर्मक, *डिसरप्ट एंड डिनाईः स्पाइसेज, स्पेशल फोर्सेस एंड सीक्रेट परस्यूट ऑफ़ ब्रिटिश फॉरेन पालिसी*, ऑक्सफ़ोर्ड : ऑक्सफ़ोर्ड यूनिवर्सिटी प्रेस, 2018, पृ. 224
10. वही., पृ. 225
11. मार्क कर्टिस, *सीक्रेट अफेयर्स*, पृ. 267
12. मार्क कर्टिस, *सीक्रेट अफेयर्स*, पृ. 195
13. जॉन पिल्गर, 'दी ट्रुथस दे नेवर टेल अस,' *न्यू स्टेट्समैन*, 6 नवम्बर 2001. सोर्सः https://www.newstatesman.com/node/194247, एक्सेस्ड इन जुलाई 2020
14. मार्क कर्टिस, *वेब ऑफ़ डिसीटः ब्रिटेन'स रियल रोल इन दी वर्ल्ड*, लन्दनः विंटेज, 2003, पृ. 3
15. वही., पृ. 4
16. मार्क कर्टिस, *वेब ऑफ़ डिसीट*, पृ. 3–5
17. वही., पृ. 101–107
18. वही., पृ. 327–334
19. वही., पृ. 4
20. 'रवांडा–व्हाई दी इंटरनेशनल कम्युनिटी लुक्ड अवे', ड्यूश वेलर. सोर्सः https://www.dw.com/en/rwanda-why-the-international-comm unity-looked-away/a-4157229, एक्सेस्ड ऑन 6 जनवरी 2020
21. जॉन पिग्लर (एड.), *टेल मी नो लाईजः इन्वेस्टीगेटिव जर्नलिज़्म एंड इट्स ट्रन्फ्स*, लन्दन : जोनाथन केप, 2004, पृ. 433

22. गिल्बर्ट आशकार, *दी क्लैश ऑफ़ बार्बरिज्मः दी मेकिंग ऑफ़ दी वर्ल्ड डिसऑर्डर*, लन्दनः SAQI, 2006, पृ. 126
23. रुडयार्ड किपलिंग, 'दी वाइट मैन'स बर्डन', दी टाइम्स (लन्दन), 4 फ़रवरी 1899.
24. गिल्बर्ट आशकार, ऑप. सिट., पृ. 126
25. रोरी कोर्मक, ऑप. सिट., पृ. 261–62
26. मार्क कर्टिस, *सीक्रेट अफेयर्स*, पृ. 366
27. वही., पृ. 366–67
28. ओलिवर स्टोन एंड पीटर कुजनिक, *दी अनटोल्ड हिस्ट्री ऑफ़ दी यूनाइटेड स्टेट्स*, लन्दन : एबुरी प्रेस, 2013, पृ. 365
29. वही., पृ. 362
30. मार्क कर्टिस, *सीक्रेट अफेयर्स*, पृ. 365
31. इयान कोबेन, 'हाउ ब्रिटेन डिड गद्दाफ़ी'ज़ डर्टी वर्क', *दी गार्डियन*, 9 नवम्बर 2017. सोर्सः https://www.theguardian.com/news/2017/nov/09/how-britain-did-gaddafis-dirty-work-liby, एक्सेस्ड इन जून 2020
32. डेविड एडवर्ड्स एंड डेविड क्रोमवेल, *प्रोपगैंडा ब्लिट्ज़ः हाउ दी कॉरपोरेट मीडिया डिसटॉर्ट रियलिटी*, लन्दनः प्लूटो प्रेस, 2018, पृ. 85
33. कबीर तनेजा, *दी आइसिस पेरिल : दी वर्ल्ड'स मोस्ट फियर्ड टेरर ग्रुप एंड इट्स शैडो ऑन साउथ एशिया*, न्यू डेल्हीः पेंगुइन वाइकिंग, 2019, पृ. 47–48
34. 'प्रीफर्ड कनक्लूजंस, दी बीबीसी, सीरिया एंड वेनेजुएला', *मीडिया लेंस*, 13 सितम्बर 2007, सोर्सः https://www.medialens.org/index-php/alerts/alert-archive/2017/854-preffered-conclusions-the-bbc-syria-and-venezuela.html, एक्सेस्ड इन जून 2020
35. डेविड एडवर्ड्स, 'लिमिटेड बट परसुएसिव एविडेंस–सीरिया, सरीन, लीबिया लाएज', *मीडिया लेंस*, 13 जून 2013. सोर्सः https://www.medialens.org/2013/limited-but-persuasive-evidence-syria-sarin-libya-lies/, एक्सेस्ड इन जून 2020
36. वही।

8. राजनीतिक औचित्य के जोख़िम

1. ओरिअना फलासी, *दी रेज एंड दी प्राइड*, न्यू यॉर्कः रिजोली इंटरनेशनल, 2002, पृ. 98

2. एंड्रयू वीटक्रॉफ्ट, *इनफिडेल्सः अ हिस्ट्री ऑफ़ दी कनफ्लिक्ट बिटवीन क्रिस्टनडम एंड इस्लाम*, लन्दनः वाइकिंग, 2003.
3. वही., पृ. 39
4. वही।
5. वही., पृ. 353–355
6. वही।
7. 'यूएस इज़ "बैटलिंग शैतान" सेज जेनरल', बीबीसी न्यूज़, 17 अक्टूबर 2003. सोर्सः https://news.bbc.co.uk/2/hi/americas/3199212.stm, एक्सेस्ड ऑन 15 जुलाई 2020
8. विलियम अर्किन, 'दी पेंटागन अनलीशेस अ होली वारियर' *लोस एंजेल्स टाइम्स*, 16 अक्टूबर 2003. सोर्सः https://www latimes.com/archives/la-xpm-2003-oct-16-oe-arkin16-story.html#:~:text=%E2%80%9CLadies%20and%20gentleman%2C%20this%20is]U.S.%20officicial%20to%20deliver, एक्सेस्ड ऑन 15 जुलाई 2020
9. सैमुएल पृ. हटिंगटंग, *दी क्लैश ऑफ़ सिविलाइजेशंस एंड दी रिमेकिंग ऑफ़ वर्ल्ड आर्डर*, न्यू यॉर्कः साइमन एंड शुस्टर, 1996, पृ. 209
10. वही।
11. डगलस मरी, *दी स्ट्रेंज डेथ ऑफ़ यूरोप*, लन्दनः ब्लूम्सबरी, 2018
12. वफ़ा सुल्तान, *अ गॉड हूँ हेट्स*, न्यू यॉर्कः सेंट मार्टिंस प्रेस, 2009, पृ. 61
13. मिचेल हॉलबेक, *सबमिशन*, लन्दनः विंटेज, 2015
14. माइकल श्यूएर, *इम्पीरियल हबरिसः व्हाई दी वेस्ट इज़ लूजिंग दी वार ऑन टेरर*, वाशिंगटन, डी.सी.: पोटोमैक बुक्स, 2005, पृ. 6.7
15. ब्रूस बावर, *व्हाइल यूरोप स्लेप्टः हाउ रेडिकिल इस्लाम इज़ डिस्ट्रॉयिंग दी वेस्ट फ्रॉम विदीन*, यूएसएः एंकर, 2006, पृ. 70
16. जॉर्ज माइक्स, *हाउ टू बी ए ब्रिट*, लन्दन : पेंगुइन बुक्स, 1986, पृ. 8
17. ब्रूस बावर, ऑप. सिट., पृ. 71
18. वही., पृ. 78
19. वही।
20. वही., पृ. 78–79
21. वही., पृ. 80
22. वही., पृ. 161
23. पास्कल ब्रूकनर, दी *टिरेनी ऑफ़ गिल्ट*, प्रिन्सटनः प्रिन्सटन यूनिवर्सिटी प्रेस, 2010, पृ. 6
24. पॉल वलेरी, *रिफ्लेक्शंस ऑन दी वर्ल्ड टुडे*, न्यू यॉर्कः पेंथोन, 1948

25. गिल्बर्ट आशकार, *दी क्लैश ऑफ़ बार्बरिज़्मः दी मेकिंग ऑफ़ दी वर्ल्ड डिसऑर्डर,* लन्दन : SAQI, 2006 पृ. 35
26. रजा अहमद रूमी, 'मुस्लिम क्लेरिक्स मस्ट रिजेक्ट नोशन्स ऑफ़ नॉन. मुस्लिम इमफेरियोरिटी', आरएनएस, 16 दिसम्बर 2015. सोर्सः https://www.religionnews.com/transmission/muslim-clerics-must-reject-notions-of-non-muslim-imferiority/, एक्सेस्ड इन जून 2020
27. डगलस मरी, ऑप. सिट., पृ. 15
28. यूके सेन्सस, 2011. सोर्सः https://www.ons]gov.uk/census/ 2011 census, एक्सेस्ड इन जून 2020
29. डगलस मरी, ऑप. सिट., पृ. 12–13
30. वही., पृ. 17
31. 'रोदरहैम चाइल्ड एब्यूज स्कैंडलः 1,400 चिल्ड्रेन एक्स्प्लॉयटेड, रिपोर्ट फाइंडस', बीबीसी न्यूज़, 26 अगस्त 2014. सोर्सः https://www.bbc.com/news/uk-england-south-yorkshire-28939089, एक्सेस्ड इन जून 2020
32. डगलस मरी, ऑप. सिट., 54–55
33. 'हिस्टीरिया ओवर मिनिस्टर'स शरिया कोट्स', *डच न्यूज़,* 14 सितम्बर 2006. सोर्सः https://www.dutchnews.nl/news/2006/09/hysteria_over_ministers_sharia/, एक्सेस्ड इन जून 2020
34. ब्रूस बावर, ऑप. सिट., पृ. 161
35. ओरिअना फलासी, ऑप. सिट., पृ. 181–82
36. थिलो साराजिन, *ड्यूशलैंड स्क्काफ्त सित्च अब (जर्मनी अबोलिशेस इटसेल्फ़ः हाउ वी आर पुटिंग आवर कंट्री इन जिओपारडी)* म्यूनिखः ड्यूश वेर्लाग्स. अन्स्टाल्ट, 2010
37. मैथ्यू वीवर एंड एजेंसीज, एंजेला मार्कलः जर्मन मल्टीकल्चरिज़्म हैज 'अटरली फेल्ड', *गार्डियन,* 17 अक्टूबर 2010. सोर्सः https://www.theguardian.com/world/2010/oct/17/angela-merkel-germam-multiculturalism-failed, एक्सेस्ड ऑन 16 जुलाई 2020
38. 'पीएम्स स्पीचेज म्यूनिख़ सिक्यूरिटी कॉन्फ्रेंस', 5 फ़रवरी 2011 सोर्सः https://www.gov.uk/government/speeches/pms-speech-at-munich-security-conference, एक्सेस्ड इन जून 2020
39. डगलस मरी, ऑप. सिट., पृ. 97
40. वही., 131

41. ब्रूस बावर, ऑप. सिट., पृ. 164
42. वही., पृ. 201
43. अयान हिरसी अली, *हेरेटिक : व्हाई इस्लाम नीड्स अ रिफोर्मेशन नाउ*, न्यू यॉर्क : हार्परकॉलिंस, 2015, पृ. 152
44. इवान सोलोमन, 'फाइटिंग इन अफ़ग़ानिस्तानः "यू हैव दी वाचेज़, वी हैव दी टाइम",' मैकलीन्स, 7 सितम्बर 2017. सोर्सः https://www.macleans.ca/news/fighting-in-afghanistan-you-have-thewatches-we-have-the-time/, एक्सेस्ड इन जून 2020
45. सोर्सः https://www.democracynow.org/2005/6/8/french_repor ter_kidnapped_by_iraqi_resistence, एक्सेस्ड ऑन 16 जुलाई 2020
46. ब्रूस बावर, ऑप. सिट., पृ. 176–177
47. प्रेस असोसिएशन, 'वूलविच अटैकः डेविड कैमरोन'स फुल स्टेटमेंट', *गार्डियन*, 23 मई 2013. सोर्सः https://www.theguardian.com/uk/ 2013/may/23/woolwich-attack-david-cameron-statement, एक्सेस्ड इन जून 2020
48. ली फेरान, रीम मोमताज़ एंड जेम्स गॉर्डोन मीक, "ब्रिटिश पीएम ऑन न्यू आइसिस बिहेडिंगः 'दे आर नॉट मुस्लिम्स, [बट], मॉन्स्टर्स",' एबीसी न्यूज़, 14 सितम्बर 2014, https://abcnews.go.com/International/british-pm-isis-beheading-theyre-muslims-monsters/story\id=25491141, एक्सेस्ड इन जून 2020
49. डगलस मरी, ऑप. सिट., पृ. 141–142
50. वही., पृ. 204
51. वही., पृ. 192–93
52. वही., पृ. 254
53. वही., पृ. 254–55
54. वही., पृ. 232–33
55. वही., पृ. 236
56. वही (lbid)
57. वही।
58. वही., पृ. 236–37
59. वही., पृ. 233–37
60. वही., पृ. 237
61. विक्रम सूद, 'नो वैफलिंग आफ्टर बेल्जियम', *इकॉनोमिक टाइम्स*, न्यू डेल्ही : 28 मार्च 2016. सोर्सः https://economoctimes.indiatimes.com/blogs/et-editorials/no-waffling-after-belgium/] एक्सेस्ड ऑन 16 जुलाई 2020

62. सैमुएल पृ. हंटिंगटन, हू *आर वी?*, न्यू डेल्हीः पेंगुइन बुक्स, 2004, पृ. 358
63. सोर्सः https://youtu.be/SV_GMeZ_XmA, एक्सेस्ड इन जून 2020
64. सोर्सः https://www.youtu.be.com/watch\v=D9cSbNc-78, एक्सेस्ड इन जून 2020
65. सोर्सः https://youtu.be/dKv2CRreX14, एक्सेस्ड इन जून 2020

9. रूस का तरीक़ा

1. 'आल दी लाइज वी कैन नॉट सीः ऑपरेशन इन्फेक्शन एंड एचआईवी/एड्स इन दी सोवियत यूनियन', 26 अप्रैल 2018. सोर्सः https://emmajeanhistory.wordpress.co/2018/04/26/all-the-lies-we-can-not-see-operation-infektion-and-hiv-aids-in-soviet-union/, एक्सेस्ड इन जून 2020
2. वही।
3. वही।
4. 'सोवियत इन्फ्लुएंस एक्टिविटीजः अ रिपोर्ट ऑन एक्टिव मेजर्स एंड प्रोपगैंडा, 1986.87', यूएस स्टेट डिपार्टमेंट अगस्त 1987. सोर्सः https://jmw.typepad.com/files/state-department-a-report-on-active-measures-and-propganda.pdf, एक्सेस्ड इन मई 2020
5. सोर्सः https://www.sunsentinelcom/news/flxpm-2005-01-30-0501271194-story.html, एक्सेस्ड इन जुलाई 2020
6. रोस बबेज एट अल., 'विनिंग विदाउट फाइटिंग : चाइनीज एंड रसियन पोलिटिकल वारफेयर केमपेंस एंड हाउ दी वेस्ट कैन प्रिवेल', सेंटर फॉर स्ट्रेटजिक एंड बजेटरी एसेस्मेंट्स, 2019. सोर्सः https://csbaonline.org/uploads/documents/Winning_Without_Fighting_Annex_Final.pdf, एक्सेस्ड, अप्रैल 2020
7. केविन मैकॉले, *रसियन इन्फ्लुएंस केम्पेंस अगेंस्ट दी वेस्टः फ्रॉम दी कोल्ड वार टू पुतिन,* क्रिएटस्पेस इंडिपेंडेंट पब्लिशिंग प्लेटफ़ॉर्म, 2016, पृ. 4–5
8. वही., पृ. 6–7
9. यूएस गवर्नमेंट, यूएस मिलिटरी, डिपार्टमेंट ऑफ़ डिफेन्स, *कनक्वेस्ट फ्रॉम विदीनः अ कॉमपरेटिव एनालिसिस बिटवीन सोवियत एक्टिव मेजर्स एंड यू.एस. अनकनवेंशनल वारफेयर डॉक्ट्रिन.फेशिनेटिंग रिव्यू ऑफ़ रसियन केजीबी डिसइन्फोर्मेशन,* फोर्जरिज, एंड प्रोपेगंडा , प्रोग्रेसिव मैनेजमेंट, 2018, पृ. 172

10. वही., पृ. 276
11. वही., पृ. 828–871
12. ओलेग कलुगिन, *स्पाईमास्टरः माय थर्टी–टू इयर्स इन इंटेलिजेंस एंड एस्पॉयनेज अगेंस्ट दी वेस्ट*, न्यू यॉर्कः बेसिक बुक्स, पृ. 103–104
13. क्रिस्टोफर एंड्रयू एंड वसिली मित्रोखिन, दी *मित्रोखिन आर्काइव वोल.* II, लन्दनः एलन लेन, 2005, पृ. 321
14. इन्दर मल्होत्रा, इन्दिरा गाँधीः *अ पर्सनल एंड पोलिटिकल बायोग्राफी*, न्यू डेल्ही : हे हाउस, 2014, पृ. 2741
15. 'यूरी बेज्मेनोव–डिसेप्शन वाज माय जॉब–फुल इंटरव्यू'. सोर्सः https://www.youtube.com/watch\v=eS3XjsVV4tA, एक्सेस्ड इन जून 2020
16. वही., फ्रॉम अबाउट 0.30 टू 0.34
17. कन्फेशन ऑफ़ अ केजीबी एजेंट', 15 नवम्बर 2018. सोर्सः https://forbiddenknowledgetv.net/confessions-of-a-kgb-agent/, एक्सेस्ड इन जून 2020
18. वही।
19 केविन मैकॉले, *रसियन इन्फ्लुएंस कैम्पेंस अगेंस्ट दी वेस्टः फ्रॉम दी कोल्ड वार टू पुतिन*, क्रिएटस्पेस इंडिपेंडेंट पब्लिशिंग प्लेटफार्म, 2016
20. सुजन डन, 'दी डिबेट बिहाइंड दी यूएस इंटरवेंशन इन वर्ल्ड वार II', *दी अटलांटिक*, 8 जून 2013. सोर्सः https://www.theatlantic.com/national/archive/2013/07/the-debate-behind-us-intervention-in-worl-dwar-ii/277572/, एक्सेस्ड इन जुलाई 2020
21. यूएस गवर्नमेंट, यूएस मिलिटरी, डिपार्टमेंट ऑफ़ डिफेंस, कनक्वेस्ट फ्रॉम विदीन, लॉक. 136
22. अलेक्जेंडर ग्रीनबर्ग, 'कंट्रोलिंग दी नैरेटिवः हाउ पोलिटिकल वारफेयर कैन इन्फ्लुएंस पालिसी', रियल क्लियर डिफेन्स, 31 जुलाई 2018. सोर्सः https://www.realcleardefense.com/articles/2018/07/31/cont rolling_the_narrative_how_political_warfare_can_infulence_policy_113699.html, एक्सेस्ड इन जून 2020
23. 'क्लाउन रन्स फॉर प्रेज़', *डेली न्यूज़*, न्यू यॉर्कः 17 जून 2015
24. क्रेग उंगेर, *दी हाउस ऑफ़ ट्रम्प, दी हाउस ऑफ़ पुतिनः दी अनटोल्ड स्टोरी ऑफ़ डोनाल्ड ट्रम्प एंड दी रसियन माफिया*, लन्दन : बैंटम प्रेस, ट्रांसवर्ल्ड यूके, एंड पेंगुइन रैंडम हाउस, 2018, पृ. 12.16
25. वही।

26. वही. पृ. 49
27. वही. पृ. 50
28. वही., 66.67
29. जेम्स एम. ल्यूड्स, 'रसियन रीड आवर कोल्ड वार प्लेबुक', *वार ऑन दी रॉक्स*, 3 नवम्बर 2016. सोर्सः https://warontherocks.com/2016/11/the-russians-read-our-cold-war-playbook/, एक्सेस्ड इन जून 2020
30. व्हिटनी मिलाम, 'हूँ इज़ व्लादिस्लाव सुर्कोव?', 15 जुलाई 2018. सोर्सः https://medium.com/@wmilam/the-theater-director-who-is-vadislav-surkov-9dd8a15e0efb, एक्सेस्ड इन जून 2020
31. मौली के. मेकव, 'रसिया इज़ आलरेडी विनिंग', *पोलिटिको*, 18 जनवरी 2017, https://www.politico.com/magazine/story/2017/01/rus sia-is-already-winning-214648, एक्सेस्ड इन जून 2020
32. वही।
33. टेक्स्ट ऑफ़ यूजीन रुमर्स टेस्टीमनी, कार्नेगी एंडोमेंट फॉर इंटरनेशनल पीस, 30 मार्च 2017. सोर्सः https://carnegieendowment.org/ 2017/03/30/russian-active-measures-and-influence-campaigns-pub-68438, एक्सेस्ड इन जून 2020
34. जेनरल कीथ बी. एलेक्जेंड'र्स स्टेटमेंट बिफोर दी सीनेट सेलेक्ट कमिटी ऑन इंटेलिजेंस, 30 मार्च 2017. सोर्सः https://www.intelligence.senate.gov/sites/default/files/documents/os-kalexander-033017.pdf. एक्सेस्ड इन जून 2020
35. लिओनल बार्बर, हेनरी फोय एंड अलेक्स बेकर, 'व्लादिमीर पुतिन सेज लिबर्लिज़्म हैज "बिकम ओबसेलीट", *फाइनेंसियल टाइम्स*, 28 जून 2019, सोर्सः https://www.ft.com/content/670039ec-98f3-11e9-9573-ee5cbb98ed36, एक्सेस्ड इन जून 2020
36. मौली के. मैक्यू, 'दी गेरासिमोव डॉक्ट्रिन', *पोलिटिको*, 9 जुलाई 2015. सोर्सः https://www.politico.eu/article/new-battles-cyberwarfare-russia/, एक्सेस्ड इन जून 2020
37. जरमी हर्ब, केटलिन पोलंत्ज एंड लॉरा जर्रेट, 'मुएलरः "इफ वी हैड कॉन्फिडेंस दैट दी प्रेसिडेंट क्लियरली डिड नॉट कमिट अ क्राइम, वी वुड हैव सेड सो"', 30 मई 2019. सोर्सः https://edition.cnn.com/2019/05/29/

politics/robert-mueller-special-counsel-investigation/index.html. एक्सेस्ड इन जून 2020

38. एरिक गेलर, 'कलूशन असाइड, मुएलर फाउंड एबुडेंट एविडेंस ऑफ़ रसियन इलेक्शन प्लाट', *पोलिटिको*, 18 अप्रैल 2019. सोर्सः https://www.politico.com/story/2019/04/18/mueller-report-russion-election-plot-1365566, एक्सेस्ड इन जुलाई 2020
39. 'रसिया'ज़ स्ट्रेटेजिक आर्म्स आर 3 जेनेरेशंस अहेड ऑफ़ दी मोस्ट अडवांस्ड यूएस वंस', *रसिया इनसाइट*, 6 मार्च 2018. सोर्सः https://m.youtube.com/watch\v=gP24vcGxRymMcfeature=youtube, एक्सेस्ड इन जून 2020
40. डगलस इ. शोएन, *पुतिं'स मास्टर प्लानः टू डिस्ट्रॉय यूरोप, डिवाइड नाटो, एंड रिस्टोर रसियन पॉवर एंड ग्लोबल इन्फ्लुएंस*, न्यू यॉर्क : एनकाउंटर बुक्स, 2016, पृ. 61'63

10. वैश्विक परिदृश्य और चीन की दृष्टि

1. माइकल फॉरसिथ, एरिक लिप्टन, कीथ ब्रेडशर एंड सुई–ली वी, 'अ "बिज" टू चाइना एंड हर फ़ैमिली'ज़ बिजनेस, इन दी ट्रम्प कैबिनेट', *न्यू यॉर्क टाइम्स*, 2 जून 2019. सोर्सः https://www.nytimes.com/2019/06/02/us/politics/elaine-chao-china.html\action=clickcmodule=RelatedCoveragecpgtype=Articlecregion=Foote, एक्सेस्ड इन जून 2020
2. रोबर्ट स्पाल्डिंग, *स्टील्थ वारः हाउ चाइना टुक over व्हाइल अमेरिका'ज़ इलीट स्लेप्ट*, न्यू यॉर्कः पोर्टफोलियो, 2019, पृ. 4–10 एंड 10
3. वही., पृ. 7
4. इयान जॉनसन, 'हूँ किल्ड मोर : हिटलर, स्टालिन ओर माओ?' *दी न्यू यॉर्क रिव्यू ऑफ़ बुक्स*, 5 फ़रवरी 2018, https://www.nybooks.com/daily/2018/02/who-killed-more-hitler-stalin-or-mao/, एक्सेस्ड इन जून 2020
5. डेनिस ब्लडवर्थ, *चाइनीज लुकिंग ग्लास*, लन्दनः पेंगुइन, 1967, पृ. 43
6. सोर्सः https://www.theglobeandmail.com/technology/spy-case-shakes-up-nortel/article1160535/, एक्सेस्ड इन जुलाई 2020
7. डेविड शैमबूग, *पॉवर शिफ्टः चाइना एंड एशिया'ज़ न्यू डायनामिक्स*, लोस एंजेल्सः यूनिवर्सिटी ऑफ़ कैलिफ़ोर्निया प्रेस, 2005, पृ. 1

8. चाइनीज मीडिया ब्लास्ट यूएस स्पिन ऑन टार्चर रिपोर्ट, 11 दिसम्बर 2014. सोर्सः https://www.thebricspost.com/chinese-media-blasts-us-spin-on-torture-report/#.XxFGqZ4zblV, एक्सेस्ड इन जुलाई 2020
9. पॉल क्रोयेर, *'चाइनीज इन्फोर्मेशन वारफेयर–लिवरेजिंग दी पॉवर ऑफ़ परसेप्शन'*, *फोर्ब्स*, 13 अक्टूबर 2015. सोर्सः https://www.forbes.com/sites/paulcoyer/2015/10/13/chinese-information-warfare-and-sino-american-rivalary/#76696d5b703b, एक्सेस्ड इन जून 2020
10. डेनिस एफ. पॉइंटडेक्सटर, *दी चाइनीज इन्फोर्मेशन वारः एस्पॉयनेज, साइबरवार, कम्युनिकेशंस कंट्रोल एंड रिलेटेड थ्रेट्स टू यूनाइटेड स्टेट्स इंटरेस्टस*, जेफ़रसन, नार्थ कैरोलिनाः मैकफरलैंड, 2013, लोक. 1512
11. वही।
12. 'प्रेसिडेंट जी अर्जेज न्यू मीडिया आउटलेट टू "टेल चाइना स्टोरीज वेल",' *ग्लोबल टाइम्स*, 31 दिसम्बर 2016. सोर्सः http://www.globaltimes.cn/content/1026592.shtml, एक्सेस्ड इन जुलाई 2020
13. अनन्त कृष्णन, 'चाइना इज़ बायिंग गुड प्रेस अक्रॉस दी वर्ल्ड, वन पेड जर्नलिस्ट एट अ टाइम', *दी प्रिंट*, 23 नवम्बर 2018. सोर्सः https://theprint.in/opinion/china-is-paying-foreign-journalists-including-from-india-to-report-from-beijing/154013/amp/, एक्सेस्ड इन जून 2020
14. मार्टिन जैक्स, *व्हेन चाइना रूल्स दी वर्ल्डः दी एंड ऑफ़ दी वेस्टर्न वर्ल्ड एंड दी बर्थ ऑफ़ न्यू ग्लोबल आर्डर*, लन्दनः पेंगुइन बुक्स 2012, पृ. 497–498
15. वही., पृ. 583
16. https://www.globalsecurity.org/military/world/china/24-character.html, एक्सेस्ड इन जुलाई 2020
17. सुजन शर्क, *चाइनाः फ्रैजल सुपरपावर, हाउ चाइना'ज़ इंटरनल politics कुड डिरेल इट्स पीसफुल राइज*, ऑक्सफोर्डः ऑक्सफ़ोर्ड यूनिवर्सिटी प्रेस, 2007, पृ. 105–07
18. डेविड बोनाविया, *दी चाइनीज*, लन्दन : पेंगुइन, 1989
19. आरोन एल. फ्राइडबर्ग, 'दी स्ट्रगल फॉर मास्टरी इन एशिया', *कमेंटरी*, नवम्बर 2000. सोर्सः https://www.commentarymagazine.com/arti cles/aaron-friedberg/the-struggle-for-mastery-in-asia/, एक्सेस्ड इन जुलाई 2020

20. आरोन एल. फ्राइडबर्ग, *अ कांटेस्ट फॉर सुपरमेसी : चाइना, अमेरिका एंड दी स्ट्रगल फॉर मास्टरी इन एशिया*, न्यू यॉर्क : डब्ल्यू. डब्ल्यू. नॉर्टम एंड कम्पनी, 2011, पृ. xiv
21. नियाल फर्गुसन, *दी वार ऑफ़ दी वर्ल्डः ट्वेंटीएथ सेंचुरी कनफ्लिक्ट एंड दी डिसेंट ऑफ़ दी वेस्ट*, लन्दनः पेंगुइन, 2006, पृ. lxix
22. आरोन एल. फ्राइडबर्ग, अ कांटेस्ट फॉर सुपरमेसी, पृ. 158
23. 'हाउ चाइना इज़ टेकिंग कंट्रोल ऑफ़ हॉलीवुड', दी हेरिटेज फ़ाउंडेशन, सोर्सः https://www.heritage.org/asia/heritage-explains/how-china-taking-control--hollywood, एक्सेस्ड इन जून 2020.
24. जयदेव रानाडे, *शी जिनपिंग'स चाइना*, न्यू डेल्हीः के.डब्ल्यू. पब्लिशर्स, 2018, पृ. 345
25. 'ली कुआन येव', चार्ली रोज, 22 अक्टूबर 2010. सोर्सः https://charlierose.com/episodes/15567, एक्सेस्ड इन जून 2020
26. गॉर्डोन चांग, 'ट्रैकिंग डाउन दी ओरिजिन ऑफ़ दी वुहान वायरस', *ईपक टाइम्स*, सोर्सः https://www.theepochtimes.com/coronavirusfilm, एक्सेस्ड इन जून 2020
27. सोर्सः https://www.sdxcentral.com/articles/news\us-charg es-huawei-with-theft- espionage/2020/02/#:~:text=Huawei%20is%20charged%202009with%20conspiring]government%20protests%20there%20in%202009, एक्सेस्ड इन जुलाई 2020
28. गौतम चिकरमाने, '5G इन्फ्रास्ट्रक्चर, हावेई'स टेक्नो–इकॉनोमिक एडवांटेजेज एंड इंडिया'ज़ नेशनल सिक्यूरिटी कन्सर्न्सः एन ओआरएफ ओकेजनल पेपर, न. 226, दिसम्बर 2019. सोर्सः https://www.orfonline.org/research/5g-infrastructure-huaweis-techno-economic-advantages-and-indias-national-security-concerns-58644/, एक्सेस्ड इन जून 2020
29. रिकॉर्ड ऑफ़ दी डिस्कसन बिटवीन दी ऑथर्स एट दी ऑस्ट्रेलियन इंस्टीट्यूट ऑफ़ इंटरनेशनल अफेयर्स, 7 जुलाई 2020. सोर्सः https://youtu.be/KJsn6LHxaCE, एक्सेस्ड इन जुलाई 2020
30. मौरा मोयनिहन, 'टॉप वेस्टर्न इलीट्स आर नाउ चीयरलीडर्स फॉर जिंग'स चाइना', *डक्कन क्रोनिकल्स*, 6 मई 2020. सोर्सः https://www.deccanchronicles.com/opinion/columnists/070520/maura-moynihan-top-western-elites-are-now-cheerleaders-for-xis-chi.html; 60 मिनट्स ऑस्ट्रेलिया, 'इन्वेस्टीगेशनः व्हाई इज़ चाइना ऑन दी मूव इन दी साउथ पैसिफ़िक', सोर्सः https://youtu.be/BzCqQKnF9Oo, आल लिंक्स एक्सेस्ड इन जून 2020.

11. औद्योगिक घरानों के सपने

1. ड्रेक बेनेटएंड माइकल रिले, 'बूज एलेन, दी वर्ल्ड'स मोस्ट प्रॉफिटेबल स्पाई ऑर्गनाइजेशन', *ब्लूमबर्ग बिज़नेसवीक,* 22 जून 2013. सोर्सः https://www.bloomberg.com/news/articles/2013-06-20/booz-allen-the-worlds-most-profitable-spy-organization, एक्सेस्ड इन जून 2020
2. टिम शोरॉक, *स्पाइज फॉर हायर दी सीक्रेट वर्ल्ड ऑफ़ इंटेलिजेंस आउटसोर्सिंग,* न्यू यॉर्क : साइमन एंड शुस्टर, 2008. पृ. 52
3. वही., पृ. 127–28
4. वही., पृ. 143–149
5. माइकल लेडीन, *दी वार अगेंस्ट दी टेरर मास्टर्सः व्हाई इट हैपन्ड. व्हेयर वी आर नाउ. हाउ वी विल विन.* न्यू यॉर्कः ट्रूमैन टैली बुक्स, 2012, पृ. 212
6. वही., पृ. 213–216
7. नाओमी क्लिन, *दी शॉक डॉक्ट्रिनः दी राइज ओग डिजास्टर कैपिटलिज्म,* न्यू यॉर्कः पिकाडोर, 2007, पृ. 14
8. वही., पृ. 365
9. वही।
10. वही., पृ. 368–69
11. वही., पृ. 368–69
12. वही., पृ. 370
13. जॉर्ज पैकर, दी *असैसिन्स' गेट : अमेरिका इन इराक,* न्यू यॉर्कः न्यू यॉर्क : फर्रार, स्ट्रॉस एंड गिरौक्स, 2005, पृ. 123
14. वही., पृ. 242
15. नाओमी क्लिन, ऑप. सिट., पृ. 376
16. स्टेफेन किंजेर, ओवरथ्रोः अमेरिकाज सेंचुरी ऑफ़ रिजाइम चेंज फ्रॉम *हवाई टू इराक़,* न्यू यॉर्कः टाइम्स बुक्स., पृ. 390–395
17, नाओमी क्लिन, ऑप. सिट., पृ. 390–395
18. अर्जुन वालिया, 'रोबर्ट एफ. कैनेडी जूनियर एक्स्प्लेंस हाउ बिग फार्मा कम्प्लीटली ओवन्स कांग्रेस', ग्लोबल रिसर्च, 31 जनवरी 2019. सोर्स : https://www.globalreshearch.ca/robert-f-kennedy-jr-explains-how-big-pharma-completely-owns-congress/5667650, एक्सेस्ड इन जून 2020
19. सोर्सः https://www.ctvnews.ca/business/bayer-to-pay-up-to-us-10-9-billion-to-settle-monsanto-case-1.4998154, एक्सेस्ड इन जून 2020

20. डोनाल्ड डब्ल्यू. लाइट, जोनाथन जे. डैरो एंड जोएल लेक्सिन, 'इंस्टिट्यूशनल करप्शन ऑफ़ फ़ार्मास्यूटिकल्स एंड दी मिथ ऑफ़ सेफ़ एंड इफेक्टिव ड्रग्स', *जर्नल ऑफ़ लॉ, मेडिसिन एंड एथिक्स,* 2013, 14, 3: 590–610. सोर्सः https://ssrn.com/abstract=2282014, एक्सेस्ड इन जुलाई 2020
21. फूड एंड एग्रीकल्चर ऑर्गनाइजेशन ऑफ़ यूनाइटेड नेशंस, 'इंडी एट अ ग्लांस', सोर्सः https://www.fao.org/india/fao-in-india/india-at-a-glance/en/, एक्सेस्ड इन जून 2020
22. पॉल रोबर्ट्स, *दी एंड ऑफ़ फूड : दी कमिंग क्राइसिस इन दी वर्ल्ड फूड इंडस्ट्रीज,* लन्दनः ब्लूम्सबरी, 2008, पृ. 245
23. वही., पृ. 246
24. कॉलिन टॉडहंटर, 'मोंसैंटो'ज़ हैण्ड ऑफ़ गॉड : प्लांड ओब्सोलेंस ऑफ़ दी इंडियन फार्मर', ग्लोबल रिसर्च, 17 सितम्बर 2015. सोर्सः https://www.globalresearch.ca/monsantos-hand-of-god-planned-obsolescence-of-the-indian-farmer/5476589, एक्सेस्ड इन जून 2020
25. शोशाना जुबोफ़्फ़, *दी एज ऑफ़ सर्विलेंस कैपिटलिज़्मः दी फाइट फॉर अ ह्यूमन फ्यूचर एट दी न्यू फ्रंटियर ऑफ़ पॉवर,* लन्दनः प्रोफाइल बुक्स, 2019
26. जॉन नाउटन, '"दी गोल इज़ टू ऑटोमेट अस": वेलकम टू दी एज़ ओद सर्विलेंस कैपिटलिज़्म', *गार्डियन,* 20 जनवरी, 2019. सोर्सः https://www.theguardian.com/technology/2019/jan/20/shoshana-zuboff-age-of-surveilance-capitalism-google-facebook, एक्सेस्ड इन जून 2020
27. शोशाना जुबोफ़्फ़, *दी ऐज ऑफ़ सर्विलेंस कैपिटलिज्म,* पृ. 81.82
28. शोशाना जुबोफ़्फ़, 'यू आर नाउ रिमोटली कंट्रोल्ड', *न्यू यॉर्क टाइम्स,* 20 जनवरी 2020. सोर्सः https://www.nytimes.com/2020/01/24/opinion/sunday/surveillance-capitalism.html, एक्सेस्ड इन जून 2020
29. सुन्दर पिचाई, 'प्राइवेसी शुड नॉट बी अ लक्ज़री गुड', *न्यू यॉर्क टाइम्स,* 7 मई 2019. सोर्सः https://www.nytimes.com/2019/05/07/opinion/google-sundar-pichai-privacy.html, एक्सेस्ड इन जून 2020
30. सैम लेविन, 'फेसबुक टोल्ड एडवर्टाइज़र्स इट कैन आइडेंटिफाय टीन्स फीलिंग "इनसिक्योर" एंड "वर्थलेस"', *गार्डियन,* 1 मई 2017. सोर्सः https://www.theguardian.com/technology/2017/may/01/face book-advertising-data-insecure-teens, एक्सेस्ड इन जून 2020
31. पृ. डब्ल्यू. सिंगर, *कॉरपोरेट वारियर्सः दी राइज ऑफ़ दी प्राइवेटाइज़्ड मिलिटरी इंडस्ट्री,* न्यू यॉर्कः कॉर्नेल यूनिवर्सिटी प्रेस, 2007

32. फिल मिलर, *कीनी मीनीः दी ब्रिटिश मर्सीनरिज हू गॉट अवे विद क्राइम्स*, लन्दनः प्लूटो प्रेस, 2020
33. वही., पृ. 165
34. वही., पृ. 176–77
35. वही., पृ. 42
36. वही., पृ. 271
37. पृ. डब्ल्यू. सिंगर ऑप. सिट., पृ. 3–6
38. टिम शैरॉक, ऑप. सिट., पृ. 118
39. पृ. डब्ल्यू. सिंगर, ऑप. सिट., पृ. 50–54
40. जरमी काहिल, *ब्लैकवाटर : दी राइज़ ऑफ़ वर्ल्ड्'स पावरफुल मर्सीनरी आर्मी*, न्यू यॉर्क : नोशन बुक्स, 2008, पृ. 55
41. जॉन ले कारे, *दी कांस्टेंट गार्डनर*, लन्दनः वाइकिंग, 2001
42. वही., पी 60
43. वही., पृ. 570
44. 'कोरोनावायरसः अफ़्रीका कुड बी नेक्स्ट एपिसेंटर, डब्ल्यू.एच.ओ. वार्नस', बीबीसी न्यूज़, 17 अप्रैल 2020. सोर्सः https://www.bbc.com/news/world-africa.52323375, एक्सेस्ड इन जून 2020
45. थॉमस माल्थस, 'एन एसे ऑन दी प्रिंसिपल ऑफ़ पापुलेशन', प्रोजेक्ट गटेनबर्ग. सोर्सः https://www.gutenberg.org/ebook/4239, एक्सेस्ड इन जून 2020
46. 'नेशनल सिक्यूरिटी स्टडी मेमोरंडम', 10 दिसम्बर 1974. सोर्सः https://pdf.usaid.gov/pdf_docs/Pccb500.pdf, एक्सेस्ड इन जून 2020
47. ब्रायन क्लोव्स, 'एक्सपोजिंग दी ग्लोबल पापुलेशन कंट्रोल एजेंडा', ह्यूमन लाइफ इंटरनेशनल, 26 जनवरी 2017, सोर्सः https://www.hli.org/resources/exposing-the-global-population-control/, एक्सेस्ड इन जून 2020
48. बिल गेट्स, 'इनोवेटिंग टू जीरो', 27 फ़रवरी 2010. सोर्सः https://www.ted.com/talks/bill_gates_innovating_to_zero/transcript?/language=en, एक्सेस्ड इन जून 2020
49. मारिया डे मेंटो एंड इयान विल्हेम, 'अमेरिका'ज़ टॉप फिलान्थ्रोपिस्ट्स होल्ड प्राइवेट मीटिंग टू डिस्कस ग्लोबल प्रोब्लेम्स', *दी क्रोनिकल ऑफ़ फिलांथ्रोफी*, 20 मई 2009. सोर्सः https://www.philanthophy.com/article/America's-Top-Philanthropists/162597, एक्सेस्ड इन जून 2020

50. रोबर्ट फ्रैंक, 'बिलियोनेयर्स ट्राई टू श्रिंक वर्ल्ड'स पोपुलेशन', *वाल स्ट्रीट जर्नल*, 26 मई 2009, सोर्सः https://blogs.wsj.com/wealth/ 2009/05/26/ billionaires-try-to-shrink-worlds-population-report-says/, एक्सेस्ड इन जून 2020

51. एंड्रयू बैरी, 'बिग फ़ार्मा एंड स्टार्ट–अप्स आर की टू हेल्थ गेन्स', बैरोन'स, 13 जनवरी 2018. सोर्सः https://www.barrons.com/articles/ bill-gates-big-pharma-and-startsups-are-key-to-gains-in-global-health-1515443789, एक्सेस्ड इन जून 2020

52. बिल गेट्स'स स्पीच एट दी जेपी मोर्गन हेल्थकेयर कांफ्रेंस, 8 जनवरी 2018. सोर्सः https://www.gatesfoundation.org/Media-Center/Speeches/2018/01/JP-Morgan-Healthcare-Conference, एक्सेस्ड इन जून 2020

53. लेरॉय लिओ, 'गिलाड गिव्स रॉयल्टी–फ्री लाइसेंस फॉर रेम्डेसिविर टू सिप्ला, जुबिलेंट लाइफ, थ्री अदर्स', *लाइवमिंट*, 14 मई 2020. सोर्सः https://www. livemint.com/companies/news/gilead-gives-royalty-free-licences-for-remdesivir-to-cipla-jubilant-life-three-others-11589309431007. html, एक्सेस्ड इन जून 2020

54. इसोबेल आशेर हैमिलटन, 'बिल गेट्स थिंक्स देयर आर 8 टू 10 प्रोमिसिंग कोरोनावायरस वैक्सीन कैंडीडेट्स एंड वन कुड बी रेडी इन ऐज लिटिल ऐज 9 मंथ', *बिज़नेस इनसाइडर*, 1 मई 2020. सोर्सः https://www. businessinsider.in/tech/news/bill-gates-thinks-there-are-8-to-10-promising-coronavirus-vaccine-candidates-and-one-could-be-ready-in-as-little-as-9-months/articleshow/75488614.cms, एक्सेस्ड इन जून 2020

55. टेलर सॉनमेकर, 'बिल गेट्स सेज दी वर्ल्ड वुड नीड ऐज़ मनी ऐज 14 बिलियन डोजेज ऑफ़ कोरोनावायरस वैक्सीन टू स्टॉप दी वायरस', *बिज़नेस इनसाइडर*, 2 मई 2020. सोर्सः https://www.businessinsider. in/tech/news/bill-gates-says-the-world-would-need-as-many-as-14-billion-doses-of-a-coronavirus/articleshow/75498303.cms, एक्सेस्ड इन जून 2020

56. रोबर्ट एफ. कैनेडी जूनियर, 'गेट्स' ग्लोबलिस्ट वैक्सीन एजेंडा : ए विन.विन फॉर फ़ार्मा एंड मंडेटरी वैक्सीनेशन', *हेल्थ इंपैक्ट न्यूज़* 9 अप्रैल 2020. सोर्सः https://healthimpactnews.com/2020/gates-globalist-vaccine-agenda-a-win-win-for-pharma-and-mandatory-vaccination/, एक्सेस्ड इन जून 2020

57. 'हियर व्हाट बराक ओबामा सेड इन 2014 अबाउट पैनडेमिक्स,' सीएनएन. सोर्सः https://edition.cnn.com/vedios/politics/2020/04/10/barack-obama-2014-pandemic-comments-sot-ctn-vpx.cnn, एक्सेस्ड इन जून 2020
58. बिल गेट्स, "दी नेक्स्ट आउटब्रेक? वी आर नॉट रेडी', टेड टॉक्स. सोर्सः https://www.ted.com/talks/bill-gates-the-next-outbreak-we-are-not-ready\language=en, एक्सेस्ड इन जुलाई 2020
59. बेट्सी मैके, 'बिल गेट्स हैज रेग्रेट्स', *बैंकाक पोस्ट,* 13 मई 2020. सोर्सः https://www.bangkonpost.com/business/1917080/bill-gates-has-regtrets, एक्सेस्ड इन जून 2020
60. 'इम्पैक्ट ऑफ़ CARES एक्ट ऑन फ़ार्मास्युटिकल्स एंड मेडिकल डिवाइसेज इंडस्ट्रीज', 27 मार्च 2020. सोर्सः https://www.whitecase.com/publications/alert/impct-cares-act-pharmaceutical-and-medical-devices-industries
61. इवेंट 201, 'पब्लिक–प्राइवेट को–ऑपरेशन फॉर पैन्डेमिक प्रिपेयर्डनेस एंड रेस्पोंस', सेंटर फॉर हेल्थ सिक्यूरिटी. सोर्सः https://www.centerforhealthsecurity.org/event201/media] https://www.center forhealthsecurity.org/event201/recommendations.html, एक्सेस्ड इन जून 2020
62. पीटर कोएनिग, 'दी कोरोनावायरस कोविड.19 पैन्डेमिक : दी रियल गेंज्र इज़ "एजेंडा ID 2020", ग्लोबल रिसर्च, 26 अप्रैल 2020 सोर्सः https://www.globalresearch.ca/coronavirus-causes-effects-real-danger-agenda-id2020/5706153, एक्सेस्ड इन जून 2020

12. भारत की कहानी

1. इयान मोरिस, *व्हाई दी वेस्ट रूल्स : फॉर नाउ,* न्यू यॉर्कः पिकाडोर, 2010, पृ. 16–17
2. आर्नोल्ड टोइनबी, 'दी वर्ल्ड एंड दी वेस्ट', इंडिया, रीथ लेक्चर्स 1952. सोर्सः https://www.bbc.co.uk/programmes/p00h91pw, एक्सेस्ड इन जून 2020
3. विलियम डालरिम्पल, 'दी ईस्ट इंडिया कम्पनीः दी ओरिजिनल कॉरपोरेट रेडर्स', *गार्डियन,* 4 मार्च 2015. सोर्सः https://www.theguardian.com/world/2015/04/east-india-company-original-corporate-raiders?CMP=share_btn_t, एक्सेस्ड इन जून 2020
4. मार्क कर्टिस, *वेब ऑफ़ डिसीट : ब्रिटेन'स रियल रोल इन दी वर्ल्ड,* लन्दन : विंटेज, 2003, पृ. 297

5. मार्क कर्टिस, *सीक्रेट अफेयर्स : ब्रिटेन'स कलूशन विद रैडिकल इस्लाम,* लन्दनः सरपेंट्'स टेल, 2018, पृ. 3
6. वही., पृ. 4
7. 'इंडियन पार्टीशन एंड नियो.कोलोनियलिस्म, एन एक्सरप्ट फ्रॉम 'ब्रिटिश नियो.इम्पेरियलिज़्म', सोर्सः https://coat.ncf.ca/our_magazine/links/issue47/articles/a40.htm, एक्सेस्ड इन जून 2020
8. मार्क कर्टिस, *सीक्रेट अफेयर्स,* पृ. 4
9. वही., पृ. 28–29
10. विंस्टनचर्चिल, *दी हिन्ज ऑफ़ फेट* (फोर्थ ऑफ़ दी सिक्स वॉल्यूम्स ऑफ़ दी सेकंड वर्ल्ड वार सीरीज़), लन्दन : मैरीनर बुक्स, 1986 (रिइश्यू एडिशन), साइटेड बाई मधुश्री मुखर्जी, *चर्चिल'स सीक्रेट वारः दी ब्रिटिश एम्पायर एंड दी रैवेजिंग ऑफ़ इंडिया ड्यूरिंग वर्ल्ड वार II,* ट्रेंक्युबर इंडिया, 2010, पृ. xiiई
11. 'साइटेड बाई सैयद अता हसनैन, सैक्रीफ़ाइस ऑफ़ इंडियन सोल्जर्स ऑफ़ एम्पायर वाज नेवर रिकॉग्नाइज्ड बाई नेशनल लीडरशिप', *न्यू इंडियन एक्सप्रेस,* 11 नवम्बर 2018. सोर्सः https://www.new indianexpress.com/opinions/2018/nov/11/sacrifice-of-indian-soldiers-of-the-empire-was-never-recognised-by-national-leadership-1896517.html, एक्सेस्ड इन जुलाई 2020
12. मधुश्री मुखर्जी, *चर्चिल'सीक्रेट वार, दी ब्रिटिश एम्पायर एंड दी रैवेजिंग ऑफ़ इंडिया ड्यूरिंग वर्ल्ड वार II,* न्यू देहलीः ट्रेंक्युबर, 2010, पृ. xiii
13. माधव गोडबोले, दी होलोकॉस्ट ऑफ़ इंडियन पार्टीशन : एन इन्क्वेस्ट, न्यू डेल्हीः रूपा एंड कम्पनी, 2006, पृ. 10
14. वही., पृ. 10
15. वही., पृ. 5
16. नरेन्द्र सिंह सरीला, *दी अनटोल्ड स्टोरी ऑफ़ इंडिया'ज़ पार्टीशनः दी शैडो ऑफ़ दी ग्रेट गेम,* न्यू डेल्हीः हार्परकॉलिंस, 2005, पृ. 22–25
17. वही., पृ. 42
18. मार्गरेट बौर्के.वाइट, *हाफवे टू फ्रीडम : अ रिपोर्ट ऑन दी न्यू इंडिया इन दी वर्ड्स एंड फोटोग्राफ्स ऑफ़ मार्गरेट बौर्के–वाइट,* न्यू यॉर्क : साइमन एंड शुस्टर, 1949, पृ. 15
19. डॉ. गुलाम नबी काज़ी, 'मिस्टर जिन्ना एंड हिज सीक्रेट बैटल अगेंस्ट ट्यूबरक्लोसिस', *डेली टाइम्स,* लाहौर, 9 सितम्बर 2019. सोर्सः https://

dailytimes.com.pk/463038/mr-jinnah-and-his-secret-battlle-against-tuberculosis/, एक्सेस्ड इन जून 2020
20. सोर्सः https://www.nationalarchives.gov.uk/education/resour ces/the-road-to-partition/jinnah-partition/, एक्सेस्ड इन जुलाई 2020
21. माधव गोडबोले, ऑप. सिट., पृ. 433
22. वही., पृ. 433–439
23. सी. दासगुप्ता, *वार एंड डिप्लोमेसी इन कश्मीर,* 1947–48, न्यू डेल्ही : सेज पब्लिकेशन्स, 2002, पृ. 14
24. वही., पृ. 14
25. वही., पृ. 17
26. वही., पृ. 70–85
27, मार्क कर्टिस, सीक्रेट अफेयर्स, पृ. 33
28. वही., पृ. 32.33
29. नरेन्द्र सिंह सरीला, दी *अनटोल्ड स्टोरी ऑफ़ इंडिया'ज़ पार्टीशनः* दी *शैडो ऑफ़ दी ग्रेट गेम,* न्यू डेल्हीः हार्परकॉलिंस, 2005, पृ. 260
30. प्रसेनजित के. बसु, *एशिया रिबोर्न,* न्यू डेल्हीः अलेफ, 2017, पृ. 453
31. विंस्टन चर्चिल, 'आवर ड्यूटी इन इंडिया', 18 मार्च 1931. सोर्सः https://wisstonchurchill.org/resources/speeches/1930-1938-the-wilderness/our-duty-in-india/
32. वही।
33. *स्वपन* दासगुप्ता, *अवेकनिंग भारत माता,* न्यू डेल्हीः पेंगुइन, 2019, पृ. 6
34. आर्थर कोएस्ट्लेर, *दी लोटस एंड दी रोबोट,* न्यू यॉर्कः हार्पर एंड रो, 1960
35. पॉल स्कॉट, *दी ज्वेल ऑफ़ दी क्राउन,* लन्दनः हैनिमेन, 1966
36. विल ड्यूरंट, *आवर ओरिएंटल हेरिटेजः दी स्टोरी ऑफ़ सिविलाइजेशन,* न्यू यॉर्क : साइमन एंड शुस्टर, 1935
37. वही., पृ. 485
38. वही., पृ. 495
39. वही., पृ. 494
40. वही., पृ. 494
41. वही., पृ. 564–568
42. सैमुएल हंटिंगटन, *हू आर वी?* न्यू डेल्ही : पेंगुइन, 2004, पृ. 365
43. सोर्सः https://thelocalde/20180511/6-things-to-know-about-catholicism-in-germany, एक्सेस्ड इन जुलाई 2020
44. सोर्सः https://www.azquotes.com/quote851225